Laßmann / Mengay / Riegel / Rupp

Handbuch Interessenausgleich und Sozialplan

Der erfolgreiche Betriebsrat

Nikolai Laßmann
Adrian Mengay
Hans Riegel
Rudi Rupp

Handbuch Interessenausgleich und Sozialplan

Handlungsmöglichkeiten bei Umstrukturierungen

Achte, überarbeitete und aktualisierte Auflage

BUND
VERLAG

Bibliografische Information der Deutschen Nationalbibliothek
Die Deutsche Nationalbibliothek verzeichnet diese Publikation in der Deutschen Nationalbibliographie; detaillierte bibliografische Daten sind im Internet unter http://dnb.d-nb.de abrufbar.

8., überarbeitete und aktualisierte Auflage 2021

Herstellung: Birgit Fieber
Umschlag: Neil McBeath, Stuttgart
Satz: Dörlemann Satz, Lemförde
Druck: CPI books GmbH, Leck
Printed in Germany 2021
ISBN 978-3-7663-6968-0

www.bund-verlag.de

Vorwort

Das vorliegende Handbuch hat seinen Ausgangspunkt in den Ergebnissen eines von der Hans-Böckler-Stiftung finanzierten empirischen Forschungsprojektes über die »Praxis von Interessenausgleich und Sozialplan«, das 1991 abgeschlossen wurde. Seitdem beschäftigen sich die Autoren im Zusammenhang mit ihrer arbeitnehmerorientierten Beratungstätigkeit bei FORBA intensiv mit der Thematik dieses Handbuchs. Sie haben seit dem Erscheinen der ersten Auflage dieses Handbuchs im Jahr 1992 an einer Vielzahl von Interessenausgleichen und Sozialplänen mitgewirkt. 2005, 2010 und 2017 wurden von den Autoren ebenfalls im Auftrag der Hans-Böckler-Stiftung insgesamt fast 700 Interessenausgleiche und Sozialpläne ausgewertet und die Ergebnisse veröffentlicht.[1] Außerdem wurden 2010 im Auftrag der Hans-Böckler-Stiftung 110 aktuelle Betriebsvereinbarungen zur Beschäftigungssicherung ausgewertet und die Ergebnisse veröffentlicht.[2] All diese Auswertungen sind in dieses Handbuch eingeflossen.

Die Neuauflage des vorliegenden Handbuchs berücksichtigt sowohl die seit der letzten Auflage ergangene Rechtsprechung des *BAG* und *EuGH* als auch die geänderte Rechtslage beim Kurzarbeitergeld zur besseren Bewältigung der wirtschaftlichen Auswirkungen der Corona-Pandemie. Durch die digitale Transformation vieler Unternehmen und Betriebe werden Betriebsräte zukünftig vermehrt mit Betriebsänderungen konfrontiert werden. Diese zu erkennen und damit richtig umzugehen, ist ebenfalls Thema dieser Neuauflage. Außerdem wird das Thema der Hinzuziehung betrieblicher (§ 80 Abs. 2 S. 4 BetrVG) und externer Sachverständiger (§§ 80 Abs. 3, 111 BetrVG) ausführlich behandelt. Wir hoffen, dass dieses Handbuch Betriebsräten bei anstehenden Betriebsänderungen ein praktischer Ratgeber sein wird, um Betriebsänderungen frühzeitig zu erken-

1 *Laßmann/Riegel*, Interessenausgleich und Sozialplan. Praxiswissen Betriebsvereinbarungen, STUDY Nr. 360, Schriftenreihe der Hans-Böckler-Stiftung, Bund-Verlag Frankfurt am Main 2017 (*www.boeckler.de/pdf/study_hbs_mbf_bvd_360.pdf*).

2 *Laßmann/Rupp*, Beschäftigungssicherung. Analyse und Handlungsempfehlungen, Schriftenreihe der Hans-Böckler-Stiftung, Frankfurt am Main 2010.

nen und diese für betroffene Beschäftigte mithilfe der Instrumente »Interessenausgleich« und »Sozialplan« möglichst sozialverträglich zu gestalten.

Auch diese Auflage widmen wir unserem viel zu früh verstorbenen Freund, früheren Co-Autor und Partner in der FORBA-Partnerschaft Reino von Neumann-Cosel.

Berlin, im Juli 2020

Nikolai Laßmann
Adrian Mengay
Hans Riegel
Rudi Rupp

Inhaltsverzeichnis[1]

[1] Detaillierte Inhaltsübersichten sind den einzelnen Kapiteln vorangestellt.

Verzeichnis der Übersichten

Abkürzungsverzeichnis

a. a. O.	an anderem Ort
AG	Arbeitgeber
AGG	Allgemeines Gleichbehandlungsgesetz
AiB	Arbeitsrecht im Betrieb (Zeitschrift)
AktG	Aktiengesetz
ALG	Arbeitslosengeld
AN	Arbeitnehmer
AR	Aufsichtsrat
ArbG	Arbeitsgericht
ArbuR	Arbeit und Recht (Zeitschrift)
Art.	Artikel
AtG	Altersteilzeitgesetz
ATZ	Altersteilzeit
AÜ	Arbeitnehmerüberlassungsgesetz
Aufl.	Auflage
BA	Bundesagentur für Arbeit
BAG	Bundesarbeitsgericht
BB	Der Betriebsberater (Zeitschrift)
beE	betriebsorganisatorisch eigenständige Einheit
BetrVG	Betriebsverfassungsgesetz
BFH	Bundesfinanzhof
BGB	Bürgerliches Gesetzbuch
BGBl.	Bundesgesetzblatt
BGH	Bundesgerichtshof
BGHZ	Entscheidungen des BGH in Zivilsachen
BR	Betriebsrat, Betriebsräte
BV	Betriebsvereinbarung
bzw.	beziehungsweise
ca.	circa

DB	Der Betrieb (Zeitschrift)
d.h.	das heißt
DKW	Däubler/Klebe/Wedde (Hrsg.), Betriebsverfassungsgesetz, Kommentar, 17. Aufl., Frankfurt a.M. 2020
ebda.	ebenda
EuGH	Europäischer Gerichtshof
evtl.	eventuell
EzA	Entscheidungssammlung zum Arbeitsrecht
f./ff.	folgende/fortfolgende
GA	Geschäftsanweisungen
GBR	Gesamtbetriebsrat
GG	Grundgesetz
ggf.	gegebenenfalls
GHK	Gewerkschaft Holz und Kunststoff
GmbH	Gesellschaft mit beschränkter Haftung
GuV	Gewinn und Verlust
HBS	Hans-Böckler-Stiftung
Hrsg.	Herausgeber
Hs.	Halbsatz
i.d.R.	in der Regel
IG	Interessengemeinschaft
i.S.v.	im Sinne von
i.V.m.	in Verbindung mit
InsO	Insolvenzordnung
KAPOVAZ	Kapazitätsorientierte variable Arbeitszeit
KBR	Konzernbetriebsrat
KBV	Konzernbetriebsvereinbarung
KSchG	Kündigungsschutzgesetz
Kug	Kurzarbeitergeld
LAG	Landesarbeitsgericht
max.	maximal
MdE	Minderung der Erwerbsfähigkeit
mind.	Mindestens

Mio.	Million
Ms.	Manuskript
n. F.	neue Fassung
Nr.	Nummer
NZA	Neue Zeitschrift für Arbeitsrecht
o. g.	oben genannte
Rn.	Randnummer
S.	Seite
SGB	Sozialgesetzbuch
SGB III	Drittes Buch Sozialgesetzbuch – Arbeitsförderung
SGB V	Fünftes Buch Sozialgesetzbuch – Gesetzliche Krankenversicherung
SGB VII	Siebtes Buch Sozialgesetzbuch – Gesetzliche Unfallversicherung
SGB XI	Elftes Buch Sozialgesetzbuch – Soziale Pflegeversicherung
sog.	so genannt(e)
SprAuG	Sprecherausschussgesetz
TG	Transfergesellschaft
TA	Transferagentur
TV	Tarifvertrag
u. Ä.	und Ähnliches
u. E.	unseres Erachtens
usw.	und so weiter
u. U.	unter Umständen
UmwG	Umwandlungsgesetz
vgl.	vergleiche
v.h.	von hundert
WA	Wirtschaftsausschuss
WSI	Wirtschafts- und Sozialwissenschaftliches Institut
ZPO	Zivilprozessordnung
z. T.	zum Teil
zz.	zurzeit

Literaturverzeichnis

Bachner/Gebhardt, Betriebsübergang. Basiskommentar, 3. Auflage 2017

Bachner/Köstler/Matthießen/Trittin, Arbeitsrecht bei Unternehmensumwandlung und Betriebsübergang, 4. Auflage 2012

Backes (Hrsg.), Transfergesellschaften. Grundlagen, Instrumente, Praxis, 2. Auflage 2014

Bauer/Krieger, »Firmentarifsozialplan« als zulässiges Ziel eines Arbeitskampfes? in: NZA, 2004 S. 1019ff.

Bichlmeier, Durchgriffshaftung, in: AiB, 8–9/1993

Böhle, Strategien betrieblicher Informationspolitik. Eine systematische Darstellung für Betriebsräte und Vertrauensleute, 1986

Böttcher, Die Rechte des Betriebsrats bei personellen Einzelmaßnahmen. Handlungshilfe für Betriebsräte zu § 99 BetrVG, Schriftenreihe »Arbeitsrecht im Betrieb«, 5. Auflage 2013

Bopp, Betriebsvereinbarung und Betriebsübergang – u. a. Gestaltungsmacht von Betriebserwerber und Betriebsrat, in: *Riederer*, (Hrsg.), Betriebsübergang (§ 613a BGB), Schriftenreihe Recht und Kommunikation, Band 23, 1994

Bosch/Kohl/Schneider (Hrsg.), Handbuch Personalplanung, 1995

Brandl/Disselkamp/Wedde, Beschäftigungssicherung durch Innovation, Der neue § 92a BetrVG, 2004

Buschmann/Ulber, Arbeitszeitrecht, Kompaktkommentar, 1. Auflage 2019

Bundesagentur für Arbeit, Geschäftsanweisungen Transferleistungen ab 06/2013, Agentur für Arbeit Nürnberg 2013

Büttner/Kirsch, Bündnisse für Arbeit im Betrieb, Betriebsvereinbarungen zur Beschäftigungssicherung in der Praxis, edition der Hans-Böckler-Stiftung 61, 2002

Däubler, Arbeitsrecht, Ratgeber für Beruf, Praxis und Studium, Bund Verlag Frankfurt am Main, 13. Auflage 2020

Däubler/Klebe/Wedde (Hrsg.), Betriebsverfassungsgesetz mit Wahlordnung, Kommentar für die Praxis, 17. Auflage 2020 (zitiert als: DKW)

Darga/Kratz, GIB Arbeitspapiere 14, Beschäftigtentransfer, Leitfaden zur Projektgestaltung

Davis/Lawrence, Matrix. Reading, MA: Addison-Wesley 1977.

Drukarczyk, Zum Problem der »wirtschaftlichen Vertretbarkeit« von Sozialplänen, in: Recht der Arbeit 2/1986

Düwell, Arbeitsrechtliche Probleme bei der Unternehmensumwandlung, unveröffentl. Ms., 1996

Düwell, Zusammenschluss von Betrieben und Fusionen, in: *Riederer*, (Hrsg.), Betriebsänderung und Personalreduzierung, Band 10, 1993

Düwell, Auswirkungen einer Fusion von Betrieben und Unternehmen auf Arbeitsvertrag, (Gesamt-)Betriebsvereinbarung, Tarifvertrag, in: *Riederer*, (Hrsg.), Betriebsübergang (§ 613a BGB), Schriftenreihe Recht und Kommunikation, Band 23, 1994

Düwell, Umstrukturierung von Unternehmen, in: *Beseler/Düwell/Göttling*, Arbeitsrechtliche Probleme bei Betriebsübergang, Betriebsänderung und Unternehmensumwandlung, 2000

Duhm (Hrsg.), Wachstum alternativ – Initiativen für eine andere Produktion, 1983

Egelhoff/Wolff, Understanding Matrix Structures and their alternatives. The Key to Designing and Managing Large, Complex Organizations. London: Palgrave Macmillan 2017

Engelmeyer, Die Informationsrechte des Betriebsrats und der Arbeitnehmer bei Strukturänderungen, in: DB, 50/1996

Etzel/Bader/Fischermeier u. a., Gemeinschaftskommentar zum Kündigungsschutzgesetz und anderen kündigungsschutzrechtlichen Vorschriften, 12. Auflage 2019

Ehmann/Heidemann, Qualifizierung, Beschäftigungsgesellschaften, Initiativen des Betriebsrats, in: AiB, 10/1990

Engel-Bock/Laßmann/Rupp, Bilanzanalyse leicht gemacht. Ein praktischer Ratgeber, Bund Verlag Frankfurt am Main, 6. Auflage 2011

Fischer, Beschäftigungsförderung nach dem neuen Betriebsverfassungsrecht, in: Der Betrieb, 6/2002

Fitting/Engels/Schmidt/Trebinger/Linsenmaier, Betriebsverfassungsgesetz, Handkommentar, 30. Auflage 2020 (zitiert als: *Fitting*)

Fricke, Der Kommunikationstrainer, 2. Auflage 2013

Göritz/Lassmann/Pankau/Rupp/Teppich, Handbuch Einigungsstelle, 5. Auflage 2017

Greiner, »Tarifsozialplan« bei Betriebsübergang?, NZA 2008, Heft 22, S. 1274ff.

Hamm/Rupp, Veräußerung und Restrukturierung von Unternehmen, 2. Auflage 2012

Hamm/Rupp, Beschäftigungssicherung, Interessenausgleich und Sozialplan, Handlungshilfe für Betriebsräte und Vertrauensleute Nr. 11, IG Metall Vorstand, FB Betriebs- und Branchenpolitik (Hrsg.), Frankfurt am Main, 4. Auflage 2020

Hase, Employability. Ein Konzept zur mittel- und langfristigen Beschäftigungssicherung? in: AiB, 11/2007

Heimann, Beschäftigungspläne, Qualifizierungsgesellschaften, Beschäftigungsgesellschaften, in: AiB, 1/1991

Herbst, Arbeitsrecht im neuen Umwandlungsgesetz, in: AiB, 1/1995

Hinrichs, Rechte des Betriebsrats bei Kündigungen, Handlungshilfe für Betriebsräte zu § 102 BetrVG, 9. Auflage 2019

Hoyningen-Huene, Die wirtschaftliche Vertretbarkeit von Sozialplänen, in: Recht der Arbeit, 2/1986

IG Metall, Handlungsanleitung bei drohenden Betriebsstillegungen, 1986

IG Metall, Abteilung Gewerkschaftliche Betriebspolitik: Outsourcing, Wirtschaftliche Vor- und Nachteile sorgfältig abwägen! Handlungshilfe für Betriebsräte

Jaeger, Die Betriebsaufspaltung durch Ausgliederung einzelner Betriebsteile als sozialplanpflichtige Betriebsänderung, in: BB, 1988

Just-Hahn/Wagner/Weddige, Gut beraten! Externe Sachverständige für den Betriebsrat nach § 80 (3) und § 111 BetrVG, Technologieberatungsstelle beim DGB NRW e. V. (Hrsg.), Dortmund 2008

Kania, Tarifbindung bei Ausgliederung und Aufspaltung eines Betriebes, in: DB, 12/1995

Kittner, Arbeits- und Sozialordnung, 45. Auflage 2020

Kittner/Däubler/Zwanziger, Kündigungsschutzrecht, Kommentar für die Praxis zu Kündigungen und anderen Formen der Beendigung des Arbeitsverhältnisses, 11. Auflage 2020

Klemisch/Sack/Ehrsam, Betriebsübernahme durch Belegschaften – Eine aktuelle Bestandsaufnahme – KNI PAPERS 02/2010 (*www.S-2009–303–1-1.pdf*)

Köstler/Müller/Sick, Aufsichtsratspraxis. Handbuch für die Arbeitnehmervertreter im Aufsichtsrat, 10. Auflage 2013

Köstler, Verschwiegenheitspflicht. Hans-Böckler-Stiftung, Arbeitshilfe für Aufsichtsräte Nr. 5, 2003

Kohte, Die vertrackte Namensliste. Der qualifizierte Interessenausgleich im neuen Kündigungsrecht, in: BB, 1998 S. 594ff.

Laßmann/Mengay/Rupp, Handbuch Wirtschaftsausschuss, Bund Verlag Frankfurt am Main, 11. Auflage 2020.

Laßmann/Riegel, Interessenausgleich und Sozialplan. Analyse und Handlungsempfehlungen, Praxiswissen Betriebsvereinbarungen, STUDY Nr. 360, Schriftenreihe der Hans-Böckler-Stiftung, Bund-Verlag Frankfurt am Main 2017 (*www.boeckler.de/pdf/study_hbs_mbf_bvd_360.pdf*)

Laßmann/Rupp, Der Betriebsübergang. Handlungshilfe für Betriebsräte und Vertrauensleute Nr. 10, IG Metall Vorstand, FB Betriebspolitik (Hrsg.), Frankfurt am Main 2020

Laßmann/Rupp, Konjunkturbedingte Kurzarbeit, Reihe Betriebs- und Dienstvereinbarungen/Kurzauswertung, Hans-Böckler-Stiftung (Hrsg.), 2009, (Download unter: *www.boekler.de/betriebsvereinbarungen*)

Laßmann/Rupp, Beschäftigungssicherung, Betriebs- und Dienstvereinbarungen. Analyse und Handlungsempfehlungen, Hans-Böckler-Stiftung (Hrsg.), 2. Auflage 2010, (Download unter: *www.boekler.de/betriebsvereinbarungen*)

Laßmann/Rupp, Die Einigungsstelle. Handlungshilfe für Betriebsräte und Vertrauensleute Nr. 15, hrsg. von IG Metall Vorstand, FB Betriebs- und Branchenpolitik, Frankfurt am Main, 3. Auflage 2020

Laßmann/Rupp, Der Betriebsübergang. Handlungshilfe für Betriebsräte und Vertrauensleute Nr. 10, hrsg. von IG Metall Vorstand, FB Betriebs- und Branchenpolitik, Frankfurt am Main, 2. Auflage 2020

Mehrens (Hrsg.), Alternative Produktion. Arbeitnehmerinitiativen für sinnvolle Arbeit, 1985

Molkenbur/Schulte, Rechtscharakter und -wirkungen des Interessenausgleichs, in: DB, Heft 5/95

Neumann/Tänzer/Rockwell-Golde, Arbeitskampf gegen Betriebsstillegung, in: *Kröger* (Hrsg.), Wirtschaftliche Kennzahlen, 1984

Niemeyer, Zur Umsetzung des neuen Initiativrechts nach § 92a BetrVG, in: AiB, 10/2002

Oechsler/Schönfeld, Die Einigungsstelle als Konfliktlösungsmechanismus, 1989

Perreng, Wiedereinführung der Namensliste, in: AiB, 2004 S. 13ff.

Pflüger, Die Hinzuziehung eines Sachverständigen gem. § 80 Abs. 3 BetrVG, in: NZA, 2/1988

Pitz, Investitionsanalyse: Mitbestimmung mit Inhalt füllen, in: Die Mitbestimmung, Heft 12/1983

Preis/Steffan, Neue Konzepte des BAG zum Betriebsübergang nach § 613a BGB, in: DB, 6/1998

Ratzesberger/Schulze, Unterstützung von außen, in: Arbeitsrecht im Betrieb Heft 2/2017, S. 14ff.

RKW (Hrsg.), Handbuch Personalplanung, 3. Auflage 1996

Röder/Baeck, Interessenausgleich und Sozialplan, Beck'sche Musterverträge Band 17, 5. Auflage 2016

Röder/Gebert, Technologischer Wandel und Betriebsänderung – Bringen Industrie 4.0 und E-Mobilität den »Qualifizierungssozialplan«? in: NZA 2017, 1289

Rupp, Sicherung und Förderung der Beschäftigung, in: AiB, 8/2002

Rupp, Tarifsozialplan, Stichwort, 2010

Rupp, Übernahme durch Finanzinvestoren. Handlungshilfe für Betriebsräte und Vertrauensleute Nr. 26, hrsg. von IG Metall, FB Betriebspolitik, 3. Aufl., Frankfurt/M. 2017

Schaub/Schindele, Kurzarbeit, Massenentlassung, Sozialplan, 3. Auflage 2011

Schiefer, Namensliste gem. § 1 Abs. 5 KSchG – Spielregeln und Hürden der Rechtsprechung, in: DB, 2009 S. 2546ff.

Schönfeld, Das Verfahren vor der Einigungsstelle, 1988

Schoof, Verhandlungen mit dem Arbeitgeber, in: AiB, 1/1991

Schoof, Erstreikbarkeit eines Tarifvertrages über Qualifizierungsmaßnahmen bei Betriebsstilllegung/Betriebsverlagerung, in: AiB, 2/2002

Schulz/Schaeffer/Funken, Das Verhältnis von Formalisierung und Informalität betrieblicher Arbeits- und Kommunikationsprozesse und die Rolle der Informationstechnik, in: *Schulz-Schaeffer/Funken* (Hrsg.): Digitalisierung der Arbeitswelt. Zur Neuordnung formaler und informaler Prozesse. Wiesbaden 2008, S. 11–43

Schwarzbach, Möglichkeiten zur Beschäftigungssicherung in der Praxis, in: Der Betrieb, 6/2003

Schweibert/Willemsen, Beteiligungsrechte der Organe der Betriebsverfassung bei Unternehmensumstrukturierung, in: *Willemsen u. a.*(Hrsg.), Umstrukturierung und Übertragung von Unternehmen, 5. Auflage, München 2016

Sperber/Soost/Bichlmeier/Wroblewski, Das Insolvenzhandbuch für die Praxis. Insolvenzrecht, Arbeitsrecht, Sozialrecht, 4. Auflage 2016

Steuerer, Das Schicksal von Betriebsvereinbarungen und Tarifvertrag beim Betriebsübergang, in: *Riederer*, (Hrsg.), Betriebsänderung und Personalreduzierung, Band 10, 1993

Takkaci-Gros, Sachverstand hinzuziehen, in: AiB, 2/2017, S. 10ff.

Targan, Höhe der Sozialplanleistungen – Gedanken zum Gesamtvolumen des Sozialplans, in: *Rieder*, (Hrsg.): Sozialplan, Band 16, 1994

Tupay, J., Zumutbarer Ersatzarbeitsplatz – Regelungen über die Zumutbarkeit eines angebotenen anderen Arbeitsplatzes, in: Riederer, H. D. (Hrsg.), Sozialplan, 1994

Wenning-Morgenthaler, Die Einigungsstelle, 8. Auflage 2019

Wagner, Hinzuziehung eines Sachverständigen durch den Betriebsrat, in: AiB, 6/1992

Willemsen/Hohenstatt/Schnitker/Seibt, Umstrukturierung und Übertragung von Unternehmen. Arbeitsrechtliches Handbuch, 5. Auflage 2016

Zabel, Tarifvertrag Qualifizierungsmaßnahmen bei Betriebsänderungen, in: AiB, 11/1998

Zabel, Tariflicher Sozialplan ist erstreikbar, in: AiB, 7/2007

A. Einleitung

Inhaltsübersicht

Vor dem Hintergrund eines durch zunehmende Globalisierung, Liberalisierung und Privatisierung ausgelösten wirtschaftlichen Strukturwandels sowie weltweiter Finanz- und Wirtschaftskrisen sehen sich Betriebsräte in der Bundesrepublik immer häufiger mit einschneidenden Maßnahmen der Arbeitgeber konfrontiert, die zu Arbeitsplatzverlusten, Minderung der Einkommen, Verschlechterungen der Arbeitsbedingungen und/oder zum Abbau von Sozialleistungen führen können. Solche Maßnahmen werden in der Terminologie des BetrVG als Betriebsänderungen bezeichnet und unterliegen unter bestimmten Voraussetzungen dem Mitbestimmungsrecht des Betriebsrats. In der Einleitung sollen zunächst beispielhaft einige typische Fälle dargestellt werden, einschließlich wesentlicher Fehler, die von Betriebsräten in solchen Situationen häufig gemacht werden. Die Einleitung schließt mit einigen Bemerkungen zur Zielsetzung und zum Aufbau des Handbuchs.

I. Einige typische Fälle

Mit den folgenden Fällen sollen so knapp wie möglich die typischen Betriebsänderungen sowie häufig zu beobachtende Arbeitgeberstrategien bei der Planung und Durchführung von Betriebsänderungen dargestellt werden. Die Fälle zeigen außerdem, dass es für die Betriebsräte in Abhängigkeit von der jeweiligen Situation sehr unterschiedliche Reaktionsmöglichkeiten gibt.

Fall 1: Personalabbau

Der Betriebsrat eines mittelständischen Betriebes mit 200 Beschäftigten wird vom Arbeitgeber darüber informiert, dass die Auftragseingänge um ein Drittel zurückgegangen sind. Deshalb sei ein Personalabbau im gewerblichen Bereich von 30 Beschäftigten notwendig. Da der Betriebsrat keine Alternativen zu den geplanten Entlassungen sieht, z. B. in Form eines Überstundenabbaus oder von Versetzungen, fordert er den Arbeitgeber zu Sozialplanverhandlungen auf. Nach drei Verhandlungsrunden wird ein Sozialplan abgeschlossen, der den zu Entlassenden eine Abfindung von einem Monatseinkommen pro Beschäftigungsjahr zuerkennt. Außerdem wird auf Verlangen des Arbeitgebers ein kurzer Interessenausgleich mit Namensliste vereinbart, der den vorgesehenen Personalabbau auch namentlich festlegt.

Fall 2: Betriebsstilllegung

Die Leitung eines großen Unternehmens mit mehreren Betrieben beschließt, die Produktion unternehmensweit neu zu strukturieren und dazu einen der Betriebe stillzulegen. Der Betriebsrat des betroffenen Betriebes erfährt dies vom Arbeitnehmervertreter im Aufsichtsrat und wendet sich sofort an die örtliche Gewerkschaft. Auf den Rat der Gewerkschaft hin fordert er zunächst umfassende Informationen über die geplante Stilllegung. Gemeinsam mit einem Sachverständigen wird ein erstes Grobkonzept entwickelt, das eine Umverteilung der Produktion mit dem Ziel vorsieht, alle Standorte zu sichern, und das damit zumindest für einen Teil des von der Stilllegung bedrohten Betriebes ein weiteres Überleben sichern würde. Allerdings scheitert der Versuch, dieses Konzept zu einem Vorschlag des Gesamtbetriebsrats zu machen, weil die Mitglieder des Gesamtbetriebsrats der vom Arbeitgeberkonzept begünstigten Betriebe die Gegenvorschläge nicht mittragen wollen.

Der Arbeitgeber, dem die Spannungen im Gesamtbetriebsrat nicht verborgen bleibt, nutzt diese Situation, indem er den Beschäftigten des bedrohten Betriebes Aufhebungsverträge und die Zahlung von Abfindungen anbietet. Nachdem ein großer Teil der qualifizierten Beschäftigten, die für das Weiterführungskonzept notwendig gewesen wären, Aufhebungsverträge abgeschlossen haben, muss der Betriebsrat seine Strategie ändern. Er bot nun dem Arbeitgeber an, sein Weiterführungskonzept im Rahmen des Interessenausgleichs nicht weiter zu verfolgen, wenn dieser im Gegenzug einen gut dotierten Sozialplan unterschreibt. Der Arbeitgeber akzeptiert. Es wird ein Sozialplan vereinbart, der für die noch nicht ausgeschiedenen Beschäftigten Abfindungen vorsieht, die im Schnitt um die Hälfte über den im Zusammenhang mit den Aufhebungsverträgen gezahlten Abfindungen liegen.

Fall 3: Betriebsverlegung

Der Betriebsrat der Filiale (50 Beschäftigte) eines großen Handelsunternehmens wird vom Arbeitgeber informiert, dass diese zum Ende des folgenden Monats an einen 50 km entfernten Ort verlegt werden soll. Zugleich wird dem Betriebsrat eine

Vereinbarung zur Unterschrift vorgelegt, die seine Zustimmung zur Verlagerung enthält sowie für eine Übergangszeit von einem Jahr Fahrgeldzuschüsse für den verlängerten Anfahrtsweg und geringe Abfindungen für Arbeitnehmer vorsieht, die den Umzug nicht mitmachen wollen. Der Betriebsrat wird vom Arbeitgeber aufgefordert, diese Vereinbarung innerhalb einer Woche zu unterschreiben, damit der Umzugstermin nicht gefährdet werde und die Beschäftigten möglichst frühzeitig entscheiden können, ob sie auch am neuen Ort tätig bleiben wollen. Im Betriebsrat wird diese Situation kontrovers, aber ohne Ergebnis diskutiert. Der Betriebsratsvorsitzende und seine Stellvertreterin gehen deshalb ohne klares Konzept in die Verhandlungen. Auf Nachfrage ist der Arbeitgeber nicht bereit, sein bisheriges Verhandlungsangebot wesentlich zu verändern. Außerdem behauptet er, der Umzug und damit alle Arbeitsplätze seien ernsthaft gefährdet, wenn der Betriebsrat der Verlagerung nicht bald zustimme und die angebotene Vereinbarung unterschreibe. Derart unter Druck gesetzt, stimmt der Betriebsrat in der darauffolgenden Woche der vom Arbeitgeber vorgeschlagenen Betriebsvereinbarung ohne wesentliche Änderungen zu.

Fall 4: Änderung der Betriebsanlagen

Der Betriebsrat eines florierenden Betriebes mit 190 Beschäftigten erhält vom Arbeitgeber 20 betriebsbedingte Kündigungen zur Anhörung, die mit der Einführung neuer Maschinen in der Produktion begründet werden. Der Betriebsrat widerspricht den Kündigungen und fordert den Arbeitgeber auf, zunächst über die hier vorgesehene Betriebsänderung informiert zu werden. Da der Arbeitgeber dies auch nach mehreren Aufforderungen ablehnt, ruft der Betriebsrat die *Einigungsstelle* zum Interessenausgleich und Sozialplan an.

In der Einigungsstelle wird bald deutlich, dass der Einigungsstellenvorsitzende das vom Betriebsrat vorgelegte Konzept für den Erhalt der Arbeitsplätze für sehr interessant hält. Er macht den Vertretern der Arbeitgeberseite deshalb deutlich, dass er sie bei einer weiteren Verweigerungshaltung zwar nicht zur Annahme des Konzepts zwingen könne, jedoch im Falle der Ablehnung den relativ hohen Abfindungsforderungen des BR zuzustimmen geneigt sei. Daraufhin einigen sich Betriebsrat und Arbeitgeber auf einen Interessenausgleich, der die ursprünglichen Vorschläge des Betriebsrats zumindest teilweise enthält. Im Sozialplan werden für die zu Entlassenden akzeptable Abfindungen vereinbart, die auch den vorab Ausgeschiedenen zustehen. Tatsächlich kommt es nur zu zwei Entlassungen. Von den restlichen 18 ursprünglich zur Entlassung vorgesehenen Beschäftigten konnten 15 – zum Teil nach einer Versetzung – im Betrieb weiterbeschäftigt werden, während 3 den Betrieb vorab freiwillig verlassen hatten.

Fall 5: Schleichende Betriebsänderung

In einem Betrieb häufen sich seit einiger Zeit personen- und verhaltensbedingte Kündigungen, ohne dass die freiwerdenden Arbeitsplätze wieder besetzt werden. Als der Arbeitgeber weitere 10 betriebsbedingte Kündigungen wegen organisatorischer Veränderungen im Verwaltungsbereich ankündigt, widerspricht ihnen der

Betriebsrat, wie zuvor auch schon den personen- und verhaltensbedingten Kündigungen. Zugleich fordert er den Arbeitgeber zu Interessenausgleichs- und Sozialplanverhandlungen über die aus seiner Sicht schon laufende Betriebsänderung auf. Er argumentiert dabei mit der Gesamtplanung des Unternehmens, die Hintergrund für die Entlassungen der letzten sechs Monate gewesen sei. Der Arbeitgeber spricht die Kündigungen dennoch aus und bestreitet das Vorliegen einer Betriebsänderung.
Der Betriebsrat rät daraufhin den Betroffenen, Kündigungsschutzklage zu erheben und zugleich für den Fall des Scheiterns einen Nachteilsausgleich einzuklagen. Außerdem ruft er die Einigungsstelle zur Verhandlung über Interessenausgleich und Sozialplan an. Nachdem der Arbeitgeber die Anrufung der Einigungsstelle ablehnt, wird diese auf Antrag des Betriebsrats durch das Arbeitsgericht eingesetzt. Die Einigungsstelle stellt mehrheitlich mit den Stimmen der Beisitzer des Betriebsrats und des Einigungsstellenvorsitzenden zunächst fest, dass eine Betriebsänderung vorliegt, sieht sich jedoch für den Interessenausgleich als nicht zuständig an, da die Betriebsänderung bereits mit den letzten Kündigungen abgeschlossen sei. Der mit einem Spruch zu Stande gekommene Sozialplan enthält für alle in den letzten sechs Monaten betriebsbedingt entlassenen Arbeitnehmern Abfindungen, die deutlich über dem ursprünglichen Angebot des Arbeitgebers in der Einigungsstelle liegen. Die meisten Betroffenen ziehen danach ihre arbeitsgerichtlichen Klagen zurück. Einige führen sie jedoch fort und können zwar nicht die Weiterbeschäftigung erreichen, bekommen vom Gericht jedoch wegen des vom Arbeitgeber unterlassenen Interessenausgleichs einen Nachteilsausgleich zugesprochen, der allerdings mit der höheren Sozialplanabfindung verrechnet wird.

Fall 6: Unternehmens-/ Betriebsspaltung
Der Gesamtbetriebsrat eines aus drei Betrieben bestehenden Unternehmens wird vom Arbeitgeber anhand des Entwurfs eines Spaltungsvertrages darüber informiert, dass die drei Betriebe gem. § 123 Abs. 2 UmwG vom Unternehmen abgespalten und rechtlich verselbstständigt werden sollen (Spaltung zur Neugründung), wobei lediglich die bisher zum Betrieb A gehörige Zentralverwaltung beim bisherigen Unternehmen verbleiben soll. Der Arbeitgeber führt dabei aus, dass zwar alle bis auf die in der Zentralverwaltung beschäftigten Arbeitnehmer neue Arbeitgeber erhalten werden, jedoch kein Handlungsbedarf für den Gesamtbetriebsrat und die örtlichen Betriebsräte bestehe, da das Umwandlungsgesetz sowie § 613a BGB einen ausreichenden Schutz für die betroffenen Arbeitnehmer darstellten. Der Vorsitzende des Gesamtbetriebsrats befürchtet jedoch, dass sich die tarifliche Situation verschlechtern könnte, wenn die Tarifverträge nur für die bisherigen Beschäftigten im eingefrorenen Zustand weitergelten würden, dass die bestehenden Gesamtbetriebsvereinbarungen in den abgespaltenen Betrieben, die nunmehr rechtlich selbstständige Unternehmen sind, keine Anwendung mehr finden könnten und dass sich die betriebsverfassungsrechtliche Situation der Arbeitnehmer der Zentralverwaltung verschlechtern könnte. Außerdem weiß er aus seiner Aufsichtsratstätigkeit, dass zumindest mit zwei Interessenten schon ernsthaft über den Ver-

kauf der Betriebe B und C verhandelt wird und befürchtet, dass die Käufer anschließend umfangreiche Rationalisierungsmaßnahmen durchführen werden.
Nach Rücksprache mit einem Rechtsanwalt fordert der Gesamtbetriebsrat den Arbeitgeber zu Interessenausgleichs- und Sozialplanverhandlungen auf, da seiner Meinung nach die vorgesehenen Abspaltungen mit einer grundsätzlichen Änderung der Betriebsorganisation in den einzelnen Betrieben verbunden sei und somit eine unternehmensweite Betriebsänderung geplant sei, für die der Gesamtbetriebsrat originär zuständig sei. Der Arbeitgeber weigert sich zunächst, in Verhandlungen mit dem Gesamtbetriebsrat einzutreten, da die vorgesehenen Unternehmensspaltungen seines Erachtens bezüglich der Betriebe B und C keine Betriebsspaltungen und damit keine Betriebsänderungen darstellen. Lediglich in Betrieb A läge möglicherweise eine Betriebsänderung vor, über die ggf. mit dem örtlichen Betriebsrat zu verhandeln wäre. Der Abschluss von Sozialplänen sei außerdem schon deshalb nicht notwendig, da im Zusammenhang mit den vorgesehenen Abspaltungen keine Entlassungen vorgesehen und zudem gem. § 613a Abs. 4 BGB auch unwirksam wären. Sozialpläne seien deshalb allenfalls nach den angestrebten Verkäufen auf örtlicher Ebene zwischen den Betriebsräten und den neuen Arbeitgebern auszuhandeln, wenn diese später eine Betriebsänderung durchführen wollten.
In den einzelnen Betrieben werden daraufhin zeitlich koordinierte Betriebsversammlungen durchgeführt, in denen über die Spaltungen, die drohenden Verkäufe und die daraus resultierenden Gefahren für die Arbeitnehmer informiert wird. Um weitere Unruhe im Unternehmen zu vermeiden und die angestrebten Verkäufe nicht zu gefährden, willigt der Arbeitgeber in Verhandlungen mit dem Gesamtbetriebsrat ein, nachdem die örtlichen Betriebsräte den Gesamtbetriebsrat vorsorglich mit der Verhandlungsführung beauftragt haben. Nach zähen, unter Beteiligung der Gewerkschaft geführten Verhandlungen werden noch vor der Eintragung der Spaltungen in die Handelsregister folgende Vereinbarungen abgeschlossen:

1. Der Arbeitgeber stimmt der Sichtweise des Gesamtbetriebsrats zu, dass der Betrieb A zukünftig unverändert als Gemeinschaftsbetrieb von dem bisherigen Unternehmen und dem durch die Spaltung neu entstehenden Unternehmen geführt wird und verpflichtet sich, dass er der entsprechenden Vermutung des § 322 UmwG nicht entgegentreten wird.
2. Der Alleingesellschafter des Unternehmens verpflichtet sich, dass er die im Rahmen der Spaltung neu entstehenden Unternehmen anweisen wird, den zuständigen Arbeitgeberverbänden beizutreten, sodass die kollektivrechtliche Fortgeltung der Tarifverträge gesichert ist.
3. Es wird ein unternehmensweit gültiger Rahmensozialplan abgeschlossen, der für einen Zeitraum von zwei Jahren Abfindungsregelungen für betriebsbedingtes Ausscheiden und Einkommenssicherungen für Versetzungen enthält.
4. Alle bisherigen Gesamtbetriebsvereinbarungen einschließlich des Rahmensozialplans werden den örtlichen Betriebsräten unverändert zum Abschluss angeboten.

Fall 7: Insolvenz

Der Betriebsrat eines kleinen Unternehmens wird vom Insolvenzantrag des Geschäftsführers vollständig überrascht. Nach Eröffnung des Insolvenzverfahrens wird dem Betriebsrat vom Insolvenzverwalter ein Interessenausgleich vorgelegt, der die schrittweise Schließung des Betriebes innerhalb von drei Monaten sowie den Abschluss eines Sozialplans vorsieht. Dem Interessenausgleich ist eine Liste aller Arbeitnehmer des Betriebes mit den jeweiligen Kündigungsterminen beigefügt. Da der Betriebsrat erfahren hat, dass mit einem Prokuristen und einem Meister über eine Fortführung des Betriebes in einer zu gründenden Auffanggesellschaft mit knapp der Hälfte der bisherigen Belegschaft verhandelt wird, lehnt er das Ansinnen des Insolvenzverwalters ab. Außerdem macht der Betriebsrat deutlich, dass er einen Interessenausgleich nur zusammen mit einem Sozialplan abschließen werde. Der Insolvenzverwalter bestätigt die Verhandlungen über eine Auffanggesellschaft, behauptet jedoch, dass ohne Unterschrift des Betriebsrats unter den Interessenausgleich eine zumindest teilweise Fortführung des Betriebes unmöglich werde, da sich sonst alle bisherigen Arbeitnehmer in die Auffanggesellschaft einklagen könnten. Da der Betriebsrat dennoch nicht zu einer Unterschrift unter den Interessenausgleich bereit ist, werden die Verhandlungen zunächst vertagt.

Nach fünf Wochen legt der Insolvenzverwalter dem Betriebsrat einen neuen Interessenausgleichsentwurf vor, der die Fortführung des Betriebes in der Auffanggesellschaft mit einer halbierten Beschäftigtenzahl sowie eine Liste der zu kündigenden Arbeitnehmer vorsieht. Außerdem schlägt der Insolvenzverwalter einen Sozialplan vor, der für die von Entlassung betroffenen Arbeitnehmer eine Abfindung von zweieinhalb Bruttomonatsverdiensten beinhaltet, die jedoch anteilig zu kürzen ist, wenn das sich so ergebende Sozialplanvolumen größer ist als ein Drittel der zur Verteilung an die Insolvenzgläubiger zur Verfügung stehenden Masse.

Um die Fortführung des Betriebes zumindest für einen Teil der Belegschaft nicht zu gefährden, lässt sich der Betriebsrat grundsätzlich auf den Vorschlag des Insolvenzverwalters ein und unterschreibt Interessenausgleich und Sozialplan, nachdem er erreichen konnte, dass einige sozial besonders hart von Arbeitslosigkeit betroffene Arbeitnehmer von der Kündigungsliste gestrichen werden konnten und dass der Sozialplan eine bei Ende des Arbeitsverhältnisses auszahlbare Abschlagszahlung von 50 % der voraussichtlichen Abfindung für den Fall der Zustimmung des Insolvenzgerichts beinhaltet.

II. »Letztlich geht es doch nur um die Höhe der Abfindungen« – Anmerkungen zur Praxis von Interessenausgleich und Sozialplan

Die obigen Fälle wurden gewählt, um typische Probleme darzustellen, mit denen sich Betriebsräte auseinandersetzen müssen, wenn sie mit Betriebsänderungen konfrontiert werden. Diese Probleme sind nach unserer Erfahrung nicht nur durch das Verhalten der Arbeitgeberseite bedingt. Zu einem nicht unerheblichen Teil bestehen auch »hausgemachte« Probleme, die auf mangelnde rechtliche und betriebswirtschaftliche Kenntnisse, auf zu geringes Problembewusstsein, ungenügende externe Unterstützung, unzureichende Organisation der Betriebsratsarbeit, auf mangelnde Konfliktbereitschaft und auf fehlende Phantasie über alternative Gestaltungsmöglichkeiten des Betriebsrats zurückzuführen sind. Dies ist den Betriebsräten i. d. R. jedoch nicht vorzuwerfen, da die meisten Betriebsratsmitglieder mit einer Betriebsänderung zum ersten Mal konfrontiert werden, im Gremium also i. d. R. wenig Erfahrungswissen zu dieser Problematik vorliegt.

Ein Betriebsrat, der eine Betriebsänderung zu bewältigen hat, steht zumeist vor einer sehr schwierigen Situation, die ihm wirtschaftliche und rechtliche Kenntnisse, Verhandlungsgeschick, gute Öffentlichkeitsarbeit und oft auch taktisches Gespür abverlangt. Da auch Betriebsratsmitglieder nur Menschen sind, können bei den Auseinandersetzungen um die Betriebsänderung natürlich auch Fehler gemacht werden. Die häufigsten und schwerwiegendsten Fehler, die dabei nach unseren Erfahrungen gemacht werden, lassen sich folgendermaßen zusammenfassen:

- *Betriebsänderungen werden zu spät erkannt.*
  Dazu trägt zwar die Arbeitgeberseite durch verspätete Information häufig bei; von Betriebsratsseite werden jedoch die oftmals vorhandenen Warnsignale im Vorfeld allzu leicht übersehen.
- *Betriebsräte sehen ihre Aufgabe nur in der Aushandlung eines möglichst gut dotierten Sozialplans.*
  Zu dieser Einstellung kommen Betriebsräte, weil sie die Chancen zur Durchsetzung von Änderungen an den Planungen des Arbeitgebers viel zu gering einschätzen. Diese Einschätzung mag zwar in vielen Fällen gerechtfertigt sein. Dennoch gibt der Betriebsrat unnötig Verhandlungsterrain auf, das auch für die Verbesserung des Sozialplans genutzt werden könnte.
- *Ernsthafte Versuche, Arbeitsplätze durch alternative Vorschläge zu erhalten oder durch Qualifizierungsmaßnahmen die Arbeitsmarktchancen der von Entlassung betroffenen Arbeitnehmer in einer Übergangsphase zu verbessern, werden zu selten unternommen.*

Entsprechende Konzepte, wie z. B. Beschäftigungspläne oder Transfersozialpläne, werden zwar von Gewerkschaften schon länger gefordert, dennoch bedarf es meist professioneller externer Unterstützung, um einerseits die nach dem SGB III möglichen Mittel zur Finanzierung solcher Sozialpläne weitgehend auszuschöpfen und um andererseits das Management und nicht zuletzt auch die betroffenen Beschäftigten von der Vorteilhaftigkeit solcher auf Verbesserung zukünftiger Arbeitsmarktchancen abzielender Pläne zu überzeugen.

- *Betriebsräte lassen sich bei den Verhandlungen unnötig unter Zeitdruck setzen.* Ursache hierfür ist zum einen die häufig verspätete Information durch den Arbeitgeber. Zum anderen lassen sich Betriebsräte häufig auch unnötig auf die Forderungen des Arbeitgebers nach kurzfristig angesetzten Verhandlungsterminen ein. Zwar gibt es extreme Fälle, in denen ein kurzfristiges Handeln auch von Betriebsratsseite für das Überleben des Betriebes erforderlich ist. In der Regel kann es jedoch bei rechtzeitiger Einschaltung des Betriebsrats auf zwei oder vier Wochen nicht ankommen.
- *Betriebsräte lassen sich auf Verhandlungen ein, ohne über ausreichende Informationen über die Planungen des Arbeitgebers zu verfügen.*
  Ursache ist oft genug der Zeitdruck, teilweise bestehen jedoch auch zu wenige Kenntnisse, über welche Unterlagen der Arbeitgeber verfügt und wie diese Informationen im Rahmen der Verhandlungen genutzt werden können.
- *Betriebsräte versäumen es, eigene Zielvorstellungen im Zusammenhang mit der Betriebsänderung zu formulieren.*
  Ohne klar definierte, realistische Ziele ist der Betriebsrat dem Arbeitgeber bei den Verhandlungen zumeist klar unterlegen, weil der Arbeitgeber sehr zielstrebig verhandelt.
- *Betriebsräte versäumen es, die Belegschaft und ggf. die Öffentlichkeit in die Auseinandersetzung um die Betriebsänderung einzubeziehen.*
  Diese Einbeziehung ist jedoch vor dem Hintergrund der ungenügenden Mitbestimmungsrechte bei den Fragen, ob, wann und wie die Betriebsänderung durchgeführt werden soll, unbedingt erforderlich.
- *Betriebsräte versäumen es, sich vor Aufnahme der Verhandlungen externe Unterstützung zu besorgen.*
  Leider kommt es immer wieder vor, dass der Gewerkschaftssekretär oder sonstige externe Personen (Rechtsanwälte, Sachverständige) vom Betriebsrat – wenn überhaupt – erst in letzter Minute hinzugezogen werden. Liegen die Verhandlungspositionen aber schon auf dem Tisch, wird es auch für den besten Berater schwierig, vorhandene Schwachstellen der Betriebsratsposition noch zu beheben.
- *Betriebsräte gehen in die Verhandlungen ohne ausreichende eigene Verhandlungsentwürfe.*

Obwohl es aus Sicht des Betriebsrats fraglos besser ist, den eigenen Entwurf zur Verhandlungsgrundlage zu machen, kommt es zum Teil auch wegen des Zeitdrucks immer wieder zu Fällen, in denen nur Verhandlungsentwürfe des Arbeitgebers auf dem Tisch liegen.

- *Betriebsräte verzichten darauf, im Rahmen der Verhandlungen die Einigungsstelle einzuschalten.*
  Zwar kann die Anrufung der Einigungsstelle im Zusammenhang mit Betriebsänderungen nicht grundsätzlich empfohlen werden. Jedoch gibt es nahezu bei jeder Verhandlung über Betriebsänderungen einen Zeitpunkt, in dem die Anrufung der Einigungsstelle zumindest angedroht werden sollte. Insbesondere vor der Zustimmung des Betriebsrats zu einem »faulen« Kompromiss ist das Einschalten der Einigungsstelle allemal die bessere Alternative.

III. Zielsetzung und Aufbau des Handbuchs

Mit dem vorliegenden Handbuch sollen all diejenigen, die mit Änderungen von Unternehmens- und Betriebsstrukturen konfrontiert werden und sich mit dem Thema Interessenausgleich und Sozialplan befassen müssen, einen Ratgeber an die Hand bekommen, mit dem die genannten Probleme erkannt und entsprechende Fehler möglichst vermieden werden sollen. Dazu wurde eine Vielzahl von Beispielen in das Handbuch aufgenommen. Mit Hilfe von *Checklisten, Ablaufdiagrammen* und *konkreten Regelungsbeispielen* soll dem Betriebsrat die Arbeit erleichtert und Mut gemacht werden.

An den Anfang des Handbuchs wird in *Kapitel B* eine Darstellung der wichtigsten rechtlichen Fragen gestellt, die im Zusammenhang mit Betriebsänderungen auftreten können. Für denjenigen, der sich erstmals mit diesem Thema beschäftigt, wird dieses Kapitel zunächst nur schwer verdaulich sein. Allerdings ist die Kenntnis der Rechtslage für die Entwicklung eines Betriebsratskonzepts sehr wichtig, weil schon bei dessen Planung die Durchsetzungschancen bedacht und die Möglichkeiten bekannt sein sollten, auf den Arbeitgeber notfalls auch Druck ausüben zu können. Außerdem wurde durch eine tiefgehende Gliederung versucht, dem Leser zu zeigen, an welchen Stellen eine Vertiefung für seinen speziellen Fall nicht notwendig ist und Abschnitte übersprungen werden können.

Im Anschluss werden in *Kapitel C* die gängigen Arbeitgeberinteressen und -strategien behandelt, die im Zusammenhang mit Betriebsänderungen festzustellen sind. Ihre Kenntnis ist wichtig, damit sich der Betriebsrat auf die zu erwartenden Verhaltensweisen des Arbeitgebers einstellen kann.

Da die Arbeitgeber über geplante Betriebsänderungen häufig erst zu spät informieren, ist es für den Betriebsrat wichtig, drohende Betriebsänderungen auch ohne eine Ankündigung durch den Arbeitgeber möglichst frühzeitig zu erkennen. Da Unternehmenskrisen fast immer die Ursache für Betriebsänderungen sind, steht die Früherkennung solcher Krisen im Mittelpunkt von *Kapitel D.* Es ist insbesondere für Leser gedacht, die dieses Buch auch ohne konkrete Ankündigung einer Betriebsänderung durch den Arbeitgeber zur Hand nehmen, um von der Entwicklung nicht überrollt zu werden.

Der weitere Aufbau hält sich an den in *Übersicht 1* dargestellten idealtypischen Ablauf von Betriebsänderungen. Von diesem Ablauf wird in der Praxis je nach Situation des Einzelfalls oft abgewichen. Häufig werden einzelne Schritte übersprungen oder es kommt zu Rücksprüngen, um einzelne Schritte zu vertiefen. Im jeweiligen Einzelfall wird es deshalb nicht immer gelingen und sinnvoll sein, die aufgeführten Schritte in der angegebenen Reihenfolge durchzuführen. Das Handbuch hält sich jedoch an diesen Ablauf und ist so abgefasst, dass die einzelnen Abschnitte auch verständlich bleiben, wenn vorhergehende Abschnitte nicht gelesen wurden, weil der entsprechende Schritt im konkreten Einzelfall nicht möglich oder notwendig ist.

In *Kapitel E* werden die Schritte des Betriebsrats beschrieben, die dieser durchführen sollte, wenn er von einer geplanten Betriebsänderung erfährt. Bevor er sich auf konkrete Verhandlungen mit dem Arbeitgeber einlässt, sollte er seinen und den Informationsanspruch des Wirtschaftsausschusses – wenn es ihn denn gibt – weitgehend ausschöpfen (Abschnitt III), nach Rücksprache mit der Belegschaft eigene Vorschläge zur geplanten Betriebsänderung entwickeln (Abschnitt IV) und sich Durchsetzungsstrategien überlegen (Abschnitt V).

Die für den Betriebsrat wichtigen Punkte für Ablauf und Durchführung der Verhandlungen sind in *Kapitel F* dargestellt. Hier geht es vor allem um die konkrete Verhandlungsvorbereitung (Abschnitt I), um die Grundsätze der Verhandlungsführung für den Betriebsrat (Abschnitt II) und um die Überlegungen zur Einschaltung der Einigungsstelle (Abschnitt III).

Kapitel G enthält Hinweise darauf, welche Regelungen in den Verhandlungen über den Interessenausgleich angestrebt werden können. Der Schwerpunkt liegt dabei auf Vorschlägen für Regelungen, die einen Personalabbau möglicherweise vermeiden oder vermindern, die Qualifikation betroffener Arbeitnehmer erhöhen oder für einen sozialverträglichen Personalabbau sorgen. Von besonderer Bedeutung sind hier die auf dem SGB III basierenden Regelungsvorschläge für die Errichtung von Transfergesellschaften und -agenturen.

In *Kapitel H* sind Regelungsvorschläge für den Sozialplan enthalten. Dabei werden jeweils die Überlegungen, die aus Arbeitnehmersicht für die Regelungen sprechen, und die zu erwartenden Gegenpositionen des Arbeitgebers dargestellt. Bei den Regelungsbereichen, die erfahrungsgemäß zum Konflikt mit dem Arbeitgeber führen, werden auch Hinweise für mögliche Argumentationslinien des Betriebsrats gegeben. Diese beiden Kapitel brauchen nicht in der vorliegenden

Übersicht 1:
Idealtypischer Ablauf von Betriebsänderungen

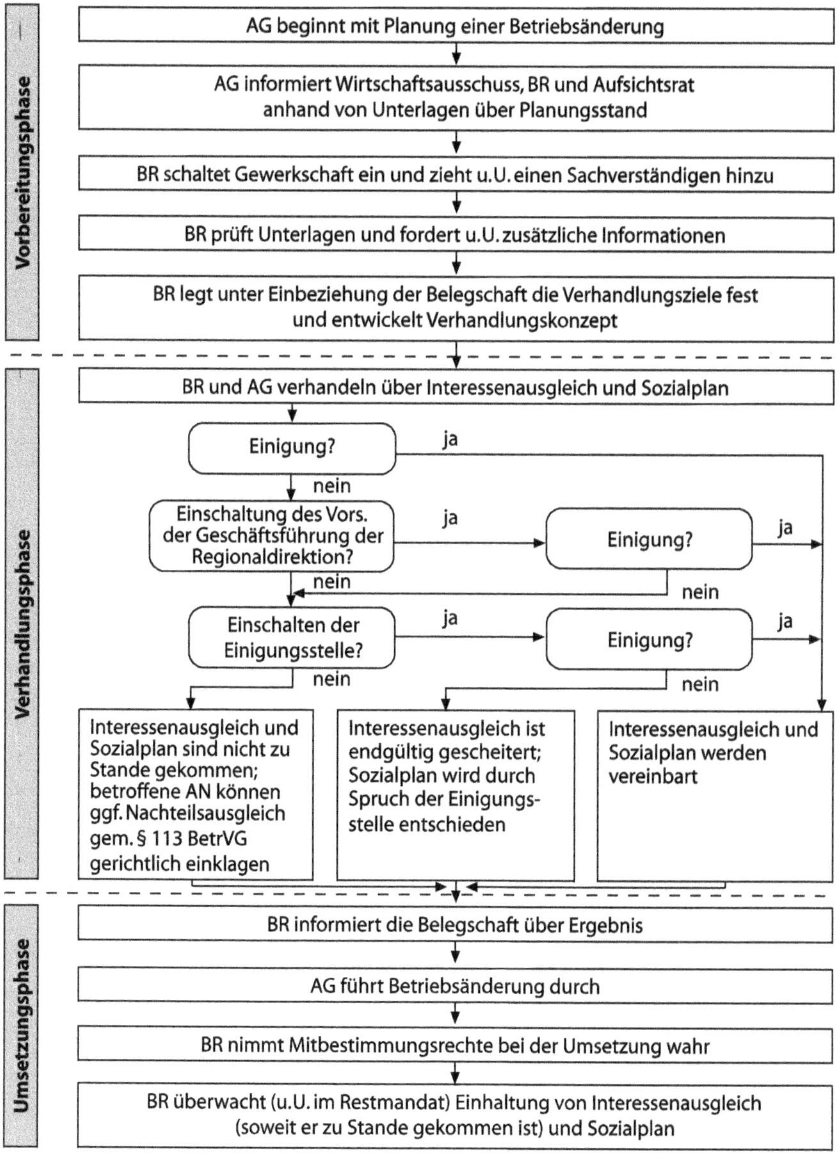

Reihenfolge der Abschnitte gelesen zu werden, der Betriebsrat kann sich vielmehr jeweils die Abschnitte auswählen, die für den aktuell vorliegenden Betriebsänderungsfall sinnvoll sind.

Kapitel I beschäftigt sich mit der Frage nach der Höhe des Sozialplanvolumens. Im Mittelpunkt stehen zwei Problemkreise: erstens die Frage nach der Prognose der wirtschaftlichen Nachteile für betroffene Arbeitnehmer (Abschnitt II) und zweitens die Beurteilung des Sozialplanvolumens bezüglich der wirtschaftlichen Vertretbarkeit für das Unternehmen und den Bestand der verbleibenden Arbeitsplätze (Abschnitt III).

Kapitel J enthält Hinweise zur Umsetzung der Betriebsänderung. Es reicht deshalb aus, dieses Kapitel zu lesen, wenn die Verhandlungen über den Interessenausgleich beendet sind – es sei denn, der Arbeitgeber beginnt mit der Umsetzung der Betriebsänderung schon vorher.

In *Kapitel K* werden ausführlich die Betriebsänderungen im Zusammenhang mit unternehmensrechtlichen Strukturveränderungen behandelt. Im Mittelpunkt stehen dabei die hier relevanten Umwandlungsarten nach dem UmwG (Zusammenschluss und Spaltung). Darüber hinaus werden aber auch andere Strukturveränderungen (Share- und Asset-Deal, Anwachsung, Outsourcing) und der damit verbundene Handlungs- und Regelungsbedarf der Betriebsräte angesprochen.

In *Kapitel L* sind Verhandlungsablauf und Ergebnis einiger Betriebsänderungsfälle ausführlich dargestellt. Sie sollen als beispielhafte Illustration der im Handbuch gemachten Vorschläge dienen.

Der *Anhang* enthält Musterverträge im Zusammenhang mit der Errichtung von Transfergesellschaften. Auf den Abdruck eines vollständigen Interessenausgleichs und Sozialplans haben wir bewusst verzichtet, da solche Vereinbarungen zu leicht als Mustervereinbarungen verwendet werden, die jedoch der jeweiligen Situation des Einzelfalls nur selten gerecht werden können.

In dieses Buch sind die teilweise jahrzehntelangen Erfahrungen der Autoren bei der Beratung von Betriebsräten bei Betriebsänderungen, als externe Beisitzer des Betriebsrats in entsprechenden Einigungsstellenverfahren sowie aus der Analyse von vielen hundert Interessenausgleichen und Sozialplänen und Tarifsozialplänen für die Hans-Böckler-Stiftung eingeflossen (*Laßmann/Riegel* 2017, *Laßmann*/Rupp 2010, Rupp 2012).

Ab dieser Auflage wird auf den Abdruck von Leitsätzen aus der Rechtsprechung des Bundesarbeitsgerichts im Anhang verzichtet. Durch die Angabe der Aktenzeichen im Text können die Urteile leicht im Internet aufgefunden werden (z. B. *www.dejure.org*).

IV. Vertiefende und weiterführende Literatur

Hamm/Rupp, Veräußerung und Restrukturierung von Unternehmen, 2. Aufl. 2012

Hamm/Rupp, Beschäftigungssicherung, Interessenausgleich und Sozialplan. Handlungshilfe für Betriebsräte und Vertrauensleute, 2. Aufl. 2015

Laßmann/Riegel, Interessenausgleich und Sozialplan. Analyse und Handlungsempfehlungen, Praxiswissen Betriebsvereinbarungen. STUDY Nr. 360. Schriftenreihe der Hans-Böckler-Stiftung, 2017

Laßmann/Rupp, Beschäftigungssicherung, 2. Aufl. 2010

Rupp, Restrukturierungsprozesse in Betrieben und Unternehmen. Analyse und Handlungsempfehlungen. Schriftenreihe der Hans-Böckler-Stiftung, 2012

B. Rechtliche Grundlagen

Inhaltsübersicht

Plant der Arbeitgeber, Maßnahmen umzusetzen, die eine mitbestimmungspflichtige Betriebsänderung darstellen, hat er den Betriebsrat zunächst rechtzeitig und umfassend zu informieren. Dann muss er die Maßnahmen mit ihm beraten. Die Beratungen erstrecken sich dabei zum einen auf einen Interessenausgleich, zum anderen auf einen Sozialplan. Können sich beide Seiten nicht einigen, kann nur der Sozialplan über die Einigungsstelle erzwungen werden. Versucht der Arbeitgeber nicht ernsthaft, eine Einigung über den Interessenaus-

gleich zustande zu bringen oder weicht der Arbeitgeber von einem vereinbarten Interessenausgleich ohne zwingenden Grund ab, so haben die betroffenen Arbeitnehmer/innen Anspruch auf einen Nachteilsausgleich (§ 113 BetrVG). Mitbestimmungsrechte des Betriebsrats bestehen jedoch nicht nur bei der Planung, sondern können daneben auch bei der Umsetzung der Betriebsänderung bestehen, bspw. wenn auch Rechte nach § 87 BetrVG bestehen (z. B. bei notwendigen Veränderungen der EDV nach Abs. 1 Nr. 6).
Wegen der nicht erzwingbaren Rechte des Betriebsrats nach § 111 BetrVG, auf die Maßnahmen der Betriebsänderung selbst Einfluss nehmen zu können, sollte der Betriebsrat überlegen, zumindest bei gravierenden Betriebsänderungen (z. B. Betriebsstilllegungen, Standortverlagerungen) neben der Nutzung der betriebsverfassungsrechtlichen Instrumente Interessenausgleich und Sozialplan parallel dazu auch unter Einschaltung der Gewerkschaft das Instrument des Tarifvertrages einzusetzen (sog. Tarifsozialplan).
In diesem Kapitel werden im Wesentlichen die rechtlichen Grundlagen für folgende Fragen behandelt:

- Was ist eine mitbestimmungspflichtige Betriebsänderung?
- Welche Informations-, Beratungs- und erzwingbaren Mitbestimmungsrechte hat der Betriebsrat bei mitbestimmungspflichtigen Betriebsänderungen?
- Welche Möglichkeiten bietet die Einigungsstelle zur Durchsetzung der Mitbestimmungsrechte?
- Was muss der Betriebsrat über den Nachteilsausgleich wissen?
- Welche Mitbestimmungsrechte bestehen bei der Durchführung einer Betriebsänderung?
- Welche Sonderregelungen gelten im Insolvenzfall?
- Welche Sonderregelungen gelten in Tendenzbetrieben?
- Welche Möglichkeiten der Bezuschussung von Sozialplanleistungen bietet das Sozialgesetzbuch (SGB III)?
- Was ist ein Tarifsozialplan und unter welchen Voraussetzungen kann dieses Instrument sinnvoll genutzt werden?

I. Was ist eine mitbestimmungspflichtige Betriebsänderung?

Damit die §§ 111 ff. BetrVG überhaupt Anwendung finden können, müssen folgende Eingangsvoraussetzungen erfüllt sein:

1. Der nach dem BetrVG für die Wahrnehmung der Rechte zuständige Betriebsrat muss zu Beginn der Planungen existieren.

2. Im Unternehmen müssen i. d. R. mehr als 20 wahlberechtigte Arbeitnehmer/innen beschäftigt werden.
3. Die geplante Maßnahme muss eine Betriebsänderung darstellen.
4. Es muss die Möglichkeit bestehen, dass die Betriebsänderung wesentliche Nachteile für Beschäftigte des Unternehmens zur Folge haben kann.
5. Es muss die gesamte Belegschaft oder wenigstens ein erheblicher Teil der Belegschaft von der Betriebsänderung betroffen sein.

1. Existenz eines Betriebsrats

Das Mitbestimmungsrecht ist zunächst an die Existenz eines Betriebsrats gekoppelt. Nach herrschender Meinung kommen die Rechte der §§ 111 bis 113 BetrVG nicht in Betracht, wenn zum Zeitpunkt der Entscheidung über die Betriebsänderung und noch bis zur Durchführung der Betriebsänderung kein Betriebsrat existiert. Nach Ansicht des BAG kann ein Sozialplan nach § 112 BetrVG auch nicht erzwungen werden, wenn der Betriebsrat erst im Stilllegungszeitraum gewählt wurde (BAG 20.4.1982 – 1ABR 3/80). In dem damals entschiedenen Fall war das Wahlverfahren erst eingeleitet worden, nachdem der Arbeitgeber die Betriebsänderung der Belegschaft bekanntgegeben hatte. Ist dagegen das Wahlverfahren eingeleitet worden, bevor der Arbeitgeber seine endgültige Entscheidung über die Betriebsänderung getroffen hat, so ist diese wiederum als mitbestimmungspflichtig anzusehen, wenn die anderen o. g. Voraussetzungen erfüllt sind.
Liegt der seltenere Fall einer unternehmensweiten Betriebsänderung vor, für die der Gesamtbetriebsrat nach dem BetrVG originär zuständig ist, so entfaltet ein vom Gesamtbetriebsrat ausgehandelter Sozialplan auch für einen betriebsratslosen Betrieb Wirkung (§ 50 Abs. 1 BetrVG).

2. Mindestunternehmensgröße

Zur Beantwortung der Frage, ob die Mindestbeschäftigtenzahl von 21 wahlberechtigten Arbeitnehmer/innen in einem Unternehmen (nicht Betrieb!) erreicht wird, ist nicht etwa auf den Zeitpunkt der Betriebsratswahl, sondern auf den Zeitpunkt abzustellen, zu dem die Beteiligungsrechte nach §§ 111 und 112 BetrVG entstehen (BAG 22.2.1983 – 1 AZR 260/81). Maßgeblich ist somit die regelmäßige Beschäftigtenzahl vor Beginn der Betriebsänderung. Dies ist insbesondere dann von Bedeutung, wenn die Betriebsänderung in mehreren Schritten und somit über einen längeren Zeitraum durchgeführt wird und die Anzahl der Arbeitnehmer/innen während der Durchführung unter den Mindestwert von 21 Arbeitnehmer/innen sinkt. Dann kann es dazu kommen, dass der Arbeitgeber behauptet, dass es sich bei der geplanten Maßnahme um keinen weiteren Teil ei-

ner Gesamtplanung, sondern um eine neue Betriebsänderung handelt, bei der nunmehr keine Mitbestimmungsrechte des Betriebsrats bestünden.
Bei der Ermittlung der Zahl der regelmäßig im Unternehmen beschäftigten Arbeitnehmer/innen ist nach der BAG-Rechtsprechung auf die normalerweise im Unternehmen beschäftigten Arbeitnehmer/innen abzustellen. Dabei sind unabhängig von der Ausgestaltung der einzelnen Arbeitsverhältnisse alle wahlberechtigten Beschäftigten nach § 5 Abs.1 BetrVG i. V. m. § 7 BetrVG – somit auch Teilzeitbeschäftigte, Heimarbeiter/innen und überlassene Arbeitnehmer/innen, vor allem Leiharbeitnehmer/innen, mitzuzählen (BAG 18. 10. 2011 – 1 AZR 335/10). Nicht mitzuzählen sind die in § 5 Abs. 2 und 3 BetrVG genannten Gesellschafter, mithelfenden Familienangehörigen und leitenden Angestellten.
Bei der Ermittlung der normalerweise im Unternehmen beschäftigten Arbeitnehmer/innen kann die Frage der Berücksichtigung längerfristig abwesender Arbeitnehmer/innen (z. B. Arbeitnehmer/innen in der Elternzeit, bei der Bundeswehr und langzeiterkrankte Arbeitnehmer/innen), von Aushilfen und befristet Beschäftigten zu Schwierigkeiten führen. Generell ist dabei auf die Zahl der im Unternehmen vorhandenen und normalerweise besetzten Arbeitsplätze abzustellen. Auch langfristig abwesende Arbeitnehmer/innen sind deshalb mitzuzählen, nicht jedoch die konkret für solche Beschäftigten eingestellten Vertretungskräfte. Weitere Aushilfen und befristet Beschäftigten sind in dem Umfang mitzuzählen, wie sie üblicherweise im Unternehmen beschäftigt werden. Sofern dem Betriebsrat aus der Personalplanung (§ 92 BetrVG) ein Stellenplan bekannt ist, kann er die Frage der regelmäßigen Beschäftigtenzahl gut anhand eines solchen Stellenplans überprüfen.
Ein weiteres Problem bei der Ermittlung der regelmäßigen Beschäftigtenzahl kann sich bei Schwankungen der Belegschaftsstärke im Zeitablauf (z. B. bei Saisonbetrieben) ergeben. Nach der BAG-Rechtsprechung bedarf es in solchen Fällen eines Rückblicks und einer Vorschau auf die normalerweise im Unternehmen beschäftigten Arbeitnehmer/innen. Sinnvollerweise müssen bei der Vorschau jedoch die Auswirkungen der geplanten Betriebsänderung selbst ausgeklammert werden. Werden Arbeitnehmer/innen nicht ständig, sondern lediglich zeitweilig beschäftigt, kommt es für die Frage der regelmäßigen Beschäftigung darauf an, ob die Arbeitnehmer/innen während des größten Teils eines Jahres normalerweise beschäftigt sind. Eine Ausnahme gilt lediglich für reine Kampagne-/Saisonbetriebe, die überhaupt nur während eines Teils des Jahres arbeiten; in diesen ist die Beschäftigtenzahl während der Kampagne/Saison maßgebend (BAG 16. 11. 2004 – 1 AZR 642/03). Für den Fall der Betriebsstilllegung hält das BAG nur eine Rückschau auf die personelle Stärke des Unternehmens für sinnvoll (BAG 22. 2. 1983 – 1 AZR 260/81; BAG 16. 11. 2004 – 1 AZR 642/03).
Wird ein Betrieb von mehreren Unternehmen gemeinsam geführt (Gemeinschaftsbetrieb), so ist gerade nach der Betriebsverfassungsreform strittig, wie

Fälle zu bewerten sind, in denen einzelne oder alle beteiligten Unternehmen weniger als 21 Arbeitnehmer/innen beschäftigen, der Gemeinschaftsbetrieb aber mehr als 20 Arbeitnehmer/innen beschäftigt (vgl. die ausführliche Darstellung bei *Fitting*, Rn. 20ff. zu § 111 BetrVG). Nach *DKW* kommt es lediglich auf die Zahl der Arbeitnehmer/innen an, die in dem Gemeinschaftsbetrieb beschäftigt werden. Auf die Unternehmensgröße der einzelnen Unternehmen, die den Gemeinschaftsbetrieb bilden, soll es danach nicht ankommen (*DKW*, Rn. 24a zu § 111 BetrVG; so auch *Wenning-Morgenthaler* 2019, Rn.1010). Das BAG hat diese Rechtsfrage bislang nicht geklärt. Hingegen hat das LAG Düsseldorf (LAG Düsseldorf 19.8.2014 – 17 Sa 67/14), entschieden, dass für die Beurteilung des Schwellenwerts gem. § 111 BetrVG auch nach Änderung des Betriebsverfassungsgesetzes bei einem Gemeinschaftsbetrieb auf die Gesamtzahl der im Gemeinschaftsbetrieb beschäftigten Arbeitnehmer/innen abzustellen ist. Ferner hat es geurteilt, dass alle Unternehmen des Gemeinschaftsbetriebs gemeinsam für einen Nachteilsausgleichsanspruch gem. § 113 Abs. 3 BetrVG haften, wenn eine Betriebsänderung i.S.d. § 111 BetrVG durchgeführt wird, ohne einen Interessenausgleich mit dem Betriebsrat versucht zu haben (LAG Düsseldorf, a.a.O.).

Fitting hält eine Differenzierung nach den einzelnen Beteiligungsrechten für angebracht. Für den Interessenausgleich soll die Zahl der Arbeitnehmer/innen des Gemeinschaftsbetriebes maßgebend sein; für den Sozialplan hingegen soll auf die Zahl der Arbeitnehmer/innen in den einzelnen Unternehmen des Gemeinschaftsbetriebes abgestellt werden (*Fitting*, Rn. 23 zu § 111 BetrVG; anderer Ansicht mit guter Begründung: *Wenning-Morgenthaler* 2019, Rn. 1010). Dies könnte dazu führen, dass für von der Betriebsänderung betroffene Arbeitnehmer/innen aus Unternehmen mit weniger als 21 Arbeitnehmer/innen kein Sozialplan, hingegen für betroffene Arbeitnehmer/innen aus Unternehmen mit mehr als 20 Arbeitnehmer/innen ein Sozialplan vom Betriebsrat des Gemeinschaftsbetriebes erzwungen werden könnte. Wir empfehlen Betriebsräten, sich die Argumentation von *DKW* und *Wenning-Morgenthaler* zu eigen zu machen.

3. Betriebsänderung

Als dritte Voraussetzung für die Anwendbarkeit der §§ 111ff. BetrVG muss die vom Unternehmer vorgesehene Maßnahme inhaltlich eine Betriebsänderung darstellen. Als Betriebsänderung sind dabei nicht Maßnahmen der laufenden Geschäftsführung, sondern nur solche Maßnahmen anzusehen, durch die die Funktionsweise des Betriebes in nicht alltäglicher Weise geändert wird (*DKW*, Rn. 93 zu § 111). Schwierigkeiten kann es an dieser Stelle insbesondere dann geben, wenn fortlaufende Verbesserungsmaßnahmen (KVP) im Rahmen von sog. Lean-Projekten geplant und umgesetzt werden sollen. Auch Maßnahmen, die

der digitalen und/oder ökologischen Transformation der Unternehmen und Betriebe dienen, sind nicht immer einfach zu beurteilen.
Nicht unmittelbar als Betriebsänderung ist der sog. bloße Betriebsübergang zu bewerten, bei dem der Eigentümer eines Unternehmens den Betrieb durch Rechtsgeschäft (z. B. Verkauf oder Verpachtung) auf einen neuen Inhaber überträgt. Nach der umstrittenen Ansicht des BAG soll deshalb ein Betriebsübergang für sich allein keine mitbestimmungspflichtige Betriebsänderung darstellen (BAG 21. 10. 1980 – 1 AZR 145/79). Entsprechendes gilt für einen Teilbetriebsübergang, bei dem nur ein Teil des Betriebes auf einen neuen Inhaber übergeht, wenn der bisherige und der neue Arbeitgeber einen Gemeinschaftsbetrieb bilden, der mit dem bisherigen Betrieb identisch ist (vgl. § 2 Abs. 2 Nr. 2 BetrVG). Allerdings wird ein Betriebsübergang (wegen einer damit verbundenen grundlegenden Änderung der Betriebsorganisation oder einer Änderung des Betriebszwecks) häufig und ein Teilbetriebsübergang (wegen der damit naturgemäß einhergehenden Betriebsspaltung) grundsätzlich mit einer Betriebsänderung verbunden sein. Sofern auch die restlichen Voraussetzungen einer Betriebsänderung erfüllt sind, besteht eine Mitbestimmungspflicht des Betriebsrats (BAG 16. 6. 1987 – 1 AZR 41/85). Um die mit einem Betriebsübergang verbundenen möglichen negativen Folgen sowohl für die übergehende als auch für die verbleibende Belegschaft zu verhindern oder zumindest abzumildern, sollte der Betriebsrat deshalb prüfen, ob nicht gleichzeitig oder ggf. zeitlich nachfolgend mit dem Übergang eine Betriebsänderung vorliegt, für die ein Interessenausgleich und Sozialplan gefordert werden kann (vgl. im Einzelnen Kapitel B.VII).
Die Beantragung, Eröffnung oder auch Ablehnung eines Insolvenzverfahrens stellt für sich allein genommen ebenfalls noch keine Betriebsänderung dar. Für den Betriebsrat ändert sich mit der Eröffnung des Insolvenzverfahrens zunächst lediglich der Ansprechpartner, da der Insolvenzverwalter für die Dauer des Insolvenzverfahrens an die Stelle des alten Arbeitgebers tritt. Insolvenzverwalter werden jedoch in den meisten Fällen auch Maßnahmen wie z. B. Stilllegungen oder Teilstilllegungen vornehmen, die trotz des laufenden Insolvenzverfahrens eine Betriebsänderung darstellen. Es gelten dann generell die Regelungen der §§ 111 bis 113 BetrVG, wobei für den Interessenausgleich und Sozialplan zusätzlich die Sonderregelungen der Insolvenzordnung (InsO) berücksichtigt werden müssen (vgl. Kapitel B.VIII). Verkauft der Insolvenzverwalter den Betrieb oder einen bzw. mehrere Betriebsteil/e, liegt zunächst erst einmal ein Betriebsübergang vor. In diesem Fall gelten weiterhin die oben dargestellten Ausführungen zu ggf. damit verbundenen Betriebsänderungen.

4. Wesentliche Nachteile für die Belegschaft oder erhebliche Teile der Belegschaft

a. Der allgemeine Fall nach § 111 Satz 1 BetrVG

Nach § 111 Satz 1 BetrVG ist eine Betriebsänderung dann mitbestimmungspflichtig, wenn sie wesentliche Nachteile für die gesamte Belegschaft oder erhebliche Teile der Belegschaft zur Folge haben kann. Solche Nachteile können materieller oder immaterieller Natur sein (*DKW*, Rn. 94 zu § 111 BetrVG). Als wesentlich sind z.B. die in Übersicht 2 zusammengestellten Nachteile anzusehen, wenn sie nicht nur geringfügig oder vorübergehend sind. Ein spezieller Nachweis, dass diese Nachteile auch tatsächlich eintreten werden, ist nicht erforderlich. Vielmehr reicht die Vermutung, dass sich bei objektiver Beurteilung einer Betriebsänderung solche Nachteile einstellen können (BAG 23.4.1985 – 1 AZR 3/81).

Übersicht 2:
Beispiele für wesentliche Nachteile, die zum Vorliegen einer mitbestimmungspflichtigen Betriebsänderung führen können

1. Nachteile durch Ausscheiden aus dem Betrieb
   a. Nachteile der Arbeitslosigkeit
      aa. Einkommensminderung
      bb. psychosoziale Nachteile bei lang andauernder Arbeitslosigkeit
      cc. Verlust der sozialen Beziehungen
   b. vermindertes Einkommen bei Aufnahme einer Tätigkeit bei einem anderen Arbeitgeber
   c. Verlust des sozialen Besitzstandes
   d. Verlust verfallbarer Anwartschaften in der betrieblichen Altersversorgung
   e. Verlust zukünftiger Verbesserung der betrieblichen Altersversorgung

2. Nachteile durch Versetzung auf einen anderen Arbeitsplatz innerhalb des Betriebes oder Unternehmens
   a. vermindertes Einkommen
   b. verminderte Qualifikationsanforderungen
   c. erhöhte Qualifikationsanforderungen (nur für ältere Arbeitnehmer/innen)
   d. Verschlechterung der Arbeitsbedingungen z.B. durch:
      aa. veränderte Arbeitszeitgestaltung
      bb. erhöhte Arbeitsumgebungsbelastung (Lärm, Staub, Schadstoffe, Klima)
      cc. erhöhte Leistungsanforderungen
   e. Verschlechterung der Sozialeinrichtungen (z.B. Kantine, Betriebskindergarten)

3. Nachteile durch räumliche Verlegung des Arbeitsplatzes
   a. Verlängerte Wegezeiten zwischen Wohnung und Arbeitsplatz
   b. Erhöhte Wegekosten
   c. Mehraufwand durch doppelte Haushaltsführung
   d. Aufwendungen für Heimfahrten
   e. Umzugskosten

4. Nachteile durch Veränderung der Arbeitsorganisation
   a. Verschlechterung der Arbeitszeitgestaltung (z. B. ungünstigerer Arbeitszeitbeginn)
   b. Verminderung des Einkommens (z. B. durch Verkürzung der Arbeitszeit oder Verminderung der Qualifikationsanforderungen)
   c. Verlust sozialer Beziehungen (z. B. durch veränderte Arbeitsabläufe)
   d. Verminderung der Qualifikationsanforderungen
   e. Erhöhung der Arbeitsbelastung (z. B. durch leistungsabhängige Entlohnung)

Das Mitbestimmungsrecht des Betriebsrats greift allerdings nur, wenn die gesamte Belegschaft oder erhebliche Teile der Belegschaft von der Betriebsänderung betroffen werden. Nach ständiger BAG-Rechtsprechung handelt es sich immer dann um einen erheblichen Teil der Belegschaft, wenn in Abhängigkeit von der Betriebsgröße die in Übersicht 3 zusammengestellten Mindestzahlen (entsprechend § 17 KSchG) erreicht werden (*BAG* 2. 8. 1983 – 1 AZR 516/81; BAG 10. 12. 1996 – 1 AZR 43/96; BAG 6. 12. 1988 – 1 AZR 47/87). Allerdings kann auch dann, wenn die in Übersicht 3 genannten Mindestzahlen geringfügig unterschritten werden, eine mitbestimmungspflichtige Betriebsänderung vorliegen (BAG 7. 8. 1990 – 1 AZR 445/89).

Übersicht 3:
»Erhebliche Teile« der Belegschaft nach der BAG-Rechtsprechung

Betriebsgröße (Arbeitnehmer/innen)	Anzahl der betroffenen Arbeitnehmer/innen
bis 59	mind. 6
60 – 250	mind. 10 % der Belegschaft
251 – 499	mind. 26
500 – 599	mind. 30
600 und mehr	mind. 5 % der Belegschaft

Bei der Ermittlung der Gesamtzahl der Beschäftigten ist auf die Zahl der normalerweise im Unternehmen beschäftigten Arbeitnehmer/innen abzustellen (siehe oben B.I.2). Bei der Ermittlung der Zahl der voraussichtlich betroffenen Arbeitnehmer/innen sind sämtliche Arbeitnehmer/innen des Betriebes (i. S. v. § 5 Abs. 1 BetrVG) zu erfassen, die durch die geplante Betriebsänderung wesentliche Nachteile (auch unterschiedlicher Art) erleiden können. Wie bei der Ermittlung der Beschäftigtenzahl sind dabei Teilzeitbeschäftigte voll und nicht etwa nur anteilig mitzuzählen (BAG 28. 10. 1992 – 10 AZR 129/92).
Sofern der Nachteil im Verlust des Arbeitsplatzes liegt, sollen Arbeitnehmer/innen, denen aus personen- oder verhaltensbedingten Gründen gekündigt wird

oder die durch Ablauf von Befristungen ausscheiden, nicht mitgerechnet werden (BAG 2.8.1983 – 1 AZR 516/81). Zudem sind auch die Arbeitnehmer/innen nicht mitzuzählen, die durch Erreichen der gesetzlichen Altersgrenze ausscheiden. Zu berücksichtigen sind dagegen Änderungskündigungen, die von den Betroffenen abgelehnt oder nur unter Vorbehalt angenommen werden, Versetzungen in andere Betriebe des Unternehmens sowie alle Arbeitsverhältnisse, die auf Veranlassung des Arbeitgebers durch

- betriebsbedingte Kündigung
- Aufhebungsvertrag oder
- arbeitnehmerseitige Kündigung

beendet werden (BAG 23.8.1988 – 1 AZR 276/87; BAG 4.7.1989 – 1 ABR 35/88). Eine Eigenkündigung wird nach der Rechtsprechung dann als vom Arbeitgeber veranlasst anzusehen sein, wenn der Arbeitgeber Bedingungen schafft, die es einem/er vernünftigen Arbeitnehmer/in nahelegen, von sich aus das Arbeitsverhältnis wegen der geplanten Betriebsänderung zu beenden (*DKW*, Rn. 55 zu § 111 BetrVG).

Oft werden die Maßnahmen in mehreren Schritten durchgeführt, so dass die Beschäftigten in mehreren Wellen nachteilig betroffen sind, wobei die Einzelschritte für sich genommen keine Betriebsänderung darstellen, weil die Grenzwerte der BAG-Staffel von den einzelnen Wellen nicht erreicht werden. In solchen Fällen ist bei der Ermittlung der Zahl der insgesamt Betroffenen darauf abzustellen, ob die Maßnahmen auf einer einheitlichen unternehmerischen Planung beruhen bzw. in einem inhaltlichen Zusammenhang stehen. Eine einheitliche Planungsentscheidung kann auch eine stufenweise Durchführung vorsehen. Dabei kann ein enger zeitlicher Zusammenhang zwischen mehreren Entlassungswellen ein wesentliches Indiz für eine von Anfang an einheitliche Planung sein (BAG 28.3.2006 – 1 ABR 5/05). Das Gesetz enthält dabei keine konkrete Angabe, innerhalb welchen Zeitraums zwei Entlassungswellen liegen müssen, damit von einer zusammenhängenden Maßnahme gesprochen werden kann. Insbesondere gilt in diesem Zusammenhang der Zeitraum von vier Wochen nach § 17 Abs. 1 KSchG nicht (BAG 22.5.1979 – 1 AZR 848/76). Vielmehr spricht die Vermutung zunächst für das Vorliegen einer Betriebsänderung, wenn z.B. zwei Entlassungswellen im Abstand von einigen Wochen oder Monaten durchgeführt werden, die in der Summe über den Grenzwerten der BAG-Staffel (Übersicht 3) liegen. Der Arbeitgeber muss dann darlegen, dass die beiden Maßnahmen nicht in Zusammenhang stehen, bzw. dass die zweite Maßnahme zum Zeitpunkt der ersten noch nicht absehbar war (BAG 6.6.1978 – 1 AZR 495/75).

Um den inhaltlichen Zusammenhang zwischen mehreren Maßnahmen belegen zu können, muss der Betriebsrat auch ohne den konkreten Anlass einer Betriebsänderung über die Unternehmensplanung informiert sein. Der Betriebsrat sollte deshalb auch seine Informationsrechte nach §§ 90 und 92 BetrVG regelmäßig

wahrnehmen und zudem eine regelmäßige Darstellung der Unternehmensplanung im Wirtschaftsausschuss (§ 106 BetrVG) und Aufsichtsrat (§ 90 AktG) einfordern.
Liegt eine unternehmensweite Betriebsänderung vor, für die der Gesamtbetriebsrat originär zuständig ist, so entfaltet ein vom Gesamtbetriebsrat abgeschlossener Interessenausgleich und Sozialplan auch für solche Betriebe Wirkung, in denen nur eine nicht erhebliche Zahl von Arbeitnehmer/innen betroffen ist oder kein Betriebsrat existiert (vgl. Kapitel B.II).

b. Spezielle Fälle nach § 111 Satz 3 BetrVG

§ 111 Satz 3 BetrVG listet fünf ausdrückliche Fälle auf, in denen eine mitbestimmungspflichtige Betriebsänderung i. S. v. § 111 Satz 1 BetrVG unwiderleglich vermutet wird:

- Stilllegung des ganzen Betriebes oder wesentlicher Betriebsteile
- Einschränkung des ganzen Betriebes oder wesentlicher Betriebsteile
- Verlegung des ganzen Betriebes oder von wesentlichen Betriebsteilen
- Zusammenschluss mit anderen Betrieben oder die Spaltung von Betrieben
- Grundlegende Änderung der Betriebsorganisation, des Betriebszwecks oder der Betriebsanlagen
- Einführung grundlegend neuer Arbeitsmethoden und Fertigungsverfahren

Liegt nur einer dieser Fälle vor, so ist der Betriebsrat stets zu beteiligen, ohne dass hierzu zusätzlich geprüft werden muss, ob die geplante Maßnahme zu wesentlichen Nachteilen bei den Betroffenen führen kann und ob die Belegschaft oder zumindest erhebliche Teile der Belegschaft betroffen sind. Allerdings wird oft nicht eindeutig festzustellen sein, ob ein Fall des § 111 Satz 3 BetrVG vorliegt. Im Folgenden sollen deshalb die einzelnen Fälle des § 111 Satz 3 BetrVG näher beschrieben werden:
Unter einer **Stilllegung des Betriebes** ist die endgültige (nicht nur vorübergehende) Aufgabe des Betriebszwecks unter gleichzeitiger Auflösung der Betriebsorganisation zu verstehen (ständige Rechtsprechung, vgl. BAG 27. 9. 1984 – 2 AZR 209/83).
Eine **Einschränkung des Betriebes** liegt vor, wenn die Leistungsfähigkeit des Betriebes (gemessen z. B. in der Menge der erstellten oder verkauften Produkte oder Dienstleistungen) nicht nur vorübergehend herabgesetzt wird (BAG 22. 5. 1979 – 1 ABR 17/77). Dabei darf es sich nicht um gewöhnliche Leistungsschwankungen z. B. zur Anpassung an Saisonentwicklungen handeln. Die Herabsetzung der Leistungsfähigkeit kann sowohl durch eine Verringerung der sächlichen Betriebsmittel (z. B. durch Beendigung deren Betriebs, Verschrottung, Veräußerung oder Verpachtung) oder durch eine Einschränkung der Zahl der Beschäftigten bedingt sein (BAG 28. 3. 2006 – 1 ABR 5/05). Eine Betriebseinschränkung liegt demgegenüber vor, wenn der Betriebszweck zwar weiterverfolgt wird, dies

jedoch unter einer nicht nur vorübergehenden Herabsetzung der Betriebsleistung geschieht. Wichtigster Anwendungsfall ist hier der Personalabbau. Ob der Personalabbau eine erhebliche Einschränkung des Betriebs darstellt, wird nach den Zahlenwerten des § 17 Abs. 1 KSchG beurteilt, wobei aber nicht erforderlich ist, dass der Personalabbau innerhalb von 30 Tagen durchgeführt wird. Zieht er sich über einen längeren Zeitraum hin, kommt es darauf an, ob er auf einer einheitlichen unternehmerischen Entscheidung beruht.
Auch der reine Personalabbau ist eine Betriebsänderung, sofern die in § 112a Abs. 1 BetrVG genannten Größenordnungen bei Entlassungen erreicht werden (siehe Übersicht 5).

Übersicht 4:
Einschränkung des gesamten Betriebs

Die Leistungsfähigkeit des Betriebs wird
- in nicht gewöhnlichem (z. B. Anpassung an Saisonschwankungen) Umfang
- auf nicht absehbare Zeit (nicht nur vorübergehend)
- herabgesetzt durch
  - Verringerung der sächlichen Betriebsmittel
    und/oder
  - Verringerung der Zahl der Arbeitnehmer gem. Übersicht 3

Übersicht 5:
Anzahl der Entlassungen bei reinem Personalabbau gem. § 112a Abs. 1 BetrVG

Betriebsgröße (Arbeitnehmer/innen)	**Anzahl der betroffenen Arbeitnehmer/innen**
bis 59	mind. 6 Arbeitnehmer/innen
60 – 250	mind. 20 % der Belegschaft; aber mind. 37 Arbeitnehmer/innen
251 – 499	mind. 15 % der Belegschaft; aber mind. 60 Arbeitnehmer/innen
mind. 500	mind. 10 % der Belegschaft; aber mind. 60 Arbeitnehmer/innen

Unter einer **Verlegung des Betriebes** wird die wesentliche Veränderung der örtlichen Lage eines vom Wesen her ortsgebundenen Betriebes oder Betriebsteils verstanden. Um eine unwesentliche Änderung dürfte es sich beim Umzug des Betriebes oder Betriebsteils innerhalb desselben Gebäudes oder auf die andere Straßenseite handeln. Als wesentliche Änderung der örtlichen Lage ist dagegen der Umzug über wenige Kilometer (auch innerhalb einer Großstadt) anzusehen (*Fitting*, Rn. 81 zu § 111 BetrVG).

Eine mitbestimmungspflichtige Betriebsänderung liegt auch dann vor, wenn nur ein wesentlicher Betriebsteil von Stilllegung, Einschränkung oder Verlegung betroffen ist. Ein wesentlicher Betriebsteil liegt nach der Rechtsprechung (BAG 6.12.1988 – 1 ABR 47/87) vor, wenn der betroffene Betriebsteil

- von nicht unerheblicher Bedeutung für den gesamten Betrieb ist (qualitative Betrachtung)

oder

- die Zahl der in ihm beschäftigten Arbeitnehmer/innen die Mindestgrenzen der Übersicht 3 erreicht (quantitative Betrachtung):

Übersicht 6:
Wesentlicher Betriebsteil

Ein wesentlicher Betriebsteil liegt vor, wenn

- der Betriebsteil (z.B. Abteilung) von nicht unerheblicher Bedeutung für den gesamten Betrieb ist
  oder
- die Zahl der Beschäftigten des Betriebsteils in Abhängigkeit von der Betriebsgröße die folgenden Mindestgrenzen erreicht:

Betriebsgröße	Anzahl der betroffenen Arbeitnehmer/innen
bis 59	6
60 – 250	10% der Belegschaft
251 – 499	26
500 – 599	30
600 und mehr	5% der Belegschaft

Unabhängig von der Zahl der beschäftigten Arbeitnehmer/innen handelt es sich demnach auch dann um einen wesentlichen Betriebsteil, wenn dieser von seiner Funktion her (z.B. EDV-Abteilung) oder aufgrund seiner Wirtschaftsdaten (z.B. Umsatz) für den Betrieb und dessen wirtschaftliche Betätigung (Stichwort: Kernfunktion) eine besondere Bedeutung hat. So kann beispielsweise bei einem größeren Pharmaunternehmen eine Abteilung, in der nur wenige Arbeitnehmer/innen beschäftigt sind, die sich aber mit der (wichtigen) Zulassung von neuen Medikamenten beschäftigt, zwar nicht quantitativ, aber qualitativ als wesentlicher Betriebsteil beurteilt werden. Die Rechtsprechung stellt für die qualitative Betrachtung recht hohe Hürden auf (vgl. BAG 7.8.1990 – 1 AZR 445/89). Für den Betriebsrat wird es folglich erheblich schwieriger, den Nachweis zu führen, dass eine Betriebsänderung vorliegt, wenn die Anzahl der betroffenen Arbeitnehmer/innen unterhalb der oben genannten Schwellenwerte liegt. Dann ist das Ergebnis einer solchen Prüfung jeweils von den Umständen des speziellen Einzelfalls abhängig. Ein durch die Rechtsprechung vorgegebenes Prüfungsschema oder ein Katalog gesicherter Fallbeispiele mit Normen (z. B. Umsatz des betroffenen Betriebsteiles = 15 %, also wesentlicher Betriebsteil) gibt es bislang nicht. Zu der schwierigen Bewertung des Sachverhalts sollte neben der meist erforderlichen betriebswirtschaftlichen Unterstützung auf jeden Fall stets auch eine sachkundige Rechtsberatung hinzugezogen werden.

Unter einer Zusammenlegung **mit anderen Betrieben** versteht man sowohl

- die Zusammenführung zweier oder mehrerer Betriebe unter Fortfall der bisherigen Betriebsidentitäten aller beteiligten Betriebe als auch
- die Aufnahme eines Betriebes durch einen anderen Betrieb, bei der nur die Betriebsidentität des aufgenommenen Betriebes verlorengeht.

Obwohl im Gesetzestext nicht ausdrücklich erwähnt, sollte eine Betriebsänderung i. S. v. § 111 Satz 3 Nr. 3 BetrVG auch dann angenommen werden, wenn nicht der ganze Betrieb, sondern ein wesentlicher Betriebsteil mit einem anderen Betrieb zusammengeschlossen wird (*DKW*, Rn. 71 zu § 111 BetrVG). Nicht unter Nr. 3 fällt dagegen die bloße Fusion von zwei Unternehmen, sofern sie nicht mit einer Zusammenlegung von Betrieben oder Betriebsteilen verbunden ist.

Werden Betriebe oder wesentliche Betriebsteile eines Unternehmens oder Konzerns zusammengelegt, so ist der Gesamtbetriebsrat oder der Konzernbetriebsrat zuständig. Findet die Zusammenlegung zwischen Betrieben mehrerer Unternehmen statt, so sollten die beteiligten Betriebsräte möglichst frühzeitig den Kontakt zueinander suchen und sich vorab auf möglichst einheitliche Positionen verständigen. Der Abschluss gleichlautender Vereinbarungen trägt auch dazu bei, dass Ungleichbehandlungen der später in einem Betrieb zusammenarbeitenden Beschäftigten möglichst vermieden werden. (vgl. auch den Praxisfall in Kapitel L.V).

Um eine Spaltung des Betriebes handelt es sich, wenn ein bestehender Betrieb in zwei oder mehrere Teile aufgespalten wird. Dabei kommt es nicht darauf an, ob der abgespaltene Teil ein wesentlicher Betriebsteil ist (BAG 10. 12. 1996 – 1 AZR 290/96). Ein Arbeitgeberwechsel für einzelne Arbeitnehmer/innen ist ebenfalls keine Voraussetzung. Gleichwohl wird eine Betriebsspaltung häufig mit einem Teilbetriebsübergang und damit mit einem Arbeitgeberwechsel für den übergehenden Teil der Arbeitnehmer/innen verbunden sein. Für das Vorliegen einer mitbestimmungspflichtigen Betriebsänderung spielt es ferner keine Rolle, ob die Betriebsspaltung durch eine Unternehmensspaltung auf der Grundlage des Umwandlungsgesetzes (UmwG, Gesamtrechtsnachfolge) oder durch einen Teilbetriebsübergang z. B. durch Veräußerung oder Verpachtung auf der Basis von § 613a BGB (Einzelrechtsnachfolge) erfolgt. Betroffen von der Betriebsspaltung sind in beiden Fällen alle Arbeitnehmer/innen des bisherigen Betriebes, insofern kann der Betriebsrat des bisherigen Betriebes, der für die Wahrnehmung der Mitbestimmungsrechte zuständig ist, für alle – also auch für die beim bisherigen Betrieb verbleibenden – Arbeitnehmer/innen einen Sozialplan fordern. Wurde die Betriebsspaltung durchgeführt, ohne dass die Verhandlungen über einen Interessenausgleich und Sozialplan abgeschlossen wurden, besitzt der Betriebsrat des gespaltenen Betriebes weiterhin ein Restmandat, um die Verhandlungen zu Ende zu führen (*DKW*, Rn. 79 zu § 111 BetrVG).

In den Ziff. 4 und 5 von § 111 Satz 3 BetrVG wird der Begriff »grundlegende Änderung« bzw. »grundlegend neu« verwendet. Insoweit bedarf der unbestimmte Rechtsbegriff »grundlegend« ebenfalls einer wertenden Betrachtung. Eine grundlegende Veränderung liegt in der Regel dann vor, wenn die geplante Maßnahme erhebliche Auswirkungen auf den Betriebsablauf hat oder einen »Sprung« in der technisch-wirtschaftlichen Entwicklung bedeutet.

Eine **grundlegende Änderung der Betriebsorganisation** liegt vor, wenn weitgehende Änderungen im Betriebsaufbau oder im Betriebsablauf vorgenommen werden. Dies gilt insbesondere dann, wenn bspw. die Leitungsverantwortung so geändert werden soll, dass der Betriebsaufbau nicht mehr dem bisherigen Aufbau entspricht. Umstrukturierungen der Betriebsorganisation, wie etwa die so genannte Verflachung von Hierarchien im Rahmen der Einführung neuer Produktionsweisen (»Lean Production«) oder die Einführung einer Aufbauorganisation mit mehreren hierarchisch strukturierten Linien auf demselben Organisationslevel mit multipler Führungsstruktur und doppeltem Weisungsrecht (»Matrixorganisation«), sind solche grundlegenden Veränderungen (vgl. *DKW*, Rn. 108 zu § 111 BetrVG). Hier wird das Grundmuster der Zusammenarbeit, der Weisungsbefugnisse und die Zuständigkeit für Entscheidungen verändert. Es handelt sich also um eine Änderung, die den Bereich der Zusammenarbeit der Menschen untereinander und nicht den Umgang mit der Technik betrifft. Grundlegende Änderungen der Betriebsorganisation führen daher dazu, dass das Organigramm des Betriebs geändert werden muss. An dieser Stelle ist eine Prüfung anhand eines Abgleichs der Organigramme alt/neu für den Betriebsrat unerlässlich. Weitere Beispiele für grundlegende Änderungen der Betriebsorganisation finden sich in Übersicht 7. Bleibt jedoch zweifelhaft, ob die Änderung grundlegender Natur ist, so wird von der Rechtsprechung darauf abgestellt, ob erhebliche Teile der Belegschaft im Umfang der BAG-Staffel (Übersicht 3) betroffen sind (BAG 26. 10. 1982, 1 ABR 11/81).

Eine **grundlegende Änderung der Betriebsanlagen** ist dann gegeben, wenn Maschinen oder Arbeitsgeräte ausgetauscht oder um wichtige neue Maschinen bzw. Geräte ergänzt werden. Eine grundlegende Änderung der Betriebsanlagen beinhaltet z. B.

- Einführung technologisch neuer Produktionsanlagen
- Übergang zu elektronisch gesteuerten Maschinen
- der Bau neuer Werkshallen
- Ausstattung des Betriebes mit neuer EDV in zentralen Funktionen (z. B. ERP-Systeme)

So kann schon die Anschaffung einer einzelnen Maschine eine Betriebsänderung darstellen. Dies ist dann der Fall, wenn die fragliche Maschine bei einer Gesamtschau für das betriebliche Geschehen von wesentlicher Bedeutung ist (z. B. weil damit ein erheblicher Teil der wesentlichen Betriebstätigkeit ausgeführt wird), oder wenn sie sich im Hinblick auf Technik und Auswirkungen auf den Betriebsablauf als wesentlich andersartig darstellt (vgl. BAG 26. 10. 1982 – 1 ABR 11/81; LAG Frankfurt 27. 10. 1987 – 4 TaBV 283/86).

Die zunehmende Digitalisierung der Betriebe (»Industrie 4.0«, »Arbeit 4.0«) stellt häufig eine grundlegende Änderung der Betriebsanlagen dar. Digitalisierung ermöglicht es, Anlagentechnik mit Auftragsverwaltung und Produktionssteuerung zu vernetzen. Dadurch werden flexible Losgrößen (bis Losgröße 1) aufgrund von Kundenanforderungen auf einer Produktionslinie möglich. Auch die vorausschauende Instandhaltung und Wartung von Produktionsanlagen, die mit Sensoren über das Internet mit einer Cloud verbunden sind, wird erst durch die Digitalisierung möglich. Dort werden die eingehenden Daten in Echtzeit analysiert und wenn kritische Werte erreicht werden, wird automatisch ein entsprechender Instandhaltungs- oder Wartungsauftrag (oft an eine Fremdfirma im Rahmen von »smart services«) ausgelöst. Digitalisierung ermöglicht auch die Vernetzung von Handel, Produktion und Logistik und schafft so die Grundlage für neue gemeinsame Geschäftsmodelle: Der Kunde konfiguriert im Internet das gewünschte Produkt mit den gewünschten Produkteigenschaften und bestellt online beim Händler, die Bestellung führt zu einem entsprechenden Produktionsauftrag beim Hersteller und der Kunde kann in Echtzeit nachverfolgen, in welchem Bearbeitungsstatus sich sein Auftrag befindet. Durch das Internet haben Kunden direkten Zugang zu den Logistikdienstleistungen und es entstehen neue Serviceangebote (»reverse logistics«).

Unter einer grundlegenden Änderung **des Betriebszwecks** wird insbesondere

- die weitgehende Ersetzung der Produkte oder Dienstleistungen durch andere Produkte oder Dienstleistungen
- die nicht unwesentliche Ergänzung des Produktions- oder Dienstleistungsprogramms durch weitere Produkte oder Dienstleistungen oder
- der weitgehende Wegfall bisheriger Produkte und Dienstleistungen (z. B. Outsourcing)

verstanden.

Unter diesen Sachverhalt lassen sich folgende, durch die Digitalisierung erleichterte oder überhaupt erst ermöglichte Sachverhalte subsummieren: Aufgabe der Eigenfertigung eines Vor- oder Teilproduktes, das zukünftig auf dem Werkgelände von einer Fremdfirma »just-in-time« hergestellt und zu diesem Zweck mit dem Betrieb digital vernetzt ist (vgl. *DKW*, Rn. 111 zu § 111 BetrVG); Aufgabe des eigenen Vertriebsnetzes und Umstellung auf Kundenbestellung über Online-Portale oder Call-Center; Einsatz von Chatbots und entsprechender Callbots in

Call-Centern und Teilen des Kundenservices, die unterstützt durch Künstliche Intelligenz (KI) und Analyse großer Datenmengen (Big Data) Kommunikation abwickeln und unterstützen.
Der Einsatz von digitalen Technologien in den verschiedensten Branchen können Betriebsänderungen gem. § 111 Nr. 4 und Nr. 5 BetrVG darstellen. Eine Abgrenzung zwischen diesen beiden Betriebsänderungsfällen ist schwierig, wenn nicht gar unmöglich, weil sie vielfach ineinander übergehen (FESTL Rn. 90 zu § 111 BetrVG). Der Einsatz von Cloud-Technologien erlaubt neue Formen der Arbeitsorganisation, wie Cloudworking (über ein virtuelles Netzwerk werden meist kleinteilige Arbeitsaufträge an interne Beschäftigte aber auch an externe Crowdworker verteilt). Mit einem verbreiterten Einsatz ist aber zukünftig zu rechnen. Im Gesundheitswesen finden Telemonitoring, Video-Sprechstunde, Messung von Gesundheitsdaten per App und Übermittlung an den behandelnden Arzt in Echtzeit bereits Anwendung, wenn auch noch nicht im großen Umfang. Die Bereitstellung von Online-Dienstleistungen sind im Kreditgewerbe (z. B. Online-Banking) und im Versicherungswesen bereits weit verbreitet bzw. Standard. So erfolgen Schadensmeldungen bei KfZ-Schadensversicherung bereits online über eine App, die auch zeigt, wo sich die nächste Vertragswerkstatt befindet und den Ersatzmietwagen bereitstellt; alle Rechnungen werden online ausgetauscht, geprüft und beglichen und Prämienerhöhungen bei erheblichem Sachschaden automatisch errechnet und dem Versicherten mitgeteilt. Private Krankenversicherungen digitalisieren bereits die Arztrechnungen ihrer Kunden, die diese über eine App eingeben; ein Softwareprogramm errechnet anhand der gespeicherten Versicherungsnummer das Kunden und des Versicherungstarifs, ob und in welchem Umfang die Versicherung zur Erstattung verpflichtet ist und zahlt sodann online den Erstattungsbetrag auf das Konto des Kunden; ein Sachbearbeiter ist in diesen Prozess – wenn überhaupt – nur noch begrenzt eingebunden. Im Handel (z. B. Online-Handel mit Rücknahmegarantie) oder in der Logistik, wo zunehmend Produktion, Handel und Logistik in einem Netzwerk verbunden sind, hat der Kunde direkten Zugang zum Logistikdienstleister und kann in Echtzeit den Sendestatus kontrollieren und persönliche Abgabetermine vereinbaren.

Übersicht 7:
Beispiele für grundlegende Änderungen der Betriebsorganisation

- Neue Gestaltung der Betriebsabteilungen durch andere Aufgabenzuordnung und/oder Entscheidungsbefugnisse (z. B. Schaffung flacher Hierarchien, Dezentralisierung)
- Einführung einer (produktbezogenen) Spartenorganisation
- Einführung einer (ertragsorientierten) Profitcenterorganisation
- Einführung einer Matrixorganisation•Neugestaltung der Vertriebsorganisation (z. B. durch kundenorientierte Beraterkonzepte)
- Einrichtung von Großraumbüros

- Einführung von EDV-Anlagen
- Neugestaltung der Arbeitsabläufe z. B. infolge von
  - Organisationsanalysen
  - arbeitswissenschaftlichen Untersuchungen oder
  - neuen Controllingkonzepten (z. B. SAP-R3)
- Einführung von Gruppenarbeit
- Einführung sog. Lean-Konzepte
- Einführung von sog. »Industrie 4.0« Konzepten (z. B. Crowdworking, Cloudworking)
- Einführung von Just-in-time-Konzepten
- Ausgliederung von Sekundärfunktionen wie z. B. Bewachung, Verpflegung oder Reinigung
- Ausgliederung von Primärfunktionen (Outsourcing)
- Einführung von Telearbeitsplätzen in Wohnungen von Arbeitnehmern/innen (Home-Office)

Die **Einführung grundlegend neuer Arbeitsmethoden und Fertigungsverfahren** liegt vor, wenn
- die Arbeitsmethoden und Fertigungsverfahren für den Betrieb neu sind (z. B. Gruppenarbeit) und
- nicht nur auf routinemäßigen Verbesserungen beruht. In diesem Fall kann es Probleme geben bei der Abgrenzung mit Veränderungen, die in Folge von Lean-Konzepten (z. B. KVP), geplant und durchgeführt werden sollen.

Die Einführung agiler Arbeitsformen (Scrum, Kanban), die ihren Ursprung in der Softwareentwicklung hatten, führen zu einer Abschaffung von Führungsstrukturen, Teamleiterpositionen und unterem Management, was für manche Beschäftigte der Verlust der kleinen Karriere und der monetären Anerkennung bedeuten kann. Die Spaltung der Belegschaft in agil und nicht-agil beinhaltet die Gefahr für die nicht-agilen Beschäftigten, im Rahmen eines möglichen Personalabbaus, der erst nach 1–2 Jahren und dem stabilen Laufen der agilen Projektteams eintreten kann, im Rahmen der erforderlichen Sozialauswahl als nicht mehr mit agilen Beschäftigten vergleichbar eingestuft und so eher entlassen zu werden. Da diese Arbeitsformen noch relativ neu sind, kann hier nicht auf gesicherte Rechtsprechung zurückgegriffen werden. Es kann jedoch davon ausgegangen werden, dass es sich hier um eine Form teilautonomer Gruppenarbeit handelt, bei deren Durchführung (nicht bei der Einführung und Beendigung) der Betriebsrat ein Mitbestimmungsrecht nach § 87 Abs. 1 Nr. 13 BetrVG hat (vgl. *Fitting*, Rn. 572 ff. zu § 87 BetrVG). In diesem Zusammenhang kann der Betriebsrat auch Überlegungen anstellen, ob er aus Zweckmäßigkeitsgründen einen Teil seiner Mitbestimmungsrechte gem. § 28a BetrVG auf die Arbeitsgruppe delegiert. Diese Delegation kann der Betriebsrat durch Beschluss zurücknehmen, wenn er feststellt, dass die übertragenen Rechte missbraucht werden (z. B. bei ständigen Verstößen gegen Arbeitszeitbestimmungen).

Digitale Assistenzsysteme (v. a. Virtual Reality und Augmented Reality Technologien) bergen ein großes Potential beim Anlernen und Schulen von Beschäftigten vor allem in der Produktion und Montage. Ihr Einsatz hält sich aber nach einer Studie des Frauenhofer IAO derzeit noch in Grenzen, was vor allem noch an den derzeit relativ hohen Kosten dieser Systeme liegt (vgl. Frick o. J.).
Beispiele für grundlegend neue Arbeitsmethoden und Fertigungsverfahren sind in Übersicht 8 zusammengestellt.

Übersicht 8:
Beispiele für die Einführung grundlegend neuer Arbeitsmethoden und Fertigungsverfahren

- Einführung von Heimarbeit
- Einführung von Telearbeit
- Einführung von EDV-gestützter Entwicklung und/oder Produktion (CAD/CAM)
- Einführung EDV-gestützter Produktionsplanungs- und -steuerungssysteme (PPS)
- Einführung von Gruppenarbeit
- Einführung von agilen Arbeitsmethoden (z. B. Scrum, Kanban)
- Einführung von Fließbandarbeit
- Einführung von Arbeitsmethoden im Zusammenhang mit der Zertifizierung nach DIN/ISO 9000/1
- Einführung kontinuierlicher Verbesserungsprozesse (KVP)
- Übergang zu Arbeitsplatzrechnern
- Übergang zu Selbstbedienungssystemen im Einzelhandel
- Einführung von mobilem Arbeiten,
- Einsatz von Robotik (z. B. Leichtbaurobotern in Zusammenarbeit mit Beschäftigten)
- Einführung digitaler Assistenzsysteme
- Einführung von Smart Services (z. B. Fernwartung von Anlagen)
- Einführung flexibler Arbeitszeitsysteme

Bleibt unklar, ob die einzuführenden Arbeitsmethoden und Fertigungsverfahren grundlegend neu sind, so wird von der Rechtsprechung wiederum auf die Anzahl der davon betroffenen Arbeitnehmer/innen abgestellt. Werden dabei die Grenzen der BAG-Staffel (Übersicht 3) erreicht, so liegt eine mitbestimmungspflichtige Betriebsänderung vor (BAG 7. 8. 1990 – 1 AZR 445/89).
Die Bedeutung der Nrn. 4 und 5 des § 111 Satz 2 BetrVG liegt somit für den Betriebsrat darin, dass die Möglichkeit des Entstehens wesentlicher Nachteile für die Belegschaft oder erhebliche Teile der Belegschaft unterstellt wird, auch wenn dies im Einzelfall vom Betriebsrat nicht ohne weiteres belegt werden kann. Bleibt jedoch zweifelhaft, ob im Sinne der obigen qualitativen Betrachtung eine grundlegende Änderung vorliegt, so wird von der Rechtsprechung darauf abgestellt, ob erhebliche Teile der Belegschaft im Umfang der BAG-Staffel (Übersicht 3) betroffen sind (BAG 26. 10. 1982 – 1 ABR 11/81).

Die Auflistung der Fälle in § 111 Satz 3 BetrVG ist keinesfalls abschließend (*Fitting*, Rn. 44 zu § 111 BetrVG). Auch andere Maßnahmen, die sich nicht in diese Liste einordnen lassen, stellen deshalb eine mitbestimmungspflichtige Betriebsänderung dar, wenn sie mit wesentlichen Nachteilen zumindest für erhebliche Teile der Belegschaft (entsprechend § 111 Satz 1 BetrVG) verbunden sind. Zu denken ist z. B. an folgende Fälle:

- Einsatz neuer Maschinen, die zwar kein grundlegend neues Fertigungsverfahren darstellen, wohl aber zu erhöhter Umgebungsbelastung führen.
- Übergang von Vollzeit- zu Teilzeitarbeitsplätzen (z. B. KAPOVAZ), die mit Einkommensminderungen und erhöhten Anfahrtszeiten verbunden sind.
- Anwendung von MTM oder ähnlichen Verfahren zur laufenden Optimierung von Arbeitsabläufen mit dem Ziel der Leistungsverdichtung.

In bestimmten Fällen wird nur schwer zu erkennen sein, dass eine mitbestimmungspflichtige Betriebsänderung gegeben ist, weil die Veränderungen technischer, organisatorischer oder personeller Art in einzelnen voneinander unabhängig erscheinenden Schritten nach und nach vollzogen werden (schleichende Betriebsänderung, z. B. bei KVP). Entscheidend für die erfolgreiche Geltendmachung der Mitbestimmungsrechte nach §§ 111 und 112 BetrVG ist im Wesentlichen, dass die einzelnen Vorgänge nachweislich auf eine Gesamtplanung des Arbeitgebers bezogen werden können, die bei einer Gesamtbetrachtung Ergebnis zu einer grundlegenden Veränderung im Zeitablauf führt. Um die einzelnen Vorgänge auf eine Gesamtplanung des Arbeitgebers zurückführen zu können, ist es deshalb wichtig, dass sich der Betriebsrat z. B. über den Wirtschaftsausschuss oder die Arbeitnehmervertreter im Aufsichtsrat regelmäßig die Unternehmensplanung darlegen lässt. Hierbei kann die Hinzuziehung eines wirtschaftlichen und/oder rechtlichen Sachverständigen nach § 80 Abs. 3 bzw. § 111 Satz 2 BetrVG hilfreich sein (vgl. auch Kapitel B.XII).

5. Betriebsänderungen im Kontext der Digitalisierung von Arbeit

Im Rahmen der jüngsten Welle der Digitalisierung von Arbeit sind Betriebsräte zunehmend mit der Einführung von »Industrie 4.0«, Künstlicher Intelligenz, agilen Arbeitsformen und Matrixstrukturen, cloudbasierten Anwendungen, neuer Sensorik, mobilem Arbeiten, Robotik, digitalen Assistenzsystemen, dem Internet der Dinge und Dienste sowie digitalen Plattformen konfrontiert, die einzeln oder in Verbindung eine Betriebsänderung im Sinne des § 111 BetrVG darstellen können. Einige Beispiele wurden im vorangegangenen Abschnitt schon angesprochen. In diesem Abschnitt soll das Thema der Digitalisierung der Arbeit, die damit verbundenen Chancen und Risiken für die Beschäftigten sowie die Möglichkeiten des Betriebsrats, frühzeitig gestaltend in Digitalisierungsprojekte eingreifen zu können, dargestellt werden.

a. Was bedeutet Digitalisierung von Arbeit und was zeichnet diese aus?

Sowohl die vielfältige Verwendung des Begriffs »Digitalisierung« als auch die unterschiedlichen Perspektiven, aus denen er betrachtet wird, erschweren eine einheitliche Definition. Ursprünglich bezeichnete Digitalisierung das Umwandeln von analogen Werten in digitale Formate. Im Anschluss an industrie- und techniksoziologische Debatten soll Digitalisierung hier sehr viel umfassender als Oberbegriff verstanden werden, »der alle [...] Formen des betrieblichen Einsatzes von Informations- und Kommunikationstechniken umfasst – ihre Verwendung als Instrument einer wie immer gearteten Vorstrukturierung betrieblicher Abläufe ebenso wie ihren Einsatz als formbares Medium der Kommunikation« (*Schulz-Schaeffer/Funken* 2008, S. 15).

Wichtig an dieser Definition ist, dass mit der Digitalisierung nicht einfach eine Abbildung der bisher analogen Tätigkeiten erfolgt, sondern, dass durch die Digitalisierung die betrieblichen Abläufe, Tätigkeiten und Prozesse neu strukturiert und zusammengesetzt werden und diese sich damit potentiell grundlegend ändern können.

Im Grunde ist die betriebliche Digitalisierung nicht neu. Sie vollzieht sich seit den 60er Jahren des vorherigen Jahrhunderts als kontinuierlicher und zunehmend schneller voranschreitender Prozess, bei dem ständig neue Soft- und Hardware zum Einsatz kommt. Was die aktuelle Welle der Digitalisierung kennzeichnet, ist eine Verbindung neuer und günstiger Sensoren, der fast grenzenlosen Vernetzung von Dingen, die Möglichkeit nahezu in Echtzeit große Datenmengen (Big Data) zu speichern und durch selbstlernende und andere Algorithmen kleinteilig statistische Auswertungen der großen Daten zu ermöglichen, aus denen Vorhersagen und Prognosen abgeleitet werden können (predictive analytics).

b. Welche Risiken beinhaltet die Digitalisierung von Arbeit?

Die Digitalisierung verändert die Arbeit und die Arbeitsbedingungen grundlegend. In der Übersicht 8a werden mögliche Arten dieser Veränderung der Arbeit aufgeführt und die möglichen Bandbreiten der Risiken und Chancen dargestellt. In der betrieblichen Praxis dürften dann meist Mischformen und Grautöne zwischen den Extrempositionen anzutreffen sein. Selbstverständlich ist die Digitalisierung von Arbeit wie andere technische Veränderungen nicht neutral, sondern selbst in den technisch und betriebswirtschaftlichen Kontext, aus dem Digitalisierungsprojekte als Investitionsprojekte des Managements entstehen, eingebettet. Es spielt deshalb durchaus eine Rolle, ob das Ziel des konkreten Digitalisierungsprojektes Kosteneinsparung, Arbeitsverdichtung oder Effizienzsteigerung als Vorgabe hat oder ob es ein Digitalisierungsprojekt ist, das vom Betriebsrat für Schwerbehinderte angeregt wird, um z. B. die ergonomischen Arbeitsbedingungen zu verbessern.

Was die Verteilung der Risiken und Chancen bei Digitalisierungsprojekten angeht, so kann man davon ausgehen, dass nicht alle Beschäftigten gleichmäßig an den Chancen partizipieren werden oder von den Risiken betroffen sein werden. Es kann vielmehr davon ausgegangen werden, dass mit großer Wahrscheinlichkeit Geringqualifizierte und Tätigkeiten, die leicht standardisierbar sind, eher von den Risiken betroffen sind als Hochqualifizierte, deren Tätigkeiten nicht oder fast nicht standardisierbar sind und für die sich vermehrt Chancen bieten. Darum wird es für den Betriebsrat von großer Bedeutung sein, zu identifizieren, was die Risiken für welche Beschäftigten im konkreten Digitalisierungsprojekt sind, auf welche Art sich deren Arbeit und Arbeitsbedingungen verändern und welche Nachteile daraus entstehen können.

Übersicht 8a:
Chancen und Risiken der Digitalisierung

Dimension	Risiken	Chancen
Arbeitsinhalt	Weitere Fragmentierung der Arbeit	Arbeitsbereicherung, wachsende Gestaltungsspielräume
Arbeitstätigkeit	Flexibilisierung, Verdichtung	Rationalisierungsgewinne, die zwischen Beschäftigen und Arbeitgeber verteilt werden können, Beschäftigungssicherung
Automatisierung	Verlust von Arbeitsplätzen, Standardisierung als Verlust von Handlungsspielräumen	Entlastung/Abschaffung unnötiger Härten in der Arbeit, Verbesserung der Ergonomie
Qualifikation	Dequalifikation oder nur arbeitsbegleitende Qualifizierung on the job	Höherqualifizierung, Entwicklungsmöglichkeiten
Arbeitszeit/Arbeitsort	Entgrenzung (jederzeit überall) gemäß Vorgaben des Arbeitgebers	angepasst an Lebenssituationen und Bedürfnissen der Arbeitnehmer/innen (»work-life-balance«)
Daten/Kontrolle und Erfassung mittels Sensorik	erhöhte Kontrolle, Ausweitung der Verhaltens- und Leistungsbewertung	erweiterte Transparenz, besserer Zugang zu und Verteilung von Wissen
Technikgestaltung	hierarchisch, top-down, erzwungen	partizipativ, demokratisch, mitbestimmt vom Betriebsrat

Für den Betriebsrat muss es in den Beratungen zum Interessenausgleich darum gehen, dass die Chancen der Digitalisierung für die Beschäftigten genutzt, die Risiken nach Möglichkeit vermieden oder zumindest so gering wie möglich gehalten werden. Damit die Beschäftigten Rechtsansprüche aus dem Interessenausgleich ableiten können, muss es sich um einen »qualifizierten« Interessenausgleich in Form einer freiwilligen Betriebsvereinbarung handeln. Für Sozialpläne bedeutete dies, dass die nicht zu verhindernden Nachteile identifiziert und möglichst umfassend ausgeglichen werden. Dabei wird sich der Charakter des Sozialplans zunehmend ändern. Er wird neben den schon traditionellen Elementen des Abfindungssozialplans auch Elemente des Transfersozialplans und nun auch Elemente eines Qualifizierungssozialplans enthalten müssen.
Im Rahmen der Digitalisierung von Arbeit werden meist Prozesse und Arbeitsschritte erfasst, gemessen, definiert, standardisiert und visualisiert. Hier kann Digitalisierung bedeuten, dass bisher unsystematische Handlungen, vielfältige Tätigkeiten und informelle Prozesse sowie Kommunikation, die von den Beschäftigten auf vielfältige Arten mit Gestaltungsspielräumen und Handlungsmöglichkeiten versehen waren, nun im Prozess der Digitalisierung erfasst, nach ihrer Wirksamkeit für eine Zweck- und Effizienzerfüllung bewertet und nach ggf. folgender Neu- bzw. Umstrukturierung visualisiert und festgeschrieben werden. Das LAG Schleswig-Holstein hat in der Einführung eines standardisierten Verbesserungsverfahrens, das bei Digitalisierungsprojekten meist gegeben ist, eine Betriebsänderung gesehen, die für den Fall, dass erhebliche Teile der Belegschaft davon betroffen sind, auch mitbestimmungspflichtig ist (LAG Schleswig-Holstein 22.1.2014 – 3 TaBV 38/13).
Digitalisierung von Arbeit kann eine Ausweitung der Fremdbestimmung auf den Arbeitsinhalt und die Art, wie Beschäftigte ihre Tätigkeiten zu erbringen haben, bedeuten. Dies wird umso problematischer, je mehr Managemententscheidungen mittels Künstlicher Intelligenz und deren Vorhersagen zum Beispiel auf vorhersagenden Analysen (predictive analytics) basieren. Die Ausweitung der Digitalisierung beinhaltet somit auch die Gefahr der Zunahme der Fremdbestimmung.

c. Digitalisierungsroadmap

Viele Unternehmen verwenden zunehmend Digitalisierungsroadmaps für eine Zustandserfassung des Digitalisierungsniveaus des Unternehmens (siehe Übersicht 8b).
Dabei kann eine allgemeine Tendenz beobachtet werden, die verstärkt auf Vernetzung, dezentrale Datenerfassung mit zentraler Auswertung und Automatisierung von Arbeit setzt. Dadurch gewinnen cloudbasierte Anwendungen zunehmend an Bedeutung. Die Übertragung der Arbeit und der für sie notwendigen Instrumente in das Digitale, z.B. der Schreibmaschine in Word, des Terminkalenders in Outlook, des Anrufverhaltens in eine Anruf- und Kommunikations-

Übersicht 8b:
Digitalisierungsroadmap mit den Dimensionen Vernetzung, Fertigungssteuerung, Zeitkalkulation (Beispiel)

Dimensiononen	Beschreibung	Level 0	Level 1	Level 2	Level 3	Level 4	Level 5	Level 6
Vernetzung von Maschinen	Welche Schnittstellen bestehen zwischen Maschinen und Anlagen und wie wird zwischen Hardware und Software digital kommuniziert	keine Vernetzung	nur manueller Transfer mittels physischer Speichermedien	Einfache I/O Schnittstellen vorhanden, binäre Signale werden ausgegeben	Maschine zu Maschine vernetzt, mittels Low-Level-Feldbusse	Anlagen und Maschine über High-Level-Felsbusse vernetzt	alle Anlagen in lokales IP-Netzwerk eingebunden, keine direkte Verbindung zum Internet	alle Maschinen sind über Wlan oder Kabel mit dem Internet vernetzt und können mit anderen Systemen kommunizieren (IOT)
Art der Fertigungssteuerung	Wie wird die Fertigungssteuerung organisiert und in welchem Umfang wird IT eingesetzt	Aufträge werden nach Eingang abgearbeitete	Vorgehensweise nicht standardisiert sondern basiert auf Erfahrung	Einsatz manueller Steuerungsmethoden, wie Kanban, Planungstafel	IT basierte Steuerung mittels Standardprogramm z. B. Excel	Ergänzt durch Steuerungssoftware wie ERP, MES	Software entscheidet autonom nach Resourcenverfügbarkeit und festen Regeln	Autonome Software, die mittels Simulationen und Erfahrungswerten dynamisch entscheidet und optimiert
Zeitbemessung in Arbeitsplanung	Zeitberechnung für die Auftragsplanung	Keine Planzeiten und keine Berechnung	Planzeitenkalkulation auf Grundlage Erfahrung oder REFA	Tätigkeitsstrukturanalysen, Zeitdokumentation nach REFA, MTM	Zeiten für Prozesse durch Aufnahme von Daten aus Produktion (MDE, BDE)	Zeiten werden aus Produktion in Echtzeit übermittelt	KI plant mit optimierten Echtzeitdaten und dynamisch angepassten Prozessen auf Simulationen vorhandener Ressourcen	

software, resultiert oft in einer grundlegenden Veränderung und einer anderen Form der Erfassung und Mikrosteuerbarkeit der Arbeit.
Die digitale Form ermöglicht es, Arbeit zu standardisieren und Kennzahlen ohne viel Aufwand in vielen Dimensionen (Umfang, Zeit, Inhalt, Schnittstellen, Werkzeuge, Interdependenzen, Abhängigkeiten etc.) zu erfassen, zu messen und damit perspektivisch zu optimieren. Etwa wenn Standorte weltweit anhand von Benchmarks verglichen und damit die verschiedenen Standorte in Konkurrenz um Investitionen, Aufträge etc. versetzt werden. Dies erhöht den Druck weltweit auf alle Betriebe bzw. Unternehmen eines Konzerns, ihre Kostenstrukturen zu optimieren.

Beispiel:
Digitalisierungsprojekt in der Verwaltung eines Versicherungsunternehmens

In einem europäischen Versicherungskonzern wird ein Digitalisierungsprojekt für große Teile der Verwaltung gestartet. Ziel des Arbeitgebers ist es, eine neue Software »Workday« einzuführen, die in ausländischen Töchtern schon zur Anwendung kommt und einen deutlich produktiveren Einsatz der Ressource Personal verspricht. Damit sollte die Effizienz der Verwaltung gesteigert, Personalkapazitäten abgebaut und insgesamt die Kosten der Verwaltung gesenkt werden.
Schon vor dem Projekt arbeitete die Verwaltung zum Großteil mittels einer SAP-Software und teilstandardisierten Prozessen. Die einzelnen Prozesse konnten vom Arbeitgeber bisher schon in ihrer Häufigkeit und in ihrem durchschnittlichen Zeitumfang erfasst und nachverfolgt werden. Die einzelnen Tätigkeiten der Personalabteilung, der Rechtsabteilung, der IT sowie deren Leistungskennzahlen und Prozesskosten (Häufigkeit der Tätigkeit pro Monat, durchschnittlicher Arbeitsaufwand je Tätigkeit in Sekunden, Arbeitsaufwand in Full Time Equivalents (FTE) und Köpfen sowie andere Kosten) stehen in aggregierter und anonymisierter Form zu jedem einzelnen Arbeitsschritt zur Verfügung.
Im Rahmen des Digitalisierungsprojekts der Versicherung wurde in einem ersten Schritt geklärt, welcher Zeitaufwand von ausländischen Töchtern für dieselbe Tätigkeit benötigt wird und welche Bedeutung dies für die Personalkosten der Verwaltung hat. Es musste geklärt werden, ob es Beschränkungen des Digitalisierungsprojekts und der Einzeltätigkeiten gibt z. B. aufgrund benötigter Fachkenntnisse für die Tätigkeiten (IT, HR, Recht), Sprachbeschränkungen (deutsch, französisch, englisch), notwendige Ortsgebundenheit (Deutschland, EU, Welt), aufgrund des benötigten Systemzugriffs zur SAP-Software oder durch gesetzliche Beschränkungen (BDSG und DGSVO).
Sobald die Rahmenbedingungen bekannt waren, konnte ermittelt werden, welche Tätigkeiten an den bisherigen Standorten verbleiben müssen, weil die Restriktionen Verlagerungen oder Outsourcing nicht erlaubten, und welche Tätigkeiten potentiell in Drittländer (auch außerhalb der EU) verlagert werden kön-

nen sowie welches Einsparpotential durch eine Verlagerung in Euro und FTE ermöglicht wird.
Bei standardisierten und digital abgebildeten Prozessen kann es in einem nächsten Schritt auch darum gehen, zu klären, ob die Arbeit selbst gemacht werden muss oder auch extern günstiger zugekauft werden kann (»make-or-buy-Entscheidung«). Dafür können anhand der digitalen Beschreibung der Tätigkeiten und deren Standardisierung in einer Software geklärt werden, ob die Tätigkeit auch extern zugekauft werden kann und auf dieser Basis Angebote von externen Anbietern eingeholt werden. Im Beispielfall wurde die externe Vergabe nicht geprüft, sondern nur die Möglichkeit des Offshoring in kostengünstige weltweite Töchter.
In einer vierten Stufe sollte dann geprüft werden, ob die Arbeit mittels neuer Software weiter automatisiert werden kann. Für die Versicherung stellte sich die Frage, welche der erfassten und zu optimierenden Tätigkeiten durch den Einsatz anderer Softwareanbieter noch weiter automatisiert werden können und wie sich die Investitionskosten für die zusätzliche Software im Verhältnis zu den geplanten Einsparungskosten verhalten und welche Softwareanbieter langfristig und strategisch sinnvoll sind.
Zuletzt ging es bei der Versicherung darum, zu klären, welche Tätigkeiten mittels Software und Künstlicher Intelligenz vollständig automatisiert werden können und damit aus dem Tätigkeitsprofil der bisherigen Beschäftigten wegfallen.
Die unterschiedlichen Stufen des geplanten Digitalisierungsprojektes ergaben unterschiedliche FTE und Kosteneinsparungsvolumen, um so eine Entscheidungsgrundlage für das geplante Digitalisierungsprojekt zu haben. Bei vielen Digitalisierungsprojekten müssen den möglichen Einsparungen neben den erhöhten Soft- und Hardwarewarekosten auch Auswirkungen auf die Kunden, Geschäftsanforderungen, Auswirkungen auf die Performance und sonstigen Risiken gegenübergestellt werden.
Erst nachdem der Betriebsrat durch umfangreiche Fragenkataloge und Auswertung von Prozessbeschreibungen darlegen konnte, dass die Umsetzung des Digitalisierungsprojektes zu einer grundlegenden Organisationsänderung führen und damit eine mitbestimmungspflichtige Betriebsänderung darstellen würde, war der Arbeitgeber bereit, über einen Interessenausgleich und Sozialplan zu verhandeln. Zu dieser Einsicht des Arbeitgebers verhalf auch der Hinweis des vom Betriebsrat hinzugezogenen Rechtsanwalts auf das Urteil des LAG Schleswig-Holstein (LAG Schleswig-Holstein 22.1.2014 – 3 TaBV 38/13), da der dort entschiedene Fall sehr viel Ähnlichkeit mit dem geplanten Digitalisierungsprojekt aufwies. Im Ergebnis erreichte der Betriebsrat dann in einer Betriebsvereinbarung eine Beschäftigungs- und Einkommenssicherung und Regelungen zu Versetzungen und Qualifizierungen. Zu dem ursprünglich vom Arbeitgeber erhofften Personalabbau kam es nicht, jedoch zu umfangreichen Versetzungen, die auch umfangreiche Qualifizierungen erforderlich machten.

Durch das Voranschreiten der Künstlichen Intelligenz, welche sich im Rahmen der Informatik mit Fragen der Nachahmung menschlicher Intelligenz mittels maschinellen Lernens und der damit verbundenen statistischen Mustererkennung mittels selbstlernender Algorithmen ausdrückt, entstehen neue Herausforderungen für die Mitbestimmung und den Schutz von guten Arbeitsbedingungen und Beschäftigung, weil jetzt auch gut qualifizierte Beschäftigte in den Fokus von Veränderungen geraten.

d. Digitalisierung erzwingt oft grundlegende Änderungen

Im Rahmen von Digitalisierungsprojekten werden meist nicht einfach die bestehenden Ist-Prozesse digital abgebildet, sondern die Digitalisierung erzwingt oder geht zumindest mit einer Änderung der Prozesse und Tätigkeiten und deren Neu- und Reorganisation anhand von neuen Ziel-Prozessen einher. Eine grundlegende Änderung liegt vermutlich deshalb schon dann vor, wenn das Unternehmen nicht von selbst durch geringe Anpassung seiner bestehenden Ist-Prozesse ohne fremde Hilfe oder ohne den Einsatz komplexer Methoden das Business Process Reengineering (BES) erreichen kann. Häufig werden Unternehmensberater eingeschaltet; es findet eine Wertstromanalyse statt, welche die wertschöpfende von nicht-wertschöpfenden Tätigkeiten unterscheiden soll; bestehende Prozesse und Abläufe werden visualisiert und mit Kennzahlen aufbereitet, um darauf aufbauend neue Ziel-Abläufe und Ziel-Prozesse im Sinne der Geschäftsprozessneugestaltung zu modellieren und zu optimieren, die dann die Grundlage für die digitalen oder automatisierten Abläufe darstellen und in Software oder neuen Organisationsformen abgebildet werden. Dieser Mechanismus kann oft auch hinter der bloßen Einführung einer neuen Software verdeckt ablaufen, beispielsweise indem die neue Software erzwingt, dass die bestehenden Prozesse nach den in der Software vorgegebenen Prozessabläufen zu organisieren sind. Die so versteckte Änderung der (Arbeits-)Prozesse vollzieht sich hinter dem Deckmantel der scheinbar neutralen Technik und meist ohne politische Auseinandersetzung um die Gestaltung der Arbeit und oft jenseits der Mitbestimmung. Auch für Digitalisierungsprojekte gilt hinsichtlich der Frage der Mitbestimmung im Zweifelsfall, dass auf die Generalklausel des § 111 S. 1 BetrVG Bezug genommen werden kann, wonach eine mitbestimmungspflichtige Betriebsänderung dann vorliegt, wenn die Maßnahme wesentliche Nachteile auf die gesamte Belegschaft oder erhebliche Teile der Belegschaft haben kann (FESTL Rn. 95 zu § 111 BetrVG).

e. Wie kann ein Betriebsrat Projekte von Digitalisierung der Arbeit mitgestalten und seine Mitbestimmungsrechte nutzen?

Betriebsänderungen, die im Wesentlichen auf Digitalisierung basieren oder die Digitalisierung der Arbeit zum Ziel haben, müssen erst identifiziert werden.

Nicht immer wird der Arbeitgeber bei seinen Digitalisierungsprojekten den Betriebsrat zu Verhandlungen über Interessenausgleich und Sozialplan direkt auffordern und umfassend informieren. In vielen Fällen wird es eine der Hauptaufgaben des Betriebsrats und des Wirtschaftsausschusses sein, mittels gezielter Fragen und ausgewerteter Unterlagen die geplante Maßnahme als mitbestimmungspflichtige Betriebsänderung zu erkennen.
Grundsätzlich sollte ein Betriebsrat all seine Mitbestimmungsrechte nutzen, um Digitalisierungsprojekte mitzugestalten.
Die folgende Übersicht 8c der IG BCE verdeutlicht dies und kann vom Kontext der »Industrie 4.0« auf den ganzen Bereich der Digitalisierung von Arbeit übernommen werden.

Übersicht 8c:
Informations-, Beratungs- und Mitbestimmungsrechte des Betriebsrats im Zusammenhang mit Digitalisierung

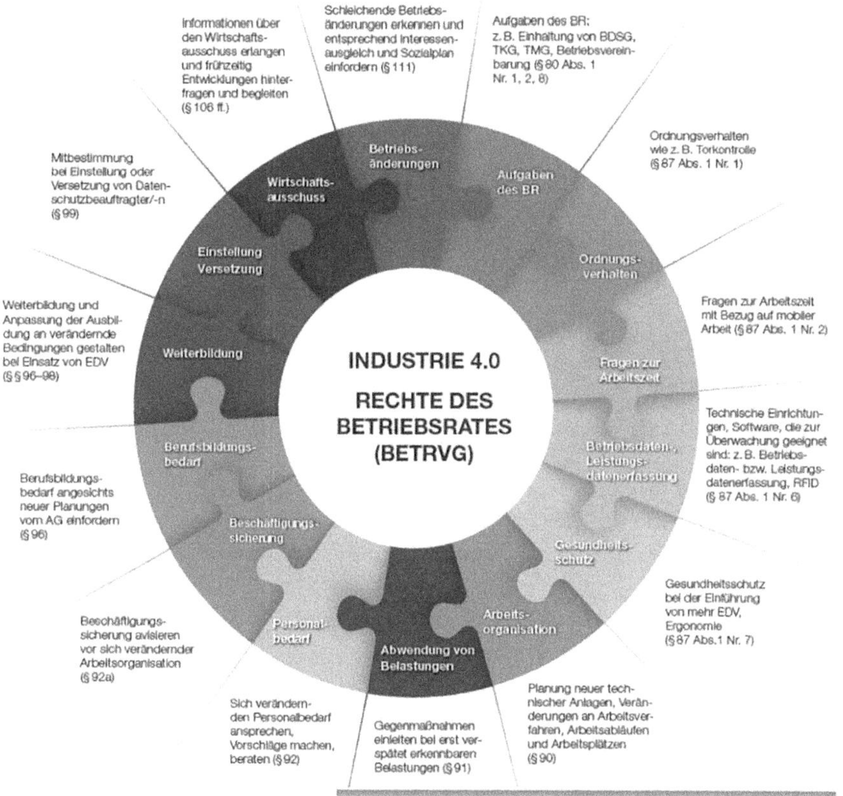

https://www.igbce.de/vanity/renderDownloadLink/114510/1151

Die Informationsrechte z. B. nach §§ 80 (2), 90, 92 BetrVG müssen hier auf die geplanten Digitalisierungsprojekte bezogen werden und anhand umfangreicher Unterlagen muss herausgearbeitet werden, was überhaupt geplant ist, wie geplante Maßnahmen Auswirkungen auf Veränderungen der Arbeitsverfahren, Abläufe, der Arbeitsplätze, der Personalplanung, der Qualifizierung, den Personalbedarf u. v. m. haben können.
Neben dem Betriebsrat sollte auch der Wirtschaftsausschuss aktiv werden und regelmäßig in den monatlichen Sitzungen mit dem Arbeitgeber schriftlich Fragen zu geplanten Digitalisierungsprojekten und Investitionsprojekten, über die der Wirtschaftsausschuss noch nicht informiert wurde, stellen. Der Wirtschaftsausschuss hat umfassende Informationsrechte und der Arbeitgeber muss unter Vorlage der erforderlichen Unterlagen den Wirtschaftsausschuss unterrichten. So werden beispielsweise in § 106 BetrVG in Nr. 3 das »Investitionsprogramm«, in Nr. 4 »Rationalisierungsvorhaben«, in Nr. 5 »Fabrikations- und Arbeitsmethoden, insbesondere die Einführung neuer Arbeitsmethoden«, in Nr. 9 die »Änderung der Betriebsorganisation oder des Betriebszwecks« sowie in Nr. 10 als Auffangtatbestand »sonstige Vorgänge und Vorhaben, welche die Interessen der Arbeitnehmer/innen des Unternehmens wesentlich berühren können« genannt. Im Unterschied zu den vergleichbaren Tatbeständen des § 111 BetrVG besteht der Informationsanspruch auch dann, wenn es sich nicht um grundlegende Sachverhalte handelt. Digitalisierungsprojekte mit Ausgaben für Software und Hardware, Berater etc. werden fast immer mit Investitionen verbunden sein, Auswirkungen auf die Produktivität und Betriebsabläufe haben und damit Interessen der Arbeitnehmer/innen betreffen.
Wenn die Einführung von Digitalisierung von Arbeit, »Industrie 4.0« und deren Elementen oder deren Verknüpfung eine Betriebsänderung im Sinne des § 111 BetrVG darstellt, ist der Arbeitgeber gemäß § 112 BetrVG verpflichtet, einen Interessenausgleich mit dem Betriebsrat zu verhandeln und muss das Scheitern des Interessenausgleichs notfalls in der Einigungsstelle herbeiführen, sofern er sich nicht Nachteilsausgleichspflichtig gem. § 113 BetrVG machen will.
Eine Betriebsänderung ist normalerweise vom Betriebsrat nicht zu verhindern, da der Interessenausgleich nicht erzwingbar ist und keine Einigungsstelle den Arbeitgeber zwingen kann, auf eine geplante Betriebsänderung zu verzichten. Das Druckmittel zur Erreichung eines akzeptablen Interessenausgleichs ist normalerweise der Sozialplan und die damit verbundenen Kosten für den Arbeitgeber. Die potentiell hohen Kosten eines Sozialplans sollen den Arbeitgeber indirekt veranlassen, eine Betriebsänderung möglichst ohne oder mit geringsten Nachteilen für die Beschäftigten zu planen, um so weniger Nachteile ausgleichen oder mildern zu müssen.
Bei Betriebsänderungen in Bezug auf Digitalisierung könnte sich allerdings durch die Verbindung des Sachverhalts der Betriebsänderung mit anderen, vom

Arbeitgeber zu beachtenden Mitbestimmungsrechten des Betriebsrats, insb. nach § 87 Abs. 1 Nr. 6, 7 und 13 BetrVG, ein anderes Szenario ergeben.

Bei Betriebsänderungen in Bezug auf Digitalisierung sind gerade viele Maßnahmen verbunden mit der Einführung von Software und Hardware, die große Mengen an – auch personenbezogenen oder personenbeziehbaren – Daten verarbeiten. Hier greift das Mitbestimmungsrecht des Betriebsrats gemäß § 87 Abs. 1 Nr. 6 BetrVG.

Das Problem für den Arbeitgeber ist dabei, dass die Digitalisierungsprojekte eigentlich völlig prekär sind, weil sie grundlegend darauf angewiesen sind, dass neue Software und Hardware eingeführt wird, die nur mit Zustimmung des Betriebsrats genutzt werden darf. Für den Betriebsrat bedeutet dies, dass die Mitbestimmung über die Einführung technischer Einrichtungen, die zur Überwachung oder Verhaltens- und Leistungskontrolle geeignet sind, ein enormes Pfand bietet, um strategisch und inhaltlich Einfluss auf die geplanten Maßnahmen und damit auf die Inhalte der Betriebsänderung zu nehmen. Falls der Arbeitgeber hierauf nicht eingeht, kann der Betriebsrat seine Zustimmung zur Einführung verweigern. Dem Arbeitgeber bleibt dann nur der Weg in die Einigungsstelle, um dort in einem langwierigen Verfahren oft nur einen deutlich reduzierten Umfang der Nutzung und des Einsatzes der Software zu erreichen.

Ähnlich verhält es sich mit den Mitbestimmungsrechten des Betriebsrats zum Arbeits- und Gesundheitsschutz (§ 87 Abs. 1 Nr. 7 BetrVG), wonach der Betriebsrat bei der vom Arbeitgeber durchzuführenden Gefährdungsbeurteilung, die auch psychische Gefährdungen einschließt, in allen Phasen mitzubestimmen hat. Gefährdungsbeurteilungen ohne Beteiligung des Betriebsrats stellen eine schwere Pflichtverletzung des Arbeitgebers dar.

Auch bei der Einführung von agilen Arbeitsformen hat der Betriebsrat nach § 87 Abs. 1 Nr. 13 BetrVG mitzubestimmen.

In der Regel werden diese Mitbestimmungsrechte durch Abschluss von Betriebsvereinbarungen ausgeübt.

Durch die Verbindung der Mitbestimmungsrechte des Betriebsrats nach §§ 87 Abs. 1 Nr. 6, Nr. 7 und/oder Nr. 13 BetrVG mit dem Mitbestimmungsrecht des Betriebsrats nach §§ 111 f. BetrVG besteht die Chance, dass der Betriebsrat einen Interessenausgleich und damit auch faktisch eine inhaltliche Mitgestaltung bei der Digitalisierung bekommen kann. Der Betriebsrat sollte gegenüber dem Arbeitgeber deutlich machen, dass er an einem Koppelungsgeschäft interessiert ist und bei Scheitern der Verhandlungen eine gemeinsame Einigungsstelle zu allen Regelungstatbeständen anstrebt. Sollte es zu einer Einigungsstelle kommen, dann würde diese nicht einfach nur das Scheitern des Interessenausgleichs erklären, sondern ebenfalls auch die Inhalte zu den Betriebsvereinbarungen zu Leistungs- und Verhaltenskontrollen, Arbeits- und Gesundheitsschutz oder Gruppenarbeit festlegen müssen, was einem/einer Einigungsstellenvorsitzenden ge-

nügend »Manövriermasse« an die Hand gibt, um für alle Seiten akzeptable Kompromisse zu erzielen.
Schließlich bleibt auch noch der Abschluss eines Tarifsozialplans, sofern die tariflichen und betrieblichen Voraussetzungen gegeben sind (vgl. hierzu auch Kapitel B.XI).

f. Rahmeninteressenausgleich als Vorschlag zur Regulierung der Digitalisierung von Arbeit

Digitalisierung von Arbeit wird sich über eine Vielzahl von Projekten, Softwareelementen, Hardware und auch über einen längeren Zeitraum vollziehen. Am Anfang dieses Prozesses sind meist die negativen Folgen der letzten Maßnahme und Bausteine nicht umfassend einschätzbar. Der Betriebsrat ist also häufig mit einem Prozess konfrontiert, über dessen vollständige Konsequenzen für die Beschäftigten meist nicht im Voraus völlige Klarheit besteht.
Der Betriebsrat kann versuchen, diesen Prozess der Digitalisierung von Arbeit mittels eines »Rahmeninteressenausgleich Digitalisierung« als freiwillige Betriebsvereinbarung im Sinne des § 77 BetrVG sowie der darin enthaltenen Verpflichtung zum Abschluss von Einzel-Interessenausgleichen zu einzelnen Elementen und im Falle von Nachteilen für Beschäftigte von verbindlichen Einzel-Sozialplänen zu regeln.
Mit der BAG Entscheidung vom 22.3.2016 – 1 ABR 12/14 hatte zwar das BAG klargestellt, dass ein vorsorglicher Sozialplan wegen künftiger Betriebsänderungen nicht spruchfähig ist und damit nicht in einer Einigungsstelle erzwungen werden kann. Allerdings ist der Arbeitgeber bei der Digitalisierung auf vielfältiges Wohlwollen und Entgegenkommen des Betriebsrats angewiesen gerade was die Mitbestimmung zur Einführung und Anwendung neuer Software und technischer Einrichtungen der Verhaltens- und Leistungskontrolle im Sinne des § 87 (1) Nr. 6, dem Gesundheitsschutz Nr. 7 und der Gruppenarbeit § 87 (1) Nr. 13 angeht. Vor diesem Hintergrund dürfte bei der Verbindung der Thematik der Betriebsänderung mit den anderen genannten Mitbestimmungsrechten durchaus möglich sein, so viel Verhandlungsmacht als Betriebsrat zu bekommen, dass eine freiwillige Betriebsvereinbarung und in dieser geregelte Schutzrechte für die Beschäftigten möglich und umsetzbar werden.
Forderungen des Betriebsrats für so eine freiwillige Betriebsvereinbarung könnten sich auf beispielsweise folgende Bereiche beziehen:

- Ausschluss betriebsbedingter Kündigungen
- Schutz vor Abgruppierungen/Entgeltsicherung
- Kein Outsourcing (auch 2 Jahre nach Projektende ausgeschlossen)
- Keine Betriebs- und Teilbetriebsübergängen gem. § 613a BGB (auch 2 Jahre nach Projektende ausgeschlossen)
- Keine Leistungsverdichtung

- Gefährdungsbeurteilung
- Rahmeninteressenausgleich mit Status einer Betriebsvereinbarung im Sinne des § 77 BetrVG
- Teilinteressenausgleiche und Sozialpläne für alle Einzelmaßnahmen
- »Qualifizierungssozialplan«
  - Erhebung des Qualifizierungsbedarfs
  - Festlegung der Qualifizierungsziele
  - Teilnahmeregelungen
  - Finanzierung

In einem Unternehmen der Grundstücks- und Wohnungswirtschaft konnte der Betriebsrat einige der vorstehenden Regelungselemente in einer Betriebsvereinbarung umsetzen (*www.boeckler.de/pdf/mbf_bvd_praxis_qualifizierungsanspruch.pdf*).

g. Praktische Überlegungen zur inhaltlichen Bearbeitung von Betriebsänderungen in Bezug auf Digitalisierung

Für die inhaltliche Bearbeitung von Digitalisierungsprojekten können folgende Hinweise für den Betriebsrat hilfreich sein:

- Qualifizierung von Betriebsratsmitgliedern im Hinblick auf Digitalisierung und Mitbestimmung
  Einsatz von Erhebungsbögen zur Digitalisierung für Dienstleistung und Produktion (z.B. der TBS NRW; *www.tbs-nrw.de/fileadmin/Shop/Broschuren_PDF/digitalisierung_orientierungsraster.pdf*)
- Gemeinsame Steuerungskreise für Digitalisierungsprojekte schaffen (Vetorechte für den Betriebsrat), um die Projekte aus Beschäftigtenperspektive zu begleiten, zu bewerten, zu verändern und ggf. zu verhindern
- Technikfolgenabschätzung und partizipative Technikgestaltung aus Sicht der Beschäftigten und der Mitbestimmung (unter Hinzuziehung von Sachverständigen)
- Mitbestimmung bei Verhaltens- und Leistungskontrolle, personenbezogenen Daten (§ 87 Abs. 1 Nr. 6 BetrVG)
- Mitbestimmung bei der Einführung von Gruppenarbeit, beim Gesundheitsschutz und der psychologischen Gefährdungsbeurteilung (§ 87 Abs. 1 Nr. 7 BetrVG)
- Ausgleich oder substantielle Milderung von Nachteilen

6. Ergebnis

Will der Betriebsrat prüfen, ob eine vom Arbeitgeber geplante Maßnahme eine mitbestimmungspflichtige Betriebsänderung darstellen könnte, kann er diese Prüfung an Hand des in Übersicht 9 dargestellten Schemas vornehmen.

Ist der Betriebsrat jedoch nicht sicher, ob die Tatbestandsmerkmale einer Betriebsänderung tatsächlich erfüllt sind, ist es sinnvoll, an den Arbeitgeber mit der Forderung nach Interessenausgleichs- und Sozialplanverhandlungen erst nach Rücksprache mit der Gewerkschaft und/oder einem erfahrenen Rechtsanwalt heranzutreten.
Zudem gilt es abzuwarten, ob der Arbeitgeber die Forderungen des Betriebsrats in Zweifel zieht. Ist dies der Fall, so empfiehlt es sich, zu prüfen, ob nicht ein Einigungsstellenverfahren nach § 112 Abs. 2 Satz 2 BetrVG eingeleitet werden sollte (*Göritz* u. a. 2017; S. 70 ff.). Widerspricht der Arbeitgeber der Einrichtung der Einigungsstelle, so ist die Einigungsstelle im (beschleunigten) Beschlussverfahren nach § 100 ArbGG durch das Arbeitsgericht einzusetzen, wobei das Arbeitsgericht hierbei nur prüft, ob die Einigungsstelle nicht offensichtlich unzuständig ist.

Übersicht 9:
Vorgehensweise zur Bestimmung einer mitbestimmungspflichtigen Betriebsänderung

1. Existierte zum Zeitpunkt der Planung der Maßnahme ein Betriebsrat?
   Lautet die Antwort
   a. ja, so kann bei Schritt 2 fortgefahren werden.
   b. nein, so ist bei Schritt 7 fortzufahren.
2. liegt die Zahl der regelmäßig beschäftigten wahlberechtigten Arbeitnehmer/innen im Unternehmen über 20?
   Lautet die Antwort
   a. ja, so kann bei Schritt 3 fortgefahren werden
   b. nein, so ist bei Schritt 7 fortzufahren
3. Soll der Betrieb
   a. insgesamt stillgelegt,
   b. insgesamt verlegt,
   c. mit einem anderen Betrieb zusammengelegt oder
   d. gespalten werden?
   Lautet die Antwort
   a. ja, so liegt zweifelsfrei eine mitbestimmungspflichtige Betriebsänderung vor
   b. nein, so ist bei Schritt 4 fortzufahren
4. Liegt zumindest einer der folgenden Fälle vor?
   a. der gesamte Betrieb soll eingeschränkt werden,
   b. ein wesentlicher Betriebsteil ist von
      aa. Einschränkung
      bb. Stilllegung oder
      cc. Verlegung betroffen
   c. eine grundlegende Änderung
      aa. der Betriebsorganisation
      bb. des Betriebszwecks oder
      cc. der Betriebsanlagen ist geplant

   d. die Einführung grundlegend neuer Arbeitsmethoden und Fertigungsverfahren ist geplant

   Lautet die Antwort

   e. eindeutig ja, so liegt eine mitbestimmungspflichtige Betriebsänderung vor
   f. nein oder nicht eindeutig ja, so ist bei Schritt 5 fortzufahren

5. Können bei den betroffenen Arbeitnehmer/innen wesentliche Nachteile z.B. durch
   a. Arbeitsplatzverlust,
   b. Versetzung,
   c. Einkommensminderung
   d. Verlegung des Arbeitsplatzes oder
   e. Änderung der Arbeitsbedingungen entstehen?

   Lautet die Antwort

   a. ja, so ist bei Schritt 6 fortzufahren
   b. nein, so ist bei Schritt 7 fortzufahren
6. Werden von den Arbeitnehmer/innen, die wesentliche Nachteile i.S.v. Schritt 5 erleiden können, die in der folgenden Staffel genannten absoluten Zahlen oder Prozentsätze erreicht oder nur geringfügig unterschritten?

Betriebsgröße	Anzahl der Betroffenen Arbeitnehmer/innen
bis 59	6
60–250	10 % der Belegschaft
251–499	26
500–599	30
600 und mehr	5 % der Belegschaft?

   Lautet die Antwort

   a. ja, so liegt eine mitbestimmungspflichtige Betriebsänderung vor
   b. nein, so ist bei Schritt 7 fortzufahren
7. Vermutlich liegt keine mitbestimmungspflichtige Betriebsänderung vor. Der Betriebsrat sollte jedoch bei Grenzfällen durch einen erfahrenen Gewerkschaftssekretär oder Arbeitsrechtler überprüfen lassen, ob die Voraussetzungen nicht doch vorliegen. Zumindest kann eine Beteiligung des Betriebsrats an der Betriebsänderung auf freiwilliger Basis versucht werden. Mit Unterstützung der Gewerkschaft kann auch bei nicht mitbestimmungspflichtigen Betriebsänderungen ein Tarifsozialplan durchgesetzt werden (vgl. Kapitel B.XI; LAG Hamm 2.7.2017 – 12 Ta 373/17).

Die Frage, ob eine interessenausgleichs- und sozialplanpflichtige Betriebsänderung vorliegt, wird dann erst in der Einigungsstelle als Vorfrage entschieden (vgl. *Göritz* u.a. 2017, S. 120f.).

Ferner kann zusätzlich ein arbeitsgerichtliches Beschlussverfahren nach § 2a ArbGG eingeleitet werden, um das Vorliegen einer mitbestimmungspflichtigen Betriebsänderung prüfen zu lassen (BAG 10.11.1987 – 1 AZR 360/86). Diese Möglichkeit ist jedoch mit der Gefahr verbunden, dass aufgrund der Dauer des Verfahrens die Betriebsänderung schon durchgeführt ist, bevor das Beschlussverfahren abgeschlossen ist. Selbst wenn das Arbeitsgericht später zu dem Ergebnis kommt, dass die Tatbestandsmerkmale einer mitbestimmungspflichtigen Betriebsänderung erfüllt waren, kann der Betriebsrat keinen Interessenausgleich verhandeln, sondern nur noch einen Sozialplan erreichen. Es empfiehlt sich deshalb, vorrangig den vorgeschlagenen Weg über die Einigungsstelle und notfalls über das arbeitsgerichtliche Einsetzungsverfahren nach § 100 ArbGG einzuschlagen. Erst wenn sich die Einigungsstelle ggf. für unzuständig erklärt hat, kann schließlich immer noch die Einleitung eines arbeitsgerichtlichen Beschlussverfahrens zur Feststellung einer mitbestimmungspflichtigen Betriebsänderung überlegt werden. Wenn es die betrieblichen Voraussetzungen zulassen (v. a. guter Organisationsgrad, kampfbereite Belegschaft) sollte eher der Abschluss eines Tarifsozialplans versucht werden (vgl. Kapitel B.XII.)

II. Zuständigkeit des Betriebsrats, Gesamtbetriebsrats oder Konzernbetriebsrats?

Grundsätzlich ist nach dem System der Betriebsverfassung der örtliche Betriebsrat für die Wahrnehmung der Beteiligungsrechte im Zusammenhang mit mitbestimmungspflichtigen Betriebsänderungen zuständig. Zu beachten ist auch, dass der Interessenausgleich und der Sozialplan sich zum einen in ihrer Rechtsqualität als auch in ihrer Erzwingbarkeit unterscheiden, so dass bei unternehmens- oder konzernweiten Betriebsänderungen die Zuständigkeit für den Abschluss des Interessenausgleiches nicht unmittelbar auch die Zuständigkeit für den Abschluss des Sozialplans begründet.

Die Rechtsprechung verlangt auch hier die Prüfung der Frage, ob die einzelnen Betriebsräte der betroffenen Betriebe in der Lage sind, einen Sozialplan eigenständig abzuschließen. Diese Frage wird vom BAG regelmäßig bejaht. Dem steht auch nicht entgegen, dass bei einer solchen betriebsübergreifenden Betriebsänderung das zur Verfügung stehende Geld gleichmäßig verteilt werden muss. Im Gegensatz zu freiwilligen sozialen Leistungen gibt es bei Sozialplänen regelmäßig keinen für die Gesamtmaßnahme zur Verfügung stehenden »Topf«. Eine Ausnahme gilt es insoweit zu beachten: bei einem Sanierungskonzept, dass zwingend überbetrieblich durchgeführt werden muss und das nur auf der Grundlage eines bestimmten, auf das gesamte Unternehmen bezogenen Sozialplanvolumens realisiert werden kann, ist das erforderliche sachlich zwingende Erfordernis für eine betriebsübergreifende Regelung« gegeben (BAG 3. 5. 2006 – 1 ABR 15/05).

In einem Mehrbetriebsunternehmen ist die originäre Zuständigkeit des Gesamtbetriebsrats gem. § 50 Abs. 1 BetrVG für mitbestimmungspflichtige Betriebsänderungen nur unter folgenden Bedingungen gegeben:

- Die Betriebsänderung muss das Gesamtunternehmen oder zumindest zwei Betriebe des Unternehmens betreffen.
- Die Beteiligungsrechte können (objektiv) nicht von den einzelnen Betriebsräten wahrgenommen werden bzw. es besteht eine zwingende sachliche Notwendigkeit für eine unternehmenseinheitliche Regelung.

Eine zwingende sachliche Notwendigkeit wird nach der BAG-Rechtsprechung angenommen, wenn eine unterschiedliche Regelung der Angelegenheit technisch oder rechtlich nicht zu rechtfertigen ist. Bloße Zweckmäßigkeitsüberlegungen oder Kostengründe des Arbeitgebers begründen für sich dagegen keine zwingende sachliche Notwendigkeit (*Fitting*, Rn. 22f. zu § 50 BetrVG).

Dementsprechend ist z. B. in folgenden Fällen eine originäre Zuständigkeit des Gesamtbetriebsrats gegeben:

- Stilllegung aller Betriebe eines Unternehmens infolge einer Insolvenz (BAG 17.2.1981 – 1 AZR 290/78),
- Zusammenschluss mehrerer Betriebe oder wesentlicher Betriebsteile mehrerer Betriebe des Unternehmens (z. B. Einführung einer Spartenorganisation, durch die die bisherigen Betriebsgrenzen verändert werden),
- Einführung neuer unternehmenseinheitlicher Organisationsgrundsätze, nach der z. B. die Zahl der Hierarchieebenen in allen Betrieben verringert wird,
- Einführung neuer Technik, die eine grundlegende Änderung der Betriebsanlagen oder die Einführung grundlegend neuer Arbeitsmethoden und Fertigungsverfahren mit sich bringt, wobei die neue Technik in den betroffenen Betrieben notwendigerweise einheitlich zur Anwendung kommen muss (z. B. Einführung eines unternehmenseinheitlichen Controllingsystems wie SAP R3).

Existiert kein Gesamtbetriebsrat oder nimmt der Gesamtbetriebsrat seine Beteiligungsrechte nicht wahr, bleiben die örtlichen Betriebsrat zur Regelung der Angelegenheit befugt (*DKW*, Rn. 50ff. zu § 50 BetrVG).

Liegt eine originäre Zuständigkeit des Gesamtbetriebsrats vor, so bedeutet dies jedoch nicht automatisch, dass der Gesamtbetriebsrat für Interessenausgleich und Sozialplan zuständig ist: Erleidet z. B. bei der Zusammenlegung mehrerer Betriebe nur die Belegschaft eines Betriebes Nachteile, soll für die Aufstellung des Sozialplans der Betriebsrat des entsprechenden Betriebes zuständig bleiben (BAG 3.5.2006 – 1 ABR 15/05; vgl. auch *Fitting*, Rn. 59f. zu § 50 BetrVG). Außerdem müssen sich die im Interessenausgleich und Sozialplan zu treffenden Regelungen wegen der grundsätzlichen Primärzuständigkeit des örtlichen Betriebsrats auf das unbedingt Erforderliche beschränken (*Fitting*, Rn. 28 zu § 50 BetrVG), sodass von Gesamtbetriebsrat und Unternehmensleitung nur ein Rahmeninteressenausgleich und ein Rahmensozialplan abgeschlossen werden sollte, der dem örtlichen Betriebsrat die nähere Ausgestaltung der vereinbarten Grundsätze überlässt.

Der Rahmeninteressenausgleich wird deshalb nur das »Ob« der Betriebsänderung und die unternehmenseinheitlichen Grundsätze sowie die Zeitplanung beinhalten, während Detailregelungen bezüglich der Umsetzung vor Ort zwischen den Betriebsparteien in eigenständigen Interessenausgleichen verhandelt und dann vom originär für den Interessenausgleich zuständigen Gesamt- oder Konzernbetriebsrat übernommen und mit dem Arbeitgeber fixiert werden.
Der Rahmensozialplan wird Rahmenregelungen zum Ausgleich der durchschnittlich zu erwartenden wirtschaftlichen Nachteile für alle Betroffenen enthalten. In örtlichen Sozialplänen können

- abweichende – nach *DKW*, Rn. 131 zu §§ 112, 112a BetrVG nur bessere – Regelungen bei Vorliegen besonderer Bedingungen (z. B. hohe regionale Arbeitslosigkeit),
- zusätzliche Regelungen bei Regelungslücken (z. B. im Rahmensozialplan nicht berücksichtigte Beschäftigtengruppen mit besonderen Nachteilen) und
- Regelungen, für die der Rahmensozialplan Optionen offen lässt (z. B. die Wahl zwischen Abgeltung oder Arbeitszeitanrechnung von zusätzlichen betriebsänderungsbedingten Wegezeiten)

getroffen werden.
Soweit keine originäre Zuständigkeit des Gesamtbetriebsrats gegeben ist, kann der Gesamtbetriebsrat durch eigenmächtigen Abschluss eines Interessenausgleichs und Sozialplans gegenüber den örtlichen Betriebsräten gegen deren Willen keine Fakten schaffen. Ein solcher Sozialplan des Gesamtbetriebsrats wäre für den örtlichen Betriebsrat nicht bindend. Ein Interessenausgleich, der mit einem unzuständigen Gremium vereinbart wird, gilt weder als abgeschlossen noch hat der Arbeitgeber seine Pflicht erfüllt, einen Interessenausgleich ernsthaft zu versuchen.
Allerdings kann der Betriebsrat den Gesamtbetriebsrat gem. § 50 Abs. 2 BetrVG beauftragen, die sich aus den §§ 111 bis 112a BetrVG ergebenden Rechte wahrzunehmen. Die Beauftragung des Gesamtbetriebsrats kann dabei lediglich die Informationsbeschaffung und Verhandlung (Verhandlungsvollmacht), aber auch den Abschluss (Abschlussvollmacht) eines Interessenausgleichs und Sozialplans umfassen. Ob eine solche Delegation vorgenommen werden soll und wie weit sie ggf. reichen soll, muss vom Einzelfall abhängig gemacht werden. In der Regel dürften jedoch die betrieblichen Kenntnisse des Betriebsrats dafür sprechen, bei Betriebsänderungen, die eindeutig in die Kompetenz des örtlichen Betriebsrats fallen, die Verhandlungen beim örtlichen Betriebsrat zu belassen. Insbesondere sollte die Abschlusskompetenz nur in Ausnahmefällen an den Gesamtbetriebsrat delegiert werden. Sinnvoll wird es jedoch sein, dass in der Verhandlungskommission ein Gesamtbetriebsratsmitglied (idealerweise auch Mitglied des Wirtschaftsausschusses) vertreten ist, das über die wirtschaftliche Situation des Unternehmens besser informiert ist als die örtlichen Betriebsrats-

mitglieder, um z. B. bei der Frage nach der wirtschaftlichen Vertretbarkeit des Sozialplans besser argumentieren zu können.

Kann die Zuständigkeitsfrage nicht eindeutig geklärt werden, kann es dagegen sowohl für den Arbeitgeber als auch für die örtlichen Betriebsräte vorteilhaft sein, wenn die Verhandlungen über Interessenausgleich und Sozialplan an den Gesamtbetriebsrat delegiert werden: Für die Unternehmensleitung vereinfachen sich die Verhandlungen, und sie kann nicht nachträglich die unangenehme Überraschung erleben, mit dem falschen Gremium verhandelt zu haben. Aus Sicht der örtlichen Betriebsräte ist diese Vorgehensweise dann sinnvoll, wenn einige örtliche Betriebsräte befürchten, bei isolierten Verhandlungen in eine vergleichsweise schwächere Position als der Gesamtbetriebsrat zu geraten, etwa weil die unternehmerische Maßnahme bezüglich einzelner Betriebe keine Betriebsänderung darstellt. Ob die örtlichen Betriebsräte in einer solchen Situation auch die Abschlusskompetenz bezüglich Interessenausgleich und Sozialplan an den Gesamtbetriebsrat delegieren oder sich den Abschluss gem. § 50 Abs. 2 Satz 2 BetrVG selbst vorbehalten sollen, ist im Einzelfall zu entscheiden. Vermutlich wird die Unternehmensleitung jedoch auf Delegationsbeschlüssen bestehen, die auch eine Abschlussvollmacht für den Gesamtbetriebsrat vorsehen. Lassen sich die örtlichen Betriebsräte darauf ein, bleibt ihnen nur die Möglichkeit, die Beauftragung vor dem Abschluss entsprechender Vereinbarungen durch einen Widerrufsbeschluss zurückzunehmen, wenn sich im Verlaufe der Verhandlungen Ergebnisse abzeichnen, die für sie nicht akzeptabel sind. Auf alle Fälle sollte der Gesamtbetriebsrat in einer solchen Situation versuchen, nur Rahmenregelungen mit dem Arbeitgeber zu vereinbaren, die auf betrieblicher Ebene im Sinne einer Feinabstimmung auszufüllen sind.

Ist der Gesamtbetriebsrat für eine Maßnahme originär zuständig, so wird die Frage, ob mitbestimmungspflichtige Betriebsänderungen vorliegen, nicht auf Unternehmensebene, sondern weiterhin auf der Ebene der einzelnen Betriebe entschieden: Ist z. B. für das Vorliegen einer mitbestimmungspflichtigen Betriebsänderung die Überschreitung einer bestimmten Betroffenenzahl notwendig, so wird nicht auf den Anteil der unternehmensweit betroffenen Arbeitnehmer/innen in allen Beschäftigten des Unternehmens, sondern auf die entsprechenden Anteile in den einzelnen betroffenen Betrieben abgestellt. Es kann deshalb die Situation eintreten, dass eine unternehmenseinheitliche Maßnahme in einigen Betrieben eine mitbestimmungspflichtige Betriebsänderung darstellt, während dies in anderen Betrieben nicht der Fall ist, weil die Zahl der Betroffenen nicht die Grenzwerte der BAG-Staffel (Übersicht 3) oder des § 112a Abs. 1 BetrVG erreicht. Der Gesamtbetriebsrat kann im Rahmen seiner originären Zuständigkeit auch für die Betriebe des Unternehmens handeln, in denen kein Betriebsrat existiert (§ 50 Abs. 1 Satz 1 BetrVG).

Die vorstehenden Ausführungen gelten für die Zuständigkeit des Konzernbetriebsrats entsprechend. Eine originäre Zuständigkeit des Konzernbetriebsrats für einen Interessenausgleich ist z. B. bei der Zusammenlegung von Betrieben verschiedener Konzernunternehmen gegeben. Verhandlungspartner für den Konzernbetriebsrat ist das Vertretungsorgan (Vorstand, Geschäftsführung) der Konzernobergesellschaft.

III. Die Rechte des Betriebsrats bei der Planung mitbestimmungspflichtiger Betriebsänderungen

Soll eine Betriebsänderung durchgeführt werden und sind die in Kapitel B.I beschriebenen Voraussetzungen für die Wahrnehmung der Mitbestimmungsrechte gegeben, so stehen dem Betriebsrat nach §§ 111, 112 und 112a BetrVG folgende Rechte zu:

- Informationsrechte über die vorliegende Planung,
- Beratungsrechte zum Abschluss eines Interessenausgleichs,
- Beratungs- und erzwingbare Mitbestimmungsrechte zum Abschluss eines Sozialplans.

Diese Mitwirkungs- und Mitbestimmungsrechte sind auch dann gegeben, wenn der Unternehmer die Betriebsänderung nur kurzfristig plant oder sich zu ihr z. B. aufgrund von Marktentwicklungen gezwungen sieht (BAG 17. 9. 1974 – 1 AZR 16/74).

Neben den im BetrVG geregelten Rechten gibt es in einigen Branchen auch Tarifverträge z. B. zum Rationalisierungsschutz, die unter Umständen auf die geplante Betriebsänderung Anwendung finden können. Solche Tarifverträge können zum einen die im BetrVG festgelegten Rechte des Betriebsrats erweitern, zum anderen können sie Regelungen beinhalten, die üblicherweise Bestandteil eines Interessenausgleichs und Sozialplans sind. Der Betriebsrat sollte entsprechende Tarifverträge im Vorfeld der Verhandlungen mit dem Arbeitgeber prüfen und sich auf den konkreten Fall übertragbare Regelungen grundsätzlich zu eigen machen. Allerdings sichern diese Tarifverträge meist nur ein Basisniveau. Betriebsrat und Arbeitgeber können und sollten nach Möglichkeit versuchen, weitergehende Regelungen zu vereinbaren. Insbesondere gilt nach § 112 Abs. 1 BetrVG bei Sozialplanregelungen kein Tarifvorbehalt nach § 77 Abs. 3 BetrVG, selbst wenn der Sozialplan Regelung enthält, die üblicherweise den Tarifparteien vorbehalten sind (z. B. Arbeitsentgelte, Arbeitszeit und sonstige Arbeitsbedingungen), Im Verhältnis zwischen Tarifvertrag und Sozialplan gilt grundsätzlich das Günstigkeitsprinzip (*DKW*, Rn. 54 zu §§ 112, 112a BetrVG). Eine Ausnahme ist dann gegeben, wenn der Tarifvertrag eine sog. Subsidiaritätsklausel enthält,

d. h. dass der Tarifvertrag auch dann nicht gilt, wenn ein Sozialplan ungünstigere Regelungen enthält (*DKW*, Rn. 55 zu §§ 112, 112a BetrVG).

Trotz der Rechtsprechung des BAG (BAG 24.4.2007 – 1 AZR 252/06), in der Streiks zur Erzwingung eines Tarifsozialplans grundsätzlich für zulässig erklärt wurden, hat dieser in der Praxis leider kaum spürbar Bedeutung gewonnen. Es handelt sich um einen Tarifvertrag, der zwischen den Tarifvertragsparteien bei geplanten Betriebsänderungen abgeschlossen wird (vgl. auch Kapitel B.XI). Tarifvertragsparteien sind auf der einen Seite die zuständige Gewerkschaft und auf der anderen Seite das Unternehmen (Haus- oder Firmentarifvertrag) oder der Arbeitgeberverband, dessen Mitglied das Unternehmen ist (betriebsbezogener Verbandstarifvertrag). Rechtsdogmatisch handelt es sich bei dem Tarifsozialplan um einen firmenbezogenen Ergänzungstarifvertrag (*Zabel* 1998, S. 617; *Bauer/ Krieger* 2004, S. 1020). Gegenüber den Instrumenten Interessenausgleich und Sozialplan bietet – zumindest in gut organisierten Betrieben – der Tarifsozialplan für die Durchsetzung von Arbeitnehmerinteressen eine Reihe von Vorteilen. Während eine Einigungsstelle die Ermessensrichtlinien des § 112 Abs. 5 BetrVG zwingend zu beachten hat und die BAG-Rechtsprechung weitere Einschränkungen vornimmt, muss die Gewerkschaft bei der Aufstellung ihrer Tarifforderungen hierauf keine Rücksicht nehmen. Insbesondere bei Betriebsänderungen, die mit einem Betriebsübergang gem. § 613a BGB verbunden sind, kann im Falle der Anwendung ungünstigerer Tarifbedingungen nur ein Tarifsozialplan Nachteile abwehren. Außerdem müssen Sozialplanverhandlungen gem. § 112 BetrVG unter Wahrung des Betriebsfriedens und unter Verzicht auf Arbeitskampfmaßnahmen durchgeführt werden (§ 74 Abs. 2 BetrVG) und die Konfliktaustragung unter Einschaltung der Einigungsstelle (§ 76 BetrVG) wirtschaftsfriedlich erfolgen, können gleichlautende oder weitergehende Forderungen in einem Tarifsozialplan auch notfalls mittels Arbeitskampfmaßnahmen (Warnstreik, Erzwingungsstreik) durchgesetzt werden. Tarifforderungen, für die gestreikt werden soll, dürfen allerdings nicht in den Kernbereich unternehmerischer Entscheidungsfreiheit (Art. 12 Abs. 1 GG) eingreifen. Unzulässig wäre damit etwa der Streik mit dem Ziel, eine Standortverlagerung oder Betriebsstilllegung zu verhindern. Typische Sozialplaninhalte wie z. B. Abfindungen, Qualifizierungsmaßnahmen, Verlängerungen von Kündigungsfristen, befristeter Ausschluss von Kündigungen, befristete Standortsicherung, Einrichtung und Finanzierung einer Transfergesellschaft und Überleitungsvorschriften bei Betriebsübergängen dürfen aber zu Tarifforderungen gemacht und – falls diese nicht erfüllt werden – durch Arbeitskampfmaßnahmen erstreikt werden (*Rupp* 2009, S. 649 ff.).

1. Informationsrechte

Nach § 111 BetrVG ist der Unternehmer verpflichtet, den Betriebsrat über geplante mitbestimmungspflichtige Betriebsänderungen rechtzeitig und umfassend zu informieren.
Rechtzeitige Information bedeutet, dass der Arbeitgeber den Betriebsrat bereits in der Planungsphase, jedoch allerspätestens vor der endgültigen Entscheidung über die Umsetzung der Maßnahme(n) einschalten muss (vgl. *DKW*, Rn. 132 zu § 111 BetrVG).
Bedarf die Maßnahme der Zustimmung der Eigentümer oder eines Aufsichtsgremiums (z. B. Aufsichtsrat, Verwaltungsrat oder Beirat), so müssen sowohl die Information des Betriebsrats als auch die Beratung auf jeden Fall vor der Beschlussfassung durch die Eigentümer bzw. das entsprechende Aufsichtsgremium erfolgen (BAG 14.9.1976 – 1 AZR 784/75). Andernfalls hätte die nach dem BetrVG vorgeschriebene Beratung über einen Interessenausgleich keinen Sinn, da der Interessenausgleich gerade dazu dienen soll, auch über Alternativen zu der vom Unternehmer ins Auge gefassten Maßnahme zu beraten. Die Informations- und Beratungspflichten des Arbeitgebers erstrecken sich auf die gesamte unternehmerische Planung, so dass bei den diesbezüglichen Verhandlungen nicht nur das »Wie« der Umsetzung sondern auch das »Ob«, also die unternehmerische Planung (inkl. etwaig verworfener Alternativen) und dessen Entscheidung, als solche beraten werden muss.
Umfassende In formation über die geplante Betriebsänderung bedeutet, dass der Arbeitgeber den Betriebsrat anhand von allen ihm zur Verfügung stehenden Unterlagen (deren Existenz in der Praxis zunächst häufig bestritten wird) über die Gründe und den Umfang der geplanten Betriebsänderung sowie die Auswirkungen der geplanten Betriebsänderung auf die Arbeitnehmer/innen zu informieren hat. Die Information darf sich dabei auch nicht nur auf die vom Arbeitgeber favorisierte Lösung beschränken. Vielmehr sollte sich der Betriebsrat auch die vom Arbeitgeber verworfenen Alternativen vorlegen lassen, da sie oft Anregungen für mögliche sozialverträglichere Gegenvorschläge enthalten können. Da die Beratungen über einen Interessenausgleich und Sozialplan nur auf der Basis umfassender und rechtzeitiger Information auf Augenhöhe mit dem Arbeitgeber geführt werden können, werden die Fragen des Umfangs der benötigten Informationen und der Durchsetzung der Informationsrechte in Kapitel E.III ausführlich behandelt.
Solange der Arbeitgeber seinen Pflichten zu rechtzeitiger und umfassender Information nicht in Gänze nachkommt, sollte der Betriebsrat trotz steigendem Druck Verhandlungen über einen Interessenausgleich und Sozialplan verweigern und dies auch der Betriebsöffentlichkeit mitteilen. Schließlich hat der Ar-

beitgeber einen hierdurch entstehenden Zeitdruck durch sein pflichtwidriges Verhalten allein zu vertreten.

Bei besonderer Eilbedürftigkeit können die Informationsrechte auch im Wege einer einstweiligen Verfügung durchgesetzt werden. Ob auch die Maßnahme selbst durch einen Antrag auf Unterlassung und Erlass einer einstweiligen Verfügung beim Arbeitsgericht gestoppt werden kann, ist strittig (*Fitting*, Rn. 141 ff. zu § 111 BetrVG, *DKW*, Rn. 23 ff. zu §§ 112, 112a BetrVG).

Das Arbeitsgericht Hamburg hat in einem rechtskräftigen Beschluss entschieden, dass der Betriebsrat ihm zustehende materiell-rechtliche Ansprüche auf Unterrichtung und Beratung gem. § 111 Satz 1 BetrVG im Wege des einstweiligen Rechtsschutzes sichern kann (Arbeitsgericht Hamburg 25.1.2007 – 25 GaBV 1/07). Da die Praxis der Arbeitsgerichte in dieser Frage unterschiedlich ist, sollte sich der Betriebsrat vor einem entsprechenden Verfahren unbedingt rechtlich beraten lassen.

Pflichtverletzungen des Arbeitgebers können ferner als Ordnungswidrigkeit gem. § 121 BetrVG geahndet werden (Geldbuße bis zu 10000 €). In besonders krassen Fällen kann auch ein Strafantrag nach § 119 Abs. 1 Ziff. 2 BetrVG wegen Behinderung der Betriebsratstätigkeit in Frage kommen.

Neben den in § 111 BetrVG festgelegten Informationsrechten ergeben sich auch aus anderen Bestimmungen des BetrVG Informationsrechte, die Hinweise auf drohende Betriebsänderungen liefern können und die vor allem dann wichtig sind, wenn der Arbeitgeber bestreitet, dass eine mitbestimmungspflichtige Betriebsänderung mit den damit verbundenen Pflichten geplant ist. Zu nennen sind hier insbesondere folgende zusätzliche Möglichkeiten der Informationsbeschaffung:

- *Informationsrechte des Wirtschaftsausschusses nach § 106 BetrVG*
  Ist ein Wirtschaftsausschuss gebildet, so muss der Unternehmer diesen über alle wirtschaftlichen Angelegenheiten umfassend und rechtzeitig informieren. Zu den wirtschaftlichen Angelegenheiten gehören auch etwaig geplante Betriebsänderungen. Die in § 111 Satz 2 BetrVG aufgelisteten mitbestimmungspflichtigen Betriebsänderungen finden sich in § 106 Abs. 3 Ziff. 5 bis 9 BetrVG nahezu wortgleich wieder. Über mitbestimmungspflichtige Betriebsänderungen muss der Unternehmer den Wirtschaftsausschuss jedenfalls nach § 106 Abs. 3 Nr. 10 BetrVG informieren, da sie zu den Vorhaben zu rechnen sind, welche die Interessen der Arbeitnehmer/innen des Unternehmens wesentlich berühren können. Da durch Betriebsänderungen (auch wenn ihre Mitbestimmungspflicht strittig sein mag) regelmäßig die Interessen der Arbeitnehmer/innen wesentlich berührt sein können, hat der Unternehmer den Wirtschaftsausschuss bereits in einem sehr frühen Stadium seiner Planungen, also in aller Regel zeitlich noch vor dem Betriebsrat zu informieren (*DKW*, Rn. 40 zu § 106 BetrVG).

Besteht bis zur Durchführung der geplanten Betriebsänderung noch genügend Zeit (mindestens 2–3 Monate), dann kann der Betriebsrat zur Durchsetzung des Informationsanspruches des Wirtschaftsausschusses notfalls auch eine Einigungsstelle nach § 109 BetrVG einschalten.

- *Informationsrechte über die Planung von Arbeitssystemen nach § 90 BetrVG*
  Nach § 90 Abs. 1 BetrVG hat der Arbeitgeber den Betriebsrat über die Planung von Bauten, Räumen, technischen Anlagen, Arbeitsverfahren, Arbeitsabläufen und Arbeitsplätzen rechtzeitig unter Vorlage der erforderlichen Unterlagen zu unterrichten. Die Unterrichtung soll dabei nach § 90 Abs. 2 BetrVG so rechtzeitig erfolgen, dass Vorschläge und Bedenken des Betriebsrats bei der Planung noch berücksichtigt werden können. Diese Formulierung macht deutlich, dass die Information schon im Laufe des Planungsprozesses und nicht erst nach der getroffenen Entscheidung über die Maßnahme zu erfolgen hat.
  Insbesondere bei Verlegung des Betriebes bzw. von Betriebsteilen, grundlegenden Änderungen der Betriebsanlagen oder Einführung grundlegend neuer Arbeitsmethoden und Fertigungsverfahren entsprechend § 111 Satz 3 Nr. 4 und 5 BetrVG werden somit zugleich auch die Informationspflichten des Arbeitgebers nach § 90 BetrVG ausgelöst. Außerdem können sich aus Informationen nach § 90 BetrVG für den Betriebsrat auch Hinweise auf das Vorliegen einer mitbestimmungspflichtigen Betriebsänderung ergeben.
- *Informationsrechte über die Personalplanung nach § 92 BetrVG*
  Auch in mittleren und kleineren Betrieben wird heute vom Arbeitgeber zumeist eine mehr oder weniger systematische Personalplanung (zumindest eine Personalkostenplanung, aus der auch Rückschlüsse auf den Personalbedarf möglich sind), betrieben. Über eine solche Planung ist der Betriebsrat nach § 92 BetrVG ebenfalls umfassend und rechtzeitig zu informieren. Ist die geplante Betriebsänderung mit Entlassungen oder Versetzungen verbunden, so hat der Arbeitgeber die entsprechenden Personaleinsatz- und Personalabbauplanungen dem Betriebsrat auch im Rahmen seiner Unterrichtungspflicht nach § 92 BetrVG mitzuteilen und hat insoweit eine Beratungspflicht gegenüber dem Betriebsrat.
  Ebenso können sich aus der vorgelegten Personalplanung Hinweise für eine Betriebsänderung ergeben.
  Von Bedeutung sind die Informationen über die Personalplanung auch für die Entwicklung von Gegenvorschlägen des Betriebsrats. So können sich aus den Personalplanungsunterlagen z. B. hinsichtlich des Qualifikationsbedarfs an neue oder geänderte Stellen wichtige Hinweise auf Versetzungsmöglichkeiten ergeben.

Sofern in dem Unternehmen ein mitbestimmter Aufsichtsrat existiert, sollten auch die Arbeitnehmervertreter im Aufsichtsrat zur Informationsbeschaffung herangezogen werden. Zum einen lassen sich möglicherweise Hinweise auf drohende Betriebsänderungen aus den im Aufsichtsrat vorgelegten Unterlagen frühzeitig erkennen. Zum anderen können die Arbeitnehmervertreter im Aufsichtsrat nach § 90 Abs. 3 AktG vom Vorstand einen Bericht über eine vorgesehene oder befürchtete Betriebsänderung verlangen. Insbesondere wenn die Betriebsänderung ein zustimmungspflichtiges Geschäft (§ 111 Abs. 4 AktG) darstellt, wird sich der Aufsichtsrat vor der Durchführung der Betriebsänderung damit befassen müssen.

Je früher der Betriebsrat über die geplante Betriebsänderung informiert ist, desto größer ist seine Möglichkeit, die Planungen im Sinne der Beschäftigten beeinflussen zu können. Deshalb kommt es wesentlich auf eine systematisierte Zusammenarbeit zwischen Betriebsrat, Gesamtbetriebsrat, Wirtschaftsausschuss und den Arbeitnehmervertretern im Aufsichtsrat an. Je enger die Zusammenarbeit und je intensiver der Informationsaustausch ist, desto eher können Betriebsänderungen rechtzeitig erkannt und die Interessen der Beschäftigten in die Planung des Arbeitgebers einfließen. Dabei gibt es zwischen den Betriebsverfassungsgremien (Betriebsrat, Gesamtbetriebsrat, Konzernbetriebsrat, Wirtschaftsausschuss) keine Beschränkungen bezüglich der Weitergabe von Informationen und Unterlagen, auch wenn diese Betriebs- oder Geschäftsgeheimnisse enthalten sollten (§ 79 BetrVG). Auch Arbeitnehmervertreter im Aufsichtsrat sind nach Vornahme einer Interessenabwägung berechtigt und verpflichtet, die entsprechenden Organe der Betriebsverfassung über diese Planungen zu informieren, sofern die Arbeitnehmerinteressen (in der Regel bei geplanten Kündigungen) die Interessen des Arbeitgebers an der Gemeinhaltung überwiegen (vgl. zur Verschwiegenheitspflicht Köstler, 2003, S. 17f.), selbst wenn diese von der Unternehmensleitung als geheimhaltungsbedürftig bezeichnet wurden.

2. Beratungsrechte zum Abschluss eines Interessenausgleichs

Der Interessenausgleich soll regeln,

- ob,
- wann und
- wie

eine vorgesehene Betriebsänderung durchgeführt werden soll (BAG 27.10.1987 – 1 ABR 9/86).

Der Betriebsrat hat somit im Rahmen der Interessenausgleichsverhandlungen folgende Möglichkeiten, sich zu positionieren:

- er kann der Betriebsänderung grundsätzlich gänzlich widersprechen (er ist z.B. gegen die Verlagerung eines Betriebsteils zu einem anderen Betrieb des Unternehmens);

- er kann aber auch nur den Zeitpunkt der Betriebsänderung ablehnen (z. B. um die beabsichtigte Verlagerung hinauszuschieben, damit die betroffenen Arbeitnehmer/innen einen längeren Zeitraum zur Verfügung haben, einen neuen Arbeitsplatz zu suchen);
- er kann den Folgen (z. B. Entlassungen), die den Beschäftigten durch die geplante Durchführung der Betriebsänderung entstehen können, widersprechen (z. B. fordert er Versetzungen und Umschulungsmaßnahmen für die betroffenen Arbeitnehmer/innen, um die Zahl der geplanten Entlassungen zu reduzieren).

Übersicht 10:
Beispielhafte Inhalte eines Interessenausgleichs

- Zeitlicher Ablauf der Betriebsänderung
- Umfang und Inhalt der Betriebsänderung
- Zusätzliche Produktionsmöglichkeiten zwecks Sicherung der Beschäftigung
- Personalwirtschaftliche Abwicklung der Betriebsänderung
- Qualifikationsprogramme für betroffene Mitarbeiter
- Errichtung von Transfergesellschaft oder -agentur
- Maßnahmen zur menschengerechten Arbeitsgestaltung
- Sozialverträglicher Technikeinsatz
- Einführung einer transparenten Personalplanung
- Festschreibung von Informationen während und nach der Umsetzung
- Erweiterung betriebsverfassungsrechtlicher Mitbestimmungsrechte, z. B. im Bereich Personalplanung, Kündigung

Im Rahmen des Interessenausgleichs geht es darum, die Durchführung der Betriebsänderung in einer Art und Weise zu beeinflussen, dass die Nachteile für die Beschäftigten bei der Erreichung der angestrebten unternehmerischen Ziele möglichst gering gehalten werden (sozialverträgliche Umsetzung). Er soll die gegensätzlichen Interessen zum Ausgleich bringen: In der Regel ist ein Ausgleich zwischen den wirtschaftlichen Interessen des Unternehmens und den wirtschaftlichen und sozialen Interessen der Arbeitnehmer/innen zu schaffen. Dem Interessenausgleich ist eine hohe Bedeutung beizumessen, weil er ein Instrument ist, mit dem u. U. bestehende Arbeitsplätze gesichert und neue geschaffen werden können.
Sofern sich Arbeitgeber und Betriebsrat nicht über einen Interessenausgleich einigen, können beide Seiten nach § 112 Abs. 2 BetrVG zunächst den Vorsitzenden der Geschäftsführung der Regionaldirektion der Arbeitsagentur um Vermittlung ersuchen.
Praxistipp: Sofern sich der Betriebsrat für diesen Schritt entscheidet, sollte der entsprechende Beschluss zeitlich vor der Anrufung der Einigungsstelle gefasst werden. Ansonsten besteht das Risiko, dass die Einigungsstelle die Verhandlungen ggf. noch vor dem Vermittlungsversuch für gescheitert erklärt.

Geschieht dies nicht oder bleibt die Vermittlung erfolglos, können beide Seiten außerdem die Einigungsstelle anrufen. Nach der BAG-Rechtsprechung ist der Arbeitgeber in diesem Fall sogar gezwungen, die Einigungsstelle anzurufen, wenn er das Risiko eines Nachteilsausgleichs nach § 113 BetrVG vermeiden will (BAG 18.12.1984 – 1 AZR 176/82; vgl. im einzelnen Kapitel B.V).

Jedoch kann die Einigungsstelle zum Interessenausgleich (anders als zum Sozialplan) nur vermittelnd tätig werden, weil sie bezüglich des Interessenausgleichs keine verbindlichen Entscheidungen treffen darf. Ein Interessenausgleich ist somit in der Einigungsstelle gegen den Willen einer Seite nicht erzwingbar. Gleichwohl kann der Betriebsrat versuchen, über die Einigungsstelle an Informationen zur Betriebsänderung zu gelangen, die ihm vom Arbeitgeber bislang verweigert wurden. Auch an dieser Stelle ist die Person des Vorsitzenden der Einigungsstelle von wesentlicher Bedeutung. Misst dieser dem Beratungsrecht des Betriebsrats eine hohe Bedeutung bei, dann kann er dem Arbeitgeber auferlegen, dem Betriebsrat die hierfür benötigten Informationen zu übergeben.

Der Interessenausgleich ist nach § 112 Abs. 1 BetrVG schriftlich zu verfassen und von beiden Betriebsparteien zu unterschreiben. Im Falle der erfolgreichen Einschaltung der Einigungsstelle muss auch der Einigungsstellenvorsitzende den Interessenausgleich unterschreiben (§ 112 Abs. 3 BetrVG). Hierbei handelt es sich um eine zwingende Formvorschrift. Außerdem ist ein Beschluss des Betriebsrats über die Einigung und deren Inhalt oder vorab per Beschluss eine Abschlussvollmacht für die Vertreter des Betriebsrats notwendig.

Kommt der Interessenausgleich auch in der Einigungsstelle nicht zu Stande, so ist er als endgültig gescheitert anzusehen. Dies wird – i.d.R. ohne formellen Beschluss – vom Einigungsstellenvorsitzenden im Protokoll der Einigungsstelle vermerkt.

Da der Interessenausgleich nicht erzwingbar ist, kommt es auch vor, dass Arbeitgeber die Betriebsänderung durchführen wollen, ohne zuvor einen Interessenausgleich zu versuchen.

Ob der Betriebsrat in einer solchen Situation die Möglichkeit hat, durch einen Antrag auf Unterlassung und Erlass einer einstweiligen Verfügung bis zum Ende der Interessenausgleichsverhandlungen die Durchführung der Betriebsänderung oder zumindest den Ausspruch von Kündigungen zunächst zu verhindern, ist strittig (*Fitting*, Rn. 130ff. zu § 111 BetrVG, *DKW*, Rn. 23ff. zu § 112a BetrVG).

Dementsprechend dürfte es je nach Arbeitsgerichtsbezirk unterschiedlich sein, ob es gelingt, die Durchführung der Betriebsänderung oder zumindest den Ausspruch von Kündigungen gerichtlich untersagen zu lassen. Dass der Arbeitgeber den betroffenen Beschäftigten Aufhebungs- oder Änderungsverträge anbietet, wird sich wegen dem Recht der Beschäftigten auf Privatautonomie nur in seltenen Ausnahmefällen (Druck- oder Drohsituationen) verhindern lassen.

Das LAG Berlin hat bereits 1995 einen Unterlassungsanspruch des Betriebsrats gegenüber dem Ausspruch betriebsbedingter Kündigungen im Rahmen einer Betriebsänderung bejaht, der durch eine einstweilige Verfügung gem. § 940 ZPO gesichert werden kann (LAG Berlin 7.9.1995 – 10 TaBV 5/95). Das Arbeitsgericht Hamburg hat im Wege des einstweiligen Rechtsschutzes einem Unternehmer untersagt, Kündigungen auszusprechen, bevor nicht der Interessenausgleich zu Ende verhandelt worden ist (Arbeitsgericht Hamburg 25.1.2007 – 25 GaBV 1/07). Das LAG Schleswig-Holstein hat unter Verweis auf die richtlinienkonforme Auslegung der §§ 111 ff. BetrVG unter Beachtung von Art. 4 und 8 der Richtlinie 2002/14/EG, die ein Nebeneinander verfahrenssichernder Maßnahmen und Sanktionen bei Verstößen gegen Anhörungs- und Beteiligungsrechte verlangen, entschieden, dass der Betriebsrat die Unterlassung betriebsändernder Maßnahmen verlangen kann, wenn und solange das Interessenausgleichsverfahren nicht ausgeschöpft ist (LAG Schleswig-Holstein 15.12.2010 – 3 TaBVGa 12/10) Das LAG Berlin-Brandenburg (7 TaBVGa 1219/14) hat in seiner Entscheidung vom 19.6.2014 festgestellt, dass der Unterlassungsanspruch zur Sicherung des Verhandlungsanspruchs des Betriebsrats für den Interessenausgleich und nicht zur Untersagung der Betriebsänderung selbst dient. Nur bei faktisch oder rechtlich nicht mehr umkehrbaren Maßnahmen (wie z. B. Kündigungen), durch die der Verhandlungsanspruch des Betriebsrats gefährdet würde, soll ein Unterlassungsanspruch in Betracht kommen. Vor einem entsprechenden Versuch sollte sich der Betriebsrat deshalb bei seiner Gewerkschaft oder einem Rechtsanwalt über die Aussichten eines solchen Verfahrens informieren. Auch wenn die Erfolgsaussichten gering sind, können im Rahmen gerichtlicher Vergleiche Kompromisslösungen (z. B. befristete Aussetzung der strittigen Maßnahmen) gefunden werden.

Ist die Betriebsänderung schon vollzogen, so sind (weitere) Interessenausgleichsverhandlungen sinnlos und können deshalb vom Betriebsrat im Gegensatz zu einem Sozialplan auch nicht mehr erzwungen werden (BAG 10.11.1987 – 1 ABR 55/86).

Im Interessenausgleich können im Zusammenhang mit einer geplanten Betriebsänderung vielfältige Aspekte der Umsetzung gestaltet werden (vgl. hierzu die Vorschläge in Kapitel F sowie die umfassende Auswertung von Regelungen zum Interessenausgleich bei *Laßmann/Riegel* 2017). Grundsätzlich können solche Regelungen von keiner Seite erzwungen, sondern immer nur einvernehmlich vereinbart werden.

Das gilt auch für die sog. Namensliste zum Interessenausgleich (§ 1 Abs. 5 KSchG), von der wir dem Betriebsrat grundsätzlich abraten. Diese Vorschrift hat folgenden Gegenstand: Sind bei betriebsbedingten Kündigungen die Beschäftigten, denen gekündigt werden soll, in einem Interessenausgleich zwischen Arbeitgeber und Betriebsrat namentlich bezeichnet (Namensliste), wird gem. § 1 Abs. 5

KSchG gesetzlich vermutet, dass die Kündigung durch dringende betriebliche Erfordernisse bedingt ist. Gleichzeitig kann die soziale Auswahl der Beschäftigten von den Arbeitsgerichten nach § 1 Abs. 5 Satz 1 KSchG nur auf grobe Fehlerhaftigkeit überprüft werden. In den von uns ausgewerteten Interessenausgleichen der letzten Jahre fanden sich zahlreiche Namenslisten (vgl. *Laßmann/Riegel* 2017). Dies überrascht, da Gewerkschaften und arbeitnehmerorientierte Anwälte grundsätzlich davon abraten (vgl. *Perreng* 2004, S. 13ff.; *Däubler* u.a. 2010, Rn. 18k zu § 112a BetrVG; *Hamm/Rupp* 2012, S. 55). Denn Namenslisten bürden den Betroffenen die Beweislast für die Rechtmäßigkeit der Kündigung auf und reduzieren somit den Kündigungsschutz der Betroffenen quasi auf Null. Die verfassungsrechtlichen Bedenken, die z.T. gegen § 1 Abs. 5 KSchG erhoben wurden (vgl. z.B. *DKW*, Rn. 18k zu §§ 112, 112a BetrVG), hat das BAG verworfen (BAG 6.9.2007 – 2 AZR 715/06).

Im Zusammenhang mit der Namensliste zum Interessenausgleich gibt es eine Reihe zu klärender Punkte, die nachfolgend dargestellt werden.

Da sind zunächst der Umfang der gerichtlichen Kontrolle und die Beweislastumkehr:

Im Rahmen eines »normalen« Kündigungsschutzprozesses können Arbeitsgerichte in vollem Umfang prüfen, ob der Beschäftigungsbedarf und damit der Arbeitsplatz der/des Gekündigten tatsächlich weggefallen ist. Ohne Namensliste liegt die Darlegungs- und Beweislast beim Arbeitgeber. Mit Namensliste wird aber nun »vermutet«, dass die Kündigung durch betriebliche Erfordernisse bedingt ist. Daraus folgert das BAG, dass jetzt die/der Betroffene in vollem Umfang darlegen und beweisen muss, dass die Kündigung nicht durch betriebsbedingte Gründe gerechtfertigt ist (BAG 7.5.1998 – 2 AZR 536/97). Die Vermutungswirkung erstreckt sich außerdem auf die Möglichkeit zur Weiterbeschäftigung (§ 1 Abs. 2 Satz 2 KSchG): Der Gekündigte muss genau darlegen und im Bestreitensfall beweisen, dass es einen freien Arbeitsplatz im Betrieb oder Unternehmen für ihn gibt. Das wird ihm i.d.R. nicht gelingen, denn in beiden Fällen fehlen ihm die hierfür erforderlichen Informationen. Er sollte ungeachtet einer Namensliste stets darauf bestehen, dass der Arbeitgeber ihm die Gründe mitteilt, die ihn zu seiner Entscheidung bewegt haben. Hierauf haben Gekündigte einen Rechtsanspruch gem. § 1 Abs. 3, Satz 2 KSchG. Kommt der Arbeitgeber dem nicht nach, ist die Kündigung ohne weiteres als sozialwidrig anzusehen (BAG 10.2.1999 – 2 AZR 716/98).

Die Sozialauswahl – die Entscheidung, welchen Mitarbeitern gekündigt wird – unterliegt nur dem eingeschränkten Prüfungsmaßstab der »groben Fehlerhaftigkeit«. Grob fehlerhaft im Sinne von § 1 Abs. 5 Satz 2 KSchG ist eine Sozialauswahl allerdings nur, wenn ein augenfälliger Fehler vorliegt und der Interessenausgleich jegliche Ausgewogenheit vermissen lässt (BAG 21.9.2006 – 2 AZR 760/05). Dass gegen einen solch groben Prüfungsmaßstab verstoßen wird, ist die

sehr seltene Ausnahme. Dies verschlechtert die kündigungsschutzrechtliche Position der Gekündigten zusätzlich (vgl. *Hamm/Rupp* 2012, S. 55., 131f.).
Die Namensliste kann auch bei Änderungskündigungen zur Anwendung kommen. Das BAG hat inzwischen entschieden, dass sich Namenslisten auch auf Änderungskündigungen erstrecken können (BAG 19.6.2007 – AZR 304/06). Die Reichweite der Vermutungswirkung des § 1 Abs. 5 KSchG erstreckt sich danach sowohl auf den Wegfall des Beschäftigungsbedürfnisses zu den bisherigen Bedingungen als auch auf das Fehlen einer anderweitigen Beschäftigungsmöglichkeit zu den bisherigen Bedingungen im Betrieb. Bei einer gerichtlichen Überprüfung, ob die angebotene Vertragsänderung vom/von der Arbeitnehmer/in hingenommen werden muss, liegt die Darlegungs- und Beweislast aber nach wie vor beim Arbeitgeber – jedenfalls dann, wenn der Interessenausgleich keine inhaltlichen Vorgaben bezüglich des Änderungsangebots enthält. Arbeitgebernahe Rechtsanwälte empfehlen daher, entsprechende inhaltliche Vorgaben in den Interessenausgleich mit aufzunehmen (vgl. Schiefer 2009, S. 548). Der Betriebsrat muss sich darauf jedoch nicht einlassen.
Ob auch eine Teil-Namensliste zulässig ist, ist strittig. In die Namensliste zum Interessenausgleich nach § 1 Abs. 5 KSchG dürfen nach einem Urteil des BAG (BAG 26.3.2009 – 2 AZR 296/07) ausschließlich Beschäftigte aufgenommen werden, die aus der eigenen Sicht der Betriebsparteien aufgrund der dem Interessenausgleich zu Grunde liegenden Betriebsänderung zu kündigen sind. In der Literatur umstritten und vom BAG in seiner neuesten Entscheidung auch ausdrücklich offen gelassen ist die Frage, ob auch eine Teil-Namensliste, in der nicht alle aufgrund einer Betriebsänderung zu Entlassenden namentlich aufgeführt sind, den gesetzlichen Anforderungen des § 1 Abs. 5 Satz 1 KSchG genügt. Das LAG Niedersachsen hält eine Teil-Namensliste für keine generell taugliche Grundlage für § 1 Abs. 5 KSchG, es sei denn, der Bereich, für den keine Namensliste vereinbart wurde, ist deutlich abgrenzbar, dass keine Möglichkeit besteht, die Sozialauswahl des anderen Bereichs, für den eine Namensliste vereinbart wurde, in irgendeiner Form zu beeinflussen. Zudem muss der Bereich des Betriebes, den die Namensliste abdeckt, wesentlich größer sein als der andere Bereich (LAG Niedersachsen 7.5.2015 – 5 Sa 1321/14). Der Gesetzeszweck und die an die Namensliste geknüpften Rechtsfolgen verlangen, dass in ihr ausschließlich Beschäftigte bezeichnet sind, die aus der eigenen Sicht der Betriebsparteien aufgrund der dem Interessenausgleich zu Grunde liegenden Betriebsänderung zu kündigen sind. Auch darf das Zustandekommen der Einigung der Betriebsparteien nicht auf außerhalb des Gesetzeszwecks liegenden Erwägungen der Betriebsparteien beruhen (z.B. Vermeiden einer Sperrfrist durch die Agentur für Arbeit, vgl. BAG 26.3.2009 – 2 AZR 296/07). Nur unter diesen Voraussetzungen ist ausreichend sichergestellt, dass sich die Betriebsparteien bei der Erstellung der Namensliste in jeder Hinsicht mit der Betriebsnotwendigkeit der Kündigung der

in ihr Genannten befasst und sich Gedanken darüber gemacht haben, welche Arbeitnehmer/innen als vergleichbar für eine Sozialauswahl in Betracht kommen, welche soziale Rangfolge zwischen ihnen besteht und wer aus der Sozialauswahl ausscheidet (BAG 22.1.2004 – 2 AZR 111/02; BAG 6.12.2001 – 2 AZR 422/00).

Sieht ein Interessenausgleich mehrere Entlassungswellen vor, so muss der Interessenausgleich die gesamte Betriebsänderung erfassen, andernfalls ist die abgeschlossene Namensliste wertlos.Zeitlich gestaffelt können jeweils entsprechend den geplanten Entlassungswellen vollständige Namenslisten aufgestellt werden (BAG 19.7.2012 – 2 AZR 386/11).

Die Namensliste zum Interessenausgleich ersetzt jedoch nicht die Betriebsratsanhörung gem. § 102 BetrVG. Das BAG hat in Übereinstimmung mit der herrschenden Literaturansicht entschieden, dass § 102 BetrVG nicht durch § 1 Abs. 5 KSchG verdrängt wird (BAG 20.5.1999 – 2 AZR 148/99). Allerdings kann der Arbeitgeber die Betriebsratsanhörung gem. § 102 BetrVG mit den Verhandlungen über einen Interessenausgleich verbinden (BAG 20.5.1999 – 2 AZR 148/99). Fast alle Interessenausgleiche, die eine Namensliste enthalten, enthalten auch Regelungen zur Betriebsratsanhörung dergestalt, dass mit Abschluss des Interessenausgleichs auch das Verfahren nach § 102 BetrVG abgeschlossen ist (vgl. *Laßmann/Riegel* 2017, S. 284). Doch auch wenn solche Regelungen vereinbart wurden, trägt der Arbeitgeber die Darlegungs- und Beweislast, dass der Betriebsrat ordnungsgemäß angehört worden ist (vgl. *Kohte* 1998, S. 950).

Eine Namensliste ist überdies nur dann wirksam, wenn sie bestimmten formalen Anforderungen genügt. Verstößt der Arbeitgeber z.B. gegen das strenge Schriftformerfordernis, d.h. unterlässt er es, die Namensliste zu unterzeichnen, kann die auf der Namensliste basierende Kündigung rechtswidrig sein (BAG 6.7.2007 – 2 AZR 520/05). Dem Schriftformerfordernis wird Rechnung getragen, wenn die Namensliste von den Vertretern beider Betriebsparteien unterschrieben und mit dem Interessenausgleich eine einheitliche Urkunde bilden (BAG 10.6.2010 – 2 AZR 420/09). Es reicht auch aus, wenn nur der Interessenausgleich unterschrieben ist und in ihm auf die als Anlage beigefügte, nicht unterschriebene Namensliste verwiesen wird und Interessenausgleich und Namensliste miteinander (mit einer Heftmaschine) verbunden werden (BAG 19.7.2012 – 2 AZR352/11). Außerdem müssen die auf der Namensliste aufgeführten Beschäftigten zweifelsfrei zu identifizieren sein.

Ob sich der Betriebsrat auf eine Namensliste einlässt, sollte im Wesentlichen davon abhängig gemacht werden, wer auf diese Namensliste kommen soll. Unproblematisch ist es, wenn sich am Ende diejenigen wiederfinden, die den Betrieb verlassen wollen und so auch dem letzten Risiko, mit der Agentur für Arbeit Ärger zu bekommen, aus dem Weg gehen können (Freiwilligenprinzip). Die Agentur für Arbeit wird diesen Beschäftigten keinesfalls erfolgreich vorwerfen können, sie hätten leichtfertig gegen eine Abfindung ihren Arbeitsplatz aufgegeben, und das zum Anlass nehmen, ihnen das Arbeitslosengeld zu sperren (Beteiligungssachverhalt gem. § 144 SGB III).

Höchst problematisch ist es dagegen, wenn mit der Liste Beschäftigte aus dem Betrieb gedrängt werden, weil man der Meinung ist, diese müsste es aufgrund der Sozialauswahl ohnehin treffen. Wenn das so ist, dann hätte der Arbeitgeber nämlich auch kein Problem, sich in einem etwaigen Kündigungsschutzprozess durchzusetzen. Von daher bedarf es in diesem Fall keiner Kündigungserleichterung durch eine Namensliste. Weitaus häufiger stimmen Betriebsräte den Namenslisten im Gegenzug zu höheren Abfindungen zu. Ob diese Abfindungen wirklich ein angemessener Gegenwert für den dann unabwendbaren Arbeitsplatzverlust sind, muss jeder für sich selber beurteilen und verantworten (*Hamm/Rupp* 2007, S. 129).

Dagegen können bei der Gestaltung und Umsetzung von betriebsändernden Maßnahmen Aspekte zu regeln sein, bei denen das BetrVG eine erzwingbare Mitbestimmung vorsieht. Bei Reorganisationen des Betriebs bzw. dessen Arbeitsorganisation bestehen häufig auch Mitbestimmungsrechte nach § 87 Abs. 1 Nr. 6 BetrVG (elektronische Leistungs- und Verhaltenskontrolle). Geschäftsprozesse werden in aller Regel durch EDV-Systeme unterstützt, die auf Grund der Reorganisation neu eingeführt oder angepasst werden.

Der Betriebsrat verfügt zudem mit dem erzwingbaren Sozialplan regelmäßig über ein starkes Druckmittel, mit dem der Arbeitgeber zu bestimmten Zugeständnissen auch beim Interessenausgleich bewegt werden kann. Deshalb sollten Interessenausgleich und Sozialplan grundsätzlich parallel verhandelt werden. Erklärt der Arbeitgeber die Verhandlungen zum Interessenausgleich für gescheitert und ruft er die Einigungsstelle an, dann sollte der Betriebsrat unverzüglich die Verhandlungen zum Sozialplan für gescheitert erklären. Hat die Einigungsstelle beides zum Gegenstand, so hat der Betriebsrat, aber auch der Einigungsstellenvorsitzende sowohl beim Interessenausgleich als auch beim Sozialplan mehr Handlungsoptionen. Eine Verweigerungshaltung des Arbeitgebers beim Interessenausgleich kann gut dazu führen, dass der erzwungene Sozialplan mit der Stimme des Vorsitzenden deutlich teuer wird als vom Arbeitgeber geplant.

Die regelmäßige Information der Belegschaft über die Betriebsratsforderungen und den Verlauf der Verhandlungen ist ein Umstand, der gar nicht hoch genug bewertet werden kann. Dies gilt umso mehr, wenn die Belegschaft den Betriebsrat in seinen Forderungen aktiv unterstützt.

Kommt ein Interessenausgleich zu Stande, sind Betriebsrat und Arbeitgeber daran gebunden. Weicht der Arbeitgeber dennoch ohne zwingenden Grund vom Interessenausgleich ab und regelt diese Abweichungen nicht erneut mit dem Betriebsrat, so können die davon betroffenen Arbeitnehmer/innen nach § 113 BetrVG den sog. Nachteilsausgleich einklagen (vgl. Kapitel B.V). Nach herrschender – aber nicht unbestrittener – Meinung soll der Betriebsrat die Einhaltung eines Interessenausgleichs nicht gerichtlich erzwingen können, da es sich beim Interessenausgleich nicht um eine typische Betriebsvereinbarung, sondern um eine kollektive Vereinbarung besonderer Art handele (vgl. dazu ausführlich *Molkenbur/Schulte*, 1995).

Um die Ernsthaftigkeit insbesondere der Arbeitgeberseite zu dokumentieren, die im Interessenausgleich zu treffenden Regelungen später auch einzuhalten, wird deshalb auch von Molkenbur/Schulte vorgeschlagen, statt eines Interessenausgleichs eine freiwillige Betriebsvereinbarung abzuschließen, in der ausdrücklich der Anspruch des Betriebsrats auf Einhaltung bzw. Durchführung insbesondere der vereinbarten Regelungen zur Umsetzung der Betriebsänderung festgelegt ist. Lehnt der Arbeitgeber den Abschluss einer solchen freiwilligen Betriebsvereinbarung ohne nachvollziehbaren Grund ab, sollte der Betriebsrat misstrauisch werden und sich gut überlegen, ob er nicht einer Verzögerung der Betriebsänderung gegenüber einer schnell zu Stande gekommenen, aber letztendlich nicht sicheren Regelung des Interessenausgleichs den Vorzug geben soll. Insbesondere wäre es in einer solchen Situation wenig rational, wenn der Betriebsrat dem Arbeitgeber für einen solchen »unsicheren« Interessenausgleich beim Sozialplans Zugeständnisse machen würde.

3. Beratungs- und erzwingbare Mitbestimmungsrechte zum Abschluss eines Sozialplans

a. Der allgemeine Fall des § 112 BetrVG

Der Sozialplan dient dem Ausgleich oder der Milderung der wirtschaftlichen Nachteile, die den Arbeitnehmer/innen infolge der geplanten Betriebsänderung entstehen können. Teilweise behaupten Arbeitgeber in den Verhandlungen, dass nur Regelungen zu solchen wirtschaftlichen Nachteilen gefordert werden könnten, die durch die Betriebsänderung sicher oder mit hoher Wahrscheinlichkeit entstehen. Dagegen wird durch den weiten Wortlaut des § 112 BetrVG deutlich, dass den Betriebsparteien oder der Einigungsstelle generell keinerlei Beschränkungen bezüglich möglicher Regelungen auferlegt sind. Mit anderen Worten: Im Sozialplan können alle Regelungen zum Ausgleich oder zur Milderung wirtschaftlicher Nachteile getroffen werden, die in einer bestimmten Situation nur irgendwie denkbar sind. Ausgeschlossen sind nur Regelungen zu wirtschaftlichen Nachteilen, die offensichtlich in keinem Fall entstehen können (z. B. Regelungen zu Abfindungen bei Kündigungen, wenn der Arbeitgeber die gesamte Belegschaft an Bord halten möchte und eine Beschäftigungssicherung zusagt).

Nach dem Wortlaut von § 112 Abs. 1 BetrVG werden von einem Sozialplan nur wirtschaftliche Nachteile erfasst. Die Abgrenzung zwischen wirtschaftlichen und nichtwirtschaftlichen Nachteilen kann im Einzelfall schwierig sein: Sicherlich sind finanzielle Einbußen (z. B. durch drohende Arbeitslosigkeit oder Abgruppierung) oder zusätzliche finanzielle Belastungen (z. B. durch weitere Anfahrtswege, aber nicht durch die verlängerten Wegezeiten) als wirtschaftliche Nachteile einzuordnen. Einigkeit besteht in der Literatur auch insoweit, als immaterielle Nachteile nicht unter den Sozialplan fallen (*DKW*, Rn. 39 zu §§ 112, 112a BetrVG). Ob jedoch auch nicht in Geld ausdrückbare Nachteile, wie verschlechtertes Arbeitsklima (z. B. durch die Versetzung in eine andere Abteilung) oder erhöhte Arbeitsbelastungen (durch Leistungsverdichtung oder erhöhte Umgebungsbelastungen), wirtschaftliche Nachteile darstellen, dürfte vermutlich strittig sein. Für die Annahme, dass es sich um wirtschaftliche Nachteile handelt, spricht, dass sich ein/e Arbeitnehmer/in bei der Wahl seines Arbeitsplatzes nicht ausschließlich von finanziellen, sondern auch von anderen Überlegungen bezüglich der Arbeitsbedingungen leiten lässt. Stellt der Betriebsrat in den Sozialplanverhandlungen auch Forderungen zum Ausgleich bzw. zur Milderung nichtfinanzieller Nachteile, so wird ihre Durchsetzbarkeit im Streitfall von der Einschätzung des Einigungsstellenvorsitzenden, ob es sich hierbei um wirtschaftliche Nachteile handelt, abhängen, da durch Spruch der Einigungsstelle nur wirtschaftliche Nachteile erfasst werden können.

Anders als in § 111 BetrVG, in dem auf die Möglichkeit des Eintritts von Nachteilen abgestellt wird, sollen in einem Sozialplan die wirtschaftlichen Nachteile ausgeglichen oder gemildert werden, die durch die Betriebsänderung entstehen. Nach der Rechtsprechung des BAG sind darunter die zukünftig entstehenden wirtschaftlichen Nachteile zu verstehen (BAG 26. 6. 1990 – 1 AZR 263/88), die zum Zeitpunkt des Abschlusses des Sozialplans i. d. R. noch nicht feststehen, sondern prognostiziert werden müssen (vgl. hierzu ausführlich Kapitel I.II).

Bei den Forderungen bezüglich der möglichen Sozialplanregelungen ist zu beachten, dass diesen Forderungen kein etwaiger Tarifvorbehalt nach § 77 Abs. 3 BetrVG entgegensteht. Vielmehr können im Sozialplan auch Regelungen vereinbart werden, die über tarifvertraglich vereinbarte Bestimmungen hinausgehen (z. B. Beibehaltung der tariflichen Arbeitszeit (35h-Woche, trotz Wechsel des Betriebs in ein Tarifgebiet mit schlechteren Arbeitszeitregelungen)

Sind die Sozialplanregelungen jedoch schlechter als tarifliche Bestimmungen (was eigentlich nicht vorkommen sollte), gelten die besseren tariflichen Regelungen zumindest für die gewerkschaftlich organisierten Arbeitnehmer/innen, wegen des Günstigkeitsprinzips nach § 4 Abs. 3 TVG, sofern der Arbeitgeber tarifgebunden ist. Wurde der Tarifvertrag für allgemeinverbindlich erklärt, so gilt die bessere Tarifvertragsregelung wegen des Günstigkeitsprinzips für alle Arbeitnehmer/innen. Das Günstigkeitsprinzip kommt nur in den seltenen Fällen nicht zur Anwendung, wenn der Tarifvertrag eine sog. Subsidiaritätsklausel enthält.

Übersicht 11:
Beispielhafte Inhalte eines Sozialplans

- Abfindungszahlungen für den Verlust des Arbeitsplatzes
- Ausgleichszahlungen für Verdienstminderungen infolge von Versetzungen und/ oder Dequalifizierung
- Sicherung der Anwartschaften für die betriebliche Altersversorgung
- Sicherung/Ausgleich für andere betriebliche Sozialleistungen (z.B. Arbeitgeberdarlehen, Werkswohnung, verbilligter Einkauf, Essenzuschüsse, Zulagen)
- Übernahme zusätzlicher Fahrtkosten zur Arbeit
- Übernahme erforderlicher Kosten der Umschulung/Fortbildung
- Übernahme der Kosten für Transfermaßnahmen nach dem SGB III
- Übernahme von Bewerbungskosten
- Bezahlte Freistellung zur Bewerbung
- Regelungen über Resturlaub und Urlaubsgeld
- Regelungen über den Ausgleich besonderer Härten
- Regelungen für Umzüge (z.B. Umzugskosten, Kosten des Wohnungswechsels, doppelte Haushaltsführung, Freistellung für Wohnungssuche und Umzug)

Kommt es zu keiner Einigung über den Sozialplan, kann (wie beim Interessenausgleich) von jeder Seite auch der Vorstand der Agentur für Arbeit zur Vermittlung eingeschaltet werden (§ 112 Abs. 2 BetrVG). Ob die Einschaltung der Einigungsstelle für die Dauer des Vermittlungsversuchs unzulässig ist und dieser ggf. auch als taktisches Instrument zur zeitlichen Verzögerung eingesetzt werden kann, ist unklar. Bleibt die Vermittlung erfolglos oder unterbleibt sie von vornherein, so hat dies für beide Seiten grundsätzlich keine negativen Auswirkungen. Sollen jedoch ggf. auch Transferinstrumente nach dem SGB III (Transfergesellschaft, Outplacement) geregelt werden, ist eine Beratung durch die Agentur für Arbeit vor Abschluss der entsprechenden Betriebsvereinbarung verpflichtend (§ 110 Abs. 1 Nr. 1 SGB III). Findet diese Beratung nicht oder verspätet statt, so werden Transfermaßnahmen nicht durch die Agentur für Arbeit gefördert.
Häufig erhalten Arbeitnehmer/innen zusätzliche Leistungen/Prämien für den Fall, dass sie gegen die Kündigung nicht gerichtlich vorgehen. Allerdings dürfen diese Leistungen/Prämien nicht im eigentlichen Sozialplan geregelt werden, da Sozialplanleistungen nicht vom Verzicht auf die Erhebung einer Kündigungsschutzklage abhängig gemacht werden dürfen. Allerdings sind die Betriebsparteien nicht gehindert, bei einer Betriebsänderung im Interesse des Arbeitgebers an alsbaldiger Planungssicherheit zusätzlich zu einem Sozialplan in einer freiwilligen Betriebsvereinbarung Leistungen für den Fall vorzusehen, dass der/die Arbeitnehmer/in von der Möglichkeit zur Erhebung einer Kündigungsschutzklage keinen Gebrauch macht. Das Verbot, Sozialplanleistungen von einem entsprechenden Verzicht abhängig zu machen, darf dadurch nicht umgangen werden (BAG 31.5.2005 – 1 AZR 254/04).

Im Unterschied zum Interessenausgleich kann dann bis auf zwei Ausnahmen (reiner Personalabbau, neugegründetes Unternehmen; siehe Kapitel B.III.3.b)) nach § 112 Abs. 4 BetrVG in der Einigungsstelle ein Sozialplan durch Spruch erzwungen werden. Die Betriebsratsposition zum Sozialplan kann somit möglicherweise auch gegen den Willen des Arbeitgebers durchgesetzt werden. Ist der Sozialplan durch Spruch der Einigungsstelle zu Stande gekommen, so kann jede Seite den Einigungsstellenspruch anfechten und arbeitsgerichtlich überprüfen lassen, ob die Einigungsstelle ihr (weites) Ermessen fehlerhaft gebraucht hat oder ob zwingende Formschriften oder Verfahrensgrundsätze missachtet wurden. Auch der Sozialplan bedarf der Schriftform und ist von beiden Betriebsparteien – im Fall eines Spruches nur vom Einigungsstellenvorsitzenden – zu unterzeichnen.

Sozialpläne sind im Prinzip unkündbar. Nur bei langlaufenden Sozialplänen (z. B. bei langwierigen, mehrstufigen und/oder komplexen Maßnahmen) oder einem Wegfall der Geschäftsgrundlage kommt eine außerordentliche Kündigung in Betracht, sofern die Kündigung auf wichtige Gründe gestützt werden kann.

Die außerordentliche Kündigung führt jedoch nicht zum Wegfall des Sozialplans bzw. der gekündigten Regelungen. Zumindest die erzwingbaren Bestandteile des Sozialplans wirken gem. § 77 Abs. 6 BetrVG nach, bis sie durch eine neue Regelung ersetzt werden (BAG 10. 8. 1994 – 1 ABR 263/88). Verständigen sich die Parteien nicht innerbetrieblich auf eine Anpassung oder Neuregelung, so können beide Seiten (ggf. erneut) die Einigungsstelle anrufen, die dann über eine Änderung des Sozialplans entscheiden kann. Grundsätzlich können sich durch eine einvernehmliche oder durch Spruch der Einigungsstelle erzwungene Neuregelung die bisherigen Sozialplanregelungen aus Sicht der Arbeitnehmer/innen auch verschlechtern. Dies gilt wegen des Vertrauensschutzes jedoch nicht rückwirkend für bereits gewährte Leistungen oder bereits entstandene Ansprüche. Lediglich im Fall des Wegfalls der Geschäftsgrundlage soll dies nach *Fitting* (Rn. 247 zu §§ 112, 112a BetrVG) zumindest für schon entstandene, aber noch nicht erfüllte Ansprüche möglich sein.

Die Regelungen des Sozialplans haben (anders als der Interessenausgleich) die normative Wirkung einer Betriebsvereinbarung. Dies bedeutet, dass die einzelnen Arbeitnehmer/innen aus dem Sozialplan einen unmittelbaren Anspruch gegenüber dem Arbeitgeber ggf. auch gerichtlich geltend machen können. Natürlich gehört es aber auch zu den Aufgaben des örtlichen Betriebsrats, entsprechend § 80 Abs. 1 Ziff. 1 BetrVG die Einhaltung der getroffenen Sozialplanregelungen zu überwachen. Dazu gehört allerdings nicht die Geltendmachung von in einem Sozialplan vorgesehenen Leistungen für Arbeitnehmer/innen, die der Arbeitgeber rechtswidrig nicht gewährt (vgl. Kapitel J.II).

Da durch den Sozialplan die Nachteile, die Betroffene durch die Betriebsänderung erleiden, gemildert oder ausgeglichen werden sollen, kann ein Sozialplan –

anders als der Interessenausgleich – auch noch nach oder während der Durchführung einer Betriebsänderung abgeschlossen werden (BAG 15.10.1979 – 1 ABR 49/77). In einer solchen Situation kann auf die Verhältnisse abgestellt werden, die zum Zeitpunkt des normalerweise abzuschließenden Sozialplans – also vor Durchführung der Betriebsänderung – bestanden haben (BAG 23.4.1985 – 1 ABR 3/81). Auch wenn der Sozialplan erst nach der Durchführung der Betriebsänderung abgeschlossen wird, muss deshalb nicht auf die tatsächlich eingetretenen Nachteile, sondern es kann auf die Nachteile abgestellt werden, die zum Zeitpunkt des Beginns der Betriebsänderung etwaig zu erwarten gewesen wären, auch wenn diese im Einzelfall tatsächlich (noch) nicht eingetreten sind. Ebenso muss deshalb bei der Frage der wirtschaftlichen Vertretbarkeit eines Sozialplans, die wirtschaftliche Situation des Unternehmens vor Beginn der Betriebsänderung statt eines inzwischen möglicherweise verschlechterten Zustandes zu Grunde gelegt werden (vgl. auch Kapitel I.III.4).

Da der Sozialplan im Gegensatz zum Interessenausgleich – von den in Kapitel B.III.3.b) dargestellten Ausnahmen abgesehen – durch die Einigungsstelle erzwingbar ist, muss der Betriebsrat, um die rechtliche Durchsetzungsfähigkeit seiner Forderungen abschätzen zu können, eine Zuordnung seiner Forderungen zu den jeweiligen Regelungsbereichen von Interessenausgleich und Sozialplan vornehmen können. Das BAG hat hierzu die restriktive Auffassung vertreten, dass präventive Maßnahmen zur Vermeidung wirtschaftlicher Nachteile in den Regelungsbereich des Interessenausgleichs gehören (BAG 17.9.1991 – 1 ABR 23/91).

In der Praxis wird hingegen häufig nicht streng zwischen Interessenausgleich und Sozialplan unterschieden. So werden in vielen Sozialplänen auch personalwirtschaftliche Anpassungsmaßnahmen geregelt, die zur Durchführung der Betriebsänderung zählen und damit eigentlich zum Regelungsgegenstand des Interessenausgleichs (z. B. ein Vorrang von Versetzungen gegenüber Entlassungen).

In der Regel werden Interessenausgleich und Sozialplan auch gemeinsam verhandelt, weil der Arbeitgeber mit hohen Forderungen zum Ausgleich wirtschaftlicher Nachteile u. U. dazu bewegt werden kann, die Betriebsänderung so durchzuführen, dass bestimmte Nachteile gemildert werden, oder weil der Betriebsrat nicht erzwingbare Interessenausgleichsbestandteile durch Verhandlungsgeschick als Kompensationsgeschäft in den erzwingbaren Sozialplanbestandteilen durchsetzen kann (vgl. Kapitel F.I.3).

b. Sonderfälle des § 112a BetrVG

Von der generellen Regelung, nach der ein Sozialplan über die Einigungsstelle erzwingbar ist, gibt es nach § 112a BetrVG zwei Ausnahmen. Danach kann

- bei einem reinen Personalabbau unterhalb bestimmter Grenzen und
- in Betrieben neu gegründeter Unternehmen

die Einigungsstelle zwar auch zum Sozialplan angerufen werden, aber keinen Spruch fällen.
Liegt ein Fall des § 112a BetrVG vor, so gelten die §§ 111, 112a Abs. 1–4 und 113 BetrVG weiterhin. Der Unternehmer muss daher den Betriebsrat über die geplante Betriebsänderung rechtzeitig und umfassend informieren und mit ihm über einen Interessenausgleich und Sozialplan beraten. Zwar ist der Arbeitgeber bei einem reinen Personalabbau unterhalb der Grenzen des § 112a Abs. 1 BetrVG oder bei neu gegründeten Unternehmen i. S. v. § 112a Abs. 2 BetrVG nicht verpflichtet, mit dem Betriebsrat einen Sozialplan abzuschließen, aber auf freiwilliger Basis kann ein Sozialplan natürlich jederzeit vereinbart werden. Insbesondere ist der Unternehmer nach der Rechtsprechung des BAG verpflichtet, einen Interessenausgleich bis hin vor die Einigungsstelle zu versuchen, wenn er die Möglichkeit des Nachteilsausgleichs nach § 113 BetrVG vermeiden will (BAG 8. 11. 1988 – 1 AZR 687/87).
Der Betriebsrat sollte deshalb in einer solchen Situation grundsätzlich seine Rechte, insbesondere auf Information und Interessenausgleichs- und Sozialplanverhandlungen wahrnehmen, selbst wenn die Chancen zur Durchsetzung eines akzeptablen Kompromisses durch § 112a BetrVG vermindert sind. Solange der Interessenausgleich vor der Einigungsstelle noch nicht gescheitert ist, können eine Verzögerungsstrategie des Betriebsrats und der drohende Nachteilsausgleich als Druckmittel für eine faktische Verbesserung der rechtlich unbefriedigenden Situation, mithin zur Erreichung von Interessenausgleich und Sozialplan verwendet werden. In diesen Fällen sollte aber der Betriebsrat nicht von sich aus vorschnell das Einigungsstellenverfahren anstrengen. Verzichtet der Arbeitgeber aus Kostengründen oder gar in Unkenntnis möglicher Konsequenzen seinerseits auf die Einschaltung der Einigungsstelle, so können die betroffenen Arbeitnehmer/innen zumindest versuchen, Nachteilsausgleichsansprüche gem. § 113 BetrVG geltend machen, um auf diesem Wege doch noch zu einer Abfindung zu kommen. Alternativ dazu sollte immer auch mit der Gewerkschaft geprüft werden, ob nicht ein Sozialtarifvertrag durchgesetzt werden kann (vgl. Kapitel B.XI).

aa. Reiner Personalabbau

Von einem reinen Personalabbau wird gesprochen, wenn die mitbestimmungspflichtige Betriebsänderung ausschließlich in Form der Entlassung von Arbeitnehmer/innen (bzw. vom Arbeitgeber veranlasstem Ausscheiden über Aufhebungsverträge oder Eigenkündigungen), also ohne technische oder organisatorische Veränderungen vollzogen wird. Ist dies ausnahmsweise der Fall, kann ein Sozialplan nach § 112a Abs. 1 BetrVG nur erzwungen werden, wenn der Personalabbau die in Übersicht 12 aufgelisteten Grenzwerte zumindest erreicht.

Übersicht 12:
Größenangaben gem. § 112a Abs. 1 BetrVG

Betriebsgröße (Arbeitnehmer/in)	**Zahl der zu entlassenden Arbeitnehmer/innen**
bis 30	6
31 – 35	7
36 – 40	8
41 – 45	9
46 – 50	10
51 – 55	11
56 – 60	12
61 – 185	20 % der Belegschaft
186 – 249	37
250 – 399	15 % der Belegschaft
400 – 599	60
600 und mehr	10 % der Belegschaft

Die Schwellenwerte des § 112a BetrVG liegen über den Grenzwerten der BAG-Rechtsprechung (vgl. § 17 KSchG) zur Identifizierung einer mitbestimmungspflichtigen Betriebsänderung (vgl. Kapitel B.I.3.a)), sodass nun der Fall eintreten kann, dass eine Betriebseinschränkung in Form des reinen Personalabbaus zwar nach den BAG-Grenzwerten eine mitbestimmungspflichtige Betriebsänderung ist, trotzdem aber kein Sozialplan über die Einigungsstelle zum Ausgleich der wirtschaftlichen Nachteile der Arbeitnehmer/innen erzwungen werden kann.
Der Betriebsrat sollte in einer solchen Situation deshalb sehr genau prüfen, ob parallel zum Personalabbau nicht doch auch (ggf. schleichende) Änderungen bei den Betriebsmitteln oder der Arbeitsorganisation vorgenommen werden und etwaige Indizien sorgfältig und belastbar dokumentieren. Dann würde es sich nämlich nicht lediglich um einen reinen Personalabbau handeln und für die Frage der Erzwingbarkeit des Sozialplans würden dann die niedrigeren (d.h. günstigeren) Grenzwerte nach der BAG-Rechtsprechung entsprechend Übersicht 3 zur Anwendung kommen. Gelingt dies nicht, so sollte auch hier der Betriebsrat nicht von sich aus das Einigungsstellenverfahren betreiben. Verzichtet der Arbeitgeber aus Kostengründen oder in Unkenntnis möglicher Konsequenzen seinerseits auf die Einschaltung der Einigungsstelle, so können die betroffenen Arbeitnehmer/innen zumindest Nachteilsausgleichsansprüche gem. § 113 BetrVG geltend machen und auf diesem Wege doch noch zu einer Abfindung

kommen. Alternativ dazu sollte immer auch mit der Gewerkschaft geprüft werden, ob nicht ein Sozialtarifvertrag durchgesetzt werden kann (vgl. Kapitel B.XI).

bb. Neu gegründetes Unternehmen

Nach § 112a Abs. 2 BetrVG ist ein Sozialplan außerdem bei Betriebsänderungen in Betrieben eines neu gegründeten Unternehmens innerhalb der ersten vier Jahre nach der Gründung nicht erzwingbar.
Dieses » Sozialplanprivileg« findet allerdings in folgenden Fällen keine Anwendung:

- Ein Unternehmen ist aus der rechtlichen Umstrukturierung eines Unternehmens oder Konzerns hervorgegangen und führt vor Ablauf von vier Jahren seit der Umstrukturierung eine Betriebsänderung durch (Umstrukturierungsvorbehalt des § 112a Abs.2, Satz2 BetrVG). Unter den Umstrukturierungsvorbehalt fallen z. B. Verschmelzungen, Auf- und Abspaltungen (BAG 22. 2. 1995 – 10 ABR 21/94) sowie übertragende Umwandlungen. Dabei kommt es nicht darauf an, ob das Instrumentarium des UmwG genutzt wird. Nach Däubler u. a. soll sich auch ein von einem Konzern neu gegründetes Unternehmen nicht auf das Sozialplanprivileg berufen können (*DKW*, Rn. 37 zu § 112a BetrVG).
- Ein bereits mehr als vier Jahre bestehendes Unternehmen errichtet einen neuen Betrieb, und in diesem Betrieb findet vor Ablauf von vier Jahren eine Betriebsänderung statt.
- Ein Unternehmen wird lediglich zu dem Zweck gegründet, um durch Übernahme eines Betriebes, der alsbald stillgelegt werden soll, die Sozialplanpflicht zu umgehen (Rechtsmissbrauch).

Andererseits ist nach der heftig umstrittenen Auffassung des BAG ein neu gegründetes Unternehmen in den ersten vier Jahren nach seiner Gründung auch dann von der Sozialplanpflicht befreit, wenn die Betriebsänderung in einem Betrieb erfolgt, den das Unternehmen übernommen hat und der Betrieb selbst schon länger als vier Jahre besteht (BAG 13. 6. 1989, AP Nr. 3 zu § 112a BetrVG).
Als Gründungszeitpunkt wird in § 112a Abs. 2 Satz 3 BetrVG der Zeitpunkt der Aufnahme der Erwerbstätigkeit festgelegt, die nach § 138 AO (binnen eines Monats) dem Finanzamt mitzuteilen ist.
Hier sollte der Betriebsrat versuchen, schon vor der Übernahme, also noch mit dem alten Arbeitgeber eine freiwillige Betriebsvereinbarung (Rahmensozialplan) zu treffen, die im Falle eines Betriebsübergangs oder einer Übertragung nach dem UmwG auch beim neuen Unternehmen gilt, selbst wenn dieses nach § 112a BetrVG von der Sozialplanpflicht befreit ist. Alternativ dazu sollte immer auch mit der Gewerkschaft geprüft werden, ob nicht ein Sozialtarifvertrag durchgesetzt werden kann (vgl. Kapitel B.XI).

IV. Die Einigungsstelle zur Durchsetzung der Mitbestimmungsrechte

1. Allgemeine Regelungen

Die Einigungsstelle kann sowohl zum Interessenausgleich als auch zum Sozialplan, bzw. gemeinsam zu beiden Verfahren angerufen werden (§ 112 Abs. 2 BetrVG). Wie in Kapitel B.II jedoch dargestellt, geht die Entscheidungskompetenz der Einigungsstelle unterschiedlich weit:
Die Einigungsstelle verfügt beim Interessenausgleich grundsätzlich nicht über die Kompetenz, in die unternehmerischen Maßnahmen durch eine Mehrheitsentscheidung mit der Stimme des Vorsitzenden (Spruch) gegen den Willen der Arbeitgeber-Seite einzugreifen, um Arbeitnehmer-Positionen, denen der Arbeitgeber nicht freiwillig zustimmt, durchzusetzen.
Im Gegensatz zum Interessenausgleich ist der Sozialplan mit Ausnahme der Fälle nach § 112a BetrVG (reiner Personalabbau, neu gegründete Unternehmen) über die Einigungsstelle erzwingbar: Vom Betriebsrat gewünschte Regelungen zum Ausgleich oder zur Milderung wirtschaftlicher Nachteile als Folge einer Betriebsänderung können mit der Stimme des Einigungsstellenvorsitzenden auch gegen die Arbeitgeber-Seite durchgesetzt werden (*Spruch*). Die konkreten Nachteile müssen hierzu nicht festgestellt werden. Entscheidend ist, dass sie als Folge der Betriebsänderung prognostiziert werden können.
Unsere empirische Untersuchung zur Praxis von Interessenausgleich und Sozialplan hat ergeben, dass ungefähr bei jeder 6. Betriebsänderung die Einigungsstelle angerufen wird. Jedoch wird nur in zwei Drittel dieser Fälle auch ein Interessenausgleich vor der Einigungsstelle verhandelt. Demzufolge führen vor allem Konflikte bezüglich der Sozialplanregelungen zum Anrufen der Einigungsstelle. Diese Ergebnisse zeigen aber auch, dass Betriebsräte rund in einem Drittel der untersuchten Fälle möglicherweise wertvolle Handlungsmöglichkeiten vergeben.
In der Regel werden Interessenausgleich und Sozialplan als Paket verhandelt und sollten im Konfliktfalle deshalb auch nicht getrennt, sondern in *einer* Einigungsstelle gemeinsam, d. h. parallel beraten werden. Der Einigungsstellenvorsitzende kann zwar bei der Behandlung des Interessenausgleichs nur versuchen, eine gütliche Einigung über die bestehenden Meinungsverschiedenheiten herbeizuführen. Wenn der Arbeitgeber jedoch nicht bereit ist, sich diesen Vorstellungen zu nähern, kann der neutrale Vorsitzende noch vor einem Scheitern der Verhandlungen zum Interessenausgleich zwischenzeitlich auf den Sozialplan umschwenken, um dem Arbeitgeber zu verdeutlichen, dass seine Verweigerungshaltung auch bei der Festlegung angemessener Abfindungsleistungen im Sozialplan zu höher dotierten Leistungen beim Sozialplan führen könnten.

Möchte der Arbeitgeber in einer solchen Verhandlungssituation die ihm drohenden und aus seiner Sicht zu hohen Sozialplankosten reduzieren, wird er seine Blockadehaltung aufgeben und sich bemühen müssen, dem Betriebsrat auch in den strittigen Sachfragen zum Interessenausgleich entgegenzukommen.
Unter bestimmten Voraussetzungen kann es deshalb sinnvoll sein, die Einigungsstelle trotz der nicht gegebenen Spruchfähigkeit schon zum Interessenausgleich anzurufen. Denn im Rahmen eines Einigungsstellenverfahrens können die Betriebsparteien einvernehmlich alle nur denkbaren Regelungen treffen. Sie sind also nicht auf den erzwingbaren Regelungsbereich des Sozialplans eingeschränkt. Einigungsstellenvorsitzende versuchen deshalb in aller Regel zunächst eine Vermittlung in allen strittigen Fragen, also auch bei solchen, die letztendlich nicht durch Spruch erzwingbar sind.
In den Einigungsstellenverfahren zum Sozialplan steht der Streit über das angemessene Sozialplanvolumen im Vordergrund. Arbeitgeber sind vor allem daran interessiert, die Sozialplankosten so gering wie möglich zu halten. Die Verteilung auf die betroffenen Arbeitnehmer/innen ist dagegen für sie oft von nachrangiger Bedeutung.

Hinweis: Wichtig bei fehlender Einigung
Wenn für den Betriebsrat erkennbar ist, dass eine Einigung mit dem Arbeitgeber nicht zu Stande kommen wird, etwa weil die Vorstellungen beider Seiten in zentralen Punkten viel zu weit auseinander liegen, dann sollte der Betriebsrat vor allem zwei Gesichtspunkte beachten, um seine Verhandlungsposition in der Einigungsstelle nicht zu verschlechtern:
Erstens ist es nicht sinnvoll, in den Verhandlungen vor Anrufung der Einigungsstelle bereits weitreichende Zugeständnisse ohne gleichwertige Gegenleistungen des Arbeitgebers zu machen. Denn in der Einigungsstelle wird nicht vom »Punkt Null« aus verhandelt. Vielmehr werden der letzte Verhandlungsstand und die bisherigen Zugeständnisse beider Parteien vom Vorsitzenden zum Ausgangspunkt seiner Vermittlungsbemühungen gemacht. Zweitens ist es immens wichtig, Einfluss auf die Auswahl der Person des Vorsitzenden der Einigungsstelle zu nehmen (vgl. Kapitel F.III). Hier sollte man sich auf jeden Fall den Rat seiner Gewerkschaft, erfahrener arbeitnehmerorientierter Rechtsanwälte oder sonstiger Experten einholen, die jeweils geeignete Persönlichkeiten kennen (zu Einzelheiten der Bestellung eines Vorsitzenden und zum Ablauf des Verfahrens *Göritz u.a.*, 2017, S. 84ff.).
Wird der Sozialplan durch Spruch der Einigungsstelle entschieden, so haben beide Seiten die Möglichkeit, den Spruch der Einigungsstelle arbeitsgerichtlich überprüfen zu lassen (vgl. Kapitel B.IV.1 und Kapitel F.III). Als Anfechtungsgründe werden meist die Überschreitung des Ermessensspielraums und die Frage der Zuständigkeit der Einigungsstelle (lag überhaupt eine mitbestimmungspflichtige Betriebsänderung vor?) eine Rolle spielen. Eine Anfechtung des Einigungsstellenspruchs hat für die von der Betriebsänderung betroffenen Arbeitnehmer/innen allerdings die negative Folge, dass der Arbeitgeber die Auszahlung der Sozialplanabfindungen

bis zum Ende des Rechtsstreits aussetzen wird. Da entsprechende Arbeitsgerichtsverfahren – wenn sie über mehrere Instanzen laufen – bis zu zwei oder drei Jahre dauern können, muss sich der Betriebsrat deshalb gut überlegen, ob er einen Spruch anfechten will. Zumal seine Erfolgsaussichten für eine erfolgreiche Anfechtung im Vergleich zum Arbeitgeber relativ gering sind. Andererseits muss sich der Betriebsrat auch gut überlegen, ob er die Auseinandersetzung bis zum Spruch der Einigungsstelle treiben will, wenn der Arbeitgeber für diesen Fall selbst schon mit einer Anfechtung droht.

2. Der Ermessensspielraum der Einigungsstelle

Die Einigungsstelle hat gem. § 112 Abs. 5 BetrVG die sozialen Belange der Arbeitnehmer/innen und die wirtschaftliche Vertretbarkeit ihrer Entscheidung für das Unternehmen zu berücksichtigen. Bei der Abwägung der meist gegenläufigen Interessen der Arbeitnehmer/innen und des Unternehmens hat die Einigungsstelle einen relativ weiten Ermessensspielraum, innerhalb dessen sie nach Recht und Billigkeit frei entscheiden kann. Allerdings soll sie bei der Ausfüllung des Ermessensspielraums nach § 112 Abs. 5 BetrVG die folgenden vier Grundsätze berücksichtigen:

Grundsatz 1:
Den Gegebenheiten des jeweiligen Einzelfalls soll Rechnung getragen werden

Dieser Grundsatz ist nicht so zu verstehen, dass etwa für jeden einzelnen Betroffenen individuelle Regelungen getroffen oder nur die tatsächlich entstehenden wirtschaftlichen Nachteile berücksichtigt werden sollen. Dies wird schon deshalb regelmäßig nicht möglich sein, weil der Sozialplan i. d. R. vor der Durchführung der Betriebsänderung abgeschlossen wird und die tatsächlichen Nachteile der einzelnen Betroffenen zu diesem Zeitpunkt weder nach Art noch Höhe bekannt sind. Da es nach der BAG-Rechtsprechung allerdings unzulässig ist, Abfindungen nur nach der bisherigen Beschäftigungsdauer, d. h. ohne weitere Differenzierung z. B. nach Alter, Beruf, Unterhaltsverpflichtungen oder Schwerbehinderteneigenschaften vorzunehmen (BAG 14.9.1994 – 10 ABR 7/94), orientiert man sich in der Praxis bei der Festlegung der Ausgleichsleistungen an den typischerweise zu erwartenden wirtschaftlichen Nachteilen ggf. differenziert nach Lebensalter und unterschiedlichen Gruppen von Beschäftigten.
Nach der BAG-Rechtsprechung gilt dies sogar für Sozialpläne, die erst längere Zeit nach der Durchführung der Betriebsänderung beschlossen werden. Auch in diesem Fall braucht sich die Einigungsstelle nicht an den tatsächlich entstandenen Nachteilen zu orientieren. Sie kann stattdessen auch auf die Nachteile abstellen, die zum Zeitpunkt der Betriebsänderung typischerweise zu erwarten waren (BAG 23.4.1985 – 1 ABR 3/81). Zur Beurteilung, welche Nachteile in welcher

Höhe zu erwarten sind, sollte der Betriebsrat auf Grundlage der §§ 80 Abs. 3 und/oder 111 BetrVG) externe Sachverständige (z. B. für Betriebswirtschaft, Recht, IT und/oder Arbeitswissenschaft) hinzuziehen (vgl. Kapitel I.II). Gelingt es, drohende wirtschaftliche Nachteile (siehe Kapitel B.III.3.a)) belastbar zu ermitteln, z. B. durch Berechnungen auf Basis unabhängiger, spezifischer statistischer Arbeitsmarktdaten, lassen sich nach unseren Erfahrungen meist besser dotierte Sozialpläne erzielen.

Grundsatz 2:
Die Aussichten der betroffenen Arbeitnehmer/innen auf dem Arbeitsmarkt sollen berücksichtigt werden.

Auch dieser Grundsatz wird sich i. d. R. nur durch eine Differenzierung der Ausgleichsleistungen nach unterschiedlichen Beschäftigtengruppen (z. B. Beruf, Qualifikation, Alter) realisieren lassen. Neben statistischen Daten, die für jede Betriebsänderung bei der Statistik der regionalen Agentur für Arbeit angefordert werden sollten, kann auch die Hinzuziehung des Vorstands der Bundesagentur für Arbeit hilfreich sein. Hierdurch können weitere spezifische Informationen über die Vermittlungschancen der unterschiedlichen Arbeitnehmer-Gruppen auf dem Arbeitsmarkt in die Beratungen einfließen.

Dieser Grundsatz besagt jedoch nicht, dass nur die Nachteile für die zu erwartende Dauer der Arbeitslosigkeit ausgeglichen werden sollen. Daneben sind auch alle weiteren und zeitlich darüber hinaus gehenden Nachteile, die durch den Verlust des Arbeitsplatzes entstehen können, zu berücksichtigen, wie z. B. der Verlust der Betriebszugehörigkeitsdauer, Verlust einer betrieblichen Altersversorgung, Verlust von Sonderleistungen des Betriebes, Verlust des Kündigungsschutzes beim neuen Arbeitgeber, vermindertes Einkommen beim neuen Arbeitgeber u. Ä.

Grundsatz 3:
Ausschluss von Beschäftigten, die eine zumutbare Weiterbeschäftigung ablehnen

Nach § 112 Abs. 5 Ziff. 2 Satz 2 BetrVG sollen Arbeitnehmer/innen von Leistungen ausgeschlossen werden, die eine Möglichkeit zur Weiterbeschäftigung in einem zumutbaren Arbeitsverhältnis im selben Betrieb oder in einem anderen Betrieb des Unternehmens oder Konzerns ablehnen. Sind entsprechende Versetzungsmöglichkeiten vorhanden, ist es deshalb ratsam, die Frage der Zumutbarkeit im Sozialplan zu regeln, da das BetrVG keine Regelung enthält und auch gesetzliche Zumutbarkeitsregelungen, wie z. B. in § 121 SGB III, nicht unmittelbar gelten (BAG 6. 11. 2007 – 1 AZR 960/06; *Fitting*, Rn. 270 zu §§ 112, 112a BetrVG). Nach der Rechtsprechung des BAG kann die Frage der Zumutbarkeit in der Einigungsstelle auch durch Spruch entschieden werden (BAG 27. 10. 1987 –

1 ABR 9/86; BAG 28.9.1988, 1 ABR 23/87 und BAG 15.12.1998 – 1 AZR 332/98). Nach einer Meinung in der Literatur kann die Einigungsstelle auch auf die Möglichkeit zurückgreifen, die Zumutbarkeit ausdrücklich anhand der Kriterien des § 121 SGB III, z. B. als Obergrenze für eine zumutbare Verlängerung der Fahrtzeit, zu umschreiben. Demnach dürfte die Einigungsstelle den ihr zustehenden Ermessensspielraum dann überschreiten, wenn sie auch solche andere Beschäftigungen für zumutbar erklärt, die nicht einmal von einem Arbeitslosen gem. § 121 SGB III angenommen werden müssten. Beispielhaft wird (bei einer Vollzeitbeschäftigung) eine tägliche An- und Abfahrtszeit zum Arbeitsplatz von mehr als zweieinhalb Stunden (§ 121 IV SGB III) genannt (vgl. Erfurter Kommentar/Kania, §§ 112, 112a BetrVG, Rn. 34).
Zumeist wird die Frage der Zumutbarkeit eines anderen Arbeitsplatzes durch den Vergleich des alten und des neuen Arbeitsplatzes nach folgenden Kriterien definiert:

- Einkommen
- Qualifikationsanforderungen
- Arbeitsbelastungen (Arbeitszeit, Arbeitsumgebung)
- räumliche Entfernung
- Sozialverträglichkeit

Dabei ist zu beachten, dass nach § 112 Abs. 5 Ziff. 2 Satz 2 BetrVG der Ortswechsel für sich allein genommen noch keine Unzumutbarkeit darstellt. Hinzukommen müssen entweder Unterschiede nach den anderen genannten Kriterien oder weitere persönliche Umstände, wie z. B. wenn

- im Haushalt der Arbeitnehmer/in ein oder mehrere schulpflichtige Kinder (eigene, solche des Lebenspartners oder Pflegekinder) zu betreuen sind.
- die Betreuung pflegebedürftiger, naher angehöriger Personen (Arbeitnehmer/in oder ihre Ehe- bzw. Lebenspartner) erschwert wird;
- das Lebensalter zum Zeitpunkt der Aufnahme der Tätigkeit z. B. mehr als 50 Jahre beträgt;
- eine durch Bescheid anerkannte Schwerbehinderung (GdB 50) oder eine Gleichstellung vorliegt;
- der Ehe- oder Lebenspartner berufstätig ist und wegen eines Wohnortwechsels zum neuen Arbeitsort gezwungen wäre, den Arbeitsplatz aufzugeben;
- die betroffene Person/Familie eine im ihrem Eigentum stehende Immobilie nicht mehr selbst nutzen könnte und dies zu unzumutbaren Belastungen führen könnte;

Um möglichst eindeutige Regelungen zu treffen, werden deshalb auch häufig diese persönlichen bzw. sozialen Kriterien noch in die Zumutbarkeitsregelungen aufgenommen (vgl. Kapitel H.II.).

Grundsatz 4:
Der Gesamtbetrag der Sozialplanleistungen darf den Fortbestand des Unternehmens und der restlichen Arbeitsplätze nicht gefährden

Dieser Grundsatz lässt sich als Versuch zur Konkretisierung der Forderung betrachten, nach der die Einigungsstelle auch auf die wirtschaftliche Vertretbarkeit ihrer Entscheidung für das Unternehmen und etwaiger Folgen zu achten hat. Festlegungen über die Höhe des Sozialplanvolumens werden jedoch nur im Insolvenzfall durch die Insolvenzordnung vorgegeben (vgl. Kapitel B.VIII). Für alle anderen Fälle enthält das Gesetz keine Höchstgrenzen. Auch die Höchstgrenzen des § 10 KSchG gelten nicht. Allerdings ist es zulässig und aus Gründen der Verteilungsgerechtigkeit unter bestimmten Umständen sinnvoll, im Sozialplan Höchstgrenzen für die einzelnen Abfindungen festzulegen. Hierzu besteht aber für den Betriebsrat nur ein Anlass, wenn aus Gründen der wirtschaftlichen Vertretbarkeit eine Begrenzung des Sozialplanvolumens notwendig ist (vgl. Kapitel I.III).

Für die Frage der wirtschaftlichen Vertretbarkeit eines Sozialplans ist zunächst von Bedeutung, dass § 112 Abs. 5 BetrVG auf die wirtschaftliche Lage des Unternehmens und nicht des Betriebes abstellt. Gehört das betroffene Unternehmen zu einem Konzern, so ist – bei Vorliegen weiterer Voraussetzungen – die wirtschaftliche Lage des gesamten Konzerns zu berücksichtigen (vgl. Kapitel I.III.1).

Die Frage, ob das Gesamtvolumen eines Sozialplans wirtschaftlich vertretbar ist, lässt sich nur im jeweiligen Einzelfall beurteilen. Weder in der Rechtsprechung noch in den Kommentaren finden sich allgemeine Regeln zur Beantwortung dieser Frage. In Kapitel I.III erfolgt deshalb eine ausführliche Auseinandersetzung mit diesem Thema.

Kommt es bei der Frage der wirtschaftlichen Vertretbarkeit eines Sozialplans zum Streit, so ist der Betriebsrat gut beraten, wenn er einen wirtschaftlichen Sachverständigen eigener Wahl nach § 80 Abs. 3 oder § 111 BetrVG zur Prüfung dieser Frage hinzuzieht (vgl. Kapitel I.III.5), da der Arbeitgeber aus seinem Interesse in aller Regel schon ein relativ niedriges Sozialplanvolumen als wirtschaftlich nicht vertretbar zurückweisen wird. Es ist auch denkbar, dass die Einigungsstelle zur Klärung dieser Frage selbst einen eigenen unabhängigen Sachverständigen hinzuzieht. Von dieser Möglichkeit wird aber kaum Gebrauch gemacht.

V. Der Nachteilsausgleich

Wenn der Arbeitgeber

- von einem Interessenausgleich ohne zwingenden Grund abweicht oder
- eine mitbestimmungspflichtige Betriebsänderung durchführt, ohne einen Interessenausgleich versucht zu haben, so haben die Arbeitnehmer/innen, die dadurch wirtschaftliche Nachteile erleiden, nach § 113 BetrVG einen Anspruch auf Nachteilsausgleich gegen den Arbeitgeber. Dieser Anspruch kann allerdings nicht vom Betriebsrat, sondern immer nur vom/von der Arbeitnehmer/in geltend gemacht und ggf. eingeklagt werden.

Weicht der Arbeitgeber von den Bestimmungen des Interessenausgleichs ab, so muss er hierfür zwingende Gründe darlegen und beweisen. Dabei kann es sich nicht um Gründe handeln, die schon in den Verhandlungen über den Interessenausgleich bekannt waren. Vielmehr muss es sich um Gründe handeln, die erst nachträglich entstanden sind oder bekannt wurden, ohne dass diese der Arbeitgeber schuldhaft herbeigeführt hat. Außerdem müssen die Gründe so gravierend sein, dass dem Arbeitgeber praktisch keine andere Wahl bleibt, als vom vereinbarten Interessenausgleich abzuweichen bzw. dass eine Einhaltung des Interessenausgleichs den Bestand des Unternehmens gefährden würde (*Fitting*, Rn. 8f. zu § 113 BetrVG). Um die Chancen der möglicherweise betroffenen Arbeitnehmer/innen zu erhöhen, sollte der Betriebsrat vom Arbeitgeber im Rahmen der Informationsphase deshalb alle vorhandenen Planungsunterlagen anfordern sowie etwaige mündliche Antworten des Arbeitgebers genau protokollieren.

Im Einzelfall kann es zweifelhaft sein, ob eine Maßnahme des Arbeitgebers eine Abweichung vom getroffenen Interessenausgleich oder hingegen eine neue, mit der alten Betriebsänderung nicht zusammenhängende Maßnahme darstellt. Die Einordnung als Abweichung vom Interessenausgleich wird für die betroffenen Arbeitnehmer/innen immer dann von Vorteil sein, wenn die Maßnahme für sich betrachtet nicht die Merkmale einer Betriebsänderung erfüllt, sodass insoweit kein erneuter Sozialplan erzwungen werden kann. Auch für diesen Fall kann eine gute Dokumentation der Gründe für die ursprünglich geplante Betriebsänderung durch den Betriebsrat hilfreich sein; basieren nämlich die neuerlichen Maßnahmen des Arbeitgebers auf den gleichen Motiven, Gründen bzw. Ursachen wie die ursprünglich geplante Betriebsänderung, so wird der Nachweis eher gelingen, dass es sich um eine Abweichung vom ursprünglichen Interessenausgleich handelt und nicht um eine neue von der bisherigen Betriebsänderung.

Arbeitnehmer/innen, die unter diesen Voraussetzungen entlassen werden, können nach § 113 Abs. 1 BetrVG beim Arbeitsgericht eine Klage auf Zahlung einer Abfindung erheben. Die Abfindung ist jedoch entsprechend § 10 KSchG je nach Alter und Betriebszugehörigkeit in der Höhe auf zwölf bis 18 Monatsverdienste begrenzt. Unter Entlassung im Sinne des § 113 Abs. 1 BetrVG ist dabei nicht nur die Kündigung durch den Arbeitgeber zu verstehen, sondern auch der Abschluss von Aufhebungsverträgen oder die vom Arbeitgeber mit Bezug auf die geplante Betriebsänderung veranlasste Eigenkündigung eines Beschäftigten (BAG 23.8.1988 – 1 AZR 276/87).

Arbeitnehmer/innen, die unter den oben genannten Voraussetzungen andere wirtschaftliche Nachteile erleiden (z.B. geringerer Verdienst bei einer Versetzung, höhere Fahrtkosten bei einer Umsetzung, verminderte Aufstiegsmöglichkeiten im Unternehmen), haben nach § 113 Abs. 2 BetrVG ebenfalls einen Anspruch auf Ausgleich dieser Nachteile, jedoch nur für einen Zeitraum von bis zu zwölf Monaten. Diesen Anspruch können sie wegen dem bestehenden Arbeitsverhältnis zwar zunächst ohne Gerichtsverfahren gegenüber dem Arbeitgeber geltend machen, i.d.R. wird er jedoch ebenfalls nur auf dem Klageweg durchsetzbar sein.

Der Nachteilsausgleich stellt somit ein Sanktionsinstrument dar, mit dem der Arbeitgeber zum Versuch und zur Einhaltung eines Interessenausgleichs angehalten werden soll. Leider ist dieses Sanktionsinstrument in der Praxis meist dann wirkungslos, wenn Regelungen in anwendbaren Sozialplänen (insbesondere bei einem langfristigen Rahmensozialplan) besser dotiert sind.

Auch wenn sich für den Betriebsrat keine Rechte aus § 113 BetrVG ableiten, ist dessen Kenntnis schon zum Zeitpunkt der Verhandlungen über die Betriebsänderung von Bedeutung, um einerseits die betroffenen Beschäftigten zu informieren und über ihre Rechte aufzuklären und um andererseits auf den Arbeitgeber Druck zu ernsthaften Verhandlungen bzw. zur Einhaltung eines abgeschlossenen Interessenausgleichs ausüben zu können.

Für den Betriebsrat sind deshalb insbesondere folgende Punkte wichtig:

- Will der Arbeitgeber den Nachteilsausgleich vermeiden, so muss er die Interessenausgleichsverhandlungen ernsthaft versuchen und auch die gesetzlich vorgegebene Schriftform beachten. Nach der BAG-Rechtsprechung bedeutet dies, dass der Arbeitgeber von sich aus die Einigungsstelle zum Interessenausgleich anrufen muss, falls eine Einigung mit dem Betriebsrat nicht oder nicht in Schriftform zu Stande kommt (BAG 18.12.1984 – 1 AZR 176/82; BAG 26.10.2004 – 1 AZR 493/03)
- § 113 BetrVG gilt für alle mitbestimmungspflichtigen Betriebsänderungen, also auch in den besonderen Fällen, in denen wegen § 112a BetrVG kein Sozialplan erzwingbar ist. Auch im Falle einer Betriebsänderung, die unter § 112a BetrVG fällt, ist der Arbeitgeber deshalb verpflichtet, einen Interessenausgleich bis hin vor die Einigungsstelle zu versuchen, wenn er den Nachteilsausgleich vermeiden will (BAG 8.11.1988 – 1 AZR 687/87). In solchen Fällen kann es aus der Sicht des Betriebsrats sinnvoll sein, nicht vorschnell auf den Abschluss eines Interessenausgleichs zu drängen. Denn unterlässt der Arbeitgeber den ernsthaften Versuch eines Interessenausgleichs, indem er auf die

Einschaltung der Einigungsstelle verzichtet, können Arbeitnehmer/innen, die wirtschaftliche Nachteile erleiden, zumindest eine Abfindung in den Grenzen des § 17 KSchG gerichtlich einklagen, obwohl sie ggf. keinen Anspruch auf eine Sozialplanabfindung haben.

- § 113 BetrVG gilt auch dann, wenn der Arbeitgeber nur teilweise oder verspätet, also erst bereits nach Beginn der Umsetzung einer geplanten Betriebsänderung die Interessenausgleichsverhandlungen führt, weil dann das Beratungsrecht des Betriebsrats faktisch ins Leere läuft, da er die Planungen an diesem Punkt nicht mehr beeinflussen kann. In solchen Fällen haben z. B. alle Beschäftigten, denen noch vor der Beendigung einer Einigungsstelle zum Interessenausgleich gekündigt wurde, einen Anspruch auf Nachteilsausgleich.
- Diese Sanktion greift auch dann, wenn der Betriebsrat seine Zustimmung zur Betriebsänderung, d. h. in Form eines vereinbarten schriftlichen Interessenausgleichs, von einer Einigung über den Sozialplan abhängig macht. Kommt diese Einigung nicht zu Stande, so ist auch der Interessenausgleich noch nicht abgeschlossen.
- § 113 BetrVG gilt auch bei einer Insolvenz des Unternehmens (BAG 13.12.1978, AP Nr. 6 zu § 112 BetrVG) oder einem Schutzschirmverfahren. Abfindungsforderungen gegen den Insolvenzverwalter nach § 113 Abs. 3 BetrVG, wegen des unterlassenen Versuchs zu einem Interessenausgleich nach Eröffnung des Insolvenzverfahrens, sind nach Auffassung des BAG sog. Masseforderungen (BAG 17.9.1974 – 1 AZR 16/74; BAG 9.7.1985 – 1 AZR 323/83 und BAG 3.4.1990 – 1 AZR 150/89), die damit sogar den Forderungen aller Insolvenzgläubiger vorgehen. Ist der Anspruch hingegen vor Eröffnung des Insolvenzverfahrens entstanden, so wird dieser auch dann als einfache Insolvenzforderung bewertet, wenn die Durchführung der Maßnahme bereits in Abstimmung mit dem Insolvenzverwalter erfolgt ist (BAG 4.12.2002 – 10AZR 16/02).
- Nach der BAG-Rechtsprechung ist der Anspruch auf Nachteilsausgleich lediglich dann nicht gegeben, wenn die sofortige Schließung eines Betriebes ohne Interessenausgleichsversuch unausweichlich ist und die Hinausschiebung der Stilllegung zum Zwecke des Versuchs eines Interessenausgleichs den Beschäftigten nur weitere Nachteile bringen würde (BAG 23.1.1979 – 1 AZR 64/76). Dies gilt paradoxerweise nicht bei einem laufenden Insolvenzverfahren. Nach § 122 InsO muss der Insolvenzverwalter in jedem Fall den Betriebsrat an seiner Entscheidung über das »Ob« und »Wie« einer Betriebsänderung beteiligen und mit ihm einen Interessenausgleich versuchen (BAG 22.7.2003 – 1 AZR 541/02).
- Die nach § 113 BetrVG vom Arbeitsgericht zugesprochenen Abfindungen werden im Rahmen der Höchstgrenzen des § 10 KSchG für jede/n klagende/n Arbeitnehmer/in individuell festgelegt. Eine Berücksichtigung der Auswirkungen einer Vielzahl von Abfindungen nach § 113 BetrVG auf die finanzielle Lage des Unternehmens kommt deshalb nicht in Betracht, sodass die Abfin-

dungen nach § 113 BetrVG gerade bei Insolvenzen höher liegen können als die Abfindungen eines möglicherweise abgeschlossenen Sozialplans mit den Restriktionen der Insolvenzordnung (InsO).

- Allerdings stehen dem/der Arbeitnehmer/in nach Auffassung des BAG nicht gleichzeitig die Abfindung auf Grundlage eines Nachteilsausgleichsnach § 113 BetrVG und eine Abfindung nach einem etwaig anwendbaren Sozialplan zu. Vielmehr werden beide Abfindungen gegeneinander aufgerechnet (BAG 13.6.1989 – 1 AZR 819/87). Diese BAG-Entscheidung ist zu kritisieren, weil sie die Sanktionsdrohung des § 113 BetrVG zumindest häufig gerade für langjährig Beschäftigte teilweise oder gar vollständig aufhebt. Hat z. B. der Arbeitgeber einen Interessenausgleich nicht versucht, aber (ggf. nachträglich) einen Sozialplan mit dem Betriebsrat abgeschlossen, so werden Klagen auf Nachteilsausgleich wegen Entlassung für die Beschäftigten in diesem Fall ggf. erfolgreich sein, jedoch keine Erhöhung der Abfindungen mit sich bringen, wenn die ihnen zustehenden Sozialplanabfindungen die Grenzwerte des § 10 KSchG übersteigen. Der Sanktionscharakter des § 113 BetrVG besteht wegen der Anrechnungspflicht deshalb auch nicht unbedingt in der Höhe der Abfindung, sondern in der Vielzahl drohender Arbeitsgerichtsprozesse und den damit für den Arbeitgeber verbundenen Kosten und Mühen. Das gerichtliche Verfahren ist (zumindest in der ersten Instanz) ggf. auch für den/die Arbeitnehmer/in mit Kosten verbunden (wenn kein gewerkschaftlicher oder eigener Rechtsschutz greift), selbst dann, wenn er/sie obsiegt. Gerade bei gut dotieren Sozialplänen sollten Arbeitnehmer/innen dann gut abwägen, ob sie ihre Abfindung faktisch durch die Kosten des Rechtsstreits reduzieren.
  Bei einer Weigerung des Arbeitgebers zu ernsthaften Verhandlungen über den Interessenausgleich ist es jedoch gerade bei Betrieben mit einem hohen Organisationsgrad wichtig, dass der Betriebsrat die Beschäftigten schon im Verhandlungsstadium über ihre Rechte nach § 113 BetrVG aufklärt, um glaubwürdig mit massenhaften Nachteilsausgleichsklagen drohen zu können, die dann nur für den Arbeitgeber mit zusätzlichen Kosten verbunden sind.

VI. Mitbestimmungsrechte bei der Durchführung einer Betriebsänderung

Unabhängig davon, ob ein Interessenausgleich und Sozialplan rechtswirksam zu Stande gekommen ist, bestehen natürlich bei der Durchführung der Betriebsänderung alle weiteren Beteiligungs- und Mitbestimmungsrechte der insoweit zuständigen Interessenvertretungen. Hierbei ist insbesondere an folgende Rechte zu denken:

1. Mitbestimmung bei Kündigungen nach § 102 BetrVG

Der Betriebsrat ist auch bei Betriebsänderungen, über die ein Interessenausgleich und Sozialplan vereinbart wurde, entsprechend § 102 BetrVG vor jeder Kündigung zu hören. Dies gilt auch dann, wenn eine Namensliste zum Interessenausgleich vereinbart worden ist (BAG 22.1.2004 – 2 AZR 111/02). Ohne Anhörung des Betriebsrats ausgesprochene Kündigungen sind nach § 102 Abs. 1 BetrVG unwirksam. Der Betriebsrat kann den Kündigungen unter Wahrung der Wochenfrist und Angabe der Gründe schriftlich widersprechen. Als Widerspruchsgründe sind alle in § 102 Abs. 3 BetrVG aufgeführten Gründe zulässig, die vom Betriebsrat allerdings inhaltlich dargelegt werden müssen (vgl. Kapitel J.X.3.).
Der Arbeitgeber riskiert an dieser Stelle Widersprüche gegen Kündigungen besonders dann, wenn er sich mit dem Betriebsrat nicht auf einen Interessenausgleich geeinigt hat oder wenn die im Sozialplan festgelegten Abfindungen weit hinter den Forderungen des Betriebsrats zurückbleiben. Da ein Widerspruch gegen die Kündigung häufig die Klagefreudigkeit der jeweiligen Arbeitnehmer/innen deutlich steigert, sollte sich der Arbeitgeber schon bei der Verhandlung über den Interessenausgleich und Sozialplan bei einer entsprechenden Ankündigung gut überlegen, ob er massenhafte Kündigungsschutzprozesse mit ungewissem Ausgang riskieren will oder Forderungen des Betriebsrats nicht besser weiter entgegen kommt.
Der Betriebsrat sollte deshalb von seinem Widerspruchsrecht stets dann Gebrauch machen, wenn er dies im Einzelfall für gerechtfertigt hält. Zwar kann der Arbeitgeber trotzdem die Kündigungen aussprechen, der Betriebsrat verbessert jedoch mit seinem Widerspruch die Chancen der Betroffenen in einem möglichen Kündigungsschutzprozess. Außerdem verschafft er dem/der klagenden Arbeitnehmer/in hierdurch einen Anspruch auf Weiterbeschäftigung während des Kündigungsschutzprozesses, unabhängig davon, wie dieser letztendlich ausgeht. Allerdings sollte der Betriebsrat bei der Begründung seines Widerspruchs inhaltlich nicht zu sehr in die Tiefe gehen, weil dadurch die Chancen im Kündigungsschutzprozess eher verringert werden, wenn der Betriebsrat auf diese Weise etwaige Fehler des Arbeitgebers im Anhörungsverfahren hinsichtlich einer unzureichenden Begründung der Kündigung selber heilt. Das Gesetz verlangt in § 102 BetrVG auch keine ausführliche Begründung, sondern nur wenige formale Ausführungen zu den dort aufgeführten Widerspruchsgründen (Hamm/Rupp 2007, S. 114).

2. Beratungsrechte bei Massenentlassungen nach § 17 KSchG

Mitbestimmungspflichtige Betriebsänderungen, die mit umfangreicheren Entlassungen verbunden sind, lösen einerseits oft die Anzeigepflicht des Arbeitgebers bei sog. Massenentlassungen nach § 17 KSchG aus. Andererseits beseitigt die

Massenentlassungsanzeige die letzten Zweifel darüber, ob eine mitbestimmungspflichtige Betriebsänderung vorliegt, da sich das BAG für die Frage der Mitbestimmungspflichtigkeit bislang an § 17 KSchG orientiert hat. Durch die Rechtsprechung des EuGH ist bei der Berechnung der Schwellenwerte nunmehr nicht mehr der Arbeitnehmerbegriff des KSchG, sondern wegen der europäischen Massenentlassungsrichtlinie (RL 98/59/EG) der weitere unionsrechtliche Arbeitnehmerbegriff zu berücksichtigen. Demnach sind grundsätzlich auch Fremdgeschäftsführer und Praktikanten als »Arbeitnehmer/innen« zu qualifizieren und bei der Berechnung der Schwellenwerte zu berücksichtigen (EuGH 9.7.2015 – C-229/14). Ob und unter welchen Voraussetzungen auch Leiharbeitnehmer/innen zu berücksichtigen sind, ist derzeit noch offen. Das LAG Düsseldorf hat die Frage verneint (LAG Düsseldorf 8.9.2016 – 11 Sa 705/15); das BAG hat diese Fragen dem EuGH zur Entscheidung vorgelegt (BAG 16.11.2017 – 2 AZR 90/17 (A)). Die klärende Entscheidung des EuGH steht noch aus.

Zudem ist bei der Prüfung, ob die Schwellenwerte erreicht sind, folgendes zu beachten:

- Vom Arbeitgeber beabsichtigte ordentliche Kündigungen zählen mit, unabhängig davon, ob es sich um betriebsbedingte, verhaltensbedingte oder personenbedingte Kündigungen handelt. Dies gilt auch für Kündigungen durch den Insolvenzverwalter, § 113 InsO.
- Nach § 17 Abs. 1 Satz 2 KSchG sind auch Eigenkündigungen oder Aufhebungsverträge bei der Anzahl der Entlassungen einzurechnen, wenn der/die Arbeitnehmer/in einer ansonsten erforderlichen betriebsbedingten Kündigung zuvor kommt (BAG 28.6.2012 – 6 AZR 726/10).
- Spricht der Arbeitgeber Kündigungen aus, ohne zuvor die Massenentlassungen gegenüber der Agentur für Arbeit anzuzeigen, sind die Kündigungen unwirksam. Dies gilt auch dann, wenn der Arbeitgeber zunächst Kündigungen ausspricht, die die Schwellenwerte des § 17 Abs. 1 Satz 1 KSchG zunächst zwar nicht erreichen, innerhalb des Zeitraums von 30 Kalendertagen aber weitere Kündigungen oder Beendigungen von Arbeitsverhältnissen auf Veranlassung des Arbeitgebers hinzukommen, so dass der Schwellenwert erreicht bzw. überschritten wird. Dann sind auch die zu Beginn ausgesprochenen Kündigungen anzeigepflichtig. Da eine Massenentlassungsanzeige vor Ausspruch der Kündigungen nicht erstattet wurde, sind diese Kündigungen unwirksam. Eine etwaige Heilung durch Nachholung der Anzeige ist nicht möglich. Der Arbeitgeber muss die Kündigungen nach Erstattung der Anzeige daher erneut aussprechen.
- Das Bundesverfassungsgericht hat eine Entscheidung des BAG (BAG 25.4.2013 – 6 AZR 49/12), die das Kündigungsschutzniveau von Personen mit besonderem Kündigungsschutz (hier: Elternzeit) herabsetzte, aufgehoben und an das BAG zurückverwiesen (BundVerfG, Kammerbeschluss 8.6.2016 – 1 BvR 3634/13). Demnach müssen Personen mit besonderem Kündigungs-

schutz, bei denen ein behördliches Zustimmungserfordernis vorliegt (Elternzeit, Schwerbehinderung, Pflege von Angehörigen) auch dann bei Massenentlassungsanzeigen berücksichtigt werden, wenn ihre Kündigung außerhalb des 30-Tage-Zeitraums fällt, weil innerhalb dieses Zeitraums die erforderliche behördliche Zustimmung nicht vorliegt. Das BAG hat nun diese Rechtsauffassung übernommen und seine bisherige Rechtsprechung korrigiert (BAG 26.1.2017 – 6 AZR 442/16).

Beabsichtigt der Arbeitgeber, innerhalb von 30 Kalendertagen Arbeitnehmer/innen in einer Anzahl zu entlassen, die die Angaben des § 17 Abs. 1 KSchG bzw. der RL: 98/59/EG übersteigt, so muss er dies bei der Agentur für Arbeit ordnungsgemäß anzeigen. Zuvor hat er die geplante Massenentlassung nach § 17 Abs. 2 KSchG dem Betriebsrat unter Zuleitung einer Kopie der Anzeige mitzuteilen und mit ihm darüber zu beraten. Der Betriebsrat hat sodann nach § 17 Abs. 3 KSchG das Recht (von dem auch unter bestimmten Voraussetzungen aus taktischen Gründen Gebrauch gemacht werden sollte) und die Möglichkeit, eine Stellungnahme abzugeben, die der Arbeitgeber zusammen mit seiner Anzeige an die Agentur für Arbeit weiterleiten muss.

Der Massenentlassungsanzeige muss eine Stellungnahme des Betriebsratsbeigefügt sein, § 17 Abs. 3 Satz 2 KSchG. Nur dann ist die Anzeige der Massenentlassungen wirksam. Ansonsten liegt eine unwirksame Anzeige vor und das Arbeitsverhältnis wird durch die Kündigung nicht aufgelöst (BAG 28.6.2012 – 6 AZR 780/10). Die Stellungnahme des Betriebsratssoll der Arbeitsverwaltung zeigen, ob und welche Möglichkeiten dieser sieht, die angezeigten Kündigungen zu vermeiden. Sie soll nachweisen, dass mit dem Betriebsrat soziale Maßnahmen entsprechend dem in § 17 Abs. 2 KSchG vorgesehenen Konsultationsverfahren beraten und gegebenenfalls getroffen worden sind und sicherstellen, dass der Arbeitgeber eine ihm ungünstige Stellungnahme des Betriebsrats nicht verschweigt (BAG 28.6.2012 – 6 AZR 780/10).

Entlassungen vor Ablauf eines Monats nach dem Eingang der Anzeige werden nach § 18 Abs. 1 KSchG nur wirksam, wenn eine Zustimmung der Agentur für Arbeit vorliegt. Im Einzelfall kann die Unwirksamkeit von Entlassungen durch eine Entscheidung der Agentur für Arbeit auch für einen Zeitraum von zwei Monaten nach Eingang der Massenentlassungsanzeige bestimmt werden (§ 18 Abs. 2 KSchG). Nach der Rechtsprechung des EuGH aus dem Jahre 2005, die vom BAG im Jahre 2012 übernommen wurde, sind Kündigungen nur dann wirksam, wenn die Massenentlassungsanzeige vor dem Ausspruch von Kündigungen erstattet wurde und die Verhandlungen über einen Interessenausgleich abgeschlossen sind (EuGH 27.1.2005 – C 188/03; BAG 18.1.2012 – 6 AZR 407/10; BAG 21.3.2012 – 6 AZR 596/10).

§ 18 KSchG stellt somit für den Arbeitgeber eine Gefahr dar, wenn er die Massenentlassungsanzeige unterlässt oder sie erst kurz vor den vorgesehenen Entlas-

sungsterminen bei der Agentur für Arbeit eingeht, da er dann für den verlängerten Entlassungszeitraum noch zur Zahlung der Löhne und Gehälter verpflichtet ist. Ob die Agentur für Arbeit allerdings von der Möglichkeit, die Entlassungstermine hinauszuschieben, Gebrauch macht, und inwieweit eine negative Stellungnahme des Betriebsrats zu der Massenentlassung die Entscheidung der Arbeitsagentur beeinflusst, hängt von dem nach § 20 KSchG zuständigen Ausschuss der Agentur für Arbeit ab.
Legt der Arbeitgeber somit dem Betriebsrat die Massenentlassungsanzeige mehr als zweieinhalb Monate vor den vorgesehenen Entlassungsterminen vor, so hat eine negative Stellungnahme des Betriebsrats keine Auswirkungen auf den Zeitpunkt der Entlassungen. Dennoch sollte der Betriebsrat eine Stellungnahme gegenüber der Agentur für Arbeit abgeben, um in seiner Haltung zur Betriebsänderung glaubwürdig zu bleiben. Außerdem kann die Stellungnahme u. U. auch für die Formulierung späterer Widersprüche zu Kündigungen verwendet werden. Diese Stellungnahme sollte dabei mit den Positionen in den Interessenausgleichsverhandlungen übereinstimmen.
Legt der Arbeitgeber die Massenentlassungsanzeige dagegen erst kurz vor den vorgesehenen Entlassungsterminen vor, so kann der Betriebsrat durch die Ausschöpfung der Frist von zwei Wochen für die Stellungnahme und durch eine negative Stellungnahme den Entlassungstermin für die Betroffenen möglicherweise hinausschieben. Von dieser Möglichkeit wird er insbesondere dann Gebrauch machen, wenn er vom Arbeitgeber vor vollendete Tatsachen gestellt wird oder Alternativen zu den vorgesehenen Entlassungen sieht.
Schätzt der Arbeitgeber die Notwendigkeit einer Massenentlassungsanzeige falsch ein, bringt es weder den Beschäftigten etwas, wenn der Betriebsrat zu früh auf diese Fehleinschätzung hinweist, noch ihm selbst. Hier ist es besser, wenn der Arbeitgeber durch seinen Fehler unter Zeitdruck gerät und von ihm geplante Kündigungstermine nur gehalten werden können, wenn gemeinsam die Verhandlungen mit dem Betriebsrat über einen Interessenausgleich vor der Massenentlassungsanzeige abgeschlossen wird. Eine solche Beschleunigung ist für den Betriebsrat meist mit Vorteilen verbunden und kann durchaus zu einem verbesserten Sozialplanvolumen führen (*Hamm/Rupp* 2012, S. 116).

3. Mit bestimmung bei Versetzungen, Umgruppierungen und Einstellungen nach § 99 BetrVG

Führt die Betriebsänderung nicht oder nicht nur zu Entlassungen, so werden häufig auch Versetzungen, Umgruppierungen oder auch Einstellungen erfolgen. Die Mitbestimmungsrechte nach §§ 99–101 BetrVG bestehen auch hier unverändert, d. h. im vollen Umfang.

Der Betriebsrat ist vor Durchführung der einzelnen Maßnahmen unter Vorlage der erforderlichen Unterlagen zu unterrichten. Er kann innerhalb einer Woche seine Zustimmung verweigern, sofern er sich auf einen oder mehrere der in § 99 Abs. 2 BetrVG aufgeführten Gründe berufen kann. Führt der Arbeitgeber die personellen Maßnahmen trotz der Verweigerung durch oder beteiligt er den Betriebsrat von vornherein nicht, so kann der Betriebsrat nach § 101 BetrVG die Aufhebung der personellen Maßnahmen beim Arbeitsgericht unter Androhung eines Zwangsgeldes beantragen.
Schlägt der Betriebsrat im Rahmen der Interessenausgleichsverhandlungen den Abbau von Fremdleistungen oder systematisierte Qualifizierungen/Umschulungen mit dem Ziel von Versetzungen vor, und geht der Arbeitgeber auf diese Forderungen nicht ein, so kann er schon in den Verhandlungen darauf hinweisen, dass er in Zukunft seine Rechte bei Einstellungen von Leiharbeitnehmer/innen, beim Einsatz von Werkvertragsnehmer/innen oder bei der Versetzung von Beschäftigten genauer wahrnehmen wird. Er kann seine Zustimmung zum Einsatz von Leiharbeitnehmer/innen insbesondere dann verweigern, wenn sie nicht nur vorübergehend im Betrieb eingesetzt werden sollen (BAG 10.7.2013 – 7 ABR 91/11).

4. Mitbestimmung bei der Durchführung betrieblicher Bildungsmaßnahmen nach § 98 BetrVG

Gelingt es, im Rahmen eines Interessenausgleichs und Sozialplans betriebliche Bildungsmaßnahmen durchzusetzen, so ist der Betriebsrat an der Durchführung dieser Bildungsmaßnahmen entsprechend § 98 BetrVG zu beteiligen. Hierbei wird es vor allem um folgende Fragen gehen:

- Inhalte der Bildungsmaßnahmen (Vorschlagsrecht),
- Auswahl der mit der Ausbildung Beauftragten (Widerspruchsrecht) und
- Auswahl der Teilnehmer an den Bildungsmaßnahmen (Vorschlagsrecht).

Kommt es hinsichtlich des Inhalts der innerbetrieblichen Bildungsmaßnahmen oder bei der Auswahl der Teilnehmer nicht zu einer Einigung zwischen Betriebsrat und Arbeitgeber, so können beide Seiten die Einigungsstelle anrufen, die dann verbindlich entscheidet (§ 98 Abs. 4 BetrVG).

5. Mitbestimmung in sozialen Angelegenheiten nach § 87 BetrVG

Von den Mitbestimmungsrechten in sozialen Angelegenheiten nach § 87 Abs. 1 BetrVG kommen bei der Umsetzung von Betriebsänderungen vor allem folgende Fälle in Frage:

- vorübergehende oder längerfristige Arbeitszeitregelungen (§ 87 Abs. 1 Ziff. 2 und 3 BetrVG),

- Einführung technischer Überwachungseinrichtungen (§ 87 Abs. 1 Ziff. 6 BetrVG),
- Änderungen in der betrieblichen Lohngestaltung (§ 87 Abs. 1 Ziff. 10 BetrVG).

Sind bei der Umsetzung der Betriebsänderung Maßnahmen in diesen Bereichen vorgesehen, so müssen diese Maßnahmen in einer/mehreren Betriebsvereinbarung/en geregelt werden, bevor sie der Arbeitgeber umsetzen darf. Eine formlose Zustimmung, Duldung oder selbst ein Beschluss des Betriebsrats reichen insoweit nicht aus. Außerdem hat er in solchen Fragen ein eigenständiges Vorschlagsrecht. Kommt eine Einigung zwischen den Betriebsparteien nicht zustande, so können beide Seiten die Einigungsstelle anrufen, die über die strittigen Fragen abschließend entscheiden kann. Gerade diese Rechte sollten nicht erst bei der Umsetzung der Betriebsänderung, sondern schon im Planungsstadium konsequent eingefordert werden, um so auch die Gesamtplanungen zur Betriebsänderung stärker beeinflussen zu können. Schlägt der Betriebsrat z. B. die Einführung von Kurzarbeit oder den Abbau von Überstunden zum Erhalt von Arbeitsplätzen vor, so kann er die Kompromissbereitschaft des Arbeitgebers möglicherweise erhöhen, wenn er darauf hinweist, dass er bei der Umsetzung der Betriebsänderung seine sonstigen Mitbestimmungsrechte genau beachten und eben dann für die Durchsetzung der bereits aufgestellten Forderungen nutzen werde.

VII. Betriebsübergang gem. § 613a BGB als Betriebsänderung?

Die Eigentümer eines Unternehmens können das gesamte Unternehmen, einen Betrieb des Unternehmens oder einen Betriebsteil (Betriebsspaltung) an einen neuen Inhaber durch Rechtsgeschäft (z. B. durch Veräußerung oder Verpachtung) übergehen lassen. In diesem Fall liegt ein Betriebsübergang durch Einzelrechtsnachfolge vor. Ein Arbeitgeber-Wechsel kann auch durch eine Gesamtrechtsnachfolge auf der Grundlage des UmwG (z. B. Verschmelzung, Unternehmensspaltung) erfolgen (vgl. ausführlich Kapitel K).

In beiden Fällen kommt § 613a BGB zur Anwendung. Nach § 613a Abs. 1 BGB tritt der neue Arbeitgeber in die Rechte und Pflichten der bestehenden Arbeitsverhältnisse ein, wobei die in Tarifverträgen und Betriebsvereinbarungen geregelten Rechte und Pflichten zum Inhalt der Einzelarbeitsverträge werden. Außerdem sind nach § 613a Abs. 4 BGB wegen des Betriebsübergangs ausgesprochene Kündigungen grundsätzlich unwirksam (vgl. hierzu auch *Laßmann/Rupp* 2020).

Eine Ausnahme liegt dann vor, wenn der Betriebsübergang während einer laufenden Insolvenz erfolgt und ein sog. Erwerberkonzept vorliegt, das Kündigungen vorsieht (vgl. *Gaul/Bonanni/Naumann* 2003, S. 1902ff.). In diesem Fall verstößt nach Auffassung des BAG eine Kündigung des Betriebsveräußerers nicht gegen § 613a Abs. 4 BGB, wenn ansonsten die kündigungsschutzrechtlichen Vorgaben des § 1 KSchG beachtet werden (BAG 20.3.2003 – 8 AZR 97/02; BAG 20.9.2006 – 6 AZR 249/05. Auch sind eine Reihe von weiteren möglichen Nachteilen durch § 613a BGB nicht ausgeschlossen. Welche Nachteile das im Einzelnen sind, hängt insbesondere davon ab, ob die Betriebsidentität trotz des Betriebsübergangs gewahrt bleibt oder nicht.

Geht der gesamte Betrieb auf einen neuen Inhaber über und bleibt die Betriebsidentität erhalten, so bleiben zwar die Betriebsvereinbarungen in Kraft; allerdings sind folgende Gefährdungen zu beachten:

- Die zum Bestandteil des Einzelarbeitsvertrages gewordenen tarifvertraglichen Rechte sind nur auf den Stand zum Zeitpunkt des Betriebsübergangs bezogen, nachfolgende tarifliche Veränderungen gelten damit für die übergegangenen Arbeitnehmer/innen nur, wenn der neue Arbeitgeber dem Arbeitgeberverband angehört oder beitritt, dem der alte Arbeitgeber angehörte, oder wenn die Veränderungen zum Zeitpunkt des Übergangs zwar geregelt, aber nach dem Tarifvertrag erst zu einem Zeitpunkt umsetzt werden sollen, der nach dem Betriebsübergang liegt. Für nach dem Betriebsübergang neu eingestellte Arbeitnehmer/innen gelten nur dann tarifliche Regelungen, wenn der neue Arbeitgeber tarifgebunden ist.
- Die zum Bestandteil der Arbeitsverträge gewordenen früheren tarifvertraglichen Rechte und Pflichten sind nach § 613a Abs. 1 Satz 2 BGB grundsätzlich nur für ein Jahr vor Verschlechterungen gegen den Willen der Arbeitnehmer/innen geschützt. Danach sind Verschlechterungen zwar nur auf dem Weg der Änderungskündigung, d.h. unter Beachtung den Anforderungen des KSchG möglich, jedoch nicht auszuschließen.
- Nach § 613a Abs. 1 Satz 3 BGB bestehen die in Tarifverträgen geregelten Rechte und Pflichten *nicht* weiter, wenn diese beim neuen Arbeitgeber durch andere Tarifverträge bereits geregelt sind oder vor Ablauf eines Jahres durch andere Tarifverträge geregelt werden, sofern diese Tarifverträge auch für das einzelne Arbeitsverhältnis Kraft beiderseitiger Tarifbindung gelten. Dies kann z.B. dazu führen, dass schlechtere tarifvertragliche Regelungen sofort zur Anwendung kommen, also nicht einmal der 1-Jahres-Schutz greift.
- Der neue Arbeitgeber darf zwar keine Kündigungen wegen des Betriebsübergangs aussprechen, § 613a Abs. 4 Satz 2 BGB. Er kann jedoch Kündigungen auf Grund anderen betrieblichen Gründen aussprechen, d.h. die nicht mit dem Betriebsübergang, sondern mit anderen betrieblichen Erfordernissen begründet werden (z.B. Wegfall von Arbeitsplätzen aufgrund von Rationalisie-

rungs- oder Reorganisationsmaßnahmen oder aufgrund von Umsatzeinbrüchen). Diese Gründe dürfen aber nicht schon zum Zeitpunkt des Betriebsübergangs bestanden haben.
- Die wirtschaftlichen Möglichkeiten des neuen Arbeitgebers zur Finanzierung eines im Anschluss an den Betriebsübergang möglicherweise notwendig werdenden Sozialplans sind u. U. geringer als die des alten Arbeitgebers.
- Die Haftung für Arbeitnehmer-Ansprüche kann sich daher verschlechtern, wenn der neue Arbeitgeber finanziell schlechter ausgestattet ist oder wenn die Zugehörigkeit zu einem Konzern entfällt.
- Sofern es sich bei dem neuen Arbeitgeber um ein neugegründetes Unternehmen handelt, kann dieses das sogenannte Sozialplanprivileg gem. § 112a Abs. 2 BetrVG in Anspruch nehmen, wonach Unternehmen bei Betriebsänderungen in den ersten vier Jahren nach ihrer Gründung von der Aufstellung eines Sozialplans befreit sind.
- Beim neuen Arbeitgeber sind möglicherweise – anders als beim alten Arbeitgeber – kaum noch Aufstiegschancen und/oder keine betriebsübergreifenden Versetzungsmöglichkeiten mehr gegeben, womit sich auch die kündigungsschutzrechtliche Stellung der übergegangenen Arbeitnehmer/innen verschlechtern kann.

Geht nur ein Teil des Betriebes auf einen neuen Inhaber über (Teilbetriebsübergang), so drohen den übergehenden Arbeitnehmer/innen zusätzlich folgende Nachteile:
- Zunächst wird strittig sein, ob die bisherigen Betriebsvereinbarungen in den übergegangenen Betriebsteilen kollektivrechtlich weiter gelten. Soweit die dort geregelten Rechte und Pflichten der Arbeitnehmer/innen dann nur als Bestandteil der individuellen Arbeitsverträge weiter gelten, unterliegen sie den gleichen Einschränkungen, wie sie oben für die Weitergeltung der tarifvertraglichen Rechte genannt worden sind.
- Da die Beschäftigtenzahl in dem übergegangenen Teilbetrieb regelmäßig geringer sein wird als in dem bisherigen Betrieb, können sich die Rechte der Arbeitnehmer/innen und des Betriebsrats, die an bestimmte Mindestbeschäftigtenzahlen geknüpft sind, verschlechtern.
- Die kündigungsschutzrechtliche Stellung der übergegangenen Arbeitnehmer/innen bei betriebsbedingten Kündigungen wird sich zumindest bei einer Einzelrechtsnachfolge verschlechtern, weil das Angebot freier Arbeitsplätze auf das neue Unternehmen und die Sozialauswahl auf den neuen i. d. R. kleineren Betrieb beschränkt ist. Allerdings spricht einiges für eine analoge Anwendung von § 323 UmwG, nach der eine Verschlechterung der kündigungsrechtlichen Stellung der Arbeitnehmer/innen für zwei Jahre ausgeschlossen wird.

Trotz der genannten teilweise gravierenden Nachteile soll ein Betriebsübergang für sich allein nach der ständigen Rechtsprechung des BAG keine mitbestimmungspflichtige Betriebsänderung darstellen (BAG 21.10.1980 – 1 AZR 145/79, BAG 25.1.2000 – 1 ABR 1/99, BAG 16.5.2002 – 8 AZR 319/01, BAG 26.4.2007 – 8 AZR 695/05, BAG 14.4.2015 – 1 AZR 794/13, BAG 14.4.2015 – 1 AZR 223/14). Kritiker dieser Rechtsprechung wenden ein, dass die mit einem Betriebsübergang möglicherweise verbundenen Nachteile durch § 613a BGB nicht verhindert, aber auch nicht einmal gemildert werden. Deshalb sei davon auszugehen, dass § 613a BGB einen angemessenen Schutz der von einem Betriebsübergang betroffenen Beschäftigten nicht gewährleistet. § 613a BGB hat aber nicht den Sinn, den durch andere Vorschriften gewährten Arbeitnehmerschutz einzuschränken (*DKW*, Rn. 125 zu § 111 BetrVG). Deshalb sei ein Betriebsübergang mit wesentlichen Nachteilen für erhebliche Teile der Belegschaft oder der gesamten Belegschaft als Betriebsänderung i. S. v. § 111 BetrVG anzusehen (*Wenning-Morgenthaler* 2019, Rn. 1020).

Dennoch sollen nach der ständigen Rechtsprechung des BAG folgende Fälle für sich allein genommen keine mitbestimmungspflichtige Betriebsänderung darstellen:

- Verkauf oder Verpachtung des ganzen Betriebes;
- Unternehmensspaltungen, bei denen ein Unternehmen entlang der bisherigen Betriebsgrenzen in mehrere rechtlich selbstständige Unternehmen aufgeteilt wird (hierdurch kann aber ein Gemeinschaftsbetrieb nach § 1 Abs. 2 Nr. 2 BetrVG entstehen);
- Zusammenschluss von bisher rechtlich selbstständigen Unternehmen (Fusion) ohne gleichzeitige Zusammenlegung von Betrieben.

Es ist daher zu empfehlen, bei Betriebsübergängen anstelle eines Interessenausgleichs und Sozialplans zu versuchen, einen Tarifsozialplan abzuschließen, wenn hierfür die betrieblichen Voraussetzungen (hoher gewerkschaftlicher Organisationsgrad, kampfbereite Belegschaft) und tariflichen Voraussetzungen (angestrebte Regelungen sind nicht bereits in einem geltenden Tarifvertrag, z. B. zur Beschäftigungssicherung, geregelt) vorliegen (vgl. hierzu auch die Ausführungen in Kapitel B.XI).

Häufig wird jedoch der Betriebsübergang zugleich mit Maßnahmen verbunden sein, die ihrerseits eine mitbestimmungspflichtige Betriebsänderung darstellen. So wird z. B. die rechtliche Ausgliederung der EDV-Abteilung mit einer Betriebsspaltung verbunden sein oder eine erhebliche Änderung des Unternehmensaufbaus darstellen, die möglicherweise als grundlegende Änderung der Betriebsorganisation eingestuft werden kann. Auch bei Fusionen kann man davon ausgehen, dass sie Änderungen in der Organisation und/oder einen Wegfall von Arbeitsplätzen durch Zusammenlegung von Abteilungen, die in beiden Unternehmen vorhanden waren, zur Folge haben, die ihrerseits als mitbestimmungspflichtige Betriebsänderung anzusehen sind. In solchen Fällen bestehen die Mitbestimmungsrechte nach §§ 111 und 112 BetrVG auch für die mit dem Betriebsübergang verbundenen Betriebsänderungen (BAG 16.6.1987 – 1 ABR 41/85; BAG 25.1.2000 – 1 ABR 1/79.

Ebenso werden Teilbetriebsübergänge regelmäßig mit einer Betriebsänderung verbunden sein, da sie die Spaltung des bisherigen Betriebes notwendig zur Bedingung haben. Die Spaltung von Betrieben ist als mitbestimmungspflichtige Betriebsänderung in § 111 Satz 2 Nr. 3 BetrVG ausdrücklich genannt. Etwas anderes kann nur gelten, wenn der bisherige Betrieb nach dem Teilbetriebsübergang in unveränderter Form als Gemeinschaftsbetrieb fortgeführt wird. Allerdings ist zu berücksichtigen, dass sich Forderungen zum Ausgleich wirtschaftlicher Nachteile, die nicht aus der Betriebsänderung, sondern allein aus dem Arbeitgeber-Wechsel resultieren (z. B. durch kollektivrechtliche Ablösung von schlechteren Tarifverträgen), vor dem Hintergrund der herrschenden Meinung nur auf freiwilliger Basis, nicht aber durch Spruch einer Einigungsstelle erzwingen lassen.

In vielen Fällen hat der Erwerber des Betriebes nicht vor, den Betrieb unverändert, d.h. in der bisherigen Form und im bisherigen Umfang weiterzuführen. Häufig besteht er in den Verhandlungen mit dem alten Arbeitgeber darauf, dass dieser noch vor dem Zeitpunkt des Betriebsübergangs die notwendigen Veränderungen und erforderlichen Personalabbaumaßnahmen durchführt. Obwohl es sich hier um Kündigungen im Zusammenhang mit dem Betriebsübergang handelt, hat das BAG (20.3.2003 – 8 AZR 97/02) entschieden, dass unter bestimmten Voraussetzungen solche »übergangsübergreifenden« Kündigungen nicht gegen das Kündigungsverbot des § 613a Abs. 4 BGB verstoßen und damit zulässig sind. Folgende Voraussetzungen müssen erfüllt sein: (1) Zum Zeitpunkt der Kündigung muss ein belastbares Erwerberkonzept bzw. ein Sanierungsplan vorliegen, aus dem sich der Wegfall der Beschäftigungsmöglichkeit zwingend ergibt. (2) Außerdem muss überzeugend dargelegt werden, dass es für die vom Übergang und der Kündigung betroffenen Arbeitnehmer/innen – auch unter Berücksichtigung zumutbarer Umschulungs- und Fortbildungsmaßnahmen (vgl. § 97 Abs. 2 BetrVG) – beim Erwerber keine Möglichkeit der Weiterbeschäftigung besteht. (3) Schließlich ist für den Fall, dass nach dem Betriebsübergang der übergehende Betrieb bzw. Betriebsteil mit einem Betrieb oder Betriebsteil des Erwerbers zusammengeschlossen wird, eine die Belegschaft beider Betriebe bzw. Betriebsteile umfassende Sozialauswahl vorzunehmen (vgl. auch *Gaul/Bonanni/Naumann* 2003, S. 1903ff.).

Erfüllen die geplanten »übergangsübergreifenden« Personalabbaumaßnahmen die Voraussetzungen einer Betriebsänderung, besteht der Anspruch des Betriebsrats auf Interessenausgleichs- und Sozialplanverhandlungen gegenüber dem alten Arbeitgeber, der auch über die Einigungsstelle durchgesetzt werden kann.

Es kommt auch vor, dass betriebsändernden Maßnahmen erst nach dem Betriebsübergang, also durch den neuen Arbeitgeber vorgenommen werden, z. B.

- um den erworbenen Betrieb wieder »flott« zu machen,

- weil die angestrebten Personalreduzierungen Hauptgrund für eine vorgenommene Fusion sind,
- weil der Erwerber nur an den Kunden bzw. dem technischen Know-how (z. B. Patente), nicht aber an der Produktionskapazität und der gesamten Belegschaft des erworbenen Unternehmens interessiert ist.

Deshalb sollte sich der Betriebsrat bei der Information durch den alten Arbeitgeber über einen geplanten Betriebsübergang nicht mit dem lapidaren Hinweis auf § 613a BGB bzw. das UmwG und deren vermeintlich greifende Schutzbestimmungen für die betroffene Belegschaft beschwichtigen lassen. Vielmehr muss genau geprüft werden, ob mit dem Betriebsübergang nicht auch eine mitbestimmungspflichtige Betriebsänderung einhergehen könnte.

Ist dies der Fall, kann auch noch mit dem alten Arbeitgeber (der ggf. über eine bessere wirtschaftliche Leistungsfähigkeit verfügt) über einen Interessenausgleich und Sozialplan verhandelt und ggf. die Einigungsstelle eingeschaltet werden. Geht dagegen der Betriebsübergang nicht mit einer mitbestimmungspflichtigen Betriebsänderung einher, ist ein Sozialplan in Form einer Überleitungsvereinbarung nur auf freiwilliger Basis möglich. Ist die Frage (meist mangels umfassender Informationen) nicht eindeutig zu klären, so kann die Anrufung einer Einigungsstelle durch den Betriebsrat geeignet sein, den Arbeitgeber zu Verhandlungen und zum Abschluss eines Sozialplans zu bewegen. Parallel dazu besteht unter bestimmten Voraussetzungen die Möglichkeit, mithilfe der Gewerkschaft einen Überleitungs- oder Sozialtarifvertrag durchzusetzen (vgl. hierzu Kapitel B.XI).

In jedem Fall muss jedoch – sofern die Zeit ausreicht – überlegt werden, ob noch mit dem alten Arbeitgeber Vereinbarungen getroffen werden sollen, die auch den neuen Arbeitgeber – z. B. durch Mitunterzeichnung der Vereinbarung – binden und zumindest einen Teil der nicht durch § 613a BGB oder das UmwG ausgeschlossenen Gefährdungen beim Betriebsübergang abwenden bzw. deren Auswirkungen zu mildern. Denkbar wären z. B. Regelungen, die den neuen Arbeitgeber zum Eintritt in den Arbeitgeber-Verband verpflichten oder eine finanzielle Beteiligung (Haftung) des alten Arbeitgebers an notwendig werdenden zukünftigen Sozialplänen beim neuen Arbeitgeber vorsehen. Solche Regelungen sind besonders dann wichtig, wenn z. B. bereits negative Erfahrungen mit dem neuen Arbeitgeber oder entsprechende Befürchtungen vorliegen. Besonders wichtig sind solche Regelungen, wenn sich der neue Arbeitgeber als neu gegründetes Unternehmen aus § 112a BetrVG berufen kann und ein Sozialplan nicht erzwingbar ist. Allerdings muss die Information nach § 613a BGB auf dieses Risiko hinweisen, ansonsten ist die Information fehlerhaft und die Widerspruchsfrist nach § 613a Abs. 5 BGB wird nicht in Kraft gesetzt (BAG 14.11.2013 – 8 AZR 824/12).

Da sich i. d. R. weder der alte noch der neue Arbeitgeber freiwillig auf solche Regelungen einlassen werden, braucht der Betriebsrat die Unterstützung der Belegschaft und ggf. der Gewerkschaft. Unruhe im Betrieb oder gar mögliche Widersprüche der Arbeitnehmer/innen gegen den Übergang auf den neuen Arbeitgeber können hier geeignete Druckmöglichkeiten sein. Ein solches Widerspruchsrecht ist nach der Rechtsprechung von BAG und EuGH generell gegeben, es sei denn, der alte Arbeitgeber (d.h. das frühere Unternehmen) existiert nach dem Übergang nicht mehr. Allerdings ist zu berücksichtigen, dass der Widerspruch gegen den Betriebsübergang u.U. die betriebsbedingte Kündigung der Beschäftigten durch den alten Arbeitgeber wegen nicht mehr vorhandenem Beschäftigungsbedarf und geeigneten Arbeitsplätze zur Folge haben kann. In einem solchen Fall könnten die so gekündigten Arbeitnehmer/innen sogar ihren Anspruch auf Sozialplanabfindungen verlieren, da sie mit dem Widerspruch einen zumutbaren Arbeitsplatz ausgeschlagen haben. Deshalb sollte der Widerspruch einzelner oder aller Arbeitnehmer/innen gegen den Betriebsübergang nur nach ausführlicher Beratung mit dem Betriebsrat und der Gewerkschaft erwogen werden. Ist der neue Arbeitgeber beispielsweise dringend auf die Arbeitnehmer/innen angewiesen, so kann ein kollektiver Widerspruch gegen den Betriebsübergang möglicherweise dazu führen, dass sich der neue Arbeitgeber bereit erklärt, die Forderungen des Betriebsrats zu erfüllen.

VIII. Interessenausgleich und Sozialplan in der Insolvenz

In diesem Abschnitt werden nur die gesetzlichen Sonderregelungen für Interessenausgleich und Sozialplan in der Insolvenz dargestellt. Für Fragen des Insolvenzrechts und der Vorgehensweise des Betriebsrats im Insolvenzfall sei auf das ausführliche Insolvenzhandbuch von *Sperber/Soost/Bichlmeier/Wroblewski* verwiesen (siehe vertiefende und weiterführende Literatur am Ende des Kapitels).

Nach der Insolvenzordnung gelten bei Betriebsänderungen folgende Abweichungen gegenüber den Regelungen des BetrVG und des KSchG:

- Kommt ein Interessenausgleich zu Stande, so ersetzt er nach § 125 Abs.2 InsO die Stellungnahme des Betriebsrats zur Massenentlassung gem. § 17 Abs. 3 Satz 2 KSchG (vgl. BAG 21.3.2012 – 6 AZR 596/10).
- Im Interessenausgleich können die zu kündigenden Arbeitnehmer/innen namentlich genannt werden. In diesem Fall wird im Rahmen von Kündigungsschutzprozessen vermutet,
  - dass die Kündigungen betriebsbedingt sind (§ 125 Abs. 1 InsO),
  - dass die soziale Auswahl nicht grob fehlerhaft ist (§ 125 Abs. 1 InsO) und
  - dass die Kündigung nicht wegen eines Betriebsübergangs erfolgt (§ 128 Abs. 2 InsO).
- Kommt ein Interessenausgleich nicht zu Stande,

- so kann der/die Vorsitzende der Geschäftsführung der Regionaldirektion der Bundesagentur für Arbeit nur mit Zustimmung des Verwalters zu Vermittlungen hinzugezogen werden (§ 121 InsO i. V. m. § 112 Abs. 2 BetrVG),
- so kann der Insolvenzverwalter – statt die Einigungsstelle anzurufen – nach rechtzeitiger und vollständiger Information des Betriebsrats drei Wochen nach Verhandlungsbeginn bzw. der schriftlichen Aufforderung zu Verhandlungen
  - die Zustimmung des Arbeitsgerichts zur Durchführung der Betriebsänderung ohne Einschaltung der Einigungsstelle zum Interessenausgleich beantragen (§ 122 Abs. 1 InsO). Das Gericht erteilt die Zustimmung, wenn die wirtschaftliche Lage des Unternehmens auch unter Berücksichtigung der sozialen Belange der Arbeitnehmer/innen eine entsprechende Verkürzung der Interessenausgleichsverhandlungen erfordert (§ 122 Abs. 2 InsO). Eine Rechtsbeschwerde gegen den Beschluss des Arbeitsgerichts ist nur an das BAG möglich, wenn das Arbeitsgericht dies zugelassen hat (§ 122 Abs. 3 InsO). Ob dieser Verfahrensweg für den Insolvenzverwalter schneller ist als die Anrufung der Einigungsstelle, ist allerdings fraglich, da die Einsetzung der Einigungsstelle durch das Gericht nach § 98 ArbGG in der Regel innerhalb von zwei Wochen erfolgen soll;
  - die Feststellung des Arbeitsgerichts beantragen, dass die Kündigung im Antrag genannter Arbeitnehmer/innen durch dringende betriebliche Erfordernisse bedingt und sozial gerechtfertigt ist (§ 126 Abs. 1 InsO). In diesem Fall kann die soziale Auswahl vom Gericht nur im Hinblick auf die Dauer der Betriebszugehörigkeit, das Lebensalter und die Unterhaltspflichten nachgeprüft werden.

• Das Volumen eines nach Eröffnung des Insolvenzverfahrens abgeschlossenen Sozialplans darf gem. § 123 InsO folgende *Obergrenzen nicht übersteigen:*
- *zweieinhalb Bruttomonatsverdienste* gem. § 10 Abs. 3 KSchG der von der Entlassung betroffenen Arbeitnehmer/innen
  - als *Bruttomonatsverdienst* wird dabei der Bruttomonatsverdienst des Monats, in dem das Arbeitsverhältnis endet, einschließlich aller Zuschläge und Zulagen sowie anteiliger Einmalzahlungen definiert
  - *von Entlassungen betroffen* sind alle Arbeitnehmer/innen, die durch arbeitgeberseitige Kündigung, Aufhebungsvertrag oder einer Eigenkündigung wegen der Betriebsänderung ausscheiden
- *ein Drittel der Masse*, die ohne einen Sozialplan für die Verteilung an die Insolvenzgläubiger zur Verfügung steht. Im Rahmen eines Insolvenzplans gem. §§ 217ff. InsO kann diese Grenze außer Acht bleiben.

• Sozialplanforderung aus einem nach Verfahrensöffnung abgeschlossenen Sozialplan sind *Masseforderungen*, somit also vorrangig vor den Insolvenzforderungen zu begleichen (§ 123 Abs. 2 InsO).

- Der Insolvenzverwalter soll bei ausreichenden Barmitteln mit Zustimmung des Insolvenzgerichts *Abschlagszahlungen* auf die Sozialplanforderungen leisten (§ 123 Abs. 3 InsO).
- Ein innerhalb von *drei Monaten vor Verfahrenseröffnung abgeschlossener Sozialplan kann* vom Insolvenzverwalter oder dem Betriebsrat ohne Angabe von Begründungen widerrufen werden (§ 124 Abs. 1 InsO); schon gezahlte Leistungen können von den Arbeitnehmer/innen allerdings nicht zurückgefordert werden, mindern jedoch die Obergrenze von zweieinhalb Monatsverdiensten (§ 124 Abs. 3 InsO); erfolgt kein Widerruf, so stellen die Sozialplanforderungen nach entsprechender Anmeldung nur einfache Insolvenzforderungen dar.

Die Stellung eines Insolvenzantrages stellt zunächst keine Betriebsänderung dar. Möglicherweise wollen aber der Arbeitgeber oder der vom Gericht eingesetzte vorläufige Insolvenzverwalter noch vor der Eröffnung des Insolvenzverfahrens Maßnahmen durchführen, die mitbestimmungspflichtige Betriebsänderungen i. S. v. § 111 BetrVG darstellen. Grundsätzlich ist jedoch dem Betriebsrat vom Abschluss eines Interessenausgleichs und/oder Sozialplans in der Phase zwischen Beantragung und Eröffnung des Insolvenzverfahrens aus folgenden Gründen abzuraten:

- die Möglichkeiten für den Erhalt des Betriebes oder des Unternehmens sind in dieser Phase zumeist noch nicht genügend ausgelotet,
- bei Vorliegen eines gültigen Interessenausgleichs kann der Insolvenzverwalter sofort nach Eröffnung des Insolvenzverfahrens ohne Rücksicht auf ansonsten drohende Nachteilsausgleichsforderungen nach § 113 BetrVG personelle Maßnahmen durchführen, insbesondere Kündigungen aussprechen,
- die Forderungen aus einem vor Eröffnung des Insolvenzverfahrens abgeschlossenen Sozialplan stellen lediglich Insolvenzforderungen dar, mit deren Befriedigung zumeist nur anteilig gerechnet werden kann,
- nach § 124 Abs. 1 InsO kann der Insolvenzverwalter einen Sozialplan, der innerhalb von drei Monaten vor Eröffnung des Insolvenzverfahrens abgeschlossen worden ist, widerrufen.

Auch die Eröffnung des Insolvenzverfahrens stellt zunächst keine mitbestimmungspflichtige Betriebsänderung i. S. v. § 111 BetrVG dar. Allerdings wird der Insolvenzverwalter nach der Eröffnung des Insolvenzverfahrens in den meisten Fällen Maßnahmen ergreifen, die unter § 111 BetrVG fallen. Grundsätzlich gelten für den Insolvenzverwalter, der an die Stelle des bisherigen Arbeitgebers tritt, die Vorschriften des Betriebsverfassungsgesetzes, wobei jedoch die oben darstellten Besonderheiten zu berücksichtigen sind.

Die Aufgabe des Insolvenzverwalters besteht darin, die Gläubiger des insolventen Unternehmens so gut wie möglich aus dem vorhandenen Vermögen zu befriedigen. Dazu wählten die Insolvenzverwalter in der Vergangenheit meist den Weg, den Betrieb stillzulegen und die vorhandenen Vermögensgegenstände zu verkaufen. Es sind jedoch auch andere, sozialverträglichere Maßnahmen im Insolvenzverfahren denkbar, wie z. B. Weiterführung und anschließender Verkauf des Restbetriebes oder Abspaltung und getrennter Verkauf von Teilen des Unternehmens.

Für die Verhandlungsposition des Betriebsrat bzw. dessen Verhandlungsstrategie ist es unter anderem wichtig zu wissen, dass auch ein Insolvenzverwalter, der eine Betriebsänderung ohne ernsthaften Versuch eines Interessenausgleichs vornimmt, seine Pflichten nach § 111 BetrVG verletzt und gemäß § 113 BetrVG nachteilsausgleichspflichtig wird. Dabei wird man als ernsthaften Versuch entweder die Verhandlung vor der Einigungsstelle oder den erfolgreichen Antrag beim Arbeitsgericht zur Durchführung der Betriebsänderung ohne Einschaltung der Einigungsstelle ansehen können. Spricht der Insolvenzverwalter im Rahmen einer Betriebsänderung jedoch vor diesen Zeitpunkten Kündigungen aus, so können die betroffenen Arbeitnehmer/innen einen Nachteilsausgleich nach § 113 BetrVG gerichtlich einklagen. Der vom Gericht festzulegende Nachteilsausgleich kann zum einen über den Sozialplanabfindungen liegen und stellt zum anderen eine Masseforderung dar (BAG 9. 7. 1985 – 1 AZR 323/83), die noch vor den Sozialplanforderungen und den sonstigen Insolvenzforderungen zu befriedigen sind.

Hinweis 1:
Genaue Prüfung vor Aufforderung zu Interessenausgleichsverhandlungen
Vor diesen Besonderheiten, die im Falle eines Insolvenz- oder insoweit vergleichbaren Schutzschirmverfahrens zu beachten sind, muss sich der Betriebsrat gut überlegen, ob er den Insolvenzverwalter aktiv zu Interessenausgleichsverhandlungen auffordern will. Sieht der Betriebsrat eine Chance für ein tragfähiges Fortführungskonzept, ist es vermutlich sinnvoll, mit dem Insolvenzverwalter so schnell wie möglich in Verhandlungen einzutreten, da die Durchsetzung von Fortführungskonzepten oft einen Wettlauf mit der Zeit darstellt. Der Insolvenzverwalter kann sich diesen Forderungen nach rechtzeitiger Information und Beratung derartiger Konzepte nicht entziehen, wenn er den Nachteilsausgleich nach § 113 BetrVG vermeiden will. Da die Vorstellungen von Betriebsrat und Insolvenzverwalter über die zu ergreifenden Maßnahmen i. d. R. weit auseinander liegen werden, kann es deshalb sinnvoll sein, für den Interessenausgleich die Einigungsstelle anzurufen und einen wirtschaftlichen Sachverständigen gem. § 80 Abs. 3 BetrVG hinzuzuziehen, der u. a. die generellen Chancen für ein Überleben des Unternehmen prüft und mit dem Betriebsrat sowie der Belegschaft ggf. ein Fortführungskonzept erarbeitet und dieses mit wirtschaftlichen Daten stützt.
Sieht der Betriebsrat hingegen keine realistische Chance, die Stilllegung des Betriebes zu vermeiden, so sollte er die Frage des Interessenausgleichs nicht von sich aus vorschnell ins Spiel bringen. Macht der Insolvenzverwalter an dieser Stelle einen Fehler, so stehen den betroffenen Arbeitnehmer/innen möglicherweise Nachteilsausgleichsforderungen zu, die wegen ihrer Behandlung als Masseforderungen und

der Beschränkung der Abfindungen eines Sozialplans in der Insolvenz sehr viel mehr wert sein können als Sozialplanabfindungen, die den Einschränkungen der InsO unterliegen.

Hinweis 2:
Transfersozialplan statt Abfindungssozialplan
In der Insolvenz beträgt die Kündigungsfrist längstens 3 Monate und die Abfindung durchschnittlich 2,5 Bruttomonatsgehälter, wobei der Betriebsrat im Rahmen des Sozialplans eine andere Verteilung anstreben kann. Da der Insolvenzverwalter erst Kündigungen aussprechen kann, wenn er sich mit dem Betriebsrat auf einen Interessenausgleich geeinigt hat oder er vom Arbeitsgericht durch Beschluss gem. § 122 Abs. 1 InsO die Zustimmung zur Durchführung erhalten hat, besteht für den Betriebsrat folgende Option zum traditionellen Abfindungssozialplan in der Insolvenz: Unter Androhung, gegen den Beschluss des Arbeitsgerichts gem. § 122 Abs.1 InsO Nichtzulassungsbeschwerde einzulegen, was je nach Sach-und Rechtslage den Kündigungsausspruch um mehrere Wochen verzögern kann, kann der Betriebsrat dem Insolvenzverwalter anbieten, seine kurzfristige Zustimmung zum Interessenausgleich, der allerdings eine Transfergesellschaft vorsehen muss, vom Abschluss eines Transfersozialplans abhängig zu machen. Selbst wenn die zur Verfügung stehende Masse die sonst übliche Aufstockung des Transfer-Kug nicht erlaubt, so könnte doch das Sozialplanvolumen für Qualifizierung und Remanenzkosten der Transfergesellschaft vorgesehen werden. Wenn dann für die betroffenen Beschäftigten eine sinnvolle Verweildauer vereinbart wird (z.B. doppelte Kündigungsfrist; mindestens aber 6 Monate), sind die Beschäftigten auch ohne Aufstockung besser gestellt als mit einer Abfindung: 6 Monate reines Transfer-Kug entspricht bereits einem Betrag, der das durchschnittliche Sozialplanvolumen von 2,5 Bruttomonatsverdiensten um etwa 1,1 bis 1,5 Nettoentgelte übersteigt (vgl. Bell 2008, S. 665). Hinzu kommt, dass die Bundesagentur für Arbeit eine niedrigere Beteiligung der Transfergesellschaft als neuer Arbeitgeber an den Qualifizierungskosten fordert und damit mehr als 50% der Qualifizierungskosten übernimmt (§ 111a Abs. 3 SGB III).

IX. Betriebsänderung in Tendenzbetrieben

Nach § 118 Abs. 1 BetrVG sind die §§ 111 bis 113 BetrVG auf Tendenzunternehmen und Tendenzbetriebe nur insoweit anzuwenden, als sie den Ausgleich und die Milderung wirtschaftlicher Nachteile für die Arbeitnehmer/innen infolge von Betriebsänderungen regeln. Liegt eine Betriebsänderung vor, für die der Betriebsrat und nicht der Gesamtbetriebsrat zuständig ist, so ist diese Einschränkung nach herrschender Meinung nur dann von Bedeutung, wenn auch der betroffene Betrieb Tendenzcharakter aufweist, d.h. der Tendenzcharakter des Unternehmens allein ist nicht ausreichend (*Fitting*, Rn. 46f. zu § 118 BetrVG). Handelt es sich dagegen um eine unternehmensweite Betriebsänderung, für die ausnahmsweise der Gesamtbetriebsrat originär zuständig ist (vgl. Kapitel B.II), reicht es zur Anwendung des § 118 Abs. 1 BetrVG vermutlich aus, wenn das Unternehmen Tendenzcharakter besitzt (*DKW*, Rn. 60f. zu § 118 BetrVG).

Nach herrschender Meinung sind die §§ 111 bis 113 BetrVG auf Tendenzbetriebe wie folgt anzuwenden:

- Die in § 111 BetrVG geltenden Informations- und Beratungsrechte sollen nur im Hinblick auf die Vermeidung wesentlicher Nachteile für die Beschäftigten gelten (*Fitting*, Rn. 46 zu § 118 BetrVG).
- Die Rechte der §§ 112 und 112a BetrVG gelten nur für den Abschluss eines Sozialplans (BAG 17.8.1982 – 1 ABR 40/80), nicht jedoch hinsichtlich des Interessenausgleichs. Die Möglichkeit zur Hinzuziehung des Präsidenten des Landesarbeitsgerichts im Rahmen der Sozialplanverhandlungen sowie die Erzwingbarkeit des Sozialplans über die Einigungsstelle bleiben demnach bestehen.
- Ein Nachteilsausgleich nach § 113 BetrVG ist nur möglich, wenn der Unternehmer vor Durchführung der Betriebsänderung keinen ernsthaften Sozialplanversuch unternommen hat (BAG 18.11.2003 – 1 AZR 637/02; *Fitting*, Rn. 47 zu § 118 BetrVG).

Eine Minderheit plädiert dagegen auch in Tendenzbetrieben für uneingeschränkte Rechte gem. §§ 111 bis 113 BetrVG (*DKW*, Rn. 62 zu § 118 BetrVG). Zumindest das »Wie« und »Wann« der Betriebsänderung werden unseres Erachtens nicht vom Tendenzschutz erfasst, sodass diese Fragen in einem Interessenausgleich geregelt werden können.

Da mit Ausnahme der zitierten BAG-Urteile in den genannten Fragen weiterhin erhebliche Rechtsunsicherheiten über die Auslegung des BetrVG bestehen und auch der Tendenzcharakter des betroffenen Betriebes oft nicht eindeutig feststeht, besteht für den Betriebsrat bei entsprechender Druckentfaltung eine gute Chance, die Rechte aus den §§ 111 bis 112a BetrVG auch bezüglich der Information und Beratung über die Betriebsänderung sowie des Interessenausgleichs in nahezu vollem Umfang wahrzunehmen, selbst wenn das Ergebnis aus Rücksicht auf die Arbeitgeber-Seite nicht Interessenausgleich genannt wird. Für den Arbeitgeber hat diese Vorgehensweise den Vorteil, dass er vor überraschenden Nachteilsausgleichsklagen geschützt ist, während schlimmstenfalls eine Verschiebung der geplanten Betriebsänderung eintreten kann, da der Interessenausgleich letztendlich nicht erzwingbar ist.

X. Zuschüsse zu Sozialplanleistungen durch die Bundesagentur für Arbeit (Transferleistungen)

1. Zielsetzung

Seit dem 1.1.2004 stehen zur Eingliederung der aufgrund einer Betriebsänderung von Arbeitslosigkeit bedrohten Arbeitnehmer/innen in den ersten Arbeitsmarkt unter bestimmten Voraussetzungen Transferleistungen gem. §§ 110 und 111 SGB III zur Verfügung.

Sinn und Zweck beider Förderinstrumente ist es, durch Transferleistungen den direkten Übergang aus dem alten in ein neues Beschäftigungsverhältnis zu erreichen. Den vom Arbeitsplatzverlust bedrohten Arbeitnehmer/innen sollen durch Sozialplanvereinbarungen nicht mehr ausschließlich Abfindungsleistungen für den Verlust des Arbeitsplatzes, sondern zusätzlich sinnvolle berufliche Eingliederungsmaßnahmen angeboten werden (Transfersozialplan). Solche Transfersozialpläne werden durch Transferleistungen von der Agentur für Arbeit bezuschusst, sofern die gesetzlichen Voraussetzungen und die Anforderungen der sich regelmäßig ändernden bundesweit geltenden Geschäftsanweisungen der Agentur für Arbeit (abrufbar im Internet) erfüllt sind.

Von den Betriebsparteien sollten die Transferleistungen im Rahmen von Interessenausgleichs- und Sozialplanverhandlungen möglichst umfassend genutzt werden. Auch eine evtl. notwendige Einigungsstelle soll die im SGB III vorgesehenen Fördermöglichkeiten zur Vermeidung von Arbeitslosigkeit bei ihrer Entscheidung berücksichtigen (§ 112 Abs. 5 Nr. 2a BetrVG).

Auch können Arbeitnehmer/innen in Betrieben, die nicht dem BetrVG unterliegen, Transferleistungen erhalten, wenn sie Mitarbeiter kirchlicher oder kirchennaher, karitativer oder erzieherischer Einrichtungen sind. Die Arbeitnehmer/innen in Betrieben öffentlich-rechtlicher Unternehmen können gefördert werden, wenn die Betriebe in selbstständiger Rechtsform erwerbswirtschaftlich betrieben werden. Sie müssen allerdings von einem Sachverhalt betroffen sein, der mit einer Betriebsänderung im Sinne des § 111 BetrVG vergleichbar ist.

Von einer Förderung bleiben weiterhin Arbeitnehmer/innen des öffentlichen Dienstes ausgeschlossen.

Seit dem 1.1.2011 gelten für die Förderung gem. § 110 Abs. 1 Nr. 1 und § 111 Abs. 1 Nr. 4 SGB III geänderte Bestimmungen (Beschäftigungschancengesetz).

Ab sofort gilt vor allem eine neu eingeführte Beratungspflicht durch die Agentur für Arbeit im Rahmen der Interessenausgleichs- und Sozialplanverhandlungen, d.h. vor dem Abschluss entsprechender Vereinbarungen als zwingende Voraussetzung für eine Leistungsgewährung (siehe GA Transferleistungen der BA, gültig ab 1.6.2013).

2. Transfermaßnahmen

Die Leistung zur Förderung der Teilnahme an Transfermaßnahmen (§ 110SGB III) ist bei Vorliegen der gesetzlichen Voraussetzungen zu einer Pflichtleistung der aktiven Arbeitsförderung an die jeweils betroffenen Arbeitnehmer/innen geworden. Für die Förderung ist die für den Betriebssitz zuständige Agentur für Arbeit verantwortlich.

a. Voraussetzungen für die Gewährung von Zuschüssen

Die Gewährung von Zuschüssen durch die Arbeitsagenturen ist an eine Reihe von Voraussetzungen geknüpft, die durch die neuen Bestimmungen des Beschäftigungschancengesetzes erweitert und präzisiert wurden:

- Die zu fördernden Arbeitnehmer/innen müssen aufgrund einer Betriebsänderung im Sinne des § 111 Satz 3 BetrVG oder im Anschluss an die Beendigung eines Berufsausbildungsverhältnisses von Arbeitslosigkeit bedroht sein.
- eine Beratung durch die Agentur für Arbeit im Rahmen der Interessenausgleichs- und Sozialplanverhandlungen über die Transfermaßnahmen muss rechtzeitig stattgefunden haben.
- Die Leistungen können auch Arbeitnehmer/innen in Kleinbetrieben (i. d. R. nicht mehr als 20 Arbeitnehmer/innen) gewährt werden.
- Die Transfermaßnahmen müssen in einem Sozialplan oder einer sonstigen Betriebsvereinbarung festgelegt sein.
- Die geförderten Arbeitnehmer/innen müssen während der gesamten Dauer der Förderung von Arbeitslosigkeit bedroht sein. Nach § 17 SGB III liegt die Bedrohung nur dann vor, wenn der/die Arbeitnehmer/in
  - noch versicherungspflichtig beschäftigt ist,
  - alsbald mit der Beendigung der Beschäftigung rechnen muss (Kündigung ausgesprochen, Aufhebungsvertrag abgeschlossen),
  - voraussichtlich nach Beendigung des Arbeitsverhältnisses arbeitslos wird (Prüfung des Vermittlungsvorrangs (§ 4 SGB III)) und nicht im Unternehmen oder Konzern eine Beschäftigung erhalten kann und
  - die Maßnahme nach § 110 Abs. 1 SGB III nicht über das Ende des Beschäftigungsverhältnisses hinausgeht.
- Die Transfermaßnahmen müssen arbeitsmarktpolitisch zweckmäßig sein; sie müssen der Eingliederung der Arbeitnehmer/innen in den Arbeitsmarkt dienen (siehe Kapitel B.X.2.b)).
- Die Kosten der Transfermaßnahme müssen erforderlich und angemessen sein (siehe Kapitel B.X.2.c)).
- Die Maßnahme muss von einem Dritten (Transferagentur, Outplacer, Bildungsträger) durchgeführt werden. Die Auswahl obliegt den Betriebsparteien; im Konfliktfall kann die Einigungsstelle zwar nicht über den konkreten Anbie-

ter entscheiden, den Arbeitgeber aber verpflichten, entsprechende Leistungen zu finanzieren. In der Praxis werden vereinzelt durch einen Spruch der Einigungsstelle Regelungen festgelegt, die dazu führen, dass Arbeitnehmer/innen dann vergleichsweise höhere Zuschläge auf die Abfindungen erhalten, wenn sich der Arbeitgeber weigert, an Transfermaßnahmen mitzuwirken.
- Die Durchführung der Maßnahme muss finanziell gesichert sein, z. B. durch eine Vorfinanzierung oder Verpflichtungserklärung des Unternehmens und eine Erklärung des Dritten (Maßnahmeträger) über das Vorliegen der notwendigen betrieblichen Voraussetzungen.
- Der Träger der Maßnahme muss ein internes System zur Qualitätssicherung anwenden, das sowohl ein Teilnehmer-Feedback als auch den Verbleib der Teilnehmer erfasst.
- Der Arbeitgeber muss sich angemessen an den Transfermaßnahmen beteiligen (siehe Kapitel B.X.2.c)).
- Die Transfermaßnahme darf nicht überwiegend im Eigeninteresse des Unternehmens liegen (Qualifizierung auf andere Arbeitsplätze im Unternehmen oder Konzern, bestehende Verpflichtung zur Finanzierung von Maßnahmen).
- Mehrere in einem Sozialplan (oder BV) festgelegte Maßnahmen (z. B. Outplacement und Transfergesellschaft) nach dem SGB III, die anlässlich einer Betriebsänderung geregelt werden, sind nicht als Einzelmaßnahmen, sondern als eine Transfermaßnahme anzusehen.

b. Förderungsfähige Transfermaßnahmen

Transfermaßnahmen sind alle Maßnahmen, die der Eingliederung von Arbeitnehmer/innen in den Arbeitsmarkt dienen sollen. Die entsprechende arbeitsmarktpolitische Zweckmäßigkeit ist durch die Agentur für Arbeit anhand eines vom Arbeitgeber vorzulegenden Maßnahmekonzeptes zu prüfen. Eine Einzelfallprüfung (Prüfung, ob die Maßnahmen jeweils für jeden/jede Arbeitnehmer/in sinnvoll ist) wird dabei jedoch nicht vorgenommen.
Förderungsfähige Maßnahmen sind insbesondere
- Maßnahmen zur Feststellung der Leistungsfähigkeit, der Arbeitsmarktchancen und des Qualifizierungsbedarfs der Arbeitnehmer/innen (Profiling),
- Maßnahmen der direkten Vermittlungsunterstützung, Bewerbungstraining, Infos über den Arbeitsmarkt (Outplacement),
- Maßnahmen zur Förderung der Aufnahme einer Beschäftigung (Mobilitätshilfen, Einstellungszuschüsse, zeitlich befristete Tätigkeiten bei einem anderen Arbeitgeber),
- Maßnahmen der beruflichen Weiterbildung,
- Maßnahmen, um eine begonnene Berufsausbildung fortzuführen,
- Maßnahmen zur Vorbereitung und Begleitung einer Existenzgründung.

Zur Vermeidung einer Doppelförderung sind gleichzeitig andere Leistungen der gesetzlichen Arbeitsförderung ausgeschlossen.
Nach Beendigung einer Transfermaßnahme können bei Bedarf weitere aktive Leistungen der Arbeitsförderung gewährt werden, z. B. auch Transferkurzarbeitergeld.
Art, Umfang und Inhalt der Maßnahmen sind, außer durch Mindeststandards für Profilingmaßnahmen, nicht vorgegeben. Damit wird den Betriebsparteien bei der Wahl der Transfermaßnahmen ein großer Gestaltungsspielraum ermöglicht, der insbesondere im Interesse der betroffenen Arbeitnehmer/innen durch den Betriebsrat genutzt werden sollte.

c. Höhe, Beantragung und Auszahlung der Zuschüsse

Der Zuschuss ist als Pflichtleistung an Arbeitnehmer/innen definiert. Er beträgt 50 % der aufzuwendenden Maßnahmekosten, maximal jedoch 2500,00 EUR pro Teilnehmer.
Allerdings wird durch die nun vorzunehmende Erforderlichkeits- und Angemessenheitsprüfung der Maßnahmekosten durch die Agentur für Arbeit zunehmend Einfluss auf die Förderhöhe genommen.
Gemäß den »Geschäftsanweisungen Transferleistungen« der Agentur für Arbeit sind Maßnahmekosten nur in so weit erforderlich, »... wenn keine günstigere Maßnahme verfügbar ist, durch die das Ziel gleichermaßen erreicht werden kann.«
Als Maßstab für die Erforderlichkeit von Maßnahmekosten werden analog den Qualifizierungsmaßnahmen der Agentur für Arbeit die Bundesdurchschnittskostensätze vergleichbarer Bildungsmaßnahmen als Bemessungsgrundlage herangezogen. In der Transfer-Geschäftsanweisung der Agentur für Arbeit gibt es unabhängig von den Durchschnittskostensätzen eigens festgesetzte förderungsfähige Beträge:

- 50 % von max. 400,00 EUR für das Profiling (Dauer von zwei Tagen),
- 50 % aus max. 1800,00 EUR bzw. 2700,00 EUR für die Transferberatung (von max. 20 bzw. 30 Std. abhängig von der Verweildauer von bis zu sechs bzw. über sechs Monate) in der TG von 10 Std./Arbeitnehmer/in)
- 50 % von max. 40,00 EUR Aufwandsentschädigung für die Datenerfassung in VerBIS.
- Bei Bewerbungstrainings wird hingegen nur noch der jeweils aktuelle Bundesdurchschnittskostensatz erstattet.

Von den so berechneten erforderlichen Maßnahmekosten übernimmt dann die Agentur für Arbeit gemäß den vorgenannten Punkten bis zu 50 % der anfallenden Beträge.
Es werden ausschließlich tatsächlich entstandene Maßnahmekosten bezuschusst. Leistungen Dritter (überbetriebliche Fonds, Länderprogramme u. a.) werden bei

den Maßnahmekosten hingegen nicht berücksichtigt. Sonstige Kosten des Arbeitgebers (z. B. anteilige Lohn- und Gehaltskosten der Teilnehmer, Bereitstellung von Räumen, Verwaltungspersonal oder sonstige sächlichen Mittel) gehören nicht zu den Maßnahmekosten und werden ebenfalls nicht gefördert. Umsatz- und Mehrwertsteuerbeträge werden nur dann gefördert, wenn der Arbeitgeber nicht berechtigt ist, einen Vorsteuerabzug geltend zu machen.

Zuschüsse zu Transfermaßnahmen werden nach vorheriger Beratung der Betriebsparteien nur auf schriftlichen Antrag (Antragsvordruck) des Arbeitgebers, unter Beifügung einer Stellungnahme des Betriebsrats bei der für den Betriebssitz regional zuständigen Agentur für Arbeit gewährt. Der Antrag kann ausnahmsweise auch vom Betriebsrat gestellt werden. Der Antrag gilt als rechtzeitig gestellt, wenn er innerhalb einer Ausschlussfrist von drei Monaten nach Beginn der Maßnahme gestellt wird (§ 325 Abs. 5 SGB III).

Der Arbeitgeber ist Antragsberechtigter und auch Empfänger der Zuschüsse. Er ist somit zur zweckentsprechenden Verwendung der Zuschüsse verpflichtet. Der Arbeitgeber muss dem Antrag folgende Unterlagen beifügen:

- Interessenausgleich (soweit vorhanden),
- Sozialplan, sozialplanähnliche oder sonstige Vereinbarung mit Betriebsrat/betroffenen Arbeitnehmer/innen über die geplante Betriebsänderung,
- Personalanpassungskonzept,
- Maßnahmekonzept,
- Maßnahmekosten (Vordruck Projektkalkulation),
- Teilnehmerliste (Vordruck),
- Stellungnahme des Betriebsrats (im Antrag),
- Verpflichtung zur gesicherten Durchführung und Anwendung eines Systems zur Qualitätssicherung (im Antrag).

Hat der Arbeitgeber alle Nachweise für die Erbringung der Förderleistung erbracht, ist durch die zuständige Agentur für Arbeit ein Bewilligungsbescheid mit Auflagen (Verpflichtungen) und Rechtsbehelfsbelehrung zu erlassen. Aus der Rechtsbehelfsbelehrung ist ersichtlich, wie gegen die Entscheidung ggf. vorgegangen werden kann.

Die Auflagen verpflichten den Arbeitgeber, seinen Mitteilungspflichten, insbesondere über das Ergebnis der Maßnahmen oder wesentlichen Veränderungen während der Maßnahme, nachzukommen.

Die Förderleistungen für Transfermaßnahmen werden i. d. R. nach Vorlage der Nachweise über die tatsächlich entstandenen Maßnahmekosten ausgezahlt, d. h. nach Abschluss und Schlussrechnung der Maßnahmen. Die Zuschüsse können aber auch anteilig ab Beginn der Förderung und Zahlungsverpflichtung des Arbeitgebers in monatlichen Abschlägen gewährt werden.

Mit den geänderten Bestimmungen für die Förderung von Transfermaßnahmen gem.§ 110 SGB III seit dem 1. 6. 2013 ist zu befürchten, dass die Attraktivität bei

den Betriebsparteien für die Durchführung und den Abschluss von Regelungen zu Transfermaßnahmen im Sozialplan wieder abnehmen.
Das liegt zum einen an der vorgezogenen Beratungsverpflichtung im Rahmen der Verhandlungen über einen Interessenausgleich und Sozialplan und der sich daraus ergebenden zusätzlichen Beratungsschleife (Zeitverlust) für die Betriebsparteien. Zum anderen liegt es auch an der Begrenzung auf »erforderliche« Förderhöhen. Bei der Prüfung über die Erforderlichkeit müssen dabei »vergleichbare« Bundesdurchschnittskostensätze für Bildungsmaßnahmen herangezogen werden. Gerade aber bei solchen Maßnahmen, bei denen die aktive Vermittlung der Arbeitnehmer/innen im Vordergrund steht, ist eine Bemessung nach Durchschnittskostensätzen von Gruppenbildungsmaßnahmen kontraproduktiv. Aktive Vermittlung findet nicht in Gruppenveranstaltungen, sondern in einem individuellen Beratungs- und Matchingprozess statt, der dann meist bislang entsprechend teurer war. Gleichwohl haben sich die meisten Anbieter von Transferleistungen auf die geänderten Rahmenbedingungen eingestellt und ihre Kosten entsprechend angepasst.

Übersicht 13:
Ablaufschema für die Beantragung von Transfermaßnahmen (§ 110a SGB III)

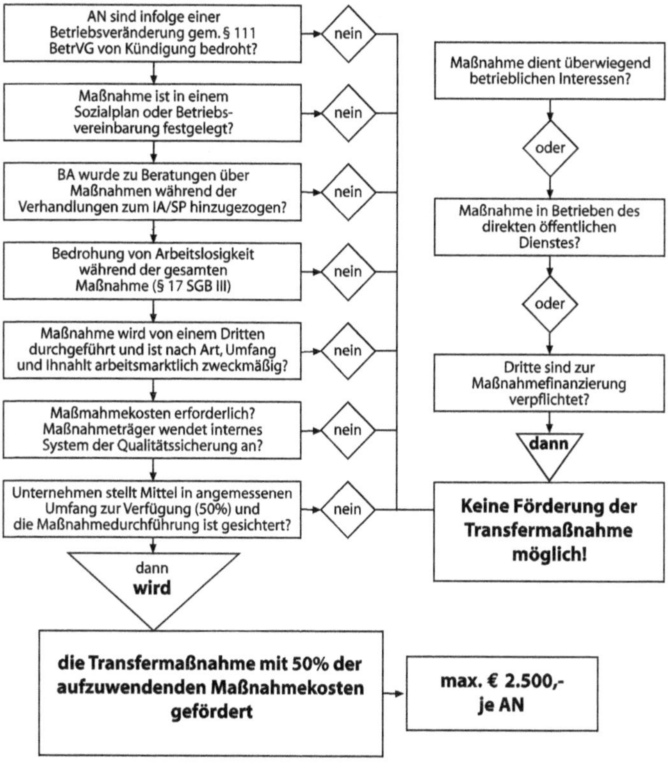

3. Transferkurzarbeitergeld

Die Leistungen zum Transferkurzarbeitergeld sind in § 111 SGB III (Transfer-Kug) geregelt. Die Förderdauer ist unverändert auf max. zwölf Monate befristet.
Die Gewährung von Transfer-Kug hat zwei wesentliche Ziele. Sie ermöglicht zum einen, für die durch Betriebsänderung von Kündigung bedrohten Arbeitnehmer/innen Entlassungen zu vermeiden (hinauszuzögern) und zum anderen durch sinnvolle Transfermaßnahmen (meist Qualifikationsmaßnahmen) die Eingliederung auf den ersten Arbeitsmarkt zu fördern. Schon durch die Namensgebung ist ersichtlich, dass die Agentur für Arbeit den Fokus beim Transfer-Kug auf die Wiedereingliederung der betroffenen Arbeitnehmer/innen legt.
Auch bei der Gewährung von Transfer-Kug sind die erweiterten Förderbedingungen durch das Beschäftigungschancengesetz zu beachten.

a. Voraussetzung für die Gewährung von Transferkurzarbeitergeld

Arbeitnehmer/innen haben zur Vermeidung von Entlassungen und zur Verbesserung der Vermittlungsaussichten Anspruch auf Transfer-Kug, wenn folgende allgemeine Anspruchsvoraussetzungen eingetreten sind (§ 111 Abs. 1 SGB III):
1. der/die Arbeitnehmer/in muss von einem dauerhaften und unvermeidbaren Arbeitsausfall betroffen sein,
2. die betrieblichen Voraussetzungen müssen erfüllt sein,
3. die persönlichen Voraussetzungen müssen erfüllt sein
4. eine Beratung durch die Agentur für Arbeit im Rahmen der Interessenausgleichs- und Sozialplanverhandlungen über die Transfergesellschaft muss rechtzeitig stattgefunden haben und
5. der dauerhafte Arbeitsausfall muss der Agentur für Arbeit angezeigt worden sein.

Dauerhafter und unvermeidbarer Arbeitsausfall

Ein dauerhafter, unvermeidbarer Arbeitsausfall liegt dann vor, wenn infolge einer Betriebsänderung im Sinne des § 111 Satz 3 BetrVG die Beschäftigungsmöglichkeiten für die Arbeitnehmer/innen auf Dauer entfallen, die Arbeitsplätze wegfallen und mit einem Entgeltausfall einhergehen (§ 111 Abs. 2 SGB III).

Betriebliche Voraussetzungen

Für die Gewährung von Transfer-Kug sind die betrieblichen Voraussetzungen gem. § 111 Abs. 3 SGB III erfüllt, wenn
1. Personalanpassungsmaßnahmen aufgrund einer Betriebsänderung in einem Betrieb (auch Kleinbetriebe mit weniger als 20 Arbeitnehmer/innen) durchgeführt werden,

2. die von Arbeitsausfall betroffenen Arbeitnehmer/innen zur Vermeidung von Entlassungen und zur Verbesserung ihrer Eingliederungsaussichten in einer betriebsorganisatorisch eigenständigen Einheit (beE) zusammengefasst werden,
3. die Organisation (Betreuungsschlüssel mind. 1:50, qualifizierte Berater) und die Mittelausstattung der beE den angestrebten Integrationserfolg erwarten lassen,
4. ein System zur Sicherung der Qualität (z.B. Teilnehmerzufriedenheit, Vermittlungserfolge, Verbleibsquote) angewendet wird und
5. die TG der Agentur für Arbeit monatliche Statistiken über die Arbeitnehmer/innen in Transfer-Kug übermittelt.

Transfer-Kug ist ausschließlich an Betriebsänderungen mit Personalabbau im Sinne des § 111 BetrVG geknüpft. Die Schwellenwerte der von Entlassung bedrohten Arbeitnehmer/innen mit der Bezugnahme auf die Größenordnung des § 17 KSchG sind hingegen unbeachtlich. Damit ist die Transferkurzarbeit als Begleitinstrument für alle betriebsändernden Restrukturierungsprozesse einsetzbar, um Personalabbaumaßnahmen sozialverträglicher durchzuführen.

Die Zusammenfassung der Arbeitnehmer/innen in eine beE ist obligatorisch. Die Verweildauer (befristeter Arbeitsvertrag) in der beE muss den Zeitraum der Kündigungsfrist übersteigen. Wenn in einem Sozialplan eine einheitliche Verweildauer aller Arbeitnehmer/innen unabhängig von der individuellen Kündigungsfrist festgelegt wurde, wird von der Agentur für Arbeit diese Verweildauer im Arbeitsvertrag mit der TG akzeptiert. Es wird also keine Einzelfallprüfung im Hinblick auf die Verweildauer gegenüber der Kündigungsfrist vorgenommen.

Der Anspruch auf Transfer-Kug ist ausgeschlossen, wenn die Arbeitnehmer/innen nur vorübergehend in die beE eintreten, um nach erfolgter Umstrukturierung wieder in den Betrieb oder einem anderen Betrieb des gleichen Unternehmens (Konzerns) zu wechseln (Vorhalten von Arbeitskräften).

In den meisten Fällen wird eine beE nicht mehr vom bisherigen Arbeitgeber, sondern von einer externen Transfergesellschaft (d.h. von einem neuen Rechtsträger) gebildet. Die Arbeitnehmer/innen scheiden durch einen dreiseitigen Vertrag, geschlossen zwischen Arbeitnehmer/in, Arbeitgeber und aufnehmender TG aus dem bisherigen Betrieb aus und begründen gleichzeitig einen befristeten Arbeitsvertrag mit der TG. Dabei muss der befristete Arbeitsvertrag im Wesentlichen die gleichen Arbeitsbedingungen enthalten. Häufig wird ein entsprechender (zwischen Betriebsrat, Arbeitgeber und der Transfergesellschaft) abgestimmter Musterarbeitsvertrag als Anlage zum (Transfer-)Sozialplan fixiert.

Eine beE in einer TG kann auch von mehreren Arbeitgebern (z.B. bei Gemeinschaftsbetrieben oder mehreren voneinander unabhängigen Kleinbetrieben) gebildet werden.

Wenn eine beE gebildet ist, kann die beE auch noch mit Arbeitnehmer/innen aufgestockt werden, die erst zu einem späteren Zeitpunkt von der gleichen Betriebsänderung betroffen sind. Liegt aufgrund einer Betriebsänderung ein Stufenplan zum Personalabbau vor, können auch mehrere beE (mit neuer Laufzeit) für später betroffene Arbeitnehmer/innen eingerichtet werden.
Entlassungen im Sinne der gesetzlichen Anforderungen nach § 111 SGB III werden dann vermieden, wenn gekündigt oder von Kündigung bedrohte Arbeitnehmer/innen, ohne Eintritt von Arbeitslosigkeit, unmittelbar von ihrer Beschäftigung im bisherigen Betrieb in die beE übertreten. Arbeitnehmer/innen dürfen jedoch nicht von einer in eine andere beE wechseln oder versetzt werden.

Persönliche Voraussetzungen
Die persönlichen Voraussetzungen gem. § 111 Abs. 4 SGB III sind erfüllt, wenn der/die Arbeitnehmer/in
1. von Arbeitslosigkeit bedroht ist,
2. nach Beginn des Arbeitsausfalles eine versicherungspflichtige Beschäftigung fortsetzt oder im Anschluss an die Beendigung eines Berufsausbildungsverhältnisses aufnimmt,
3. nicht vom Kug-Bezug ausgeschlossen ist (§ 172 Abs. 2 u. 3),
4. sich vor der Überleitung in die beE bei der Agentur für Arbeit arbeitsuchend gemeldet hat,
5. vor dem Übertritt in die beE aus Anlass der Betriebsänderung an einer arbeitsmarktlich zweckmäßigen Maßnahme zur Feststellung der Eingliederungsaussichten (Profiling) teilgenommen hat und
6. nicht in ein anderes/neues Beschäftigungsverhältnis durch die Agentur für Arbeit vermittelt werden kann (Vermittlungsvorrang § 4 SGB III).

Beschäftigte, die einen Anspruch auf Transferkurzarbeitergeld nach § 111 haben, können bei Teilnahme an Maßnahmen der beruflichen Weiterbildung durch die Übernahme der Weiterbildungskosten nach § 83 gefördert werden, wenn
1. ihnen im Sinne des § 81 Absatz 2 ein Berufsabschluss fehlt oder sie bei Beginn der Teilnahme das 45. Lebensjahr vollendet haben,
2. die Agentur für Arbeit sie vor Beginn der Teilnahme beraten hat,
3. der Träger der Maßnahme und die Maßnahme für die Förderung zugelassen sind,
4. die Maßnahme während des Bezugs von Transferkurzarbeitergeld endet und
5. der Arbeitgeber mindestens 50 Prozent der Lehrgangskosten trägt (§ 111a Abs. 1 SGB III).

Die betroffenen Arbeitnehmer/innen müssen vor Übertritt in die beE im Sinne des § 17 SGB III (siehe Kapitel B.X.2.a)) von Arbeitslosigkeit bedroht sein. Dies bedeutet, dass insbesondere der Vermittlungsvorrang durch die Agentur für Arbeit geprüft werden muss. Nicht von Arbeitslosigkeit bedroht sind Arbeitneh-

mer/innen, denen durch Tarifvertrag oder Betriebsvereinbarung ein Kündigungsschutz insoweit zugestanden wird, als sie betriebsbedingt ordentlich nicht kündbar sind und diese Regelung keine Öffnungsklausel enthält. Drohende Arbeitslosigkeit ist auch nicht anzunehmen, wenn der/die Arbeitnehmer/in im selben Betrieb, Unternehmen oder Konzern, sei es am gleichen oder einem anderen Arbeitsort, eine zumutbare Beschäftigung erhalten kann, die die Arbeitslosigkeit verhindern würde. Unklar ist, ob Arbeitnehmer/innen, die dem Übergang ihres Arbeitsverhältnisses auf einen neuen Arbeitgeber widersprochen haben und nur deshalb mit der Beendigung ihres Arbeitsverhältnisses rechnen müssen, ebenfalls von Arbeitslosigkeit im Sinne des § 17 SGB III bedroht sind. Eine entsprechende Einzelfallprüfung durch die Agentur für Arbeit findet jedoch nicht statt, wenn die Arbeitnehmer/innen auf einer Namensliste nach § 1 Abs. 5 KSchG aufgeführt sind. Insoweit kann der Betriebsrat den Abschluss einer ansonsten grundsätzlich abzulehnenden Namensliste in Betracht ziehen.
Die Fortsetzung der versicherungspflichtigen Beschäftigung wird durch den nahtlosen Übergang vom bisherigen Arbeitgeber in die Transfergesellschaft (dreiseitiger Vertrag) gesichert.
Vom Kug-Bezug ausgeschlossene sind Personen, die:

- an beruflichen Weiterbildungsmaßnahmen (FbW) teilnehmen,
- sich im Bezug von Krankengeld befinden,
- sich im Bezug von Übergangsgeld befinden und
- Arbeitnehmer/in in Betrieben des Schaustellergewerbes, in Theater-, Lichtspiel- oder Konzertunternehmen sind.

Voraussetzung für den Übertritt in die beE ist, dass der/die Arbeitnehmer/in an einer Maßnahme zur Eignungsfeststellung (Profiling) teilgenommen hat. Das Profiling soll insbesondere den/die Arbeitnehmer/in in die Lage versetzen, seine Arbeitsmarktchancen besser einzuschätzen und ihm somit im Wesentlichen als Entscheidungshilfe für oder gegen den Eintritt in die TG dienen. Ob das Profiling vom Arbeitgeber selbst von der beauftragten Transfergesellschaft oder einem Dritten durchgeführt wird, spielt für die Förderung durch die Agentur für Arbeit keine Rolle (evtl. Förderung über § 110 und/oder § 48 SGB III ist möglich). Nur in berechtigten Ausnahmefällen (kurzfristige Entscheidung zur Einrichtung einer beE) kann die Profilingmaßnahme auch noch innerhalb des ersten Monats nach Überleitung in die beE durchgeführt werden.
Grundsätzliches Ziel der Arbeitsförderung nach dem SGB III ist die Vermittlung in Arbeit. Deshalb ist vor und während jeder Maßnahme der Vermittlungsvorrang durch die Agentur für Arbeit zu prüfen. Der/die Arbeitnehmer/in muss sich bereit erklären, zumutbare Vermittlungsangebote durch die Agentur für Arbeit wahrzunehmen. Bei fehlender Mitwirkung des/der Arbeitnehmers/in bzw. der Arbeitnehmer/innen können diese vom Kug-Bezug ausgeschlossen und auch mit einer Sperrzeit belegt werden.

Ein Vermittlungsangebot durch die Agentur für Arbeit ist für die Arbeitnehmer/innen während des Bezugs von Transfer-Kug insbesondere dann nicht zumutbar, wenn
- die individuelle restliche Verweildauer in der Transfergesellschaft länger ist als die Dauer der angebotenen Beschäftigung oder
- das erzielbare Bruttoarbeitsentgelt bei einem Vermittlungsvorschlag das Bruttoarbeitsentgelt in der Transfergesellschaft unterschreitet.

Die Unzumutbarkeit eines Vermittlungsangebots kann sich darüber hinaus aus den Zumutbarkeitskriterien des § 121 SGB III ergeben.
Der Arbeitsausfall ist bei der für den personalabbauenden Betrieb örtlich zuständigen Agentur für Arbeit anzuzeigen (Vordruck).

b. Eingliederungsmaßnahmen während der Transferkurzarbeit

Im Rahmen der Transferkurzarbeit soll nicht mehr so sehr das sozial verträgliche Auslaufen der Beschäftigungsverhältnisse, sondern vorrangig der Beschäftigtentransfer unterstützt und gefördert werden (präventive Arbeitsmarktpolitik). Zur Unterstützung des Beschäftigtentransfers und zum Abbau von Eingliederungsdefiziten, die sich aus dem Profiling ergeben, ist der Arbeitgeber (Transfergesellschaft) gehalten, sinnvolle und notwendige Maßnahmen anzubieten.
Der neue Arbeitgeber ist verpflichtet,
- dem/der Arbeitnehmer/in Vermittlungsvorschläge zu unterbreiten
- zur Unterstützung der Vermittlung sind Outplacementmaßnahmen grundsätzlich sinnvoll,
- gemeinsam mit dem/der Arbeitnehmer/in werden geeignete Qualifizierungsangebote ausgewählt und ggf. in Abstimmung der Agentur für Arbeit durchgeführt.
- berufliche Praktika bei potentiellen neuen Arbeitgebern zur Unterstützung der Qualifizierung (training on the job) und
- Zweitarbeitsverhältnisse oder Arbeitnehmerüberlassung zur Vermittlungsunterstützung können die Vermittlung unterstützen. Hierbei sollte der Betriebsrat auch darauf achten, dass die Probebeschäftigung bei einem neuen Arbeitgeber nur dann möglich ist, wenn der potentielle Arbeitgeber überhaupt einen entsprechenden freien Arbeitsplatz dauerhaft besetzen möchte.

In besonderen Ausnahmefällen (z. B. Insolvenz) können während der Transfermaßnahmen auch die Sozialversicherungsbeiträge erstattet werden.

Übersicht 14:
Ablaufschema für die Beantragung von Transferkurzarbeitergeld (§ 111 SGB III)

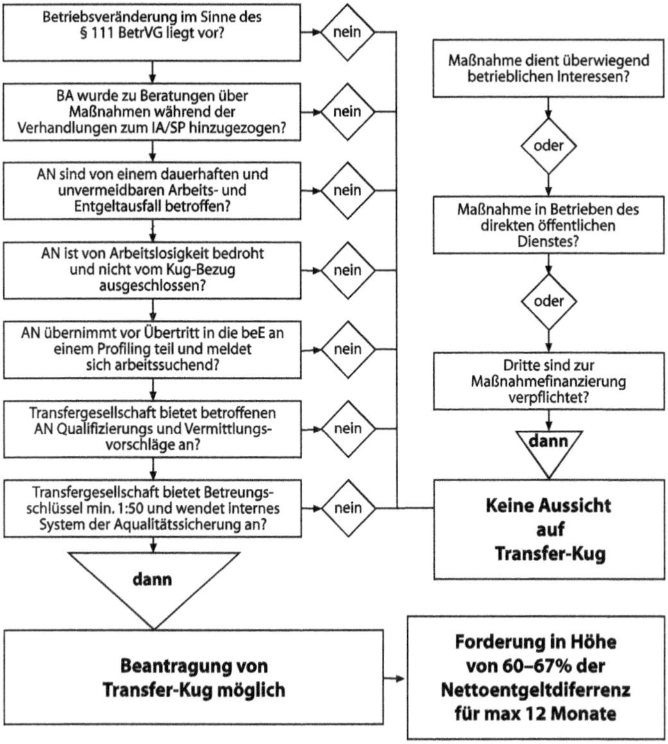

c. Beantragung, Höhe und Auszahlung der Zuschüsse

Die TG hat die Betriebsänderung i. d. R. mit der Anzeige über den Arbeitsausfall (siehe Kapitel B.X.1.a)) ausführlich darzulegen und glaubhaft zu machen.
Als Unterlagen sind dem Antrag beizufügen:

- Interessenausgleich,
- Sozialplan oder sonstige Vereinbarung,
- Personalanpassungskonzept (Umfang und zeitliche Planung),
- andere betriebliche Maßnahmen (Altersteilzeit, Vorruhestand usw.),
- Nachweis, dass durch die beE Entlassungen verhindert werden,
- Stellungnahme des Betriebsratsbei unselbstständiger beE und
- nach Möglichkeit ein Maßnahmekonzept.

Die TG ist verpflichtet, monatlich jeweils mit dem Antrag auf Transfer-Kug der Agentur für Arbeit Strukturdaten der Arbeitnehmer/innen in der beE zur Verfügung zu stellen.

Transfer-Kug wird ausschließlich für den entstandenen Arbeitsausfall während der Bezugsfrist geleistet. Die Höhe des Transfer-Kug beträgt gem. § 105 Nr. 1 und 2 SGB III 60 % und für Arbeitnehmer/innen mit Anspruch auf den erhöhten Leistungssatz 67 % der Nettoentgeltdifferenz. In aller Regel wird das Transfer-Kug der Agentur für Arbeit durch Vereinbarungen im Sozialplan auf 80–90 % des bisherigen Nettoentgeltes aufgestockt (vgl. auch Kapitel B.X.4).
Transfer-Kug wird frühestens von dem Monat an gewährt, in dem die Anzeige über den Arbeitsausfall bei der zuständigen Agentur für Arbeit eingegangen ist (§ 99 SGB III).
Die Agentur für Arbeit hat der TG unverzüglich innerhalb von acht Tagen nach Prüfung einen schriftlichen Bescheid mit Auflagen und Rechtsbehelfsbelehrung (siehe Kapitel B.X.2.c)) zu erteilen.
Das Kug wird monatlich nachträglich auf Antrag (Abrechnungslisten) und nach rechnerischer Überprüfung für jeden/jede Arbeitnehmer/in einzeln gewährt. Auf Antrag der TG können Abschläge gewährt werden.

4. Möglichkeiten der Milderung der Entgeltnachteile beim Bezug von Transfer-Kug

Entgeltnachteile, die den Arbeitnehmer/innen während der Beschäftigung in der Transfergesellschaft durch den Bezug von Transferkurzarbeitergeld (Transfer-Kug) entstehen, sollten und können von den Betriebsparteien durch verschiedene Art und Weise gemildert oder gar ausgeglichen werden. Je vorteilhafter diese Regelungen und der wirtschaftliche Nutzen für die Beschäftigten sind, desto höher ist der Anreiz für einen Wechsel in die Transfergesellschaft. Nachfolgend werden Gestaltungsmöglichkeiten der Betriebsparteien im Sozialplan bzw. im Transfersozialplan aufgezeigt:

a. Gestaltungsmöglichkeiten im Sozialplan

Die Differenz zwischen dem Nettoentgelt und dem Transfer-Kug wird bereits bei der Höhe der Abfindungszahlung berücksichtigt. Beispielsweise durch

- eine Pauschalzahlung (z. B. 10 000 €),
- einen spezifischen Zusatzbetrag zur Grundabfindung (der sich auf Grundlage der Differenz zwischen dem bisherigen individuellen Nettoentgelt und dem Transfer-Kug errechnet)
  oder
- durch Erhöhung des Abfindungsfaktors (z. B. um 0,1) in der Abfindungsformel.

Reichen die finanziellen Möglichkeiten des Unternehmens nicht aus, allen von der Betriebsänderung betroffenen Beschäftigten den Wechsel in die Transfergesellschaft oder eine zusätzliche Milderung der Entgeltnachteile zu finanzieren, müssen die Betriebsparteien Auswahlkriterien festlegen, um die beschränkten Mittel möglichst effizient einzusetzen. Sollen diese Mittel nur bestimmten Gruppen oder einer Höchstzahl von Beschäftigten zugutekommen, kann eine Abgrenzung entweder im persönlichen Geltungsbereich des Sozialplans und/oder bei den Anspruchsvoraussetzungen für die zusätzliche Abfindungsleistung erfolgen.

In beiden Fällen handelt es sich um sog. Auswahlrichtlinien (§ 95 BetrVG). Dabei dürfen die Betriebsparteien allerdings nur solche abstrakt-generellen Kriterien festlegen, die eine unterschiedliche Behandlung der Beschäftigten sachlich rechtfertigen. Zulässig ist es, insbesondere solchen Beschäftigten vorrangig einen Wechsel in die Transfergesellschaft zu ermöglichen, die im Vergleich zu ihren Kolleg/innen strukturell schlechtere Aussichten auf dem Arbeitsmarkt haben. Schlechtere Aussichten auf dem Arbeitsmarkt bzw. Vermittlungshemmnisse haben regelmäßig

- ältere Beschäftigte (Kriterium: Alter ab X Jahre; abhängig vom regionalen Arbeitsmarkt)
- Beschäftigte ohne Schul- und/oder Berufsabschluss (dies kann z. B. anhand der DEÜV-Nummer bestimmt werden)
- Beschäftigte, die u. U. hoch qualifiziert sind, deren Wissen jedoch spezifisch auf den Betrieb bzw. die bisherige Tätigkeit ausgerichtet ist und von potentiellen neuen Arbeitgebern nicht benötigt wird.

In der Praxis wird vereinzelt auch die Höhe des Arbeitsentgelts zur Abgrenzung verwendet. Diese rechtfertigt jedoch nur dann eine Abgrenzung, wenn die Betriebsparteien im Rahmen ihres Ermessenspielraums berechtigterweise davon ausgehen können, dass Vermittlungshemmnisse bei Beschäftigten mit einem niedrigen oder unterdurchschnittlichen Entgelt (z. B. unterhalb eines Betrags von jährlich XX XXX € oder weniger als X% des sozialversicherungsrechtlich anzusetzenden Durchschnittentgelts gem. § 69 Absatz 2 SGB VI) höher sind, als bei den übrigen Beschäftigten.

b. Gestaltungsmöglichkeiten im Transfersozialplan

aa. Aufstockungszahlungen/Zuschüsse des Arbeitgebers zum Transfer-Kug

Das Transfer-Kug wird entweder auf einen Zielwert (z. B. auf 80 % des pauschalierten oder individuellen Nettoentgelts) oder um einen Prozentwert (z. B. um 20 %) erhöht. Bei der Aufstockung auf einen Zielwert zahlt der Arbeitgeber für Beschäftigte mit dem geringeren Leistungssatz (60 %) gegenüber denjenigen mit dem erhöhten Leistungssatz (67 %) vergleichsweise einen höheren Zuschuss; es fallen dabei höhere Kosten an. Sie werden gegenüber den Beschäftigten mit dem erhöhten Leistungssatz relativ bessergestellt.

Vorzugswürdig und aus unserer Sicht auch gerechter gegenüber den Beschäftigten ist eine Aufstockung des individuellen Transfer-Kug um einen Prozentwert (z. B. um 15 %). Es ist der Belegschaft häufig nur schwer vermittelbar, dass für Beschäftigte, die nach den gesetzlichen Bestimmungen nur den geringeren Leistungssatz beanspruchen können, vom Arbeitgeber vergleichsweise mehr Gelder zur Verfügung gestellt werden.

bb. Optimierung/Erhöhung des Soll-Entgelts im Transfersozialplan

Die Betriebsparteien können im Transfersozialplan definieren, welche Entgeltbestandteile bei der Berechnung des maßgeblichen Bruttomonatsentgelts berücksichtigt werden. Diese Definition sollte grundsätzlich auch für die Berechnung aller Sozialplanleistungen (d. h. auch für die Berechnung der Abfindung) maßgeblich sein. Unter bestimmten Voraussetzungen kann diese Festlegung auch für die Agentur für Arbeit (AA) als Soll-Entgelt gemäß § 106 Abs. 1 Satz 2 SGB III und damit für die Berechnung des Transfer-Kug bindend sein. Soll-Entgelt im Sinne dieser Vorschrift ist das Bruttoarbeitsentgelt, soweit es als beitragspflichtige Einnahme im Sinne der §§ 342 ff. SGB III und damit als Entgelt im Sinne der Sozialversicherung anzusehen ist. Verfolgen die Betriebsparteien demnach das gemeinsame Ziel, das für die Berechnungen maßgebliche Bruttomonatsentgelt zu erhöhen, sollte darauf geachtet werden, dass sie nur solche Lohnbestandteile in die Definition aufnehmen, die nach Maßgabe des § 14 SGB IV und der aufgrund des § 17 Abs. 1 SGB IV ergangenen Verordnung über die sozialversicherungsrechtliche Beurteilung von Zuwendungen des Arbeitgebers (SvEV) als Arbeitsentgelt gelten. Im Sinne der Transparenz ist es hilfreich, die einzelnen Lohnbestandteile (z. B. Zulagen, Sonderzahlungen, Prämien) mit den jeweiligen Rechtsgrundlagen (z. B. Tarifvertrag, Betriebsvereinbarung) in der Definition anzugeben (siehe Beispiel für eine Definition weiter unten).

Vereinbaren die Betriebsparteien, dass auch einmalige jährliche Sonderzahlungen oder Prämien bei der Berechnung des maßgeblichen Bruttoentgelts berücksichtigt werden, sofern diese auf einer Rechtsgrundlage (z. B. Tarifvertrag, Betriebsvereinbarung) beruhen und als Entgelt der Sozialversicherungspflicht unterliegen, berechnet grundsätzlich auch die AA ihre Leistungen auf dieser Grundlage. Folglich kann nicht nur das Transfer-KUG, sondern darüber hinaus im Fall einer sich anschließenden Arbeitslosigkeit sogar das ALG I spürbar erhöht werden (siehe Berechnungsbeispiel).

In diesem Zusammenhang können die Betriebsparteien beispielsweise auch vereinbaren, dass ein Teilbetrag des Sozialplanbudgets nicht als Abfindung gezahlt, sondern in sozialversicherungspflichtiges Entgelt, z. B. in eine Prämie, umgewidmet ausgezahlt wird.

Wichtig hierbei ist, dass die Prämie noch während des Beschäftigungsverhältnisses (z. B. in den letzten drei Monaten vor Beendigung des Arbeitsverhältnisses, siehe Beispiel) monatlich an die Beschäftigten ausgezahlt wird. Zweck einer solchen Prämie kann z. B. das Interesse des Betriebes sein, die Produktion trotz Betriebsänderung bis zum Schluss aufrechtzuerhalten. Zudem muss für die Zahlung der Prämie eine Rechtsgrundlage vorhanden sein oder diese muss zunächst von den Betriebsparteien geschaffen werden, z. B. durch eine freiwillige Betriebsvereinbarung. Die Prämie muss zudem im Zusammenhang mit der Arbeitsleistung der Beschäftigten stehen und als Entgelt der Sozialversicherungspflicht unterfallen (s.o).

Beispiel:
Einstellung des Produktionsbetriebs mit 100 Beschäftigten. Als Budget für Abfindungen stehen maximal 5 Mio. € (brutto) zur Verfügung. Von diesem Abfindungsbudget werden 360000 € (100 Beschäftigte * 3 Monate * 1200 € / Arbeitgeber-Brutto = ca. 1000 € Arbeitnehmer-Brutto p.m.) für eine Prämie verwendet, die in den letzten drei Monaten vor der rechtlichen Beendigung des Arbeitsverhältnisses (z. B. vor dem Wechsel in eine Transfergesellschaft) monatlich als Bruttobetrag ausgezahlt werden.

Beispiel für eine Definition des Bruttomonatsentgelts im Transfersozialplan:
»Bruttomonatsgehalt ist das letzte laufende Monatsgehalt vor der rechtlichen Beendigung des Arbeitsverhältnisses. Berücksichtigt werden folgende Zulagen:
[Eindeutige Bezeichnung der einzelnen Zulagen]
und folgende Prämien:
[Prämie zur Produktionssicherung -BV XY/00-]
[Eindeutige Bezeichnung der weiteren Prämien]
Hinzugerechnet werden jeweils 1/12 der jährlichen Sonderzahlungen (z.B. Urlaubs- und Weihnachtsgeld) der letzten 12 Monate vor der rechtlichen Beendigung des Arbeitsverhältnisses.«

Den Gestaltungsmöglichkeiten der Betriebsparteien sind jedoch Grenzen gesetzt. So können diese beispielsweise Überstundenzuschläge in der Definition des Bruttomonatsentgelts zwar für die Berechnung von Abfindungsleistungen vorsehen, allerdings kann und wird die AA diesen Bestandteil bei der Festlegung des Soll-Entgelts nicht berücksichtigen.
Beabsichtigen die Betriebsparteien, den Beschäftigten Transferleistungen nach dem SGB III zu ermöglichen, sind sie nach § 110 Abs. 1 Nr. 1 SGB III verpflichtet, sich im Vorfeld der Entscheidung über die Einführung von Transfermaßnahmen, insbesondere im Rahmen ihrer Verhandlungen über einen die Integration der Arbeitnehmer/innen fördernden Interessenausgleich oder Sozialplan nach § 112 BetrVG, von der AA beraten zu lassen.
Diese Beratung muss unbedingt noch vor Abschluss etwaiger Vereinbarungen erfolgen. Sie ist in jedem Fall für die Betriebsparteien verpflichtend und stellt

eine gesetzliche Fördervoraussetzung dar. Deren Nichteinhaltung führt zu einem eigenen Ablehnungstatbestand (siehe fachliche Weisungen der AA zu Maßnahmen nach §§ 110 und 111 SGB III, *https://www.arbeitsagentur.de/datei/dok_ba016428.pdf*, abgerufen am 07.06.2020).

Durch die Beratung wird der AA gerade die Möglichkeit eröffnet, die Betriebsparteien so zu beraten, dass im Interessenausgleich und Sozialplan integrationsfördernde bzw. keine förderungsschädlichen Inhalte vereinbart werden. Den Vertretern der AA obliegt dabei nur die sozialrechtliche Würdigung der Regelungen. Bestätigt die AA, dass bezüglich der getroffenen Definition des maßgeblichen Bruttomonatsentgelts keine sozialversicherungs- und/oder förderungsrechtlichen Bedenken bestehen, so ist die AA auch bei der Berechnung der Höhe des ALG I an ihre Bewertung aus der Transferberatung gebunden. Das folgende vereinfachte Berechnungsbeispiel zeigt, welche Effekte durch verschiedene Definitionen des Bruttomonatsentgelts beim Transfer-Kug erzielt werden können.

Beispiel: Optimierung des Transferkurzarbeitergelds (T-KUG)	
Variante 1: Höhe T-KUG (Basis Grundvergütung)	3.000 € p.m.
Variante 1: Höhe T-KUG (Basis wie 1 + 1/12-tel der jährlichen Sonderzahlungen)	zzgl. 300€ (3.600 € p.a. / 12)
Variante 1: Höhe T-KUG (Basis wie 2. + Prämie zur Produktionssicherung)	zzgl. 1000€ p.m. Prämie im letzten Monat vor Beendigung des AV)

Höhe des T-KUG (allgemeiner Leistungssatz = Leistungssatz 2 / 60%)								
	Ist-Entgelt (Brutto)	**Steuerklasse**	**pauschaliertes Netto** (100%)	**Höhe T-KUG**	**Nachteil p.m.** (Netto)	**Verbesserung p.m. ggü. Variante 1**	**Entspricht einer Aufstocklung des T-KUG auf X-%**	**Effekt über max Laufzeit der TG** (12 Monate)
Variante 1:	3.000 €	1	1.970 €	1.182 €	788 €	-		
Variante 2:	3.300 €	1	2.129 €	1.277 €	852 €	95 €	65%	1.145 €
Variante 3:	4.300 €	1	2.634 €	1.580 €	1.054 €	398 €	80%	4.781

Findet der Beschäftigte aus dem o.g. Beispiel keine neue Beschäftigung und ist im Anschluss an die Transfergesellschaft weiterhin arbeitssuchend, so erhält dieser bei einer Definition des Soll-Entgelts im Transfersozialplan, entsprechend der o.g. Variante 3, netto ein um rund 400 € erhöhtes monatliches ALG I. Bei einer maximalen ALG I-Bezugsdauer von bis zu 24 Monaten summiert sich der Vorteil auf bis zu 9550 € (netto). Durch die anteilige Umwidmung von Abfindungsleistungen in Höhe von 3000 €, erhält der Beschäftigte über beide Zeiträume (12+24 Monate) insgesamt Mehrleistungen von der AA in Höhe von 14330 € (netto).

In der folgenden Übersicht 14a sind die vor- und Nachteile der verschiedenen Gestaltungsmöglichkeiten zur Milderung der Entgeltnachteile beim Bezug von Transfer-KUG dargestellt.

Übersicht 14a:
Vor- und Nachteile verschiedener Gestaltungsmöglichkeiten zur Milderung von Entgeltnachteilen beim Bezug von Transfer-Kug

Gestaltung	Vorteile	Nachteile
1. Erhöhung der Grundabfindung durch		
a) Pauschalzahlung	+ geringer administrativer Aufwand + keine Sozialabgaben + als Abfindung steuerlich begünstigt	– Pauschale führt zu verhältnismäßig unterschiedlichen Milderungen der Nachteile bei den Beschäftigten – Gefahr ineffizienter Verwendung von finanziellen Mitteln
b) Individuelle Ausgleichszahlung (ggf. nur bis zur BBG)	+ Zwischen den Beschäftigten erfolgt eine verhältnismäßige Milderung der Nachteile + keine Sozialabgaben + als Abfindung steuerlich begünstigt	– hoher administrativer Aufwand für Berechnung – Richtigkeit für die Beschäftigten u.U. schwierig zu kontrollieren
c) Erhöhung des Abfindungsfaktors	+ geringer administrativer Aufwand + Verhältnismäßigkeit der Milderung ähnlich wie bei Buchstabe b) + keine Sozialabgaben + als Abfindung steuerlich begünstigt	– Gefahr erheblicher Zusatzkosten. – Mehrleistung entspricht nicht zwingend den konkreten zukünftigen Nachteilen, da i.d.R. die Abfindungshöhe erheblich von der Betriebszugehörigkeit abhängt

Gestaltung	Vorteile	Nachteile
2. Aufstockung des T-Kug um einen bestimmten Prozentwert (z. B. 20 %) bzw. Anhebung des T-Kug auf einen bestimmten Prozentwert (z. B. 80 %).	+ Geringer Erklärungs- und Überzeugungsaufwand. Das Verfahren ist bei Betriebsräten, Arbeitgebern und Beschäftigten weitgehend bekannt	– Sozialversicherungspflichtiges Entgelt – Mehrkosten. Transfergesellschaften lassen sich die Verwaltung/Auszahlung i. d. R. zusätzlich vergüten – Arbeitgeber muss die Aufstockungszahlungen für die gesamte Laufzeit der Transfergesellschaft vorab an die Transfergesellschaft überweisen oder durch Bürgschaft absichern
3. Erhöhung des Soll-Entgelts (insb. durch Prämienzahlungen)	+ erhebliche Effekte bis hin zum faktisch vollständigen Ausgleich der Entgeltnachteile (netto) sind möglich	– Möglichkeit kaum bekannt. Daher in der Regel erheblicher Aufwand, den Arbeitgeber zu überzeugen. – rechtliche Risiken

5. Kombination von Zuschüssen und Transfermaßnahmen

Durch die Auflage, dass vor Eintritt in eine TG alle Arbeitnehmer/innen an einer Profilingmaßnahme teilnehmen müssen, bietet es sich an, zumindest diese Maßnahme über die Fördermöglichkeiten des § 110 SGB III durchzuführen (siehe Kapitel B.X.2).

Im Anschluss an die Profilingmaßnahme gibt es zwei Möglichkeiten:

1. Die vermutlich gut vermittelbaren Arbeitnehmer/innen nehmen an einer Vermittlungs- und Outplacementmaßnahme im Rahmen einer Transfermaßnahme (§ 110 SGB III) während ihrer auslaufenden Beschäftigungsverhältnisse teil und die wahrscheinlich schwerer zu vermittelnden Arbeitnehmer/innen wechseln in die TG (längeres und umfassenderes Outplacement und Qualifizierung möglich) oder
2. im Rahmen der auslaufenden Beschäftigungsverhältnisse wird für alle betroffenen Arbeitnehmer/innen eine umfassende Transfermaßnahme durchgeführt und allen, die während der Transfermaßnahme nicht vermittelt werden konnten, wird im Anschluss (spätestens mit Auslaufen der Kündigungsfrist) der Übertritt in eine TG (§ 111 SGB III) angeboten.

6. Arbeitslosigkeit nach der Transfergesellschaft

a. Berechnung des Arbeitslosengeldes

Das Arbeitslosengeld (ALG I) eines/einer nach (Transfer-)Kurzarbeitergeldbezug arbeitslos werdenden Arbeitnehmers/in wird nach dem Sollentgelt, das nach § 106 Abs. 1 SGB III zur Berechnung des Kurzarbeitergeldes zu Grunde gelegt wird, berechnet und nicht wie sonst üblich nach dem Verdienst im Bemessungszeitraum (letzte zwölf Monate)

Wer nach dem Auslaufen von Kug in die Arbeitslosigkeit geht, dessen Arbeitslosengeld wird auf Grundlage seines höheren ursprünglichen Sollentgeltes berechnet. Das Sollentgelt ist die Berechnungsgrundlage für den Verdienst in der TG und für den Kug-Bezug (siehe § 106 SGB III).

Wenn die Arbeitsverträge in der TG länger als die maximale Bezugszeit von Transfer-Kug laufen (länger als zwölf Monate), wird das ALG I aus dem »normalen« Bemessungszeitraum (ein Jahr) berechnet.

b. Sperrzeiten und Ruhenszeiten beim Arbeitslosengeld (ALG)

aa. Sperrzeit

Grundsätzlich führt der Abschluss eines Aufhebungsvertrages (einvernehmliche Beendigung) zur Verhängung einer Sperrzeit von i.d.R. zwölf Wochen (§ 159 Abs. 3 SGB III). Der ALG-Anspruch beginnt dann erst nach Auslaufen der verhängten Sperrzeit.

Nach § 148 SGB III wird bei einer Sperrzeit von zwölf Wochen die Gesamtanspruchsdauer von ALG grundsätzlich um ein Viertel gekürzt (3–4,5 Mo.).

Da aber durch den dreiseitigen Vertrag gleichzeitig ein neues versicherungspflichtiges Beschäftigungsverhältnis mit Unterstützung (Transfer-Kug) durch die Agentur für Arbeit begründet wird, hat der/die Arbeitnehmer/in einen wichtigen Grund für die Beendigung vorzuweisen (§ 159 SGB III); eine Sperrzeit kann daher nicht verhängt werden.

Die Arbeitslosigkeit tritt erst nach Auslaufen des neuen befristeten Beschäftigungsverhältnisses mit der TG ein. Der/Die Arbeitnehmer/in hat durch den Abschluss des Aufhebungsvertrags lediglich dafür gesorgt, dass die Arbeitslosigkeit später eintritt, als sie ohne Übertritt in die TG eingetreten wäre.

bb. Ruhenszeit

Nach § 158 Abs. 1 SGB III ruht der Arbeitslosengeldanspruch, wenn die Kündigungsfrist nicht eingehalten wurde, um die Zeit der verkürzten Kündigungsfrist.

Der ALG-Anspruch wird dabei nicht reduziert, sondern nur aufgeschoben (er ruht).

Der Ruhenszeitraum ist dabei abhängig von der Höhe der Abfindung und vom Lebensalter und beträgt maximal zwölf Monate.
Beim Übergang in die Transfergesellschaft wird keine Kündigungsfrist eingehalten (Aufhebungsvertrag). Es wird hingegen direkt ein neues (befristetes) Arbeitsverhältnis abgeschlossen (dreiseitiger Vertrag).
Arbeitslosigkeit mit Bezug von ALG tritt demnach erst nach Auslaufen des neuen befristeten Arbeitsvertrages ein. Bei einem befristeten Arbeitsvertrag gibt es i. d. R. keine Kündigungsfrist. Eine Überprüfung durch die Agentur für Arbeit auf ein etwaiges Verhalten des/der Arbeitnehmers/in, das zum Ruhen des Anspruchs führen könnte, findet nicht statt.
Wer durch dreiseitigen Vertrag aus dem alten Unternehmen ausscheidet und ein mindestens für die Dauer der Kündigungsfrist befristetes neues Beschäftigungsverhältnis mit einer TG eingeht, hat nach Ablauf der Befristung und Eintritt von Arbeitslosigkeit keine Sanktionen oder Nachteile, also weder Sperr- noch Ruhenszeiten beim Bezug von ALG zu befürchten.

XI. Exkurs: Tarifsozialplan

Beim Tarifsozialplan – auch Sozialtarifvertrag oder Sozialplantarifvertrag genannt – handelt es sich um einen Tarifvertrag, der zwischen den Tarifvertragsparteien bei geplanten Betriebsänderungen abgeschlossen wird. Tarifvertragsparteien sind auf der einen Seite die zuständige Gewerkschaft, auf der anderen Seite das Unternehmen (Haus- oder Firmentarifvertrag) oder der Arbeitgeberverband, dessen Mitglied das Unternehmen ist (betriebsbezogener Verbandstarifvertrag). Rechtsdogmatisch handelt es sich bei dem Tarifsozialplan um einen firmenbezogenen Ergänzungstarifvertrag (*Zabel* 1998, S. 617). Die §§ 111, 112 BetrVG schränken die Befugnis der Tarifvertragsparteien zum Abschluss eines Tarifvertrages mit einem sozialplanähnlichen Inhalt nicht ein (BAG 6. 12. 2006 – 4 AZR 798/05, AP Nr. 187 zu § 112 BetrVG 1972).
Ein Tarifsozialplan kann vergleichbare Regelungen wie ein zwischen den Betriebsparteien vereinbarter Sozialplan enthalten. Erhebt die Gewerkschaft Forderungen, die inhaltlich dem Interessenausgleich (also Regelungen, die das Ob, Wie und Wann einer Betriebsänderung betreffen) zuzuordnen sind, ergeben sich Einschränkungen hinsichtlich der Erzwingbarkeit lediglich beim »Ob«. Hier ist eine verfassungsrechtliche Abwägung zwischen der durch das Grundgesetz geschützten Berufsfreiheit des Arbeitgebers (Unternehmensautonomie) und dem Interesse der Beschäftigten am Erhalt ihrer Arbeitsplätze im Rahmen des Art. 12 Abs. 1 GG zu treffen (BVerfGE 1998, S. 186, NZA 1998, S. 469 ff.). In diesem Rahmen wird zwar die Verhinderung einer Betriebsstilllegung oder Standortverla-

gerung keine mit Arbeitskampfmaßnahmen durchsetzbare Tarifforderung sein, weil dies einen zu starken Eingriff in die nach Art. 14 GG geschützte unternehmerische Entscheidungsfreiheitsautonomie bedeuten würde. Hingegen können sowohl ein zeitlich begrenztes Kündigungsverbot als auch eine befristete Standortsicherung (*Zachert* 2001, S. 1198ff.) durch Arbeitskampfmaßnahmen erzwungen werden. Hier zeigt sich, dass im Tarifsozialplan über das BetrVG hinausgehende Regelungen durchaus durchgesetzt werden können, denn der Interessenausgleich ist für den Betriebsrat nicht erzwingbar. Selbst in Fällen, in denen keine Betriebsänderung vorliegt (z.B. wenn Erheblichkeitsschwellen nicht erreicht werden oder bei Betriebsübergängen, die nach der ständigen Rechtsprechung des BAG keine Betriebsänderung darstellen sollen), kann ein Tarifsozialplan erzwungen werden (LAG Hamm 2.7.2017 – 12 Ta 373/17; *Greiner* 2008, S. 1274ff.).
Auch im Vergleich zum betrieblichen Sozialplan bietet der Tarifsozialplan erhebliche Vorteile. Während eine Einigungsstelle die Ermessensrichtlinien des § 112 Abs. 5 BetrVG zwingend zu beachten hat und die BAG-Rechtsprechung weitere Einschränkungen vornimmt, muss die Gewerkschaft bei der Aufstellung ihrer Tarifforderungen hierauf keine Rücksicht nehmen. Insbesondere bei Betriebsänderungen, die mit einem Betriebsübergang gem. § 613a BGB verbunden sind, kann im Falle der Anwendung ungünstigerer Tarifbedingungen nur ein Tarifsozialplan Nachteile abwehren.
Das Thema Tarifsozialplan hat durch das BAG-Urteil vom 24.4.2007 – 1 AZR 252/06, wonach zur Durchsetzung der Tarifforderung auch gestreikt werden darf, eine neue Qualität erhalten. Während Sozialplanverhandlungen gem. § 112 BetrVG unter Wahrung des Betriebsfriedens und unter Verzicht auf Arbeitskampfmaßnahmen durchgeführt werden müssen (§ 74 Abs. 2 BetrVG) und die Konfliktaustragung unter Einschaltung der Einigungsstelle (§ 76 BetrVG) wirtschaftsfriedlich erfolgt, können gleichlautende oder weitergehende Forderungen in einem Tarifsozialplan auch notfalls mittels Arbeitskampfmaßnahmen (Warnstreik, Erzwingungsstreik) durchgesetzt werden.
Tarifforderungen, für die gestreikt werden soll, dürfen allerdings nicht in den verfassungsrechtlich geschützten Kernbereich (das »Ob« der Betriebsänderung) unternehmerischer Entscheidungsfreiheit (Art. 12 Abs. 1 GG) eingreifen. Unzulässig wäre damit etwa der Streik mit dem Ziel, eine Standortverlagerung oder Betriebsstilllegung zu verhindern. Typische Sozialplaninhalte wie z.B. Abfindungen, Qualifizierungsmaßnahmen, Verlängerungen von Kündigungsfristen, befristeter Ausschluss von Kündigungen, befristete Standortsicherung, Einrichtung und Finanzierung einer Transfergesellschaft, Überleitungsvorschriften bei Betriebsübergängen dürfen aber zu Tarifforderungen gemacht und – falls diese nicht erfüllt werden – durch Arbeitskampfmaßnahmen erstreikt werden. Es muss sich hierbei um tariflich regelbare Gegenstände handeln, und zwar auch

dann, wenn die Forderungen einzeln oder in ihrer Gesamtheit so hoch sind, dass damit die vom Arbeitgeber beabsichtigte Betriebsänderung wirtschaftlich (nahezu) undurchführbar oder zumindest erschwert wird. Eine »Tarifzensur« durch die Gerichte findet nicht statt (BAG 24.4.2007 – 1 AZR 252/06 –).

Eine Friedenspflicht bei Verhandlungen über einen Tarifsozialplan besteht dann nicht, wenn im Tarifsozialplan angestrebte Regelungen nicht bereits in bestehenden Tarifverträgen vereinbart sind (z. B. in Rationalisierungsschutz- oder Beschäftigungssicherungstarifverträgen) oder bestehende Tarifverträge gekündigt sind und sich in der Nachwirkung befinden. Ein Streik zur Durchsetzung der Tarifforderungen bei einem Verstoß gegen die Friedenspflicht wäre allerdings rechtswidrig. Ein Streik ist auch rechtswidrig, wenn er begonnen würde, ohne dass zuvor zumindest der Versuch ernsthafter Verhandlungen über die aufgestellten Tarifforderungen unternommen worden ist, weil dann ein Verstoß gegen das Ultima-Ratio-Prinzip – Streik als letztes Mittel zur Durchsetzung von Tarifforderungen – vorliegen würde.

Bei den Gewerkschaften (vor allem der IG Metall) hat ein Strategiewechsel im Hinblick auf Betriebsänderungen stattgefunden, insbesondere bei Betriebsstilllegungen und Betriebsverlagerungen ins Ausland. Parallel zu den Forderungen der Betriebsräte werden Tarifforderungen erhoben, die das Ziel haben, dass die geplante Betriebsänderung für den Arbeitgeber wirtschaftlich uninteressant wird, um auf diesem Wege dann eine Standortsicherung zu erreichen. Auch wenn das nicht immer gelingt, sind zumindest die materiellen Ergebnisse i. d. R. besser als diejenigen, die auf betrieblicher Ebene – im Konfliktfall auch durch Einschaltung der Einigungsstelle – im Rahmen eines erzwingbaren Sozialplans festgelegt werden. Das liegt daran, dass die Grenzen des BetrVG bei der Ausgestaltung des Sozialplans für den Tarifvertrag nicht gelten und hier insoweit erweiterte Regelungsmöglichkeiten bestehen (*Schweibert/Willemsen* 2016, Rn. 347). Im Falle einer beabsichtigten Tarifflucht durch Ausgründung und rechtliche Verselbständigung von Teilbetrieben ist ein entsprechender Tarifvertrag die einzige Möglichkeit, das Vorhaben des Arbeitgebers zu vereiteln.

Voraussetzung für die Durchsetzung eines Tarifsozialplans sind ein hoher gewerkschaftlicher Organisationsgrad und die Mobilisierbarkeit der Belegschaft. Im Vorfeld der Diskussion um die Frage, ob ein Tarifsozialplan gefordert werden soll, steigt erfahrungsgemäß der gewerkschaftliche Organisationsgrad erheblich an. Nicht zuletzt auch deshalb, weil nur Gewerkschaftsmitglieder im Streikfall Unterstützungsleistungen der Gewerkschaft erhalten.

Für Arbeitnehmer/innen bringt es die meisten Vorteile, wenn sowohl ein betrieblicher Sozialplan als auch parallel durch die Gewerkschaft ein Tarifsozialplan vereinbart werden. Wegen dem Günstigkeitsprinzip kommen für die betroffenen Arbeitnehmer/innen die jeweils günstigsten Einzelregelungen aus beiden Vereinbarungen zur Anwendung (BAG 24.4.2007 – 1 AZR 252/06). Außer-

dem ist zu beachten, dass Ansprüche auf Leistungen nach einem Tarifsozialplan zunächst einmal nur Gewerkschaftsmitglieder haben sowie Arbeitnehmer/innen mit einer entsprechenden Verweisklausel in ihrem Arbeitsvertrag. Insofern ist ein Sozialplan auch als Auffanglösung für nicht gewerkschaftlich organisierte Beschäftigte und Beschäftigte ohne entsprechende Verweisklausel im Arbeitsvertrag unbedingt erforderlich. Dies kann auch dadurch erreicht werden, dass im Sozialplan eine Verweisungsklausel auf den Tarifsozialplan aufgenommen wird, die dazu führt, dass die ggf. günstigeren Regelungen des Tarifsozialplans gleichzeitig auch Inhalt des betrieblichen Sozialplans werden.
Als Strategien zur Abwehr eines Tarifsozialplans werden verschiedene Maßnahmen (teilweise bereits im Vorfeld einer geplanten Betriebsänderung) vorgeschlagen (*Schweibert/Willemsen* 2016, Rn. C 344ff.

- Herstellung der Friedenspflicht durch vorsorglichen Abschluss eines Rationalisierungsschutztarifvertrages,
- Ausgliederung und rechtliche Verselbständigung des von einer Betriebsänderung (insb. Betriebsstilllegung) betroffenen Betriebes mit geringer finanzieller Ausstattung und ohne Ergebnisabführungsvertrag,
- Vorbereitende Maßnahmen zur Abwehr eines Streiks (z. B. Produktion auf Lager, Verlagerung von Produktion auf in- oder ausländische Tochtergesellschaften),
- Beschleunigter Abschluss der Interessenausgleichs- und Sozialplanverhandlungen durch das Angebot eines auskömmlichen Sozialplans, um so die Streikbereitschaft der Belegschaft und damit das Interesse der Gewerkschaft an einem Tarifsozialplan erlahmen zu lassen,
- Im Falle eines Streiks sollen die Beteiligungsrechte des Betriebsrats weitgehend ignoriert und die Betriebsänderung zügig umgesetzt werden.

Ist die Gewerkschaft an die Friedenspflicht gebunden, dann ist ihr der Streik für einen Tarifsozialplan verwehrt. Der Vorteil der Streikvermeidung für den Arbeitgeber wird allerdings durch den Nachteil erkauft, dass auch im Falle eines Personalabbaus unterhalb der Schwellenwerte für eine Betriebsänderung Abfindungen zu zahlen sind. Außerdem wirkt das im Rationalisierungsschutztarifvertrag festgelegte Abfindungsniveau faktisch wie eine Mindestabfindung, das der Betriebsrat in den Sozialplanverhandlungen meist noch übertreffen kann.
Eine Ausgliederung und rechtliche Verselbständigung wiederum kann mit dem Instrument des Tarifsozialplans konterkariert werden.
Vorbereitende Maßnahmen zur Streikabwehr können dazu führen, dass der Streik um einen Tarifsozialplan nicht den erforderlichen Druck entfalten kann. Hier können rechtlich zulässige Unterstützungsstreiks (BAG 19.6.07 – 1 AZR 396/06) insbesondere in anderen Konzernunternehmen für den notwendigen Druck sorgen.

Ob es zu einem beschleunigten Abschluss von Interessenausgleichs- und Sozialplanverhandlungen kommt, hängt wesentlich vom Betriebsrat und dem Angebot des Arbeitgebers ab. Ist das Angebot gut genug, braucht es keinen Tarifsozialplan.
Gegen die Missachtung der Beteiligungsrechte des Betriebsrats kann sich dieser aber mit einer einstweiligen Verfügung wehren.

XII. Hinzuziehung sachkundiger betrieblicher Beschäftigter und externer Sachverständiger

Verfügt der Betriebsrat nicht über das Wissen, das er benötigt, um seine gesetzlichen Aufgaben ordnungsgemäß zu erfüllen, eröffnet ihm § 80 BetrVG zwei Möglichkeiten, sich das erforderliche Wissen durch Hinzuziehung Dritter zu beschaffen.

1. Nach § 80 Abs. 2 S. 4 BetrVG kann der Betriebsrat sachkundige Beschäftigte (»internen Sachverstand«) als Auskunftspersonen hinzuziehen.
2. Die Hinzuziehung externer Sachverständiger ist in § 80 Abs. 3 BetrVG geregelt. Außerdem für den Fall der Betriebsänderung in § 111 S. 2 BetrVG.

1. Hinzuziehung von sachkundigen Beschäftigten nach § 80 Abs. 2 S. 4 BetrVG

Der Betriebsrat kann vom Arbeitgeber verlangen, dass ihm zu seiner Unterstützung sachkundige Beschäftigte als interne Sachverständige zur Verfügung gestellt werden (§ 80 Abs. 2 S. 4 BetrVG). Als sachkundige Beschäftigte kommen alle Beschäftigten des Betriebes in Frage, einschließlich sogenannter AT-Angestellter oder auch leitender Angestellte (*DKW*, Rn. 147 zu § 80 BetrVG). Die Aufgabe der Auskunftsperson besteht darin, dem Betriebsrat als sachkundiger Beschäftigter in Angelegenheiten, in denen er über besondere Kenntnisse oder Fähigkeiten verfügt, zur Verfügung zu stehen. In ihrer Funktion als interner Sachverstand ist die Auskunftsperson nicht der Vertreter des Arbeitgebers. Er kann vom Betriebsrat auch in Abwesenheit des Arbeitgebers oder von ihm bestimmter Personen befragt werden (BAG 20.1.2015 – 1 ABR 25/13). Dem Interesse des Arbeitgebers, die Befragung der sachkundigen Arbeitnehmer/innen auf den mit dem Betriebsrat vereinbarten Sachverhalt zu beschränken, kann durch die Ausübung seines Weisungsrechts gem. § 106 GewO genügt werden. Dabei kann der Arbeitgeber Gegenstand und Umfang der zu erteilenden Auskünfte bestimmen. Eine solche durch den Arbeitgeber getroffene Beschränkung bindet den/die sachkundigen Arbeitnehmer/in bei der Beantwortung der ihm vom Betriebsrat gestellten Fragen (BAG 20.1.2015 – 1 ABR 25/13). Er ist allerdings verpflichtet, dem Betriebsrat nach bestem Wissen und Gewissen Auskunft zu erteilen. Sachkundige Beschäftigte genießen dabei den Schutz des § 78 BetrVG (*DKW*, Rn. 144 zu § 80 BetrVG).

Im Gegensatz zum Sachverständigen im Sinne von § 80 Abs. 3 BetrVG setzt die Hinzuziehung einer Auskunftsperson nach § 80 Abs. 2 Satz 4 BetrVG keine nähere Vereinbarung mit dem Arbeitgeber voraus. Erachtet der Betriebsrat die Hinzuziehung eines sachkundigen Beschäftigten als erforderlich, sollte er in einer Betriebsratssitzung zunächst die Erforderlichkeit der Hinzuziehung von Auskunftspersonen feststellen und sodann einen entsprechenden Beschluss hierzu fassen. Dieser Beschluss ist dem Arbeitgeber mitzuteilen. Der Betriebsrat kann eine oder mehrere konkrete Auskunftspersonen benennen, die er im konkreten Fall hinzuziehen möchte. Der Betriebsrat hat einen Ermessensspielraum bei der Frage, ob er auf sachkundige Beschäftigte als Auskunftsperson zurückgreifen will und welche Person er hierzu für geeignet hält. Er kann jedoch nicht in jedem Fall verlangen, dass der Arbeitgeber ihm diese Personen auch tatsächlich zur Verfügung stellt. Allerdings kann der Arbeitgeber die Vorschläge des Betriebsrats nur ablehnen, wenn betriebliche Notwendigkeiten der Hinzuziehung objektiv entgegenstehen (*DKW*, Rn. 147 zu § 80 BetrVG). An das Vorliegen betrieblicher Notwendigkeiten sind strenge Anforderungen zu stellen. Soweit keine betrieblichen Notwendigkeiten entgegenstehen, hat die Beratung mit dem Betriebsrat während der Arbeitszeit zu erfolgen. Die Auskunftsperson ist hierfür von ihrer sonstigen Tätigkeit freizustellen und entsprechend zu entlasten. Den Anspruch auf Hinzuziehung von Auskunftspersonen kann der Betriebsrat auch gerichtlich durchsetzen; ggf. auch im einstweiligen Verfügungsverfahren (LAG Hamm, Beschluss vom 2.10.2001 – 13 TaBV 106/01).

2. Hinzuziehung externer Sachverständiger gem. §§ 80 Abs. 3 bzw. 111 S. 2 BetrVG

Externe Sachverständige sind Personen, die dem Betriebsrat fehlende Kenntnisse vermitteln oder die Planungen des Arbeitgebers analysieren und daraus Schlussfolgerungen ziehen können, die der Betriebsrat benötigt, um die ihm zugewiesenen Aufgaben sachgerecht zu erfüllen.

Bei Betriebsänderungen kann die Hinzuziehung von externen Sachverständigen für die ordnungsgemäße Erledigung von Aufgaben im Zusammenhang mit einem Interessenausgleich einerseits und andererseits für Aufgaben im Zusammenhang mit einem Sozialplan erforderlich sein.

Für beide Aufgabenbereiche ist die Erforderlichkeit der Beauftragung im Einzelfall gesondert zu prüfen. Keinesfalls muss zum Zeitpunkt der Beauftragung feststehen, ob die Planungen des Arbeitgebers eine Betriebsänderung zur Folge haben. Bereits für die Beurteilung der Planungen und für die Klärung der Frage, ob es sich überhaupt um eine Betriebsänderung handelt, kann der Betriebsrat grundsätzlich externe Sachverständige hinzuziehen.

Im Zusammenhang mit Betriebsänderungen kommt eine Hinzuziehung externer Sachverständiger insbesondere für folgende Beratungsfelder in Betracht:

- Recht
- Betriebswirtschaft
- IT-Technik
- Arbeitswissenschaft

Der Betriebsrat kann dabei auch mehrere externe Sachverständige beauftragen, wenn deren Beratungsleistungen voneinander abgegrenzt sind, d.h. keine inhaltsgleichen Beratungsleistungen mehrfach erbracht werden.

Nur in Unternehmen mit mehr als 300 Beschäftigten kann der Betriebsrat bei Betriebsänderungen gemäß § 111 Satz 2 BetrVG einen Berater auch ohne vorherige Zustimmung des Arbeitgebers hinzuziehen. Jedoch muss auch hier die Beauftragung erforderlich sein, damit der Arbeitgeber zur Übernahme der Beratungskosten verpflichtet ist. Überdies gilt diese Ausnahmeregelung in § 111 BetrVG nur für Beratungsleistungen im Zusammenhang mit dem Interessenausgleich, jedoch nicht für den Sozialplan. Bei letzterem gilt für die Hinzuziehung von externen Sachverständigen nur § 80 Abs. 3 BetrVG, d.h. es bedarf zunächst einer näheren Vereinbarung mit dem Arbeitgeber (*Fitting*, Rn. 119 zu § 111 BetrVG; andere Auffassung *DKW*, Rn. 171 zu § 111 BetrVG).

In dieser Vereinbarung müssen der genaue Beratungsgegenstand, der voraussichtliche zeitliche Umfang der Beratung, die anfallenden Kosten und die Person des Beraters ausreichend bezeichnet sein (BAG 16.11.2005 – 7 ABR 12/05, Rn. 19). Der Betriebsrat muss daher dem Arbeitgeber genau benennen, auf welchem Gebiet und zu welchen Einzelfragen ihm die Kenntnisse fehlen, die er benötigt und die er durch die Hinzuziehung eines/r Sachverständigen erlangen möchte.

Durch das Erfordernis einer Vereinbarung wird dem Arbeitgeber insbesondere die Möglichkeit eröffnet, im Hinblick auf die von ihm zu tragenden Kosten Einwendungen gegen die Beauftragung eines Sachverständigen zu erheben, dem Betriebsrat seinen Sachverstand oder eigene sachkundige Personen anzubieten und den Gegenstand der Beauftragung des Sachverständigen zuverlässig zu begrenzen (BAG 11.11.2009 – 7 ABR 26/08, Rn. 18).

Bei der Entscheidung, ob die Hinzuziehung eines externen Sachverständigen erforderlich ist, hat der Betriebsrat einen Ermessensspielraum. Hierbei ist zu berücksichtigen, dass bereits das Vorliegen einer Betriebsänderung von der Rechtsprechung im Allgemeinen als eine für den Betriebsrat schwierige Situation anerkannt wird und die Anforderungen an die Erforderlichkeit daher nicht allzu hoch liegen (vgl. LAG Hamm 26.8.2005 – 10 TaBV 152/04).

In der Praxis kommt es immer wieder dazu, dass der Arbeitgeber sich gegen den Abschluss einer Vereinbarung gem. § 80 Abs. 3 BetrVG aus unterschiedlichen Gründen sperrt. Bietet er beispielsweise dem Betriebsrat alternativ eine Unterstützung durch sachkundige Beschäftigte (s. o., § 80 Abs. 2 BetrVG) an, so darf der Betriebsrat diese nicht von vornherein ablehnen. Insbesondere nicht mit einer pauschalen Behauptung, wie z. B. dass die vom Arbeitgeber angebotenen internen Auskunftspersonen nicht das Vertrauen des Betriebsrats besitzen. Nicht erforderlich ist die Hinzuziehung von externem Sachverstand nämlich stets dann, wenn sich der Betriebsrat die fehlende Sachkunde kostengünstiger als durch die Beauftragung eines Sachverständigen verschaffen kann. Der Betriebsrat ist aus den Grundsätzen der vertrauensvollen Zusammenarbeit und der Verhältnismäßigkeit verpflichtet, zum Erwerb des notwendigen Fachwissens zunächst die innerbetrieblichen Erkenntnisquellen zu erschließen, ehe er die mit Kosten verbundene Beauftragung eines Sachverständigen als erforderlich ansehen kann (BAG 16.11.2005 – 7 ABR 12/05, Rn. 31).

Bietet also der Arbeitgeber von sich aus die Unterrichtung durch betriebsinterne Auskunftspersonen an, so sollte der Betriebsrat das Angebot des Arbeitgebers zunächst annehmen und sich dann auf die Beratungsgespräche inhaltlich und taktisch gut vorbereiten. Hilfreich ist dabei auch ein umfangreicher Fragenkatalog, der sich im Wesentlichen auf arbeitnehmerorientierte Fragen und Aspekte bezieht. Kommt der Betriebsrat nach einem oder mehreren Gesprächen mit den vom Arbeitgeber zur Verfügung gestellten betrieblichen Auskunftspersonen zu dem Schluss, dass die Fragen von diesen nicht oder zumindest nicht abschließend beantwortet werden konnten, sollte er erneut sorgfältig prüfen, welche Kenntnisse, mithin welchen externen Sachverstand er weiterhin benötigt, um seine Aufgaben im Zusammenhang mit der Betriebsänderung ordnungsgemäß erfüllen zu können. Nach erneuter Beschlussfassung (ggf. mit einem entsprechend angepassten Angebot des externen Sachverständigen), kann der Arbeitgeber aufgefordert werden, der Beauftragung und Übernahme der Beratungskosten nunmehr zuzustimmen.

Der Arbeitgeber kann dem Anspruch des Betriebsrats auf Abschluss einer Vereinbarung nach § 80 Abs. 3 BetrVG nicht entgegenhalten, dass die Beauftragung eines Sachverständigen grundsätzlich nicht erforderlich sei, da die Betriebsräte stattdessen an einer Schulung gem. § 37 Abs. 6 BetrVG teilnehmen könnten. Der Anspruch des Betriebsrats auf Schulung seiner Mitglieder nach § 37 Abs. 6 BetrVG hat nämlich eine andere Funktion als der Erwerb erforderlicher Kenntnisse zur Wahrnehmung konkreter Aufgaben durch den Betriebsrat als Organ. Anders als Sachverständige, die für eine bestimmte schwierige Thematik beauftragt werden, haben Schulungsveranstaltungen typischerweise keine konkrete betriebliche Aufgabenstellung des Betriebsrats zum Gegenstand (vgl. BAG 25.4.2014 – 7 ABR 70/12, Rn. 29).

Lehnt der Arbeitgeber die Hinzuziehung eines Sachverständigen gem. § 80 Abs.3 BetrVG ab, so kann der Betriebsrat die fehlende Zustimmung durch das Arbeitsgericht ersetzen lassen (BAG 11.11.2009 – 7 ABR 26/08). In dringenden Fällen kann der Betriebsrat die Zustimmung auch im einstweiligen Verfügungsverfahren ersetzen lassen (*Fitting*, Rn. 97 zu § 80 BetrVG).

XIII. Vertiefende und weiterführende Literatur

Bachner/Köstler/Matthießen/Trittin, Arbeitsrecht bei Unternehmensumwandlung und Betriebsübergang, 4. Auflage 2012

Backes (Hrsg.), Transfergesellschaften, Grundlagen, Instrumente, Praxis, 2. Auflage 2014

Bauer/Krieger, »Firmentarifsozialplan« als zulässiges Ziel eines Arbeitskampfes? in: NZA, 2004 S. 1019ff.

Bachner/Gerhardt, Betriebsübergang, Basiskommentar zu § 613a BGB für die Folgen für die Mitbestimmung, 2. Auflage 2011

Bundesagentur für Arbeit, Geschäftsanweisungen Transferleistungen ab 06/2013, Agentur für Arbeit Nürnberg 2013

Darga/Kratz, GIB Arbeitspapiere 14, Beschäftigtentransfer, Leitfaden zur Projektgestaltung

Davis/Lawrence, Matrix. Reading, MA: Addison-Wesley 1977.

Egelhoff/Wolff, Understanding Matrix Structures and their alternatives. The Key to Designing and Managing Large, Complex Organizations. London: Palgrave Macmillan 2017

Galbraith, Designing matrix organizations that actually work: How IBM, Procter & Gamble, and others design for success. San Francisco. Jossey-Bass

Gaul/Bonanni/Naumann, Betriebsübergang: Neues zur betriebsbedingten Kündigung aufgrund Erwerberkonzepts, in: DB, 2003 S. 1902ff.

Greiner, »Tarifsozialplan« bei Betriebsübergang?, NZA 2008, Heft 22, S. 1274ff.

Hamm/Rupp, Veräußerung und Restrukturierung von Unternehmen, 2. Auflage 2012

Herbst, Arbeitsrecht im neuen Umwandlungsgesetz, in: AiB, 1/1995

Hinrichs, Rechte des Betriebsrats bei Kündigungen. Handlungshilfe für Betriebsräte zu § 102 BetrVG, AiB-Stichwort, 7. Auflage 2014

Just-Hahn/Wagner/Weddige, Gut beraten! Externe Sachverständige für den Betriebsrat nach § 80 (3) und § 111 BetrVG, Technologieberatungsstelle beim DGB NRW e. V. (Hrsg.), Dortmund 2008

Köstler, Verschwiegenheitspflicht. Hans-Böckler-Stiftung, Arbeitshilfe für Aufsichtsräte Nr. 5, 2003

Kohte, Die vertrackte Namensliste. Der qualifizierte Interessenausgleich im neuen Kündigungsrecht, in: BB, 1998 S. 594ff.

Laßmann/Rupp, Der Betriebsübergang. Handlungshilfe für Betriebsräte und Vertrauensleute Nr. 10, hrsg. IG Metall Vorstand, FB Betriebspolitik, Frankfurt am Main 2020

Molkenbur/Schulte, Rechtscharakter und -wirkungen des Interessenausgleichs, in: Der Betrieb, 5/1995

Perreng, Wiedereinführung der Namensliste, in: AiB, 2004 S. 13ff.

Ratzesberger/Schulze, Unterstützung von außen, in: AiB 2/2017, S. 14ff.

Röder/Gebert, Technologischer Wandel und Betriebsänderung – Bringen Industrie 4.0 und E-Mobilität den »Qualifizierungssozialplan«?. in NZA 2017, 1289

Roggenkamp, Informationen im Betrieb, Grundlagen der Betriebsratsarbeit, Frankfurt am Main 2002

Rupp, Übernahme durch Finanzinvestoren, Handlungshilfe für Betriebsräte und Vertrauensleute Nr. 26, IG Metall Vorstand, FB Betriebs- und Mitbestimmungspolitik (Hrsg.), Frankfurt am Main, 3. Auflage 2013

Rupp, Interessenausgleich und Sozialplan. Größtmöglicher Schutz der Beschäftigten vor Nachteilen, in: AiB, 2009 S. 649–654

Schaub/Schindele, Kurzarbeit, Massenentlassung, Sozialplan, 3. Auflage 2011

Schiefer, Namensliste gem. § 1 Abs. 5 KSchG – Spielregeln und Hürden der Rechtsprechung, in: DB, 2009 S. 2546ff.

Schoof, Erstreikbarkeit eines Tarifvertrages über Qualifizierungsmaßnahmen bei Betriebsstilllegung/Betriebsverlagerung, in: AiB, 2/2002

Schulz-Schaeffer/Funken, Das Verhältnis von Formalisierung und Informalität betrieblicher Arbeits- und Kommunikationsprozesse und die Rolle der Informationstechnik in: *Schulz-Schaeffer/Funken* (Hrsg.): Digitalisierung der Arbeitswelt. Zur Neuordnung formaler und informaler Prozesse. Wiesbaden 2008, S. 11–43

Schweibert/Willemsen, Beteiligungsrechte der Organe der Betriebsverfassung bei Unternehmensumstrukturierung, in: Willemsen u.a.(Hrsg.), Umstrukturierung und Übertragung von Unternehmen, München, 5. Auflage 2016

Sperber/Soost/Bichlmeier/Wroblewski, Das Insolvenzhandbuch für die Praxis. Insolvenzrecht, Arbeitsrecht, Sozialrecht, 4. Auflage 2016

Takkaci-Gros, Sachverstand hinzuziehen, in: AiB 2/2017, S. 10ff.

Zabel, Tarifvertrag Qualifizierungsmaßnahmen bei Betriebsänderungen, in: AiB, 11/1998

Zabel, Tariflicher Sozialplan ist erstreikbar, in: AiB, 7/2007

C. Arbeitgeberstrategien und -interessen im Zusammenhang mit Betriebsänderungen

Inhaltsübersicht

I. Gewinnstreben als Ausgangspunkt der Betriebsänderung

In unserem Wirtschaftssystem ist das Gewinnstreben der Motor jeder wirtschaftlichen Betätigung. Werden die Möglichkeiten der Gewinnmaximierung durch äußere Einflüsse wie z.B. Auftauchen neuer Wettbewerber, durch Internationalisierung der Märkte (Globalisierung), Veränderung der Kundenstrukturen und -wünsche, Entwicklung neuer Techniken in Produktion, Vertrieb, Logistik und Verwaltung (Stichwort: Digitalisierung), Veränderung der Kreditvergabepraxis der Banken (Stichwort: Basel III), Veränderung der Wechselkurse oder der gesetzlichen Rahmenbedingungen (Stichworte: Deregulierung, Unbundling, Energiewende) beeinträchtigt, muss der Unternehmer reagieren. Gelingt es ihm nicht, mit der Entwicklung der Konkurrenz Schritt zu halten, so droht über kurz oder lang das Ausscheiden des Unternehmens aus dem Wettbewerb. Doch auch wenn die genannten äußeren Einflüsse nicht vorliegen, werden Unternehmer

versuchen, sich einen Vorsprung vor der Konkurrenz zu erarbeiten, um noch höhere Gewinne zu erzielen.
Muss der Unternehmer auf äußere Einflüsse reagieren oder will er seine Gewinnsituation gegenüber der Konkurrenz verbessern, so kann er mit Maßnahmen sowohl auf der Umsatz- als auch auf der Kostenseite ansetzen. Umsatzsteigerungen sind v. a. möglich durch höhere Absatzanstrengungen (z. B. Werbemaßnahmen), neue Vertriebswege (z. B. Internet-Portale), Erschließung neuer Absatzmärkte, Umschichtungen im Absatzprogramm, Angebot neuer Produkte und Dienstleistungen. Zur Kostenreduzierung können Restrukturierungsmaßnahmen ergriffen werden, die i. d. R. auch mitbestimmungspflichtige Betriebsänderungen darstellen:

- Einsatz neuer Technik in Produktion, Vertrieb, Logistik und Verwaltung
- organisatorische Rationalisierung in Produktion und Verwaltung
- Veränderung des Unternehmensaufbaus (z. B. Matrixorganisation) und der Aufgabenzuordnung zu den einzelnen Abteilungen
- Einführung agiler Arbeitsformen (z. B. scrum, Kanban)
- Aufbau neuer Abteilungen
- Reduzierung der Fertigungstiefe
- Konzentration auf das Kerngeschäft
- Schließung von Abteilungen oder Betrieben
- Outsourcing betrieblicher Funktionen
- Personalabbau
- Standortverlagerungen
- Zusammenschluss mit anderen Betrieben
- Spaltung von Unternehmen und/oder Betrieben

Der Unternehmer wird dabei aus den Alternativen zu den einzelnen Maßnahmen und der Kombination verschiedener Maßnahmen diejenige Lösung wählen, die den größten Gewinn verspricht.

II. Typische Arbeitgeberstrategien bei Betriebsänderungen

Das Interesse der Unternehmer bei der Planung und Durchführung von solchen Betriebsänderungen besteht darin, die bei der Umsetzung der Maßnahme entstehenden Kosten und Umsatzeinbußen möglichst gering zu halten und die geplanten Maßnahmen möglichst zügig und reibungslos umsetzen zu können. Aus diesem Grund versuchen Unternehmer i. d. R. bei der Durchführung von Betriebsänderungen

- Unruhe im Betrieb zu vermeiden,
- Produktion und Absatz so lange wie möglich aufrechtzuerhalten,
- Kunden, Lieferanten und auch Geldgeber erst möglichst spät aufmerksam werden zu lassen,
- öffentliche Schlagzeilen zu vermeiden,
- die Kosten, die bei der Abwicklung der Maßnahmen – insbesondere beim Personalabbau – entstehen, möglichst gering zu halten,
- bestehende Handlungsspielräume möglichst lange zu erhalten, um flexibel auf unvorhergesehene Entwicklungen reagieren zu können.

Aus dieser allgemeinen Interessenlage werden von der Arbeitgeberseite gegenüber dem Betriebsrat in Abhängigkeit von der jeweiligen Situation unterschiedliche Strategien gewählt, die sich wie folgt unterscheiden lassen:

- den Betriebsrat unter Zeitdruck setzen
- den Betriebsrat umgehen
- den Betriebsrat missachten
- den Betriebsrat einbinden
- den Betriebsrat spalten
- den Betriebsrat von der Belegschaft trennen
- den Betriebsrat von externer Unterstützung abschneiden.

Diese Strategien werden allerdings in der Praxis meist nicht einzeln, sondern in Kombinationen eingesetzt. Welche dieser Strategien der Arbeitgeber jeweils anwendet, ist u.a. abhängig von der vorliegenden Betriebsänderung, seinen eigenen Verhandlungszielen, von seiner grundsätzlichen Einstellung gegenüber dem Betriebsrat, vom erwarteten Betriebsratsverhalten sowie von der tatsächlichen Betriebsratsstrategie während der Verhandlungen. Außerdem kann es im Laufe der Informations- und Verhandlungsphase zu einem Wechsel der gewählten Strategie kommen. Führt beispielsweise die Einbindungsstrategie nicht zum Erfolg, dann setzen Arbeitgeber den Betriebsrat häufig verstärkt unter Zeitdruck und Legitimationszwang. Nun wird versucht, dessen Politik als schädlich für die Interessen der Belegschaft darzustellen (Gefährdung eines »guten« Sozialplans, Gefährdung weiterer Arbeitsplätze, Gefährdung der Existenz des Unternehmens usw.). Zusätzlich angeforderte Informationen werden verweigert und dem Betriebsrat wird betriebsöffentlich uneinsichtiges Verhalten vorgeworfen.

Im Folgenden sollen diese verschiedenen, in der Praxis häufiger auftretenden Arbeitgeberstrategien beschrieben und mögliche Reaktionsweisen des Betriebsrats vorgeschlagen werden.

1. »Je später, desto besser!« – Die Strategie des Zeitdrucks

Nach Einschätzung vieler Gewerkschaftssekretäre und unseren Erfahrungen besteht die häufigste Strategie, die sowohl bei Akzeptanz als auch Ignoranz des Betriebsrats durch den Arbeitgeber ergriffen wird, in dem Versuch, den Betriebsrat unter Zeitdruck zu setzen. Erzeugt wird dieser zunächst durch die zu späte Information, die – wenn überhaupt – mit (angeblich) unvorhersehbaren Entwicklungen oder mit noch nicht abgeschlossenen Planungen begründet wird. Im Verhandlungsstadium wird der Zeitdruck durch das Setzen knapper Termine für die Beratungen erzeugt. Dies wird dann zumeist mit der Notwendigkeit zur schnellen Durchführung der Maßnahme und den ansonsten anfallenden hohen Kosten begründet. Das Ziel dieser Strategie besteht darin, dem Betriebsrat systematisch die Zeit für die internen Beratungen über sein inhaltliches und taktisches Vorgehen, die Entwicklung von Alternativen und die Hinzuziehung von externer Hilfe zu nehmen, um damit die Betriebsänderung möglichst schnell und reibungslos durchführen zu können.

Grundsätzlich sollte deshalb der Betriebsrat vermeiden, in eine solche Situation zu geraten. Dazu kann vor allem ein möglichst frühzeitiges Erkennen der drohenden Betriebsänderung beitragen (vgl. Kapitel D). Gerät er trotzdem in diese Situation, so sollte er sich und auch der Belegschaft klarmachen, dass nicht er, sondern der Arbeitgeber aufgrund seiner Informationspolitik für mögliche Verzögerungen bei der Durchführung der Betriebsänderung verantwortlich ist. Im Übrigen besteht die Informationspflicht des Arbeitgebers schon im Planungsstadium, sodass der Betriebsrat den Hinweis auf die zu einem früheren Zeitpunkt noch nicht abgeschlossenen Planungen nicht zu akzeptieren braucht.

Wie der Betriebsrat auf die Strategie des Zeitdrucks reagieren soll, ist abhängig von der Einschätzung der Gesamtsituation und seinen eigenen Zielen. Muss er z. B. tatsächlich befürchten, dass auch die restlichen Arbeitsplätze bei einer Teilstilllegung des Betriebes ernsthaft gefährdet sind, wenn sich die Teilstilllegung um einen längeren Zeitraum verzögert, so sollte er zumindest die Interessenausgleichsverhandlungen nicht unnötig in die Länge ziehen, um dem Arbeitgeber die Möglichkeit zu geben, die Maßnahmen ohne den sonst drohenden Nachteilsausgleich nach § 113 Abs. 3 BetrVG zeitgerecht durchführen zu können. Denkbar ist auch, dass der Betriebsrat in der beschriebenen Situation die Sozialplanabfindungen unter Hinweis auf die durchaus mögliche Verzögerung der Maßnahme verbessern kann. Schätzt er dagegen die Gefahren, die durch eine Aufschiebung der Maßnahme für den Betrieb entstehen können, nicht als gravierend ein, so sollte er sich auf schnelle Verhandlungen nicht einlassen, sondern nach entsprechender Vorbereitung versuchen, einen akzeptablen Interessenausgleich und Sozialplan auszuhandeln.

In den Fällen, in denen der Betriebsrat umfangreiche Verhandlungskonzepte mit weitgehenden Vorstellungen zur Durchführung der Betriebsänderung vorlegt, ist es eine weitere Arbeitgeberstrategie, die Verhandlungen möglichst schnell für gescheitert zu erklären. Dies erfolgt mit der Zielsetzung, in der dann erforderlichen Einigungsstelle zum Interessenausgleich das Interessenausgleichsverfahren ebenfalls möglichst schnell zu beenden. Damit soll zum einen eine inhaltlich sinnvolle Auseinandersetzung über die Gegenvorschläge des Betriebsrats vermieden werden, zum anderen will der Arbeitgeber seine Zeitplanung »retten« und den Nachteilsausgleich gem. § 113 BetrVG vermeiden. Ein Betriebsrat, der durch das Ausschöpfen seiner Verhandlungsmöglichkeiten bereits beim Interessenausgleich die zeitlichen Vorstellungen des Arbeitgebers über den Ablauf der Verhandlungen durchkreuzt, um ihm im Hinblick auf die Art und Weise der Betriebsänderung Zugeständnisse abzuringen, wird deshalb überlegen müssen, wie er den Arbeitgeber an einem frühzeitigen Einschalten der Einigungsstelle hindert. Dies kann zunächst über entsprechenden Druck aus der Belegschaft und notfalls auch der Öffentlichkeit erreicht werden. Ruft der Arbeitgeber dennoch die Einigungsstelle an, so hat der Betriebsrat auch noch Möglichkeiten, die gerichtliche Einsetzung der Einigungsstelle zu verzögern (vgl. Kapitel F.III). Hinzu kommt, dass gem. § 106 Abs. 3 BetrVG alle betriebsändernden Maßnahmen in einem früheren Planungsstadium rechtzeitig und umfassend mit dem Wirtschaftsausschuss zu beraten sind. Dies gibt dem Betriebsrat die Möglichkeit, zu verlangen, dass der Arbeitgeber zunächst seine Zielsetzungen und Planungen dem Wirtschaftsausschuss vorstellt, bevor der Betriebsrat in die erforderlichen Interessenausgleichsverhandlungen eintritt.

Auf der Arbeitgeberseite überwiegt i. d. R. das Interesse, die Betriebsänderung möglichst schnell durchzuziehen und den »Betriebsfrieden« wieder herzustellen. Allenfalls dann, wenn der Interessenausgleich bereits vereinbart ist, aber der Sozialplan noch zur Diskussion steht, setzt der Arbeitgeber auf Verzögerung, weil dann der Betriebsrat seinerseits mit fortschreitender Zeit unter den Druck der Belegschaft gerät. Die voraussichtlich Betroffenen »wollen endlich wissen, wie hoch die zu erwartenden Abfindungen sein werden«, die nicht Betroffenen wollen »endlich wieder Ruhe« haben. Der Arbeitgeber kann dann darauf hoffen, dass der Betriebsrat auch eher schlechten Regelungen im Sozialplan zustimmt, weil er sich dem steigenden Druck der Belegschaft nicht länger aussetzen möchte. Auch deshalb sollten Interessenausgleich und Sozialplan in der Regel nur gemeinsam verhandelt und unterzeichnet werden.

2. »Wenn schon eine Betriebsänderung, dann wenigstens keine mitbestimmungspflichtige!« – Die Umgehungsstrategie

Befürchten Unternehmer, dass sich der Betriebsrat bei Vorliegen einer mitbestimmungspflichtigen Betriebsänderung in starkem Umfang in die unternehmerischen Planungen und Entscheidungen einmischen könnte, so werden sie versuchen, den Tatbestand der Betriebsänderung zu verschleiern oder zu umgehen. Dazu werden z. B. Personalabbaumaßnahmen in mehreren Wellen durchgeführt oder größere technische Änderungen in mehreren Schritten vollzogen, ohne die dahinterstehende Gesamtplanung darzustellen (schleichende Betriebsänderung, Salamitaktik). In beiden Fällen wird versucht, die Zahl der Betroffenen pro Schritt unterhalb der durch das BAG gezogenen Grenzen für die Mitbestimmungspflicht zu halten (vgl. Kapitel B.I.4.a)).
Eine andere Variante zur Umgehung der Mitbestimmungspflicht besteht in dem Versuch, geplante Personalabbaumaßnahmen zumindest zum Teil über personen- und verhaltensbedingte Kündigungen abzuwickeln, sodass die späteren, betriebsbedingten Kündigungen die BAG-Grenzwerte nicht mehr erreichen.
Bei der Wahl dieser Strategie wird der Unternehmer deshalb den Betriebsrat über die vorgesehenen Maßnahmen gar nicht oder nur unvollständig informieren und das Vorliegen einer mitbestimmungspflichtigen Betriebsänderung bestreiten.
Für den Arbeitgeber ist diese Strategie allerdings mit Risiken verbunden. Zum einen muss er befürchten, dass sich der Betriebsrat »rächt« und die Durchführung der Betriebsänderung z. B. durch Widerspruch zu den Kündigungen oder Ablehnung von Überstunden behindert. Zum anderen besteht aus Arbeitgebersicht die Gefahr, dass betroffene Beschäftigte wegen des unterlassenen Interessenausgleichs erfolgreich einen Nachteilsausgleich einklagen (vgl. Kapitel B.V).
Erkennt der Betriebsrat eine solche Strategie, so sollte er zunächst überprüfen, ob nicht doch eine mitbestimmungspflichtige Betriebsänderung vorliegt (vgl. Kapitel B.I) und ggf. trotz der gegenteiligen Rechtsauffassung des Arbeitgebers versuchen, in Verhandlungen einzutreten. Um dies zu erreichen, wird es eines gewissen Drucks auch aus der Belegschaft bedürfen. Weigert sich der Arbeitgeber dennoch, Verhandlungen aufzunehmen, so hat der Betriebsrat die Möglichkeit, die Einigungsstelle anzurufen und – wenn sie nicht offensichtlich unzuständig ist – über das Arbeitsgericht einsetzen zu lassen. Betriebsräte sollten auch misstrauisch sein, wenn Arbeitgeber, ohne dass die Voraussetzungen für einen erzwingbaren Sozialplan gegeben sind, den Abschluss eines freiwilligen Sozialplans anbieten. Solche Sozialpläne, die aufgrund der schwachen rechtlichen Position des Betriebsrats i. d. R. nur geringe Leistungen vorsehen, sollten nur für die konkret beschriebenen Maßnahmen abgeschlossen werden und nicht, wie vom Ar-

beitgeber häufig vorgeschlagen, mit einer längeren Laufzeit versehen werden. Außerdem sollten solche Sozialpläne möglichst eine Besserungsklausel enthalten, falls sich später herausstellt, dass die dem freiwilligen Sozialplan zu Grunde liegende Maßnahme Teil einer mitbestimmungspflichtigen Betriebsänderung ist. Ist nämlich der freiwillige Sozialplan mit einer längeren Laufzeit ausgestattet und auch die zu Grunde liegende Maßnahme nicht sehr genau beschrieben, kann es vorkommen, dass während der Laufzeit des Sozialplans der Arbeitgeber eine mitbestimmungspflichtige Betriebsänderung durchführt und Verhandlungen über einen Sozialplan unter Hinweis auf den noch gültigen schlechten Sozialplan ablehnt. Der Betriebsrat hat dann die Möglichkeit, sich unter Hinweis auf den Rechtscharakter der freiwilligen Betriebsvereinbarung (§ 88 BetrVG) auf den Standpunkt zu stellen, dass die freiwillige Vereinbarung in keiner Weise den Verzicht auf künftige Mitbestimmungsrechte bedeutet und den Abschluss eines neuen, erzwingbaren Sozialplanes nicht behindert (*Fitting*, Rn. 99 und *DKW*, Rn. 131 zu §§ 112, 112a BetrVG).

3. »Was der Betriebsrat nicht weiß, macht ihn nicht heiß!« – Die Missachtungsstrategie

Auch wenn die Mitbestimmungspflicht bei einer Betriebsänderung eindeutig gegeben ist, versuchen manche Arbeitgeber, die Maßnahme ohne Beachtung der Mitbestimmungsrechte durchzuführen, etwa weil sie hoffen, dass der Betriebsrat den Tatbestand der Betriebsänderung nicht erkennt. Solche Arbeitgeber verweigern dann häufig ganz grundsätzlich die Herausgabe der geforderten Informationen und die Aufnahme von Verhandlungen. Sie versuchen, die Betriebsänderung durchzuführen und den Betriebsrat mit seinen Forderungen ins Leere laufen zu lassen. Zumindest aber werden vollendete Fakten geschaffen (der Vertrag über den Verkauf eines Betriebes ist unterschrieben, die Kündigungen sind ausgesprochen, die Änderungen im organisatorischen Aufbau des Unternehmens durchgeführt, die neuen Produktionsanlagen bestellt), um dem Betriebsrat die Möglichkeiten zur Aushandlung eines Interessenausgleichs zu nehmen.
Erkennt der Betriebsrat diese Strategie, noch bevor die Durchführung der Betriebsänderung beendet wurde, so kann er versuchen, die Maßnahmen – soweit sie noch nicht durchgeführt wurden – mittels eines Antrags auf Unterlassung und Erlass einer einstweiligen Verfügung durch das ArbG so lange aufschieben zu lassen, bis ein Interessenausgleich abgeschlossen oder trotz ernsthaftem Versuch in der Einigungsstelle gescheitert ist. Die Erfolgsaussichten für ein solches Verfahren sind zwar je nach Arbeitsgerichtsbezirk unterschiedlich, doch räumen die Mehrzahl der Instanzgerichte (*DKW*, Rn. 23 zu §§ 112, 112a BetrVG) und maßgebliche Kommentatoren (*Fitting*, Rn. 130ff. zu § 111 BetrVG) nicht zuletzt unter Hinweis auf die Art. 4 und 8 der Richtlinie 2002/14/EG dem Betriebsrat

einen entsprechenden Unterlassungsanspruch ein (vgl. LAG Schleswig-Holstein 15.12.2010 – 3 TaBVGa 12/10). Dieser besteht jedoch nur zur Sicherung des Verhandlungsanspruchs des Betriebsrats, nicht jedoch losgelöst hiervon auf die Untersagung der Betriebsänderung selbst (LAG Hamm 20.4.2012 – 10 TaBVGa 3/12; LAG Hamm 17.2.2015 – 7 TaBVGa 1/15; LAG Berlin-Brandenburg 19.6.2014 – 7 TaBVGa 1219/14; LAG Rheinland-Pfalz 13.10.2016 – 6 TaBVGa 2/16). Gelingt es dem Betriebsrat nicht, die Maßnahmen zunächst auszusetzen, oder hat der Arbeitgeber schon vollendete Tatsachen geschaffen, so sollte der Betriebsrat wenigstens noch einen Sozialplan – notfalls über die Einigungsstelle – durchsetzen. Außerdem bleibt ihm die Möglichkeit, seine Mitbestimmungsrechte bei der Umsetzung der Betriebsänderung zu nutzen (vgl. Kapitel B.VI). Zudem sollte er die Belegschaft über die Missachtung der Mitbestimmungsrechte und über ihre individuellen Rechte informieren (auf Betriebs- oder Abteilungsversammlungen, Informationsblatt des Betriebsrats, Aushang am Schwarzen Brett) und darüber hinaus auch noch die individuellen Rechtsmöglichkeiten der Betroffenen (Kündigungsschutzklage, Nachteilsausgleich) koordinieren. Wenn Betriebsräte in einer solchen Situation ihre Rechte geltend machen, werfen ihnen Arbeitgeber häufig schädliche Verzögerungstaktik vor. Außerdem versuchen sie, den Betriebsrat unter Druck zu setzen, indem sie Einfluss auf die Belegschaft ausüben. Sie behaupten, dass der uneinsichtige Betriebsrat die Geschäftsführung behindere und deshalb demnächst noch schlimmere Maßnahmen erforderlich werden könnten, wenn dieser nicht zur Vernunft käme. Diese Einschüchterungsversuche greifen umso weniger, je früher und umfassender der Betriebsrat die Belegschaft informiert, je besser er von ihr unterstützt wird und je stärker dies dem Arbeitgeber auch verdeutlicht wird. Nach unseren Erfahrungen sind Einschüchterungsversuche dann eher selten, wenn auf Betriebsratsseite externe Personen (Gewerkschaftssekretär, Sachverständige) an den Verhandlungen beteiligt sind, weil diese aufgrund ihrer Erfahrung und ihres Fachwissens den Realitätsgehalt solcher Aussagen besser einzuschätzen wissen.

4. »Wer mitbestimmen will, muss auch Verantwortung tragen.« – Die Einbindungsstrategie

Wenn Arbeitgeber die Einschätzung haben, dass die bevorstehende Betriebsänderung z.B. wegen ihrer Offensichtlichkeit dazu führen wird, dass der Betriebsrat seine Mitbestimmungsrechte geltend macht, beginnen sie häufig schon im Vorfeld der Verhandlungen mit gezielten Versuchen, diesen in die Betriebsänderung einzubinden. Solche Einbindungsstrategien reichen von der Verwendung von Sachzwangargumenten, die den Betriebsrat von der Notwendigkeit der Betriebsänderung überzeugen sollen (wirtschaftlich unvermeidbar; technisch oder organisatorisch nicht anders regelbar; ohne betriebswirtschaftlich sinnvolle Alternative usw.), bis hin zu dem Hinweis, dass der Betriebsrat nach § 2 BetrVG auch auf das Wohl des Betriebes verpflichtet sei. Solche Einbindungsversuche können sich sowohl auf das gesamte Betriebsratsgremium als auch auf einzelne, i. d. R. einflussreiche Mitglieder beziehen.

Eine gebräuchliche Form der Einbindung des gesamten Gremiums besteht darin, dass der Arbeitgeber im Rahmen offizieller Präsentationen seinen Informationspflichten zumindest teilweise nachkommt. Oft wird vom Arbeitgeber auch die Einrichtung begleitender Informations- oder Projektgruppen vorgeschlagen oder eine Mitarbeit von Betriebsratsmitgliedern in einem Projektausschuss oder einer Untersuchungsgruppe angeboten. Der Betriebsrat ist gut beraten, einem solchen Angebot auf Mitarbeit in projektbegleitenden Ausschüssen oder Arbeitsgruppen nicht spontan zuzustimmen, sondern die möglichen Vor- und Nachteile zunächst intensiv zu diskutieren. Gegenüber dem Arbeitgeber und der Belegschaft muss deutlich zum Ausdruck gebracht werden, dass die Mitarbeit von Betriebsratsmitgliedern in solchen Ausschüssen bzw. Arbeitsgruppen nicht bereits die Zustimmung zu dort getroffenen Entscheidungen bedeuten kann. Außerdem muss darauf geachtet werden, dass der Arbeitgeber seinen Informations- und Beratungspflichten gegenüber dem Betriebsrat und dem Wirtschaftsausschuss weiterhin nachkommt. Denn die Mitarbeit von Betriebsratsmitgliedern in Projektgruppen ersetzt nicht die Information und Beratung mit den Betriebsverfassungsgremien.

In der Vorbereitungsphase der Betriebsänderung erhält der Betriebsrat allerdings oft nur Informationen über die Art der Maßnahmen und vor allem wirtschaftliche Begründungen für deren Notwendigkeit. Es fehlen dann genaue Angaben zur zeitlichen Durchführung der Maßnahmen und vor allem zum Umfang der personellen Auswirkungen, weil die Arbeitgeber genau wissen, dass der Widerstand des Betriebsrats gegen eine geplante Betriebsänderung umso größer ist, je gravierender die nachteiligen Auswirkungen auf die Belegschaft sind. Deshalb ist mit der Einbindungs- und Überzeugungsstrategie oft auch eine selektive Informationsstrategie des Arbeitgebers verbunden. Mit dem Versuch der Einbindung werden häufig Hinweise verbunden, dass aus Wettbewerbs- und Kostengründen schnelles Handeln erforderlich sei. Hierdurch soll der Betriebsrat bei den Beratungen über Interessenausgleich und Sozialplan unter Zeitdruck gesetzt werden. Insofern kann auch die Einbindungsstrategie mit einer gezielt späten Information über die geplante Betriebsänderung verbunden sein.

Sofern Arbeitgeber glauben, nicht um die notwendigen Sozialplanverhandlungen herumzukommen, bieten sie häufig dem Betriebsrat Sozialplanverhandlungen an. Der Interessenausgleich soll nach diesen Vorstellungen als reine Formsache behandelt werden, indem festgestellt wird, dass Betriebsrat und Arbeitgeber über die Betriebsänderung entsprechend den gesetzlichen Bestimmungen miteinander beraten und über die Erforderlichkeit der Maßnahme Einvernehmen erzielt haben. Ist ein Einvernehmen nicht zu erzielen, so wollen Arbeitgeber zumindest das Scheitern des Interessenausgleichs schriftlich fixieren, um einen Nachteilsausgleich gem. § 113 Abs. 3 BetrVG zu vermeiden. Dabei versuchen Arbeitgeber auch, die rechtlich ungünstige Position des Betriebsrats beim Interessenausgleich auszunutzen: »Was wollen Sie denn, das ist ja rechtlich eigentlich gar nicht vorgesehen, dass unbedingt ein Interessenausgleich dabei herauskommt.« Betriebsräte sollten sich hiervon nicht verunsichern lassen und beharrlich auf Verhandlungen über einen Interessenausgleich bestehen, da der Arbeitgeber ernsthaft hierüber verhandeln muss, wenn er den Nachteilsausgleich vermeiden will.

Neben Einbindungsversuchen des gesamten Betriebsratsgremiums kommt es in der Praxis auch immer wieder zum Versuch der Arbeitgeber, nur einzelne Betriebsratsmitglieder informell einzubinden. Dazu werden mit dem Betriebsratsvorsitzenden oder anderen Betriebsratsmitgliedern, denen man eine einflussreiche Rolle zutraut, unter dem Siegel der Verschwiegenheit persönliche Gespräche geführt, bei denen die Arbeitgeber versuchen, diese auf ihre Seite zu ziehen. Betriebsratsmitglieder sollten sich deshalb nicht auf »4-Augen-Gespräche« mit dem Arbeitgeber einlassen, denn auch wenn sie dabei keinerlei Zusagen machen, müssen sie befürchten, dass ihnen die anderen Betriebsratsmitglieder in Zukunft möglicherweise misstrauen. Damit hätte die Spaltungsstrategie des Arbeitgebers schon Erfolg.

Häufig wird auch versucht, einzelne Betriebsräte von der Erforderlichkeit der Maßnahmen zu überzeugen oder den möglichen Schaden für den Betriebsrat herauszustellen, der sich durch eine Verzögerung der Betriebsänderung ergeben würde. Eine Einbindung einzelner Betriebsratsmitglieder ist zugleich der Versuch, den Betriebsrat zu spalten. Gegenüber solchen Bestrebungen des Arbeitgebers hilft nur ein geschlossenes Auftreten des Betriebsrats in seiner Gesamtheit. Zwar sollte intern im Betriebsratsgremium – wenn nötig – hart, aber fair um jede Forderung und die beste Durchsetzungsstrategie gerungen werden, allerdings sollte die mit Mehrheit im Betriebsrat beschlossene Position nach außen, insbesondere gegenüber dem Arbeitgeber, geschlossen vertreten werden. Alles andere schwächt nur die Verhandlungsposition des Betriebsrats.

5. »Es ist leichter, über gewerkschaftliche Solidarität zu reden, als sie konkret zu praktizieren!« – Die Spaltungsstrategie

Besonders problematisch sind häufig Verhandlungen in größeren Unternehmen mit Betrieben an verschiedenen Standorten. Unternehmensleitungen versuchen dann häufig, die einzelnen Betriebe gegeneinander auszuspielen. Bei Produktionsverlagerungen zwischen verschiedenen Standorten gibt es z. B. den Versuch, die Vertreter der einzelnen Betriebe im Gesamtbetriebsrat gegeneinander auszuspielen, indem man gegenüber den Gesamtbetriebsratsmitgliedern des aufnehmenden Betriebes und evtl. nicht betroffener Betriebe behauptet, dass die Beschäftigung im aufnehmenden Betrieb und an den anderen Standorten dadurch sicherer wird.

In allen Fällen, in denen in Mehrbetriebsunternehmen einzelne Betriebe unterschiedlich von einer Betriebsänderung betroffen sind und eine gemeinsame, solidarische Position des Gesamtbetriebsrats aufgrund unterschiedlicher Einzelinteressen nicht zu erzielen ist, sollten die Betriebsräte der in erster Linie betroffenen Betriebe die Interessenausgleichs- und Sozialplanverhandlungen in eigener Regie führen. Arbeitgeber behaupten in solchen Situationen oft, dass der Gesamtbetriebsrat originär kraft Gesetzes gem. § 50 Abs. 1 BetrVG zuständig sei, weil sie erkennen, dass der Gesamtbetriebsrat weniger hart verhandeln wird als die Betriebsräte aus den betroffenen Betrieben. Deshalb ist in solchen Fällen kritisch zu prüfen, ob der Gesamtbetriebsrat tatsächlich zuständig ist oder ob die primäre Zuständigkeit bei den örtlichen Betriebsräten liegt (vgl. hierzu Kapitel B.II). Allerdings ist es für einzelne Betriebsräte in Mehrbetriebsunternehmen häufig sehr schwer, bei einer Betriebsänderung an einem Standort eine gute Vereinbarung abzuschließen, weil die Unternehmensleitung eine Präzedenzwirkung für die anderen Standorte fürchtet. Existiert hingegen bereits an einem anderen Standort ein Sozialplan, dann wird häufig argumentiert, dass eine Besserstellung der Mitarbeiter im Betrieb A gegenüber denen im Betrieb B »ungerecht« und damit nicht akzeptabel sei.

Auf dieser Argumentationsebene schotten sich Arbeitgeber in Mehrbetriebsunternehmen gegenüber den Betriebsratsvorschlägen ab und versuchen, einmal geschlossene Vereinbarungen über Jahre ohne wesentliche Veränderungen zu zementieren. Auf eine solche Arbeitgeberstrategie brauchen sich örtliche Betriebsräte nicht einzulassen, da zumeist die den jeweiligen Sozialplänen zu Grunde liegenden Betriebsänderungen und auch die regionalen Arbeitsmarktsituationen nicht unbedingt vergleichbar sind. Außerdem kann sich auch die wirtschaftliche und finanzielle Situation des Unternehmens im Zeitablauf verändert haben. Die Verhandlungssituation der örtlichen Betriebsräte ist natürlich ungleich günstiger, wenn es gelingt, im Gesamtbetriebsrat zu einer gemeinsamen Strategie zu kommen. Hier ist vor allem auch die jeweilige Gewerkschaft gefordert.

Aber auch in Einbetriebsunternehmen wird vom Arbeitgeber des Öfteren eine Spaltungsstrategie betrieben, indem frühzeitig versucht wird, die Belegschaft in zwei Gruppen aufzuteilen: Auf der einen Seite stehen danach die Beschäftigten, von denen man sich »leider trennen muss«, auf der anderen Seite diejenigen, die im Betrieb »verbleiben dürfen«. Zugleich legt der Arbeitgeber ein Abfindungsangebot vor, um den Betroffenen, die »endlich wissen wollen, was sie erwarten können«, eine angebliche Sicherheit zu geben. Je früher der Arbeitgeber diese Spaltung vornehmen kann, desto schwieriger wird es für den Betriebsrat, einen ak-

zeptablen Interessenausgleich auszuhandeln, da der Druck aus dem Betrieb für Alternativen zu der geplanten Betriebsänderung nur noch von den zu Entlassenden ausgehen wird. Beklagt der Arbeitgeber außerdem erfolgreich die zu befürchtenden hohen Sozialplankosten, so werden sich die Beschäftigten, die im Betrieb »verbleiben dürfen«, oft nur noch halbherzig für gute Sozialplanregelungen einsetzen.
Der Betriebsrat muss deshalb versuchen, diese Spaltungsstrategie zu verhindern, indem die Frage der konkret zu Entlassenden möglichst spät geklärt wird. Versucht der Arbeitgeber hier z. B. durch sog. Personalgespräche Vorentscheidungen zu treffen, so sollte der Betriebsrat der Belegschaft klarmachen, dass Entscheidungen über die einzelnen Betroffenen noch nicht gefällt sind und sich der Arbeitgeber hierbei auch an die kündigungsschutzrechtlichen Regeln der Sozialauswahl zu halten hat. Insbesondere sollte der Betriebsrat sich grundsätzlich nicht darauf einlassen, die zu Entlassenden gemeinsam mit dem Arbeitgeber auszuwählen (Stichwort: Namensliste zum Interessenausgleich).

6. »Ohne die Belegschaft ist der Betriebsrat machtlos.« – Die Isolationsstrategie

Allerdings macht die zuletzt beschriebene Spaltungsstrategie auch ein Dilemma deutlich, in dem sich der/die einzelne Arbeitnehmer/in befindet, nachdem die drohende Betriebsänderung bekannt geworden ist: Einerseits wird er/sie versucht sein, sich möglichst schnell einen neuen Arbeitsplatz zu beschaffen, um so am Arbeitsmarkt »die Nase vorn« zu haben und die drohende Zeit der Arbeitslosigkeit möglichst zu vermeiden. Andererseits gibt es auch gute Gründe dafür, zunächst noch abzuwarten. Denn vielleicht gelingt es dem Betriebsrat, die Pläne des Arbeitgebers zu beeinflussen oder man gehört vielleicht gar nicht zum Kreis der Betroffenen. Verlässt man den Betrieb zu früh, so verliert man möglicherweise auch den Anspruch auf eine Abfindung. Viele Arbeitnehmer/innen können eine lange Phase dieser Ungewissheit nur schwer ertragen und drängen deshalb, die Verhandlungen über Interessenausgleich und Sozialplan möglichst schnell zu beenden.
Es kommt immer wieder vor, dass Arbeitgeber diese Konfliktsituation der einzelnen Beschäftigten ausnutzen, indem sie frühzeitig Abfindungsangebote machen, die auch gezielt an die Belegschaft weitergegeben werden. Sie setzen darauf, dass die Belegschaft den Betriebsrat in dieser Situation unter Druck setzt, endlich einen Sozialplan abzuschließen, um zumindest die Ungewissheit über die Höhe der Abfindung zu beenden. Ist der Sozialplan aber erst einmal beschlossen und liegen die vereinbarten Abfindungen aus der Sicht der einzelnen Arbeitnehmer/innen nicht zu niedrig, so hat der Betriebsrat i. d. R. kaum noch Möglichkeiten, einen Interessenausgleich durchzusetzen. Arbeitgeber wenden diese Strategie,

Belegschaft und Betriebsrat auseinander zu dividieren, insbesondere dann an, wenn sich die Interessenausgleichsverhandlungen in die Länge ziehen.
In solchen Fällen müssen die Betriebsräte bei ihrer Strategie bleiben, keine Verhandlungen über das Geld zu führen, bis der Interessenausgleich weitgehend steht. Sie müssen dann allerdings damit rechnen, dass der Arbeitgeber das ablehnende Betriebsratsverhalten in die Belegschaft trägt und der Belegschaft erklärt, dass der Betriebsrat es ablehnt, über die Sozialplanangebote des Arbeitgebers zu verhandeln. Häufig weisen die Arbeitgeber zusätzlich darauf hin, dass sie die Kosten der weiteren Auseinandersetzungen (z. B. Kosten für eine Einigungsstelle oder für externe Sachverständige) von dem angebotenen Sozialplanvolumen abziehen werden. Auf diese Art und Weise soll ein Keil zwischen Belegschaft und Betriebsrat getrieben werden bzw. Druck ausgeübt werden, möglichst schnell auf das Arbeitgeberangebot einzugehen.
Diese Taktik ist vor allem bei wenig konflikterfahrenen Betriebsräten erfolgreich. Um dieser unangenehmen Situation zu entkommen, schließen Betriebsräte dann einen vom Arbeitgeber vorgelegten Sozialplan nach dem Motto: »Ich schließ jetzt ab, auch wenn es nicht so gut ist, aber ich will es vom Tisch haben.« Betriebsräte vermeiden solche Drucksituationen am ehesten dadurch, dass sie frühzeitig die Belegschaft in die Auseinandersetzung einbeziehen und sich deren Unterstützung sowie auch die der Gewerkschaft oder von der Gewerkschaft empfohlener Sachverständiger sichern. Insbesondere wenn der Betriebsrat realistische Alternativen zu der vom Arbeitgeber geplanten Betriebsänderung sieht, muss er den Beschäftigten deutlich machen, dass die Zahl der Betroffenen möglicherweise kleiner als vom Arbeitgeber geplant ausfallen kann.
Auch wenn der Arbeitgeber einzelnen Beschäftigten zuvor Abfindungsangebote macht, versucht er das Dilemma der einzelnen Arbeitnehmer/innen auszunutzen und den Betriebsrat von der Belegschaft zu isolieren. Wurden von vielen Beschäftigten Aufhebungsverträge mit niedrigen Abfindungen angenommen, so versuchen die Arbeitgeber zudem in den anschließenden Sozialplanverhandlungen, die Abfindungen aus den Aufhebungsverträgen zur Messlatte für die Sozialplanabfindungen zu machen. Erfährt der Betriebsrat von dem Angebot von Aufhebungsverträgen, muss er deshalb sofort aktiv werden und den Beschäftigten vorschlagen, zu den Aufhebungsverträgen ein Betriebsratsmitglied hinzuzuziehen und Aufhebungsverträge nicht ohne Rücksprache abzuschließen. Außerdem sollte der Betriebsrat den Beschäftigten deutlich machen, dass Sozialplanabfindungen erfahrungsgemäß höher liegen als Abfindungen aus Aufhebungsverträgen. Auf jeden Fall ist den Beschäftigten zu raten, eine Nachbesserungsklausel in den Aufhebungsvertrag aufzunehmen für den Fall, dass der Sozialplan höhere Abfindungen oder andere Leistungen vorsieht.

7. »Berater hetzen nur den Betriebsrat auf!« – Die Anti-Berater-Strategie

Ist für den Arbeitgeber bereits im Vorfeld von Verhandlungen über einen Interessenausgleich und Sozialplan erkennbar, dass der Betriebsrat betriebsexterne Personen (Gewerkschaftssekretäre, Sachverständige, Rechtsanwälte) hinzuziehen will, so versuchen sie regelmäßig, dies dem Betriebsrat auszureden. Häufig wird dabei das Selbstwertgefühl nach dem Motto angesprochen: »Das Problem können wir doch selbst lösen, dazu benötigen wir doch keine Hilfe von außen.« Wenn dies nichts nutzt, wird an das Kostenbewusstsein des Betriebsrats appelliert: »Die Hinzuziehung externer Sachverständiger verursacht doch hohe Kosten, die doch nur das Sozialplanvolumen und damit die Abfindungen der betroffenen Beschäftigten schmälern.« Nach unseren Erfahrungen sind es gerade die selbstbewussten Betriebsräte, die sich gewerkschaftliche Unterstützung und externen Sachverstand sichern. Denn eine Betriebsänderung wirft in aller Regel komplizierte rechtliche, wirtschaftliche und soziale Fragen auf, die nur schwer vom Betriebsrat allein beantwortet werden können. Bezüglich des Kostenargumentes sollten die Betriebsräte am besten mit der Gelassenheit reagieren, die in der folgenden Antwort eines Betriebsratsvorsitzenden auf entsprechende Vorhaltungen des Arbeitgebers zum Ausdruck kam: »Für die wirksame Vertretung der Interessen der Belegschaft ist uns das Beste gerade gut genug!«

Sofern es dem Arbeitgeber nicht bereits im Vorfeld von Verhandlungen gelingt, den Betriebsrat von der Hinzuziehung externer Personen (Gewerkschaftssekretäre, Sachverständige, Rechtsanwälte) abzuhalten, versuchen sie häufig in den Verhandlungen, die Arbeitnehmerseite zu spalten bzw. die Betriebsräte dadurch zu verunsichern, dass sie den hinzugezogenen betriebsexternen Personen auf der Arbeitnehmerseite mangelnde Kenntnis der Betriebsrealität, Theorielastigkeit und Praxisferne oder schlicht gewerkschaftlichen Dogmatismus vorwerfen. Etwa nach dem Motto: »Das sind jetzt die Vorstellungen der Gewerkschaft, aber die sind bei uns im Betrieb nicht praktikabel, das ist bei uns überhaupt nicht umsetzbar.« Dahinter verbirgt sich das Arbeitgebermotiv, die sachkundigen Ratschläge der betriebsexternen Personen zu entwerten und den Betriebsrat in zukünftigen Auseinandersetzungen zu veranlassen, auf gewerkschaftliche Unterstützung und externen Sachverstand zu verzichten. Allein schon die Tatsache, dass Arbeitgeber sich gegen die Hinzuziehung externer Personen wenden, zeigt, dass sie sich hierdurch in der Durchsetzung ihrer Interessen behindert sehen. Das in diesem Zusammenhang häufig vorgebrachte Kostenargument – das für den Gewerkschaftsvertreter im Übrigen gar nicht zutrifft – ist nur vorgeschoben. Denn die Kosten des Betriebsratsberaters werden im Vergleich zu den Gesamtkosten der Betriebsänderung in aller Regel recht gering sein. Der Betriebsrat sollte daher auf sein Recht, externen Sachverstand zur Unterstützung hinzuzuziehen, nicht ohne Not verzichten. Alle Erfahrung zeigt, dass dies die Durchsetzungschancen für die Betriebsratsforderungen verbessert. Insbesondere, wenn der Arbeitgeber Unternehmensberater oder Rechtsanwälte hinzuzieht, verlangt schon die »Waffengleichheit«, dass auch der Betriebsrat bei Bedarf sein Recht zur Hinzuziehung externer Beratung nutzen kann. Bei Betriebsänderungen ist die Erforderlichkeit der Hinzuziehung von externen Sachverständigen in der Regel gegeben. Es bedarf jedoch einer Vereinbarung mit dem Arbeitgeber über Gegenstand, Umfang und Kosten der Beratung. Kann kein Einvernehmen mit dem Arbeitgeber hergestellt werden, muss der Betriebsrat einen entsprechenden Antrag beim Arbeitsgericht stellen. In Unternehmen (nicht Betrieben!) mit mehr als 300 Beschäftigten kann der Betriebsrat Sachverständige seiner Wahl ohne vorherige Vereinbarung mit dem Arbeitgeber hinzuziehen (§ 111, Satz 2 BetrVG). Vergleiche hierzu auch die Ausführungen in Kapitel B.XII.2.

III. Vertiefende und weiterführende Literatur

Hamm/Rupp, Veräußerung und Restrukturierung von Unternehmen, Frankfurt am Main, 2. Auflage 2012

Ratzesberger/Schulze, Unterstützung von außen, in: AiB 2/2017, S, 14ff.

Roggenkamp, Informationen im Betrieb, Grundlagen der Betriebsratsarbeit, Frankfurt am Main 2002

Takkaci-Gros, Sachverstand hinzuziehen, in: AiB 2/2017, S. 10ff.

D. Notwendigkeit und Möglichkeiten zur Früherkennung von Betriebsänderungen

Inhaltsübersicht

I. Warum ist für den Betriebsrat das frühzeitige Erkennen einer drohenden Betriebsänderung wichtig?

Es kommt immer wieder vor, dass Betriebsräte von Betriebsänderungen überrascht werden und diese erst kurz vor oder sogar erst bei ihrer Durchführung wahrnehmen. In Ausnahmefällen ist auch der Arbeitgeber von der wirtschaftlichen Entwicklung überrascht und zu einer kurzfristigen Reaktion gezwungen – z. B. dann, wenn eine seit langem laufende Auftragsproduktion von einem Großabnehmer plötzlich gekündigt wird. In der Mehrzahl der Fälle, in denen der Be-

triebsrat von einer Betriebsänderung überrascht wird, haben die Arbeitgeber absichtlich unvollständig und verspätet informiert, weil sie den Betriebsrat umgehen, ignorieren oder unter Zeitdruck setzen wollen.
Sind diese Arbeitgeber-Strategien erfolgreich, dann haben in einer solchen Situation Betriebsräte häufig nur noch geringe Möglichkeiten,

- externe Sachverständige zu ihrer Unterstützung hinzuzuziehen,
- Alternativen zu der vom Arbeitgeber geplanten Maßnahme zu entwickeln und eigene Verhandlungsentwürfe zu erarbeiten.

Manchmal bleibt sogar nur noch die Möglichkeit, einen Sozialplan abzuschließen, weil der Arbeitgeber die Betriebsänderung bereits begonnen oder gar durchgeführt hat.
Betriebsräte, die von Betriebsänderungen betroffen waren, bestätigen häufig, dass sie von der Betriebsänderung überrascht wurden und deshalb Schwierigkeiten hatten, die Interessen der Beschäftigten effektiv zu vertreten. Aus der Rückschau stellen sie häufig fest, dass die Planung der Betriebsänderung eigentlich früher zu erkennen gewesen wäre. Sie geben zu, dass sie erste Warnsignale übersehen haben oder nicht wahrhaben wollten. Später halten sie diese vielleicht auch unbewusste Angst vor der Realität für einen Fehler, weil sie hierdurch versäumt haben, sich im Vorfeld der Betriebsänderung auf die inhaltlichen und rechtlichen Probleme und voraussichtlichen Konflikte bewusst einzustellen. Hierdurch sei es ihnen dann viel schwerer gefallen, ihre Handlungsmöglichkeiten überhaupt zu erkennen und richtig zu nutzen.
Auch die Gewerkschaften machen bei Betriebsänderungen immer wieder die Erfahrung, dass sie zu spät um Hilfestellung gebeten werden. Zum Zeitpunkt ihrer Information waren teilweise bereits vollendete Tatsachen durch den Arbeitgeber geschaffen, die verbliebenen Handlungsmöglichkeiten erlaubten dann nur noch »ein soziales Abfedern« der Arbeitgeber-Maßnahme.
Als Ergebnis dieser Erfahrungen kann festgehalten werden:

- Je weniger vorbereitet ein Betriebsrat von einer Betriebsänderung getroffen wird, und je später er vom Arbeitgeber Informationen und Unterlagen erhält, desto schwerer wird es ihm fallen, die geplante Arbeitgebermaßnahme kritisch zu beurteilen, alternative Möglichkeiten zu erfassen und zu einem verhandlungsfähigen Gegenkonzept zu entwickeln.
- Je früher ein Betriebsrat eine drohende Betriebsänderung erkennt und je eher er sich auf eine mögliche Betriebsänderung einstellt, desto wirkungsloser werden die Arbeitgeberstrategien und desto besser können die Arbeitnehmerinteressen geltend gemacht werden.

Mit anderen Worten: Je früher er eine drohende Betriebsänderung erkennt, desto weniger wird er von der Erstinformation des Arbeitgebers überrascht und desto angemessener wird er sowohl inhaltlich als auch taktisch und rechtlich reagieren

können. Die *Früherkennung* möglicher Betriebsänderungen soll der Vorsorge dienen und helfen, Maßnahmen zur Gegenwehr zu ergreifen.
Die Früherkennung dient somit der inhaltlichen, politischen, taktischen und rechtlichen Orientierung. Der Betriebsrat kann, wenn er Anzeichen einer möglichen Betriebsänderung wahrnimmt:

- sich rechtzeitig auf die kommenden Probleme und Konflikte zunächst emotional und gedanklich einstellen (z.B. Vermeidung der »Schockwirkung« der Erstinformation, eine versuchte »Überrumpelungsstrategie« bleibt ohne Erfolg);
- sich rechtzeitig einen Überblick über seine politischen, rechtlichen und taktischen Handlungsmöglichkeiten verschaffen (z.B. Informationspolitik gegenüber Belegschaft/Öffentlichkeit, Informationsanforderungen an den Arbeitgeber, rechtliche Handlungsmöglichkeiten);
- die Möglichkeit nutzen, rechtzeitig erforderlichen externen Sachverstand zu aktivieren (z.B. Information der Gewerkschaftssekretäre über eine bedrohliche Situation, frühzeitige Kontaktaufnahme zu möglichen Sachverständigen);
- von sich aus rechtzeitig agieren (z.B. Mitbestimmungsrechte geltend machen und einfordern, Informationsbeschaffung intensivieren über problematische Bereiche, Schwerpunkte in der Betriebsratsarbeit setzen)
- statt nur zu reagieren nun auch selbst aktiv werden.

Beispiel:
In einem Unternehmen der holzverarbeitenden Industrie versuchte der Eigentümer, neue Geschäftsfelder zu erschließen. Er investierte in diese Bereiche erhebliche Geldsummen, jedoch erwirtschafteten diese nicht einmal die laufenden Kosten. Als der Eigentümer dann plötzlich verstarb und die Erben einen Geschäftsführer einsetzten, spitzte sich die ökonomische Situation zu und erste Liquiditätsengpässe traten auf, die zu nicht fristgerechten Zahlungen der Lieferantenrechnungen führten. Der Betriebsratsvorsitzende, der zugleich in der Buchhaltung arbeitete, registrierte diese Veränderungen mit Sorge. Er wusste, dass die Firma ein solides Grundprodukt mit guten Marktchancen produzierte. Er befürchtete jedoch die Insolvenz, wenn in der Firma so weiter gewirtschaftet würde. In enger Zusammenarbeit mit der zuständigen GHK-Geschäftsstelle wurde ein mögliches Fortführungsmodell für das Unternehmen durch die Arbeitnehmer/innen entwickelt, um die Arbeitsplätze zu sichern. Die neuen Eigentümer des Unternehmens lehnten dieses Modell jedoch ab. Als dann die Insolvenz tatsächlich beantragt werden musste, drohte die Betriebsstilllegung. Jedoch konnte der Insolvenzverwalter von der Qualität des Arbeitnehmerkonzeptes überzeugt werden. Der Betrieb wurde erhalten und wird heute von den Arbeitnehmer/innen selbst geführt. Dies wäre nicht möglich gewesen, wenn der Betriebsrat nicht bereits im Vorfeld der drohenden Stilllegung gravierende wirtschaftliche Veränderungen registriert hätte und deshalb aktiv geworden wäre.

Stellt man die Handlungsmöglichkeiten, die der Interessenausgleich im Sinne einer beschäftigungsorientierten Betriebspolitik (z. B. im Rahmen von Beschäftigungsplänen, vgl. Kapitel G.I.2.b) und G.I.2.c)) bietet, in den Vordergrund, dann geht es vor allem um den Versuch, rechtzeitig und konzeptionell gut vorbereitet die unternehmenspolitischen Entscheidungen zu beeinflussen (vgl. hierzu auch Kapitel E.IV.3.a)). Vorrangig ist dabei das mögliche *Vermeiden* von Nachteilen für die Beschäftigten gegenüber dem *Ausgleich* dieser Nachteile. Je früher Informationen vorliegen, die Hinweise auf bevorstehende Betriebsänderungen geben, desto eher wird eine vorbeugende Positionierung im Belegschaftsinteresse möglich sein und desto größer sind die Erfolgsaussichten.

Hinweis: Betriebsrat muss aktiv werden
Für eine solche Politik ist jedoch erforderlich, dass Betriebsräte sich aus der Abhängigkeit einer unzureichenden Informationspolitik der Arbeitgeber (nicht rechtzeitig und umfassend, sondern zu spät, unvollständig und kaum nachvollziehbar) zu lösen versuchen. Sie sollten systematisch eigene Informationen über die Entwicklung des Unternehmens erheben, speichern und auswerten. Betriebsräte müssen von sich aus tätig werden und auf der Basis eigener Beobachtungen, eigener Informationssammlungen und -auswertungen Gefahren für die Arbeitnehmerinteressen erkennen, um rechtzeitig Abwehrstrategien entwickeln zu können. Der Wirtschaftsausschuss als »Hilfsorgan des Betriebsrats« (*Laßmann u. a.* 2020, S. 31 ff.) kann hier eine wichtige Rolle spielen. Leider ist in vielen Unternehmen die Arbeit des Wirtschaftsausschusses noch deutlich verbesserungsfähig.
Je stärker ein Betriebsrat – über den Wirtschaftsausschuss – die wirtschaftliche Entwicklung der Branche, des Unternehmens und des Betriebes verfolgt, je besser es ihm gelingt, sich ein Bild über die erforderlichen oder möglichen zukünftigen technischen und organisatorischen Veränderungen (z. B. im Rahmen der Entwicklung oder Umsetzung von Digitalisierungsstrategien) zu machen, desto weniger wird er von der Durchführung einer Betriebsänderung überrascht und desto besser kann er seine Handlungsmöglichkeiten ausschöpfen. Dies ist der grundlegende Gedanke zur möglichen Früherkennung von Betriebsänderungen.

Eine systematische Informationsbeschaffung und Auswertung über betriebliche Vorgänge, um mögliche Warnsignale zu entdecken, hat darüber hinaus den Vorteil, dass die gewonnenen Informationen häufig auch von Bedeutung für viele andere Fragen der Betriebsratsarbeit sind. Insofern wird durch eine systematische Art der Informationsbeschaffung und -auswertung oft auch die gesamte Betriebsratsarbeit auf eine bessere Grundlage gestellt. Ferner fällt es einem Arbeitgeber schwerer, einen Betriebsrat, der es versteht, sich selbst aus ganz verschiedenen Quellen Informationen zu beschaffen, durch Falschinformationen oder bewusstes Vorenthalten wichtiger Teilinformationen in die Irre zu leiten.

Darüber hinaus ist ein gut informierter Betriebsrat auch viel besser in der Lage, Begründungen des Arbeitgebers zur wirtschaftlichen Notwendigkeit einer geplanten Betriebsänderung und die Maßnahme selbst kritisch zu bewerten. Gerade weil der Betriebsrat bei Betriebsänderungen vom Arbeitgeber häufig unter Zeitdruck gesetzt wird, ist eine gute allgemeine Informationsbasis über die wirtschaftliche Situation des Unternehmens oder Betriebes auch eine wesentliche Voraussetzung, die Interessenausgleichs- und Sozialplanverhandlungen mit Inhalten zu füllen und mit gut vorbereiteten Argumenten zu führen.

II. Wie kann der Betriebsrat eine drohende Betriebsänderung möglichst früh erkennen?

1. Betriebsänderungen sind das Ergebnis unternehmerischer Planung

Betriebsänderungen sind nur in Ausnahmefällen Ergebnis einer kurzfristigen Anpassung des Unternehmens an unvorhersehbare wirtschaftliche Entwicklungen. In den weitaus meisten Fällen sind sie die Folge einer umfangreichen Unternehmensplanung mittelfristiger oder langfristiger Art zur Verbesserung, zum Erhalt oder der Wiedergewinnung der Wettbewerbsfähigkeit des Unternehmens. Sie zielen demnach grundsätzlich auf eine Verbesserung der Marktchancen und der Kostenstrukturen. Betriebsändernde Maßnahmen sind oft eine Reaktion auf Unternehmenskrisen. Je nachdem, ob es sich um eine Strategie-, Erfolgs-/Rentabilitäts- oder Liquiditätskrise handelt, sind das Ausmaß der Bedrohung für das Unternehmen/den Betrieb, der Handlungsdruck bzw. die zur Verfügung stehende Zeit sowie die Handlungsspielräume für das Management sehr unterschiedlich (*Laßmann u. a.* 2020, S. 242ff.).

Unternehmenskrisen kommen selten »über Nacht«, sondern haben i. d. R. einen prozesshaften Verlauf, der sich folgendermaßen charakterisieren lässt: Wird eine strategische Krise, die gekennzeichnet ist durch eine zunehmende Verschlechterung der Wettbewerbsfähigkeit des Unternehmens, nicht erkannt und deshalb auch keine strategische Neuausrichtung des Unternehmens vorgenommen, wird aus der Strategiekrise eine Erfolgs- und Rentabilitätskrise. Gelingt es dem Management nicht, spätestens jetzt Maßnahmen zu ergreifen, um diese Krise zu überwinden, führt der Weg unweigerlich in die Liquiditätskrise. Dem Unternehmen droht die Insolvenz, wenn nicht kurzfristig erfolgreich gegengesteuert wird (*Laßmann u. a.* 2020, S. 248ff.).
Immer dann, wenn die tatsächliche Entwicklung nicht der unternehmerischen Zielsetzung entsprechend verläuft, werden korrigierende unternehmenspoliti-

sche Entscheidungen erforderlich, die zu Betriebsänderungen führen können. Solche Betriebsänderungen haben dann eher einen kurzfristigen, reaktiven Charakter (Anpassungs- oder Sanierungsmaßnahmen zur Behebung einer Erfolgs-/Rentabilitäts- bzw. Liquiditätskrise).

Vielfach werden aber betriebsändernde Maßnahmen als Reaktion einer sich abzeichnenden Strategiekrise bereits früh in das unternehmenspolitische Entscheidungsfeld aufgenommen, um negative wirtschaftliche Entwicklungen von vornherein zu vermeiden, die bestehenden Marktchancen zu verbessern und Wettbewerbspositionen weiter auszubauen. Betriebsänderungen aufgrund solcher mehr zukunftsorientierten Überlegungen haben dann eher einen langfristigen, strategischen Charakter (Zukunftsmaßnahmen). Die Entwicklung und Umsetzung von Digitalisierungsstrategien gehört sicherlich hierzu.

Versetzt man sich einmal in die Entscheidungssituation des Managements, ergibt sich ein unternehmenspolitischer Handlungsbedarf, der zu Betriebsänderungen führen kann, aus zwei grundsätzlichen Überlegungen:

- Welche Maßnahmen führen kurzfristig zu einer Verbesserung der aktuell unbefriedigenden wirtschaftlichen und finanziellen Situation?
- Welche Maßnahmen führen langfristig zum Erhalt der Wettbewerbsfähigkeit und zur besseren Nutzung zukünftiger Marktchancen und zur Steigerung der Gewinne?

Für beide Ausgangspositionen benötigt der Arbeitgeber besondere Informationen. Im ersten Fall geht es eher um die internen Daten aus dem Controlling, die Aufschluss über die Entwicklung problematischer Bereiche in einem Betrieb geben (vgl. *Laßmann u. a.* 2020, S. 208 ff.). Im zweiten Fall geht es eher um Fragen der Entwicklung in der Branche (z. B. technologische Entwicklung und neue Geschäftsmodelle) bzw. auf den nationalen und internationalen Absatzmärkten. Beide Überlegungen werden natürlich häufig miteinander verknüpft und stehen in engem inhaltlichem Zusammenhang: Werden ökonomische und technologische Branchenentwicklungen zu spät erkannt oder übersehen, können sich hieraus Gefahren für die zukünftige Wettbewerbsfähigkeit mit gravierenden Problemen für den betrieblichen Erfolg ergeben.

Grundsätzlich kann man davon ausgehen, dass den unternehmenspolitischen Entscheidungen – also auch der Durchführung einer Betriebsänderung – komplexe und umfangreiche Planungsüberlegungen vorangestellt sind. Entscheidungen über Betriebsänderungen werden nicht plötzlich von heute auf morgen getroffen, sondern bedürfen wegen ihrer Komplexität und der mit der Betriebsänderung verbundenen Kosten sorgfältiger Vorbereitung und Planung. In *Übersicht 15* ist ein entsprechender idealtypischer Planungsverlauf auf der Basis der Kommentierung des Betriebsverfassungsgesetzes zur rechtzeitigen Information des Betriebsrat beispielhaft dargestellt (*Fitting*, Rn. 59 zu § 80 BetrVG). Zur Unternehmensplanung siehe auch *Laßmann u. a.* 2020, S. 152 ff.

Die Umsetzung dieses Planungsschemas wird je nach Größe des Unternehmens, Entwicklungsstand der Unternehmensplanung und in Abhängigkeit von den zu lösenden Problemen unterschiedlich sein. In der Regel wird sich aber auch die Planung einer Betriebsänderung in einem vergleichbaren Prozess vollziehen. Hierbei handelt es sich um einen dynamischen Prozess: Planungen werden häufig nicht vollständig bis ins letzte Detail abgeschlossen und dann »buchstabengetreu« realisiert. Vielmehr findet eine ständige Rückkoppelung zwischen wirtschaftlichen Entwicklungen und betrieblichen Vorgängen und eingeleiteten Veränderungen einerseits und der Realisierung der Planvorgaben andererseits statt. Hierin liegt dann aber auch eine Chance für Betriebsräte, die Arbeitgeber-Planung und ihre Realisierung zu beeinflussen.

Betriebsräte, die sich um die Früherkennung von Betriebsänderungen bemühen wollen, sollten versuchen, sich in die Lage des Arbeitgebers zu versetzen, um möglichst früh die unternehmenspolitischen Probleme erkennen zu können, die zu Betriebsänderungen führen können. Dabei geht es vor allem um folgende Fragen, um die sich besonders der Wirtschaftsausschuss kümmern sollte (vgl. *Laßmann u. a.* 2020, S. 244ff.):

- Gibt es Anzeichen für eine Strukturkrise des Unternehmens?
  Anhaltspunkte dafür sind
  - ungünstige strategische Wettbewerbsposition
  - veraltetes Produktportfolio
  - Verlust von Marktanteilen
  - Verkürzung der Produktlebenszyklen aufgrund technischer Innovationen
- Gibt es Anzeichen für eine Erfolgs- und Rentabilitätskrise?
  Anhaltspunkte dafür sind
  - rückläufiger Umsatz
  - sinkender Gewinn
  - Verlust von Marktanteilen
  - sinkender Cash-Flow
  - Verschlechterung der Liquidität
  - sinkende Produktivität
  - Aufschub/Verzicht auf notwendige Investitionen
  - Nichtbesetzung frei werdender Stellen
  - Zunahme verhaltensbedingter Abmahnungen/Kündigungen
  - Kurzarbeit oder Entlassungen
  - Restriktives Verhalten der Banken (Reduzierung der Kreditlinien, Erhöhung der Kreditzinsen, erhöhte Sicherheiten)
  - Einsatz von Unternehmensberatern (meist auf Druck der Banken)
- Gibt es Anzeichen für eine Liquiditätskrise?
  Anzeichen dafür sind
  - Zahlungsziele werden nicht mehr ausgenutzt

- Lieferanten liefern nur noch gegen Vorkasse
- Verzögerungen bei der Auszahlung der Löhne und Gehälter
- Rückstände beim Finanzamt und bei den Krankenkassen
- Banken drohen mit der Kündigung von Krediten
- das Management sieht seine Hauptaufgabe in der Sicherung der Liquidität (»Liquidität geht vor Rentabilität«)

Übersicht 15:
Idealtypischer Verlauf der Unternehmensplanung

Zunächst gibt es Ausgangsinformationen, die eine bestimmte Ausgangslage als unternehmerische Problemsituation erkennen lassen, weil die reale Entwicklung abweichend zu den gesetzlichen wirtschaftlichen Zielen verläuft. Diese Problemsituation führt zu der Aufgabe, sie durch unternehmerische Entscheidungen zu lösen. Diese Entscheidungen der Unternehmensführung können auch Betriebsänderungen beinhalten (Stufe 1 und 2 REFA-Standardprogramm).

⇓

Nach der Problemerkennung müssen systematisch Überlegungen angestellt werden, welche denkbaren Maßnahmen geeignet sind, das Problem aus unternehmerischer Sicht zufriedenstellend zu lösen (Stufe 3).

⇓

Dann müssen mögliche Maßnahmen zur Lösung der bestehenden Probleme auf ihre Realisierbarkeit und Vorteilhaftigkeit bezüglich der gesetzten Unternehmensziele näher untersucht und konkretisiert werden (Stufe 4).

⇓

Letztendlich muss eine abschließende unternehmerische Entscheidung gefällt werden, welche der näher untersuchten Handlungsmöglichkeiten zur Erreichung der gesetzten Ziele optimal sind und realisiert werden sollen. D.h., dass aus allen in Stufe 4 konkretisierten Handlungsmöglichkeiten die wirtschaftlich beste Lösung gewählt wird (Stufe 5).

⇓

Die ausgewählte Handlungsmöglichkeit muss dann bezüglich ihrer Realisierung noch genauer geplant werden, d.h. es wird festgelegt, wann und wie diese konkret umgesetzt werden soll. Erst dann kann damit begonnen werden, die gewählte Alternative zu realisieren (Stufe 6).

Zu diesen drei Fragenkomplexen sollten systematisch Informationen gesammelt und ausgewertet werden, um mögliche Probleme rechtzeitig zu erkennen. Zur Beschaffung dieser Informationen können neben dem Betriebsrat vor allem der Wirtschaftsausschuss, aber auch der Aufsichtsrat gut genutzt werden.
Allein durch den Informationsgewinn aus einem solchen Vorgehen ergeben sich Erkenntnisse, die gegenüber dem Arbeitgeber zu zielgerichteten, weitergehenden Fragen genutzt werden können. Dies erschwert es dem Arbeitgeber wesentlich, eine restriktive Informationspolitik gegenüber dem Betriebsrat zu betreiben. Letzterer wartet nicht länger passiv auf Informationen des Arbeitgebers, sondern er erkennt selbstständig bestimmte Probleme und verlangt weitere Informationen über diese Probleme. Der Arbeitgeber kann dann nicht mehr länger eine Informationspolitik des »Verschweigens von Sachverhalten« betreiben, sondern müsste schon bewusst falsche Auskünfte auf die gezielten Fragen geben. Dies ist unserer Erfahrung nach jedoch nur in seltenen Ausnahmen der Fall.
Entscheidend für die Früherkennung von Betriebsänderungen ist demnach die Kenntnis der wesentlichen Probleme der wirtschaftlichen Unternehmensentwicklung, die zu unternehmenspolitischen Weichenstellungen führen. Betriebsstilllegungen treten z. B. besonders häufig als Folge von Insolvenzen auf. Insolvenzen wiederum sind meist das Ergebnis einer länger andauernden, negativen, wirtschaftlichen Entwicklung des Betriebes, verursacht durch eine ungünstige Kosten-Ertrags-Struktur, die zu Verlusten, Liquiditätsproblemen und Überschuldung führen kann. Stellt man in diesem Sinne einen möglichen Zusammenhang zwischen einer negativen wirtschaftlichen Entwicklung und einer möglichen Betriebsstilllegung her, dann können sich kontinuierlich verschlechternde Wirtschaftskennzahlen (z. B. Rentabilität, Eigenkapitalquote, Liquidität) eines Betriebes/Unternehmens eine *Frühwarnfunktion* haben und u. U. einen drohenden Personalabbau, eine drohende Betriebsstilllegung oder Teilstilllegung bzw. eine drohende Insolvenz anzeigen.
Die Stilllegung von Betriebsteilen oder deren Verlagerung tritt häufig im Zusammenhang mit der Fusion von Unternehmen auf, indem in ihrer Funktion vergleichbare Betriebsteile entweder zusammengelegt (z. B. im Rahmen von shared services) oder aufgegeben werden. Wird in einer Branche aktuell das Erfordernis zu größeren Betriebsgrößen diskutiert, z. B. in den einschlägigen Fachzeitschriften, dann muss der Betriebsrat damit rechnen, dass auch sein Betrieb demnächst von einer Fusion betroffen sein könnte. In vielen Wirtschaftsbereichen wird zurzeit mit Bezug auf die Internationalisierung der Märkte und der zunehmenden Globalisierung des Wettbewerbs das Erfordernis immer größerer Unternehmen und Betriebe diskutiert. Spektakuläre Unternehmenszusammenschlüsse wie z. B. Mannesmann/Vodafon, Linde/Babcock, Porsche/VW oder Deutsche Bank/ Bankers Trust u. a. m. zeigen deutlich den aktuellen Trend in den Branchen. Solche Zusammenschlüsse werden durch das Umwandlungsgesetz (UmwG) er-

leichtert. Umwandlungsrechtliche Maßnahmen haben häufig Betriebsänderungen zur Folge. Im Kapitel K dieses Handbuches gehen wir deshalb ausführlich auf den Zusammenhang von unternehmensrechtlichen Umwandlungen und nachfolgenden Betriebsänderungen ein.

Zur Beobachtung und Beurteilung von Größenordnungen und wirtschaftlichen Entwicklungen werden i. d. R. wirtschaftliche Kennziffern herangezogen (z. B. Umsatz/Mitarbeiter, Verwaltungskosten/Gesamtkosten, Materialkosten/Umsatz, Personalkosten/Umsatz, Personalkosten/Mitarbeiter), die nicht unterschritten oder überschritten werden sollten. Solche Kennziffern werden vielfach aber nicht nur anlässlich einer aktuellen Problematik erhoben und ausgewertet. In vielen Bereichen erfolgt dies durch Arbeitgeber-Verbände oder branchenspezifische Beratungseinrichtungen regelmäßig und systematisch (z. B. Genossenschaftsverbände, Verband deutscher Maschinenbauanstalten usw.). Weichen die wirtschaftlichen Kennziffern eines Unternehmens von den durchschnittlichen oder für erforderlich gehaltenen Branchenwerten ab, kann dies ein Indiz für eine drohende Betriebsänderung sein, obwohl sich hieraus noch kein Sachzwang ergibt, nun tatsächlich einschneidende Veränderungen, z. B. eine Fusion vorzunehmen.

Jedoch ist es nicht möglich, bestimmte Vorgänge oder Ausgangsprobleme mit bestimmten Betriebsänderungsarten schematisch zu verbinden. So kann z. B. eine Betriebsstilllegung aufgrund schlechter wirtschaftlicher Daten des Betriebes erfolgen. Eine Betriebsstilllegung kann auch einem gutgehenden Betrieb drohen, wenn sich nach seiner Veräußerung herausstellt, dass der Erwerber an der Fortführung kein großes Interesse hat, weil er einen Konkurrenzbetrieb nur zum Zwecke der Marktbereinigung erworben hat. Andererseits kann u. U. die Übernahme eines schlechtgehenden Betriebes durch einen finanzkräftigen Erwerber erst die Möglichkeit zu einer dauernden Fortführung eröffnen.

Schlechte Wirtschaftsdaten, das Abweichen von den durchschnittlichen oder empfohlenen Leistungskennziffern in einer Branche, gesellschaftsrechtliche Veränderungen wie z. B. die Verschmelzung oder Spaltung von Unternehmen, die Veräußerung von Betrieben oder Betriebsteilen oder der Wechsel des bisherigen Eigentümers können zu Betriebsänderungen führen (vgl. hierzu Kapitel K). Sie stellen in jedem Falle Warnsignale dar, auf die der Betriebsrat reagieren sollte, um möglichst schnell zu erfahren, welche Maßnahmen der Arbeitgeber tatsächlich plant.

Wesentlich ist folglich, dass Betriebsräte

- sich einerseits um das Erkennen solcher Warnsignale (Indikatoren) bemühen, die auf Unternehmenskrisen und daraus resultierenden möglichen Betriebsänderungen hinweisen,
- andererseits diese Indikatoren gezielt hinterfragen, um zu erfahren, ob Betriebsänderungen tatsächlich geplant werden.

2. Die wichtigsten Ansatzpunkte zur Früherkennung von Betriebsänderungen

Im Folgenden sollen die wichtigsten Ansatzpunkte zur frühzeitigen Erkennung einer möglichen Betriebsänderung kurz erläutert werden. Hierzu gehören vor allem Informationen über die Unternehmensplanung und aus dem laufenden *Controlling* (= Planung und Steuerung von Erfolgs- und Kostengrößen) sowie die Jahresabschlussinformationen. Beschaffung und Beurteilung solcher wirtschaftlicher Informationen erfordern betriebswirtschaftliche Grundkenntnisse, über die Betriebsräte häufig nicht in ausreichendem Maße verfügen. Gewerkschaftssekretäre haben uns berichtet, dass Betriebsräten wichtige wirtschaftliche Unterlagen vorlagen, sich aber bei der richtigen Interpretation dieser Unterlagen Schwierigkeiten einstellten. Deshalb ist es häufig erforderlich, externe Unterstützung zur Aus- und Bewertung wirtschaftlicher Informationen zu Rate zu ziehen. Bei konkret bevorstehenden Betriebsänderungen kann dies auch zur richtigen Informationsbeschaffung erforderlich sein.
Unabhängig von wirtschaftlichen Ansatzpunkten zur Früherkennung kann aber auch die Beobachtung von Veränderungen betrieblicher Gepflogenheiten vielfältige Hinweise für u. U. bevorstehende Veränderungen geben, so z. B. der Einsatz von Unternehmensberatern, Unternehmensumwandlungen, Veränderungen in den Eigentumsverhältnissen oder im Management, laufende Veränderungen im organisatorischen oder personellen Bereich oder in der technischen Ausstattung, Veränderungen bei Lieferanten oder den üblichen Zahlungsmodalitäten usw.

a. Unternehmensplanung

aa. Strategische Unternehmensplanung

Kenntnisse über unternehmenspolitische Zielsetzungen und Strategien sind zur Früherkennung möglicher Betriebsänderungen von wesentlicher Bedeutung, insbesondere dann, wenn sich unternehmenspolitische Grundsatzentscheidungen auf die Unternehmensstruktur auswirken (z. B. Einführung von Lean Management oder einer Matrixorganisation). Typische Grundsatzentscheidungen können sich auf die erforderliche Unternehmensgröße, die Spezialisierung in sog. strategischen Geschäftsfeldern, die Minimierung zukünftiger Risiken oder die Umwandlung von Unternehmen beziehen.
Eine solche Grundsatzentscheidung kann z. B. darauf abzielen, zukünftig eine Spezialisierung des Unternehmens auf bestimmte Produkte (z. B. kleine Elektromotoren statt großer Antriebsaggregate), bestimmte Regionen (national, international), bestimmte Kundengruppen (Endverbraucher, Industrie, Selbstständige), bestimmte Vertriebsformen (Filialen, Außendienst, Internet-Portale) oder bestimmte Tätigkeiten (z. B. verstärkt Entwicklung statt Produktion) vorzunehmen. In diesen Fällen werden für das Unternehmen zukunftsträchtige Wachs-

tumsbereiche bzw. strategische Aufgabenfelder definiert. Hierbei wirken häufig Unternehmensberater mit, die sog. Stärken-Schwächen-Analysen (vgl. *Laßmann u. a.* 2020, S. 169) erstellen oder Marktanalysen durchführen. Die strategische Zukunftsplanung eines Unternehmens erfolgt häufig auch im Rahmen des *strategischen Controlling* (*Laßmann u. a.* 2020, S. 210ff.). Zumindest in Großunternehmen werden solche strategischen Zukunftskonzepte regelmäßig entwickelt. Erhält der Betriebsrat Kenntnis über die zukünftigen strategischen Schwerpunkte, dann wäre rechtzeitig zu hinterfragen, was aus den anderen, nicht als zukunftsträchtige Wachstumsbereiche definierten Unternehmensteilen oder Aufgabenbereichen werden soll.

Eine unternehmenspolitische Grundsatzentscheidung kann sich auch darauf beziehen, dass eine wesentliche Vergrößerung des Unternehmens oder einzelner Betriebe erforderlich ist, um zukünftigen Wettbewerbserfordernissen zu genügen. Unternehmens- oder Betriebsvergrößerungen geschehen häufig durch eine Wachstumsstrategie, z. B. durch eine auf Expansion gerichtete Marktstrategie, durch Aufkäufe (Beteiligungspolitik) oder Fusionen. Hier ist rechtzeitig zu erkunden, welche Maßnahmen zur Erreichung des strategischen Ziels »Vergrößerung« geplant sind und welche Auswirkungen solche Vorgänge auf die bestehenden Unternehmens- und Betriebsstrukturen haben könnten.

Eine andere unternehmenspolitische Grundsatzentscheidung kann sich auf die grundsätzliche Verringerung unternehmerischer Risiken beziehen. Eine Veränderung der Risikostruktur erfolgt häufig durch Ausgliederung von Betriebsteilen bzw. Unternehmensaufspaltungen (z. B. in eine Besitz- und eine Betriebsgesellschaft [vgl. auch Kapitel K.I.3]) oder durch Aufgabe von Teilmärkten; ferner durch Auslagerung nicht wesentlicher Produktionsabschnitte auf Zulieferbetriebe (z. B. Outsourcing [vgl. Kapitel K.II.3]).

Absatz-, wettbewerbs- und risikopolitische Zielsetzungen und Grundsatzentscheidungen werden häufig im Rahmen der *strategischen Planung* eines Unternehmens festgelegt. Unter strategischer Planung versteht man eine Langfristplanung, die eine Perspektive für die Unternehmensentwicklung für die nächsten fünf bis zehn Jahre zeigen will (vgl. *Laßmann u. a.* 2020, S. 157ff.). Betriebsrat und Wirtschaftsausschuss sollten dabei ihr Hauptaugenmerk auf die strategische Investitions- und Personalplanung richten, denn aus diesen Planungen lassen sich gut die Auswirkungen auf die Beschäftigten (v. a. Arbeitsplatzabbau, Qualifizierungsbedarfe) erkennen. Strategische Planungen gibt es i. d. R. in allen großen Unternehmen und in Konzernen. Sie unterliegen meist der Geheimhaltung. Deshalb ist es in der Praxis schwierig, Informationen aus der strategischen Planung zu erhalten. In Unternehmen mit einem Aufsichtsrat sind solche strategischen Informationen noch am ehesten zu bekommen, jedoch hat auch der Wirtschaftsausschuss einen entsprechenden Informationsanspruch, der nur dann eingeschränkt ist, wenn die Mitglieder des Betriebsrats oder Wirtschaftsaus-

schuss nicht die Gewähr bieten, das Verschwiegenheitsgebot zu beachten und damit eine Gefährdung von Betriebs- und Geschäftsgeheimnissen zu befürchten ist (§ 106 Abs. 2 BetrVG).
Die Bedeutung von Kenntnissen über strategische Planungen im Unternehmen für die Früherkennung von möglichen Betriebsänderungen liegt darin, dass man den angestrebten strategischen Soll-Zustand des Unternehmens (die langfristigen Zielsetzungen) mit dem augenblicklichen Ist-Zustand vergleichen kann. Abweichungen zwischen Soll- und Ist-Zustand signalisieren unternehmensstrategische Handlungsfelder, in denen mit Veränderungen, also auch mit Betriebsänderungen zu rechnen ist.

bb. Mittel- und kurzfristige Unternehmensplanung

Außer der strategischen Planung gibt es in vielen Unternehmen eine mittel- und kurzfristige Planung, in der für einen Ein- bis Dreijahreszeitraum recht konkrete Ziele und Maßnahmen festgeschrieben werden (vgl. *Laßmann u. a.* 2020, S. 157 ff.). Diese Planung besteht aus verschiedenen Teilbereichen, wie *Übersicht 16* zeigt.

Übersicht 16:
Teilbereiche der Unternehmensplanung

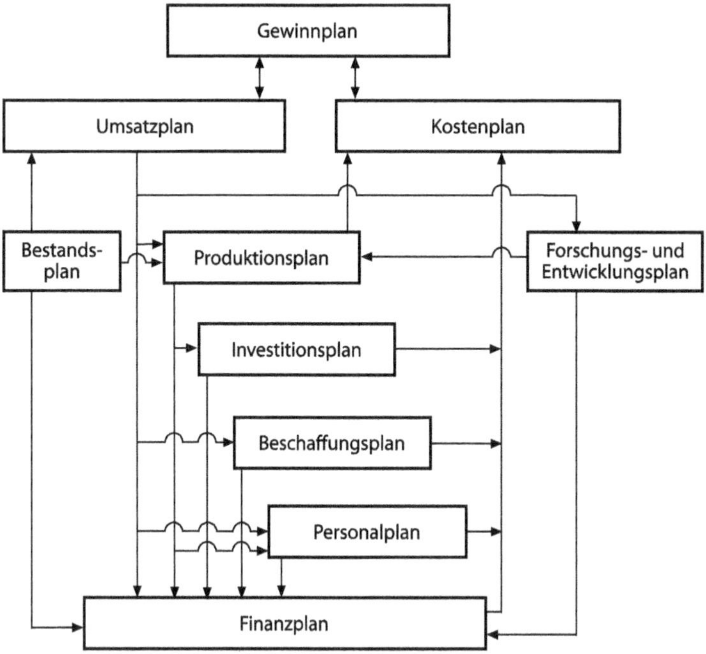

(Quelle: *Laßmann u. a.* 2020, S. 178)

Insbesondere die Umsatz- und Kostenplanung, die Investitions- und die Personalplanung sind für die mögliche Früherkennung einer Betriebsänderung von besonderer Bedeutung.

Umsatz- und Kostenplanung
Aus der Umsatzplanung ist zu ersehen, ob im Unternehmen mit steigenden, stagnierenden oder gar rückläufigen Umsätzen gerechnet wird. Stagnierende oder rückläufige Umsätze führen in aller Regel zu einer schlechteren Kostendeckung im Unternehmen. Aus der Gegenüberstellung von Umsatz- und Kostenplanung wird dies deutlich. Eine schlechtere Kostendeckung wird aber in aller Regel die Unternehmensführung zu Anpassungsmaßnahmen veranlassen, um das Umsatz-Kosten-Verhältnis zu verbessern. Solche Anpassungsmaßnahmen bestehen häufig aus einer bloßen Senkung der Personalkosten durch Veränderungen in der Personalstruktur oder Verminderung des Personalstandes. Alternative Ansatzpunkte zu solchen personalwirtschaftlichen Anpassungsmaßnahmen sind marktorientierte Maßnahmen zur Verringerung von Sach- und Kapitalkosten.

Investitionsplanung
Aus der Investitionsplanung können die zukünftigen Investitionsvorhaben abgelesen werden. Geplant werden mind. die Kosten der Investitionsprojekte, ihr voraussichtlicher Ertrag und die Zeit ihrer Durchführung. Großunternehmen verfügen häufig über ein Projektmanagement, das Planungen solcher Art detailliert vornimmt und Durchführungsprioritäten über mehrere Jahre für verschiedene Projekte festlegt.
Investitionen sind eng mit der technologischen Entwicklung in der Branche (Stichwort: Digitalisierung) verbunden. Sie sind häufig erforderlich, um technologisch den Anschluss an den Branchenstandard zu halten. Oder sie sollen dem Unternehmen einen technologischen Wettbewerbsvorsprung zur Verbesserung der Marktposition verschaffen. Vorrangiges Investitionsziel ist es, Kostenvorteile zu realisieren, die bei Rationalisierungsinvestitionen schließlich zu einem technologisch und/oder organisatorisch bedingten Personalabbau führen.
Unabhängig von einer möglichen Personalreduzierung verändern Investitionen aber auch die Arbeitsbedingungen sowohl bezüglich der Arbeitsumgebung und -belastung als auch der erforderlichen Qualifikationen der Beschäftigten. Sie können zu Versetzungen und/oder zu einer geringeren Bewertung der Arbeitsplätze führen. Bisher übliche Zulagen, z. B. für besondere Erschwernisse, können zukünftig entfallen. Bei größeren Investitionsvorhaben kann daher der Tatbestand einer Betriebsänderung gegeben sein, auch wenn das Vorhaben zu keinen betriebsbedingten Kündigungen, aber zu wesentlichen Nachteilen für einen erheblichen Teil der Belegschaft führt (§ 111 S. 1 BetrVG).

Rechtzeitige Kenntnisse über die Investitionsplanung, also über die geplanten Projekte und über die Zeiträume ihrer Realisierung, können es dem Betriebsrat ermöglichen, die geplanten Investitionen auf ihre Bedeutung für die Beschäftigten hin zu hinterfragen (*Investitionsanalyse*) und Mitbestimmungsrechte frühzeitig geltend zu machen. Dies bezieht sich nicht nur auf die gegebenen Mitbestimmungsrechte nach §§ 111, 112 BetrVG, sondern auch auf andere Mitbestimmungsrechte, die in diesem Zusammenhang von Bedeutung sein können, z. B. im Rahmen der §§ 87, 90, 91, 92, 96 bis 98, 99 BetrVG (vgl. hierzu auch Kapitel B.VI).
Sowohl zu den Investitionsentscheidungen als auch zu ihrer Durchführung werden in aller Regel umfangreiche betriebswirtschaftliche Vorüberlegungen angestellt. Investitionsvorhaben gehören ab einer bestimmten Größenordnung, die in der Geschäftsordnung des Aufsichtsrats festgelegt ist, zu den berichtspflichtigen Angelegenheiten im Aufsichtsrat (§ 90 AktG), größere Vorhaben häufig sogar zu den zustimmungsbedürftigen Angelegenheiten (§ 111 Abs. 3 AktG). Ferner sind Produktions- und Investitionsprogramme als »wirtschaftliche Angelegenheiten« dem Wirtschaftsausschuss unter Darstellung der sich ergebenden Auswirkungen auf die Personalplanung zu erläutern (§ 106 Abs. 2 und 3 BetrVG). Auch eine Beratung über die Personalplanung (§ 92 BetrVG) kann sinnvoll nur in Kenntnis der Absatz-, Produktions- und Investitionsplanung erfolgen.

Personalplanung

Von wesentlicher Bedeutung zur Früherkennung von Betriebsänderungen ist auch die Personalplanung, hier insbesondere die Soll-Stellenplanung und die Personalkostenplanung. Die Soll-Stellenplanung gibt Auskunft darüber, wie viele Stellen in einer Abteilung für bestimmte Funktionen einzurichten sind. Liegt das definierte Personal-Soll unter dem aktuellen Personal-Ist-Bestand, besteht ein Personalüberhang, der zu einem Personalabbau führen kann, der – sofern er über den Grenzwerten der BAG-Staffel liegt (vgl. *Übersicht 3*) – als eine Betriebsänderung (Betriebseinschränkung durch Personalreduzierung) zu behandeln ist.
In manchen Unternehmen wird den Betriebsräten die Information nach § 92 BetrVG über die Personalplanung vorenthalten mit dem Argument, es gäbe keine Personalplanung. Diese Argumentation der Arbeitgeber wird heute durch den Einsatz entsprechender Planungssoftware immer unglaubwürdiger. Personalbedarfsplanung erfolgt häufig unter Anwendung arbeitswissenschaftlicher Methoden, um Zeit-Standards für bestimmte Vorgänge oder Aufgaben zu ermitteln. Dies gilt nicht nur für den Produktionsbereich, wo es bereits seit langem Vorgabezeiten und Arbeitsrichtwerte gibt. Auch im Angestelltenbereich großer und mittlerer Industrie- und Dienstleistungsunternehmen werden zunehmend Arbeitsaufgaben und -vorgänge inhaltlich neu strukturiert und zeitlich nor-

miert. Betriebsräte können davon ausgehen, dass in Unternehmen, in denen Mengen-Zeit-Relationen für bestimmte Vorgänge ermittelt wurden, häufig offiziell für Zwecke der Kostenrechnung, diese auch in die Personalbedarfsplanung einfließen.

Aber selbst dann, wenn der Arbeitgeber behauptet, dass er keine systematische Personalplanung hat, bedeutet dies nicht, dass das Mitbestimmungsrecht nach § 92 BetrVG nicht greift. Das LAG Berlin hat z. B. entschieden, dass der Arbeitgeber auch verpflichtet ist, spontane Personalentscheidungen nach § 92 mit dem Betriebsrat zu beraten, denn in diesen Fällen liegt eine »Spontanplanung« vor, die der Mitbestimmung unterliegt (LAG Berlin 13.6.1988 – 9 TaBV 1/88, DB 1988, 1860).

Betriebsräte können sich über den Wirtschaftsausschuss detailliert über die wirtschaftliche Planung und über deren Auswirkungen auf die Personalplanung informieren lassen, da der Wirtschaftsausschuss einen Rechtsanspruch auf Planinformationen hat (vgl. z. B. *DKW*, Rn. 44 zu § 106 BetrVG

In Unternehmen, die keinen Wirtschaftsausschuss haben, ist die Wahrnehmung der Beratungsrechte über die Personalplanung gem. § 92 BetrVG von besonderer Bedeutung zur Erlangung wirtschaftlicher Informationen. Denn nach der Rechtsprechung des BAG hat der Arbeitgeber die wirtschaftlichen Hintergründe für seine Personalplanung (also z. B. geplante Investitionsvorhaben, geplante und realisierte Umsatzentwicklung etc.) offenzulegen. Der Arbeitgeber ist verpflichtet, den Betriebsrat über alle Planungen und wirtschaftlichen Entwicklungen Auskunft zu erteilen, die Einfluss auf die Personalplanung ausüben. Denn diese wirtschaftlichen Angelegenheiten liegen auch nach Auffassung des BAG der Personalplanung zu Grunde (BAG 19.6.1984, AP Nr. 2 zu § 92 BetrVG). Somit ist es auch in Unternehmen mit weniger als 100 Beschäftigten rechtlich möglich, im Rahmen des § 92 BetrVG an Informationen über die wirtschaftliche Planung zu gelangen. Dies gilt selbst dann, wenn der Arbeitgeber den Personalstand unverändert lassen will; denn dann plant er eben, keine Personalveränderungen vorzunehmen. Auch zu dieser Planung muss es einen entsprechenden wirtschaftlichen Hintergrund geben. Zur Wahrnehmung seines Initiativrechts gem. § 92a BetrVG i. V. m. § 80 Abs. 2 BetrVG hat der Betriebsrat ebenfalls einen entsprechenden Informationsanspruch. Zu beachten ist selbstverständlich auch das generelle Informationsrecht des Betriebsrats nach § 80 Abs. 2 BetrVG, insbesondere in Verbindung mit Abs. 1 Ziff. 2, nach der der Betriebsrat die allgemeine Aufgabe hat, »Maßnahmen, die dem Betrieb und der Belegschaft dienen, beim Arbeitgeber zu beantragen«. Dies kann er aber nur, wenn er auch über die wirtschaftlichen Planungen informiert ist. Ähnlich verhält es sich bei den Unterrichtungs- und Beratungsrechten nach § 90 BetrVG (Maßnahmen zur Gestaltung von Arbeitsplatz, Arbeitsablauf und Arbeitsumgebung sowie Auswirkungen auf die Art der Arbeit und die Arbeitsanforderungen).

cc. Controlling

Controlling bedeutet betriebswirtschaftlich »Planung und Steuerung« des Unternehmens durch systematische und kontinuierliche Soll-Ist-Vergleiche. Ziel ist die Steuerung der wirtschaftlichen Entwicklung durch den Vergleich von Zielvorgaben (Soll) mit den tatsächlichen Ist-Zahlen (vgl. *Laßmann u.a.* 2020, S. 208f.). Ein Controlling ohne Planungsprozesse kann es demzufolge in der Praxis nicht geben. Die Aussage vieler Arbeitgeber: »Wir planen nicht« ist grundsätzlich unglaubwürdig, weil gerade die Planung zu den wesentlichen Aufgaben der Unternehmensführung gehört. Sie ist auf jeden Fall dann widerlegbar, wenn es in dem Unternehmen ein Controlling gibt.

Im Controlling wird möglichst genau die Entwicklung der einzelnen Ertrags- und Kostengrößen geplant und die Einhaltung der Planung kontrolliert. Wesentliches Instrument des Controllings ist die Kostenplanung (*Budgetierung*).

Im Controlling werden auch die Personalkosten genau geplant und den Abteilungen oder Kostenstellen als einzuhaltende Kosten (Personalkostenbudgetierung) vorgegeben. Eine Personalkostenplanung setzt aber voraus, dass etwaige Veränderungen im Personalbestand im Voraus berücksichtigt werden. Wird z.B. das Personalkostenbudget für einen Betrieb in derselben Höhe wie im Vorjahr angesetzt, dann bedeutet dies unter Berücksichtigung der üblichen tariflichen Lohnkostensteigerungen und der gesetzlichen Sozialabgaben faktisch, dass eine Personalreduzierung geplant wird. Denn anders könnte das vorgegebene Budget sonst nicht eingehalten werden. Auch die Personalkostenplanung ist Teil der Personalplanung und ist nach § 92 BetrVG mit dem Betriebsrat zu beraten.

Kostenpläne bzw. Budgets werden innerhalb großer Konzerne häufig von der Konzernleitung den untergeordneten (Tochter-)Unternehmen vorgegeben. Sie sind ein wesentliches Instrument dezentraler Führungsstrategien. Innerhalb des Budgets ist es den Geschäftsführungen der untergeordneten Unternehmen frei überlassen, mit welchen Maßnahmen, mit wie viel Personal und mit welcher Personalstruktur sie das Budget einzuhalten versuchen. Budgetierungsprozesse der beschriebenen Art führen deshalb häufig zu Veränderungen in der Personalstruktur (Aushilfen, Werkverträge, Leiharbeit, Teilzeitarbeit) und/oder der Entlohnungsstruktur. Budgetierungen finden aber auch in mittleren und kleinen Unternehmen als Steuerungsinstrument zunehmend Anwendung.

Das Controlling führt aber nicht nur Plankostenüberlegungen für den Personalbereich durch, sondern auch für alle anderen Kostengrößen. Ferner werden im Controlling auch die Erträge geplant. Dies geschieht ebenfalls mit einem sehr hohen Detaillierungsgrad, bezogen auf einzelne Sparten und Produkte und – sofern sinnvoll – auch für einzelne marktorientierte Betriebsteile oder Abteilungen. Eine Gegenüberstellung geplanter Erträge und geplanter Kosten ergibt die Planung der voraussichtlichen Gewinne bzw. Deckungsbeiträge (Deckungsbeitrag

ist eine betriebswirtschaftliche Bezeichnung für eine bestimmte Differenz zwischen Umsatzerlösen und Kosten, also eine Ergebnisgröße).
Von besonderer Bedeutung in diesem Zusammenhang sind die Plan-Deckungsbeitragsrechnung und die Ist-Deckungsbeitragsrechnung (häufig auch kurzfristige Erfolgsrechnung genannt). Bleiben die tatsächlich erwirtschafteten Deckungsbeiträge hinter den geplanten Deckungsbeiträgen zurück, so ist dies in aller Regel ein erstes betriebswirtschaftliches Warnsignal, das häufig zur Entwicklung von korrigierenden Maßnahmen genutzt wird (vgl. *Laßmann u. a.* 2020, S. 212ff.).
Erwirtschaften einzelne Produkte oder Abteilungen bzw. Betriebe ein negatives Ergebnis, so ist spätestens diese Verlustsituation ein ernstes Warnsignal für bevorstehende Anpassungsmaßnahmen bezüglich der bestehenden Kostenstrukturen oder der Veränderung des bestehenden Produktionsprogramms, die häufig zu Betriebsänderungen führen können. Die betriebsüblichen Deckungsbeitragsrechnungen im Rahmen der kurzfristigen Erfolgsrechnung gehören mit zu den Unterlagen, anhand derer der Wirtschaftsausschuss über die wirtschaftliche und finanzielle Lage des Unternehmens zu unterrichten ist (vgl. *DKW*, Rn. 52 zu § 106 BetrVG).

b. Jahresabschlussinformationen

Die bisher genannten Möglichkeiten, aus der Unternehmensstrategie, der Unternehmensplanung und dem Controlling Informationen für die Früherkennung von Betriebsänderungen zu gewinnen, sind unseres Erachtens wertvoller als der Informationsgehalt des Jahresabschlusses, und zwar aus folgenden Gründen (vgl. *Laßmann u. a.* 2020, S. 75f.):

1. Der Jahresabschluss enthält nur vergangenheitsbezogene Werte aus dem letzten und vorletzten Geschäftsjahr, während Informationen aus den Bereichen Strategie, Planung und Controlling einen zukunftsbezogenen Charakter haben. Zwar kann man versuchen, aus den Jahresabschlusszahlen mehrerer zurückliegender Jahre die vergangene Entwicklung zu erfassen und in die Zukunft als wahrscheinliche Entwicklung fortzuschreiben, um bestimmte Entwicklungstrends zu ermitteln. Aber Informationen über Ziele und *Planwerte* sind zuverlässiger und bilden auch die tatsächliche Grundlage zur Unternehmensführung.
2. Der Jahresabschluss bezieht sich auf das gesamte Unternehmen (bzw. auf den gesamten Konzern). Aus den Zahlen des Jahresabschlusses können negative Entwicklungen einzelner Betriebe, Sparten oder Produkte nicht erkannt werden. Sie wirken sich auch dann nicht auf die Gesamtdarstellung negativ aus, wenn sie durch positive Entwicklungen in anderen Betrieben, Sparten oder Produkten ausgeglichen werden. Detailinformationen über einzelne Bereiche im Unternehmen sind aber für die Früherkennung von Betriebsänderungen

besser geeignet als wirtschaftliche Zahlen, die sich nur auf das Gesamtunternehmen beziehen.

3. Die ausgewiesenen Zahlen im Jahresabschluss sind »mit Vorsicht zu genießen«, weil sie das Ergebnis von teilweise recht komplizierten Bewertungsvorgängen sind, die erheblichen Einfluss sowohl auf die ausgewiesene Höhe des Vermögens und der Verbindlichkeiten als auch auf die Aufwendungen und Erträge haben. Deshalb ist der *Wirtschaftsprüferbericht* eine weitere wichtige Informationsquelle, um zu einem Bild über die wirtschaftliche Lage zu kommen, das der Realität halbwegs angemessen ist. Der Wirtschaftsprüferbericht ist dem Wirtschaftsausschuss bei der Information über den Jahresabschluss vorzulegen. Diese Vorlage kann über ein Einigungsstellenverfahren nach § 109 BetrVG erzwungen werden (*Göritz u.a.* 2017, S. 49ff.).

Da Betriebsräte in der Praxis häufig große Schwierigkeiten haben, Informationen über die strategische und mittel-/kurzfristige Unternehmensplanung sowie aus dem Controlling zu erhalten, empfiehlt sich eine sorgfältige Jahresabschlussanalyse vor allem dann, wenn keine besseren Informationen vorliegen (vgl. hierzu auch *Engel-Bock/Laßmann/Rupp* 2012). Hierbei müssen die Zahlen über einen längeren Zeitraum miteinander verglichen werden, um Entwicklungstrends aufzeigen zu können.

Hinweis:
Es sollten aber nicht nur negative Entwicklungstrends gesucht werden. Die ermittelten Werte können auch mit Branchenwerten verglichen werden, um zu sehen, ob die Werte über, unter oder im Branchendurchschnitt liegen. Hier bieten die Einzelgewerkschaften, das Wirtschafts- und Sozialwissenschaftliche Institut des DGB (*WSI*) und die Hans-Böckler-Stiftung des DGB (*HBS*) häufig wertvolle Hilfestellungen an. Zunehmend erweist sich auch das Internet als wichtige Informationsquelle.
Warnsignale aufgrund von Branchenvergleichen liegen z.B. dann vor, wenn

- die Eigenkapitalquote unter dem Branchendurchschnitt liegt,
- der Verschuldungsgrad über dem Branchendurchschnitt liegt,
- die Verschuldungsstruktur branchenuntypisch ist,
- die Umsatzsteigerungen unter dem Branchendurchschnitt oder Umsatzeinbußen darüber liegen,
- die Zugänge zum Anlagevermögen sich unter dem Branchendurchschnitt bewegen,
- die Liquiditätsquoten vom Branchendurchschnitt negativ abweichen,
- der Anteil verschiedener Aufwandsarten in % des Umsatzes vom Branchendurchschnitt negativ abweicht.

Teilweise enthalten auch die Wirtschaftsprüferberichte im Zusammenhang mit dem Jahresabschluss konkrete Hinweise auf mögliche Risiken; z. B. wenn bemängelt wird, dass eine ordentliche Vorratsbewertung wegen einer mangelhaften

Kostenrechnung nicht möglich ist, oder auf hohe Ausfallrisiken im Forderungsbestand hingewiesen wird, die zu einer Gefährdung der Liquidität führen können.

Warnsignale aufgrund von *Bilanzanalysen* können dem Betriebsrat wichtige Hinweise auf mögliche Gefährdungen geben. Sie können zur Bildung diesbezüglicher Themenschwerpunkte im Wirtschaftsausschuss oder in den regelmäßigen Monatsgesprächen mit dem Arbeitgeber genutzt werden, um über die Konsequenzen, die der Arbeitgeber aus einer wirtschaftlichen Problemsituation ziehen könnte, früher und genauer informiert zu werden. Die Ergebnisse solcher Beratungsgespräche sollten auf jeden Fall protokolliert werden, um die Gefahr falscher Aussagen zu den kritischen Punkten durch den Arbeitgeber zu verringern.

Darüber hinaus können die Betriebsräte u. U. selbst ihnen erforderlich scheinende Maßnahmen entwickeln und vorschlagen. Hier kann vor allem das Initiativrecht zur Beschäftigungssicherung und -förderung gem. § 92a BetrVG genutzt werden. Auch wenn sich Betriebsräte leider zu selten mit solchen Vorschlägen beim Arbeitgeber durchsetzen werden, führt dies im Falle von Betriebsänderungen zu der günstigen Situation, dass in deren Vorfeld bereits vom Betriebsrat Alternativen angedacht worden sind (z. B. Aufnahme neuer Produkte in die Produktpalette, Abbau von Fremdfirmeneinsatz, Einführung von Kurzarbeit u. a. m.), die dann in die Verhandlungen über einen Interessenausgleich erneut eingebracht werden können.

c. Systematische Informationsverarbeitung durch arbeitnehmerorientierte Kennzifferninformationssysteme

Ebenso wie der Arbeitgeber an seinen wirtschaftlichen Interessen ausgerichtete Informationen benötigt, um zielstrebig handeln zu können, braucht der Betriebsrat seinerseits auf die verschiedenen Arbeitnehmer-Interessen bezogene Informationen, um diese zielgerichtet vertreten zu können. Ein arbeitnehmerorientiertes Kennzifferninformationssystem ist ein hilfreiches Instrument zur regelmäßigen Beschaffung, Sammlung und Auswertung solcher Informationen, die Auskunft über bisherige Veränderungen und zukünftige Entwicklungen geben, die zu einer möglichen Gefährdung von Arbeitnehmerinteressen führen können.

Hinweis:
Die Interessenvertretung sollte deshalb nicht nur die wirtschaftliche Entwicklung des Unternehmens aufmerksam verfolgen, sondern auch alle anderen Veränderungen sorgfältig registrieren, die für die Arbeitnehmer/innen von Bedeutung sind. Deshalb ist es grundsätzlich hilfreich für die Betriebsratsarbeit, mittels standardisierter Übersichten (*Kennziffernbogen*) Veränderungen und Entwicklungen in den nachfolgend genannten Arbeitnehmer-Interessenbereichen festzuhalten (vgl. hierzu *Laßmann/Rupp* 2014, S. 291 ff.):

- *Beschäftigung*
- *Einkommen*
- *Arbeitsbedingungen*
- *Qualifikation*
- *Sozialleistungen*
- *Umwelt*

Ein ernstes Warnsignal zur Früherkennung einer möglichen Betriebsänderung kann nämlich auch dann vorliegen, wenn der Arbeitgeber wegen einer angeblich angespannten wirtschaftlichen Situation negative Veränderungen in diesen Interessenbereichen herbeizuführen gedenkt oder aber bereits herbeigeführt hat, z. B. durch Einschränkung betrieblicher Sozialleistungen oder aber durch eine allmähliche Reduzierung betrieblicher Ausbildungs- und Qualifizierungsmaßnahmen. Die schleichende Veränderung der Personalstruktur oder des Personalstandes kann mit Hilfe eines Kennziffernbogens zum Interessenbereich »Beschäftigung« wesentlich leichter erkannt werden.
Kenntnisse über diese Bereiche können auch hilfreich bei den Interessenausgleichsverhandlungen sein. Dann z. B., wenn der Betriebsrat zum Interessenbereich »Arbeitszeit« genaue Überstundenstatistiken geführt hat, die nun zur Argumentation gegen geplanten Personalabbau verwendet werden können.
Für die Früherkennung von Betriebsänderungen sind darüber hinaus Informationen über die bisherige und geplante wirtschaftliche Entwicklung eines Unternehmens von besonderer Bedeutung. Auch sie sollten mit Hilfe von Kennziffernbogen regelmäßig beschafft, aufbewahrt und analysiert werden.
Denn wenn der Betriebsrat oder der Wirtschaftsausschuss erst in dem Augenblick, in dem er mit einer erheblichen Betriebsänderung konfrontiert wird, mühsam die Informationen über die wirtschaftliche Entwicklung der letzten Jahre beschaffen und analysieren muss, ist er bereits in einer schlechten Ausgangsposition. Allein schon aus zeitlichen Gründen wird es dann schwieriger, zu prüfen, ob die Arbeitgeber-Argumente zutreffen. Auch wird häufig das erforderliche Hintergrundwissen fehlen, um überhaupt eigene Alternativen zur vom Arbeitgeber geplanten Maßnahme entwickeln zu können. Gleiches gilt u. U. für die Begründung der wirtschaftlichen Vertretbarkeit der geforderten Sozialplanleistungen.
Deshalb ist es auch erforderlich, beschaffte Ist- und Plan-Daten über die wirtschaftliche Entwicklung systematisch aufzubewahren und auszuwerten. Ist erst einmal eine solche Informationssammlung über die wirtschaftlichen Daten vorhanden, dann wird die Entwicklung des Unternehmens über einen längeren Zeitraum leichter nachvollziehbar und negative Tendenzen werden eher erkannt. Auch gibt es ein Basiswissen über die Ökonomie des Unternehmens, das bei den Interessenausgleichs- und Sozialplanverhandlungen äußerst hilfreich sein kann.

Betriebsräte sollten sich somit auch zu den einzelnen wichtigen wirtschaftlichen Größen Dateien oder Kennziffernbogen anlegen, in die sie jeweils die aktuellen Werte aufnehmen. Solche wirtschaftlichen Kennziffernbogen liefern durch Zahlen belegbare Informationen über die Entwicklung einzelner wirtschaftlicher Kenngrößen über einen längeren Zeitraum. Mit ihrer Hilfe können z. B. auch die Werte und Kennzahlen aus dem Jahresabschluss festgehalten werden. Sie sollten neben den aktuellen Ist-Zahlen und den Vorjahresvergleichszahlen auch die aktuellen Planzahlen enthalten.

Erst die systematische Arbeit mit den Informationen zu den genannten Interessenbereichen der Beschäftigten und zu der wirtschaftlichen Entwicklung des Unternehmens erlaubt Schlussfolgerungen, die zur Früherkennung von Betriebsänderungen geeignet sind. Kennzifferninformationssysteme müssen unternehmensspezifisch entwickelt werden, da die Branche und Struktur des Unternehmens bzw. Betriebes zu berücksichtigen sind. Von gewerkschaftlicher Seite werden Kennzifferninformationssysteme für ein wertvolles Instrument gehalten, um soziale, personelle und wirtschaftliche Entwicklungen festzuhalten und Gefahren für die Interessen der Beschäftigten frühzeitig zu erkennen. Deshalb sind diese auch häufig Gegenstand gewerkschaftlicher Schulungen, auf denen empfohlen wird, dass der Wirtschaftsausschuss ein solches Informationssystem aufbaut und pflegt (vgl. hierzu auch *Laßmann u. a.* 2020, S. 380ff.).

d. Branchen- und Wirtschaftsinformationen

Bisher wurden im Wesentlichen interne, unternehmenseigene Informationsquellen zur Früherkennung von Betriebsänderungen behandelt. Jedoch ist zu beachten, dass sich Betriebsänderungen auch infolge von Branchen- und Wirtschaftsentwicklungen ergeben können, die häufig aus unternehmensexternen Informationsquellen beschafft werden können.

Die Beobachtung der Branchenentwicklung ist bereits deshalb erforderlich, weil solche Kenntnisse hilfreich zur richtigen Beurteilung bzw. Bewertung betrieblicher Entwicklungen und Vorgänge sind. Ein Finanzierungs- und Liquiditätsproblem in einem Unternehmen, das zu einer Branche gehört, in der es grundsätzliche strukturelle Probleme gibt (z. B. Montanindustrie, Grundstoffindustrie, Schiffbau), wird sicher ernster zu beurteilen sein als in einem Unternehmen, das einer Wachstumsbranche zuzurechnen ist: In Branchen mit Strukturproblemen ist die Gefahr von Betriebsstilllegungen grundsätzlich größer als in Wachstumsbranchen.

Wenn die Branchenentwicklung insgesamt stagnierende oder gar rückläufige Umsätze aufweist, wird es einem einzelnen Unternehmen schwerer fallen, Umsatzsteigerungen zu realisieren, als wenn das Unternehmen in einer Branche mit wachsenden Märkten tätig ist. Bei stagnierendem oder gar rückläufigem Branchenumsatz versuchen Unternehmen häufig, Umsatzanteile durch eine Billig-

preispolitik von konkurrierenden Unternehmen abzuziehen. Um Ertragseinbußen aufzufangen, werden verstärkt Rationalisierungen und Kostensparprogramme in den Betrieben durchgeführt. Kann der Umsatz nicht stabilisiert werden, führt dies häufig zu einer umsatzbedingten Betriebseinschränkung und zu betriebsbedingtem Personalabbau. In Krisensituationen kann es folglich durchaus zu mehreren Entlassungswellen kommen, die von ihrer jeweiligen Größenordnung nicht als mitbestimmungspflichtige Betriebsänderung gelten Hier ist es wichtig, über die Kenntnis der Unternehmensplanung (und insbesondere der Personalplanung) den inhaltlichen Zusammenhang der einzelnen Entlassungswellen aufzeigen zu können, um doch noch (evtl. nachträglich) zumindest einen Sozialplan für die Betroffenen erreichen zu können (und für die Beschäftigten die Möglichkeit zu eröffnen, einen Nachteilsausgleich gem. § 113BetrVG einklagen zu können).
Andererseits kann der Betriebsrat schlussfolgern, dass vermutlich ein schlechtes Management als Ursache für Umsatzrückgänge und Gewinneinbußen in Frage kommt, wenn das Unternehmen einer Wachstumsbranche angehört, in der Konkurrenzunternehmen Umsatzsteigerungen und gute Gewinne erzielen. Hier dürfte die Lösung vor allem in Veränderungen im Management zu suchen sein, die ggf. über die Arbeitnehmervertreter im Aufsichtsrat angeregt werden könnten. In einem solchen Fall ist dann aber auch eine Stabilisierung des Unternehmens eher zu erreichen, als wenn das Unternehmen einer Krisenbranche zuzurechnen ist.
Zu den wesentlichen Branchenkenntnissen sollte auch ein Überblick über die Wettbewerbssituation gehören. Große und starke Konkurrenten eines Unternehmens können eine rückläufige konjunkturelle Entwicklung häufig eher verkraften als kleinere Unternehmen mit geringen wirtschaftlichen Reserven.
Ferner ist es wichtig, über die *technologischen* Entwicklungen in der Branche informiert zu sein. Unternehmen und Betriebe, die den Anschluss an die technologische Entwicklung verlieren, weil sie z. B. die erforderlichen Neuanschaffungen nicht finanzieren können, geraten auf Dauer in eine schlechte Wettbewerbsposition. Dies kann zu Umsatzeinbußen und zur Gefährdung der Arbeitsplätze führen. Ein technologischer Rückstand ist in jedem Fall ein ernstes Warnsignal. Bei der Einführung neuer Technologien werden jedoch häufig Rationalisierungseffekte zu Personalabbaumaßnahmen führen. Das Dilemma für den Betriebsrat ist, dass sich bei der Nichteinführung neuer Technologien Betriebseinschränkungen oder gar -stilllegungen durch den Verlust der Wettbewerbsfähigkeit ergeben können. Betriebspolitische Zielsetzung müsste es sein, am technischen Fortschritt auf sozialverträgliche Art und Weise teilzunehmen. In diesem Zusammenhang sind insbesondere betriebliche Qualifizierung und berufliche Weiterbildung sehr wichtig.

Zur Branchenentwicklung gehören auch internationale Vorgänge. Wird in einer Branche beispielsweise ernsthaft die Diskussion geführt, dass in einem europäischen Gesamtmarkt nur noch Betriebe mit einer bestimmten Betriebsgröße den Konkurrenzanforderungen gewachsen sein werden, dann ist zu schlussfolgern, dass in dieser Branche demnächst viele Fusionen zwischen kleineren Unternehmen und viele Betriebszusammenlegungen erfolgen werden. Verlagern wesentliche Wettbewerber Teile der Produktion in das Ausland, um vor allem Lohnkosten zu sparen, dann kann der Betriebsrat damit rechnen, dass das Unternehmen über kurz oder lang dieselbe Politik verfolgen wird.

e. Weitere Ansatzpunkte zur Früherkennung

Außer den betriebswirtschaftlichen und an den Beschäftigteninteressen orientierten Informationen gibt es noch eine Reihe anderer Vorgänge im Unternehmen, die ebenfalls frühzeitig auf bevorstehende Betriebsänderungen hinweisen können.

Einsatz von Unternehmensberatern

Werden Unternehmensberater im Unternehmen oder im Betrieb tätig, ist dies ein deutliches Zeichen dafür, dass es ungelöste Probleme gibt, die die Unternehmensleitung bzw. Betriebsleitung erkannt hat, aber nicht allein zu bewältigen vermag. Solche Probleme können sich z. B. auf die aktuelle Markt- und Absatzlage beziehen. Stagnierende Umsätze und sinkende Marktanteile geben beispielsweise Anlass, einen Unternehmensberater mit einer Marktanalyse zu beauftragen, um zukunftsorientierte Produkt- und Marktstrategien zu erarbeiten. Im Ergebnis solcher strategischen Marktstudien wird dann häufig eine Bereinigung der Produktpalette oder Sortimentsstruktur mit der Konsequenz von Produktionseinschränkungen empfohlen. Oder aber ungünstige Kosten-Umsatz-Relationen (z. B. Umsatz pro Arbeitnehmer/in, Kosten pro Arbeitnehmer/in, Personal-, Sach- oder Gesamtkosten in % des Umsatzes) im Vergleich zu anderen Unternehmen der Branche veranlassen die Unternehmensleitung, eine Beratung zur Verbesserung der Kostenstrukturen in Anspruch zu nehmen. Solche branchenbezogenen Kennziffernvergleiche verfolgen oft den Zweck, die Kennziffern eines Unternehmens mit den Bestwerten der Branche zu vergleichen. Dieser Ansatz wird als Benchmarking bezeichnet und hat sich in den letzten Jahren in vielen Branchen durchgesetzt. Zielsetzung ist es, den Abstand zwischen den eigenen Werten und den Bestwerten des Branchenprimus zu ermitteln und zu bewerten. Im Anschluss hieran geht es um die Frage, mit welchen kurz- und mittelfristigen Maßnahmen es möglich ist, diese Bestwerte zu erreichen oder sogar zu übertreffen. I.d.R. ergibt sich ein Bündel verschiedener Maßnahmen, die im Zeitablauf realisiert werden sollen. Was dem Betriebsrat manchmal als eine Reihe zufälliger Einzelmaßnahmen erscheint, erweist sich oft als ein in sich geschlossenes Konzept zur Verbesserung der wirtschaftlichen Situation. Die Kenntnis über ein solch konzeptionelles Vorgehen kann für den Betriebsrat von erheblicher Bedeutung sein: Sofern nämlich die Einzelmaßnahmen jeweils den Tatbestand einer Betriebsänderung gem. § 111 BetrVG nicht erfüllen, kann der Betriebsrat die Rechtsfolgen nach §§ 111ff. BetrVG nur geltend machen, wenn er die verschiedenen Einzelmaßnahmen auf ein Gesamtkonzept zurückführen kann. In diesem Zusammenhang kann es hilfreich sein, wenn der Betriebsrat die Kennzifferstudien und Benchmarkingkonzepte kennt, die Anlass zu den geplanten Veränderungen gegeben haben.

Ohne eine konkrete Problemsituation würde die Beauftragung eines Unternehmensberaters nicht zu Stande kommen. Die von diesem vorgeschlagenen Problemlösungen werden mit Sicherheit zu irgendwelchen Veränderungen führen, die nachteilige Folgen für die Beschäftigten haben können. Unternehmensberatungen sind gewöhnlich sehr teuer, sodass man vom Einsatz des Unternehmensberaters schon auf die Größe des Problems schließen kann. Die Kosten für die Beratung müssen sich rentieren, d.h. etwa zu Vorschlägen führen, wie die Erträge über den Markt zu steigern sind (z.B. strategische Maßnahmen, strategische Schwerpunktbildung). Oder sie geben Empfehlungen, wie unmittelbar durch technische und/oder organisatorische Rationalisierung (mehr EDV-Technik, veränderte Arbeitsabläufe, Personalabbau usw.) Kosten eingespart werden können. In beiden Fällen sind oft erhebliche Auswirkungen auf die Beschäftigten zu erwarten.

Deshalb sollten Betriebsräte, wenn sie Kenntnis von der Beauftragung eines Unternehmensberaters erhalten, umgehend danach fragen, wie dieser Auftrag aussieht, wann die ersten Zwischenergebnisse vorliegen werden und bis wann die Beratung abgeschlossen sein wird. Wegen der Kosten, die mit einer solchen Beratung verbunden sind, erstellen Unternehmensberater in aller Regel ein umfangreiches Angebot, in dem

- die Ziele der Beratung und
- die einzelnen Aufgaben inhaltlich beschrieben sind;
- Beginn und Ende, Ablauf und Zeitphasen der Beratung erfasst sind,
- das Beratungsunternehmen auf Referenzen aus anderen Unternehmen hinweist,
- aufgelistet ist, in welchen Unternehmen vergleichbare Beratungen durchgeführt wurden und
- zu welchen Einsparungen (z.B. im Personalbereich) diese Beratungen geführt haben.

Dieses Beratungsangebot ist für den Betriebsrat eine wichtige Unterlage. Arbeitgeber leugnen häufig eine Existenz solcher Unterlagen. Jedoch ist es nicht glaubwürdig, dass Beratungsaufträge in Höhe mehrerer hunderttausend Euro vergeben werden, ohne dass Ziel, Vorgehen, Ablauf und wahrscheinliche Ergebnisse der Beratung schriftlich fixiert werden. Ferner ist es üblich, dass zwischen dem Unternehmen und dem Berater ein Beratungsvertrag abgeschlossen wird. Auch aus diesem *Beratungsvertrag* können wichtige Informationen über Ziel und Inhalt der Beratung hervorgehen. Solche Verträge gehören mit zu den wirtschaftlichen Angelegenheiten, über die der Arbeitgeber im Wirtschaftsausschuss zu berichten hat (vgl. *DKW*, Rn. 89 zu § 106 BetrVG). Hinweise für den Betriebsrat zum Umgang mit Unternehmensberatern finden sich bei Balkenhol (*www/ifb.de/wirtschaftsausschuss/wissen-infos/* management-und-unternehmensstrategien/wie-20-prozent-reagieren).

Veränderung der Eigentümerverhältnisse

Veränderungen in den Eigentümerverhältnissen oder Betriebsübergänge nach § 613a BGB sind zunächst rein unternehmensrechtliche Vorgänge, die betriebsverfassungsrechtlich nicht als Betriebsänderung gelten (vgl. Kapitel K). Jedoch sind im Anschluss an einen Eigentümerwechsel häufig gravierende Veränderungen im Unternehmen bzw. im Betrieb zu erwarten. Deshalb ist es äußerst wichtig, vom neuen Eigentümer möglichst schnell nähere Informationen über die Ziele und Motive des Erwerbs eines Unternehmens oder Betriebes und über die zukünftige Fortführung zu erhalten. Manchmal enthalten bereits die mit der Eigentumsveränderung verbundenen Verträge (Kaufvertrag, Gesellschaftsvertrag, u.a. auch Beherrschungs-, Ergebnisabführungsvertrag) wichtige Hinweise auf zukünftige Maßnahmen. Deshalb sollte der Betriebsrat oder Wirtschaftsausschuss die Vorlage solcher Verträge verlangen. Darüber hinaus sollte der Betriebsrat auch nicht versäumen, sich externe Informationen über den neuen Eigentümer zu verschaffen. Der Arbeitgeber ist verpflichtet, auf der Grundlage des § 80 Abs. 1 u. 2 BetrVG den Betriebsrat über einen bevorstehenden Betriebsübergang rechtzeitig und umfassend zu unterrichten Darüber hinaus sind auch die Beschäftigten gem. § 613a Abs. 5 BGB über den Betriebsübergang zu informieren (vgl. hierzu auch *Rupp* 2020, S. 43ff.).

Häufig werden wirtschaftlich angeschlagene Unternehmen nur in spekulativer Absicht erworben, um Vermögensbestandteile (z.B. Immobilien) gewinnbringend weiter zu veräußern. Hier liegt das Erwerbermotiv in der spekulativen Verwertung des Betriebsvermögens, nicht in der Fortführung des Betriebes.

Kommt der Erwerber aus derselben Branche, kann ihm u.U. wenig an der Fortführung des Betriebes liegen, wenn es ihm in erster Linie darum ging, einen Konkurrenten in einem engen Markt zu beseitigen. Insbesondere wenn in der Branche Überkapazitäten bestehen, kann in einem solchen Fall die Fortführung des Betriebes fraglich sein. Aber selbst wenn eine Fortführung erfolgen soll, heißt das noch lange nicht, dass diese Fortführung auf demselben Produktionsniveau erfolgt. Häufig ist mit solchen Unternehmenskäufen bzw. Betriebsübernahmen die Zusammenlegung von Produktions- und Verwaltungsbereichen verbunden. Dadurch verringern sich dann Produktions- und Verwaltungstätigkeiten in dem erworbenen Betrieb mit der Konsequenz des Personalabbaus oder zumindest umfangreicher Versetzungen, häufig überregional zu anderen Betrieben des Erwerbers.

Beteiligungspolitik

Auch aus der Sicht der Betriebsräte in solchen Unternehmen, die andere Unternehmen gezielt erwerben, kann eine aggressive Beteiligungspolitik zu Problemen führen. Zunächst ist nicht auszuschließen, dass auch Verlagerungen vom aufkaufenden zum aufgekauften Unternehmen stattfinden. Dies geschieht z.B. dann, wenn das aufgekaufte Unternehmen über bessere Betriebsstandorte (z.B. verkehrstechnischer Art) oder über freie Kapazitäten in seinen Betrieben verfügt. Für die Betriebsräte des aufkaufenden und des aufgekauften Unternehmens ist es deshalb wichtig, frühzeitig Kontakt aufzunehmen, um die gegenseitigen Betriebsbedingungen (z.B. Tarifbindung, Betriebsvereinbarungen) kennenzulernen, weil hieraus wichtige Schlussfolgerungen bezüglich möglicher Veränderungen und Gefahren für Beschäftigteninteressen gezogen werden können (vgl. Kapitel K).

Ferner müssen Unternehmensaufkäufe finanziert werden. Eine aggressive Beteiligungspolitik kann in dem aufkaufenden Unternehmen zu starken finanziellen Belastungen führen. Aus einer möglichen Verschlechterung des Verschuldungsgrads, der Beeinträchtigung der Kreditwürdigkeit, der Belastung der Liquidität und des Ertrags durch Zahlung des Kaufpreises und der Zinsen für die aufgenommenen Kredite können sich u.U. Bestandsrisiken für das Unternehmen ergeben (vgl. auch *Rupp* 2013, S. 48ff.).

Eine besondere Variante der Beteiligungspolitik stellen Ausgliederungen dar, d.h., dass Aufgaben, die bisher von bestimmten Abteilungen im Unternehmen wahrgenommen werden (z.B. Forschung und Entwicklung, Vermögens- und Anlagenverwaltung), auf neu gegründete, rechtlich selbstständige *Tochtergesellschaften* oder auf *Gemeinschaftsgründungen* mit anderen Unternehmen übertragen werden. Hier gilt es, rechtzeitig die Hintergründe solcher Transaktionen zu erfahren und zu prüfen, welche Gefahren für einen Fortbestand des Unternehmens oder Betriebes damit verbunden sein können. Die in solchen Fällen gegebenen umwandlungsrechtlichen Informationsansprüche des Betriebsrats und Wirtschaftsausschusses werden ausführlich in Kapitel K behandelt. Erfolgt der Verkauf eines Unternehmens an einen Finanzinvestor (Private Equity oder Hedge-Fond), dann ist damit zu rechnen, dass das gekaufte Unternehmen den Kaufpreis weitgehend selbst finanzieren muss. Dies erfolgt durch einen sog. Downstream-Merger, indem das Käuferunternehmen (die Muttergesellschaft) auf das Zielunternehmen (die Tochtergesellschaft) verschmolzen wird und so der meist fremdfinanzierte Kaufpreis in der Bilanz des gekauften Unternehmens auftaucht, das dann durch Zins- und Tilgungszahlungen wirtschaftlich und finanziell belastet wird (vgl. zu den Einzelheiten *Rupp* 2013, S. 48 ff.).

Personelle Veränderungen im Management
Nicht immer bedeutet eine personelle Veränderung in der Unternehmensführung ein Warnsignal. Zu beachten ist, warum diese personelle Veränderung zu Stande gekommen ist. Ein altersbedingtes oder karriereorientiertes Ausscheiden eines Geschäftsführers oder Vorstandsmitglieds ist sicher anders zu bewerten, als wenn dieser vorzeitig und wegen mangelnden Erfolges ein Unternehmen auf Initiative der Eigentümer verlassen muss. Im letzteren Fall zeigt der Grund des Ausscheidens deutlich, dass es ungelöste Probleme gibt, die beseitigt werden sollen. Genauso wie im Falle der Unternehmensberatung drohen dann wesentliche Veränderungen, die »der neue Mann« im Management herbeiführen soll.
Deshalb ist es wichtig, dass der Betriebsrat möglichst schnell den Kontakt zu dem neuen Verantwortlichen aufnimmt, um dessen Ziele und Pläne in Erfahrung zu bringen. Wichtig ist auch, über neue Manager Informationen einzuholen. Ergeben diese, dass die Eigentümer einen »knallharten Sanierer« eingesetzt haben, weiß der Betriebsrat zugleich, aus welcher Ecke in den nächsten Jahren der Wind pfeifen wird.

Personelle Veränderungen in der Belegschaft
Auch personelle Veränderungen in der Belegschaft können Hinweise auf beabsichtigte Betriebsänderungen liefern, wie das folgende Beispiel aus einem Dienstleistungsunternehmen zeigt:

> **Beispiel:**
> In einer Bank wurden drei Betriebswirte zusätzlich eingestellt, die für die Organisationsabteilung tätig werden sollten. Ihr Schwerpunkt: Arbeitswissenschaft. Kurz nach ihrer Einstellung folgten erste arbeitswissenschaftliche Studien, um Bearbeitungszeiten für einzelne Tätigkeiten zu erheben, jedoch nur in wenigen Bereichen und zur Verbesserung der Kostenrechnung, wie es hieß. Auf der Basis dieser Bearbeitungszeiten errechnete man dann den Personalbedarf für diese Tätigkeiten auf die Gesamtbank hoch und kam zu teilweise gravierenden Personalüberhängen. Die Überlegung, dass drei zusätzliche Betriebswirte für die Arbeitsorganisation der Bank rd. 250 000 Euro jährlich zusätzliche Kosten verursachen und dass sich diese Kosten möglichst kurzfristig amortisieren und einen Überschuss erwirtschaften sollen, hätte den Betriebsrat warnen müssen.

Zu beachten sind aber auch personelle Veränderungen infolge personen- und verhaltensbedingter Kündigungen. Betriebsräte berichten, dass im Vorfeld von Betriebsänderungen oft eine Zunahme von Abmahnungen und Kündigungen zu beobachten ist. Der Arbeitgeber versucht hierdurch, bereits eine Personalreduzierung vor Beginn der Realisierung der Betriebsänderung zu bewirken in der Absicht, Sozialplankosten zu sparen und möglicherweise auch eine Sozialauswahl zumindest teilweise zu umgehen. U. U. will er auch die Zahl der betroffenen Arbeitnehmer/innen unter die Grenzwerte der BAG-Staffel drücken, um die Betriebsänderung mitbestimmungsfrei durchführen zu können. Deshalb sollten Betriebsräte auf die Zunahme von Abmahnungen und personen- und verhaltensbedingten Kündigungen achten und in jedem Einzelfall die Hintergründe sorgfältig prüfen. Vor allem aber sollten sie darauf dringen, dass die durch solche Kündigungen freigewordenen Arbeitsplätze umgehend wieder neu besetzt werden. Sonst ergibt sich in der Tat ein Personalabbau durch eine solche Arbeitgeber-Taktik.

Veränderungen im organisatorischen Bereich

Grundlegende organisatorische Veränderungen sind als Betriebsänderungen zu behandeln. Darüber hinaus können aber auch kleinere organisatorische Veränderungen eine Signalwirkung haben, da sie darauf hinweisen, dass es bestimmte Probleme gibt, die beseitigt werden sollen. Manchmal bereiten kleinere Maßnahmen gravierende Einschnitte vor. Vielleicht soll eine Reihe kleiner Veränderungen eine grundlegende Änderung zeitlich strecken (schleichende Betriebsänderung), um das Mitbestimmungsrecht des Betriebsrats zu unterlaufen. Deshalb sollten Betriebsräte auch solche kleineren Veränderungen sorgfältig registrieren und nach den dahinterliegenden Ursachen fragen (vgl. auch Kapitel E.I).

Die Einrichtung einer neuen Stabsstelle »Controlling « kann ein Indiz dafür sein, dass im Unternehmen zukünftig Planung und Kontrolle viel genauer erfolgen sollen. Möglicherweise sollen neue betriebswirtschaftliche Informationssysteme aufgebaut werden, die es ermöglichen, die Wirtschaftlichkeit einzelner Abteilungen genauer als bisher zu überprüfen. Aus solchen Überprüfungen können sich schnell gravierende Einschnitte ergeben: »Das Controlling hat festgestellt, dass große Teile der Vorproduktion unwirtschaftlich sind und schlägt vor, die Fertigungstiefe erheblich zu verringern. Deshalb sollen zunächst die Tischlerei und die Wickelei aufgegeben und durch Fremdbezug ersetzt werden.« So oder ähnlich lauten die offiziellen Verlautbarungen, wenn die Controllingergebnisse im Betrieb oder im Unternehmen öffentlich gemacht werden.

Die Neuorganisation des Verkaufsbereichs in einer Filiale kann für sich genommen nur wenige Beschäftigte des Unternehmens betreffen. Sie stellt deshalb keine mitbestimmungspflichtige Betriebsänderung dar. Allerdings kann es sich hierbei auch um ein Pilotprojekt handeln mit dem Ziel, eine neue Organisationsform zu testen, die dann für alle Filialen gültig sein soll. Oder aber es handelt sich bereits um die erste schrittweise Umsetzung eines neuen Organisationskonzepts, über das der Betriebsrat noch gar nicht informiert wurde.

Diese Beispiele sollen veranschaulichen, dass es wichtig ist, selbst kleine Veränderungen im Betrieb bzw. im Unternehmen zu registrieren und auf ihre Bedeutung zu hinterfragen. Insbesondere die Einordnung dieser kleinen Veränderungen in einen größeren Gesamtzusammenhang und die dann richtige Bewertung ist eine schwierige, aber auch lohnenswerte Aufgabe.

Veränderungen im technischen Bereich
Ähnlich wie bei organisatorischen Veränderungen können noch mehr im technischen Bereich kleine Veränderungen laufend durchgeführt werden, ohne dass ihre Zusammengehörigkeit und damit die Größe der gesamten Maßnahme erkennbar wird. Auch hier sollten die ersten Beobachtungen des Betriebsrats zu weitergehenden Fragen Anlass geben. Insbesondere ist bei solchen Beobachtungen die Investitionsplanung zu thematisieren, weil sich aus der Gesamtheit der geplanten Projekte eher ein Gesamtzusammenhang zwischen den beobachteten Vorgängen ableiten lässt. Lassen sich die verschiedenen einzelnen Projekte wegen ihres Zusammenhangs und ihres zeitlichen Zusammentreffens auf eine Gesamtplanung zurückführen, kann der Betriebsrat eine Betriebsänderung reklamieren. Die Gewerkschaften haben vielfältig die Erfahrung gemacht, dass auch im technischen Bereich einzelne kleinere Projekte Pilotfunktion hatten und anschließend große Bereiche der Produktion mit einer neuen Technik ausgestattet wurden.
Auch wenn mit technischen Veränderungen kein Personalabbau verbunden ist, so können sich mit der Einführung neuer Techniken dennoch wesentliche Nachteile für die Arbeitnehmer/innen ergeben (z.B. Veränderung der Arbeitsumgebung und der Arbeitsintensität, Qualifikationsverschiebung, Abgruppierungen, Versetzungen usw.), die durch den Interessenausgleich und Sozialplan einer Regelung bedürfen. Ein Problem zur Wahrnehmung der Mitbestimmungsrechte nach §§ 111, 112 BetrVG ist oft, dass Betriebsrat bei der Identifikation von Betriebsänderungen zu stark auf den Vorgang der Personalreduzierung fixiert sind und teilweise hierdurch andere Vorgänge, die nicht mit einem Personalabbau verbunden sind, außer Acht lassen.

3. Die wichtigsten Informationsquellen

Die eigentlich wichtigste Informationsquelle für den Betriebsrat ist – betriebsverfassungsrechtlich betrachtet – der Arbeitgeber. Da Arbeitgeber aber häufig ihren gesetzlichen Informationspflichten nicht korrekt nachkommen, muss der Betriebsrat versuchen, sich aus anderen Quellen zusätzliche Informationen zu beschaffen. Selbst wenn ihm dies gelingt, darf er trotzdem nicht den Arbeitgeber aus seiner Informationspflicht entlassen. Vielmehr sollte er die zusätzlich gewonnenen Informationen nutzen, dem Arbeitgeber gezielt Fragen zu stellen und die

Antworten bezüglich ihrer Glaubwürdigkeit zu bewerten. Zusätzliche Informationsquellen sind u. a. die Belegschaft, andere Mitbestimmungsorgane, unternehmensexterne Einrichtungen.

a. Die Belegschaft

Betriebsräte sollten viel stärker beachten, dass die Belegschaft für die Betriebsratsarbeit wichtige Unterstützung leisten kann und für eine erfolgreiche Betriebsratspolitik auch leisten muss. Die Belegschaft ist für eine systematische Betriebsratsarbeit, die sich aus dem arbeitgeberseitigen Informationsmonopol lösen will, die mit Abstand wichtigste Informationsquelle.

Insbesondere in größeren Betrieben ist es dem Betriebsrat häufig nicht mehr möglich, die zuvor genannten kleinen Veränderungen ständig selbst zu registrieren und zu interpretieren. Hier ist dann ein Informationsfluss aus der Belegschaft zum Betriebsrat von hoher Bedeutung. Dieser Informationsfluss kann z. B. über Vertrauensleute in den verschiedenen Bereichen organisiert werden.

Von entscheidender Bedeutung ist, dass sich Betriebsräte der Tatsache bewusst werden, dass der Arbeitgeber bei fast allen Vorgängen auf die Mitwirkung einzelner Beschäftigter angewiesen ist. Diese verfügen über hohe Detailkenntnisse betrieblicher Vorgänge und Veränderungen, die sie im Rahmen ihrer täglichen Arbeit erwerben und die ihnen wichtige Rückschlüsse erlauben:

- In der Abteilung »Rechnungseingang« z. B. fallen zuerst Informationen an, dass ein Großabnehmer seine ausstehenden Rechnungen nicht mehr pünktlich bezahlen kann.
- In der Abteilung »Zahlungsausgänge« stellen die Kollegen zuerst fest, dass das Unternehmen sein Lieferantenskonto nicht mehr in Anspruch nehmen kann, weil die Kreditlinien bei der Bank ausgeschöpft sind.
- In der Buchführung kann zuerst auffallen, dass es Probleme mit der Hausbank gegeben hat wegen der Einlösung ausgestellter, aber nicht gedeckter Schecks bzw. dass es einige Scheckproteste gab.
- In der Bilanzbuchhaltung wird zuerst auffallen, dass eine Änderung bei den Bewertungsmethoden den Ausweis eingetretener Verluste vermindern soll.
- Im Wareneingang dürfte zuerst auffallen, dass bisherige Stammlieferanten keine Waren oder Vorprodukte mehr anliefern und dass andere Lieferanten bei ihren Lieferungen statt Schecks nunmehr Wechsel erhalten haben.
- In der Lagerhaltung werden die Kollegen zuerst feststellen, dass das Fertigwarenlager immer voller wird, weil der Absatz stagniert.
- Im Vertrieb oder in der Auftragsannahme kann wiederum auffallen, dass die Zahl nicht kostendeckender Angebote zunimmt, um die Kunden zu halten.
- In der Arbeitsvorbereitung werden die Kollegen zuerst feststellen, dass der Stress plötzlich weg ist und sich Beschäftigungsprobleme einstellen können, weil sich z. B. erwartete Großaufträge verzögern.

- Die Meister werden zuerst darüber Kenntnis erhalten, dass z. B. bereits angekündigte Instandhaltungsmaßnahmen und Investitionen aufgeschoben oder nicht mehr durchgeführt werden sollen.
- Den Kollegen wird zuerst auffallen, wenn z. B. betriebsfremden Personen der Produktionsablauf erläutert wird und diese einzelne Maschinen begutachten.

So ergeben sich Hinweise auf eine möglicherweise schwierige wirtschaftliche Situation eines Unternehmens bzw. Betriebes oder auf bevorstehende Veränderungen aus der Abweichung von betriebsüblichen Gepflogenheiten durch Beobachtung besonderer Vorgänge.

Auf diesem Wege kann sich der Betriebsrat Informationen zu folgenden Warnsignalen verschaffen:

- ein anderes Verhalten von Banken und Lieferanten als bisherige Kreditgeber;
- das Wegbleiben bisher üblicher Lieferanten;
- die Veränderung bisher üblicher Zahlungsgepflogenheiten;
- die Unterauslastung zunächst nur einzelner Bereiche in der Produktion;
- eine bisher nicht übliche Lagerbestandsmenge;
- eine Verschiebung geplanter Investitionen usw.

Versteht es ein Betriebsrat, durch ein gutes Vertrauensverhältnis zur Belegschaft im informellen Kontakt solche Veränderungen in Erfahrung zu bringen, so verschafft er sich selbst wesentliche Informationen und löst sich aus der Informationsabhängigkeit vom Arbeitgeber. Für einzelne Veränderungen kann es ganz vernünftige und einsehbare Gründe geben. Fallen jedoch mehrere solcher Veränderungen zeitgleich zusammen, dann sind dies deutliche Warnsignale für eine ernst zu nehmende wirtschaftliche Situation.

b. Andere Mitbestimmungsorgane

Von hoher Bedeutung ist auch, dass Betriebsräte nicht nur ihre eigenen Informationsrechte geltend machen und ausschöpfen, sondern dass sie darüber hinaus – soweit vorhanden – den Wirtschaftsausschuss, den Gesamtbetriebsrat, den Konzernbetriebsrat und die Arbeitnehmervertreter im Aufsichtsrat als wichtige Informationsquellen nutzen sollten.

Vergleicht man einmal die Aufzählung zu den wirtschaftlichen Angelegenheiten in § 106 Abs. 3 Ziff. 4–9 BetrVG mit der Aufzählung möglicher Betriebsänderungen in § 111 BetrVG, so zeigt sich eine weitgehende Übereinstimmung. Dies bedeutet, dass jede vom Arbeitgeber geplante Betriebsänderung nicht nur nach §§ 111, 112 BetrVG mitbestimmungspflichtig ist, sondern zuvor auch rechtzeitig und umfassend eine Unterrichtung und Beratung im Wirtschaftsausschuss erfolgt sein muss und zwar auch dann, wenn die Betriebsänderung nach ihrer Größe und Bedeutung nicht als mitbestimmungspflichtig anzusehen ist (vgl. *DKW,* Rn. 82f. zu § 106 BetrVG). Der Wirtschaftsausschuss ist zeitlich in einem früheren Planungsstadium zu informieren als der Betriebsrat (vgl. *Fitting*, Rn. 31 zu § 110 BetrVG).

Die Unterrichtungspflicht des Arbeitgebers über die wirtschaftlichen Angelegenheiten im Wirtschaftsausschuss sollte dazu genutzt werden, mit Hilfe eines systematischen Fragenkatalogs auch die Planung möglicher Betriebsänderungen zu thematisieren. Da der Katalog des § 106 Abs. 3 Nr. 4–10 BetrVG alle denkbaren Betriebsänderungsfälle als wirtschaftliche Angelegenheiten bezeichnet, kann auch direkt danach gefragt werden. Dort, wo ein Wirtschaftsausschuss besteht, der regelmäßig einmal im Monat tagt und entsprechende Fragen gestellt wurden, der Betriebsrat aber dennoch von einer Betriebsänderung überrascht wird, hat der Arbeitgeber nachweislich gegen seine Informationspflicht gegenüber dem Wirtschaftsausschuss verstoßen. Dies kann nach § 121 Abs. 1 BetrVG als Ordnungswidrigkeit geahndet werden.
In Unternehmen mit mehreren Betriebsstätten wird der Wirtschaftsausschuss durch den Gesamtbetriebsrat gebildet. Innerhalb einer solchen Unternehmensstruktur ist es für den Betriebsrat in einem bestimmten Betrieb von wesentlicher Bedeutung, dass seine betriebsbezogenen Probleme und Fragen sowohl im Gesamtbetriebsrat als auch im Wirtschaftsausschuss zu Geltung kommen und thematisiert werden. Hier sind eine Abstimmung und ein guter Informationsaustausch zwischen den verschiedenen Mitbestimmungsgremien und -ebenen erforderlich, sollen die betriebsverfassungsrechtlichen Informationsmöglichkeiten voll ausgeschöpft werden.
Gleiches gilt für die Informationsmöglichkeiten im *Aufsichtsrat.* Wenn der Betriebsrat, der Gesamtbetriebsrat und der Wirtschaftsausschuss vom Arbeitgeber nur unzureichend informiert werden, dann sollten die Arbeitnehmervertreter im Aufsichtsrat von der Möglichkeit eines Auskunftsbegehrens Gebrauch machen (§ 90 Abs. 3 AktG). Ferner sind natürlich alle unternehmenspolitischen Weichenstellungen, die im Aufsichtsrat erörtert werden, für den Betriebsrat von hoher Bedeutung. Insbesondere strukturelle Veränderungen im Unternehmen, die Entwicklung verschiedener Unternehmensbereiche, größere Investitionsvorhaben, der Erwerb von Beteiligungen oder umwandlungsrechtliche Maßnahmen sind wesentliche Themen, die im Aufsichtsrat diskutiert werden und frühzeitig Hinweise auf Veränderungen geben können. Sollen solche Aufsichtsratsinformationen für die Früherkennung von Betriebsänderungen genutzt werden, ist es erforderlich, dass sie an den Gesamtbetriebsrat und die örtlichen Betriebsräte weitergegeben werden. Sofern es sich um Betriebs- und Geschäftsgeheimnisse oder vertrauliche Informationen handelt, ist aber das Verschwiegenheitsgebot der Aufsichtsratsmitglieder zu beachten (§ 93 Abs.1 AktG). Wegen der häufigen Personenidentität bei Betriebsrats-/Wirtschaftsausschuss- und Aufsichtsrat-Mandaten sollte die Kenntnis aus der Aufsichtsratstätigkeit zu entsprechenden Fragen an den Arbeitgeber im Rahmen der Monatsgespräche (§ 70 Abs. 1 BetrVG) und den Sitzungen des Wirtschaftsausschusses genutzt werden. Erfahrungsgemäß werden solche Fragen dann auch wahrheitsgemäß beantwortet. Eine Weitergabe

brisanter Informationen aus dem Aufsichtsrat an Betriebsrat/Wirtschaftsausschuss ist dann meist nicht erforderlich. Da die Betriebsräte/Wirtschaftsausschuss selbst der Verschwiegenheitspflicht unterliegen und diese Informationen zur Vertretung der Belegschaftsinteressen erforderlich sind, ist eine Mitteilung über geplante Betriebsänderungen im Aufsichtsrat an den Betriebsrat rechtlich statthaft und betriebspolitisch geboten, wenn der Arbeitgeber seinen betriebsverfassungsrechtlichen Verpflichtungen nicht nachkommt und nur so Arbeitnehmerinteressen im Wege einer »Ersatzvornahme« wirksam vertreten werden können (vgl. hierzu *Köstler* 2003, S. 16).

Häufig führen auch Konzernentscheidungen zu Betriebsänderungen, z. B. hinsichtlich der Konzentration der Produktion auf besonders günstige Standorte. Dies führt i. d. R. dann zu Zusammenlegungen, Verlagerungen und Stilllegungen. Deshalb ist auch ein Konzernbetriebsrat (ggf. auch ein auf freiwilliger Vereinbarung beruhender Konzern-Wirtschaftsausschuss) – oder wenn die Konzernzentrale im (europäischen) Ausland sitzt – der Europäische Betriebsrat weitere wichtige Quellen zur Informationsbeschaffung, weil solche Grundsatzentscheidungen auf oberster Konzernebene getroffen werden. Gleiches gilt für Konzernvorgaben an einzelne Unternehmen und Betriebe. Werden konzernpolitische Fragen im Konzernbetriebsrat oder Europäischen Betriebsrat erörtert, können sich hieraus wichtige Schlussfolgerungen für einzelne Unternehmen und Betrieb ergeben.

Grundsätzlich sollte gelten, dass Informationsmöglichkeiten auf allen Mitbestimmungsebenen systematisch und gezielt genutzt werden. Ferner sollten wesentliche Probleme oder Fragen auf allen Ebenen thematisiert werden, weil Betriebsräte immer wieder davon berichten, dass im Aufsichtsrat andere Auskünfte gegeben werden als gegenüber dem Gesamtbetriebsrat oder einem örtlichen Betriebsrat. Arbeitgeberaussagen auf verschiedenen Ebenen können dann miteinander verglichen und bezüglich ihrer Plausibilität hinterfragt und bei unterschiedlichen Informationen auf Aufklärung gedrängt werden.

c. Externe Informationsquellen

Betriebsräte sollten auch einmal grundsätzlich überlegen, welche externen Informationsquellen genutzt werden können, um zusätzliche Informationen zu erhalten, oder aber um eine Bewertung erhaltener Informationen vornehmen zu können. Dies können zunächst Betriebsräte anderer Betriebe oder Unternehmen derselben Branche oder sogar verschiedener Branchen sein. Solche Kontakte lassen sich oft über gewerkschaftliche Schulungsmaßnahmen herstellen und sollten dann auch gepflegt werden.

Wünschenswert wäre oft ein branchenbezogener Erfahrungsaustausch in *Betriebsratsarbeitskreisen* oder auf *Betriebsratskonferenzen*, um aktuelle »branchenübliche« Problemsituationen aufzuarbeiten und um Erfolg versprechende Lösungsansätze gemeinsam zu entwickeln. Aber selbst ein branchenübergreifender Erfahrungsaustausch kann sinnvoll sein, z. B. bei der Frage, wie sich der Betriebsrat anlässlich einer Struktur- und Kostenuntersuchung (z. B. Gemeinkostenwertanalyse, Prozesskostenrechnung, Wertschöpfungsanalyse) durch einen Unternehmensberater möglichst erfolgreich gegen einen drohenden Personalabbau wehren kann.

Bei der Informationsbeschaffung und -bewertung leisten die Gewerkschaften wertvolle Unterstützung. Sowohl über die regionale wie überregionale Arbeit der Einzelgewerkschaften können häufig Informationen zu besonderen Problemen beschafft oder Handlungshilfen gegeben werden. Auch die wissenschaftlichen Einrichtungen des DGB, die Hans-Böckler-Stiftung (HBS) und das Wirtschafts- und Sozialwissenschaftliche Institut (WSI) sammeln Brancheninformationen und leisten z. B. Unterstützung bei Bilanzauswertungen. Ferner können arbeitnehmerorientierte Rechtsanwälte und Beratungseinrichtungen bei speziellen Fragen hinzugezogen werden. Auch über das Internet lassen sich wertvolle Informationen beschaffen.

Wichtige Informationen werden häufig von den Arbeitgeberverbänden als Hilfestellung für die Unternehmensführungen zusammengestellt. Außer branchenspezifischen Leistungskennzahlen und Markteinschätzungen enthalten solche Unterlagen häufig auch konkrete Gestaltungsempfehlungen, die durchaus Frühwarncharakter haben können. Betriebsräte können solche Verbandsempfehlungen entweder selbst oder aber über Dritte, z. B. arbeitnehmerorientierte Beratungseinrichtungen oder Hochschullehrer, anfordern. Ferner sind Fachzeitschriften, Brancheninformationsdienste und die Wirtschaftspresse als weitere externe Informationsquellen zu nennen.

Wir sind uns bewusst, dass es einem Betriebsrat nicht möglich sein wird, diese Informationsquellen kontinuierlich und systematisch zu nutzen. Allein schon aus Zeitgründen wird er hierzu nicht in der Lage sein. Wenn es aber Anhaltspunkte für eine schwierige wirtschaftliche Situation oder für eine drohende Betriebsänderung gibt, dann empfiehlt es sich jedoch, auch gezielt auf diese externen Informationsmöglichkeiten zurückzugreifen.

Abschließend sei angemerkt, dass es offensichtlich im Vorfeld von Betriebsänderungen vielfältige Informationsmöglichkeiten und Warnsignale gibt. Jedoch ist zu beachten, dass nicht jede negative Information oder jedes Warnsignal zwangsläufig zu einer Betriebsänderung führen muss. Der Betriebsrat kann aber davon ausgehen, dass beim Vorliegen mehrerer kritischer Aspekte die Wahrscheinlichkeit für einschneidende Maßnahmen durch die Geschäftsführung recht hoch ist. In solchen Fällen ist es wichtig, den Arbeitgeber auf allen Ebenen (Betriebsrat, Gesamtbetriebsrat, Konzernbetriebsrat, Europäischer Betriebsrat, Wirtschaftsausschuss) mit der vermuteten Problematik zu konfrontieren mit dem Ziel, möglichst verbindliche Aussagen zu zukünftigen Entwicklungen und möglichen

Maßnahmen zu erhalten. Oft halten Betriebsräte es nicht für sinnvoll, ihre kritischen Wahrnehmungen und Befürchtungen offen anzusprechen, »um keine schlafenden Hunde zu wecken«. Wir halten dies in den meisten Fällen für falsch. Denn einerseits sollen Probleme und Befürchtungen nur angesprochen werden, wenn es objektive Anzeichen hierfür gibt. Dann aber ist davon auszugehen, dass die Geschäftsführung diese Anzeichen schon lange registriert hat und in den meisten Fällen bereits darüber nachdenkt, welche Reaktionsmöglichkeiten und Maßnahmen in Frage kommen. Das Risiko, dass Betriebsrat und Wirtschaftsausschuss durch die Beratung von ihnen erkannter Probleme, durch das Anfordern zusätzlicher Informationen und durch die Nachfrage nach möglichen Anpassungsmaßnahmen den Arbeitgeber erst auf bestimmte Probleme hinweisen und so u. U. Veränderungen, die zu befürchten sind, selbst initiieren, betrachten wir als sehr gering. Es mag sein, dass Arbeitgeber in solchen Fällen manchmal in der Art reagieren, dass sie sich dumm stellen und behaupten, die Entwicklungen und Probleme so noch gar nicht registriert zu haben, um begründen zu können, warum sie dem Betriebsrat noch keine Antworten auf die Fragen geben und sich Problemlösungen vorstellen können. Dies halten wir aber für eine Hinhaltetaktik, weil der Arbeitgeber aus den zuvor erläuterten Gründen den Zeitpunkt der Information der Interessenvertretung lieber selbst bestimmen will. Aber selbst wenn der Arbeitgeber tatsächlich die vom Betriebsrat angesprochenen Entwicklungen und Probleme so noch nicht wahrgenommen hat (was für ein unfähiges Management spricht), ist es dennoch wichtig, diese anzusprechen. Denn je frühzeitiger Probleme erkannt und angegangen werden, umso größer sind die Möglichkeiten, sozialverträgliche Lösungen zu finden.

III. Vertiefende und weiterführende Literatur

Engel-Bock/Laßmann/Rupp, Bilanzanalyse leicht gemacht. Ein praktischer Ratgeber, Frankfurt am Main, 6. Auflage 2012

Köstler, Verschwiegenheitspflicht. Hinweise zum praktischen Umgang, Schriftenreihe der Hans-Böckler-Stiftung Nr. 5, 2. Auflage 2003

Laßmann/Mengay/Rupp, Handbuch für den Wirtschaftsausschuss, Frankfurt am Main, 11. Auflage 2020

Laßmann/Rupp, Der Betriebsübergang. Handlungshilfe für Betriebsräte und Vertrauensleute Nr. 10, IG Metall Vorstand FB Betriebspolitik (Hrsg.), Frankfurt am Main 2020

Rupp, Übernahme durch Finanzinvestoren, Handlungshilfe für Betriebsräte und Vertrauensleute Nr. 26, IG Metall Vorstand, FB Betriebs- und Mitbestimmungspolitik (Hrsg.), Frankfurt am Main, 3. Auflage 2017

E. Der Betriebsrat erfährt von einer geplanten Betriebsänderung – Was ist zu tun?

Inhaltsübersicht

In diesem Kapitel sollen grundsätzliche Handlungsempfehlungen gegeben werden für die Phase von der Erstinformation über eine geplante Betriebsänderung bis zum Zeitpunkt der direkten Vorbereitung und Durchführung der Verhandlungen (vgl. hierzu Kapitel F) mit dem Arbeitgeber über einen Interessenausgleich und einen Sozialplan. In dieser wichtigen Phase legt der Betriebsrat seine grundlegenden Verhandlungsziele und Verhandlungsstrategien fest. Außerdem muss er die geplante Betriebsänderung anhand der vom Arbeitgeber erhaltenen

Informationen kritisch überprüfen, um zu versuchen, konzeptionelle Veränderungen im Belegschaftsinteresse zu erreichen.
Insbesondere geht es in dieser wichtigen Phase um die

- Überprüfung der Mitbestimmungspflicht einer Betriebsänderung,
- richtige Nutzung der Informationsrechte des Betriebsrats,
- Feststellung des Handlungsbedarfs und der zeitlichen wie inhaltlichen Handlungsspielräume,
- Festlegung der Verhandlungsziele des Betriebsrats,
- Entwicklung eines eigenen Verhandlungskonzepts für den Interessenausgleich,
- Ausarbeitung eines eigenen Sozialplanentwurfs,
- Festlegung der betriebspolitischen und rechtlichen Durchsetzungsstrategien.

Die Qualität der Betriebsratsarbeit in dieser Phase nimmt wesentlichen Einfluss auf den Verlauf der Verhandlungen mit dem Arbeitgeber und somit auf das Verhandlungsergebnis. Je besser die konzeptionelle Vorbereitung des Betriebsrats ist, je klarer seine Zielstellungen formuliert sind und je besser die Verhandlungsstrategie vorbereitet ist, desto schwieriger wird es für den Arbeitgeber, seine Planungen und Sozialplanvorstellungen unverändert durchzusetzen. Fehler und Nachlässigkeiten in dieser Vorbereitungsphase, wie sie von Gewerkschaftssekretären häufig beobachtet werden, erschweren eine zielstrebige und effektive Verhandlungsführung und gefährden das Erreichen positiver Verhandlungsergebnisse.
Typische Fehler in dieser Phase sind:

- keine genaue Überprüfung der Arbeitgeberinformationen über Erforderlichkeit und Durchführung der Betriebsänderung;
- zusätzliche erforderliche Informationen werden zu spät oder gar nicht angefordert;
- Daten zur ökonomischen Situation und Entwicklung des Unternehmens liegen nicht vor und werden nicht angefordert;
- der Wirtschaftsausschuss wird nicht ausreichend eingebunden, um Informationen zu beschaffen oder um Positionen und Ziele des Betriebsrats auf ihre wirtschaftliche Tragfähigkeit zu prüfen und ggf. zu artikulieren
- Möglichkeiten, gestaltenden Einfluss auf die Betriebsänderung zu nehmen, werden nicht ernsthaft genug in Betracht gezogen;
- betriebswirtschaftliche Gegenkonzepte werden nur in Ausnahmefällen entwickelt;
- für den Interessenausgleich und Sozialplan werden häufig keine eigenen schriftlichen Verhandlungsentwürfe erstellt;
- die rechtlichen Handlungsmöglichkeiten werden nur unzureichend beachtet und ausgeschöpft;

- konkrete Verhandlungen mit dem Arbeitgeber werden bereits ohne ausreichende Informationen aufgenommen, also vor Abschluss der Informationsphase;
- voreilige Zusagen werden nach der Erstinformation durch den Arbeitgeber gemacht, die häufig nur schwer revidiert werden können;
- externe Beratung und Unterstützung werden häufig zu spät oder gar nicht herangezogen;
- Handlungsmöglichkeiten durch Mobilisierung der Belegschaft und Information der Öffentlichkeit werden zu wenig beachtet;
- Arbeitgeberziele und -interessen werden zu wenig analysiert und können nicht genutzt werden, um möglichen Gegendruck zu entwickeln;
- Betriebsrat lässt sich unter Zeitdruck setzen und vereinbart bereits Verhandlungstermine, ohne die voraussichtliche Dauer der erforderlichen Vorbereitungsphase richtig einzuschätzen;
- Betriebsratsarbeit ist nicht gut organisiert, z. B. werden keine Arbeitsgruppen gebildet, um arbeitsteilig vorzugehen.

Es folgen hier daher Hinweise, wie diese Fehler möglichst vermieden werden können.

I. Überprüfung der Mitbestimmungspflicht der Betriebsänderung

Grundsätzlich kann zur Überprüfung der Mitbestimmungspflicht das Ablaufschema aus Kapitel B.I.5 (vgl. *Übersicht 9*) verwendet werden. Mit dem Praxis-Check steht auch ein EDV-gestütztes Abfragemodul zur Verfügung (*Rupp* 2007). In Zweifelsfällen sollte der Betriebsrat jedoch einen gewerkschaftlichen Rechtssekretär oder einen arbeitnehmerorientierten Rechtsanwalt hinzuziehen.
Die Überprüfung der Mitbestimmungspflicht der Betriebsänderung ist vor allem notwendig, wenn der Arbeitgeber die Mitbestimmung des Betriebsrats bestreitet oder eine Betriebsänderung ohne Beteiligung des Betriebsrats durchzuführen beabsichtigt oder bereits durchführt.
Wird die Betriebsänderung vom Arbeitgeber nicht bestritten, so ist eine Überprüfung der Maßnahme auf ihre Mitbestimmungspflicht dennoch sinnvoll, damit der Betriebsrat die Sicherheit gewinnt, dass er seine Informations- und Beratungsrechte mit Aussicht auf Erfolg auch rechtlich durchsetzen kann. Der Arbeitgeber informiert den Betriebsrat über bevorstehende Veränderungen im Betrieb – wenn überhaupt – häufig eher beiläufig im Rahmen der regelmäßigen Monatsgespräche oder auf den Wirtschaftsausschuss-Sitzungen.

Beispiel:
In einem Großhandelsbetrieb teilte der Arbeitgeber dem Betriebsrat im Rahmen des Monatsgesprächs mit, dass in vier Wochen im Lager ein neues System zur Kommissionierung der ausgehenden Ware installiert werden soll. Anlass zur Sorge für den Betriebsrat um die Arbeitsplätze sei aber nicht gegeben, weil alle Arbeitnehmer/innen weiterbeschäftigt werden sollen und deshalb keine betriebsbedingten Kündigungen erforderlich würden. Durch das neue EDV-gestützte Kommissionierungssystem würden der Belegschaft auch keine anderen Nachteile entstehen.

In solchen recht typischen Fällen muss der Betriebsrat genau prüfen, ob die angekündigte Veränderung eine mitbestimmungspflichtige Betriebsänderung darstellt, um seine Mitbestimmungsrechte nach §§ 111, 112 BetrVG geltend machen zu können. Außerdem ist immer zu prüfen, ob nicht weitere Beteiligungsrechte des Betriebsrats bestehen (in unserem Beispiel gem. § 87 Abs. 1 Nr. 6 BetrVG – Leistungs- und Verhaltenskontrollen). Besonders schwierig ist es für den Betriebsrat, seine Rechte geltend zu machen, wenn der Arbeitgeber eine Betriebsänderung schleichend durchführt und Veränderungen ohne die erforderliche Information über einen längeren Zeitraum vornimmt.
Bevor der Betriebsrat die Mitbestimmungspflicht einer sich anbahnenden Betriebsänderung prüfen kann, steht er vor dem Problem, das mögliche Vorliegen einer Betriebsänderung überhaupt zu erkennen. Dies wird – wie bereits erwähnt – nur dann möglich sein, wenn er durch Beobachtung der betrieblichen Vorgänge und Veränderungen einen Gesamtzusammenhang zwischen verschiedenen Maßnahmen herzustellen versucht und dann beim Arbeitgeber energisch auf Aufklärung zu diesen Vorgängen und auf die dahinterstehenden konzeptionellen Überlegungen drängt.

Beispiel:
Weder der Betriebsrat noch der Wirtschaftsausschuss wurden über das Bevorstehen einer Betriebsänderung informiert. Dem Betriebsrat wurden jedoch mehrere Versetzungsanträge vom Arbeitgeber zugeleitet, mit der Begründung, dass einige Verwaltungsaufgaben zu anderen Bereichen verlagert werden müssten. Auch schloss der Arbeitgeber mit einigen Arbeitnehmer/innen Aufhebungsverträge ab. Etwas später bekam der Betriebsrat aus der Belegschaft den Hinweis, dass in den kaufmännischen Abteilungen Kompetenzen und Zuständigkeiten der Zeichnungsberechtigten und Leiter neu aufgeteilt werden sollen. Bei einer Abteilungsleiterbesprechung wurden bereits diesbezügliche Veränderungen diskutiert. Kurz danach bekam der Betriebsrat mehrere Änderungskündigungen für einige Gruppenleiter zur Anhörung, weil einige Arbeitsgruppen zusammengelegt wurden, um die Effizienz der Verwaltung zu steigern, wie der Arbeitgeber die Maßnahme begründete. Einige Zeit nach der Zusammenlegung der Gruppen wurde einigen kaufmännischen Angestellten betriebsbedingt gekündigt. Die von diesen Vorgängen betroffenen Arbeitnehmer/innen überschritten zahlenmäßig nicht die kritische Grenze

der BAG-Staffel, sodass diese offensichtlichen Vorgänge nicht als Betriebsänderung behandelt wurden.
Als sich der Betriebsrat auf seiner Sitzung mit der Häufung der verschiedenen personellen Einzelmaßnahmen befasste, stellte er sich die Frage, welche Veränderungen noch zu erwarten seien. Versetzungen, Aufgabenverlagerungen, Kompetenzveränderungen, die Zusammenlegung von Arbeitsgruppen, Aufhebungsverträge und Kündigungen geschehen doch nicht zufällig, sondern sicherlich nach einem unternehmerischen Konzept, vermutete der Betriebsrat. Er forderte daher den Arbeitgeber auf, die hinter diesen Maßnahmen stehenden konzeptionellen Vorstellungen offenzulegen. Auf energisches Befragen zu den Hintergründen für die Vielzahl der Veränderungen in der letzten Zeit erfuhr der Betriebsrat dann vom Arbeitgeber, dass allmählich eine stärkere Spartenorientierung in der Unternehmensführung beabsichtigt sei, dass es aber wohl kaum noch weitere personalwirtschaftliche Änderungen geben werde.
Er gab sich damit jedoch nicht zufrieden und forderte Unterlagen über die beabsichtigte Spartenorientierung. Er erhielt einige Organigramme und Aufgabenbeschreibungen, die er mit einem betriebswirtschaftlich erfahrenen Gewerkschaftssekretär begutachtete. Im Vergleich zum bestehenden Ist-Zustand stellte sich heraus, dass im Unternehmen eine strenge Spartenbildung mit neuen Verantwortlichkeiten und anderen Zuschnitten in den Aufgabenbereichen für die Entwicklung und für die kaufmännischen Abteilungen herbeigeführt werden soll. Nunmehr konnte der Betriebsrat die verschiedenen Einzelmaßnahmen der allmählichen Einführung dieser Spartenorganisation zuordnen und als grundlegende Änderung der Organisationsstruktur festhalten. Durch das Zusammenfügen einzelner Vorgänge und die Frage nach einer gemeinsamen Ursache war es dem Betriebsrat gelungen, hinter die schleichende Durchführung einer mitbestimmungspflichtigen Betriebsänderung zu kommen.
Der nächste Schritt war die Einleitung von Verhandlungen über einen Interessenausgleich, soweit die Betriebsänderung noch nicht realisiert war. Die bisher nachteilig betroffenen Mitarbeiter konnten beim Arbeitsgericht gem. § 113 BetrVG eine Klage auf Nachteilsausgleich erwirken, weil der Arbeitgeber eine Betriebsänderung ohne den ernsten Versuch zu einem Interessenausgleich unternommen hatte. Ferner bestand der Betriebsrat auf Sozialplanverhandlungen, dessen Regelungen sich auch rückwirkend auf alle nachteilig betroffenen Arbeitnehmer/innen bezogen unter Verrechnung mit den gerichtlich erstrittenen Nachteilsausgleichen.

Ist eine vom Arbeitgeber angekündigte Veränderung nach Auffassung des Betriebsrats eine mitbestimmungspflichtige Betriebsänderung oder entdeckt der Betriebsrat eine Reihe von betrieblichen Veränderungen, von denen er überzeugt ist, dass es sich um eine mitbestimmungspflichtige Betriebsänderung handelt, dann muss er die Initiative ergreifen und den Arbeitgeber

- zur umfassenden Information über die geplante Betriebsänderung auffordern, am besten mit einem schriftlichen Fragenkatalog und anhand aussage-

fähiger Unterlagen, die zur Beurteilung der geplanten Betriebsänderung erforderlich sind (vgl. hierzu auch Kapitel E.III.2);
- zu Interessenausgleichs- und Sozialplanverhandlungen auffordern, nachdem er die wesentlichen Eckpunkte seiner Forderungen überlegt und schriftlich fixiert hat (vgl. auch Kapitel E.IV.3).

II. Der Arbeitgeber bestreitet die Mitbestimmungspflicht – Was kann der Betriebsrat tun?

Sollte der Arbeitgeber versuchen, die Betriebsänderung ohne den erforderlichen ernsten Versuch zu einem Interessenausgleich und/oder Abschluss eines Sozialplanes zu realisieren, sollte der Betriebsrat wiederum
- alle gegebenen betriebspolitischen Handlungsmöglichkeiten voll ausschöpfen;
- versuchen, dieses Vorhaben durch eine einstweilige Verfügung wegen Verletzung seiner Verhandlungsrechte für einen Interessenausgleich (was auch die Ausübung seiner Informations- und Beratungsrechte betrifft) zu verhindern;
- den Arbeitgeber darauf hinweisen, dass die betroffenen Arbeitnehmer/innen nach § 113 BetrVG eine Klage auf Nachteilsausgleich einreichen können;
- den Arbeitnehmer/innen diese Rechtsmöglichkeit erklären und das Einreichen solcher Klagen mit der Gewerkschaft zusammen organisieren;
- um in seiner Strategie konsequent zu bleiben, ein Ordnungswidrigkeitsverfahren gegen den Arbeitgeber nach § 121 Abs. 1 BetrVG anstrengen;
- nun selber die Einigungsstelle anrufen, um den Arbeitgeber zu den erforderlichen Interessenausgleichsverhandlungen zu zwingen und um für die betroffenen Mitarbeiter einen Sozialplan auszuhandeln.
- der Betriebsrat sollte personellen Einzelmaßnahmen nach §§ 99, 102 BetrVG seine Zustimmung verweigern bzw. widersprechen, sofern Gründe gem. §§ 99 Abs. 2 Nr. 1–6, 102 Abs. 3 Nr. 1–5 BetrVG vorliegen und die Einzelmaßnahmen in Zusammenhang mit der Betriebsänderung stehen

Der Betriebsrat muss dem Arbeitgeber zunächst einmal mitteilen, dass dieser aus seiner Sicht eine mitbestimmungspflichtige Betriebsänderung durchführt. Er muss dem Arbeitgeber deutlich machen, dass dieser zu den geforderten Informationen und Verhandlungen verpflichtet ist und gegen das BetrVG verstößt, wenn er die geplante Maßnahme realisiert, ohne den ernsthaften Versuch unternommen zu haben, einen Interessenausgleich herbeizuführen. Ein ernsthafter Versuch liegt nach ständiger Rechtsprechung des BAG nur dann vor, wenn bei Nichteinigung über den Interessenausgleich die Einigungsstelle eingeschaltet worden ist (BAG 20.11.2001, 1 AZR 97/01). Bezüglich der erforderlichen Sozialplanverhandlungen kann der Betriebsrat darauf hinweisen, dass ein Sozialplan in der Einigungsstelle erzwungen werden kann. Wenn der Arbeitgeber weiterhin nicht bereit ist, über einen Interessenausgleich und Sozialplan zu verhandeln, ist er gezwungen, betriebspolitische und rechtliche Schritte einzuleiten.

Auf der *betriebspolitischen* Ebene ist die Verweigerungshaltung des Arbeitgebers der Belegschaft mitzuteilen. Durch Betriebsratsinformationen und auf Abteilungs- und Betriebsversammlungen sollte die Belegschaft gegen die rechtswidrige Arbeitgeberpolitik mobilisiert werden. Der Betriebsrat sollte seine wesentlichen Forderungen an den Arbeitgeber betriebsöffentlich machen und verlangen, dass dieser abwiegelnde mündliche Zusagen (z. B. keine betriebsbedingten Kündigungen, keine sonstigen Nachteile) im Rahmen einer schriftlichen Vereinbarung verbindlich festschreibt. Geht der Arbeitgeber hierauf nicht ein, wird deutlich, dass er seine Zusagen nicht einzuhalten gedenkt und nur von den tatsächlichen Problemen ablenken will. Der Betriebsrat kann ferner betonen, dass er es für sinnvoller hält, die dem Arbeitgeber entstandenen Kosten für die drohenden rechtlichen Auseinandersetzungen zur Milderung der wirtschaftlichen Nachteile der Arbeitnehmer/innen zu verwenden. Mit solchen Argumenten muss der Betriebsrat versuchen, den Arbeitgeber im Ernstfall von der Belegschaft zu isolieren und »unproduktive« Unruhe in den Betrieb zu tragen. Spätestens dann, wenn die Arbeitnehmer/innen statt zu arbeiten über das aus ihrer Sicht rechtswidrige Vorgehen diskutieren, wird deutlich, dass eine Verweigerungsstrategie u. U. teurer wird als das Eingehen auf die Verhandlungsaufforderungen des Betriebsrats.

Den betroffenen Beschäftigten ist darüber hinaus die Rechtssituation nach § 113 BetrVG zu erläutern. Der Betriebsrat sollte dafür sorgen, dass alle betroffenen Arbeitnehmer/innen bereit sind, eine Klage auf Nachteilsausgleich einzureichen wegen der Verletzung der Arbeitgeberpflicht, einen Interessenausgleich ernsthaft zu versuchen. Mit gewerkschaftlicher Unterstützung können diese Klagen organisiert werden.

Auf *rechtlicher* Ebene sollte der Betriebsrat versuchen, mittels eines Antrags auf einstweilige Verfügung (vgl. Kapitel B.III.2 und C.II.3) dem Arbeitgeber die Durchführung der Betriebsänderung zu untersagen, solange keine ausführliche Information über die Arbeitgeberplanung erfolgt ist und die Interessenausgleichsverhandlungen nicht abgeschlossen sind. Obwohl die Erfolgsaussichten zum Einreichen einer solchen Verfügung von Arbeitsgericht zu Arbeitsgericht unterschiedlich sind, sollte er sich hierzu entschließen. Die LAG in Thüringen, Hamm, Hamburg, Hessen und Schleswig-Holstein bejahen einen Unterlassungsanspruch des Betriebsrats zur Sicherstellung seiner Rechte; die LAG in Düsseldorf, Nürnberg, Baden-Württemberg und München verneinen diesen Anspruch (vgl. *Hamm/Rupp* 2020, S. 68). Das LAG Berlin-Brandenburg (7 TaBVGa 1219/14) hat in seiner Entscheidung vom 19.6.2014 festgestellt, dass der Unterlassungsanspruch zur Sicherung des Verhandlungsanspruchs des Betriebsrats für den Interessenausgleich und nicht zur Untersagung der Betriebsänderung selbst dient. Nur bei faktisch oder rechtlich nicht mehr umkehrbaren Maßnahmen (wie z. B. Kündigungen), durch die der Verhandlungsanspruch des Betriebsrats gefährdet würde, soll gem. dem LAG Berlin-Brandenburg ein Unterlassungsanspruch in Betracht kommen. Unserer Auffassung nach gebietet die richtlinienkonforme Auslegung der §§ 111, 112 BetrVG unter Beachtung der Art. 4 und 8 der Richtlinie 2002/14/EG einen Unterlassungsanspruch (vgl. auch LAG Schleswig-Holstein 15.12.2010 – 3 TaBVGa 12/10). Bei einer Ablehnung des Antrags ist der Betriebsrat nicht schlechter gestellt als zuvor, aber er kann gegenüber der Belegschaft darlegen, dass er alle Handlungsmöglichkeiten genutzt hat.

Zugleich sollte der Betriebsrat dem Arbeitgeber deutlich machen, dass er allen personellen Einzelmaßnahmen nach §§ 99 und 102 BetrVG widersprechen wird. Dies kann geplante Versetzungsmaßnahmen und den geplanten Personalabbau erschweren bzw. verzögern.

Der Betriebsrat kann auch androhen, nach § 121 Abs. 1 BetrVG ein Ordnungswidrigkeitsverfahren gegen den Arbeitgeber einzuleiten, weil dieser seinen Informationspflichten gem. § 111 BetrVG nicht nachgekommen ist oder auch gegenüber dem Wirtschaftsausschuss gem. § 106 BetrVG verletzt hat.

Ferner sollte der Betriebsrat die Einleitung eines Einigungsstellenverfahrens vorbereiten, d. h. Kontakte mit möglichen Einigungsstellenvorsitzenden und externen Beisitzern aufnehmen und vorsorglich die ersten möglichen Termine abstimmen. Ist der Arbeitgeber auch weiterhin nicht bereit, über Interessenausgleich und Sozialplan zu verhandeln, ist die Einigungsstelle anzurufen (vgl. Kapitel B.IV). Lediglich wenn ein Fall des § 112a BetrVG vorliegt, also der Sozialplan in der Einigungsstelle nicht erzwingbar ist, sollte der Betriebsrat das Einigungsstellenverfahren nicht vor Durchführung der Betriebsänderung betreiben, um den Beschäftigten die Chance einer Nachteilsausgleichsklage nach § 113 BetrVG wegen des unterbliebenen ernsthaften Interessenausgleichsversuchs zu erhalten. Denn im Fall des nicht erzwingbaren Sozialplans ist zu erwarten, dass nachteilig betroffene Arbeitnehmer/innen bei einer Klage nach § 113 BetrVG mehr erhalten als bei einem freiwilligen und deshalb oft schlechten Sozialplan.

Ist die Betriebsänderung bereits vollzogen, so kann ein Interessenausgleich auch in der Einigungsstelle nicht mehr verhandelt werden. Hingegen ist ein Sozialplan (unter Beachtung der Ausnahmen gem. § 112a BetrVG) auch dann noch in der Einigungsstelle erzwingbar mit rückwirkender Geltung für alle betroffenen Arbeitnehmer/innen – unabhängig davon, ob diese eine Klage nach § 113 BetrVG auf Nachteilsausgleich erhoben haben.

III. Informationsrechte des Betriebsrats durchsetzen

1. Ohne Informationen keine Verhandlungen – Zur richtigen Nutzung der Informationsrechte

Praktisch empfiehlt es sich, eine *Informations-* und eine *Verhandlungsphase* zu unterscheiden. Solange der Betriebsrat nicht umfassend über die bevorstehende, vom Arbeitgeber geplante Betriebsänderung informiert ist, sollte er sich nicht auf d Verhandlungen über einen Interessenausgleich und Sozialplan einlassen. Ohne rechtzeitige und umfassende Information über die geplante Betriebsänderung ist der Betriebsrat gegenüber dem Arbeitgeber in einem gravierenden Nachteil. Denn verfolgt jener eine Informationspolitik nach dem Motto »Wissen ist Macht«, bedeutet dies für den Betriebsrat »Nichtwissen ist Ohnmacht«, und dies gilt insbesondere für konfliktträchtige Verhandlungen.

Wenn sich der Betriebsrat ohne ausreichende Informationen auf Verhandlungen mit dem Arbeitgeber einlässt, ergibt sich häufig die Situation, dass eine Beratung über die Durchführung der Betriebsänderung gar nicht richtig stattfindet, weil der Arbeitgeber durch das »Nachschieben« weiterer Informationen die Betriebsratsargumentation »aushebeln« kann. Solche Verhandlungsrunden sind dann keine Verhandlungen im eigentlichen Sinne, sondern werden zu zusätzlichen Informationsveranstaltungen umfunktioniert.

Auf diese Art und Weise ist der Betriebsrat immer wieder vor das Problem gestellt, möglichst schnell neue Informationen verarbeiten und in seine Überlegungen aufnehmen zu müssen. Es wird ihm so kaum gelingen, eine schlüssige Argumentation zu entwickeln, geschweige denn durchdachte Gegenvorschläge zu präsentieren. Der Arbeitgeber gewinnt Zeit und kann schlimmstenfalls behaupten, nun sei über den Interessenausgleich wirklich lange genug informiert und beraten worden. Er kann die Gegenvorschläge des Betriebsrats als »wenig durchdacht und nicht machbar« abqualifizieren und diesem Verzögerungstaktik vorwerfen.

Vielmehr sollte der Betriebsrat in aller Ruhe dem Arbeitgeber verdeutlichen, dass er ohne rechtzeitige und umfassende Information sein Beratungsrecht nicht sinnvoll ausüben kann und deshalb Verhandlungen erst aufnehmen wird, wenn er sich umfassend informiert fühlt und Zeit hatte, sich eigene Gedanken zur geplanten Betriebsänderung zu machen. Ist er sich unsicher, welche Unterlagen er konkret zu seiner umfassenden Information benötigt und anfordern soll, so sollte er schon in dieser Phase auf externe Beratung durch die Gewerkschaft oder einen Sachverständigen nach § 80 Abs. 3 BetrVG bzw. § 111 BetrVG zurückgreifen.

Es stellt sich die Frage, wann der Betriebsrat eigentlich *rechtzeitig und umfassend* informiert ist, d. h. unter welchen Voraussetzungen er von der Informations- in die Verhandlungsphase übergehen kann. Ziel der Beratung über eine geplante Betriebsänderung ist es, dass betriebswirtschaftlich sinnvolle Gegenvorschläge zu den vom Arbeitgeber geplanten Maßnahmen gemacht werden, die den Interessen der Beschäftigten eher gerecht werden als die Arbeitgeberplanung. Damit sollen die mit der Betriebsänderung verbundenen Nachteile möglichst vermieden bzw. gering gehalten werden. Sinnvolle betriebswirtschaftliche Gegenvorschläge zur möglichst weitgehenden Reduzierung von Nachteilen sind aber nur unter zwei Voraussetzungen möglich:

- Der Betriebsrat verfügt über alle Informationen und Unterlagen, die der Arbeitgeber selbst zur Grundlage seiner Planungen zur bevorstehenden Betriebsänderung gemacht hat. Ihm müssen alle Tatsachen bekannt sein, auf die der Arbeitgeber seine Planung bezogen hat. Der Arbeitgeber hat in diesem Zusammenhang zu informieren über die vorgesehenen Maßnahmen und deren kurz-, mittel- und langfristigen Auswirkungen auf die Beschäftigten, die Gründe und Motive für die Betriebsänderung sowie den Zeitplan der Realisierung der Betriebsänderung (*Schweibert* 2016, C 152). Auch über in Betracht gezogene, dann aber verworfene Alternativen ist zu informieren. Der Betriebsrat muss sich anhand von Unterlagen vergewissern können, ob die vom Arbeitgeber gemachten Angaben auch tatsächlich zutreffen. Nur so kann er sich ein vollständiges Bild von der geplanten Betriebsänderung und ihrem wirtschaftlichen Hintergrund machen und kritisch überprüfen, ob es betriebswirtschaftlich erforderlich ist, die Betriebsänderung wie geplant durchzuführen, oder ob es im Arbeitnehmerinteresse Gestaltungsspielräume gibt.
- Der Betriebsrat muss im Planungsstadium der Betriebsänderung informiert werden, also vor der endgültigen Entscheidung des Arbeitgebers, wann und in welcher Form die Betriebsänderung realisiert werden soll (*Schweibert* 2016, C 141). Die Information im Planungsstadium soll gewährleisten, dass die Möglichkeit besteht, die Arbeitgeberplanung noch inhaltlich zu beeinflussen. Es dürfen noch keine unveränderbaren Fakten geschaffen, die Entscheidungsalternativen müssen noch offen sein. Eine Information nach abgeschlossener Planung ist nicht mehr rechtzeitig. Gleiches gilt für eine Information kurz vor Durchführung der Betriebsänderung. Denn der Betriebsrat muss so rechtzeitig informiert werden, dass es ihm zeitlich möglich ist, die Informationen und Unterlagen zu der geplanten Betriebsänderung so gründlich auszuwerten, dass er eine kompetente Beurteilung der Arbeitgeberplanung vornehmen kann. Eine vollständige Information ist dann relativ wertlos, wenn der Arbeitgeber dem Betriebsrat nicht die Zeit lassen will, diese Informationen so auszuwerten und zu beurteilen, dass er einen vergleichbaren Kenntnisstand erreichen kann.

Eine sinnvolle Beratung setzt demnach voraus, dass beide Betriebsparteien einen annähernd gleichen Informationsstand erreicht haben. Der Betriebsrat kann

dann mit gutem Gewissen von der Informationsphase in die Verhandlungsphase übergehen. Beratungen und Verhandlungen haben nur einen Sinn, wenn sich beide Seiten in gleicher Weise darauf vorbereiten konnten. Soll das Beratungsrecht seinen gesetzlichen Zweck erfüllen, dann ist dies erforderliche Voraussetzung (vgl. auch die Rechtsprechung des BAG 31.5.1983, AP Nr. 2 zu § 92 BetrVG und BAG 20.11.1984, AP Nr. 3 zu § 106 BetrVG).
Der Arbeitgeber hat demzufolge so rechtzeitig und umfassend zu informieren, dass der Betriebsrat Gelegenheit hat, auf die Planung inhaltlich Einfluss zu nehmen. Stehen die vom Arbeitgeber geplanten Maßnahmen schon in Kürze an, sollte der Betriebsrat mit seinen Informationsforderungen zugleich eine Verschiebung der Maßnahmen bis zum Abschluss der Beratungen fordern und ggf. mit einer einstweiligen Verfügung drohen.

Hinweis: Empfohlene Vorgehensweise
Für den Betriebsrat empfiehlt sich folgende Vorgehensweise: Nachdem er Kenntnis von der geplanten Betriebsänderung erhalten hat, sollte der Betriebsrat dem Arbeitgeber einen Brief schreiben, in dem er ihm mitteilt, dass der Betriebsrat Wert auf folgende Vorgehensweise legt: Zunächst ist der Betriebsrat umfassend zu informieren. Hierzu wird der Betriebsrat einen entsprechenden Fragenkatalog erarbeiten und dem Arbeitgeber zuleiten. Erst wenn diese Fragen zufriedenstellend anhand aussagefähiger Unterlagen beantwortet sind und sich auch keine weiteren Nachfragen mehr ergeben, kann der Betriebsrat sich mit der Betriebsänderung inhaltlich auseinandersetzen und ggf. Gegenvorstellungen entwickeln. Danach können die Verhandlungen mit dem Arbeitgeber über einen Interessenausgleich und Sozialplan beginnen. Der Arbeitgeber möge bei seiner Informationspolitik gegenüber dem Betriebsrat diese Zusammenhänge und Reihenfolge beachten. Je schneller und umfassender der Arbeitgeber den Betriebsrat informiert, desto schneller können die Verhandlungen aufgenommen werden. Verzögerungen wegen unzureichender Information gehen ausschließlich zu Lasten des Arbeitgebers. Der Betriebsrat sollte deutlich darauf hinweisen, dass er sich auch nicht scheuen wird, zu versuchen, eine einstweilige Verfügung zu erwirken, die dem Arbeitgeber die Durchführung der Betriebsänderung bis zum Abschluss der Verhandlungen untersagt.

2. Welche Informationen benötigt der Betriebsrat?

Den vorstehenden Überlegungen entsprechend benötigt der Betriebsrat Informationen über alle Tatsachen und Überlegungen, die der Arbeitgeber zur Grundlage seiner Planung gemacht hat. Diese Grundlagen wird der Arbeitgeber in aller Regel nicht vollständig offenlegen. In vielen Fällen erhält der Betriebsrat nur wenige Unterlagen zur Durchführung der geplanten Betriebsänderung, die es kaum erlauben, sich ein Bild über die sich daraus ergebenden Gefährdungen und Nachteile für die Beschäftigten zu machen. Selten werden die wirtschaftlichen Hintergründe für die geplante Betriebsänderung ausführlich erörtert und belegt. Noch seltener werden dem Betriebsrat Informationen über die Planungsalternativen des Arbeitgebers gegeben.

Welche Unterlagen der Betriebsrat bei einer Betriebsänderung anfordern sollte, hängt jeweils vom konkreten Einzelfall und auch von der Art der geplanten Betriebsänderung ab. Deshalb können mit der im Kasten zusammengestellten Aufzählung nur allgemeine Hinweise ohne Anspruch auf Vollständigkeit gegeben werden.

Entscheidend ist nicht, dass der Betriebsrat die hier genannten Unterlagen insgesamt beansprucht, sondern vielmehr auf den Einzelfall bezogen zielgerichtet anfordert. Im Zweifel sollte er jedoch eher eine Unterlage zu viel als zu wenig anfordern. Unter Umständen ist bereits für die Prüfung des erforderlichen Informationsbedarfs die Hinzuziehung eines erfahrenen Gewerkschaftssekretärs und/oder eines betriebswirtschaftlichen Sachverständigen angezeigt.

Für den Betriebsrat stehen an erster Stelle die zu *erwartenden Auswirkungen der Betriebsänderung auf die Beschäftigten* (z. B. Arbeitsplatzverlust, Einkommensminderung, Versetzung, Änderung der Qualifikationsanforderungen). Dazu benötigt der Betriebsrat *personalwirtschaftliche* Unterlagen. Diese Unterlagen geben dem Betriebsrat einen Überblick über die personalwirtschaftliche Situation und ermöglichen es ihm, ggf. Vorschläge zu einer sozialverträglicheren Durchführung der Betriebsänderung zu machen. So kann er z. B. konkret Versetzungs- und Qualifizierungsmaßnahmen vorschlagen, wenn er eine Übersicht über die freien Stellen im Betrieb, im Unternehmen oder im Konzern hat. Er kann versuchen, einen umfangreichen Personalabbau zu reduzieren, wenn er weiß, in welchen Bereichen des Betriebes wie viele Überstunden anfallen, weil hier offensichtlich Personalbedarf vorhanden ist. Liegen die der Personalbedarfsrechnung zu Grunde gelegten *Ausfallzeiten* unter den tatsächlichen Fehlzeiten, ergibt sich auch hieraus eine Argumentation zur Verringerung eines geplanten Personalabbaus.

Übersicht 17:
Info-Grundlagen des Betriebsrats

A. Wirtschaftliche Unterlagen
- Gesellschaftsrechtliche Unterlagen (z. B. Handelsregisterauszüge oder andere Registerauszüge, Gesellschaftsverträge, Gewinnabführungsverträge, Beherrschungsverträge)
- Jahresabschlussunterlagen (Bilanz, Gewinn- und Verlustrechnung, Erläuterungsbericht, Anhang sowie Wirtschaftsprüferbericht)
- Statusunterlagen (z. B. Gründungsbilanz, Eröffnungsbilanz, Vergleichsbilanz, Liquidationsbilanz, Insolvenzbilanz, Auseinandersetzungsbilanz)

- Interne Betriebsergebnisrechnungen (Deckungsbeitragsrechnung, kurzfristige Erfolgsrechnung, Monatliche Gewinn- und Verlustrechnungen)
- Aktuelle Ist-Zahlen (z.B. Auftragsbestände, Lagerbestände, Guthaben bei Kreditinstituten, offene Kreditlinien, Debitoren- und Kreditoren-Listen, aktuelle Vermögensübersichten, Anlagekartei)
- Übersichten über die Sortiments- und Produktstruktur
- Interne Planungsunterlagen (strategische Unternehmensplanung, Umsatz- und Absatzplanung, Kostenpläne, Lagerbestandsplanung, Finanz- und Liquiditätsplanung, Investitionsplanung, Schichtpläne, Maschinenbelegungspläne)
- Unterlagen über Hauptabnehmer und Hauptlieferanten
- Unterlagen über die Handels- und Austauschbeziehungen zwischen Konzernunternehmen
- Marktanalysen und Marktdaten (z.B. Stärken- und Schwächen-Profile, Preiserwartungen, Auftragserwartungen, voraussichtliche Nachfrageentwicklung, Konkurrenzsituation, Wachstumsanalysen)
- Aufstellungen und Übersichten zu Fremdfirmeneinsatz und zur Fremdvergabe.

B. Personalwirtschaftliche Unterlagen:
- Aktuelle Soll-Stellen-Pläne je Kostenstelle oder Abteilung
- Aktuelle Personal-Ist-Bestandslisten je Kostenstelle oder Abteilung
- Lohn- und Gehaltslisten
- Mitarbeiterübersichten nach Funktionen/Tätigkeiten
- Stellenbeschreibungen und/oder Stellenprofile
- Unterlagen zur Personalbedarfsrechnung (z.B. Tätigkeitskataloge, Normzeiten, Mengenstatistiken)
- Übersichten über unbesetzte Stellen im Betrieb/Unternehmen/Konzern
- Überstundenübersichten
- Fehlzeitenübersichten
- Übersichten über Fremdfirmeneinsatz
- Fluktuationsstatistik

C. Planungsunterlagen zur Betriebsänderung
- Ausführliche Beschreibung der geplanten Maßnahme (z.B. anhand von Ablaufplänen, Projektplanungen, Zeitplänen, Organigrammen, technischen Beschreibungen und Unterlagen, Herstellerprospekte zu technischen Anlagen)
- Ausführliche Beschreibung und Bewertung der geprüften Alternativen zur geplanten Betriebsänderung
- Begründungen zu den geprüften Alternativen, warum diese nicht realisiert werden sollen
- Beschreibung der Auswirkungen der geplanten Maßnahmen auf Beschäftigung, Einkommen, Qualifikation und Arbeitsbedingungen,
- Investitionsrechnungen zur Ermittlung der wirtschaftlichen Vorteile der geplanten Maßnahme

- Kosten- und Ertragsübersichten
- Erteilte Aufträge an Unternehmensberater
- Zwischen- und Abschlussberichte der Unternehmensberater
- Grundlegende Verträge z. B. mit Zulieferern, bei Fremdvergabe von Aufträgen, bei Ausgliederungen, bei Fusionen, Miet-, Pacht-, Leasingverträge, Verträge über konzernrechtliche Verflechtungen
- Personalübersichten über die von der Betriebsänderung unmittelbar betroffenen Mitarbeiter und über die vergleichbaren Mitarbeiter mit den wesentlichen ökonomischen und sozialen Daten

In vielen Unternehmen wird ein Teil der benötigten Personalkapazität durch Leiharbeitnehmer/innen, Vergabe von Werkverträgen oder Vergabe an Fremdfirmen ausgeglichen. Wenn es sich hier erkennbar um die Wahrnehmung von Daueraufgaben durch Dritte handelt, sollte der Betriebsrat darauf bestehen, dass diese Aufgaben künftig durch eigenes Personal wahrgenommen werden. Darüber hinaus sind diese Unterlagen erforderlich, damit der Betriebsrat seine Mitbestimmungsrechte nach §§ 99 und 102 BetrVG verantwortungsbewusst wahrnehmen kann.

Wichtig ist auch die Kenntnis über die *wirtschaftliche und finanzielle Situation des Unternehmens* (nicht des Betriebes), evtl. auch des Konzerns (wenn es um Fragen der Durchgriffshaftung geht). Dazu werden *wirtschaftliche* Unterlagen benötigt. Diese liefern das erforderliche Hintergrundwissen, um die Dringlichkeit der geplanten Betriebsänderung und die Verhandlungsangebote richtig beurteilen zu können. In einer prekären wirtschaftlichen Krisensituation ist eine Betriebsänderung, die eine wirksame Verbesserung der Kosten- und Ertragsstruktur bringen soll, sicherlich dringlicher als bei guter Ertragslage, in der die Betriebsänderung vor allem den Zweck hat, die Gewinne des Unternehmens weiter zu erhöhen. Solche grundlegenden wirtschaftlichen Ausgangssituationen nehmen somit auch entscheidend Einfluss auf die möglichen Strategien des Betriebsrats (vgl. auch Kapitel E.IV). Deshalb muss sich der Betriebsrat selbst ein Bild von der wirtschaftlichen und finanziellen Situation des Unternehmens/Konzerns machen können.
Bei Sozialplanverhandlungen wird häufig kräftig um die Höhe der dem Unternehmen zumutbaren Abfindungszahlungen gestritten. Das Abfindungsvolumen soll »wirtschaftlich vertretbar sein«, d. h. nicht zu einer Gefährdung weiterer Arbeitsplätze führen (vgl. hierzu auch die Kapitel B.IV.2 und I.III). Abgesehen davon, dass dies auch nicht im Interesse des Betriebsrats sein kann, stellt sich bei solchen Konflikten die Frage, welches Sozialplanvolumen in einer bestimmten Situation als wirtschaftlich noch vertretbar angesehen werden kann. Ohne die aktuellen betriebswirtschaftlichen Ist- und Planzahlen und ohne die Jahresab-

schlüsse der vergangenen Jahre können Betriebsrat und hinzugezogene externe Berater diese Frage nicht beantworten. Ein Arbeitgeber wird jedoch schnell unglaubwürdig, wenn er behauptet, dass ein Sozialplanvolumen von z. B. 400 000 Euro nicht bezahlt werden kann, ohne für das Unternehmen überlebenswichtige Investitionen zu gefährden, wenn dem letzten Jahresabschluss zu entnehmen ist, dass noch rd. 750 000 Euro Gewinn an die Gesellschafter ausgeschüttet wurde.

Zum Umgang mit den wirtschaftlichen Daten ist darauf hinzuweisen, dass den aktuellen Ist- und Planzahlen jeweils die Zahlen der letzten zwei bis drei Jahre gegenüberzustellen sind. Denn nur im Mehrjahresvergleich werden aktuelle Zahlen vernünftig interpretierbar. So ergibt sich z. B. aus einem hohen Lagerbestand und aus stagnierenden Aufträgen dann kein zwingender Personalabbau, wenn die aktuelle Entwicklung mit der der Vorjahre vergleichbar ist und in den Vorjahren Kurzarbeit ausreichend war, einen Auftragsengpass zu überbrücken. In einem solchen Fall müsste der Arbeitgeber dann zumindest zusätzlich belegen, warum er glaubt, dass die Auftragslage sich grundsätzlich schlechter entwickeln wird als in den Vorjahren.

Von wesentlicher Bedeutung sind auch *gesellschaftsrechtliche Sachverhalte*, wie folgendes Beispiel zeigt:

Beispiel:
In einem Unternehmen der Textilbranche wurde in den letzten 15 Jahren in mehreren Wellen Personal abgebaut im Rahmen verschiedener Sozialpläne. Jeweils mit Rücksicht auf die problematische wirtschaftliche Situation vereinbarten Betriebsrat und Arbeitgeber relativ geringe Abfindungen zwecks Sicherung der verbleibenden Arbeitsplätze. Außer den Kündigungswellen wurden keine weiteren Sanierungsmaßnahmen durchgeführt, weil das Geld für Modernisierungsinvestitionen (z. B. Übergang von mechanischen zu EDV-gesteuerten Strickmaschinen) fehlte. Erst bei der Betriebsstilllegung stellte sich durch das Hinzuziehen eines Gewerkschaftsvertreters und eines externen Sachverständigen heraus, dass zwischen dem Unternehmen und einem großen ertragsstarken Textil-Konzern seit Jahren ein Ergebnisabführungsvertrag bestand. Hätte der Betriebsrat von dieser konzernrechtlichen Verflechtung Kenntnis gehabt, hätte er sowohl in den Interessenausgleichs- als auch in den Sozialplanverhandlungen der vergangenen Jahre ganz anders auftreten und andere Forderungen stellen können. Denn bei der Frage der wirtschaftlichen Vertretbarkeit ist u. U. auch die wirtschaftliche Lage des Konzerns und nicht allein die des beherrschenden Unternehmens zu berücksichtigen.

Die Unterlagen zur *Betriebsänderung* beziehen sich auf alle erforderlichen Informationen zu ihrer Beurteilung. Sie sind am schwersten zu katalogisieren, weil sie jeweils von der Art der Betriebsänderung und dem konkreten Einzelfall abhängig sind. Häufig werden auch die genannten betriebswirtschaftlichen Unterlagen zur

Begründung der Notwendigkeit einer Betriebsänderung herangezogen, sodass eine überschneidungsfreie Aufzählung nicht möglich ist. Entscheidend bei diesen Unterlagen ist, dass aus ihnen detailliert hervorgeht,

- welche Veränderungen der Arbeitgeber konkret vornehmen will,
- wann und wie diese Veränderungen realisiert werden sollen,
- welche ökonomischen Vorteile sich hieraus für den Betrieb/das Unternehmen ergeben,
- wie sich die ökonomische Situation des Betriebes/Unternehmens entwickeln würde, wenn die Betriebsänderung nicht durchgeführt werden würde,
- welche Alternativen geprüft und warum sie verworfen wurden,
- welche Auswirkungen die Betriebsänderung auf die Arbeitnehmer/innen bezüglich der Beschäftigung, des Einkommens, der Qualifikation und der Arbeitsbedingungen hat.

Von wesentlicher Bedeutung sind auch Unterlagen von Unternehmensberatern, weil diese Unterlagen häufig über die aktuell geplante Maßnahme hinausgehende Handlungsempfehlungen für das Unternehmen enthalten. Häufig ist der Betriebsrat gut beraten, wenn er versucht, die Realisierung dieser weiteren Handlungsempfehlungen auszuschließen. Wenn dies nicht möglich ist, sollte er versuchen, sie mit in die Verhandlungen und in den Geltungsbereich eines Sozialplans einzubeziehen. Dies ist immer dann wichtig, wenn es sich bei den zusätzlichen Handlungsempfehlungen um kleinere Veränderungen handelt, bei denen es später strittig sein könnte, ob sie für sich betrachtet als mitbestimmungspflichtige Betriebsänderungen in den Geltungsbereich des § 111 BetrVG fallen.

Hinweis: Aushändigung angeforderter Unterlagen
Abschließend ist darauf hinzuweisen, dass der Betriebsrat unter Hinweis auf § 80 Abs. 2 BetrVG stets die Aushändigung der angeforderten Unterlagen verlangen kann. Denn weil es sich i. d. R. um eine komplexe und nicht einfach zu verstehende Unterlage handelt, ist eine bloße Vorlage und Einsichtnahme in die Unterlagen nicht ausreichend und dem Beratungsgegenstand auch nicht angemessen.

3. Wie kann der Informationsanspruch durchgesetzt werden?

Da Arbeitgeber ihrer Pflicht zur vollständigen und rechtzeitigen Information oftmals nicht von allein nachkommen, empfiehlt es sich für den Betriebsrat,

- systematisch zu überlegen, welche Unterlagen und Informationen für ihn zur Beurteilung der geplanten Betriebsänderung wichtig sein könnten,
- anhand dieser Überlegungen eine erste schriftliche Aufstellung über die benötigten Unterlagen und Informationen zu erarbeiten,
- die erforderlichen Unterlagen und Informationen mittels dieser Aufstellung unter Setzung eines Termins schriftlich beim Arbeitgeber anzufordern.

Verweigert dieser einen Teil oder alle geforderten Unterlagen, so ergibt sich zwischen den Betriebsparteien ein Konflikt über die erforderlichen Informationspflichten des Arbeitgebers. Dieser ist sehr wohl zu unterscheiden von solchen Konflikten, die sich im Rahmen der materiellen Verhandlungen über einen Interessenausgleich und Sozialplan ergeben können. Denn dieser Konflikt über die erforderlichen Informationen und Unterlagen ist der Verhandlungsphase vorgeschaltet.
Der Betriebsrat muss deutlich machen,

- dass er ohne ausreichende Informationen nicht verhandeln kann und auch nicht wird, weil ihn der Arbeitgeber daran hindert, das ihm zustehende Beratungsrecht sachgemäß wahrzunehmen;
- dass hierdurch entstehende Verzögerungen allein der rechtswidrigen Informationspolitik geschuldet sind und deshalb nicht dem Betriebsrat angelastet werden können;
- dass der Arbeitgeber durch die Informationsverweigerung sich rechtswidrig verhält und dies nach § 121 Abs. 1 BetrVG als Ordnungswidrigkeit verfolgt werden kann;
- dass der Betriebsrat ggf. einen Antrag auf Erlass einer einstweiligen Verfügung beim Arbeitsgericht zur Durchsetzung seines Informationsanspruchs und zur Unterlassung der Betriebsänderung bis zum Abschluss der Beratungen stellen wird (vgl. Kapitel E.II);
- dass der Betriebsrat den Wirtschaftsausschuss einschalten wird, um seine Informationsrechte auch auf dieser Ebene geltend zu machen;
- dass auch die unzureichende Information des Wirtschaftsausschusses eine Ordnungswidrigkeit nach § 121 Abs. 1 BetrVG darstellt;
- dass der Konflikt über die erforderlichen Informationen im Wirtschaftsausschuss zur geplanten Betriebsänderung eine Einigungsstelle nach § 109 BetrVG zur Folge haben kann.

Ferner muss der Betriebsrat in einem solchen Konfliktfall

- der Belegschaft und den betroffenen Beschäftigten das rechtswidrige Verhalten des Arbeitgebers deutlich machen,
- seine Forderungen und die Grundzüge seiner Politik den Beschäftigten auf Betriebsversammlungen und in Abteilungsversammlungen sowie über Betriebsratsinfos erklären;
- versuchen, den Arbeitgeber von der Belegschaft zu isolieren, damit dieser seinerseits keine Möglichkeiten hat, einen Keil zwischen Betriebsrat und Belegschaft zu treiben (vgl. auch Kapitel C.II.6);
- im Betrieb eine »unproduktive Unruhe« erzeugen, die zu Verzögerungen im normalen Betriebsablauf führt, um auch ökonomischen Druck auf den Arbeitgeber auszuüben;
- durch seine Aufklärungsarbeit verhindern, dass der Belegschaft selbst die Auseinandersetzung um die Betriebsänderung zu lange dauert und so der Be-

triebsrat unter Druck seitens der Belegschaft gerät, die wissen will, woran sie ist.

Konsequenz dieses Vorgehens des Betriebsrats zum Erzwingen der erforderlichen Informationen und Unterlagen ist, dass zunächst keine Verhandlungen über einen Interessenausgleich und Sozialplan stattfinden. Deshalb muss der Betriebsrat bei einer solchen Strategie verhindern, dass die Belegschaft beginnt, ihn unter Zeitdruck zu setzen. Dies passiert häufig dann, wenn

- die Arbeitnehmer/innen aus Angst um ihre Arbeitsplätze eine Phase längerer Unsicherheit nicht ertragen zu können glauben;
- sie endlich wissen wollen, wie hoch ihre Abfindung voraussichtlich sein wird;
- einzelne Beschäftigte bereits einen anderen Arbeitsplatz gefunden haben, aber nicht ohne Abfindung den Betrieb verlassen wollen.

Darüber hinaus sollte der Betriebsrat auch zu verhindern versuchen, dass Beschäftigte auf Druck des Arbeitgebers individuell Änderungs- oder Aufhebungsverträge abschließen. Zum einen birgt dies erhebliche Risiken für sie selbst (z. B. Sperrfristen bei der Arbeitsagentur, Ruhen des Anspruchs auf ALG, finanzielle Nachteile gegenüber einer möglichen Sozialplanregelung), zum anderen wird hierdurch auch die Verhandlungsposition des Betriebsrats geschwächt.

Das hier skizzierte Vorgehen des Betriebsrats zur Durchsetzung seiner Informationsrechte setzt Konfliktfähigkeit und Konfliktbereitschaft voraus. Wenn der Arbeitgeber während dieser Auseinandersetzung androht, dass er seinerseits die Einigungsstelle anrufen wird, weil der Betriebsrat verhandlungsunwillig ist, dann kann dieser darauf hinweisen, dass ein Einigungsstellenverfahren noch nicht möglich ist, weil ja noch gar keine Verhandlungen, die hätten scheitern können, stattgefunden haben. Falls der Arbeitgeber dann versuchen sollte, die geplante Betriebsänderung ohne einen ernsthaften Versuch zu einem Interessenausgleich und Sozialplan zu realisieren, dann sollte der Betriebsrat auf die in Kapitel E.II beschriebenen Handlungsmöglichkeiten zurückgreifen. Ferner muss er sich überlegen, ob er eine solche mit Zeitverzögerungen verbundene Strategie anwenden will, um seine Informationsrechte durchzusetzen. Zumindest in einem wirtschaftlich angeschlagenen Unternehmen und in einer Situation, in der eine schnelle Kostenentlastung erforderlich ist, z. B. um Liquiditätsschwierigkeiten und eine damit verbundene Insolvenzgefahr zu vermeiden, ist ein solches Vorgehen aber nicht unproblematisch.

Verweigert der Arbeitgeber weiterhin die erforderlichen Informationen und Unterlagen und glaubt der Betriebsrat, eine solche Konfliktstrategie nicht anwenden oder durchhalten zu können, dann bedeutet dies, dass sich der Arbeitgeber mit seiner Informationsverweigerung durchsetzt und der Betriebsrat ohne rechtzeitige und umfassende Information die Verhandlungen über einen Interessenausgleich und Sozialplan aufnimmt. In einer solchen Situation ist eine wirksame Interessenvertretung nur sehr eingeschränkt möglich.

IV. Inhaltliche und strategische Vorbereitung der Verhandlungsphase – Entwicklung eigener Vorschläge

Liegen dem Betriebsrat die erforderlichen Unterlagen und Informationen zumindest teilweise vor, so gilt es, die Beratungen und Verhandlungen vorzubereiten. Hierzu sollte der Betriebsrat

- den Handlungsbedarf und seinen Handlungsspielraum bestimmen,
- seine Verhandlungsziele festlegen,
- ein Verhandlungskonzept entwickeln und
- dessen Durchsetzungsmöglichkeiten erörtern.

1. Handlungsbedarf und Handlungsspielräume des Betriebsrats

Zur inhaltlichen und strategischen Vorbereitung der Verhandlungsphase gehört nicht nur, systematisch den Informationsbedarf zu ermitteln und vom Arbeitgeber die erforderlichen Informationen und Unterlagen abzufordern. Vielmehr muss der Betriebsrat seine grundlegenden Positionen inhaltlicher und strategischer Art beraten und festlegen. Der Handlungsbedarf des Betriebsrats zur Beeinflussung einer geplanten Betriebsänderung hängt wesentlich davon ab, welche tatsächlichen oder vermuteten Nachteile mit der geplanten Betriebsänderung verbunden sind. Sein Handlungsspielraum wird dabei durch zwei Faktoren begrenzt: einerseits durch die zur Verfügung stehende Zeit zur Auswertung von Informationen, zur Ermittlung vermutlicher Nachteile, zur Entwicklung realisierbarer Gegenvorschläge sowie zur Erarbeitung von Verhandlungsentwürfen; andererseits von den inhaltlichen Möglichkeiten, tatsächlich realisierbare Gegenvorschläge im Beschäftigteninteresse entwickeln zu können, die wirtschaftlich tragbar sind. Je knapper die Zeit ist, die der Betriebsrat zur Verfügung hat, je größer die wirtschaftliche Dringlichkeit der Betriebsänderung tatsächlich ist und je weniger Alternativen die wirtschaftliche Situation zulässt, desto geringer ist der Handlungsspielraum des Betriebsrats.

Die tatsächliche Betriebsratspolitik bei einer Betriebsänderung ist somit das Ergebnis vielfältiger Einflussfaktoren und Überlegungen. Hierzu gehören z.B.

- die wirtschaftliche Situation des Unternehmens/Betriebes (evtl. auch des Konzerns),
- die Dringlichkeit zur Durchführung der Betriebsänderung in möglichst kurzer Zeit,
- die Art der Betriebsänderung und ihre Auswirkungen auf die Arbeitnehmerinteressen,

- die Einstellung des Arbeitgebers zu den Interessen der Beschäftigten und den Aufgaben des Betriebsrats,
- die Art und Weise, in der der Arbeitgeber versucht hat, die Interessen der Beschäftigten in seiner Planung zu berücksichtigen,
- die vom Arbeitgeber verfolgten Ziele und sein Verhalten gegenüber dem Betriebsrat,
- die bisherigen Formen der Auseinandersetzung zwischen den Betriebsparteien,
- die Ernsthaftigkeit und das Engagement des Betriebsrats bei der Wahrnehmung seiner gesetzlichen Aufgaben,
- die Konflikt-, Durchsetzungs- und Handlungsfähigkeit des Betriebsrats,
- das Erfahrungspotenzial und die betrieblichen, rechtlichen sowie betriebswirtschaftlichen Kenntnisse des Betriebsrats,
- die Nutzung externer Unterstützung durch Gewerkschaft und Sachverständige, um bestehende rechtliche und betriebswirtschaftliche Kompetenzdefizite ausgleichen zu können,
- die Möglichkeiten, Alternativen zu der geplanten Betriebsänderung entwickeln zu können,
- die Erwartungshaltung(en) der Belegschaft,
- die Möglichkeiten des Betriebsrats, die Belegschaft für seine Forderungen zu mobilisieren.

Grundsätzlich lässt sich sagen, dass, je besser die wirtschaftliche und finanzielle Situation eines Unternehmens ist, je gravierender die Auswirkungen der Betriebsänderung für die Beschäftigten sind und je weniger der Arbeitgeber die Beschäftigteninteressen bei seiner Planung berücksichtigt hat, desto stärker sollte der Betriebsrat gegen die Arbeitgeberplanung vorgehen. Jedoch sollte er auch in einer solchen Ausgangsposition berücksichtigen, ob er einen langen Konflikt um die Betriebsänderung durchstehen und die Belegschaft für seine Positionen gewinnen kann. Ist dies der Fall und keine besondere Dringlichkeit zur sofortigen Umsetzung der geplanten Maßnahme gegeben, bestehen für den Betriebsrat gute Handlungsvoraussetzungen, um im Beschäftigteninteresse Einfluss auf die Betriebsänderung zu nehmen.

a. Welche Nachteile bringt die Betriebsänderung den Arbeitnehmer/innen?

Der Handlungsbedarf des Betriebsrats angesichts einer geplanten Betriebsänderung wird wesentlich davon abhängen, wie stark die vermuteten Nachteile für die Beschäftigten sind. Je mehr Nachteile zu erwarten und je erheblicher diese Nachteile sind, desto größer ist der Handlungsbedarf der Interessenvertretung. Desto eher wird der Betriebsrat aber auch von seinen Handlungsmöglichkeiten zielstrebig Gebrauch machen, um zumindest einen Teil der Nachteile zu vermeiden

und einen angemessenen Ausgleich für die verbliebenen Nachteile zu erreichen. Weil Arbeitgeber dies erkannt haben, versuchen sie häufig, die entstehenden Nachteile herunterzuspielen bzw. zu verschweigen.
Für den Betriebsrat ist es zunächst erforderlich, durch eine » Gefährdungsanalyse« möglichst alle drohenden Nachteile systematisch zu erfassen. Sonst kann er seine Verhandlungsziele und inhaltlichen Verhandlungspositionen nicht richtig bestimmen.
Diese » Gefährdungsanalyse« sollte sich auf die folgenden Interessenbereiche der Arbeitnehmer/innen erstrecken:

- **Arbeitsplätze:**
  Durch einen Vergleich des IST-Bestandes an Arbeitsplätzen mit dem geplanten SOLL-Bestand nach Durchführung der Betriebsänderung ergibt sich das Gefährdungspotenzial an Arbeitsplätzen. Dabei ist nicht nur der Wegfall von Arbeitsplätzen, sondern auch die qualitative Veränderung bei den verbleibenden Arbeitsplätzen und ein sich hieraus ergebender Qualifizierungsbedarf bedeutsam. In diesem Zusammenhang ist auch der Umfang an innerbetrieblichen und betriebsübergreifenden Versetzungen wichtig.
- **Einkommen:**
  Einkommensminderungen ergeben sich vor allem beim Verlust des Arbeitsplatzes, aber auch bei Versetzungen auf einen niedriger bewerteten Arbeitsplatz.
- **Arbeitszeit:**
  Veränderungen im Zeitregime eines Betriebes (z. B. Einführung eines Schichtsystems) können dazu führen, dass Arbeitnehmer die bisherige Tätigkeit unter den veränderten Bedingungen nicht mehr ausüben können.
- **Qualifikation:**
  Durch technische und organisatorische Rationalisierung können vorhandene Qualifikationen entwertet und die betroffenen Beschäftigten völlig veränderten Qualifikationsanforderungen ausgesetzt werden, die nur durch erhebliche Schulungsanstrengungen bewältigt werden können. Gerade ältere Beschäftigte haben hier beträchtliche Qualifikationsbarrieren zu überwinden.
- **Arbeitsbedingungen:**
  Erschwerte äußere Arbeitsbedingungen wie z. B. Lärm, Staub, Dämpfe, Strahlen, Hitze, Kälte, schlechte Lichtverhältnisse können zu gesundheitlichen Beeinträchtigungen führen und sind ggf. Arbeitnehmer/innen nicht zuzumuten. Ferner geht es hier auch um die ergonomische Gestaltung neuer Arbeitsplätze sowie um Fragen der zukünftigen quantitativen Arbeitsanforderungen und -belastungen. Gerade in Zeiten kontinuierlicher Verbesserung spielt die Frage der Arbeits- und Leistungsverdichtung eine zentrale Rolle, welche bei Betriebsänderungen kritisch berücksichtigt werden sollte. Auch Fragen der DV-gestützten Leistungserfassung und -kontrolle im Zusammenhang mit dem

Einsatz von Kommunikations- und Informationsverarbeitungstechniken können durchaus relevant werden.

- **Sozialleistungen:**
  Insbesondere bei betriebsübergreifenden Versetzungen oder Versetzungen in andere Konzernunternehmen kann es zum Wegfall bzw. zu Verschlechterungen bisheriger in Betriebsvereinbarungen geregelter Sozialleistungen kommen. Diese Problematik ergibt sich sehr oft, wenn Betriebsänderungen als Folge von Integrations- und Strukturkonzepten aufgrund unternehmensrechtlicher Umwandlungsmaßnahmen durchgeführt werden (vgl. hierzu Kapitel K).
- **Sonstige wirtschaftliche Nachteile:**
  Hierunter fallen vor allem längere Fahrtwege zur Arbeitsstätte und damit verbundene höhere Fahrtkosten und Umzugskosten beim erforderlichen Wechsel des Wohnortes.
- **Mitbestimmung:**
  Wird durch die Betriebsänderung die Zuordnung von Beschäftigten zu Betrieben verändert oder wird der bisherige Betrieb gespalten, können in den durch Spaltung entstehenden neuen Betrieben bestimmte von der Betriebsgröße abhängige Rechte verlorengehen. Schließlich stellt sich – vor allem bei Eigentümerwechsel – die Frage der Fortgeltung bisheriger Konzern-, Gesamt- und Betriebsvereinbarungen sowie von Tarifverträgen. Auch diese Aspekte spielen vor allem eine wesentliche Rolle bei Betriebsänderungen, die grundlegenden Veränderungen der Unternehmensstrukturen folgen (vgl. Kapitel K).

Häufig ist es der Fall, dass bei einer Betriebsänderung verschiedene Beschäftigtengruppen in unterschiedlicher Weise in ihren Interessen gefährdet werden. Dann ist es wichtig, für jede Beschäftigtengruppe möglichst genau die zu erwartenden Nachteile zu erfassen. Nachteile müssen nicht unmittelbar mit der Durchführung der Betriebsänderung eintreten. Sofern plausibel gemacht werden kann, dass auch mittel- und längerfristig Nachteile auftreten können, die ihre Ursache in der Betriebsänderung haben, dann sind diese Nachteile zu berücksichtigen. Mit zunehmendem zeitlichem Abstand zur Betriebsänderung wird der Plausibilitätsnachweis eines ursächlichen Zusammenhangs aber immer schwieriger zu erbringen sein.

Wünschenswert – aber bisher noch die Ausnahme – sind Bemühungen des Arbeitgebers, bereits bei der Planung von Betriebsänderungen eine »Gefährdungsanalyse« hinsichtlich der Beschäftigteninteressen vorzunehmen, um bei aller gebotenen wirtschaftlichen Betrachtungsweise zu sozialverträglichen Unternehmensentscheidungen zu gelangen. Ein solches positives Beispiel ist ansatzweise die Investitionsanalyse bei der AUDI AG, die auf Drängen der Arbeitnehmervertreter im Aufsichtsrat für alle größeren Investitionsprojekte eingeführt wurde (*Pitz*, 1983, S. 571). Zur Erfassung möglicher Nachteile ist der Betriebsrat wiederum auf rechtzeitige und umfassende Information durch den Arbeitgeber an-

gewiesen. Denn ist er nicht ausreichend über die geplante Betriebsänderung informiert, wird es ihm schwerfallen, alle möglichen und somit regelungsbedürftigen Nachteile, die mit der Betriebsänderung verbunden sein können, zu erfassen.
Demzufolge müsste er zunächst den erforderlichen Informationsbedarf zur Beurteilung der geplanten Betriebsänderung ermitteln und dem Arbeitgeber mitteilen (vgl. Kapitel E.III.2). Da häufig bereits die Erfüllung dieser Informationsforderungen Zeit beansprucht und auch zu Auseinandersetzungen über den Informationsanspruch führt, ist die Betriebsratspolitik zur Erlangung der erforderlichen Informationen nicht völlig unabhängig von der Frage des zeitlichen Handlungsspielraums zu sehen. Hält der Betriebsrat die Betriebsänderung nicht für so dringlich, wie der Arbeitgeber behauptet, sollte er auf jeden Fall seine zeitlichen Handlungsmöglichkeiten auch dazu nutzen, sich die erforderlichen Informationen zu beschaffen.

b. Wie dringlich ist die Betriebsänderung wirklich?

Problematisch sind die Handlungsvoraussetzungen für den Betriebsrat dann, wenn eine schnelle Realisierung der Betriebsänderung objektiv dringlich geboten ist. Dies ist z. B. dann der Fall, wenn die baldmögliche Schließung verlustbringender Betriebsteile erforderlich ist, um den restlichen Betrieb wirtschaftlich überhaupt weiterführen zu können. In einer solchen Situation gerät der Betriebsrat in das Dilemma, dass eine Verzögerung der Betriebsänderung zur Regelung ihrer Durchführung im Beschäftigteninteresse zugleich auch zu einer Gefährdung von Beschäftigteninteressen bezüglich der verbleibenden Arbeitsplätze und Einkommen führen könnte. Da Arbeitgeber aber in aller Regel die wirtschaftliche Dringlichkeit der Betriebsänderung betonen, sollte der Betriebsrat auf jeden Fall selbst prüfen, ob eine solche problematische Situation tatsächlich vorliegt und sich nicht vorschnell auf Arbeitgeberaussagen verlassen. Es gehört zu den typischen Arbeitgeberstrategien, »eine noch schlimmere Situation, die noch schlimmere Maßnahmen erfordert« anzudrohen, wenn der Betriebsrat versucht, seine Mitbestimmungsrechte auszuschöpfen.
Größere zeitliche Handlungsspielräume bestehen dort, wo eine solche Dringlichkeit für eine Betriebsänderung nicht vorliegt. Sie sind auch in solchen Fällen gegeben, wo sich eine zusätzliche Gefährdung von Beschäftigteninteressen gar nicht mehr ergeben kann. Dies ist in aller Regel bei der Stilllegung ganzer Betriebe der Fall. (Ausnahmen sind nur in wirtschaftlich stark angeschlagenen Mehrbetriebsunternehmen denkbar.) Jeder Tag, den ein zur Schließung vorgesehener Betrieb weiterbesteht, sichert den Beschäftigten ihr Einkommen.
Für den Betriebsrat ist es deshalb zunächst wichtig zu überlegen, welchen zeitlichen Handlungsspielraum er unter dem Aspekt der wirtschaftlichen Dringlichkeit hat. Maßstab hierfür kann nicht sein, dass dem Arbeitgeber durch das Aus-

schöpfen der Mitbestimmungsrechte zusätzliche Kosten entstehen. Vielmehr muss der Betriebsrat seine Handlungsspielräume allein unter dem Aspekt prüfen, ob eine zeitliche Verzögerung bei der Durchführung der Betriebsänderung zu weiteren Nachteilen für die Beschäftigten führt, die nicht in Kauf genommen werden können.

Nach unseren Erfahrungen besteht ein Zusammenhang zwischen einer ansatzweise umfassenden Informationspolitik des Arbeitgebers und dem tatsächlich für den Arbeitgeber bestehenden Zeitdruck im Hinblick auf die Durchführung der geplanten Betriebsänderung. Gleiches gilt auch, wenn es zur geplanten Betriebsänderung keine realisierbaren Alternativen gibt. In solchen Fällen gibt es kaum Auseinandersetzungen über die angeforderten Informationen. Lässt sich der Arbeitgeber hingegen auf eine solche Auseinandersetzung ein, dann ist dies oftmals auch ein Indiz dafür, dass die Betriebsänderung nicht so dringlich ist wie behauptet. Arbeitgeber informieren den Betriebsrat sehr oft über die Details der geplanten Betriebsänderung und begründen auch deren wirtschaftliche Erforderlichkeit mit aussagefähigen Unterlagen, wenn die wirtschaftliche Situation schwierig ist und zu einer schnellen Realisierung der Maßnahmen zwingt. Der Arbeitgeber will durch eine schnelle Überzeugung des Betriebsrats aufgrund der wirtschaftlichen Fakten zeitliche Verzögerungen vermeiden. In solchen Situationen stimmen Arbeitgeber sehr oft auch der Hinzuziehung eines Sachverständigen gem. § 80 Abs. 3 BetrVG zu, weil sie davon ausgehen, dass eine Prüfung der dem Betriebsrat überlassenen Unterlagen durch den Sachverständigen die Erforderlichkeit der geplanten Maßnahmen bestätigen wird.

Die Überprüfung seines zeitlichen Handlungsspielraums fällt dem Betriebsrat umso leichter, je besser er über die wirtschaftliche Situation des Betriebes und Unternehmens (ggf. auch des Konzerns) informiert ist. Hält er seine Informationsbasis zur Beurteilung der wirtschaftlichen Dringlichkeit der Betriebsänderung für nicht ausreichend, muss er zusätzliche Informationen zur wirtschaftlichen Situation anfordern. Ohne ausreichende Information über die wirtschaftliche Situation wird er die Dringlichkeit einer Betriebsänderung selbst nicht beurteilen können. Dann kann er aber auch den Argumenten des Arbeitgebers, dass der Betriebsrat mit seiner Politik den Bestand des Unternehmens gefährdet, wenig entgegensetzen.

Der Betriebsrat sollte sich auch nicht von den Beschäftigten oder einzelnen Beschäftigtengruppen unter Zeitdruck setzen lassen. Häufig wollen diese wissen, »woran sie sind«, d. h. ob sie damit rechnen müssen, betriebsbedingt gekündigt, auf einen anderen Arbeitsplatz versetzt zu werden oder welche Abfindungen gezahlt werden usw. Auch wenn es in der Belegschaft Unruhe gibt, weil die Beschäftigten solche existentiellen Unsicherheiten nicht lange hinnehmen wollen, sollte sich der Betriebsrat nicht unter Zeitdruck setzen lassen, wenn er meint, dass es seiner Vorbereitung und seiner Verhandlungsposition schadet. Manchmal versuchen Arbeitgeber gezielt, die Verunsicherung in der Belegschaft gegenüber dem Betriebsrat auszunutzen, und bieten ihrerseits »einen schnellen Abschluss« der erforderlichen Vereinbarungen an, mit dem Interesse, hierdurch möglichst Regelungen zu ihrem Vorteil durchzusetzen. In solchen Situationen sollte man die Vor- und Nachteile einer schnellen Vereinbarung mit dem Arbeitgeber über die Betriebsänderung und über einen Sozialplan aus Beschäftigtensicht einander gegenüberstellen.

Mögliche *Vorteile* für die Arbeitnehmer/innen können sein:

- eine frühzeitige Eingrenzung des Kreises der vermutlich Betroffenen,
- frühzeitige Gewissheit über die zu erwartenden Abfindungen,
- die Möglichkeit (für einige Beschäftigte), schnell einen in Aussicht gestellten Arbeitsplatz bei einem anderen Arbeitgeber annehmen zu können.

Dem stehen folgende *Nachteile* gegenüber:

- vorzeitiger Verlust des Arbeitsplatzes und damit u. U. früherer Eintritt der Arbeitslosigkeit zumindest für einen Teil der Belegschaft,
- Aufgabe von Möglichkeiten, auf den Arbeitgeber Verhandlungsdruck auszuüben mit der möglichen Konsequenz schlechterer Verhandlungsergebnisse bei Interessenausgleich und Sozialplan.

c. Wie schlecht geht es dem Unternehmen wirklich?

Der Betriebsrat sollte sich auch die Frage stellen, wie glaubwürdig die vom Arbeitgeber vorgetragene Argumentation ist und welche Ziele und Strategien er tatsächlich verfolgt. Befindet sich ein Unternehmen in einer ernsten wirtschaftlichen Schieflage und ist deshalb die Betriebsänderung dringend geboten, so kann der Arbeitgeber versuchen, den Betriebsrat mittels »knallharter« Daten und Fakten zu überzeugen. Der Arbeitgeber kann durch Offenlegung seiner wirtschaftlichen Situation die Ablehnung der Forderungen des Betriebsrats zu Interessenausgleich und Sozialplan zu begründen versuchen.

Je offener die Informationspolitik des Arbeitgebers ist und je mehr Nachprüfungsmöglichkeiten er einräumt (bis hin zur Hinzuziehung eines Sachverständigen nach § 80 Abs. 3 BetrVG), desto eher kann der Betriebsrat davon ausgehen, dass die vom Arbeitgeber genannten Ziele und Argumente auch tatsächlich zutreffen. Es ist eine Erfahrung vieler Betriebsräte, dass Arbeitgeber in einer schlechten wirtschaftlichen Situation oft versuchen, den Betriebsrat in die betriebswirtschaftlichen Sachzwänge einzubinden. Dann überlassen sie dem Betriebsrat häufig auch wirtschaftliche Unterlagen, die ihm bisher verweigert wurden, »weil die Zahlen für sich sprechen«.

Häufig gebrauchte Sachzwangargumente der Arbeitgeber sind:

- Angleichung des Kosten-Umsatz-Verhältnisses an den Branchendurchschnitt,
- Wiedergewinnung des technologischen Anschlusses an die Branchenentwicklung,

- Schaffung branchenüblicher Kostenstrukturen,
- Zwang zur Bereinigung der Produktpalette wegen Absatzschwierigkeiten,
- zu hohe Verwaltungskosten im Verhältnis zu den Produktionskosten,
- erheblich höhere Verwaltungskosten als die Konkurrenz,
- erheblich geringere Produktivität als die Konkurrenz,
- Verluste einzelner Bereiche wirtschaftlich untragbar,
- Kostendruck zwingt zu wirtschaftlicherer Fremdvergabe,
- Absatzschwierigkeiten erzwingen Produktionseinschränkungen
- Wettbewerbsintensität verlangt neue Vertriebsformen.

Argumentieren Arbeitgeber hingegen nur mit der schlechten wirtschaftlichen Situation oder behaupten einen Wettbewerbsnachteil, ohne dies konkret zu belegen, ist Vorsicht geboten. Diese können vorgeschoben sein in der Absicht, die voraussichtlichen Forderungen des Betriebsrats von vornherein zu begrenzen. Bei der Formulierung seiner Verhandlungsziele und -inhalte muss dieser deshalb nicht nur seinen zeitlichen, sondern auch seinen inhaltlichen Handlungsspielraum ausloten. Die Forderungen des Betriebsrats zur Vermeidung bzw. zum Ausgleich von Nachteilen verursachen Kosten und vermindern damit die Rentabilität der geplanten Betriebsänderung. Die Forderungen des Betriebsrats sind damit konträr zu der Gewinnerzielungsabsicht des Unternehmens. Deshalb versuchen Arbeitgeber auch immer wieder, ihre Planung als unumstößlich und ohne Alternativen darzustellen.

Zu unterscheiden ist auch, ob mit der Betriebsänderung die zukünftigen Gewinne der Anteilseigner erhöht und abgesichert werden sollen oder ob mit der geplanten Betriebsänderung notwendige betriebswirtschaftliche Voraussetzungen für den Fortbestand des Betriebes oder Unternehmens geschaffen werden sollen. Ein geplanter Personalabbau kann in der einen Situation Gewinnmaximierung des Arbeitgebers, in einer anderen Situation ein abgeforderter Sanierungsbeitrag der Beschäftigten sein, der überlebensnotwendig ist. Zu fragen wäre dann auch nach den Sanierungsbeiträgen der Anteilseigner, z. B. in Form von Eigenkapitalerhöhungen und/oder Gewinnverzicht zur Finanzierung eines akzeptablen Sozialplans oder etwa zur Vornahme erforderlicher zukunftssichernder Investitionen (vgl. *Laßmann/Rupp* 2010, S. 47ff.).

Bei der Festlegung seiner Verhandlungsziele und -inhalte muss der Betriebsrat demzufolge die Arbeitgeberargumente kritisch hinterfragen. Er muss versuchen, die tatsächlichen Ziele des Arbeitgebers herauszubekommen. Manchmal planen Arbeitgeber anlässlich einer Betriebsänderung noch einen Personalabbau, obwohl sie in ihrer mittelfristigen Planung von einem höheren Personalbedarf ausgehen. Sie wollen auf diese Weise einen Austausch von Belegschaftsteilen erreichen, z. B. jüngere Arbeitskräfte gegen ältere, und vorübergehend Lohnkosten sparen. Manchmal argumentiert der Arbeitgeber, dass der Betrieb wegen man-

gelnder Rentabilität zu schließen sei. In Wirklichkeit jedoch soll das Betriebsgrundstück geräumt werden, um es gewinnbringend zu veräußern.
Der Betriebsrat muss folglich versuchen, die inhaltlich nachvollziehbaren Argumente von taktischen Aussagen und Behauptungen des Arbeitgebers zu trennen und Widersprüchlichkeiten in dessen Argumentation aufzudecken. Im Zweifel sollte er den vorgebrachten Sachzwangargumenten zunächst nicht zu viel Glauben schenken, um nicht in Gefahr zu geraten, seine Zielvorstellungen und Verhandlungspositionen voreilig zum Nachteil der Beschäftigten zu korrigieren. Behauptet der Arbeitgeber, dass er die gestellten Forderungen nicht erfüllen kann, muss er den Beweis dafür antreten. Allerdings sollte sich der Betriebsrat auch hüten, völlig unrealistische Forderungen aufzustellen, weil er damit zum einen seine Glaubwürdigkeit verspielen kann, zum anderen das erreichte Ergebnis auch daran gemessen wird.

2. Welche Verhandlungsziele kann der Betriebsrat verfolgen? – Einige Beispiele und Ergebnisse

Hat der Betriebsrat durch Auswertung der erhaltenen Informationen Handlungsbedarf und -spielräume erkundet, muss er sich für die bevorstehenden Verhandlungen konkrete Ziele setzen. Denn konkrete Vorstellungen über realistische Ziele sind notwendige Voraussetzungen für erfolgreiches Handeln. Der Betriebsrat sollte sich fragen: »Was wollen und was können wir erreichen?«, wobei hier zugleich die Diskussion über mögliche Durchsetzungsstrategien geführt werden muss (vgl. Kapitel E.V). Gewerkschaftssekretäre beobachten immer wieder, dass Betriebsräte ohne genaue Zielvorstellungen in Verhandlungen mit dem Arbeitgeber gehen. Hieraus entsteht ein gravierender Verhandlungsnachteil, weil der Arbeitgeber nämlich sehr genau weiß, welche Ziele er verfolgt.
Grundsätzlich kann der Betriebsrat

- versuchen, die geplante Betriebsänderung ganz zu verhindern, um alle Nachteile für die Beschäftigten abzuwehren;
- versuchen, die geplante Betriebsänderung im Interesse der Beschäftigten abzuändern, um Nachteile für die Beschäftigten zu verringern;
- versuchen, die geplante Betriebsänderung zeitlich zu verschieben, um die Nachteile für die Beschäftigten erst zu einem späteren Zeitpunkt eintreten zu lassen;
- der geplanten Betriebsänderung unverändert zustimmen und sich darauf konzentrieren, mögliche Nachteile möglichst gut auszugleichen.

Welche dieser grundsätzlich möglichen Ziele ein Betriebsrat in einer konkreten Situation tatsächlich verfolgt, hängt von dem Handlungsbedarf, von den zeitlichen und inhaltlichen Handlungsspielräumen und von seinen Durchsetzungsmöglichkeiten ab.

Betriebsrat versucht, die geplante Betriebsänderung zu verhindern

Nach allen Erfahrungen versuchen Betriebsräte viel zu wenig, eine Betriebsänderung zu verhindern, weil sie von vornherein nicht daran glauben, dass ihnen dies gelingen könnte. Einerseits wegen der für sie ungünstigen Rechtssituation beim Interessenausgleich (»in der Einigungsstelle nicht erzwingbar«), andererseits, weil sie häufig zu wenig ihre betriebspolitischen Handlungsmöglichkeiten beachten und auch Scheu vor dem möglichen Ausmaß des dann entstehenden Konflikts haben.

Wie in Kapitel B dargestellt, sind die Forderungen des Betriebsrats zum Interessenausgleich rechtlich nicht erzwingbar. Gegen den Willen des Arbeitgebers kann er eine Betriebsänderung mit den Mitteln der Betriebsverfassung rechtlich weder verhindern noch verändern. Dies bedeutet jedoch nicht, dass derartige Zielsetzungen völlig utopisch sind. Neben den rein rechtlichen Handlungsmöglichkeiten wird das Arbeitgeberverhalten auch von der konkreten betriebspolitischen Situation bestimmt. Versucht der Betriebsrat politisch seine Zielvorstellungen durchzusetzen, kann der Arbeitgeber u. U. von seiner ursprünglichen Planung wesentlich eher abgebracht werden, etwa indem der Betriebsrat

- eine betriebswirtschaftlich tragfähige Alternative zur geplanten Betriebsänderung erarbeitet,
- dem Arbeitgeber hohe eigene Konfliktbereitschaft signalisiert,
- ein Widerstandspotenzial in der Belegschaft gegen die Betriebsänderung aufbaut und nutzt,
- die arbeitsmarkt- und regionalpolitische Bedeutung der geplanten Betriebsänderung in die Öffentlichkeit trägt,
- politische Entscheidungsträger in der Region gegen die geplante Betriebsänderung Stellung beziehen lässt,
- androht, das positive Image der Firma durch öffentliche Diskussion über die Betriebsänderung zu gefährden,
- die soziale Verantwortung der Eigentümer in die öffentliche Diskussion bringt.

Beispiel:
In einem Unternehmen der Zulieferindustrie für Automobilwerke wurde eine weitere Betriebseinschränkung geplant. Nachdem bereits in mehreren Wellen die Belegschaft von 900 auf rd. 340 Beschäftigte reduziert worden war, sollte nun die Fensterheberproduktion eingestellt werden. Dies hätte den Abbau von weiteren 115 Arbeitsplätzen bedeutet. Für den Betriebsrat war dies der Anfang vom Ende, d. h. er fürchtete, dass der Betrieb ganz stillgelegt werden würde, wenn es nicht gelänge, diese Betriebsänderung zu verhindern. Der Arbeitgeber widersprach diesen Befürchtungen und legte die angeforderten Planungsunterlagen für die nächsten Jahre vor. Aus ihnen ging hervor, dass die Schiebedachproduktion in zwei Jahren erheblich ausgeweitet wird und dann sogar wieder Personaleinstellungen erforderlich sein würden. Da der Betriebsrat mit Hilfe der Gewerkschaft aus diesen Un-

terlagen auch sehen konnte, dass die Fensterheberproduktion aus Kostengründen zu einem anderen Konzernunternehmen nach Italien verlagert werden sollte, war seine Position klar: Verhinderung der geplanten Verlagerung der Fensterheberproduktion, Fortführung der Produktion im Werk bis zur Ausweitung der Schiebedachproduktion in zwei Jahren, Finanzierung der nicht gedeckten Kosten der Fensterheberproduktion aus den Gewinnen der Schiebedachproduktion. Einem Austausch der Beschäftigten, Entlassung der in der Fensterheberproduktion tätigen Beschäftigten, Einstellung anderer Beschäftigter in zwei Jahren für die Ausweitung der Produktion wollte er auf keinen Fall zustimmen. Dieses Austauschargument mobilisierte auch die Beschäftigten im Betrieb. Als der Arbeitgeber die Betriebsratsvorstellungen ablehnte, kam es im Werk zu spontanen Arbeitsniederlegungen. Hierbei wurde auch die Auslieferung an bedeutende Abnehmer des Betriebes behindert. Aufgrund der Lieferverzögerungen sah sich die Geschäftsführung plötzlich mit Regressforderungen der Automobilhersteller konfrontiert. Nach fünf Tagen spontanen Arbeitskampfes erreichten Betriebsrat und Gewerkschaft eine Vereinbarung mit folgenden Eckpunkten.

- Die Fensterheberproduktion wird zwei Jahre weitergeführt.
- Aus der Produktion werden keine Beschäftigten entlassen.
- Die Geschäftsführung wird sich bei der Konzernleitung intensiv um Ersatzproduktion bemühen.
- Zwischen Betriebsrat und Geschäftsführung werden umgehend Verhandlungen über die beabsichtigte Umstrukturierung der Verwaltung des Betriebes aufgenommen.
- Während dieser weiteren Verhandlungen werden keine Kündigungen ausgesprochen.
- Die Streiktage werden bezahlt, und es erfolgen keine Maßregelungen im Zusammenhang mit dem Streik.

Allerdings musste der Betriebsrat, um dieses Ergebnis zu erreichen, einem Personalabbau in der Verwaltung um 27 Stellen zustimmen. Trotzdem beurteilten Betriebsrat, Vertrauensleute und Gewerkschaft das Ergebnis positiv. Konkrete Zielvorstellungen, ein eigenes Konzept, die Anforderung und Auswertung von Planunterlagen sowie die Mobilisierung der Belegschaft waren die wesentlichen Faktoren, die zu diesem positiven Ergebnis geführt haben (vgl. zu dieser Fallschilderung die ausführliche Darstellung von Neumann/Tänzer 1984, S. 211 ff.).

Das Ziel der Verhinderung einer Betriebsänderung ist noch am ehesten mit dem Mittel des Tarifsozialplans (vgl. Kapitel B.XI) zu erreichen. Auch wenn für dieses Ziel nicht gestreikt werden darf, können gut organisierte und streikbereite Belegschaften mit streikfähigen Tarifforderungen (z. B. nach längeren Kündigungsfristen, befristeter Standortsicherung und hohe Abfindungen) den Arbeitgeber veranlassen, von der ursprünglich geplanten Betriebsänderung abzusehen. Dies umso eher, als Gewerkschaften bereit sind, im Gegenzug Verschlechterungen der tariflichen Arbeitsbedingungen zuzugestehen (*Büttner/Kirsch* 2002, S. 17 ff.; *Laßmann/Rupp* 2010, S. 25 ff.).

Betriebsrat versucht, die geplante Betriebsänderung zu verändern

Selbst wenn Verhinderungsversuche keinen Erfolg haben, können sie aufgrund des politischen Drucks, den der Betriebsrat bei einer solchen Konfliktstrategie ausübt, zu Veränderungen der ursprünglichen Arbeitgeberplanung oder zumindest zu einer zeitlichen Verschiebung der geplanten Betriebsänderung führen.
In den Fällen, in denen das Verhinderungsziel nicht in Frage kommt, entweder, weil man die Erforderlichkeit der Betriebsänderung zunächst grundsätzlich akzeptiert oder sich nicht zutraut, eine politische Konfliktstrategie durchzuhalten, sollte der Betriebsrat trotzdem die Arbeitgeberplanung immer gründlich prüfen. Er sollte zumindest zu jenen Teilen der Arbeitgeberplanung, die für die Beschäftigteninteressen besonders problematisch sind, seine Bedenken geltend machen und Gegenvorschläge unterbreiten. Z. B. kann er argumentieren, dass

- die Realisierung bestimmter Teile der Arbeitgeberplanung nicht erforderlich ist;
- bestimmte Teile der Arbeitgeberplanung aufgrund der tatsächlichen Gegebenheiten im Betrieb so nicht realisierbar sind;
- es Möglichkeiten gibt, einzelne Teile der Arbeitgeberplanung sozialverträglicher umzusetzen.

Beispiel:
In einem Unternehmen der chemischen Industrie sollten die Verwaltungsstrukturen entscheidend geändert werden. Der Vertrieb und die Entwicklung sollten ausgegliedert werden. Diverse Planstellen für einfache Verwaltungstätigkeiten sollten gestrichen, Aufgaben und Kompetenzen für die einzelnen Ressorts neu zugeschnitten werden. Die vorgesehenen strukturellen Veränderungen bestanden aus einer Vielzahl einzelner Maßnahmen und Vorgänge, die vom Betriebsrat der Hauptverwaltung einzeln überprüft wurden. Zu vielen Einzelmaßnahmen wurden vom Betriebsrat Gegenvorschläge erarbeitet, die entweder Schwachstellen in der Arbeitgeberplanung aufgriffen oder an den Beschäftigteninteressen orientierte Forderungen enthielten, die wirtschaftlich auch tragbar waren. In zwölf Sitzungen, die sich über mehr als drei Monate hinzogen, berieten der Betriebsrat und der Arbeitgeber die Details. Aufgrund der Bedenken des Betriebsrats wurde schließlich im Interessenausgleich vereinbart, dass

- eine Ausgliederung des Vertriebs nicht erfolgt,
- verschiedene Planstellen in den Verwaltungsbereichen erhalten bleiben,
- bei der beabsichtigten Neugliederung der Aufgabenverteilung eine teilweise andere Aufgabenzuweisung erfolgt,
- einige der Abteilungen personell besser ausgestattet werden als vom Arbeitgeber ursprünglich geplant.

Obwohl sich der Betriebsrat nur mit einem Teil seiner Bedenken und Gegenvorschläge durchsetzen konnte, wurde auf dieser Basis ein Interessenausgleich abgeschlossen.
Zur personalwirtschaftlichen Abwicklung der sich aus den Veränderungen erge-

benden Personalüberhänge in einzelnen Abteilungen verpflichtete sich der Arbeitgeber, durch eine betriebliche Vorruhestandsregelung für ältere Arbeitnehmer/innen die Kündigung jüngerer Arbeitnehmer/innen so weit wie möglich zu vermeiden.
Dem Betriebsrat wurde darüber hinaus ein Beratungsrecht bezüglich der Gestaltung der Überleitungsverträge für die Mitarbeiter eingeräumt, deren Funktionen in eine neu gegründete Tochtergesellschaft ausgegliedert werden sollten.

In diesem typischen Fall einer Betriebsänderung, die aus einer Vielzahl verschiedener Einzelmaßnahmen zur Restrukturierung einer großen Verwaltung bestand, hatte der Betriebsrat eine Reihe von Änderungsvorstellungen erarbeitet und mit dem Arbeitgeber beraten, wobei er in den Verhandlungen einen Teil der vorgeschlagenen Änderungen durchsetzen konnte. Die Restrukturierung der Verwaltung insgesamt abzulehnen, wäre sicherlich ein unrealistisches Vorgehen gewesen.
Versuchen Betriebsräte, eine geplante Betriebsänderung im Interesse der Beschäftigten zu verändern, dann nutzen sie vor allem ihre praktischen Erfahrungen. Ihre Gegenvorschläge beinhalten dann eher pragmatische Vorschläge aufgrund der vorhandenen Betriebskenntnisse (auch aus dem Kreis der betroffenen Beschäftigten, die der Betriebsrat als Auskunftspersonen gem. § 80 Abs. 2 BetrVG hinzuziehen kann) und weniger betriebswirtschaftlich fundierte Gegenkonzepte mit völlig anderen Lösungsansätzen und mit eigenen betriebswirtschaftlichen Kostenrechnungen, wie sie eher für eine Verhinderungsstrategie erforderlich sind.
Zur Veränderung der Arbeitgeberplanung im Detail versuchen Betriebsräte z. B. zu belegen, dass eine Anlage oder Arbeitsgruppe mit mehr als nur drei Arbeitnehmer/innen besetzt sein muss, damit sie noch vernünftig arbeiten kann, oder dass der geplante Personalabbau zwingend zu *Überstunden* führen wird. Sie versuchen mit solchen Argumenten aus ihrer unmittelbaren Betriebspraxis die Personalabbauplanung des Arbeitgebers zu verändern und z. B. selbst entwickelte Vorschläge für eine *Mindestbelegschaft* zu unterbreiten. Solche praxisbezogenen Positionen kann der Betriebsrat auch mit den betroffenen Beschäftigten erarbeiten, die er als Auskunftspersonen gem. § 80 Abs. 2 BetrVG hinzuziehen kann. Manchmal erhält der Betriebsrat hierbei Unterstützung von den mittleren Führungskräften (Meister, Gruppenleiter), die in aller Regel ein hohes Interesse haben, dass durch die Betriebsänderung die Funktionsfähigkeit ihrer Bereiche nicht in Mitleidenschaft gezogen wird. Die Gegenvorschläge beziehen sich in aller Regel auch auf die personalwirtschaftliche Abwicklung der geplanten Betriebsänderung, z. B. betrieblicher Vorruhestand statt betriebsbedingter Kündigungen, Festlegung frühestmöglicher Kündigungstermine usw.

Häufig werden solche Gegenvorschläge nur in mündlichen Beratungen vorgetragen. Ein eigenes schriftliches Verhandlungskonzept zu ihren Änderungsvorschlägen erstellen Betriebsräte oft nicht. Dies wird dann eher von gewerkschaftlicher Seite oder hinzugezogenen Sachverständigen initiiert. Der Vorteil der Entwicklung eines schriftlichen Verhandlungskonzeptes liegt jedoch darin, dass mit seiner Erarbeitung die eigenen Positionen klarer werden und deshalb mit dem Arbeitgeber zielstrebiger verhandelt werden können. Ferner wird die Arbeit des Betriebsrats durch eigene Verhandlungskonzepte eher einer Kontrolle zugänglich, was erreicht wurde und welche Abstriche gemacht werden mussten. Durch eine solche Transparenz wird dann oft die Betriebsratsarbeit mit mehr Konsequenz verfolgt. Es liegen für den Fall einer zukünftigen erneuten Betriebsänderung schriftlich ausgearbeitete (historische) Positionen des Betriebsrats zu gewissen Themenfeldern dann schon vor, auf die dann aufgebaut werden kann

Der Betriebsrat versucht, die geplante Betriebsänderung zeitlich zu verschieben

Das Ziel »Verschieben der Betriebsänderung« bedeutet, dass der Arbeitgeber die geplante Betriebsänderung nicht zu dem von ihm beabsichtigten Zeitpunkt realisieren kann. Der Betriebsrat muss sich bei den Verhandlungen über einen Interessenausgleich und Sozialplan nicht auf die Zeitplanung des Arbeitgebers einlassen. Er kann bezüglich der Durchführung einer Betriebsänderung versuchen, das »Wann« im Arbeitnehmerinteresse zu beeinflussen und z. B. einen späteren Zeitpunkt für eine geplante Betriebsstilllegung vorschlagen, um den Arbeitnehmer/innen für einen längeren Übergangszeitraum Beschäftigung und Einkommen zu erhalten. Letztendlich versucht er bei der Verfolgung dieses Zieles, Einfluss auf Beginn, zeitliche Durchführung und Ende der geplanten Betriebsänderung zu nehmen und somit die Arbeitgeberplanung in zeitlicher Hinsicht abzuändern.

Beispiel:
Ein Unternehmen der lebensmittelverarbeitenden Industrie wurde von einem Unternehmer aufgekauft, der bereits verschiedene Unternehmen in unterschiedlichen Branchen besaß und in der Hauptsache im Immobiliengeschäft tätig war. Zwei Jahre nach dem Erwerb beschloss der Aufkäufer, die Lebensmittelverarbeitung zum Jahresende ersatzlos einzustellen mit der Begründung, dass das Unternehmen in den letzten beiden Jahren keine Gewinne erwirtschaftet hätte. Aufgrund der Konkurrenzsituation sei dies auch in Zukunft nicht zu erwarten. Ferner könne das Betriebsgelände gewinnbringend an ein benachbartes Unternehmen der Metallbranche veräußert werden, das eine größere Lagerfläche und mehr Stellfläche für seine LKW benötige. Der Betriebsrat erhielt von der Geschäftsführung Ende Juli die Mitteilung, dass zum 31.12. die Produktion völlig eingestellt und allen Mitarbeitern gekündigt werden solle. Eine Fortführung über diesen Termin sei

nach dem Eigentümerbeschluss nicht mehr denkbar. Zugleich legte sie dem Betriebsrat einen Sozialplan mit relativ niedrigen Abfindungsangeboten zur Verhandlung vor.
Der Betriebsrat kam nach ausführlicher interner Beratung über sein mögliches Vorgehen zu der Einschätzung, dass eine Rücknahme der Stilllegungsentscheidung wohl ausgeschlossen sei, da als entscheidendes Motiv für die Stilllegung die gewinnbringende Veräußerung des Betriebsgeländes angesehen wurde. Trotzdem wollte der Betriebsrat alle seine Handlungsmöglichkeiten voll ausschöpfen. Es wäre schon ein Erfolg, wenn die Betriebsstilllegung um drei oder sechs Monate zeitlich verschoben werden könnte, denn in dieser strukturschwachen Region sei jeder Monat zusätzlicher Beschäftigung ein Gewinn für die mehrheitlich ungelernten Arbeitskräfte. Die Beschäftigten könnten den Zeitgewinn nutzen, andere Arbeitsplätze oder geeignete Qualifizierungsmaßnahmen zu finden, die zur Verbesserung ihrer Bewerbungschancen beitrügen.
Deshalb beschloss der Betriebsrat, zunächst die angebotenen Sozialplanverhandlungen abzulehnen. Zielsetzung war es, einen Interessenausgleich zu vereinbaren, nach dem der Betrieb innerhalb einer Übergangsphase zeitlich gestreckt stillgelegt wird. Er forderte zunächst vom Arbeitgeber ausführliche Informationen und Unterlagen über die wirtschaftliche Situation und die geplante Betriebsstilllegung. Anhand der erhaltenen Unterlagen konnte der Betriebsrat erkennen, dass das Unternehmen entgegen der Behauptung des Arbeitgebers keine Verluste erwirtschaftete. Ferner nahm er Kontakt zu dem Betriebsrat des Metallbetriebs auf, von dem er erfuhr, dass eine Nutzung des Grundstücks erst zur Mitte des nächsten Jahres erfolgen soll. Mit Hilfe dieser Information gelang es dem Betriebsrat, die Belegschaft zu mobilisieren, für eine zumindest teilweise Aufrechterhaltung der Produktion bis zur Mitte des nächsten Jahres einzutreten. Als dann eine Situation eintrat, in der der Firma Schwierigkeiten bei der Erfüllung von Lieferverpflichtungen drohten und der Arbeitgeber Sonderschichten benötigte, ging er auf die Forderungen des Betriebsrats ein. Es wurde ein Interessenausgleich vereinbart, der eine schrittweise Stilllegung bis zum 31.5. des Folgejahres vorsah.

Allerdings gelingt es nur selten, mit dem Arbeitgeber eine zeitliche Verschiebung der geplanten Betriebsänderung zu vereinbaren. Dann bleiben dem Betriebsrat oft nur taktische Maßnahmen rechtlicher und inhaltlicher Art, die zu einer zeitlichen Verzögerung der Betriebsänderung führen, weil sich die Verhandlungen über einen Interessenausgleich und Sozialplan in die Länge ziehen (vgl. hierzu die Ausführungen zum taktischen Vorgehen des Betriebsrats in Kapitel E.V.3).

Der Betriebsrat versucht, wenigstens die Nachteile auszugleichen
In aller Regel wird es dem Betriebsrat nicht gelingen, durch Veränderung oder Verzögerung der geplanten Betriebsänderung sämtliche Nachteile für die Belegschaft zu vermeiden. Daher muss es immer Ziel sein, die verbleibenden Nachteile möglichst gut auszugleichen.

Dies ist u. a. in solchen Situationen der Fall, in denen es zu der Arbeitgeberplanung tatsächlich keine für die Beschäftigten besseren Alternativen gibt und es der Arbeitgeber durch Einhaltung seiner Informationspflichten dem Betriebsrat ermöglicht, Dringlichkeit und Inhalt der geplanten Maßnahme zu prüfen. Dieser kann dann auch bewusst auf eine mögliche Verzögerungsstrategie verzichten, weil ihm das Risiko eines solchen Vorgehens als zu hoch erscheint. Aber auch mit Situationen, in denen der Betriebsrat schwach oder noch unerfahren im Umgang mit seinen Mitbestimmungsrechten ist und deshalb einen harten Konflikt mit dem Arbeitgeber scheut, kommt es vor, dass nur ein Sozialplan verhandelt wird und der erforderliche Interessenausgleich nicht zur Durchsetzung von Beschäftigteninteressen genutzt wird. Oder es sind solche bedenklichen Fälle, in denen es verschiedene und auch arbeitgeberfreundliche Fraktionen im Betriebsrat gibt, sodass dieser keine konsequente, an den Beschäftigteninteressen orientierte Politik betreiben kann.
Möglicherweise ist eine derartige Beschränkung der Zielsetzung auch dem Umstand geschuldet, dass die Belegschaft verängstigt ist, also eher ein Anpassungsverhalten zeigt, um beim Arbeitgeber nicht unangenehm aufzufallen. Beschäftigte tun dies häufig in der irrigen Hoffnung, dann selbst nicht von möglichen Kündigungen betroffen zu werden. Kämpferische Betriebsräte und Belegschaften findet man demzufolge eher in den Fällen, wo Beschäftigte glauben, nichts mehr verlieren zu können, also insbesondere bei Betriebsstilllegungen. Daher ist in diesen Fällen sowohl eine Mobilisierung der Belegschaft (bis hin zum Streik und zur Betriebsbesetzung) als auch die Einschaltung der Einigungsstelle eher möglich.

3. Der Betriebsrat muss eigene Verhandlungskonzepte entwickeln

Um erfolgreich Einfluss auf eine geplante Betriebsänderung nehmen und um die verbleibenden wirtschaftlichen Nachteile möglichst gut ausgleichen zu können, ist es von Vorteil, wenn der Betriebsrat ggf. mit externer Unterstützung eigene Vorschläge für einen Interessenausgleich und Sozialplan erarbeitet.
Im *Interessenausgleich* ist das Ob, Wann und Wie der Betriebsänderung zu regeln. Die Interessenausgleichsvorschläge des Betriebsrats können sich demnach darauf beziehen, dass die Betriebsänderung

- überhaupt nicht durchgeführt werden soll,
- zu einem anderen Zeitpunkt bzw. innerhalb eines anderen Zeitraums durchgeführt werden oder die Maßnahmen der Betriebsänderung in einer anderen zeitlichen Reihenfolge stattfinden sollen,
- inhaltlich anders durchgeführt werden soll.

Ziel dieser Vorschläge wird es in aller Regel sein, die Beschäftigung auf Dauer oder zumindest vorübergehend abzusichern. Vor allem bei Betriebsänderungen mit gravierenden negativen Auswirkungen auf den Bestand an Arbeitsplätzen sollte der Interessenausgleich ernsthaft als ein Instrument zur Beschäftigungssicherung genutzt werden (*Laßmann/Rupp* 2010, S. 24ff.). Jede Stelle, die über den Interessenausgleich durch Intervention des Betriebsrats nicht abgebaut wird, ist ein Erfolg.

Die trotz des Interessenausgleichs verbleibenden Nachteile sind durch einen *Sozialplan* auszugleichen bzw. zumindest abzumildern. Auch hier bedarf es möglichst umfassender Regelungsvorschläge, um in den Sozialplanverhandlungen das maximal Mögliche für die Beschäftigten zu erreichen. Sowohl für die inhaltlichen Auseinandersetzungen als auch für die Betriebsratstaktik sind eigene schriftliche Gegenkonzepte und Verhandlungsentwürfe von erheblichem Vorteil.

Jedoch werden in der Praxis eher selten konkrete Gegenvorschläge in einem eigenen Verhandlungskonzept schriftlich festgehalten. Der Grund hierfür liegt vor allem in den objektiven Schwierigkeiten, die mit der Entwicklung eines Gegenkonzeptes verbunden sind:

- mangelnde Zeit und fehlende Arbeitskapazitäten,
- unzureichendes oder fehlendes technisches, rechtliches sowie betriebswirtschaftliches Fachwissen.

Aber auch eine Vielzahl selbstverschuldeter Faktoren ist für diesen ungünstigen Zustand mitverantwortlich, wie z.B.

- unzureichende Informationspolitik des Betriebsrats und des Wirtschaftsausschusses,
- mangelhafte Zusammenarbeit der verschiedenen Interessenvertretungsebenen (Betriebsrat, Gesamtbetriebsrat, Konzernbetriebsrat, Aufsichtsrat),
- Zeitdruck durch fehlende Arbeitsteilung innerhalb des Betriebsrats,
- unzureichende Aktivierung aller Betriebsratsmitglieder,
- verspätete Hinzuziehung der Gewerkschaft,
- Konfliktscheu gegenüber dem Arbeitgeber bei der Durchsetzung externer Unterstützung durch Sachverständige oder deren verspätete Hinzuziehung.

Hinzu kommt, dass die Gewerkschaften hinsichtlich ihrer Beratungs- und Unterstützungsfunktion häufig überfordert sind; vor Ort und in den Hauptverwaltungen reichen die vorhandenen Kapazitäten nicht aus, sich um alle Fälle gleichermaßen zu kümmern.

Bei der Entwicklung von Gegenkonzepten ist es zunächst wichtig, die Arbeitgeberinformationen kritisch zu hinterfragen. Es ist zu prüfen, ob sie ohne Widersprüche, nachvollziehbar und plausibel sind. Es sind Schwachstellen oder auch Fehler in der Argumentation des Arbeitgebers zu suchen. Lassen sich falsche Annahmen und Voraussetzungen, Rechenfehler, widersprüchliche Darstellungen oder ähnliche Schwachstellen entdecken, können darauf aufbauend eigene Vorschläge entwickelt werden. Dies sind dann günstige Voraussetzungen, soweit der Arbeitgeber in seiner Planung nicht sorgfältig gearbeitet hat. Es ist nicht unrea-

listisch anzunehmen, dass die Unternehmensleitung von ihrer Planung abrücken wird, wenn es dem Betriebsrat gelingt, solche Schwachstellen herauszufinden. Allerdings sind dies eher Ausnahmesituationen.
In der Regel sind die Arbeitgeberunterlagen in sich schlüssig und ohne nachweisbare Widersprüche. Dies gilt jedoch nur bezüglich der vom Arbeitgeber verfolgten Ziele. Deshalb muss der Betriebsrat aus seiner Zielperspektive die Informationen verarbeiten und Problemlösungen entwickeln, die den Beschäftigteninteressen eher entsprechen als den betriebswirtschaftlichen Zielen des Arbeitgebers. Solche Problemlösungen werden umso eher durchzusetzen sein, je näher sie zugleich den betriebswirtschaftlichen Zielen der Betriebsänderung kommen.

Beispiel:
In einem Unternehmen des Pharmagroßhandels sollte der eigene Fuhrpark zur Belieferung der Apotheken abgeschafft werden. Die Auslieferung sollte zukünftig über einen zwischengeschalteten Auftragsvermittlungsdienst von verschiedenen, auf eigene Rechnung fahrenden Subunternehmen erfolgen. Die Entlassung von 16 Kraftfahrern stand bevor. Der Betriebsrat informierte sofort die zuständige Gewerkschaft. Ferner forderte er einen Sachverständigen zur Überprüfung der Arbeitgeberunterlagen. Der Sachverständige verlangte eine genaue Kostenvergleichsrechnung, um zu überprüfen, ob die Fremdvergabe der Auslieferung tatsächlich mit den vom Arbeitgeber genannten Kostenvorteilen verbunden ist. Nach der Korrektur einer falschen Zuordnung von Personalkosten zu der Kostenstelle Fuhrpark zeigte sich, dass der tatsächliche Kostenvorteil der Auslagerung viel geringer war als angegeben. Da die Fremdvergabe aber immer noch zu einer beträchtlichen Kosteneinsparung führen würde, half der Nachweis einer falschen Kostenzuordnung nur bedingt weiter. Auch war der Arbeitgeber trotz der vom Betriebsrat aufgelisteten sonstigen Nachteile im Absatzbereich (Gefährdung der Termintreue, schlechtere Kundenbetreuung, schlechteres äußeres Erscheinungsbild, Abhängigkeit von verschiedenen Subunternehmen) nicht bereit, seine Planung aufzugeben. So lange die Fremdvergabe kostengünstiger sei als der eigene Fuhrpark, sei die Ausgliederung aus seiner Sicht betriebswirtschaftlich sinnvoll, stellt der Arbeitgeber dieser Argumentation entgegen. Deshalb versuchte der Betriebsrat mit Unterstützung des Sachverständigen eine Möglichkeit zu finden, die eigene Auslieferung zu den Kosten der Fremdvergabe zu organisieren. Man untersuchte die Fahrzeiten und die Be- und Entladezeiten auf dem Hof des Betriebes. Aufgrund dieser Zeitermittlungen konnte der Betriebsrat vorschlagen, durch eine andere Organisation der Be- und Entladung der Fahrzeuge Standzeiten auf dem Hof zu reduzieren und als Auslieferungszeiten zu nutzen. Dann hätten mit drei Fahrzeugen und drei Kraftfahrern weniger als zuvor die erforderlichen Touren zu den gleichen Kosten wie bei der Fremdvergabe durchgeführt werden können.
Das Vorgehen des Betriebsrats beschränkte sich also nicht nur darauf, die Arbeitgeberunterlagen kritisch zu prüfen und Kalkulationsfehler herauszufinden, sondern er nahm sie zum Ausgangspunkt für eine eigene Problemlösung, die betriebswirt-

schaftlich vertretbar war. Der Arbeitgeber lehnte in der Einigungsstelle zum Interessenausgleich diese Lösung wegen der damit verbundenen Investitionskosten in andere Zwischenlagerregale zwar ab, aber das Vorgehen des Betriebsrats hatte den Kraftfahrern mehr als zwei Monate Beschäftigung gesichert. In dieser Zeit war es fast allen Kraftfahrern gelungen, einen neuen Arbeitsplatz zu finden.

Wie in dem Beispiel deutlich wird, sind Gewerkschaftssekretäre und externe Sachverständige bei der Entwicklung möglicher Alternativen zur Arbeitgeberplanung für den Betriebsrat eine unverzichtbare Hilfe. Jedoch darf ein Gegenkonzept dem Betriebsrat nicht »übergestülpt«, sondern muss mit ihm zusammen erarbeitet werden. Externe Berater und Gewerkschaftssekretäre übernehmen hierbei eine wichtige Katalysator- und Moderatoren-Funktion. Der Betriebsrat muss von dem Gegenkonzept überzeugt sein. Schließlich muss er es in der Belegschaft verankern und evtl. auch in der Öffentlichkeit vertreten. Vor allem aber muss er die erarbeiteten Vorschläge in den Verhandlungen mit dem Arbeitgeber überzeugend vertreten können.

Häufig wird sich der Betriebsrat mit einem auch noch so fundierten Gegenkonzept nicht durchsetzen können, z. B., weil es Konzernvorgaben gibt, die besagen, dass eine Stilllegung zu realisieren ist, selbst wenn es betriebswirtschaftlich möglich wäre, den Standort zu halten. In solchen Fällen haben selbst gute Gegenkonzepte dann allein die taktische Funktion, Zeit zu gewinnen und die Beschäftigung möglichst lange zu sichern. Über den Zeitdruck auf den Arbeitgeber und über die gute inhaltliche Argumentation, die auch eine/n Einigungsstellenvorsitzende/n zu beeindrucken vermag, kann der Betriebsrat dann versuchen, einen möglichst guten Sozialplan abzuschließen. Selbst in relativ hoffnungslosen Situationen lohnt es sich deshalb, eigene Gegenvorstellungen zu entwickeln.

Bei solchen Gegenkonzepten sollte der Betriebsrat genau überlegen, ob er sie mehr inhaltlich oder mehr taktisch einsetzen will. Erarbeitet er ein Gegenkonzept zur Verhinderung der Betriebsänderung zwecks Sicherung der Arbeitsplätze, das er ernsthaft durchsetzen will, dann sollte er seinen Verhandlungsschwerpunkt auf den Interessenausgleich legen und sich zunächst von den Sozialplanverhandlungen fernhalten. Der Betriebsrat muss nämlich erreichen, dass die Beschäftigten sein beschäftigungssicherndes Konzept unterstützen. Werden zugleich jedoch Sozialplanverhandlungen geführt, gefährdet er nicht nur seine Glaubwürdigkeit, sondern es kann passieren, dass Beschäftigte in der – oft trügerischen – Hoffnung, bald einen neuen Arbeitsplatz zu finden, die Abfindung »mitnehmen« wollen. Der Betriebsrat hat es dann schwerer, die Belegschaft für sein Konzept zu mobilisieren. Diese Gefahr wird umso größer, je höher die Beschäftigten die voraussichtlichen Abfindungen einschätzen. Hat das Gegenkonzept mehr taktischen Charakter, dann sollte der Betriebsrat den Interessenausgleich und Sozialplan eher zusammen verhandeln, weil dann die Interessenaus-

gleichsverhandlungen dazu genutzt werden können, den Arbeitgeber zu einem besseren Sozialplanangebot zu bewegen.
Durch die Entscheidung des BAG, dass Tarifsozialpläne erstreikt werden können (BAG 24.4.2007 – 1 AZR 252/06, ArbuR 2007, 180), sollten Betriebsräte in Betrieben mit hohem Organisationsgrad und streikbereiten Belegschaften bei gravierenden Betriebsänderungen (Betriebsstilllegungen, Betriebsverlagerung, massiver Personalabbau) sehr viel stärker auf den Abschluss eines Sozialtarifvertrages, also auf die eigene Kraft setzen, anstatt nur auf die Mittel der Betriebsverfassung zu vertrauen. Für den Abschluss eines Sozialtarifvertrages ist jedoch die Gewerkschaft zuständig. In Abstimmung mit der Gewerkschaft kann dann eine Doppelstrategie gefahren und der Arbeitgeber so »in die Zange genommen werden« (*Zabel* 2007, S. 381; zu den Voraussetzungen und Möglichkeiten eines Tarifsozialplan siehe auch Kapitel XI).

a. Eigene Vorschläge für den Interessenausgleich

Die in der nachfolgenden Checkliste aufgeführten Ansatzpunkte zur Verhinderung, zur Verzögerung oder zur Reduzierung eines geplanten Personalabbaus sollten vom Betriebsrat geprüft werden, um beschäftigungssichernde Vorschläge in die Verhandlungen einbringen zu können. Die nachfolgende Checkliste demonstriert in erster Linie die Bandbreite möglicher Regelungen in einem Interessenausgleich. Konkrete Regelungsbeispiele zu den verschiedenen Handlungsmöglichkeiten finden sich in Kapitel G sowie bei *Laßmann/Riegel* 2017 und *Laßmann/Rupp* 2010.

Checkliste

Erweiterung der Lagerhaltung

- Gibt es freie Lagerkapazitäten?
- Liegt der Lagerbestand unter dem des Vorjahres?
- Sind die Absatzrückgänge voraussichtlich nur vorübergehend?

Zur Prüfung dieser Fragen benötigt der Betriebsrat Unterlagen über Lagerbestandsentwicklung und -planung sowie die Auftragsplanung. Können diese Fragen mit ja beantwortet werden, kommt eine vorübergehende Produktion auf Lager in Betracht, um einen geplanten Personalabbau zu vermindern bzw. zeitlich zu strecken.

Rücknahme von Fremdaufträgen

- Werden Arbeiten, die im Betrieb selbst gemacht werden können, an andere Unternehmen vergeben?
- Können diese Arbeiten kurzfristig/mittelfristig in den Betrieb rückverlagert werden (Insourcing)?
- Wäre eine Eigenerstellung fremd vergebener Leistungen kostengünstiger oder zu gleichen Kosten möglich?

- Kann das Unternehmen die höheren Kosten einer Eigenfertigung wirtschaftlich verkraften?

Zur Prüfung dieser Fragen benötigt der Betriebsrat *Unterlagen* darüber, welche Leistungen fremd erbracht werden und welche Unternehmen diese erbringen, also die Verträge über die Fremdvergabe sowie Unterlagen zu deren Kalkulation. Können diese Fragen mit »Ja« beantwortet werden, kommt eine Rückholung fremd vergebener Aufträge (Insourcing) in Betracht.

Abbau von Leiharbeit

- Werden in dem Betrieb Leiharbeitnehmer/innen beschäftigt?
- Könnten die vom Personalabbau bedrohten oder andere Beschäftigte des Betriebes diese Arbeiten ausführen, u. U. nach Durchführung entsprechender Qualifizierungsmaßnahmen?
- Sind die vertraglichen Verbindungen zum Verleiher kurzfristig/mittelfristig kündbar?

Zur Prüfung dieser Fragen benötigt der Betriebsrat *Unterlagen* über den Einsatz der Leiharbeitnehmer/innen im Betrieb sowie die Verträge mit dem ausleihenden Unternehmen. Können diese Fragen mit ja beantwortet werden, kommt die Beschäftigung eigener Arbeitnehmer/innen anstelle der Leiharbeiter/innen in Betracht.

Vorziehen von Wartungs-, Reparatur- und Erneuerungsaufgaben

- Gibt es einen Rückstand bei erforderlichen Wartungs-, Reparatur- und Instandsetzungsarbeiten?
- Können diese Aufgaben in Abstimmung mit der Produktionsplanung zeitlich vorverlagert werden?
- Sind Erneuerungen oder Erweiterungen in der Planung, die zu Arbeiten führen, die von vorhandenen Beschäftigten ausgeführt werden können?

Zur Prüfung dieser Fragen benötigt der Betriebsrat *Unterlagen* über die regelmäßigen Wartungs-, Reparatur- und Instandsetzungsarbeiten sowie Unterlagen zur Investitionsplanung, aus denen u. U. geplante Veränderungen bei den Bauten oder Anlagen hervorgehen. Können diese Fragen mit Ja beantwortet werden, kommt das Vorziehen dieser Maßnahmen in Betracht.

Zeitliche Streckung von Maßnahmen zur technischen oder organisatorischen Rationalisierung

- Gibt es die Möglichkeit, die geplanten Rationalisierungsmaßnahmen auf einen späteren Zeitpunkt zu verlagern?
- Gibt es die Möglichkeit, die geplanten Maßnahmen über einen längeren Zeitraum zu realisieren?
- Ist eine solche Verschiebung für das Unternehmen wirtschaftlich verkraftbar?

Zur Prüfung dieser Fragen benötigt der Betriebsrat *Unterlagen* über den Ablauf der geplanten Rationalisierungsmaßnahmen sowie über ihre wirtschaftliche Dringlichkeit. Können diese Fragen mit Ja beantwortet werden, kommt eine andere zeitliche Realisierung der geplanten Rationalisierungsmaßnahmen in Betracht.

E. Der Betriebsrat erfährt von einer geplanten Betriebsänderung

Erhöhung des Auslastungsgrades

- Gibt es Möglichkeiten, zusätzlich Aufträge über den Markt zu erhalten (z.B. durch neue Vertriebswege, intensive Werbung, Rabatte für Großabnehmer usw.)?
- Gibt es Möglichkeiten, neue Kundengruppen oder neue Absatzgebiete zu erschließen?
- Gibt es Möglichkeiten, bei anderen Unternehmen Fremdaufträge zu akquirieren?
- Gibt es Möglichkeiten, mit Betrieben anderer Unternehmen oder innerhalb des Konzerns zu kooperieren?

Zur Prüfung dieser Fragen benötigt der Betriebsrat *Unterlagen* über das Produktionsprogramm und die Auftragsplanung, über das Marketingkonzept und über Marktanalysen, über die regionale Industriestruktur, über andere Konzernunternehmen und -betriebe. Können diese Fragen mit Ja beantwortet werden, kommt eine Veränderung der Personalabbauplanung in Betracht, weil es zusätzliche Produktionsmöglichkeiten gibt.

Veränderungen im Produktionsprogramm

- Können auf den Anlagen andere Produkte produziert werden?
- Gibt es für diese Produkte einen Absatzmarkt?
- Können andere Produkte aus anderen zum Unternehmen/Konzern gehörenden Betrieben, in denen Produktionsengpässe bestehen, übernommen werden?

Zur Prüfung dieser Fragen benötigt der Betriebsrat *Unterlagen* über das aktuelle Produktionsprogramm, über die Anlagen und ihre technischen Möglichkeiten, über mögliche Absatzmärkte sowie über das Produktprogramm und die Auslastung anderer Betrieb im Unternehmen/Konzern. Können diese Fragen mit Ja beantwortet werden, kommen Veränderungen im Produktionsprogramm (Produktdiversifizierung) in Betracht, die zumindest mittelfristig zu einer Zunahme der Beschäftigung führen können.

Einflussnahme auf Arbeitszeit und Personalbedarfsplanung

- Gibt es Bereiche, in denen regelmäßig Überstunden und Sonderschichten anfallen, die durch eine höhere Personalbemessung zu vermeiden wären?
- Ist eine Arbeitszeitverkürzung oder sind verlängerte Pausenregelungen aufgrund tariflicher/betrieblicher Regelungen zu erwarten, die in der aktuellen Personalbedarfsrechnung des Arbeitgebers noch nicht berücksichtigt sind?
- Gibt es in einigen Bereichen urlaubsbedingte, krankheitsbedingte oder weiterbildungsbedingte Produktionsausfälle, weil keine Vertretungen vorhanden sind?
- Gibt es Engpässe bei der Urlaubsplanung, weil die Personalreserve zu eng bemessen ist?

Zur Prüfung dieser Fragen benötigt der Betriebsrat *Unterlagen* über die Überstunden und Krankheitstage und zur Produktionsplanung sowie Produktionsstatistiken, ferner Unterlagen zur Berechnung des Personalbedarfs für die Kostenstellen/Abteilungen und Statistiken zu abgelehnten Urlaubsanträgen und ihre Begründung. Können diese Fragen mit Ja beantwortet werden, ist die Personalbedarfsrechnung des Arbeitgebers zu eng, und es kommt eine Reduzierung des geplanten Personalabbaus in Betracht.

Kurzarbeit/Urlaubsplanung

- Ist der geplante Personalabbau durch Umsatz-/Auftragseinbußen bedingt?
- Ist damit zu rechnen, dass sich die Marktnachfrage und Auftragssituation wieder verbessern werden?
- Können innerhalb eines überschaubaren Zeitraums Fremdarbeiten abgebaut oder neue Produkte in das Produktionsprogramm aufgenommen oder zusätzliche Produktionsmöglichkeiten von anderen Betrieben oder Unternehmen akquiriert werden?

Zur Prüfung dieser Fragen benötigt der Betriebsrat *Unterlagen* über die Auftrags- und Umsatzentwicklung in Ist- und in Planzahlen, Marktanalysen und Prognosen über die Branchenentwicklung sowie vergleichbare Unterlagen, wie zu den Möglichkeiten: Rücknahme von Fremdaufträgen, Erhöhung des Auslastungsgrades, Veränderungen im Produktionsprogramm. Können diese Fragen mit Ja beantwortet werden, kommt alternativ zum geplanten Personalabbau Kurzarbeit oder das Vorziehen von Urlaubsansprüchen in Betracht.

Veränderungen in der individuellen Arbeitszeit

- Gibt es Beschäftigte, die freiwillig eine Teilzeitbeschäftigung annehmen würden?
- Gibt es die Möglichkeit, dass sich zwei Beschäftigte einen Arbeitsplatz künftig teilen (Jobsharing)?
- Gibt es Beschäftigte, die sich freiwillig für ein bis sieben Jahre von der Arbeit freistellen lassen wollen, z. B. zu Fortbildungszwecken oder Studium?

Zur Prüfung dieser Fragen benötigt der Betriebsrat Kenntnis über solche Beschäftigte, die eine individuelle Veränderung ihrer Arbeitszeit wünschen. Die entsprechenden Informationen können über eine vom Betriebsrat initiierte Befragung gewonnen werden. Können diese Fragen mit Ja beantwortet werden, kommt eine Reduzierung des geplanten Personalabbaus in Betracht.

Der zu erwartende personelle Ersatzbedarf (für Fluktuation)

- Gibt es rentenberechtigte Beschäftigte, die demnächst aus dem Betrieb ausscheiden wollen?
- Sollen umfangreiche innerbetriebliche Fortbildungsmaßnahmen anlaufen?
- Gibt es Beschäftigte, die den Betrieb wegen erforderlicher Weiterbildung/Studium für einen längeren Zeitraum verlassen werden?
- Gibt es Beschäftigte, die einen längeren unbezahlten Urlaub wünschen?
- Gibt es geplante Versetzungen in andere Abteilungen/Betriebe/Konzernunternehmen?
- Gibt es im Jahresverlauf voraussichtlich zu ersetzende Eigenkündigungen?
- Sind voraussichtliche Mutterschutzbeurlaubungen bekannt?
- Gibt es freie, zur Besetzung anstehende Stellen im Betrieb, in anderen Betrieben des Unternehmens, in anderen Konzernunternehmen?

Zur Prüfung dieser Fragen benötigt der Betriebsrat *Unterlagen* über die Personalplanung sowie gute Kenntnisse über die Arbeitnehmer/innen im Betrieb, fer-

ner eine unternehmensbezogene/konzernbezogene Übersicht aller freien Stellen. Können diese Fragen mit Ja beantwortet werden, kommt eine Reduzierung des Personalabbaus wegen einer Vielzahl möglicher Versetzungen in Betracht.
Zu diesen Handlungsmöglichkeiten ist anzumerken, dass sich einige von ihnen, z.B. Lagerbestandserhöhungen, Kurzarbeit, vorgezogene Urlaubsregelungen, vorgezogene Reparatur-, Wartungs- und Instandhaltungsarbeiten, Versetzungen auf nur vorübergehend freie Arbeitsplätze nur zur *kurzzeitigen* Überbrückung eines Beschäftigungsmangels nutzen lassen. Der Betriebsrat kann aber auf jeden Fall versuchen, mit Hilfe dieser Möglichkeiten den geplanten Personalabbau über einen längeren Zeitraum zu strecken, auch wenn keine positiven Veränderungen bei der Nachfrage und in der Produktion in unmittelbarer Aussicht sind. Es ist manchmal nicht auszuschließen, dass sich eine Beschäftigungssituation unerwartet zum Besseren ändert.
Die nachfolgenden möglichen *Regelungen für einen Interessenausgleich* können wegen ihrer Komplexität nicht mehr in Form einer Checkliste dargestellt werden. Deshalb sollen lediglich die Grundüberlegungen kurz skizziert werden.

Personalwirtschaftliche Handlungsmöglichkeiten und Qualifizierung der Arbeitnehmer/innen
Vielfach scheitern mögliche Versetzungen an fehlenden Qualifikationen. Aber nicht nur für die Alternative »Versetzungen statt Entlassungen«, sondern auch für die Verbesserung der Arbeitsmarktchancen der von betriebsbedingten Kündigungen bedrohten Beschäftigten ist es sinnvoll, über die Interessenausgleichsverhandlungen den Arbeitgeber zu umfangreichen Qualifizierungsmaßnahmen zu veranlassen. Durch das Ausschöpfen personalplanerischer Handlungsmöglichkeiten (Schaffung freier Stellen durch Einstellungsstopp, vorzeitige Verrentung, Ausnutzung tariflicher/betrieblicher Vorruhestandsregelungen, Ausnutzung von Ringtauschmöglichkeiten) und betrieblicher Qualifizierungsmaßnahmen lassen sich Betriebsänderungen häufig wesentlich sozialverträglicher durchführen.

Beispiel:
Der Beschäftigte A hat einen Arbeitsplatz und gehört einer Berufsgruppe an, die von der Betriebsänderung gar nicht betroffen ist. Er möchte sich aber beruflich verändern und würde gegen eine Abfindung aus dem Sozialplan freiwillig ausscheiden. Dies lässt sich dadurch erreichen, dass zur Schaffung von Versetzungsmöglichkeiten jedem Beschäftigten im Betrieb das Recht eingeräumt wird, freiwillig zu den Bedingungen des Sozialplans aus dem Unternehmen auszuscheiden, sofern hierdurch für einen von Entlassung bedrohten Beschäftigten eine Versetzungsmöglichkeit unmittelbar oder mittelbar entsteht. A kann nach einer solchen Regelung mit einem Anspruch auf die Sozialplanabfindung ausscheiden. Für seinen Arbeitsplatz kommt der Beschäftigte B in Frage, der hierdurch einen höherwertigen

Arbeitsplatz erhält und »Karriere macht«. Der Arbeitsplatz von B steht einem der von Entlassung bedrohten Beschäftigten zur Verfügung, der nach einer evtl. erforderlichen Qualifizierung auf diesen Arbeitsplatz versetzt werden kann.

Transfergesellschaften

Der Betriebsrat sollte bei Betriebsänderungen, die zu einem Personalabbau führen und betriebsbedingte Kündigungen vorsehen, die Einschaltung einer Transfergesellschaft (vgl. Kapitel B.X.3) in seine Überlegungen im Rahmen der Regelungen zum Interessenausgleich und Sozialplan ernsthaft erwägen. Meist gibt es in der Region bereits Transfergesellschaften. Es ist für den Betriebsrat ratsam, zu diesen Gesellschaften Kontakt aufzunehmen, um abzuklären,

- welche Qualifizierungsmaßnahmen dort angeboten werden
- ob diese Maßnahmen für die von der Betriebsänderung betroffenen Beschäftigten sinnvoll sind und
- welche Voraussetzungen und Modalitäten bei einem Wechsel der Beschäftigten in eine Transfergesellschaft zu beachten sind.

Möglich ist auch die Gründung einer eigenen, zeitlich befristeten Transfergesellschaft, wenn keine geeignete Gesellschaft in der Region zur Verfügung steht.
Die Kosten einer Transfergesellschaft, soweit sie nicht durch eine Abkürzung von Kündigungsfristen aufgebracht werden können, sind Teil der Sozialplankosten und schmälern dann den für Abfindungszahlungen zur Verfügung stehenden Teil des Sozialplanvolumens. Vor allem hieraus resultiert ein Teil der Schwierigkeiten, Beschäftigte für das Modell einer Transfergesellschaft zu gewinnen. Deshalb ist es sehr wichtig, dass den betroffenen Beschäftigten die Vorzüge dieses Modells ausführlich erläutert werden (vgl. auch Kapitel B.X.3).
Bei der Vielzahl dieser Aspekte wird auch deutlich, dass solche Lösungsansätze, um einen Personalabbau möglichst sozialverträglich zu gestalten, dann schwieriger werden, wenn infolge mangelhafter Informationspolitik der Arbeitgeberseite oder aufgrund der wirtschaftlichen Situation des Unternehmens kaum genügend Zeit bleibt, sorgfältig ein Konzept auszuarbeiten, das die betroffenen Beschäftigten auch zu überzeugen vermag. Leider gilt für viele Arbeitgeber immer noch die Devise, dass »kündigen und zahlen« einfacher ist und schneller geht, als gemeinsam mit dem Betriebsrat nach sozialverträglichen Lösungen zu suchen.

Fortführung durch die Belegschaft

Außer diesen einzelnen Ansatzpunkten zur Beschäftigungssicherung soll darauf hingewiesen werden, dass der Interessenausgleich auch die Möglichkeit bietet, mit dem Arbeitgeber über die Fortführung eines stillzulegenden Betriebes durch die Belegschaft zu verhandeln. Für die Entwicklung solcher Konzeptionen benötigt der Betriebsrat besonderer Unterstützung durch erfahrene Gewerkschaftssekretäre und Sachverständige, sind doch zuvor umfangreiche rechtliche und betriebswirtschaftliche Überlegungen anzustellen. Das Hauptproblem liegt darin, ein aussichtsreiches, betriebswirtschaftlich tragfähiges Konzept zur Fortführung des Betriebes zu erarbeiten, ohne den Beschäftigten ein zu hohes finanzielles Risiko aufzubürden (vgl. auch Kapitel G.I.1.c) bb) <g>). Jedoch gibt es Fälle, in denen die Entwicklung und Durchsetzung solcher Konzepte gelungen ist (vgl. Beispielsfall in Kapitel L.III).

Weitere Regelungen aus Anlass der Betriebsänderung
Darüber hinaus können die Betriebsänderung und die erforderlichen Interessenausgleichsverhandlungen zum Anlass genommen werden, zusätzlich vom Arbeitgeber den Abschluss von erzwingbaren, vor allem aber auch von nicht erzwingbaren Betriebsvereinbarungen zu fordern. Dies empfiehlt sich immer dann, wenn der Arbeitgeber die Informations-, Beratungs- und Mitbestimmungsrechte des Betriebsrats bislang grundsätzlich missachtet. Zu denken ist hier z. B. an Regelungen zur zukünftigen Beratung der Personalplanung gem. § 92 BetrVG, die auch wichtig ist für die Umsetzung getroffener Interessenausgleichsvereinbarungen, oder an Regelungen zur zukünftigen Information des Wirtschaftsausschusses; ferner Rahmenbetriebsvereinbarungen zur Mehrarbeit oder Regelungen zum Einsatz von Fremdfirmen und Leiharbeitnehmer/innen.

b. Eigene Vorschläge für den Sozialplan

Die Funktion des Sozialplans ist es, die wirtschaftlichen Nachteile, die Beschäftigten durch eine Betriebsänderung entstehen können, auszugleichen oder abzumildern. Wesentlich für die Vereinbarung eines Sozialplans ist deshalb, zunächst alle möglichen Nachteile überhaupt zu erfassen. Wirtschaftliche Nachteile sind vor allem mit dem Verlust des Arbeitsplatzes verbunden. Hierdurch ergeben sich oft erhebliche Einkommenseinbußen, aber auch Anspruchsrechte auf betriebliche Sozialleistungen gehen verloren. Ferner entstehen den zu entlassenden Beschäftigten Aufwendungen bei der Suche nach einem neuen Arbeitsplatz. Wirtschaftliche Nachteile können aber z. B. auch darin bestehen, dass Versetzungen zu Einkommenseinbußen oder zu höheren Fahrtkosten führen. Oder mit einer erforderlichen Qualifikationsmaßnahme und anschließender Einarbeitungszeit gehen leistungsabhängige Zulagen verloren.
Auch für die Sozialplanverhandlungen sollte der Betriebsrat wesentliche Eckpunkte festlegen, einen eigenen Verhandlungsentwurf erarbeiten (vgl. hierzu die Regelungsbeispiele in Kapitel H sowie bei *Laßmann/Riegel* 2017) und eine Kompromisslinie festlegen, die nicht unterschritten werden soll.
Folgende *Regelungsbereiche* sollten in einem *Sozialplanentwurf* berücksichtigt werden:

Geltungsbereich
Die vom Arbeitgeber geplante Betriebsänderung, auf die sich der Sozialplan bezieht, ist genau zu bezeichnen; ferner ist die örtliche, zeitliche und personelle Geltung festzulegen (vgl. Kapitel H.I).

Versetzungen
Hier geht es vor allem darum, sicherzustellen, dass die im Rahmen der Betriebsänderung erforderlichen Versetzungen zur Verringerung der Anzahl der zu kündigenden Arbeitnehmer/innen auch zumutbar sind und zu keiner Verschlechterung des Besitzstandes der Betroffenen führen (vgl. Kapitel H.II).

Qualifizierungsmaßnahmen
Auch Qualifizierungsmaßnahmen zur Wahrnehmung einer Versetzungsmöglichkeit oder zur Verbesserung der allgemeinen Arbeitsmarktchancen sollten nicht mit wirtschaftlichen Nachteilen verbunden sein. Deshalb ist z. B. wichtig, dass der Arbeitgeber die Kosten der Maßnahmen trägt und bei längeren externen Maßnahmen die Betriebszugehörigkeit erhalten bleibt. Ist wegen einer Förderung der Qualifizierung über das SGB III ein Ausscheiden erforderlich, ist eine Wiedereinstellungsklausel zu vereinbaren (vgl. Kapitel H.III).

Regelungen für das vorzeitige Ausscheiden älterer Beschäftigter
Zur sozialverträglichen Regelung einer Betriebsänderung gehörte in der Vergangenheit auch häufig, älteren Beschäftigten die Möglichkeit einzuräumen, freiwillig vor dem Erreichen eines Rentenanspruchs auszuscheiden. In diesen Fällen ist die Frage entscheidend, wie diese Beschäftigte für die Übergangszeit bis zum Erreichen eines Rentenanspruchs finanziell abgesichert werden können und wie die zu erwartende Einbuße bei der Rente ausgeglichen werden kann (vgl. Kapitel H.VI sowie den Praxisfall in Kapitel L.V). Wegen der mit dieser Maßnahme verbundenen hohen Kosten kommt eine solche Regelung nur noch für einen eng begrenzten, rentennahmen Personenkreis in Frage.

Abfindungen
Betriebsbedingte Kündigungen führen zu Abfindungszahlungen an die Betroffenen. Hier stellt sich die Frage, welche Abfindungen dem Verlust des Arbeitsplatzes angemessen sind, welches Sozialplanvolumen für das Unternehmen wirtschaftlich vertretbar ist, welche Möglichkeiten es gibt, Abfindungen zu berechnen (vgl. vor allem Kapitel H.V.1).

Betriebliche Sozialleistungen
Zu diesem Aspekt werden in Sozialplänen häufig Regelungen zu den Bereichen Urlaubsansprüche, Sonderzahlungen, vermögenswirksame Leistungen, Dienst-

jubiläen, Sachleistungen und Einkaufsvorteile, Wohnrechte, Arbeitgeberdarlehen u. Ä. getroffen (vgl. Kapitel H.V.2).

Beendigung des Arbeitsverhältnisses
Hierzu gehören mögliche Regelungen zur vorzeitigen Freistellung von der Arbeit, zur Unterstützung bei der Arbeitsplatzsuche, aber auch zur möglichen späteren Wiedereinstellung von Kündigung betroffener Beschäftigter. Bezüglich einer Freistellung von der Arbeit ist zu beachten, dass diese nur widerruflich erfolgt, damit den Arbeitnehmer/innen keine sozialversicherungsrechtlichen Nachteile entstehen (vgl. Kapitel H.V.3).

Verfahrensfragen
Die Umsetzung der im Sozialplan getroffenen Regelungen erfordert eine Vielzahl von Einzelentscheidungen, die zwischen den Betriebsparteien umstritten sein können. Deshalb ist es auch sinnvoll, Verfahrensfragen zur Behandlung von Meinungsverschiedenheiten oder Kündigungsschutzklagen zu regeln (vgl. Kapitel H.VII).

V. Der Betriebsrat muss Durchsetzungsstrategien entwickeln

Ist sich der Betriebsrat über seine Ziele im Klaren und hat er seine inhaltlichen Vorstellungen zur geplanten Betriebsänderung in Form von Entwürfen für einen Interessenausgleich und Sozialplan entwickelt, geht es um die Überlegung, wie diese Vorstellungen bestmöglichst durchgesetzt werden können. Hierbei stellt sich die Frage nach den betriebspolitischen, den rechtlichen und den zeitlichen Handlungsmöglichkeiten.

1. Vorrang für betriebspolitische Handlungsmöglichkeiten

Unseres Erachtens sollte den betriebspolitischen Handlungsmöglichkeiten *Vorrang* eingeräumt werden, da den rechtlichen Handlungsmöglichkeiten enge inhaltliche Grenzen gezogen sind. Nur durch Mobilisierung der Belegschaft, kommunaler und regionalpolitischer Entscheidungsträger und der Öffentlichkeit und durch gewerkschaftliche Unterstützung lassen sich einschneidende Betriebsänderungen, die mit umfangreichen Massenentlassungen verbunden sind, verhindern, verändern oder zumindest zeitlich verschieben, wie einige Fälle in der Vergangenheit gezeigt haben.

In einer Einigungsstelle zum Interessenausgleich sind diesbezügliche Forderungen des Betriebsrats nicht erzwingbar. Das heißt nun nicht, dass der Betriebsrat seine rechtlichen Handlungsmöglichkeiten vernachlässigen soll. Er darf nur nicht darauf vertrauen, dass er seine Positionen allein mit rechtlichen Mitteln ganz oder teilweise durchsetzen kann. In der Praxis kann man oft beobachten, dass Betriebsräte viel zu rechtsgläubig sind und ihre Positionen und Handlungen von vornherein an den rechtlichen Gegebenheiten orientieren. Die erfolgreichere Einstellung ist jedoch die, dass der Betriebsrat versucht, Ziele und Positionen, die nicht rechtlich durchzusetzen sind, betriebspolitisch durchzusetzen.
Betriebspolitische und rechtliche Handlungsmöglichkeiten sollten zusammen genutzt werden. So kann es gerade während eines Einigungsstellenverfahrens zum Interessenausgleich wichtig sein, für die »richtige« Atmosphäre im Betrieb zu sorgen. Denn dann steht die Entscheidung über die Durchführung der Betriebsänderung bereits kurz bevor. Und auch ein/e Einigungsstellenvorsitzende/r kann durch den spontanen Protest der Belegschaft gegen die Arbeitgeberplanung während der Einigungsstellensitzung beeindruckt werden. Ihm/Ihr wird gezeigt, dass die Belegschaft hinter den Forderungen des Betriebsrats steht und dieser seinen Kampf gegen die geplante Betriebsänderung ernst meint.
Zur Ausübung von Druck auf den Arbeitgeber ist zunächst wichtig, seine »empfindlichen Stellen« ausfindig zu machen. Betriebspolitische Maßnahmen sind dann wirksam, wenn sie dem Arbeitgeber weh tun. Hierfür gibt es vor allem folgende Ansatzpunkte:

- Durch die Betriebsratspolitik entstehen u. U. hohe Kosten, die bei einem unveränderten Durchziehen der Betriebsänderung die Rentabilitätsziele negativ beeinflussen.
- Durch den öffentlichkeitswirksamen Widerstand des Betriebsrats wird »der gute Ruf« des Unternehmens gefährdet. Es droht ein Imageverlust, der sich u. U. negativ auch auf den Absatz auswirken kann.
- Doppelstrategie durch zusätzliche Forderung nach einem Tarifsozialplan

Der Betriebsrat hat es in der Hand, dem Arbeitgeber deutlich zu machen, dass er seine Planung entweder »geräuschlos und zu akzeptablen Bedingungen für die Beschäftigten« oder bei nicht akzeptablen Bedingungen »lautstark und noch teurer« gegen die Beschäftigteninteressen realisieren kann.
Für eine erfolgreiche betriebspolitische Strategie ist auf jeden Fall eine enge Zusammenarbeit zwischen Betriebsrat und Gewerkschaft erforderlich. Folgende betriebspolitische Handlungsmöglichkeiten wurden von Interessenvertretungen (z. B. gewerkschaftliche Vertrauensleute, Betriebsräte, Arbeitnehmervertreter im Aufsichtsrat) erfolgreich genutzt:

- laufende Information der Belegschaft durch Betriebsratsinformationen und gewerkschaftliche Flugblätter,

- Befragung der Belegschaft zu den Planungen des Arbeitgebers und zu den vom Betriebsrat verfolgten Zielen,
- Durchführung von ordentlichen und außerordentlichen Betriebs- und Abteilungsversammlungen in kurzen Abständen,
- Organisation und Vorbereitung von Redebeiträgen aus der Belegschaft, die dem Arbeitgeber zeigen, dass die Arbeitnehmer/innen hinter den Forderungen des Betriebsrats stehen,
- harte Vorwürfe an den Arbeitgeber, dass dieser seinen sozialen Verpflichtungen gegenüber den Arbeitnehmer/innen nicht nachkommt,
- Mobilisierung anderer Betriebsräte in Mehrbetriebs- oder Konzernunternehmen zu Solidaritätserklärungen und Stellungnahmen gegen die Arbeitgeberpolitik,
- Übernahme der Forderungen eines örtlichen Betriebsrats durch den Gesamtbetriebsrat und Konzernbetriebsrat,
- Mobilisierung der Arbeitnehmervertreter im Aufsichtsrat zur Unterstützung des örtlichen Betriebsrats, und um zu versuchen, den Konflikt in den Aufsichtsrat zu tragen,
- spontane, kurzfristige Arbeitsunterbrechungen, die (von gewerkschaftlichen Vertrauensleuten organisiert) den Arbeitnehmer/innen Gelegenheit geben sollen, die betrieblichen Probleme zu diskutieren,
- spontane, von der Gewerkschaft organisierte Warnstreiks kürzerer oder längerer Art, die das Einhalten von Produktionsterminen oder die Auslieferung der Fertigprodukte behindern können,
- zeitweilige oder dauernde Besetzung des Betriebes zur Verhinderung des Abtransports von Vorräten oder Maschinen vor Abschluss der Verhandlungen,
- Erzwingungsstreik zur Durchsetzung eines Tarifsozialplans
- Organisation von Unterstützungs- und Solidaritätsstreiks in anderen Betrieben des Unternehmens/Konzerns (zulässig: BAG 19.6.2007 – 1 AZR 396/06).

Ferner können Betriebsräte mit anderen Interessenvertretern und in Zusammenarbeit mit der Gewerkschaft durch eine Vielzahl öffentlichkeitswirksamer Maßnahmen versuchen, bei der Bevölkerung, bei Politikern und Parteien, durch Kirchen und andere soziale Einrichtungen und Organisationen, durch Berichterstattung in Presse, Rundfunk und Fernsehen Unterstützung für ihre Forderungen zu erhalten. Als Mittel dienen:

- Gespräche und Beratungen mit politischen Funktionsträgern,
- Gespräche und Beratungen mit der Agentur für Arbeit und regionalen Einrichtungen zur Wirtschaftsförderung,
- Pressemitteilungen und Pressekonferenzen,
- Verteilung von Flugblättern in der Öffentlichkeit,
- Organisation von Solidaritätsfesten, nicht zuletzt auch, um finanzielle Mittel für die erforderlichen Aktionen zu bekommen,

- Organisation von Solidaritätsbekundungen und Unterstützungsschreiben für die Forderungen des Betriebsrats,
- Organisation von Protestschreiben an die Unternehmensleitung, Unterschriftensammlung in der Bevölkerung,
- spontane oder angemeldete Demonstrationen, z. B. zur Hauptverwaltung der Firma anlässlich einer Aufsichtsratssitzung, um sich dort nach dem »Sachstand« zu erkundigen,
- symbolische Besetzung von Kirchen oder öffentlichen Plätzen, Mahnwachen oder Fackelzüge,
- Teilnahme an der Hauptversammlung des Unternehmens, um dort eine unsoziale Politik gegen Arbeitnehmerinteressen oder wirtschaftliche Interessen einer ganzen Region anzuprangern.

Welche dieser Handlungsmöglichkeiten einer bestimmten Situation angemessen sind, muss natürlich in jedem Einzelfall entschieden werden. Aber immer dann, wenn Betriebsstilllegungen zu Massenentlassungen führen, wenn dies in einer wirtschaftlich schwachen Region geschieht, in der wenige Aussichten auf andere Arbeitsplätze bestehen, je einschneidender also eine Betriebsänderung für die wirtschaftliche und soziale Existenz der betroffenen Beschäftigten und der Wirtschaftsregion insgesamt ist, desto eher sind massive politische Aktionen der Bedeutung der Betriebsänderung angemessen.

Beispiel:
Zur Verhinderung eines Abbaus von 840 Arbeitsplätzen im Siemenswerk in Bad Neustadt/Saale haben im Februar 2010 etwa 7000 Menschen unter dem Motto »Die Rhön steht auf« gegen den geplanten Stellenabbau im heimischen Siemenswerk demonstriert. Zusammen mit Vertretern von IG Metall und kirchlichen Organisationen machten sie auf dem Marktplatz ihrem Ärger Luft. Auch danach kam es zu weiteren Demonstrationen, z. B. eine Großdemonstration vor der Konzernzentrale in München, an der sich auch Beschäftigte aus anderen Siemensbetrieben beteiligten, bis es schließlich im Mai 2010 zu einer Vereinbarung über eine Beschäftigungssicherung kam, in der bis Ende 2012 betriebsbedingte Kündigungen ausgeschlossen sind.

Der intensive politische Kampf zur Verhinderung einer Betriebsänderung kann auch das bewusste Überschreiten rechtlicher Grenzen (spontane Warnstreiks, Betriebsbesetzungen) beinhalten. Wesentlich ist, dass solche politischen Aktionen in enger Abstimmung mit der Gewerkschaft erfolgen.

2. Rechtliche Handlungsmöglichkeiten

Als rechtliche Handlungsmöglichkeiten stehen dem Betriebsrat folgende Maßnahmen zur Verfügung:

- gerichtliche Durchsetzung des Informationsanspruchs mittels eines Antrages auf rechtzeitige und umfassende Information gem. § 111 BetrVG, wegen der Dringlichkeit häufig in Verbindung mit dem Antrag auf Erlass einer einstweiligen Verfügung nach § 23 Abs. 3 BetrVG;
- Einigungsstelle nach § 109 BetrVG zum Informationsanspruch des Wirtschaftsausschusses über die geplante Betriebsänderung;
- gerichtliche Durchsetzung des Verhandlungsanspruchs gem. § 111 BetrVG mittels Antrag auf Unterlassung der Durchführung der Betriebsänderung *vor* der Information des Betriebsrats und *vor* Abschluss der Verhandlungen, wegen der Dringlichkeit (vgl. Kapitel E.II) in aller Regel in Verbindung mit dem Antrag auf Erlass einer einstweiligen Verfügung nach § 23 Abs. 3 BetrVG;
- Anspruch auf Vermittlung des Vorsitzenden der Geschäftsführung der Regionaldirektion der Bundesagentur für Arbeit zum Interessenausgleich (bei Regelungen zu Transfermaßnahmen Voraussetzung für die Bewilligung von Fördermaßnahmen);
- Anspruch auf Vermittlung des Vorsitzenden der Geschäftsführung der Regionaldirektion der Bundesagentur für Arbeit zum Sozialplan (bei Regelungen zu Transfermaßnahmen Voraussetzung für die Bewilligung von Fördermaßnahmen);
- Anrufung der Einigungsstelle zum Interessenausgleich (der Interessenausgleich ist aber gegen den Arbeitgeber nicht erzwingbar);
- Anrufung der Einigungsstelle zum Sozialplan (der Sozialplan ist gegen den Arbeitgeber erzwingbar);
- Organisation individualrechtlicher Klagen der betroffenen Arbeitnehmer/innen nach § 113 BetrVG, wenn der Arbeitgeber einen Interessenausgleich nicht ernsthaft versucht hat oder gegen diesen verstößt;
- Sanktionsmöglichkeit nach § 121 Abs. 1 BetrVG (Ordnungswidrigkeit des Arbeitgebers wegen Verletzung seiner Informationspflichten nach §§ 111 und 106 BetrVG);
- extensive Wahrnehmung der Mitbestimmungsrechte in sozialen Angelegenheiten (§ 87 BetrVG) sowie bei personellen Einzelmaßnahmen (§§ 99 und 102 BetrVG);
- Hinzuziehung eines Sachverständigen nach §§ 80 Abs. 3 oder 111 BetrVG.

Der Betriebsrat sollte möglichst vor Eintritt in die Verhandlungen mit dem Arbeitgeber abzuschätzen versuchen, welche dieser Handlungsmöglichkeiten in Frage kommen. Natürlich ist es nicht sinnvoll, ein »Drehbuch« für die Verhandlungen und den Einsatz der einzelnen Durchsetzungsmaßnahmen vorab zu schreiben. Der Betriebsrat sollte sich jedoch grundsätzlich überlegen, zu welchem Zeitpunkt welche Maßnahme eingesetzt werden könnte. Dabei sollte er darauf achten, dass Steigerungsmöglichkeiten verbleiben. Der konkrete Einsatz wird dann von der jeweiligen Entwicklung der Verhandlungen abhängig gemacht. Dabei muss berücksichtigt werden, dass etwaige Maßnahmen entsprechende Vorlaufzeiten erfordern. Er sollte auch bedenken, dass dem Arbeitgeber angedrohte betriebspolitische oder rechtliche Maßnahmen erforderlichenfalls auch umzusetzen sind. Denn hat der Arbeitgeber erst einmal gemerkt, dass der Betriebsrat eine Ankündigung nicht wahr macht, dann verliert dieser seine Glaubwürdigkeit bezüglich der angedrohten Konfliktbereitschaft (»Betriebsrat als Papiertiger«).

3. Zeitliche Handlungsmöglichkeiten: Hinweise für eine erfolgreiche Verzögerungstaktik

Die betriebspolitischen und rechtlichen Handlungsmöglichkeiten können vom Betriebsrat auch taktisch genutzt werden, um die Realisierung der geplanten Betriebsänderung zeitlich zu verzögern. Häufig wird er zu diesem Mittel greifen müssen, wenn der Arbeitgeber nicht bereit ist, mit ihm über die Planung und den zeitlichen Ablauf der Betriebsänderung ernsthaft zu verhandeln.

Versucht der Betriebsrat, eine Betriebsänderung ganz zu verhindern, so kann er zunächst anstreben, die Verhandlungen über bestimmte Zeitpunkte hinaus auszudehnen, sodass der Arbeitgeber zu dem von ihm geplanten Zeitpunkt nicht mehr fristgerecht kündigen kann, um so die Beschäftigung für die Betroffenen zumindest noch für eine gewisse Zeit zu sichern. Aber auch wenn der Betriebsrat die Betriebsänderung nur in Teilen verändern will, kann eine Verzögerungstaktik angebracht sein, z. B. um den Arbeitgeber unter einen Zeitdruck zu setzen, der ihn zu Zugeständnissen bei den Interessenausgleichsverhandlungen oder im Sozialplan bewegt.

Aber selbst wenn der Betriebsrat die Betriebsänderung eigentlich nicht verzögern will, sollte er sich überlegen, ob er dem Arbeitgeber nicht zu verstehen gibt, dass er inhaltlich und rechtlich sehr wohl die Möglichkeit dazu hätte. In einer solchen Situation kann er mit umfangreichen Interessenausgleichsverhandlungen über für den Arbeitgeber wichtige Termine hinaus drohen, z. B. um ein Entgegenkommen des Arbeitgebers zu bestimmten Forderungen zum Sozialplan zu bewirken. Die Handlungsmöglichkeit »verzögern« ist für den Betriebsrat folglich von wesentlicher taktischer Bedeutung, um inhaltlichen und zeitlichen Einfluss auf die Realisierung der geplanten Betriebsänderung auszuüben und einen möglichst »guten« Sozialplan zu erreichen.

Allerdings hängt das Gelingen einer Verzögerungstaktik auch davon ab, dass es ausreichenden Verhandlungsstoff und genügend Gegenvorschläge des Betriebsrats gibt, die er in die Interessenausgleichsverhandlungen einbringen kann. Ohne »Verhandlungsmasse« lassen sich Verhandlungen allenfalls über Verfahrensfragen (Einschaltung des/der Vorsitzenden der Geschäftsführung der Regionaldirektion der Bundesagentur für Arbeit als Vermittler/in, Streit um die Person

des/der Vorsitzenden und die Zahl der Beisitzer einer Einigungsstelle im arbeitsgerichtlichen Bestellungsverfahren über zwei Instanzen) in die Länge ziehen. Jedoch kann der Betriebsrat schnell unglaubwürdig werden, wenn er diese Verfahrensmöglichkeiten in Anspruch nimmt, ohne sie inhaltlich ausfüllen zu können. Gibt es jedoch viele Verhandlungspunkte und ein umfangreiches Verhandlungskonzept, dann können sich auch die Vermittlungsversuche des/der Vorsitzenden der Geschäftsführung der Regionaldirektion der Bundesagentur für Arbeit und die Verhandlungen in der Einigungsstelle in die Länge ziehen.
Ein erfolgreiches Verzögern einer geplanten Betriebsänderung ist aber auch davon abhängig, dass in den Verhandlungen immer wieder Einigungsbereitschaft signalisiert wird. Zu vermeiden ist eine Situation, wo dem Arbeitgeber klar wird, dass er die gewünschte Zustimmung des Betriebsrats zur geplanten Betriebsänderung nicht bekommen wird und dass die Gegenvorschläge nur taktischer Art sind, weil sonst zu schnell die Einigungsstelle droht. Der Betriebsrat muss also darauf achten, dass der Arbeitgeber nicht zu früh die Verhandlungen für gescheitert erklärt und die Einigungsstelle anruft, um das Verfahren seinerseits zeitlich abzukürzen. Gut beratene Arbeitgeber versuchen, mit dem Betriebsrat einen Termin zu vereinbaren, bis zu dem die Verhandlungen erfolgreich abgeschlossen sein sollen und sie versuchen, sich für den Fall der Nichteinigung über Interessenausgleich und Sozialplan schon jetzt auf die Einrichtung einer Einigungsstelle zu verständigen. Darauf muss sich der Betriebsrat nicht einlassen. Wird in diesem Zusammenhang dem Betriebsrat das Recht eingeräumt, einen (oder mehrere) Einigungsstellenvorsitzende vorzuschlagen, die der Arbeitgeber im Voraus akzeptiert bzw. aus denen er einen auswählt, dann muss der Betriebsrat angesichts der Bedeutung des/der Vorsitzenden für den Ausgang des Einigungsstellenverfahrens die Vor- und Nachteile eines solchen Vorschlags abwägen.
Der Betriebsrat kann sich aber auch bereits vor den eigentlichen Verhandlungen einen beträchtlichen Zeitgewinn durch umfangreiche Informationsanforderungen verschaffen. Betriebsräte sollten keine Scheu haben, möglichst umfangreiche Informationen und Unterlagen über die geplante Betriebsänderung zu verlangen. Sie sollten sich auch nicht davor scheuen, zum Überprüfen der erhaltenen Informationen, die vielfach komplizierter betriebswirtschaftlicher Art sind, Sachverständige nach § 80 Abs. 3 oder § 111 BetrVG hinzuzuziehen. Diese können dann auch bei der Entwicklung von Gegenvorschlägen und Verhandlungskonzepten wertvolle Hilfe leisten.
Bevor die Informationen nicht erteilt sind und eine Einigung über die Hinzuziehung eines kostenpflichtigen Sachverständigen nach § 80 Abs. 3 BetrVG mit dem Arbeitgeber nicht erzielt oder durch ein arbeitsgerichtliches Beschlussverfahren zugestanden ist, kann der Betriebsrat dann auch keine Beratungen mit dem Arbeitgeber aufnehmen. Bei einer Unternehmensgröße (nicht Betriebsgröße!) von mehr als 300 Beschäftigten bedarf es nicht der Zustimmung des Arbeitgebers

(§ 111 Satz 2 BetrVG). Es liegt somit am Arbeitgeber, durch schnelle und umfassende Information und durch sein Einverständnis einer Hinzuziehung eines Sachverständigen die zeitliche Verzögerung gering zu halten (vgl. auch Kapitel E.III.1).

Beispiel:
Anlässlich einer Betriebsstilllegung wurde der Betriebsrat vom Arbeitgeber in drei ausführlichen Gesprächen und anhand der letzten Jahresabschlüsse über die schlechte wirtschaftliche Situation des Betriebes informiert. Auf Nachfragen erläuterte der Arbeitgeber, dass verschiedene Alternativen durchgerechnet worden seien, jedoch alle möglichen Überlegungen zu einem negativen Ergebnis geführt hätten. Auch der Betriebsrat war der Auffassung, dass eine wirtschaftliche Fortführung des Betriebes nicht möglich sei, ohne 5 bis 6 Mio. Euro zu investieren. Er wusste, dass hierzu der Arbeitgeber nicht gezwungen werden kann. Während dieser Gespräche stellte der Arbeitgeber auch deutlich heraus, dass er aus finanziellen Gründen nicht daran denke, Abfindungen auf der Basis eines alten Sozialplans, der jedoch keine Gültigkeit mehr hatte, zu zahlen. Die Belegschaft hatte sich teilweise bereits mit der Schließung des Betriebes abgefunden, erwartete vom Betriebsrat jedoch, dass mind. die frühere Abfindungsregelung ausgehandelt wird.
Der Betriebsrat stellte nun trotzdem die Forderung nach Erhaltung des Betriebes auf und bestand auf Hinzuziehung eines Sachverständigen zur wirtschaftlichen Überprüfung der Situation. Sie entwickelte mit dem Sachverständigen einen detaillierten Katalog zur Anforderung von Informationen aus der Kostenrechnung und Unternehmensplanung. Insbesondere forderte er Unterlagen zu den vom Arbeitgeber angeblich geprüften Alternativen – mit dem Hinweis, dass der Betriebsrat auch über die Alternativen zu der getroffenen Entscheidung zu unterrichten sei. Der Betriebsrat zeigte also ein deutliches Interesse an sorgfältigen Verhandlungen über einen Interessenausgleich und machte dem Arbeitgeber klar, dass er mit Hilfe des Sachverständigen langwierige Interessenausgleichsverhandlungen führen könne, dass er auf diese Verhandlungen dann zu verzichten bereit sei, wenn Einigkeit über den Sozialplan erzielt würde. Im Ergebnis wurde dann ein Sozialplan vereinbart, der noch eine etwas bessere Abfindungsregelung im Vergleich zu dem früheren Sozialplan enthielt.

Allerdings musste der Betriebsrat bei der Entscheidung für eine Verzögerungsstrategie auch abschätzen, ob die unmittelbar Betroffenen oder andere Beschäftigte durch die Verzögerung der geplanten Betriebsänderung Nachteile erleiden könnten, die die erwarteten Vorteile (längere Beschäftigung, höherer Sozialplan) überwiegen. Außerdem muss er darauf gefasst sein, dass der Arbeitgeber die Verzögerungsstrategien mit dem Hinweis zu kontern versucht, er werde die *Kosten*, die durch die Verzögerung entstehen, vom Sozialplanvolumen in Abzug bringen. Hiervon sollten sich Betriebsräte nicht schrecken lassen. Denn der Sozialplan zum Ausgleich wirtschaftlicher Nachteile kann in einer Einigungsstelle (mit Ausnahme der in § 112a BetrVG genannten Fälle) gegen den Arbeitgeber erzwungen werden. Wenn der Arbeitgeber so argumentiert, dann ist zu befürchten, dass das Sozialplanangebot so knapp bemessen ist, dass für eine zufriedenstellende Abfindungsregelung ein Einigungsstellenverfahren erforderlich sein wird. Auch der/die Einigungsstellenvorsitzende wird wahrscheinlich dem Argument des Arbeitgebers nicht folgen, wenn der Betriebsrat belegen kann, dass der Arbeitgeber die Verzögerung wegen verspäteter Information selbst verschuldet hat.

Bei der bewussten Verzögerung einer Betriebsstilllegung im Beschäftigteninteresse ist auch zu beachten, dass der Einkommensvorteil für die Beschäftigten bei einer Verzögerung der Betriebsschließung aufgrund der damit verbundenen längeren Beschäftigung erheblich ist und i.d.R. auch nicht durch ein Entgegenkommen des Arbeitgebers bei den Abfindungen ausgeglichen wird. Die Verzögerungsstrategie lohnt sich auf jeden Fall immer dann, wenn fraglich ist, ob die von Entlassung betroffenen Beschäftigten sofort einen neuen Arbeitsplatz finden werden. Außerdem wird für den Fall lang andauernder Arbeitslosigkeit der Zeitraum des Bezugs von Arbeitslosengeld nach hinten verschoben.

Droht der Arbeitgeber in der geschilderten Situation mit Insolvenz, weil die Verzögerungen des Betriebsrats zu nicht mehr finanzierbaren Kosten führten, dann ist dieses »Argument« zunächst ebenfalls zu prüfen. Trifft dies tatsächlich zu, dann ist zu befürchten, dass auch ohne Einflussnahme des Betriebsrats auf die zügige Durchführung der Stilllegung die Insolvenz droht. Dann aber kann ein »guter« Sozialplan ohnehin nicht mehr finanziert werden. Die Einkommensansprüche aus der Beschäftigung während der Verzögerungsphase sind im Insolvenzfall hingegen durch das Insolvenzausfallgeld der Arbeitsagentur für bis zu drei Monate vor Insolvenzeröffnung voll abgesichert.

Abschließend sei darauf hingewiesen, dass es auch schon Fälle gab, in denen eine Verzögerungstaktik sogar zu einer Verhinderung der Betriebsänderung geführt hat. In solchen Fällen hat der Arbeitgeber seine ursprüngliche Planung verändert, weil sich während der langwierigen Auseinandersetzungen mit dem Betriebsrat die wirtschaftlichen Ausgangsbedingungen positiv verändert haben. Es war dann auch für den Arbeitgeber nicht mehr sinnvoll, an seiner ursprünglichen Planung festzuhalten.

Beispiel:
In einem Unternehmen, das medizintechnische Laborgeräte herstellt, war wegen erheblicher Umsatzrückgänge in einer der drei Sparten ein allgemeiner Personalabbau um 120 Stellen geplant. Aufgrund der Verzögerungspolitik des Betriebsrats und der langen Dauer des Einigungsstellenverfahrens zu einem Interessenausgleich und zum Abschluss eines Sozialplans hat sich die Ausgangslage während der Verhandlungen positiv verändert. Höhere Auftragseingänge, als in der Arbeitgeberplanung des laufenden Geschäftsjahres zu Grunde gelegt, verringerten den

Personalüberhang um rund 60 Stellen. Während der Verhandlungen ergab sich hierdurch die Situation, dass der Arbeitgeber plötzlich eine Verzichtserklärung für die beabsichtigten betriebsbedingten Kündigungen anbot. Da der Arbeitgeber während der langen Verhandlungsphase bereits etwa 60 Stellen über Aufhebungsverträge abbauen konnte, obwohl der Betriebsrat die Beschäftigten vor dem Abschluss solcher Verträge mit Abfindungen unter den Sozialplanforderungen des Betriebsrats gewarnt hatte, hatte der Arbeitgeber keinen Handlungsbedarf mehr für weiteren Personalabbau.
Man vereinbarte, dass die Verhandlungen über einen Interessenausgleich und Sozialplan dann fortgeführt werden, wenn der Arbeitgeber entgegen seiner bekundeten Absicht auch nur eine betriebsbedingte Kündigung auszusprechen gedenkt.

VI. Nur eine gut organisierte Betriebsratsarbeit führt zum Erfolg

Der Betriebsrat muss auch die organisatorischen Voraussetzungen für einen Verhandlungserfolg mit dem Arbeitgeber schaffen. Gerade in der Vorbereitungsphase fallen viele wichtige Aufgaben zeitgleich zusammen. Deshalb ist es wichtig, sich zunächst eine Übersicht über die dringlichsten Aufgaben zu verschaffen:

- Braucht der Betriebsrat mehr Zeit, um sich mit der geplanten Betriebsänderung inhaltlich auseinanderzusetzen?
- Hat der Betriebsrat die erforderlichen Unterlagen und Informationen über die geplante Betriebsänderung?
- Ist die Gewerkschaft bereits informiert?
- Braucht der Betriebsrat eine betriebswirtschaftliche oder rechtliche Beratung?
- Sollen Beschäftigte als Auskunftspersonen gem. § 80 Abs. 2 BetrVG hinzugezogen werden?
- Hat der Betriebsrat bereits die Belegschaft informiert?
- Hat der Betriebsrat bereits inhaltliche Vorstellungen für die Interessenausgleichs- und Sozialplanverhandlungen?

Durch solche Fragen nach den wichtigsten Handlungserfordernissen lassen sich schnell die wesentlichen, noch offenen Fragen ermitteln. In einem zweiten Schritt sollte der Betriebsrat versuchen, möglichst genaue Arbeitsaufgaben zu definieren und an einzelne Betriebsratsmitglieder zu vergeben. In größeren Betriebsratsgremien können eine oder mehrere Arbeitsgruppen gebildet werden, z.B. zur Informationsbeschaffung, zum Interessenausgleich oder zum Sozialplan, die ihrerseits wieder Arbeitsschwerpunkte definieren und einzelnen Gruppenmitgliedern übertragen. Wichtig hierbei ist, dass Zuständigkeiten und auch Termine vereinbart werden, damit keine wertvolle Zeit verlorengeht.

- Wer informiert bis wann die Gewerkschaft und die Belegschaft?
- Wer schreibt und verteilt bis wann das nächste Betriebsratsflugblatt?
- Wer versucht, noch in dieser Woche einen betriebswirtschaftlichen Sachverständigen zu finden, der bei der Informationsauswertung helfen kann?
- Welche Kolleginnen und Kollegen wollen versuchen, bis zur nächsten Betriebsratssitzung die Eckpunkte für einen Interessenausgleich zu erarbeiten?
- Welche Kolleginnen und Kollegen versuchen, ebenfalls bis zur nächsten Betriebsratssitzung die Eckpunkte für einen Sozialplan zu erarbeiten?

Ergebnis dieses Vorgehens sollte es sein, ein *Arbeitsprogramm* anlässlich der Betriebsänderung zu entwickeln, sodass in einer Übersicht festgehalten wird, welches die noch offenen Aufgaben sind, welche Beteiligten diese Aufgaben abarbeiten und wann erste Ergebnisse vorliegen.

Arbeitsprogramm des Betriebsrats:

Aufgabe	Zuständige/r Kollegin/Kollege	Termin
1.		
2.		
3.		
4.		
5.		
usw.		

Stellt sich bei diesem Vorgehen heraus, dass es im Betriebsrat Schwierigkeiten gibt, die Arbeit zu organisieren und arbeitsfähige Untergruppen zu bilden bzw. Aufgaben zu verteilen, dann zeigt sich, dass der Betriebsrat wegen seiner beschränkten Arbeitskapazität Probleme hat, die bevorstehenden Aufgaben zu bewältigen. Vor allem bei größeren Betriebsänderungen kann die Arbeit nicht allein dem Betriebsratsvorsitzenden oder nur den freigestellten Betriebsratsmitgliedern überlassen bleiben. Eine Unterstützung durch die anderen Betriebsratsmitglieder und durch gewerkschaftliche Vertrauensleute ist durchaus erforderlich und den Problemen, die mit einer Betriebsänderung verbunden sind, auch angemessen. Der Betriebsrat kann seine Arbeitskapazität auch durch eine häufigere Durchführung von Betriebsratssitzungen erhöhen. Darüber hinaus können Betriebsratsmitglieder, die nicht freigestellt sind, von ihrem Recht zur Betriebsratsarbeit während der Arbeitszeit Gebrauch machen. Der Betriebsrat kann auch im Rahmen seiner Organisationsrechte den Beschluss fassen, dass vorübergehend weitere Betriebsratsmitglieder von ihrer Arbeit freizustellen sind und dies dem Arbeitgeber mitteilen.

Im Betriebsratsgremium oder in den gebildeten Arbeitsgruppen kommen relativ schnell brauchbare Ergebnisse heraus, wenn man sich bestimmter Arbeitstechniken bedient. Deshalb sollen *Karteikarten, Wandzeitungen* und *Flipcharts* zur Betriebsratsausstattung gehören.

Die Diskussion der Probleme, ihrer Lösungsansätze und der gegebenen Handlungsmöglichkeiten wird wesentlich strukturierter und damit ergiebiger, wenn zunächst möglichst viele Aspekte gesammelt werden. So kann z. B. jedes Mitglied einer Sozialplanarbeitsgruppe zunächst drei oder fünf Forderungen für die Sozialplanverhandlungen auf eine entsprechende Anzahl von Karteikarten schreiben. Jede Karteikarte enthält dann eine Sozialplanforderung. Anschließend werden die Karteikarten nach den genannten Forderungen sortiert. Mehrfachnennungen zeigen Verhandlungsschwerpunkte an, aber auch nicht mehrfach genannte Forderungen können wichtige Aspekte beinhalten, die vielleicht bei einem anderen Vorgehen gar nicht beachtet worden wären. Durch solch einfache Anwendung der sog. *Metaplantechnik* lassen sich schnell die Grundstrukturen für einen Sozialplanentwurf des Betriebsrats erarbeiten. Die einzelnen genannten Aspekte können dann ihrer Bedeutung gemäß genauer diskutiert und formuliert werden. Werden die so in einer Arbeitsgruppe zum Sozialplan entstandenen Forderungen auf Wandzeitungen festgehalten, gelingt es der Arbeitsgruppe auch, ihre Vorstellungen schnell und anschaulich im Betriebsrat darzustellen und zu erörtern.

Im Rahmen dieses Handbuchs können zur rationellen Betriebsratsarbeit keine weiteren Hinweise gegeben werden. Sicherlich ist es schwierig, anlässlich eines großen und dringenden Problems, wie es eine Betriebsänderung darstellt, nun auch noch völlig neue Arbeitstechniken einzusetzen. Deshalb sollten Betriebsräte grundsätzlich einmal überlegen, wie sie ihre Arbeit besser aufteilen und rationeller und damit auch effektiver gestalten können. Dies hilft gerade in schwierigen Ausnahmesituationen weiter.

VII. Vertiefende und weiterführende Literatur

Büttner/Kirsch, Bündnisse für Arbeit im Betrieb, Betriebsvereinbarungen zur Beschäftigungssicherung in der Praxis, Hans-Böckler-Stiftung, 2002

Lassmann/Riegel, Interessenausgleich und Sozialplan. Analyse und Handlungsempfehlungen. Praxiswissen Betriebsvereinbarungen, STUDY Nr. 360., Schriftenreihe der Hans-Böckler-Stiftung, Bund-Verlag Frankfurt am Main 2017 (*www.boeckler.de/pdf/study_hbs_mbf_bvd_360.pdf*).

Hamm/Rupp, Mitbestimmung bei Veräußerung und Restrukturierung, Handlungsmöglichkeiten und Empfehlungen für Betriebsräte, 2. Auflage 2012

Laßmann/Rupp, Beschäftigungssicherung. Betriebs- und Dienstvereinbarungen. Analyse und Handlungsempfehlungen, 2. Auflage 2010

Neumann/Tänzer/Rockwell-Golde, Arbeitskampf gegen Betriebsstillegung. In: *Kröger* (Hrsg.), Wirtschaftliche Kennzahlen, 1984

Pitz, Investitionsanalyse: Mitbestimmung mit Inhalt füllen, in: Die Mitbestimmung, 12/1983

Rupp, Tarifsozialplan, 2010

Schweibert, Beteiligungsrechte der Organe der Betriebsverfassung bei der Unternehmensumstrukturierung. In: *Willemsen/Hohenstatt/Schweibert/Seibt*, Umstrukturierung und Übertragung von Unternehmen. Arbeitsrechtliches Handbuch, 5. Auflage 2016

Zabel, Tariflicher Sozialplan ist erstreikbar, in: AiB, 7/2007

F. Verhandlungen über einen Interessenausgleich und Sozialplan

Inhaltsübersicht

Aus Kapitel C wissen wir, dass es für eine Vielzahl von Arbeitgebern typisch ist, wenn überhaupt, dann sehr spät und unzureichend über die geplante Betriebsänderung zu informieren. Ist der Betriebsrat jedoch von den Arbeitgeberabsichten in Kenntnis gesetzt, dann soll es nach dem Willen des Arbeitgebers möglichst schnell gehen. Dem Betriebsrat soll möglichst wenig Zeit verbleiben, um sich eine eigene, fundierte Meinung zu den vom Arbeitgeber geplanten Maßnahmen bilden oder gar schlüssige Gegenvorschläge entwickeln und sich die erforderliche Hilfe von außen beschaffen zu können.

Die Betriebsräte sind nach unseren Erfahrungen in aller Regel gut beraten, wenn sie dem Drängen nach möglichst schnellem Abschluss eines Interessenausgleichs und Sozialplans nicht nachgeben. Denn

- ohne umfassende Information über die geplante Betriebsänderung,
- ohne Sicherung externer Unterstützung durch Gewerkschaft und Sachverständige,
- ohne dass sich der Betriebsrat über seine eigenen Ziele Klarheit verschafft hat,
- ohne sich zumindest die Zeit für den Versuch der Entwicklung von Gegenvorschlägen genommen zu haben und
- ohne Information und Diskussion mit der Belegschaft usw. (vgl. hierzu die Hinweise und Vorschläge in Kapitel E)

kann kein Betriebsrat erfolgreiche Verhandlungen mit dem Arbeitgeber über eine geplante Betriebsänderung führen und damit auch nicht seiner Schutzfunktion gegenüber der Belegschaft gerecht werden.
Selbstverständlich sind auch Situationen denkbar, in denen der Betriebsrat dem Druck des Arbeitgebers nachgibt, z. B. weil er selbst die Durchführung der Betriebsänderung als dringlich einschätzt (etwa zur Abwendung einer Insolvenz) oder der Arbeitgeber mit der Durchführung der Betriebsänderung beginnt, ohne ihn ausreichend informiert zu haben und ein Unterlassungsanspruch nicht durchgesetzt werden konnte. Dann ist der Betriebsrat gezwungen, Abstriche bei der Vorbereitung zu machen und zu versuchen, so gut es eben geht, die Interessen der Belegschaft zu vertreten.

I. Vorbereitung der Verhandlungsgespräche

Die Qualität der Vorbereitung des Betriebsrats auf die anstehenden Verhandlungen mit dem Arbeitgeber ist von wesentlicher Bedeutung für deren Erfolg oder Misserfolg. Nachdem die inhaltliche Vorbereitung der Interessenvertretung abgeschlossen ist (vgl. Kapitel E), sollen nun einige Hinweise zur Vorbereitung der Verhandlungsgespräche mit dem Arbeitgeber gegeben werden. Im Wesentlichen geht es dabei um folgende Aufgaben (vgl. auch ausführlich *Fricke*, 2001, S. 65 ff.; *Schoof* 1991, S. 23 f.):

- Verhandlungsdelegation bestimmen und Rollen- und Aufgabenverteilung festlegen,
- Zeitplan für die Verhandlungen bestimmen,
- Verhandlungstaktik und mögliche Kompromisslinien vereinbaren sowie
- den Einsatz möglicher Machtmittel vorausplanen.

1. Verhandlungsdelegation und deren Rollen- und Aufgabenverteilung

Abgesehen davon, dass neben den Verhandlungen über einen Interessenausgleich und Sozialplan die laufende Betriebsratsarbeit weitergeführt werden muss (u. U. sogar konsequenter als bisher, um Druck auf den Arbeitgeber auszuüben, beispielsweise bei der Genehmigung von Mehrarbeit oder der Zustimmung zu Versetzungen), ist es aus verhandlungsökonomischen Gründen nicht sinnvoll, den gesamten Betriebsrat an den Verhandlungen zu beteiligen. Es empfiehlt sich daher, für die anstehenden Verhandlungen eine Delegation zu bilden. Sie sollte sich aus Mitgliedern der Arbeitsgruppe rekrutieren, die bis zu diesem Zeitpunkt die Vorbereitungsarbeiten geleistet hat (vgl. Kapitel E.VI), und möglichst nicht mehr als fünf Personen umfassen. Wenn man davon ausgeht, dass bereits in der frühen Phase der inhaltlichen Vorbereitung der Verhandlungen über die Betriebsänderung (vgl. *Kapitel E*) der Gewerkschaftssekretär und ein externer Sachverständiger zur Unterstützung des Betriebsrats hinzugezogen worden sind, dann empfiehlt es sich, diese erfahrenen Personen auch in die Verhandlungsdelegation aufzunehmen. Außerdem sollte ihr wegen der Bedeutung der Problematik auf jeden Fall der Betriebsratsvorsitzende, evtl. auch sein Stellvertreter angehören. Ist nicht der ganze Betrieb, sondern sind nur Teilbereiche des Betriebes von der geplanten Betriebsänderung betroffen, dann sollte mind. auch ein Betriebsratsmitglied aus dem betroffenen Teilbereich des Betriebes wegen seiner speziellen Kenntnis dieses Bereiches und der dort Beschäftigten Mitglied in der Verhandlungsdelegation sein.

Die Mitglieder der Verhandlungsdelegation sollten sich untereinander auf eine Rollen- und Aufgabenverteilung verständigen, an die sich dann in den Besprechungen mit dem Arbeitgeber auch *alle* zu halten haben. Die Verhandlungen über einen Interessenausgleich und Sozialplan sind zu wichtig, als dass sie als Bühne für die Selbstdarstellung einzelner Mitglieder (auch der externen) missbraucht werden dürfen. Halten sich einzelne nicht an die Absprachen, dann sollte die Sitzung unterbrochen werden, um an die Absprachen zu erinnern. Hilft auch dies nicht, so muss u. U. Ersatz für die betreffende Person gefunden werden. Da Verhandlungen über einen Interessenausgleich und Sozialplan in aller Regel doch eine längere Zeit in Anspruch nehmen, sollten aus dem Betriebsrat auch möglichst ein bis zwei Ersatzmitglieder für die Verhandlungsdelegation bestimmt werden, die an allen Vor- und Nachbereitungssitzungen teilnehmen, damit sie jederzeit auf dem aktuellen Stand sind und im Falle der Verhinderung eines Mitglieds der Kommission einspringen können. Sofern externe Mitglieder der Verhandlungsdelegation verhindert sind, sollte eine Verlegung des Beratungstermins angestrebt werden, da deren Wissen und Erfahrung in aller Regel nicht durch betriebliche Ersatzmitglieder wettgemacht werden kann. Im Falle einer längeren Verhinderung der externen Mitglieder der Verhandlungsdelegation, z. B. durch Krankheit, muss in Absprache mit diesen Personen über gleichwertigen Ersatz nachgedacht werden.

Grundsätzlich sollte der Betriebsratsvorsitzende die Rolle des Verhandlungsführers übernehmen. Zum einen, um die Ernsthaftigkeit der Forderungen zu unterstreichen, zum anderen, weil er der legitimierte Vertreter der Belegschaft ist, zu deren Schutz die Forderungen erhoben werden. In der betrieblichen Praxis wird diese Aufgabe häufig von den hinzugezogenen Gewerkschaftssekretären übernommen. Dies wird nach deren Auskunft vielfach auch von ihnen erwartet. Wir meinen, dass der Gewerkschaftssekretär diesen Part nur dann übernehmen sollte, wenn der Betriebsratsvorsitzende noch wenig erfahren ist oder sich diese Aufgabe nicht zutraut. Die übrige Rollenverteilung ergibt sich schon aus der Qualifikation der Beisitzer. Die Betriebsratsmitglieder unterstützen den Verhandlungsführer bei den betrieblichen Fragen und den Auswirkungen der geplanten Betriebsänderung auf die Beschäftigten. Der Gewerkschaftssekretär bzw. der Sachverständige ist im Wesentlichen zuständig für Rechts- bzw. Tariffragen sowie Fragen der Angemessenheit der Betriebsratsforderungen, die der Sachverständige unterstützt und mit seinem Expertenwissen (z. B. bei der Frage der wirtschaftlichen Vertretbarkeit eines bestimmten Sozialplanvolumens für das Unternehmen) begründet. In den Fällen, in denen bei Verhandlungen die Interessengegensätze der beiden Betriebsparteien besonders hart aufeinanderprallen, übernimmt häufig der Gewerkschaftsvertreter die Konfliktrolle. Er ist darin meist erfahrener und i. d. R. auch konfliktfähiger, da vom Arbeitgeber unabhängig.

Die Delegation hat die Aufgabe, die anstehenden Verhandlungen mit dem Arbeitgeber im Rahmen der vom Betriebsrat gefassten Beschlüsse und Vorgaben zu führen. Nur in Ausnahmefällen sollte der Betriebsrat die Verhandlungsdelegation mit Abschlussvollmachten ausstatten. Die Entscheidung über die Zustimmung zu konkreten Verhandlungsergebnissen sollte dagegen im Regelfall dem Betriebsrat als Gremium vorbehalten bleiben (Verhandlungsmandat ohne Abschlussvollmacht). Zu diesem Zweck ist es wichtig, dass die nicht in der Verhandlungsdelegation vertretenen Betriebsratsmitglieder bzw. im Verhinderungsfall deren Vertreter parallel zu den Verhandlungen tagen, oder dass zumindest gewährleistet ist, dass die Betriebsratsmitglieder kurzfristig zu einer außerordentlichen Betriebsratssitzung zusammentreten können. Ist dies aus zeitlichen oder organisatorischen Gründen nicht möglich, so sollten die (Zwischen-)Ergebnisse von den Verhandlungspartnern paraphiert, d. h. jede Textseite des Sitzungsergebnisses mit einem Handzeichen der beiden Verhandlungsführer versehen werden, damit nicht nachträglich Teile eines bereits ausgehandelten Kompromisses von einer Seite wieder in Frage gestellt werden können.

2. Zeitplan für die Verhandlungen

Vor Aufnahme der Verhandlungen mit dem Arbeitgeber sollte sich der Betriebsrat eigene Zeitvorstellungen über die Verhandlungen machen. Insbesondere sollte der erste Termin so gelegt werden, dass die Informationsphase für den Betriebsrat zufriedenstellend abgeschlossen und Gegenvorschläge zur geplanten Betriebsänderung soweit konkretisiert werden konnten, dass sie dem Arbeitgeber zumindest in den Grundzügen vorgestellt werden können.

Frühzeitige Terminvereinbarungen in Absprache mit den Mitgliedern der Delegation, vor allem auch den externen, helfen Terminschwierigkeiten zu vermeiden. Sie gewährleisten außerdem, dass die Verhandlungsdelegation in gleicher Besetzung tagen kann (von nicht beeinflussbaren Faktoren wie Krankheit einmal abgesehen). Bei der Terminierung muss darauf geachtet werden, dass die »Leistungsträger« im Betriebsrat und die externen Mitglieder der Delegation auch verfügbar sind (Urlaub, andere Termine). Es ist häufig kein Zufall, dass Arbeitgeber den Betriebsrat gerade dann zu Verhandlungen über einen Interessenausgleich und Sozialplan (aber auch über andere Verhandlungsgegenstände) auffordern, wenn die »Leistungsträger« im Betriebsrat verhindert sind.

Zwischen den einzelnen Terminen ist ausreichend Zeit einzuplanen, um

- die abgelaufene Verhandlungsrunde gründlich zu analysieren,
- das Betriebsratsgremium und ggf. die Belegschaft zu informieren,
- notfalls weitere Informationen einzuholen und
- das künftige Vorgehen eingehend beraten zu können.

Dies alles kann unter Zeitdruck nicht vernünftig durchgeführt werden.

Bei der Zeitplanung ist darauf zu achten, dass insbesondere die betrieblichen Mitglieder der Verhandlungsdelegation im Vollbesitz ihrer physischen und psychischen Kräfte sind. Deshalb sollten Besprechungen möglichst schon am frühen Vormittag beginnen und nicht erst am Nachmittag. Es ist den betrieblichen Mitgliedern der Delegation nicht zuzumuten, bis in den späten Abend hinein nach einem arbeitsreichen Tag an Verhandlungen teilzunehmen. Es überfordert ihre Konzentrationsfähigkeit und ihr Durchhaltevermögen. Es ist daher sinnvoll, wenn auch nicht immer durchzuhalten, neben einem möglichst frühen Beginn auch das voraussichtliche Ende einer Verhandlung festzulegen. Gerade zu Beginn der Verhandlungen macht es keinen Sinn »open end« Sitzungen durchzuführen. Mitglieder der Delegation mit ungünstigen Arbeitszeiten (z. B. Schicht) müssen diese Überlegungen berücksichtigen (z. B. keine Nachtschicht vor einer Verhandlung).

In die eigene Zeitplanung einzubeziehen sind auch die zeitlichen Vorstellungen des Arbeitgebers, insbesondere hinsichtlich des Zeitpunktes des Abschlusses des Interessenausgleichs. Der Verhandlungsdruck auf den Arbeitgeber nimmt zu und erhöht i. d. R. seine Kompromissbereitschaft, wenn wichtige (Kündigungs-)Termine unmittelbar bevorstehen. Entweder, weil er vermeiden will, dass betroffene Beschäftigte Ansprüche auf einen Nachteilsausgleich gerichtlich geltend machen können oder er nicht vor Abschluss eines Interessenausgleichs Kündigungen aussprechen will, um Unruhe in der Belegschaft zu vermeiden, oder ein solches Verhalten nicht dem Unternehmensimage entspricht. Aus dieser Sicht hat es der Betriebsrat i. d. R. etwas weniger eilig als der Unternehmer, den Interessenausgleich innerhalb einer bestimmten Frist abzuschließen (sei es durch Einigung oder durch das Feststellen des Scheiterns der Interessenausgleichsverhandlungen). Allerdings kann es auch vorkommen, dass der Betriebsrat unter den Druck der Belegschaft gerät, möglichst schnell einen Interessenausgleich und Sozialplan abzuschließen. Insbesondere solche Beschäftigtengruppen, die sich selbst relativ günstige Arbeitsmarktchancen ausrechnen, wollen möglichst schnell die Konditionen für das Ausscheiden aus dem Unternehmen erfahren. In dieser Situation hängt es nicht zuletzt von der Informationspolitik des Betriebsrats gegenüber der Belegschaft (und gezielt auch gegenüber den entsprechenden Gruppen) ab, ob es ihm gelingt, die überwiegende Mehrzahl der Beschäftigten von seiner Strategie zu überzeugen.

3. Verhandlungstaktik und mögliche Kompromisslinien

Eine wichtige Aufgabe bei der Vorbereitung der Gespräche mit dem Arbeitgeber ist das Festlegen der konkreten Vorgehensweise (Verhandlungstaktik) der Delegation.

Von zentraler Bedeutung ist dabei die Frage, ob Interessenausgleich und Sozialplan getrennt oder gemeinsam als »Paket« verhandelt werden sollen. Grundsätzlich sollten Interessenausgleich und Sozialplan gemeinsam verhandelt werden. Das kann in Einzelfällen je nach Situation und Zielsetzung des Betriebsrats (vgl. Kapitel E.IV.2) unterschiedlich zu beurteilen sein.

Ist es Ziel des Betriebsrats, die geplante Betriebsänderung im Interesse der Belegschaft abzuändern, was voraussetzt, dass er über realistische Alternativen zur vorgelegten Planung verfügt, so ist es sinnvoll, Interessenausgleich und Sozialplan gemeinsam zu verhandeln. Im Vordergrund steht allerdings der *Interessenausgleich*, und die Forderung nach einem »teuren« Sozialplan dient als Druckmittel zu dessen Durchsetzung. Der Sozialplan wird vom Betriebsratsvorsitzenden erst unterschrieben, wenn dieses Ziel erreicht ist.

Ist es sein Ziel, die geplante Betriebsänderung zeitlich hinauszuschieben und einen möglichst guten Sozialplan zu vereinbaren, weil der Betriebsrat dazu selbst keine realistische Alternative sieht, ist es ebenfalls sinnvoll, Interessenausgleich und Sozialplan gemeinsam zu verhandeln. Im Vordergrund steht jetzt aber der *Sozialplan*, und das Beharren auf (langwierigen) Verhandlungen über einen Interessenausgleich dient als Druckmittel zur Durchsetzung eines akzeptablen Sozialplans. Erst dann wird er vom Betriebsratsvorsitzenden unterzeichnet.

Der Regelfall ist somit, dass Interessenausgleich und Sozialplan gemeinsam verhandelt werden, wobei je nach Zielsetzung entweder der Interessenausgleich oder der Sozialplan im Vordergrund steht. In Ausnahmefällen kann es für den Betriebsrat auch sinnvoll sein, zunächst nur über den Interessenausgleich zu verhandeln. Etwa, wenn sein Ziel ausschließlich in einem Hinausschieben der Betriebsänderung besteht, um Beschäftigten noch möglichst lang ihren Arbeitsplatz zu erhalten. Oder wenn er befürchten muss, dass, kursieren erst einmal Beträge über mögliche Abfindungen in der Belegschaft, er nicht mehr deren erforderliche Unterstützung hat, um Einfluss auf die geplante Betriebsänderung im Beschäftigteninteresse nehmen zu können. Die Erfahrung zeigt, dass diejenigen Beschäftigtengruppen, die sich gute Chancen auf dem Arbeitsmarkt ausrechnen und die ansehnliche Abfindungen erwarten können, nicht mehr sonderlich an einem Interessenausgleich interessiert sind, der u. U. auf Kosten eines guten Sozialplans einem Teil der Belegschaft den Arbeitsplatz erhält. Das Problem bei einer derartigen Verhandlungstaktik ist, dass der Betriebsrat, wenn er den Interessenausgleich ausgereizt hat, kein Druckpotenzial mehr besitzt, um den Sozialplan zu verbessern. Insbesondere steht der Arbeitgeber in Bezug auf die Verhandlungen über einen Sozialplan nicht unter Zeitdruck, da er mit der Durchführung der Betriebsänderung beginnen kann, ohne dass der Sozialplan abgeschlossen sein muss. In einer solchen Situation ist dann eher wahrscheinlich, dass die Belegschaft den Betriebsrat drängt, nun endlich einen Sozialplan abzuschließen, da man wissen will, woran man ist.

In ganz wenigen Ausnahmesituationen kann es sinnvoll sein, zunächst nur über einen Sozialplan zu verhandeln. Dies wird vor allem dann der Fall sein, wenn der Betriebsrat keine Alternative zur geplanten Betriebsänderung sieht und er hofft, dass der Arbeitgeber den Interessenausgleich vergisst, um ihn so später unter Zeitdruck setzen oder den Beschäftigten einen Anspruch auf Nachteilsausgleich (§ 113 Abs. 1 BetrVG) verschaffen zu können.

Den Interessenausgleich und Sozialplan getrennt und nacheinander zu verhandeln ist nur dann sinnvoll, wenn auch aus Betriebsratssicht eine hohe Dringlichkeit an der Umsetzung der Betriebsänderung besteht, um z. B. die Existenz des Unternehmens zu sichern.

Eine weitere wichtige Aufgabe ist das Festlegen möglicher Kompromisslinien. Jeder in Verhandlungen erfahrene Betriebsrat weiß, dass ein Verhandlungsergebnis fast immer einen Kompromiss zwischen den Forderungen des Betriebsrats und dem Angebot des Arbeitgebers darstellt. Weil das so ist, muss der Betriebsrat mit hohen, aber nicht etwa unrealistischen und unglaubwürdigen Forderungen (vgl. Kapitel I.II) in die Verhandlungen gehen. Umgekehrt wird der Arbeitgeber nicht schon das anbieten, was nach seinen Vorstellungen als Kompromiss herauskommen könnte; er wird also weitaus weniger anbieten, als letztlich machbar ist.

Für den Betriebsrat geht es bei der Festlegung von Kompromisslinien zum einen darum, unverzichtbare Bestandteile (Essentials) eines möglichen Kompromisses herauszuarbeiten. Dabei ist es hilfreich, wenn die Vorschläge des Betriebsrats zum Interessenausgleich, vor allem aber auch zum Sozialplan, möglichst eine Vielzahl unterschiedlicher Regelungen enthalten. Sie erleichtern das Nachgeben in Teilbereichen und ermöglichen so leichter einen Kompromiss. Zum zweiten ist zu überlegen, ob überhaupt und wenn ja, bei welchen Forderungen zuerst und in welchem Umfang ein Nachgeben signalisiert werden soll. Ob ein Nachgeben in den Verhandlungen angedeutet werden soll, hängt vor allem davon ab, wie man das Verhalten des Arbeitgebers einschätzt. In dem Maße, in dem dieser seine Bereitschaft zu Kompromissen zeigt und Forderungen des Betriebsrats in bestimmten Punkten entgegenkommt, muss natürlich auch dieser von bestimmten Positionen abrücken bzw. Abstriche machen. Muss der Betriebsrat allerdings

davon ausgehen, dass in wichtigen Positionen ein Nachgeben des Arbeitgebers nicht wahrscheinlich ist, dann ist der Betriebsrat bzw. die Delegation gut beraten, ebenfalls keine wichtigen Positionen preiszugeben, da ein Festfahren der Verhandlungen wahrscheinlich ist und ohne Einigungsstelle vermutlich auch kein für den Betriebsrat akzeptables Ergebnis erzielt werden kann. Alle im Vorfeld einer Einigungsstelle aufgegebenen Positionen bzw. jedes Abrücken von Forderungen werden von Einigungsstellenvorsitzenden zur Kenntnis genommen und bilden unweigerlich den Ausgangspunkt der weiteren Verhandlungen. Würde somit der Betriebsrat bzw. die Verhandlungsdelegation im Bestreben, einen Kompromiss mit dem Arbeitgeber zu erzielen, von seinen ursprünglichen Forderungen Abstriche machen, und der Arbeitgeber bei einer kompromisslosen Haltung bleiben, würden sich hierdurch lediglich die Erfolgschancen des Betriebsrats in der Einigungsstelle verschlechtern. Dies würde natürlich auch umgekehrt, ein entsprechendes Verhalten des Arbeitgebers vorausgesetzt, für diesen gelten.
Drittens schließlich sollten auch Überlegungen zu möglichen »Paketlösungen« im Zusammenhang mit Interessenausgleich und Sozialplan angestellt werden. Allerdings muss der Betriebsrat hier sehr genau darauf achten, dass seine Forderungen bezüglich des Interessenausgleichs nicht an Glaubwürdigkeit verlieren – etwa wenn der Eindruck entsteht, die Forderung nach Erhalt von Arbeitsplätzen ist gar nicht so ernst gemeint, sondern soll lediglich der Durchsetzung hoher Abfindungen dienen. Auch dürfen die Kompromisse nicht zu Lasten einzelner Beschäftigtengruppen gehen.
Es hat sich als sinnvoll erwiesen, für die einzelnen Forderungen Untergrenzen und die Reihenfolge des Vorgehens beim Anbieten möglicher Kompromisse im Voraus festzulegen. Dies erleichtert die Bewertung von Arbeitgeberangeboten in der Nachbereitung der einzelnen Verhandlungsrunden und die Vorbereitung auf die bevorstehende Verhandlung.

4. Einsatz möglicher Machtmittel des Betriebsrats vorausplanen

Erfahrene Betriebsratsmitglieder wissen, dass der Betriebsrat seine Verhandlungserfolge in aller Regel nicht durch bessere Argumente erzielt, sondern weil er in der Lage ist, dem Arbeitgeber mit Unterstützung der Belegschaft Ärger und Kosten bei der Durchführung einer Betriebsänderung zu verursachen. Verhandlungserfolge sind somit in allererster Linie eine Machtfrage. Der Macht des Unternehmers muss der Betriebsrat alle ihm zur Verfügung stehenden Machtmittel entgegensetzen. Einige davon liegen in der vollen Anwendung seiner Mitbestimmungsrechte vor allem im Bereich der sozialen Angelegenheiten.
Wichtige Gegen-Machtmittel liegen aber auch außerhalb des rechtlichen Bereichs. Die Akzeptanz einer Betriebsänderung durch die Belegschaft hängt wesentlich auch vom Verhalten des Betriebsrats ab. Macht der Betriebsrat beispiels-

weise in Betriebs- oder Abteilungsversammlungen oder in Flugblättern der Belegschaft deutlich, dass es realistische Alternativen zur vom Arbeitgeber geplanten Betriebsänderung gibt, die für die Belegschaft günstiger sind, die aber der Arbeitgeber aus Macht- und Profitinteressen nicht akzeptieren will, so wird dies häufig zu Unruhe in der Belegschaft, Diskussionen, Beschwerden beim Betriebsrat bis hin zu heimlichem oder offenem Widerstand gegen die geplanten Maßnahmen und damit zu beträchtlichen, für den Arbeitgeber nicht kalkulierbaren Kosten führen. Auch Öffentlichkeitsarbeit außerhalb des Betriebes (Presseartikel, Unterschriftenaktionen, Demonstrationen, im Extremfall auch begrenzte Rechtsverletzungen wie z. B. eine Betriebsbesetzung) können ein Unternehmen empfindlich treffen (»Imageverlust«).

Im Rahmen ihrer Gesprächsvorbereitung mit dem Arbeitgeber muss sich die Verhandlungsdelegation genau überlegen,

- in welcher Verhandlungssituation mit welchen Machtmitteln gedroht werden soll (Steigerungsmöglichkeiten offen lassen),
- welche denkbaren Machtmittel durchführbar sind (z. B. von der Belegschaft auch mitgetragen werden) und ausreichend Aussicht auf Erfolg bieten (d. h. den Arbeitgeber auch beeindrucken),
- mit welchen Gegenmaßnahmen des Unternehmens zu rechnen ist und wie der Betriebsrat und die Belegschaft hierauf reagieren können,
- mit welchen Vorbereitungen der Betriebsrat jetzt schon beginnen muss (z. B. Absprache mit den Vertrauensleuten und der Gewerkschaft).

Nur wenn sich der Betriebsrat ganz sicher ist, dass er die in Frage kommenden Machtmittel auch einsetzen kann, sollte er diese dem Arbeitgeber in den Verhandlungsgesprächen auch androhen, um ihn kompromissbereiter zu stimmen. Allerdings ist nichts schlimmer, als wenn der Betriebsrat seinen Drohungen keine Taten folgen lässt; er wird dann in den Augen seines Gegenübers zum »Papiertiger«, den er nicht ernst zu nehmen braucht.

II. Durchführung der Verhandlungen

Ist die Phase der Gesprächsvorbereitung abgeschlossen, dann kann die Delegation in konkrete Verhandlungen mit dem Arbeitgeber eintreten. Allerdings ist es weder sinnvoll noch möglich, idealtypische Vorschläge zum Ablauf von Verhandlungsprozessen zu unterbreiten, da die Dynamik dieser Prozesse wesentlich auch von den Persönlichkeitsstrukturen der Gesprächsteilnehmer bestimmt wird. Allerdings lassen sich für die Interessenvertretung einige Grundsätze der Verhandlungsführung benennen, deren Beachtung die Chancen der Durchsetzung ihrer Forderungen erhöhen kann.

1. Grundsätze der Verhandlungsführung

Nach allen Erfahrungen ist es für die Mitglieder der Delegation vorteilhaft, wenn sie sich bei ihrer Verhandlungsführung an folgenden Grundsätzen orientieren:

Eigene Konzepte zur Verhandlungsgrundlage machen
In der Regel sind die Verhandlungsentwürfe des Betriebsrats zu Interessenausgleich und Sozialplan (siehe hierzu auch Kapitel E.IV.3) wesentlich umfangreicher als diejenigen des Arbeitgebers. Es ist für die Delegation des Betriebsrats vorteilhafter, wenn der Arbeitgeber aus den Betriebsratsentwürfen etwas herausverhandeln muss, als wenn sie selbst etwas in die Arbeitgeberentwürfe hineinverhandeln muss. Da dies auch dem Arbeitgeber bekannt ist, wird er natürlich versuchen, seine Verhandlungsentwürfe zur Diskussionsgrundlage zu machen. Der Betriebsrat muss also damit rechnen, dass es bereits zu Beginn der Verhandlungen hierüber zu einer ersten Auseinandersetzung kommt. Er sollte in dieser Frage jedoch konsequent bleiben und notfalls die erste Verhandlungsrunde an diesem Punkt scheitern lassen; zumal es auch verhandlungsökonomisch vernünftig ist, das jeweils umfangreichere Papier zur Verhandlungsgrundlage zu machen. Nach unseren Erfahrungen hat der Betriebsrat hier gute Chancen, sich durchzusetzen. Als Ausweg bietet sich in einer solchen Situation auch die Erstellung einer Synopse an, in der die beiden Verhandlungsentwürfe einander gegenübergestellt werden und auf deren Basis die weiteren Verhandlungen geführt werden. Eine solche Synopse hat auch für die Vorbereitung und weiteren Verhandlungen den Vorteil, die Übereinstimmungen, aber auch die Gegensätze in den Positionen der Betriebsparteien schnell erkennen zu können.

Möglichst immer in gleicher Besetzung tagen!
Auf die Bedeutung, immer in gleicher Besetzung zu tagen, wurde bereits hingewiesen (siehe hierzu Kapitel F.I.2 und F.I.3).

Selbstsicher auftreten
Zu einem selbstsicheren Auftreten gehört:
- sich nicht vom Thema ablenken und auf »Nebenkriegsschauplätze« verleiten zu lassen,
- die eigenen Forderungen konsequent vorzutragen und zu begründen,
- sich nicht verunsichern oder unterbrechen zu lassen,
- taktische Manöver des Arbeitgebers zu erkennen und zu vereiteln.

Nicht an Einzelpunkten festdiskutieren!
Es ist vorteilhaft, sämtliche Punkte in den Verhandlungsentwürfen anzudiskutieren, um festzustellen, auf welchen Gebieten Übereinstimmung herrscht oder re-

lativ leicht erzielt werden kann. In den Protokollen sind die Bereiche, in denen Übereinstimmung bzw. Dissens herrscht, möglichst präzise festzuhalten. In der Praxis begeht der Betriebsrat häufig den Fehler, sich an für ihn wichtigen Punkten »festzudiskutieren« und dadurch dann zu den weiteren Bereichen, in denen evtl. Übereinstimmung zu erzielen wäre, gar nicht mehr zu kommen. Eine alternative Vorgehensweise ist dagegen gut für das Verhandlungsklima und vermeidet das vorzeitige Scheitern der Verhandlungen. Es bietet damit dem Arbeitgeber auch weniger Möglichkeiten, die Einigungsstelle zum Interessenausgleich anzurufen, um das Verfahren abzukürzen.
Zudem kann der Arbeitgeber die Situationen für sich nutzen, wenn er feststellt, dass sich der Betriebsrat an Punkten festdiskutiert, die aus Sicht des Arbeitgebers nicht von wesentlicher Bedeutung sind. Sie verhandelt solche »unwesentliche« Sachverhalte gerne mit dem Betriebsrat, um aus Sicht des Arbeitgebers dann die »wesentlichen« Punkte schnell und kompromisslos abzuhandeln.

Von jeder Sitzung Beschlussprotokolle anfertigen und vom Arbeitgeber gegenzeichnen lassen!
Von beiden Seiten unterzeichnete Protokolle über die einzelnen Verhandlungsrunden sind sinnvoll, damit einmal erzielte Kompromisse in Teilbereichen nicht nachträglich wieder in Frage gestellt werden können. Sofern die Arbeitgeber das Protokoll erstellt hat, ist sehr genau darauf zu achten, ob die Verhandlungsergebnisse korrekt wiedergegeben sind. Gegengezeichnete Protokolle dienen auch als Beleg für das Zugeständnis beider Seiten in Teilbereichen für den Fall, dass eine Einigung insgesamt nicht erzielt werden kann und die Einigungsstelle angerufen wird. Dies nimmt vor allem auch der häufig vom Arbeitgeber vorgebrachten Drohung, bisherige Zugeständnisse in einem solchen Fall zurückzunehmen, die Wirkung, da sich nach unseren Erfahrungen Einigungsstellenvorsitzende nicht leichtfertig über bereits erzielte Kompromisse in Teilbereichen hinwegsetzen.

Keine faulen Kompromisse eingehen!
Für den Betriebsrat besteht keine Notwendigkeit, einen Interessenausgleich und Sozialplan abzuschließen, der unterhalb der in der Vorbereitungsphase festgelegten Mindestgrenzen zu den einzelnen Forderungen liegt. Nach allen Erfahrungen ist es für den Betriebsrat dann günstiger, die Verhandlungen für gescheitert zu erklären und die Einigungsstelle anzurufen. In aller Regel bringt diese ein für den Betriebsrat besseres Ergebnis als ein Abschluss eines Interessenausgleichs und Sozialplans auf der Basis des unbefriedigenden letzten Arbeitgeberangebots. Im schlechtesten Fall greift die Einigungsstelle auf dieses in ihrem Spruch zurück. Dann allerdings kann der Betriebsrat für sich in Anspruch nehmen, zumindest alles versucht zu haben, um ein für die Belegschaft günstiges Ergebnis zu erzielen.

Im Bedarfsfall die Verhandlungen unterbrechen oder gar abbrechen!
Die Erfahrung zeigt, dass viele Betriebsräte vor einem solchen Schritt doch sehr zurückschrecken, weil er für sie eine Eskalation des Konflikts darstellt. Dennoch gibt es eine Reihe von Situationen, in denen der Betriebsrat bzw. die Delegation die Verhandlungen unterbrechen muss, wenn sie nicht ins Hintertreffen geraten will. Solche Situationen sind gegeben, wenn

- der Arbeitgeber neue Informationen einbringt, die bei der Verhandlungsvorbereitung noch nicht bekannt waren;
- er Zugeständnisse macht, deren Folgen nicht auf Anhieb überschaut werden können (z. B. weil sie in der Vorbereitung nicht diskutiert wurden);
- er die Verhandlungsdelegation mit fertigen Entwürfen für einen Interessenausgleich und Sozialplan überrascht;
- trotz aller Absprachen doch Meinungsverschiedenheiten zwischen den Mitgliedern der Delegation oder Unsicherheiten bei einzelnen Mitgliedern spürbar werden;
- der Betriebsrat erkennt, dass der Unternehmer nicht zu Kompromissen bereit ist und dem Betriebsrat mit den Einsatz von Machtmitteln gedroht hat, ohne sichtbare Wirkung zu erzielen (dann müssen der Drohung aber auch Taten folgen).

Weitere, für sich selbst sprechende Grundsätze sind:

- Auf kompetente Verhandlungspartner drängen!
- Möglichst genau den vorausgeplanten Verhandlungsablauf und die abgesprochene Rollenverteilung einhalten!?
- Den Einsatz der vorher abgesprochenen Machtmittel glaubhaft androhen!

2. Einschalten des Vorsitzenden der Geschäftsführung der Regionaldirektion der Bundesagentur für Arbeit als Vermittler

Zeigt sich in den Verhandlungen, dass Interessenausgleich und Sozialplan nicht zu Stande kommen, so kann jede Seite den/die Vorsitzende/n der Geschäftsführung der Regionaldirektion der Arbeitsagentur um Vermittlung ersuchen (§ 112 Abs. 2 BetrVG). Allerdings kommt es vor, dass der Vorsitzende oder der von ihm benannte Vertreter seine Vermittlungsbemühungen von der Zustimmung der jeweils anderen Seite abhängig zu machen versucht. Eine solche Zustimmung ist vom Gesetz nicht vorgesehen; es genügt, wenn eine Seite die Vermittlungsbemühungen wünscht. Der Vorsitzende kann sich dann diesem Ersuchen nicht entziehen (*Fitting*, Rn. 30 zu §§ 112 BetrVG).
Auf Initiative des Arbeitgebers wird der Vorsitzende der Geschäftsführung der Regionaldirektion i. d. R. nicht als Vermittler herangezogen, weil dies aus ihrer Sicht die Verhandlungen nur hinauszögert und Fragen betrifft, an deren Regelung der Arbeitgeber (leider) weniger interessiert ist. Der Arbeitgeber ist aller-

dings gehalten, sich an dem Vermittlungsversuch auf Initiative des Betriebsrats zu beteiligen (*Fitting*, Rn. 31 zu §§ 112 BetrVG).
In der Praxis wird diese Möglichkeit vom Betriebsrat leider noch viel zu wenig genutzt, obwohl die Erfahrung in diesen seltenen Fällen zeigt, dass die Einschätzung des Vorsitzenden der Geschäftsführung der Regionaldirektion, gerade wenn es um die Durchsetzung von Qualifizierungsmaßnahmen, Kurzarbeitergeld oder Zuschüssen zu Sozialplanleistungen geht, durchaus hilfreich sein kann. Insbesondere im Bereich der Umschulung und Fortbildung kann in der zentralen Frage der Kostenträgerschaft (z. B. der Inanspruchnahme von Fördermitteln der Bundesagentur für Arbeit) dieser mit Rat und Tat unterstützend wirken. Auch im Rahmen der Sozialplanverhandlungen kann das Einschalten des Vorsitzenden der Geschäftsführung der Regionaldirektion zweckmäßig sein, etwa wenn es um die Bewertung der zukünftigen Arbeitsmarktchancen einzelner Beschäftigtengruppen in der Region geht. Obwohl die Aussichten auf dem Arbeitsmarkt zunächst nur die Einigungsstelle in ihrem Ermessen einschränken (§ 112 Abs. 5 Nr. 2 BetrVG), spielen sie natürlich auch in den ohne Anrufung der Einigungsstelle geführten Sozialplanverhandlungen über die Angemessenheit der Höhe der Abfindungen für einzelne Beschäftigtengruppen eine wichtige Rolle. Darüber hinaus haben in den letzten Jahren die Zuschüsse zu Sozialplanleistungen (gem. §§ 111 SGB III, siehe Kapitel B.X) immer größere Bedeutung in den Sozialplänen gewonnen. Die Inanspruchnahme solcher Leistungen setzt voraus, dass die Betriebsparteien sich im Vorfeld der Entscheidung über die Inanspruchnahme von der Bundesagentur haben beraten lassen (§ 111 Abs. 1 Nr. 4 SGB III). Ein Vermittlungsversuch durch den Vorsitzenden der Geschäftsführung der Regionaldirektion kann zu guter Letzt auch aus rein taktischen Gründen, z. B. um die Verhandlungen über einen Interessenausgleich noch nicht in die Einigungsstelle zu tragen (Zeitgewinn), für den Betriebsrat sinnvoll sein.
Die Einschaltung des Vorsitzenden der Geschäftsführung der Regionaldirektion ist nicht zwingend; wird darauf verzichtet, so löst dies keinen Nachteilsausgleich nach § 113 BetrVG aus.

III. Verhandlungen scheitern: Die Einigungsstelle wird angerufen

Zeigt sich in den Verhandlungen mit dem Arbeitgeber – u. U. auch nach Einschalten des/der Vorsitzenden der Geschäftsführung der Regionaldirektion der Bundesagentur für Arbeit –, dass ein für den Betriebsrat akzeptabler Interessenausgleich und Sozialplan nicht erreichbar ist, dann sollte der Betriebsrat das Scheitern der Verhandlungen erklären und mit der Einschaltung der Einigungsstelle drohen. Bleibt die Drohung gegenüber dem Arbeitgeber wirkungslos, dann muss der Drohung auch die Tat folgen. Ruft der Betriebsrat die Einigungsstelle an, dann muss er einen Beschluss fassen, der folgende Punkte beinhalten muss:

Hinweis: Betriebsratsbeschluss

- die Erklärung, dass die Verhandlungen mit dem Arbeitgeber vom Betriebsrat als gescheitert angesehen werden,
- die Erklärung, dass der Betriebsrat die Einigungsstelle anruft,
- die Rechtsgrundlage, auf die der Betriebsrat sich stützt (hier § 112 Abs. 2 BetrVG),
- einen Vorschlag für die Person des Vorsitzenden,
- einen Vorschlag für die Anzahl der Beisitzer jeder Seite
- eine Frist, bis zu der der Arbeitgeber seine Zustimmung zu den Betriebsratsvorschlägen erwartet und
- die Ankündigung, dass andernfalls beim Arbeitsgericht die Einsetzung der Einigungsstelle beantragt wird.

In den meisten Fällen wird die Einigungsstelle einvernehmlich gebildet, wobei der Betriebsrat insbesondere Einfluss bei der Auswahl des Vorsitzenden und der Anzahl der Beisitzer nehmen sollte. Auch wenn der Betriebsrat die Einsetzung der Einigungsstelle gerichtlich betreibt, hat er in aller Regel gute Chancen, Einfluss auf die Person des Vorsitzenden der Einigungsstelle zu nehmen. Oft wird im Einsetzungsverfahren die vorgeschlagene Person berufen, wenn nicht Gründe gegen deren Eignung (z. B. mangelnde Neutralität) sprechen. Allerdings ist die Entscheidungspraxis der einzelnen LAG, die hier die letzte Berufungsinstanz darstellen, nicht einheitlich (vgl. *Laßmann/Rupp* 2020, S. 29ff.)

Der/die Vorsitzende spielt die entscheidende Rolle in der Einigungsstelle, er/sie hat im Falle eines Spruches die ausschlaggebende Stimme (*Göritz u. a.* 2017, S 84ff.). Eine Ablehnung der Personalvorschläge des Betriebsrats zum Einigungsstellenvorsitz wird dem Arbeitgeber dadurch erschwert, dass der Betriebsrat mehrere Personen vorschlägt und die Auswahl dem Arbeitgeber überlässt. Voraussetzung für eine solche Vorgehensweise ist, dass der Betriebsrat mehrere aus seiner Sicht geeignete Personen auch kennt. Außerdem ist es sehr wichtig, zunächst die in Aussicht genommenen Personen zu fragen, ob sie überhaupt zur Verfügung stehen. Nichts wäre fataler, als wenn der Arbeitgeber mit dem Personalvorschlag des Betriebsrats einverstanden ist, dieser aber nicht vorher gefragt wurde und nicht zur Verfügung steht. In solchen Fällen greifen Arbeitgeber dann gerne den Ball auf und machen ihrerseits einen Personalvorschlag, der dann den Betriebsrat in Bedrängnis bringen kann (vgl. das Beispiel bei *Göritz u. a.* 2017, S. 87, wo allerdings der Arbeitgeber diesen Fehler machte).

In der betrieblichen Praxis ist die Einschaltung der Einigungsstelle bei Betriebsänderungen immer noch recht selten. So war dies nach unseren empirischen Er-

gebnissen nur in rd. 17 % der untersuchten Fälle geschehen; davon in knapp zwei Dritteln der Fälle sowohl zum Interessenausgleich als auch zum Sozialplan.
Die Chancen, in einer Einigungsstelle eine weitgehende Veränderung der ursprünglich geplanten Betriebsänderung zu bewirken, müssen allerdings als relativ gering eingeschätzt werden. Haben vor der Einschaltung der Einigungsstelle die betriebspolitischen Möglichkeiten des Betriebsrats gemeinsam mit der Belegschaft den Arbeitgeber nicht zu einem Einlenken gebracht, dann wird i. d. R. auch der/die Einigungsstellenvorsitzende ihn nicht – selbst durch das Androhen eines teuren Sozialplans – dazu bewegen können; allenfalls wird es dadurch möglich sein, die ursprüngliche Planung zeitlich zu strecken oder die Zahl der betroffenen Beschäftigten etwas zu reduzieren. Allerdings ist es in einer solchen Situation dennoch sinnvoll, auch den Interessenausgleich in der Einigungsstelle zu verhandeln. Denn die Verweigerungshaltung des Arbeitgebers beim Interessenausgleich kann dann dazu führen, dass mit der Stimme des Vorsitzenden ein guter und relativ teurer Sozialplan zu Stande kommt. Die Ernsthaftigkeit von Forderungen des Betriebsrats in der Einigungsstelle kann auch durch betriebspolitische Aktionen (z. B. Demonstrationen) während des laufenden Einigungsstellenverfahrens unterstützt werden. Allerdings reagieren Einigungsstellenvorsitzende auf solche Maßnahmen sehr unterschiedlich. So zeigen viele Vorsitzende Verständnis für die Reaktionen der betroffenen Beschäftigten, andere fühlen sich unangemessen unter Druck gesetzt und reagieren eher ablehnend. Die mögliche Reaktion des Einigungsstellenvorsitzenden, der die wichtigste Person in der Einigungsstelle ist, sollte bei der Planung von betriebspolitischen Maßnahmen immer mitbedacht werden.
Ist allerdings erst einmal die Einigungsstelle eingeschaltet, dann kann der weitere zeitliche Ablauf der Verhandlungen nur noch wenig beeinflusst werden. Daher sind es häufig die Arbeitgeber, die, wenn sie feststellen, dass die Verhandlungen über einen Interessenausgleich nicht den von ihnen gewünschten Verlauf nehmen, die Einigungsstelle ins Gespräch bringen; allerdings nur, um das Scheitern des Interessenausgleichs möglichst schnell feststellen zu lassen. Hat die Einigungsstelle das Scheitern der Verhandlungen festgestellt, dann kann der Arbeitgeber mit der Durchführung der Betriebsänderung beginnen, ohne Gefahr zu laufen, von betroffenen Beschäftigten auf einen Nachteilsausgleich gem. § 113 BetrVG verklagt zu werden.
Will der Arbeitgeber die Einigungsstelle einschalten, so hat der Betriebsrat folgende Reaktionsmöglichkeiten (*Göritz u. a.*, 2017, S. 96 ff.):

- Strebt der Betriebsrat vor allem Zeitgewinn an, dann stehen ihm verschiedene Verzögerungstaktiken zur Verfügung. Er kann
  - bestreiten, dass die Voraussetzungen zur Anrufung der Einigungsstelle gegeben sind, weil die Verhandlungen noch nicht gescheitert sind,

- die vom Arbeitgeber vorgeschlagene Person des Vorsitzenden der Einigungsstelle ablehnen und/oder
- eine höhere Anzahl von Beisitzern fordern.

In diesen Fällen ist der Arbeitgeber gezwungen, die Einsetzung der Einigungsstelle durch das Arbeitsgericht zu betreiben. Gegen diese Entscheidung kann Beschwerde beim Landesarbeitsgericht eingelegt werden. Schöpft der Betriebsrat den Rechtsweg völlig aus, so kann es trotz der Beschleunigungsvorschrift in § 100 ArbGG gut zwei Monate dauern, bis die Einigungsstelle erstmals tagt.

- Ist der Betriebsrat eher an einer aus seiner Sicht günstigeren Zusammensetzung der Einigungsstelle interessiert, als sie von der Gegenseite vorgeschlagen wurde, so kann er anbieten, auf das Ausschöpfen aller rechtlichen Möglichkeiten zu verzichten und der Bildung der Einigungsstelle zuzustimmen, falls der Arbeitgeber im Gegenzug bereit ist, die vom Betriebsrat vorgeschlagene Person für den Vorsitz und/oder die höhere Zahl der Beisitzer zu akzeptieren. Da der Arbeitgeber in dieser Situation häufig unter Zeitdruck ist, sind die Chancen des Betriebsrats, sich in diesen Fragen durchsetzen zu können, recht günstig. Welche Person den Vorsitz in der Einigungsstelle übernimmt, ist aus zwei Gründen von zentraler Bedeutung: Einmal gibt es kaum Verfahrensvorschriften zum Ablauf des Einigungsstellenverfahrens, sodass der Vorsitzende weitestgehend Herr des Verfahrens ist; zweitens entscheidet die Einigungsstelle im Falle des Sozialplans bei Nichteinigung verbindlich mit der Mehrheit der Stimmen (Spruch), wobei die Stimme des Vorsitzenden letztendlich den Ausschlag gibt. Eine ausreichende Zahl von Beisitzern (drei bis fünf je nach der Komplexität des Falls) ist notwendig, um neben den betrieblichen Vertretern auch externe Fachleute (Gewerkschaftssekretär, Rechtsanwalt, Betriebswirt) berücksichtigen zu können.

Über die Frage der Einschaltung der Einigungsstelle und deren personelle Besetzung muss sich der Betriebsrat bereits im Rahmen seiner internen Beratungen über seine Durchsetzungsstrategien intensiv auseinandersetzen (vgl. Kapitel E.V).

IV. Beendigung der Verhandlungen

Die Verhandlungen über einen Interessenausgleich und Sozialplan sind beendet, wenn entweder

- zwischen den Betriebsparteien Einvernehmen über beide Regelungsbereiche erzielt wurde oder
- in einer Einigungsstelle das endgültige Scheitern des Interessenausgleichs zwischen den Betriebsparteien durch den/die Vorsitzende/n festgestellt wurde und Einvernehmen über den Sozialplan besteht oder

- in einer Einigungsstelle der Interessenausgleich gescheitert und entweder einvernehmlich oder durch Spruch ein Sozialplan zu Stande gekommen ist.

Rechtlich ist es auch ohne weiteres zulässig, im Rahmen des Interessenausgleichs eine Teileinigung mit oder ohne Einigungsstelle zu erzielen (BAG 20.4.1994 – 10 AZR 323/93).

Voraussetzung für die Wirksamkeit eines Interessenausgleichs ist, dass er schriftlich niedergelegt und von den Vertretern beider Betriebsparteien unterschrieben ist (BAG 9.7.1985 – 1 AZR 323/83). Ist der Interessenausgleich oder der Sozialplan Ergebnis einer Einigungsstelle, dann ist er zunächst auch noch von deren Vorsitzenden zu unterschreiben (§ 112 Abs. 3 BetrVG).

Kommt auch vor der Einigungsstelle kein Interessenausgleich zu Stande, dann ist er gescheitert. Das BAG hat entschieden, dass eine förmliche Entscheidung der Einigungsstelle über das Scheitern des Interessenausgleichs weder erforderlich noch ausreichend ist, da es sich insoweit um eine Rechtsfrage handelt (BAG 16.8.2011 – 1 AZR 44/10). Gleichwohl können Streitigkeiten über die Frage, ob der Versuch eines Interessenausgleichs in der Einigungsstelle erfolgt und gescheitert ist, vermieden werden, wenn dies im Protokoll als übereinstimmende Erklärung beider Betriebsparteien festgehalten wird (*Fitting*, Rn. 42 zu §§ 112BetrVG).

Wird die Einigungsstelle zum Sozialplan eingeschaltet, dann wird häufig (rd. 60% der Fälle) das Verfahren durch Spruch beendet. Da dieser die Rechtswirkungen einer Betriebsvereinbarung entfaltet, wird er vom Vorsitzenden der Einigungsstelle festgehalten und unterschrieben (§ 76 Abs. 3 Satz 3 BetrVG).

V. Vertiefende und weiterführende Literatur

Fricke, Der Kommunikationstrainer, 2. Auflage 2013

Friedemann, Das Verfahren der Einigungsstelle für Interessenausgleich und Sozialplan, 1997

Göritz/Laßmann/Pankau/Röhricht/Rupp/Teppich, Handbuch Einigungsstelle, 5. Auflage 2017

Laßmann/Rupp, Die Einigungsstelle. Handlungshilfe für Betriebsräte und Vertraiuensleute Nr. 15,. IG Metall Vorstand, FB Betriebspolitik (Hrsg.), Frankfurt am Main 2020

Oechsler/Schönfeld, Die Einigungsstelle als Konfliktlösungsmechanismus, 1989

Schoof, Verhandlungen mit dem Arbeitgeber, in: AiB, 1991 S. 23f.

Wenning-Morgenthaler, Die Einigungsstelle. Leitfaden für die Praxis, 8. Auflage 2019

G. Regelungsvorschläge zum Interessenausgleich

Inhaltsübersicht

In Kapitel E und F haben wir ausführlich die Handlungsmöglichkeiten des Betriebsrats dargestellt, angefangen von der ersten Information über eine geplante Betriebsänderung bis hin zum Abschluss der Verhandlungen über einen Interessenausgleich und Sozialplan. Dort wurde auch darauf hingewiesen, dass es für den Betriebsrat verhandlungstaktisch immer günstiger ist, wenn er eigene Entwürfe für einen Interessenausgleich und Sozialplan erarbeitet und dass die Verhandlungen auf Grundlage dieser Texte und nicht der Entwürfe des Arbeitgebers (vgl. Kapitel F.II.1) geführt werden sollten.

Um den Betriebsrat bei der Erarbeitung solcher Entwürfe zu unterstützen, findet sich in den Kapiteln G und H eine Reihe von Vorschlägen zu den verschiedensten Themen, die in einem Interessenausgleich und Sozialplan geregelt werden können bzw. müssen und sich in der Praxis bewährt haben (weitere Vorschläge finden sich bei *Laßmann/Riegel* 2017). Werden zu den einzelnen Themen mehrere, z. T. unterschiedliche Regelungsvorschläge dargestellt, so werden auch die diesen Vorschlägen jeweils zu Grunde liegenden Voraussetzungen sowie deren Vor- und Nachteile erläutert.

Die nachfolgenden Vorschläge dürfen allerdings nicht als eine Art Vorgabe idealtypischer Inhalte eines Interessenausgleichs bzw. Sozialplans verstanden werden. Dies schon deshalb nicht, weil sich Betriebsänderungen kaum so sehr gleichen, dass sie nach einem einheitlichen Muster im Interesse der Beschäftigten vernünftig geregelt werden könnten. Dazu sind die jeweiligen sozialen, wirtschaftlichen, betrieblichen und arbeitsmarktpolitischen Bedingungen in aller Regel viel zu verschieden. Die Vorschläge ersetzen auch in keinem Fall die bei Betriebsänderungen dringend gebotene Unterstützung durch Gewerkschaft und Sachverständige. Sie sollen aber den Blick für die große Bandbreite von Regelungsmöglichkeiten bei Betriebsänderungen schärfen und Mut machen, zu versuchen, im Interesse der Beschäftigten entsprechenden Einfluss auf die Gestaltung der geplanten Maßnahmen zu nehmen.

Eine inhaltlich sozialverträgliche Orientierung durch diese Regelungsvorschläge ist von uns durchaus gewollt. Hierdurch erhoffen wir uns eine intensivere Beratung und Auseinandersetzung mit dem Arbeitgeber um das *Ob*, *Wie* und *Wann* einer geplanten Betriebsänderung und damit insbesondere die dringend gebotene Aufwertung des Interessenausgleichs im Rahmen der Mitbestimmung des Betriebsrats.

Beim Interessenausgleich geht es darum, Regelungen zu treffen, ob und wie die Betriebsänderung durchgeführt werden soll. Inhaltlich sind in erster Linie Regelungen zu vereinbaren, in welchem Umfang, mit welchem Inhalt und in welcher Zeit die Maßnahmen durchgeführt werden sollen. Dabei kommt es vorrangig darauf an, Nachteile für die Beschäftigten möglichst gar nicht erst entstehen zu lassen oder, wenn dies nicht möglich ist, zumindest die Nachteile so gering wie möglich zu halten. Der Ausgleich oder die Milderung der wirtschaftlichen Nachteile erfolgt dann im Sozialplan. Darüber hinaus kann es sinnvoll sein, anlässlich der Betriebsänderung weitere erzwingbare (z. B. §§ 97 Abs. 2, 87 Abs. 1 BetrVG) oder freiwillige Betriebsvereinbarungen (z. B. sog. Sprinter- oder Turboprämien für ein freiwilliges vorzeitiges Ausscheiden) abzuschließen.

Beim Interessenausgleich handelt es sich nach herrschender Meinung nicht um eine Betriebsvereinbarung, sondern um eine kollektive Vereinbarung eigener Art(»sui generis«). Ihre Einhaltung kann deshalb weder vom Betriebsrat noch von einzelnen Beschäftigten gerichtlich erzwungen werden (vgl. hierzu auch Kapitel B.III.2). Es ist daher empfehlenswert, einen sogenannten »qualifizierten« Interessenausgleich in Form einer freiwilligen Betriebsvereinbarung gem. § 77 BetrVG abzuschließen (vgl. *Molkenbur/Schulte* 1995) oder, wenn das nicht möglich ist, eine Reihe von Regelungspunkten im Interessenausgleich lediglich zu benennen und ihre ggf. erzwingbare Befolgung in getrennten, erzwingbaren oder freiwilligen Betriebsvereinbarungen festzulegen. Damit ist gewährleistet, dass sich sowohl der Betriebsrat als auch die Beschäftigten auf die Einhaltung dieser Betriebsvereinbarungen berufen können, während bei einer entsprechenden Regelung im Interessenausgleich ein Abweichen lediglich den einklagbaren Anspruch auf Nachteilsausgleich nach § 113 Abs. 1 BetrVG begründen würde. Und dies auch nur dann, wenn die Abweichungen ohne zwingenden betrieblichen Grund erfolgt. Außerdem gelten für die in einer separaten Betriebsvereinbarung geregelten Fragen Kündigungsmöglichkeiten und -fristen. Beim Interessenausgleich ist dies nicht vorgesehen.

Der Betriebsrat sollte sich im Rahmen der Interessenausgleichsverhandlungen nicht damit zufriedengeben, dass in den Interessenausgleich lediglich Absichtserklärungen des Arbeitgebers zum Abschluss entsprechender Betriebsvereinbarungen aufgenommen werden. Denn nach Abschluss der Interessenausgleichs- und erst recht der Sozialplanverhandlungen ist die Verhandlungsposition des Betriebsrats in aller Regel schwächer als zuvor. Er sollte daher von Anfang an darauf bestehen, dass parallel und zeitgleich mit dem Interessenausgleich die einzelnen Betriebsvereinbarungen verhandelt und als Paket auch zum Abschluss gebracht werden. Wenn dies aus zeitlichen Gründen nicht möglich ist, dann sollte der Betriebsrat zumindest auf einer Rahmenbetriebsvereinbarung bestehen, in der die einzelnen Regelungstatbestände, zu denen separate Betriebsvereinbarungen geschlossen werden sollen, aufgeführt sind, versehen mit einer Schlichtungsregelung für Streitfälle, wonach die Einigungsstelle gem. § 76 Abs. 6 BetrVG zur Klärung von Meinungsverschiedenheiten zuständig sein soll und sich die Betriebsparteien vorab dem Spruch der Einigungsstelle unterwerfen.

I. Regelungen zur Vermeidung größerer Nachteile

Hierbei geht es vor allem um Vereinbarungen zur Sicherung bestehender und Schaffung neuer Arbeitsplätze, zur Qualifizierung von Beschäftigten sowie um eine möglichst sozialverträgliche Umsetzung eines etwaig erforderlichen Personalabbaus.

1. Regelungen zur Sicherung bestehender Beschäftigungsverhältnisse

Die Sicherung bestehender Beschäftigungsverhältnisse gelingt am besten durch den (befristeten) Ausschluss betriebsbedingter Kündigungen. Um solche Zusagen des Arbeitgebers zu erreichen, werden oftmals auch Verschlechterungen bei den Arbeitsbedingungen (Arbeitszeit, Urlaubs- und Weihnachtsgeld, Tariferhöhung) als Gegenleistungen der Beschäftigten vereinbart (*Laßmann/Rupp* 2010, S. 66ff.). Auch wenn der Tarifvorbehalt des § 77 Abs. 3 BetrVG bei Sozialplänen nicht greift, können bei bestehenden Tarifverträgen Verschlechterungen bei den dort geregelten Arbeitsbedingungen rechtssicher nur mit Zustimmung der Tarifvertragsparteien vereinbart werden. Unter die Regelungen zur Sicherung bestehender Arbeitsplätze fallen auch alle diesem Ziel dienenden beschäftigungspolitischen Maßnahmen, sowie Maßnahmen für einen sog. sozialverträglichen Personalabbau sowie Outplacement- und Transfermaßnahmen (*Laßmann/Riegel* 2017, S. 41ff.).

a. Ausschluss betriebsbedingter Kündigungen

Der Verlust des Arbeitsplatzes ist für betroffene Beschäftigte fast immer mit erheblichen wirtschaftlichen und sozialen Nachteilen verbunden. Deshalb sollten Betriebsräte versuchen, betriebsbedingte Kündigungen auszuschließen, bzw. diese zumindest zu erschweren oder einzugrenzen, soweit dies im Rahmen einer geplanten Betriebsänderung überhaupt möglich ist. Umfangreiche Praxisbeispiele finden sich bei *Laßmann/Riegel* 2017, S. 41ff.).
Die am weitesten gehende Regelung hierzu ist der uneingeschränkte Ausschluss jeder betriebsbedingten Kündigung für einen bestimmten Zeitraum.

> **Regelungsvorschlag:**
> Bis zum ... sind betriebsbedingte Kündigungen ausgeschlossen.

Damit bleiben Änderungskündigungen (z. B. zwecks Versetzung) zulässig. Es ist deshalb wichtig zu regeln, dass solche Änderungskündigungen nur unter Beachtung von konkreten Zumutbarkeitskriterien erfolgen dürfen, die ihrerseits im Sozialplan zu vereinbaren sind.

> **Regelungsvorschlag:**
> Ausgenommen hiervon sind Änderungskündigungen im Rahmen von Versetzungen auf einen zumutbaren Arbeitsplatz gem. … des Sozialplans.

Regelungen, die einen Verzicht auf betriebsbedingte Kündigungen beinhalten, sind Verfahrensregelungen. Sie legen fest, wie die betriebsändernden Maßnahmen personalwirtschaftlich umgesetzt werden dürfen. Für den Kündigungsausschluss im Rahmen des Interessenausgleichs gelten folglich die allgemeinen Rechtsgrundsätze. Hält sich der Arbeitgeber nicht an den vereinbarten Kündigungsausschluss, können die Betroffenen wegen des für sie nachteiligen Abweichens vom Interessenausgleich in jedem Fall versuchen, einen Nachteilsausgleich gem. § 113 BetrVG einzuklagen. Die Kündigung ist aber wegen des Verstoßes gegen den Interessenausgleich nicht generell rechtsunwirksam und die Einhaltung des Kündigungsausschlusses kann zumindest vom Betriebsrat nicht eingeklagt werden. Unter bestimmten Voraussetzungen können sich jedoch Arbeitnehmer auf den Kündigungsausschluss berufen, sofern ein entsprechender Bindungswille des Arbeitgebers aus dem Interessenausgleich hervorgeht (siehe nächster Regelungsvorschlag). Gleichwohl sollte der Betriebsrat versuchen, die Regelungen zum Kündigungsausschluss im Interessenausgleich rechtlich aufzuwerten. Am besten dadurch, dass der gesamte Interessenausgleich als freiwillige Betriebsvereinbarung abgeschlossen wird. Da dies nicht erzwungen werden kann, bleibt im Fall der Weigerung des Arbeitgebers dann die Möglichkeit, zumindest die Rechtsunwirksamkeit einer betriebsbedingten Kündigung bei Verstoß gegen den Kündigungsausschluss zu vereinbaren.

> **Regelungsvorschlag:**
> Trotz Kündigungsausschluss ausgesprochene betriebsbedingte Kündigungen sind rechtsunwirksam.

Manchmal gelingt dem Betriebsrat auch nur der Kündigungsausschluss für bestimmte Beschäftigtengruppen (z. B. ältere Beschäftigte).

> **Regelungsvorschlag:**
> Mitarbeiter/innen, die das 50. Lebensjahr vollendet haben und dem Betrieb mind. zehn Jahre ununterbrochen angehören, sind nur bei Vorliegen eines wichtigen Grundes kündbar, wobei die Möglichkeit der Änderungskündigung unberührt bleibt.

Der Kündigungsausschluss kann auch an bestimmten Sachverhalten festgemacht werden, z. B. im Zusammenhang mit einer Qualifizierung oder Versetzung. Die entsprechenden Regelungen erfolgen dann im Sozialplan (vgl. Kapitel H.II).
Es ist auch ratsam, einen Kündigungsausschluss erst für die Zeit nach dem Vollzug der betriebsändernden Maßnahmen (z. B. Personalabbau) zu vereinbaren und weitere Kündigungen für einen bestimmten Zeitraum in der Zukunft auszuschließen.

Regelungsvorschlag:
Im Hinblick darauf, dass durch die vorgesehene Betriebsänderung zugleich die vorhandenen Arbeitsplätze langfristig abgesichert werden sollen, verpflichtet sich der Arbeitgeber, bis zum ... keine weiteren betriebsbedingten Kündigungen auszusprechen.

Mitunter ist der Arbeitgeber nur bereit, einen allgemeinen Kündigungsausschluss zu vereinbaren, wenn von dem allgemeinen Kündigungsausschluss bestimmte Beschäftigte ausgenommen werden. Meist handelt es sich dann um Beschäftigte, die einer zumutbaren Versetzung widersprechen oder eine zumutbare Weiterbildungsmaßnahme ablehnen.

Regelungsvorschlag:
Der vereinbarte Kündigungsausschluss gilt nicht, wenn der Arbeitnehmer ein zumutbares Versetzungs- und/oder Weiterbildungsangebot ablehnt.

Kann ein Kündigungsausschluss nicht erreicht werden, sollte versucht werden, den Ausspruch von betriebsbedingten Kündigungen zumindest zu erschweren. Eine solche Erschwernis ist z. B. gegeben, wenn die betriebsbedingte Kündigung an die Zustimmung des Betriebsrats geknüpft wird. Diese Möglichkeit eröffnet § 102 Abs. 6 BetrVG. Der Betriebsrat hat damit zwar kein Vetorecht, denn seine fehlende Zustimmung kann durch einen Spruch der Einigungsstelle ersetzt werden, dennoch bedeutet das Einschalten der Einigungsstelle eine erhebliche Erschwernis für den Arbeitgeber.

Regelungsvorschlag:
Betriebsbedingte Kündigungen sind nur mit Zustimmung des Betriebsrats gem. § 102 Abs. 6 BetrVG zulässig.

Eine Kündigungserschwernis ist auch gegeben, wenn vor Ausspruch einer Kündigung eine Reihe von anderen für die Beschäftigten weniger gravierenden Maßnahmen geprüft werden müssen und die Darlegungs- und Beweislast hierfür beim Arbeitgeber liegt.

Regelungsvorschlag:
Vor Ausspruch einer betriebsbedingten Kündigung ist zu prüfen, ob nicht durch die folgenden Maßnahmen die Kündigung vermieden werden kann:

- (weitere) Sachkostensenkung
- Auslastungsverbesserung durch Übernahme der Produktionsvolumina anderer Betriebe
- bessere Verteilung der Arbeit innerhalb des Betriebes
- keine neue Fremdvergabe von Aufträgen
- Rückführung von Fremdvergaben in den Betrieb
- Vorziehen von Wartungs- und Instandhaltungsaufgaben und technische Umstellungen
- zeitliches Strecken von Rationalisierungsmaßnahmen
- Vermeiden von Sonderschichten
- Vermeiden von Überstunden
- Abgeltung von Überstunden in Freizeit
- verlängerte/größere Arbeitszeitkonten
- Gewährung von Jahresurlaub/Vorziehen des Jahresurlaubs
- Reduzierung der wöchentlichen Arbeitszeit ohne Lohnausgleich gem. TV
- Kurzarbeit
- dauerhafte Reduzierung der wöchentlichen Arbeitszeit einzelner Mitarbeiter (gegen Teilabfindung)
- Altersteilzeit ausschöpfen/Vorruhestand
- Sabbatjahr zur beruflichen Fortbildung
- Versetzung innerhalb des Betriebes
- dauerhafte Versetzung in andere Betriebe
- vorübergehende Versetzung in andere Betriebe
- konzernweite Ausschreibung von Arbeitsplätzen
- Qualifizierungsmaßnahmen (Umschulung, Fortbildung, Nachholen von Ausbildungsabschlüssen usw.)
- qualifizierter Einstellungsstopp
- Beschränkung des Einsatzes von Zeitarbeitnehmern
- Auslaufen befristeter Arbeitsverträge
- Auslauf von Werkverträgen
- betriebsbedingte Aufhebungsverträge
- Outplacementmaßnahmen

Die Darlegungs- und Beweislast, dass vor Ausspruch einer betriebsbedingten Kündigung die vorstehenden Maßnahmen erfolglos geprüft wurden, trägt der Arbeitgeber.
Anstelle einer Beschäftigungsgarantie bieten Arbeitgeber manchmal auch nur eine Standortgarantie an. Wird diese jedoch nur in allgemeiner Form gegeben, ist lediglich gesichert, dass der Betrieb nicht geschlossen oder verlagert wird. Personalabbau ist damit jedoch nicht ausgeschlossen. Der Betriebsrat sollte in einer solchen Situation zumindest darauf drängen, dass eine überprüfbare Form der

Standortgarantie durch eine Mindestanzahl von bestimmten Arbeitsplätzen für einen bestimmten Zeitraum vereinbart wird.

> **Regelungsvorschlag:**
> Im Betrieb XY wird eine Mindestpersonalstärke von … Vollzeit-Mitarbeiteräquivalenten bis zum … zugesichert.

b. Regelungen zur Besetzung von veränderten oder neuen Arbeitsplätzen

Gerade bei grundlegenden Veränderungen der Arbeitsorganisation (v.a. auch aufgrund von Digitalisierung) können auf Ebene der einzelnen Stellen bestimmte Aufgaben wegfallen, neu definiert werden oder völlig neu hinzukommen. Hierdurch können sich die Anforderungen, Kompetenzen und/oder Verantwortungen der Stelle zum Teil erheblich verändern. Exemplarisch hierfür ist die Spezialisierung und Neuverteilung von Aufgaben von operativ tätigen »universellen« Kundenbetreuern in der Wohnungswirtschaft, z.B. in Bestandskundenbetreuer, Mitarbeiter im Servicecenter für telefonische Anfragen, Mitarbeiter in der Neuvermietung, Forderungsmanagement oder Betriebskostenabrechnung. Nunmehr müssen die bislang »universell tätigen« Beschäftigten diesen neuen Stellen zugeordnet werden. Bei den Beschäftigten schüren solche Veränderungsprozesse meist große Verunsicherung und Ängste, die sich gerade auf die Produktivität negativ – bis hin zur »inneren Kündigung« – auswirken, selbst wenn der Veränderungsprozess durch ein professionelles Change-Management begleitet wird.

Erfahrungsgemäß lassen sich diese Ängste mildern, wenn ein transparentes Verfahren unter Beteiligung des Betriebsrats durchgeführt wird, bei dem die betroffenen Beschäftigten über die veränderten Aufgaben und jeweiligen neuen Stellenprofile umfassend informiert werden und sie dann ihre Präferenzen (1. und ggf. 2. Wunsch) angeben können. Zusätzlich sollten die Beschäftigten auch angeben können, welcher neuen Stelle sie nicht zugeordnet werden möchten. Zudem sollten auch Regelungen zur Konfliktlösung und vertraulichen Behandlung der Abfrage getroffen werden. Vermeiden lassen sich diese Ängste aber am besten durch den Ausschluss betriebsbedingter Kündigungen.

c. Beschäftigungssichernde Maßnahmen

Ansatzpunkte für beschäftigungssichernde Maßnahmen bewegen sich im Rahmen der

- *Produktions- und Absatzplanung* (erweiterte Lagerhaltung, Vorziehen von Reparatur-, Wartungs- und Instandhaltungsarbeiten, Rücknahme von Fremdaufträgen, Abbau von Leiharbeit, Erweiterung des Produktprogramms) und der

- *Arbeitszeitplanung* (Abbau von Mehrarbeit, Einführung von Kurzarbeit, Veränderung der ursprünglichen Urlaubsplanung, Umwandlung von Vollzeit- in Teilzeitstellen auf freiwilliger Basis, Formen freiwilliger längerer Arbeitsunterbrechung).

Einige dieser Maßnahmen eignen sich allerdings lediglich zur kurzzeitigen Überbrückung einer vorübergehenden Unterauslastung der Kapazität. Hierzu gehören alle Maßnahmen der erweiterten Lagerhaltung, des Vorziehens von Reparatur-, Wartungs- und Instandhaltungsarbeiten, der Einführung von Kurzarbeit und der Veränderung der Urlaubsplanung. Durch eine Kombination dieser Maßnahmen lässt sich der Überbrückungseffekt sowohl zeitlich als auch kapazitätsmäßig verstärken. Die übrigen Maßnahmen haben eine arbeitsplatzerhaltende oder -schaffende Wirkung und sichern damit Arbeitsplätze über einen längeren Zeitraum.

Durch § 92a BetrVG wird dem Betriebsrat ein Initiativrecht zur Sicherung und Förderung von Beschäftigung eingeräumt. Dieses Initiativrecht kann vom Betriebsrat schon in einer sehr frühen Phase genutzt werden, um mit dem Arbeitgeber beschäftigungssichernde Maßnahmen zu beraten; zu einem Zeitpunkt also, wenn Verhandlungen über einen Interessenausgleich und Sozialplan noch gar nicht geführt werden können, weil der Arbeitgeber noch keine betriebsändernden Maßnahmen plant (*Rupp* 2002, S. 472). Nach allen Erfahrungen werden Interessenausgleichsverhandlungen häufig unter einem sehr hohen Zeitdruck geführt, der sinnvolle und machbare Vorschläge zur Beschäftigungssicherung kaum ermöglicht; schon gar nicht, wenn die betrieblichen Verhandlungen gescheitert sind und das Einigungsstellenverfahren angelaufen ist (vgl. ebd.). Deshalb kann dem Betriebsrat nur empfohlen werden, sich grundsätzlich, zumindest aber schon bei den ersten Anzeichen einer Bedrohung der Beschäftigung, über geeignete Gegenmaßnahmen Gedanken zu machen. Entsprechend vorbereitete und evtl. auch mit dem Arbeitgeber schon beratene Vorschläge zur Beschäftigungssicherung können dann auch in die Verhandlungen über einen Interessenausgleich eingebracht werden Der Betriebsrat sollte dies auch dann tun, wenn der Arbeitgeber zuvor die Vorschläge abgewiesen hat (zur Nutzung des Initiativrechts gem. § 92a BetrVG vgl. auch *Fischer* 2002, S. 332ff. und *Niemeyer* 2002, S. 616ff.).

aa. Regelungsvorschläge für Maßnahmen zur kurzzeitigen Überbrückung einer Unterauslastung

<a> Erweiterung der Lagerhaltung

Die Ausweitung der Lagerhaltung ist vor allem dann eine geeignete Maßnahme zur Beschäftigungssicherung, wenn es darum geht, relativ kurzfristig auftretende Absatzschwierigkeiten, die voraussichtlich nicht von allzu langer Dauer sind, auszugleichen. Falls nicht ausreichende eigene Lagerkapazität vorhanden ist, können u. U. weitere Lagerflächen (ggf. auch extern) angemietet werden. Art und Wertbeständigkeit der Produkte müssen selbstverständlich für eine entsprechende Lagerhaltung geeignet sein. Den durch die erweiterte Lagerhaltung zwangsläufig entstehenden Mehrkosten (u. a. durch erhöhte Kapitalbindung) sind die wertmäßigen Vorteile des Verbleibs qualifizierter Beschäftigter, eines störungsfreien Betriebsablaufs sowie eingesparte Sozialplankosten für den Arbeitgeber und das Interesse der Belegschaft an sicheren Arbeitsplätzen gegenüberzustellen.

Regelungsvorschlag:

1. Arbeitgeber und Betriebsrat vereinbaren, die Produktion in den Bereichen XYZ in der Zeit von ... bis ... im bisherigen Umfang aufrechtzuerhalten und den kurzfristig nicht absetzbaren Teil der Produktion durch eine erweiterte Lagerhaltung aufzufangen. Ggf. werden zusätzliche Lagerkapazitäten angemietet.
2. Der Arbeitgeber wird die Interessenvertretung regelmäßig wöchentlich über die Entwicklung der Auftrags- und Absatzlage sowie die Entwicklung der Lagerbestände anhand aussagefähiger Unterlagen (EDV-Listen, Statistiken, ...) informieren.
3. Mindestens ... Wochen vor Ablauf des vereinbarten Zeitraums werden Arbeitgeber und Betriebsrat unter Berücksichtigung der zwischenzeitlichen Entwicklung über das weitere Vorgehen beraten.

<b> Vorziehen von Reparatur-, Wartungs- und Instandhaltungsarbeiten

Diese Regelung ist weniger als eigenständige denn als flankierende Maßnahme zur kurzfristigen Sicherung der Beschäftigung geeignet. Zum einen, weil hierzu überwiegend Spezialarbeitskräfte benötigt werden und zum anderen, weil während ihrer Dauer die Produktion an den entsprechenden Anlagen ruht, sodass in dieser Zeit für die dort Tätigen anderweitige Beschäftigungsmöglichkeiten durch Umsetzungen oder Versetzungen gefunden werden müssen. Diese Maßnahmen bieten sich daher überwiegend in Kombination mit den Maßnahmen Betriebsurlaub (vgl. Kapitel G.I.1.c) aa) <c>) und Kurzarbeit (vgl. Kapitel G.I.1.c) aa) <d>) an.

Regelungsvorschlag:

Arbeitgeber und Betriebsrat vereinbaren, die nachfolgend aufgeführten Reparatur-, Wartungs- und Instandhaltungsarbeiten in der Zeit von ... bis ... durchzuführen (evtl. getrennt nach einzelnen Abteilungen/Bereichen). Hierzu werden neben den Handwerkern auch Beschäftige aus der jeweiligen Abteilung im Einverständnis mit den Betroffenen und dem Betriebsrat hinzugezogen. Die übrigen Beschäftigten der Abteilung des Bereichs werden mit Zustimmung des Betriebsrats für den vereinbarten Zeitraum in andere Abteilungen/Bereiche versetzt. Eine Verdienstminderung findet nicht statt.

<c> Urlaubsplanung

Bei vorübergehenden Auslastungsschwankungen ist es auch denkbar, die Urlaubsplanung zur Beschäftigungssicherung zu nutzen. Hierzu muss zwischen Betriebsrat und Arbeitgeber eine Betriebsvereinbarung über die Aufstellung allgemeiner Urlaubsgrundsätze gem. § 87 Abs. 1 Nr. 5 BetrVG abgeschlossen werden, ggf. auch über eine Einigungsstelle. Unter Beachtung der rechtlichen Voraussetzungen (vor allem § 7 BUrlG) und unter Abwägung der Interessen der Beschäftigten nach Sicherung ihres Arbeitsplatzes einerseits und der Zumutbarkeit der Verplanung des Jahresurlaubs oder wesentlicher Teile davon andererseits kann es ratsam sein, verpflichtenden Betriebsurlaub einzuführen (z. B. in Verbindung mit Feiertagen) oder den schon vereinbarten Betriebsurlaub zu verlegen oder zeitlich auszudehnen. Ferner besteht die Möglichkeit, individuelle Urlaubsansprüche vorzuziehen sowie die Gewährung unbezahlten Urlaubs einzelner Beschäftigter zu vereinbaren.

Regelungsvorschlag:

1. Im Geschäftsjahr ... wird vom ... bis ... im gesamten Betrieb/in den Abteilungen/Bereichen Betriebsurlaub durchgeführt. Ausgenommen hiervon sind folgende Dienste: Pförtner, Notdienst, ...
2. Über den tariflichen Jahresurlaub hinaus hat jeder Beschäftigte die Möglichkeit, in der Zeit von ... bis ... maximal ... Wochen/Tage unbezahlten Urlaub zu nehmen. Entsprechende Wünsche sind bis zum ... (Termin) bei der Personalabteilung/dem Meister/Abteilungsleiter anzumelden. Im Konfliktfall entscheiden Arbeitgeber und Betriebsrat einvernehmlich. Kommt auch hier keine Übereinkunft zu Stande, dann entscheidet eine Einigungsstelle nach § 76 Abs. 6 BetrVG.
3. Betriebsbedingte Kündigungen sind in der Zeit vom ... bis ... ausgeschlossen.

<d> Einführung von konjunktureller Kurzarbeit

Die Einführung von Kurzarbeit, verstanden als die vorübergehende Verkürzung der betriebsüblichen regelmäßigen Arbeitszeit, ist bei vorübergehenden Auslastungsschwierigkeiten sicherlich die wichtigste und auch wirksamste Maßnahme zur Beschäftigungssicherung.

Wenn die Kurzarbeit ordnungsgemäß angemeldet und Kurzarbeitergeld (Kug) von der Arbeitsagentur bewilligt wurde (§ 99, § 323f. SGB III), erhalten die Mitarbeiter einen teilweisen Ausgleich des Verdienstausfalls in Form von Kurzarbeitergeld. Dank der so eingesparten Personalkosten können Unternehmen, die ein vorübergehendes Auslastungsproblem haben, die Durststrecke eher überstehen, als wenn die Personalkosten bei verminderten Einnahmen unvermindert weiterlaufen würden. Gerade in Zeiten einer Rezession (z. B. wurde im Zuge der Finanz- und Wirtschaftskrise 2009 die Kurzarbeit auf bis zu 24 Monate verlängert) hat sich die Kurzarbeit (vor allem auch in Verbindung mit Qualifizierung) als eine echte Alternative zu Entlassungen bewährt.

Ein wesentlicher Vorteil für Unternehmen liegt bei der Kurzarbeit darin, dass die qualifizierten, eingearbeiteten und motivierten Beschäftigten im Unternehmen verbleiben. Allerdings entstehen für den Arbeitgeber auch zusätzliche Belastungen, da er bei Urlaub und teilweise auch an Feiertagen zur Fortzahlung des kompletten Verdienstes, zur Übernahme der Arbeitnehmeranteile zur Krankenversicherung (§ 249 Abs. 2 SGB V), Pflegeversicherung (§ 58 Abs. 1 Satz 2 SGB XI) und 80 % der Rentenversicherung (§ 168 Abs. 1 Nr. 1a SGB VI) verpflichtet ist. Diese gegenläufigen Kosten belaufen sich in Summe auf ca. 40 % der zunächst eingesparten Personalkosten. Wird eine Zuzahlung zum Kurzarbeitergeld (sog. Aufstockung) vereinbart, ist die Belastung entsprechend höher.
Vom 1. 1. 2009 befristet bis zum 31. 12. 2010 galt eine für Arbeitgeber attraktivere Regelung: Dem Arbeitgeber wurden auf Antrag 50 % der vom Arbeitgeber während der Kurzarbeit zu tragenden Beiträge zur Sozialversicherung in pauschalierter Form erstattet; nahmen während der Kurzarbeit Beschäftigte an berücksichtigungsfähigen Qualifizierungsmaßnahmen teil, wurden für die Dauer der Teilnahme an den Qualifizierungsmaßnahmen dem Arbeitgeber die Beiträge zur Sozialversicherung für diese Beschäftigten zu 100 % erstattet; beanspruchten die Qualifizierungsmaßnahmen mind. 50 % der ausgefallenen Arbeitszeit, so wurden dem Arbeitgeber die Beiträge zur Sozialversicherung für den gesamten Zeitraum der Kurzarbeit komplett erstattet (§ 421t Abs. 1 SGB III n. F.). Auch wenn diese Regelung nun ausgelaufen ist, ist davon auszugehen, dass in einer vergleichbaren Situation die Politik wieder so reagieren wird. Schließlich war die Kurzarbeit ein Erfolgsmodell. Im Rahmen der Bewältigung der Coronakrise hat der Bundestag kurzfristig im März 2020 das »Gesetz zur befristeten krisenbedingten Verbesserung der Regelungen für das Kurzarbeitergeld« erlassen. In ihm wird die Bundesregierung ermächtigt, den Bezug von Kurzarbeitergeld in Krisenzeiten zu erleichtern. Die Ermächtigung ist bis 31. 12. 2020 befristet. Von dieser Regelung hat die Bundesregierung im Fall der Coronakrise in folgender Weise Gebrauch gemacht:

- Es müssen anstatt 1/3 nur 10 % der Belegschaft von Kurzarbeit betroffen sein.
- Auf den Aufbau negativer Arbeitszeitsalden wird verzichtet.
- Die Sozialversicherungsbeiträge werden vollständig von des Bundesagentur für Arbeit übernommen.
- Auch Leiharbeitsbeschäftigte können Kurzarbeitergeld beziehen.

Für die Beschäftigten liegt ein bedeutender Vorteil der Kurzarbeit darin, dass der Arbeitsplatz erhalten bleibt und der Verdienstausfall durch die Zahlung von Kurzarbeitergeld geringer ausfällt als die Arbeitszeitverkürzung. Durch zusätzliche Zahlungen des Arbeitgebers kann der Verdienstausfall noch weiter verringert werden. Dennoch bleibt in aller Regel eine Verminderung des Lohnes.
Der Arbeitgeber kann Beschäftigte aber nur unter bestimmten Voraussetzungen in Kurzarbeit schicken:

Erstens muss eine Rechtsgrundlage für die Einführung von Kurzarbeit gegeben sein: Entweder durch Klausel im Arbeitsvertrag (was sehr selten vorkommt), oder die Möglichkeit der Kurzarbeit ist im Tarifvertrag oder in einer Betriebsvereinbarung geregelt. Einen Sonderfall stellt § 19 KSchG dar.
Zweitens muss in Betrieben mit Betriebsrat dieser der Kurzarbeit zustimmen (§ 87 Abs. 1 Nr. 3 BetrVG). Die Ausübung des Mitbestimmungsrechts des Betriebsrats, das auch als Initiativrecht ausgestattet ist, erfolgt i. d. R. durch den Abschluss einer konkreten Betriebsvereinbarung. Der Abschluss einer Regelungsabrede ist zwar möglich, aber wegen der fehlenden normativen Wirkung auf die einzelnen Arbeitsverträge nicht zweckmäßig. Bei Nichteinigung zwischen den Betriebsparteien entscheidet die Einigungsstelle verbindlich über Beginn, Umfang, Dauer und Lage der Kurzarbeit. Vor Abschluss einer Betriebsvereinbarung mit dem Betriebsrat hat der Arbeitgeber, soweit Interessen der leitenden Angestellten berührt sind und ein Sprecherausschuss besteht, diesen rechtzeitig anzuhören (§ 2 Abs. 1 Satz 2 SprAuG) und Richtlinien und Vereinbarungen mit dem Sprecherausschuss abzuschließen (§ 28 SprAuG).
Drittens muss den Beschäftigten die Kurzarbeit zumutbar sein. Dies ist nur dann der Fall, wenn auch die in § 95 SGB III geregelten Voraussetzungen für den Bezug von Kurzarbeitergeld erfüllt sind: Kurzarbeitergeld gibt es grundsätzlich nur bei vorübergehendem Arbeitsausfall, der auf wirtschaftlichen Ursachen oder einem unabwendbaren Ereignis beruht und der unvermeidbar sein muss. Im jeweiligen Kalendermonat, in dem Kurzarbeit durchgeführt werden soll (Anspruchszeitraum), müssen mindestens ein Drittel der in dem Betrieb (auch Betriebsteil) beschäftigten Arbeitnehmer von einem Entgeltausfall von jeweils mehr als zehn Prozent ihres monatlichen Bruttoentgelts betroffen sein (§ 96 Abs. 1 SGB III).
Grundsätzlich wird Kurzarbeitergeld (Kug) für längstens sechs Monate gezahlt (§ 104 Abs. 1 SGB III). Wird innerhalb der Bezugsfrist für einen zusammenhängenden Zeitraum von mind. einem Monat Kug nicht geleistet, verlängert sich die Bezugsfrist um diesen Zeitraum (§ 104 Abs. 2 SGB III). Sind seit dem letzten Kalendermonat, für den Kug geleistet worden ist, drei Monate vergangen und liegen die betrieblichen und persönlichen Anspruchsvoraussetzungen vor, beginnt eine neue Bezugsfrist von längstens sechs Monaten (§ 104 Abs. 3 BetrVG). Die sechsmonatige Bezugsfrist kann jedoch durch Rechtsverordnung des Bundesarbeitsministers bis auf 12 bzw. 24 Monate (§ 109 SGB III) ausgedehnt werden.
Beim Kug werden wie beim Arbeitslosengeld 60 % bzw. 67 % (bei Arbeitnehmer mit mind. einem Kind) der Nettoentgeltdifferenz (§ 105 SGB III) gezahlt (§ 106 SGB III). Befristet bis 31.12.2020 hat der Bundestag zur besseren Bewältigung der Folgen der Coronakrise eine Erhöhung des Kurzarbeitergeldes beschlossen: Ab dem vierten Monat wird der Bezug des Kurzarbeitergelds auf 70 % bzw. 77 % erhöht; ab dem siebten Bezugsmonat wird das Kurzarbeitergeld auf 80 % bzw. 87 % erhöht.

Die Einführung von konjunktureller Kurzarbeit entlastet den Betrieb bei den Personalkosten – wenn keine Zuzahlung zum Kug tariflich oder im Sozialplan vereinbart ist – unter Berücksichtigung der o. g. gegenläufigen Kosten um etwa 60 % der auf die ausgefallene Arbeitszeit entfallenden Personalkosten (Arbeitnehmer-Brutto).

Kurzarbeit als vorübergehende Maßnahme kann als Alternative zu Entlassungen auch dann zwischen Betriebsrat und Arbeitgeber vereinbart werden, wenn die Voraussetzungen zum Bezug von Kug nicht vorliegen. Notfalls kann der Betriebsrat eine solche Maßnahme auch in einer Einigungsstelle durchsetzen. Nicht spruchfähig ist dabei allerdings eine finanzielle Ausgleichszahlung durch den Arbeitgeber. Häufig wird deshalb der Weg der vorübergehenden Arbeitszeitverkürzung durch Tarifvertrag gewählt (vgl. Kapitel G.I.1.c) bb) <d>).

Eine ausführliche Beschreibung des Verfahrens zur Beantragung von Kurzarbeit und der wirksamen Wahrnehmung der Mitbestimmungsrechte der Betriebsrat kann hier wegen des Umfangs nicht geleistet werden. (Sofern Kurzarbeit als Maßnahme in Betracht gezogen wird, verweisen wir auf die jeweils geltenden Geschäftsanweisungen und Merkblätter der Bundesagentur für Arbeit, die kostenfrei online unter *www.arbeitsagentur.de* abgerufen werden können).

Bei der Ausübung des Mitbestimmungsrechts des Betriebsrats und beim Abschluss einer Betriebsvereinbarung über Kurzarbeit sind die jeweils geltenden tarifvertraglichen Regelungen zu beachten. Diese beziehen sich meist auf den Umfang und die generelle Zulässigkeit von Kurzarbeit (z. B. nur ganze Abteilungen, keine Angestellten, zur Vermeidung von Entlassungen), Ankündigungsfristen, Ausgleichszahlungen zum Kurzarbeitergeld (vgl. *Laßmann/Rupp* 2010).

Auf den an dieser Stelle sonst üblichen Regelungsvorschlag verzichten wir und beschränken uns auf wesentliche inhaltliche Hinweise für eine parallel abzuschließende Betriebsvereinbarung zur Einführung von Kurzarbeit:

Wichtige Regelungspunkte:

- Ausschluss von Kündigungen während der Kurzarbeitszeit (und im anschließenden Zeitraum von … Monaten),
- Verkürzung der Produktionsleistung entsprechend der Verkürzung der Arbeitszeit (um Leistungsverdichtung zu vermeiden) und regelmäßige Information des Betriebsrats über Produktionspläne und Produktionsleistung anhand nachprüfbarer Unterlagen,
- Ausgleichszahlung zum Kurzarbeitergeld (soweit nicht abschließend tariflich geregelt) auf … % des Nettoverdienstes brutto für netto (anzustreben sind 100 %; u. U. Staffelung zwischen 80 % bis 100 % nach sozialem Status, Härtefällen),
- volle Bezahlung der Feiertage während der Kurzarbeitszeit (soweit nicht abschließend tariflich geregelt),
- keine Kürzung des Urlaubsentgelts, des Urlaubsgeldes, des 13. Monatseinkom-

mens, der vermögenswirksamen Leistungen (soweit nicht abschließend tariflich geregelt),
- Vorschuss des Kurzarbeitergeldes durch den Arbeitgeber,
- Zahlung des Lohnes in voller Höhe, falls die Arbeitsagentur nach einer späteren Prüfung den Antrag auf Gewährung von Kurzarbeitergeld nicht bewilligt.

In der Praxis wird Kurzarbeit zunehmend auch zur Qualifizierung genutzt (vgl. hierzu die Regelungsbeispiele bei *Laßmann/Riegel* 2017, S. 50ff).

bb. Regelungsvorschläge zur längerfristigen Sicherung der Beschäftigung

<a> Abbau von Mehrarbeit /Überstunden

Unter Mehrarbeit ist diejenige Arbeitszeit zu verstehen, die über die gesetzlich zulässige regelmäßige Arbeitszeit hinausgeht. Hingegen liegen Überstunden bereits dann vor, wenn die tarifliche oder arbeitsvertraglich festgelegte Arbeitszeit überschritten wird.
Der Abbau von Mehrarbeit/Überstunden ist eine grundsätzliche gewerkschaftliche Forderung. Seit vielen Jahren liegt das Volumen jährlich geleisteter Überstunden bei über 2 Mrd.; davon sind etwa 50% unbezahlt (vgl. Erhebung des IAB: Durchschnittliche Arbeitszeit und ihre Komponenten in Deutschland). Die Umsetzungschancen sind gerade im Zusammenhang mit einer geplanten Betriebsänderung, bei der auch ein Personalabbau vorgesehen ist, besonders günstig. Zum einen ist der Hinweis auf geplante Entlassungen ein gewichtiger Grund für die Verweigerung der Zustimmung zu Überstundenanträgen des Arbeitgebers, der in der Regel auch in einem vom Arbeitgeber angestrengten Einigungsstellen- oder Gerichtsverfahren Bestand haben wird. Zum anderen wird die ablehnende Haltung des Betriebsrats gegenüber Überstunden in einer solchen Situation auch von den Beschäftigten eher akzeptiert.
Um den geplanten Personalabbau zu verhindern oder zumindest abzuschwächen, ist es erforderlich, vom Arbeitgeber für die zurückliegenden zwölf Monate eine Überstundenstatistik möglichst auf Kostenstellenebene, mind. jedoch auf der Ebene homogener Arbeitsgruppen sowie sämtliche Fehlzeiten (z. B. Urlaub, Krankheit, Fortbildung, Betriebsratsarbeit), für diesen Zeitraum abzufordern. Außerdem wird die Planung des Arbeitszeitvolumens für die kommenden zwölf Monate ebenfalls auf Kostenstellen- bzw. Arbeitsgruppenebene benötigt. Anhand dieser Daten und unter Berücksichtigung einer ausreichenden Reservequote (diese kann zwischen 20 und 35% liegen), die in Abhängigkeit von den voraussichtlichen Fehlzeiten berechnet wird, kann dann der Umfang der durch den Überstundenabbau gesicherten Arbeitsplätze abgeschätzt werden.
Wir verzichten auch hier auf einen konkreten Regelungsvorschlag und beschränken uns auf wichtige Punkte einer parallel abzuschließenden Betriebsvereinba-

rung. Aufgrund des Mitbestimmungsrechts des Betriebsrats nach § 87 Abs. 1 Nr. 3 BetrVG kann eine solche ggf. mit Hilfe einer Einigungsstelle durchgesetzt werden (§ 87 Abs. 2 BetrVG).

Wichtige Regelungspunkte:
- Das Mitbestimmungsrecht des Betriebsrats sollte durch die Betriebsvereinbarung nicht »verbraucht« sein und für alle Fälle gesichert werden,
- es sollte ein Standardformular für die Beantragung von Überstunden vereinbart werden,
- die Notwendigkeit von Überstunden sollte anhand aussagefähiger Unterlagen begründet werden (Belege vollständig auflisten!),
- es sollten sehr genau Antragsfristen und Termine für die Stellungnahme der Interessenvertretung geregelt werden,
- desgleichen auch die sog. Eilfälle,
- grundsätzlich sollte der Betriebsrat seine Zustimmung zu Überstunden unter dem Vorbehalt der Freiwilligkeit erteilen,
- anzustreben ist eine Regelung, nach der möglichst alle Überstunden in Form von Freizeitausgleich abgegolten werden (tarifvertragliche Regelungen beachten!),
- sowie eine Begrenzung der Überstunden für einzelne Beschäftige für jeweils einen bestimmten Zeitraum (z. B. Monat oder Quartal).

<b> Abbau von Leiharbeit /Fremdfirmeneinsatz

Unter Fremdfirmeneinsatz ist jede Form des Personaleinsatzes in einem Betrieb zu verstehen, bei denen die Personen, die die Arbeitsleistung faktisch erbringen, in einem Arbeitsverhältnis zu einem anderen Arbeitgeber stehen. Übliche Formen sind Werkverträge und Arbeitnehmerüberlassung in Form von Leiharbeit. Die Zulässigkeit einer Arbeitnehmerüberlassung richtet sich nach den Bestimmungen des Arbeitnehmerüberlassungsgesetzes.
Abgesehen davon, dass es erklärte gewerkschaftliche Politik ist, Fremdfirmeneinsatz in all seinen sozialschädlichen Formen zurückzudrängen, ist die Situation zur Durchsetzung dieser Forderung gerade im Zusammenhang mit einem geplanten Personalabbau im Rahmen von Verhandlungen über einen Interessenausgleich zur Sicherung bestehender und Schaffung neuer Arbeitsplätze besonders günstig. Zudem muss ein Arbeitgeber, der dauerhaft Leiharbeitnehmer/innen beschäftigt, vor einer betriebsbedingten Kündigung eines Stammarbeitnehmers zunächst den Einsatz des Leiharbeitnehmers beenden, soweit dieser auf einem für die Stammarbeitskraft geeigneten Arbeitsplatz beschäftigt wird (LAG Berlin-Brandenburg 3. 3. 2009 – 12 Sa 2468/08).
Daneben hat der Betriebsrat aber auch nach § 99 BetrVG i. V. m. §§ 92, 93, 95 und 102 BetrVG eigenständige Beteiligungsrechte.

Regelungsvorschlag:

1. Arbeitgeber und Betriebsrat stimmen darin überein, dass der Fremdfirmeneinsatz auf das unvermeidbare Mindestmaß begrenzt werden muss. Die Beschäftigung von Fremdfirmen-Arbeitnehmer ist unzulässig, wenn der Arbeitgeber nicht nachweist, dass das beabsichtigte Arbeitsergebnis durch eine (auch befristete) Neueinstellung nicht erreicht wird.
2. Die Beschäftigung von Leiharbeitnehmern nach dem AÜG ist nur nach vorheriger Information und mit Zustimmung der Interessenvertretung möglich. Der Arbeitgeber wird den Betriebsrat ... Tage vor jedem Fremdfirmeneinsatz schriftlich unter Angabe der Gründe und unter Vorlage des jeweiligen Vertrages informieren.
3. Der Betriebsrat wird dem Arbeitgeber eine Stellungnahme zu dem vorgesehenen Fremdfirmeneinsatz innerhalb von ... Tagen zukommen lassen. Erfolgt keine Stellungnahme während dieser Frist, so gilt die Zustimmung als erteilt.
4. Es dürfen nur solche Fremdfirmen eingesetzt werden, die die Gewähr bieten, dass alle Vorschriften des Arbeitsschutzes und der Arbeitszeitordnung eingehalten werden, die ihren Abgabe- und Beitragspflichten (Sozialversicherung, Berufsgenossenschaft usw.) nachkommen und die die Arbeitsbedingungen der Beschäftigten auf dem Niveau branchenüblicher Tarifverträge geregelt haben. Diese Bedingungen sind in den Vertrag mit der Fremdfirma aufzunehmen. Der Arbeitgeber verpflichtet sich, die Einhaltung der Bedingungen regelmäßig zu kontrollieren. Im Falle eines Verstoßes gegen die genannten Bedingungen ist der Vertrag fristlos zu kündigen.
5. Die Arbeitszeiten und Einsatzorte der von Fremdfirmen eingesetzten Arbeitnehmer werden tageweise erfasst. Der Betriebsrat erhält unaufgefordert eine Kopie dieser Aufzeichnungen.

Weitere Praxisbeispiele finden sich bei *Laßmann/Riegel* 2017, S. 65ff.

<c> Rücknahme von Fremdvergabe

Ziel dieser Maßnahme ist die Rückverlagerung von Arbeit in den Betrieb und damit die Sicherung bestehender oder Schaffung zusätzlicher Arbeitsplätze. Allerdings darf der betriebsegoistische Charakter dieser Maßnahme, bei der Beschäftigungsprobleme lediglich auf Dritte abgewälzt werden, nicht verkannt werden (vgl. RKW-Handbuch Personalplanung 1996 S. 211). Daher sollte von dieser Möglichkeit – die betriebliche Voraussetzungen in personeller, qualifikatorischer, technischer und kapazitätsmäßiger Hinsicht unterstellt – nur nach sorgfältiger Abwägung aller Interessen und nach Beratung und Hinzuziehung von Sachverständigen und der Gewerkschaft Gebrauch gemacht werden. Auch aus gewerkschaftlicher Sicht wünschenswert ist die Rücknahme von Arbeiten, die an Fremdfirmen verlagert wurden, in all den Fällen, in denen diese gegen Vorschriften des Arbeitsschutzes und der Arbeitszeitordnung verstoßen, ihren Beitrags- und Abgabepflichten im Hinblick auf die gesetzliche Sozialversicherung nicht nachkommen und deren Arbeitsbedingungen unter dem Niveau branchenüblicher Tarifverträge liegen. Mit diesen Auflagen sind aber in der Regel höhere Kosten für den Verleiher und damit auch für den Entleiher verbunden. Wird erreicht, dass Arbeiten nur an jene Firmen vergeben werden, die solche Mindestbedingungen erfüllen, dann wird voraussichtlich ein beträchtlicher Teil von bisher an Fremdfirmen vergebenen Arbeiten auch unter betriebswirtschaftlichen Gesichtspunkten in Eigenleistung erbracht werden können (vgl. auch die Praxisbeispiele bei *Laßmann/Riegel* 2017, S. 66ff.).

Wichtige Regelungspunkte:

- Arbeiten dürfen nur an Firmen vergeben werden, die vertraglich zusichern, dass sie die Vorschriften des Arbeitsschutzes und der Arbeitszeitordnung sowie ihrer Abgabe- und Beitragspflichten (Sozialversicherung, Berufsgenossenschaften usw.) einhalten und dass die Arbeitsbedingungen der Beschäftigten auf dem Niveau branchenüblicher Tarifverträge geregelt sind.
- Kündigung der Verträge mit denjenigen Firmen, die keine ausreichende Gewähr zur Einhaltung dieser Vorschriften bieten bzw. Verbot des Abschlusses neuer Verträge mit solchen Firmen.
- Regelmäßige Information des Betriebsrats über die Entwicklung des Umfangs der Fremdaufträge mit Begründung, weshalb diese Aufträge nicht in Eigenregie ausgeführt werden können.
- Mitbestimmungsrecht der Interessenvertretung bei der Vergabe von Arbeiten an Fremdfirmen.

<d> Absenkung der regelmäßigen tariflichen Arbeitszeit

In einer Reihe von Tarifverträgen der verschiedenen Einzelgewerkschaften finden sich Bestimmungen zur Veränderung der regelmäßigen tariflichen Arbeitszeit (sog. Arbeitszeitkorridore). Durch Betriebsvereinbarung kann beispielsweise bei schlechter Auftragslage die regelmäßige Arbeitszeit für den gesamten Betrieb oder einzelner Bereiche um mehrere Stunden (Bandbreite von 2,5 bis 7 Std.) in der Woche gesenkt werden, um einen Abbau von Arbeitsplätzen zu vermeiden. In einigen Tarifverträgen stehen diese Vereinbarungen unter dem Zustimmungsvorbehalt der Tarifvertragsparteien (Gewerkschaft, Arbeitgeberverband).

In den Tarifverträgen ist regelmäßig kein Einkommensausgleich für die Absenkung der regelmäßigen Arbeitszeit vorgesehen. Im Rahmen eines Interessenausgleichs/Sozialplans können hier – ggf. sozial gestaffelte (z. B. unter Berücksichtigung mehrerer Faktoren, wie z. B. Höhe des Einkommens, Unterhaltspflichten) – Ausgleichszahlungen vereinbart werden. Wichtig ist auch der Ausschluss betriebsbedingter Kündigungen für den Zeitraum der kollektiven Absenkung der regelmäßigen Arbeitszeit.

Wichtige Regelungspunkte:
- Festlegung des Geltungsbereichs (räumlich, persönlich, zeitlich)
- Ausgleichsleistungen (ggf. sozial gestaffelt: niedrige Lohn- und Gehaltsgruppen sollten höhere Ausgleichsleistungen erhalten als die höheren Lohn- und Gehaltsgruppen, Teilzeitbeschäftigte sollten entweder völlig ausgenommen werden oder ggf. eine höhere Ausgleichsleistung erhalten.
- Ausschluss betriebsbedingter Kündigungen für den Zeitraum der Absenkung der Arbeitszeit.

<e> Umwandlung von Vollzeit- in Teilzeitstellen auf freiwilliger Basis

Teilzeitbeschäftigt sind Arbeitnehmer/innen, deren regelmäßige Wochenarbeitszeit kürzer ist als die vergleichbarer vollzeitbeschäftigter Arbeitnehmer/innen. Ist eine regelmäßige Wochenarbeitszeit nicht vereinbart, so ist ein/e Arbeitnehmer/in teilzeitbeschäftigt, wenn seine/ihre regelmäßige Arbeitszeit im Durchschnitt eines bis zu einem Jahr reichenden Beschäftigungszeitraums unter der eines/einer vergleichbaren Vollzeitbeschäftigten liegt. Vergleichbar ist ein/e vollzeitbeschäftigte/r Arbeitnehmer/in des Betriebes mit derselben Art des Arbeitsverhältnisses und der gleichen oder einer ähnlichen Tätigkeit. Gibt es im Betrieb keinen vergleichbaren vollzeitbeschäftigten Arbeitnehmer, so ist der vergleichbare vollzeitbeschäftigte Arbeitnehmer auf Grund des anwendbaren Tarifvertrages zu bestimmen; in allen anderen Fällen ist darauf abzustellen, wer im jeweiligen Wirtschaftszweig üblicherweise als vergleichbarer vollzeitbeschäftigter Arbeitnehmer anzusehen ist. Teilzeitbeschäftigt ist auch ein Arbeitnehmer, der eine geringfügige Beschäftigung nach § 8 Abs. 1 Nr. 1 SGB IV ausübt (§ 2 TzBfG).

Durch die Umwandlung von Vollzeit- in Teilzeitstellen vermindern sich das individuelle und kollektive Arbeitszeitvolumen (vgl. hierzu auch das Praxisbeispiel bei *Laßmann/Riegel* 2017, S. 51). Durch die Verringerung der volumenmäßigen Ist-Beschäftigung können Arbeitsplätze gesichert werden. Allerdings zeigt die Praxis, dass die relativ höhere Arbeitsproduktivität von Teilzeitbeschäftigten dazu führt, dass die Umwandlung dieser Stellen nicht in vollem Umfang der Sicherung von Arbeitsplätzen zugutekommt, sondern teilweise Arbeitsplätze auch dauerhaft reduziert und für die betroffenen Beschäftigten auf Dauer in aller Regel negative gesundheitliche Auswirkungen (z. B. Krankheit durch Arbeitsverdichtung) haben können.

Gegen die Umwandlung von Vollzeit- in Teilzeitarbeitsplätze ist dann nichts einzuwenden, wenn dies auf Wunsch der Beschäftigten selbst (aufgrund individueller Arbeitszeit- und Freizeitpräferenzen) erfolgt, befristet ist bzw. zu einem späteren Zeitpunkt auch wieder auf Wunsch des Teilzeitbeschäftigten rückgängig gemacht werden kann (vgl. auch das Praxisbeispiel bei *Laßmann/Riegel* 2017, S. 54).

Die Umwandlung einer Vollzeit- in eine Teilzeitstelle ist, sofern diese Stelle besetzt ist, durch Änderungskündigung oder durch Vereinbarung zwischen Arbeitgeber und Arbeitnehmer/in möglich. Für die Rechtmäßigkeit von Änderungskündigungen gelten nach dem Gesetz und der Rechtsprechung die hohen Anforderungen des § 1 KSchG. So muss der Reduzierung der Arbeitszeit tatsächlich auch eine entsprechende Reduzierung des Arbeitsvolumens gegenüberstehen (BAG 23.2.2012 – 2 AZR 548/10). Rein wirtschaftliche Erwägungen (Einsparung von Personalkosten) können hingegen eine Änderungskündigung grundsätzlich nicht rechtfertigen (BAG 16.5.2002 – 2 AZR 292/01).

Erfolgt die Umwandlung durch Änderungskündigung, muss der Betriebsrat, wie bei jeder anderen Kündigung auch, nach § 102 BetrVG zuvor angehört werden.

Nach der BAG-Rechtsprechung hat der Betriebsrat ein erzwingbares Mitbestimmungsrecht in Bezug auf die Rahmenbedingungen für die Durchführung von Teilzeitbeschäftigung und kann den Arbeitgeber auch verpflichten, diese Bedingungen bei der Vertragsgestaltung zu beachten (BAG 13.10.1987 – 1 ABR 51/86). Die Mitbestimmung erstreckt sich im Wesentlichen auf folgende Regelungsinhalte:

- Festlegung der Wochentage, der Zahl der Arbeitstage in der Woche, Beginn und Ende der täglichen Arbeitszeit, Dauer und Lage der Pausen;
- Festsetzung, ob die Arbeitszeit an einem Arbeitstag zusammenhängend oder in mehreren Schichten geleistet wird;
- Regelungen, in welchem Umfang sich die Arbeitszeiten mit den Betriebsnutzungszeiten decken sollen.

Neben diesen erzwingbaren Regelungsinhalten für Teilzeitbeschäftigte sollte der Betriebsrat versuchen, im Rahmen von Interessenausgleichsverhandlungen in einer separaten Teilzeitbetriebsvereinbarung weitere Forderungen durchzusetzen. Hierdurch können zudem Ungleichbehandlungen, die ggf. auch unter das Diskriminierungsverbot nach § 4 TzBfG fallen, beseitigt, bzw. ausgeschlossen werden.

Wichtige Regelungspunkte:

- Umwandlung von Vollzeit- auf Teilzeitarbeit soll nur auf Wunsch des/der Beschäftigten zulässig sein.
- Anspruch der Beschäftigten auf Umwandlung, wenn dem nicht dringende betriebliche Gründe entgegenstehen.
- Anspruch der Beschäftigten, die eine Umwandlung vornehmen, auf bevorzugte Berücksichtigung bei der späteren Besetzung von Vollzeitstellen.
- Finanzielle Anreize, die im Rahmen des Sozialplans als Regelungen zum Ausgleich der wirtschaftlichen Nachteile getroffen werden können (z.B. in Form einer anteiligen Abfindung oder einer Ausgleichszulage).
- Vereinbarung einer Mindestwochenarbeitszeit, um die Sozialversicherungspflicht des Beschäftigungsverhältnisses zu gewährleisten.
- Festlegung einer Mindesttagesarbeitszeit von vier Stunden in zusammenhängender Form.

- Teilzeitbeschäftigte dürfen nicht von betrieblichen Leistungen, wie z.B. Anspruch auf betriebliche Altersversorgung, Sozialleistungen, Gratifikationen usw. ausgeschlossen werden.
- Teilzeitbeschäftigte sollen den gleichen Anspruch auf alle Förderungs-, Weiterbildungs- und Umschulungsmaßnahmen haben wie Vollzeitbeschäftigte.

<f> Erweiterung des Produktionsprogramms/Dienstleistungsportfolios

Bei der Erweiterung des Produktionsprogramms oder des Dienstleistungsportfolios muss zwischen kurzfristig und längerfristig zu realisierenden Maßnahmen unterschieden werden:

- Kurzfristig kann das Produktionsprogramm am ehesten im Falle eines Konzernverbunds durch die Übernahme von Überauslastungen anderer Unternehmen/Standorte, aber auch durch Zulieferaufträge für andere Branchen und Fremdaufträge für Drittfirmen erweitert werden. Voraussetzung ist jedoch, dass sich die vorhandenen Produktionsanlagen hierfür eignen (Fertigungsflexibilität). Bei Unternehmen der Dienstleistungsbranche muss das vorhandene Personal für die zusätzlichen Aufgaben qualifiziert sein bzw. kurzfristig eingearbeitet werden können.
  Ein Problem stellt jedoch häufig die zeitnahe Beschaffung der entsprechenden Aufträge dar, insbesondere dann, wenn bisher auf solche Maßnahmen verzichtet wurde. Notwendig ist vor allem, dass kurzfristig in den Bereichen Vertrieb und Marketing zusätzliche Kapazitäten geschaffen und vorhandenes Personal für das Akquirieren entsprechender Aufträge qualifiziert werden (vgl. RKW-Handbuch Personalplanung 1996, S. 211f.).
- Mittel- bis langfristig ist es auch möglich, neue Produkte oder Dienstleistungen ins Programm aufzunehmen. Dies ist natürlich originäre Aufgabe des Managements. Um einen drohenden Personalabbau zu vermeiden oder zumindest zu verringern, sollte der Betriebsrat allerdings nicht darauf vertrauen, dass das Management aktiv wird, sondern selbst die Initiative ergreifen und hierbei auch die Belegschaft einbeziehen. Beispiele gerade auch für Initiativen aus der Belegschaft gibt es unter den Bezeichnungen »Alternative Fertigung« und »Rüstungskonversion« in den verschiedensten Branchen (Werftenindustrie: Blohm & Voss, Hamburg; HDW, Hamburg; Bremer Vulkan; Arbeitgeber Weser, Bremen; Rüstungsindustrie: Krupp MAK, Kiel; VFW/MBB, Bremen; SHG-Spezialgerätebau, Hamburg).

Eine Vielzahl von Hinweisen zu den Ideen betrieblicher Initiativen, aber auch zu den Schwierigkeiten bei deren Umsetzung finden sich z.B. in *Mehrens* (Hrsg.) 1985; *Duhm* (Hrsg.) 1983.

Wegen der Komplexität und der jeweils besonderen Bedingungen des Einzelfalls müssen wir uns hier auf diese knappen Hinweise beschränken und auf die angegebene einschlägige Literatur bzw. die (kritische) Recherche im Internet verweisen.

<g> Betriebsfortführung in Arbeitnehmer-Hand

In seltenen Fällen kommt bei drohender Betriebsstilllegung auch eine Fortführung des Betriebes durch die Beschäftigten in Betracht (z. B. J.M. Voith, Bremen; Olympia AG, Leer; Petri, Saarbrücken, Flachglas Wernberg, Union Chemnitz, ALUnna). Meist liegen diese Betriebe in strukturschwachen Regionen und die Betriebsfortführung durch die Beschäftigten ist die einzige Alternative zu drohender Langzeitarbeitslosigkeit für einen Großteil der Belegschaft. Die Initiative geht häufig auf einzelne Personen zurück, die sowohl aus dem Betrieb (i. d. R. aus dem Betriebsrat) oder auch außerhalb des Betriebes (i. d. R. regionale hauptamtliche Gewerkschaftssekretäre) kommen.

Für den Erfolg solcher Initiativen kommt der Gewerkschaft eine bedeutende Rolle zu. Einerseits zeigt sich, dass zwar auf regionaler und Bezirksebene die Unterstützung durch die Gewerkschaft sehr groß ist, andererseits sich aber die Gewerkschaftsvorstände mit einer Unterstützung oft sehr schwer tun. Das hängt nicht nur mit den zum Teil illegalen, aber notwendigen Aktionsformen, wie z. B. Betriebsbesetzungen, zusammen, sondern vor allem mit der kritischen Beurteilung der finanziellen Beteiligung und dem damit verbundenen Risiko für die Beschäftigten (*Klemisch/Sack/Eh*rsam 2010, S. 52).

Die öffentliche Unterstützung ist ebenfalls ein wichtiger Faktor. Politik, Kirchen und die regionale Wirtschaft sehen gerade in strukturschwachen Regionen im Erhalt von Arbeitsplätzen einen wesentlichen Wirtschaftsfaktor.

Wichtig ist auch die Unterstützung durch externe, wirtschaftlich versierte Sachverständige bei der Erarbeitung des Fortführungskonzepts. Diese Unterstützung kann sich der Betriebsrat im Rahmen des § 92a BetrVG i. V. m. § 80 Abs. 3 BetrVG sichern.

Eine zentrale Rolle spielen die Banken. War schon in der Vergangenheit die Bereitschaft, Belegschaftsinitiativen mit Krediten zu unterstützen, ausgesprochen zurückhaltend, so hat sich diese restriktive Kreditvergabepraxis durch Basel 3 noch wesentlich verstärkt. Ohne entsprechende Sicherheiten oder öffentliche Bürgschaften sowie den Einsatz von Wirtschafts- und Arbeitsmarktfördermitteln scheitern solche Initiativen meist an der Finanzierung. Interne Finanzierungsmaßnahmen, wie z. B. Lohnverzicht, unbezahlte Überstunden kommen – wenn überhaupt – nur als vorübergehende Überbrückungsmaßnahme in Betracht und sollten über entsprechende Beschäftigungssicherungstarifverträge abgesichert werden, die allerdings im Insolvenzfall ins Leere laufen.

Die hohe Misserfolgsrate bei solchen Initiativen macht deutlich, dass eine Vielzahl von Faktoren zusammentreffen muss, damit Betriebe durch die Belegschaft erfolgreich weitergeführt werden können. Eine Übersicht über erfolgreiche und gescheiterte Belegschaftsübernahmeinitiativen findet sich bei *Klemisch/Sack/Ehrsam* 2010, S. 71f. Zu den Erfolgsfaktoren gehören vor allem (vgl. *IG Metall*, Betriebsstilllegungen, S. 200ff.):

- die begründete Aussicht, innerhalb kürzester Zeit marktgängige und wettbewerbsfähige Produkte entwickeln und anbieten zu können,
- keine überalterte und verschlissene technische Ausstattung des Betriebes, da sonst die Initiative bereits an der Finanzierung der notwendigen Investitionen scheitert,
- die Bereitschaft eines großen Teils der Leistungsträger in der Belegschaft, an dem Versuch mitzuarbeiten. Häufig scheitern Belegschaftsinitiativen daran, dass die betrieblichen Experten wegen ihrer vergleichsweise günstigen Arbeitsmarktchancen eher dazu neigen, mit einer Sozialplanabfindung auszuscheiden, als das mit der Belegschaftsinitiative verbundene Risiko einzugehen,
- Sicherstellung einer ausreichenden Finanzierung. Da wegen des Verlustrisikos i. d. R. eine direkte Kapitalbeteiligung der Beschäftigten nicht sinnvoll ist, kommen hier vor allem die öffentlichen Hände (im Rahmen von Wirtschafts-, Existenzgründungs- und Mittelstandsförderungsprogrammen), aber auch die bisherigen Kapitaleigner (z. B. in Form der unentgeltlichen Überlassung des betrieblichen Anlagevermögens) sowie institutionelle Geldanleger (z. B. Bankkredite gegen entsprechende Sicherheiten) in Betracht,
- Wahl einer Rechtsform, die zum einen eine institutionelle Anbindung des öffentlichen und arbeitsmarktpolitischen Interesses ermöglicht und zum anderen der Belegschaft weitreichende Gestaltungsrechte einräumt, ohne ihr ein besonderes Kapitalrisiko aufzubürden. Nach allen Erfahrungen eignet sich hier am besten die Rechtsform einer GmbH, bei der ein Belegschaftsverein oder eine Stiftung die Kapitalanteile hält.

2. Regelungen zur Beschäftigungsförderung

Unter Beschäftigungsförderung verstehen wir alle Maßnahmen, die der Erhöhung der Anzahl der Arbeitsplätze im Betrieb und der Verbesserung der Qualität bestehender Arbeitsplätze sowie der individuellen Förderung von angemessenen beruflichen Einsatzmöglichkeiten dienen, z. B. durch entsprechende Qualifizierung. Solche Regelungen werden sich vermutlich nur bei bestimmten Arten von Betriebsänderungen durchsetzen lassen, etwa bei der grundlegenden Änderung der Betriebsorganisation, des Betriebszwecks oder der Betriebsanlagen sowie bei der Einführung grundlegend neuer Arbeitsmethoden und Fertigungsverfahren. Handelt es sich um eine Betriebsänderung mit dem Ziel der Betriebsschließung oder des massiven Personalabbaus, werden Forderungen nach Förderung der Beschäftigung in aller Regel ins Leere laufen.

a. Erhalt von Ausbildungsplätzen und Übernahme von Auszubildenden nach erfolgreichem Abschluss

In vielen Betrieben ist die Altersstruktur der Belegschaften durch vorangegangene Personalabbaumaßnahmen unter Beachtung der Sozialauswahl ausgesprochen problematisch. Viele Belegschaften sind überaltert. Deshalb sollte der Betriebsrat versuchen, bei bestimmten Arten von Betriebsänderungen (s. o.), bei denen diese Forderung realistisch und sinnvoll ist, auch auf den Erhalt oder den Ausbau von Ausbildungsplätzen sowie auf die Übernahme von Auszubildenden nach erfolgreichem Abschluss hinzuwirken. In vielen Branchen gibt es hierzu auch tarifliche Regelungen, die dann als eine Mindestregelung zu verstehen sind und auf die der Betriebsrat aufbauen kann (vgl. auch das Praxisbeispiel bei *Laßmann/Riegel* 2017, S. 96 f.).

Regelungsvorschlag:
Die zum ... bestehende Zahl von Ausbildungsplätzen an den jeweiligen Standorten wird bis ... nicht verringert. Das Niveau der Ausbildungsqualität bleibt gewahrt; die angebotenen Ausbildungsberufe werden mind. in entsprechender Zahl beibehalten.
Auszubildende werden nach bestandener Abschlussprüfung für mind. ein Jahr in ihrem ausgebildeten Beruf in ein Arbeitsverhältnis übernommen, soweit dem nicht personenbedingte Gründe entgegenstehen. Der Betriebsrat ist hierüber unter Angabe der Gründe zu unterrichten.

b. Schaffung neuer Arbeitsplätze

Regelungen zur Schaffung neuer Arbeitsplätze werden nur in Ausnahmefällen Gegenstand eines Interessenausgleichs sein, etwa bei der Änderung des Betriebszwecks oder der Modernisierung von Betrieben.

Regelungsvorschlag:
- Ergibt sich über einen Zeitraum von ... Monaten hinweg regelmäßig Mehrarbeit, sind im entsprechenden Umfang zusätzliche Arbeitsplätze in den von Mehrarbeit betroffenen Bereichen einzurichten.
- Die durch die verschiedenen Möglichkeiten der individuellen Arbeitszeitverkürzung und der Reduzierung von Überstunden eingesparten Stunden (auf das Jahr gerechnet) werden in Arbeitskapazitäten umgerechnet. Die Zahl der so errechneten Arbeitsplätze fließt 1:1 in die Personalplanung ein.
- Im Umfang der Arbeitsreduzierung einer oder mehrerer Mitarbeiter/innen sind zusätzlich Stellen (ggf. in Teilzeit) auszuschreiben bzw. innerbetriebliche Umsetzungen zur Kompensation der Arbeitszeitreduzierung vorzunehmen.
- Vorrangig ist dabei die dauerhafte, über ein Jahr hinausgehende Übernahme der Auszubildenden. Ist abzusehen, dass es zu einem dauerhaften Zuwachs an Arbeitsplätzen kommt, wird die Zahl der Ausbildungsplätze entsprechend erhöht.

c. Entfristung befristeter Arbeitsverhältnisse

Die Entfristung befristeter Arbeitsverhältnisse bedeutet zunächst nicht die Schaffung zusätzlicher Arbeitsplätze, sondern zunächst nur die Umwandlung von Rand- in Stammbelegschaften. Die dadurch erreichte Verbesserung für die Betroffenen und die positiven Auswirkungen auf das Betriebsklima und damit letztlich auch auf die Produktivität sollten jedoch nicht unterschätzt werden.

> **Regelungsvorschlag:**
> Bestehende befristete Arbeitsverträge ohne Sachgrund werden entfristet. Zukünftig erfolgen Befristungen nur noch bei Vorliegen eines die Befristung rechtfertigenden sachlichen Grundes oder mit ausdrücklicher Zustimmung des Betriebsrats.

d. Qualifizierung innerhalb eines Betriebes

Die Vereinbarung von Qualifizierungsmaßnahmen (Fortbildung, Umschulung) für die Beschäftigten oder bestimmte Beschäftigtengruppen eines Betriebes im Rahmen eines Interessenausgleichs kann folgende Funktionen haben:

- Vermittlung von betrieblich benötigten Qualifikationen, damit eine Weiterbeschäftigung auf dem alten Arbeitsplatz (vgl. § 97 Abs. 2 BetrVG), im alten Betrieb, in einem anderen Betrieb des Unternehmens oder des Konzerns möglich wird. Dies setzt voraus, dass offene Stellen im Betrieb, Unternehmen oder Konzern und damit entsprechende Versetzungsmöglichkeiten vorhanden sind. Oder es werden Arbeitsplätze für Beschäftigtengruppen freigemacht, die (z. B. aus Altersgründen) sehr ungünstige Arbeitsmarktchancen haben, indem den bisherigen Stelleninhabern mit günstigeren Aussichten durch entsprechend hoch dotierte Abfindungsangebote das Ausscheiden aus dem Betrieb attraktiv gemacht wird.
- Vermittlung von überbetrieblichen Qualifikationen, um die Arbeitsmarktchancen beim erzwungenen Ausscheiden aus dem Unternehmen zu verbessern. Dies wird immer dann der Fall sein, wenn betriebs-, unternehmens- oder gar konzernweit keine offenen Stellen zur Verfügung stehen oder den betroffenen Beschäftigten aufgrund von Mobilitätshemmnissen eine damit verbundene Versetzung nicht zumutbar ist. Mit der Vermittlung überbetrieblich anerkannter Fachqualifikationen wird bildungspolitisch nicht nur die richtige Antwort auf die Ungewissheit der Zukunft gegeben, sondern vielfach hängt auch die finanzielle Unterstützung durch die Agentur für Arbeit für solche Qualifizierungsmaßnahmen davon ab, dass die vermittelten Qualifikationen auf dem externen Arbeitsmarkt verwertbar sind. Im Rahmen der Umschulung bedeutet dies das Erlernen eines zukunftsträchtigen Berufes; im Rahmen der Fortbildung heißt dies das Auffrischen und Ergänzen bestehenden Fachwissens, indem den Beschäftigten z. B. fehlendes Wissen zur Anwendung neuer Technologien vermittelt wird, das sie in ihrer früheren Berufsausbildung noch

nicht erwerben konnten. Hierfür können unter bestimmten Voraussetzungen auch die im SGB III geregelten Instrumente Outplacement (§ 110 SGB III) und Transfergesellschaft (§§ 111, 111a SGB III) genutzt werden (siehe Kapitel B.X).

Neben den Mitbestimmungsrechten des Betriebsrats nach §§ 111, 112 BetrVG kommen hier auch die (zum Teil schwächeren) Mitbestimmungsrechte nach §§ 92, 96 – 98 BetrVG zur Anwendung. Erstrebenswert ist es, zu versuchen, für den Bereich der Qualifikation erweiterte Mitbestimmungsrechte der Interessenvertretung – z. B. im Rahmen eines paritätisch besetzten Ausschusses mit Entscheidungskompetenz – und Konfliktlösung durch eine Einigungsstelle zu vereinbaren.

Nach unseren Erfahrungen trägt die weitaus überwiegende Zahl von Qualifizierungsregelungen ausschließlich dem Qualifizierungsbedarf des Arbeitgebers Rechnung und berücksichtigt kaum die Qualifikationsanforderungen des externen Arbeitsmarktes zur Verbesserung der Chancen vom Arbeitsplatzverlust Betroffener im Sinne der Förderung von beruflicher Mobilität.

Ist mit der Betriebsänderung allerdings ein größerer Personalabbau verbunden, finden sich in einigen Interessenausgleichen Regelungen zu Outplacementmaßnahmen und Transfergesellschaften, die zu einer Förderung der beruflichen Mobilität beitragen sollen (vgl. auch die Praxisbeispiele bei *Laßmann/Riegel* 2017, S. 80 ff.). Allerdings sollten die entsprechenden Regelungen zu diesen beiden Instrumenten der Arbeitsförderung als Sozialplanregelung vereinbart werden. Dies bietet wegen der Rechtsqualität des Sozialplans, der als Betriebsvereinbarung normativ wirkt, Vorteile, wenn es darum geht, den Arbeitgeber zur Übernahme der insoweit anfallenden Kosten zu verpflichten, bzw. den Beschäftigten zu einem individuellen Anspruch auf diese Fördermaßnahmen zu verhelfen. Die Regelungen zur Qualifizierung in Interessenausgleichen sind meist allgemeiner Art und überlassen die Konkretisierung den Betriebsparteien für den jeweiligen Einzelfall. Wichtig ist, dass die Qualifizierungsmaßnahmen während der Arbeitszeit und auf Kosten des Arbeitgebers stattfinden und dass der Betriebsrat durch die Regelungen im Interessenausgleich nicht auf seine Mitbestimmungsrechte (insb. § 98 BetrVG) im Einzelfall verzichtet. Häufiger finden sich hingegen Regelungen zur Qualifizierung im Sozialplan, da damit einklagbare Ansprüche der Beschäftigten festgeschrieben werden (vgl. Kapitel H.III).

Regelungsvorschlag 1:
Zur Anpassung und Weiterentwicklung der Qualifikationen für jeden Beschäftigten werden folgende unterstützende Maßnahmen seitens des Arbeitgebers ergriffen:

- Verbesserte Nutzung der vorhandenen Personalentwicklungs-Instrumente (z. B. Mitarbeitergespräch) zur Feststellung des individuellen Qualifikationsstatus und des individuellen Weiterbildungsbedarfs.

- Verfahren für die jeweils bereichspezifische Klärung der zukünftigen (insb. mittel- und langfristigen) Anforderungen an die Beschäftigten (z. B. im Rahmen von Baselining), die Konsequenzen für das Qualifikationsprofil der Beschäftigten (Soll-/Ist-Vergleich) sowie den daraus resultierenden Weiterbildungsbedarf haben.
- Stärkung der Selbstverantwortung der Beschäftigten für ihr Qualifikationsprofil und Unterstützung der Beschäftigten durch betriebliche Maßnahmen bei der Realisierung ihres persönlichen Weiterbildungsbedarfs (z. B. durch bedarfsgesteuerte interne Seminarangebote); bedarfsabhängige Unterstützung bei der Teilnahme an außerbetrieblichen Bildungsmaßnahmen (z. B. zertifizierte Bildungsabschlüsse nach dem IT-Weiterbildungssystem).
- Weiterbildungsmaßnahmen finden grundsätzlich während der Arbeitszeit und auf Kosten des Arbeitgebers statt.
- Die Mitbestimmungsrechte des Betriebsrats gem. §§ 97 Abs. 2, 98 BetrVG bleiben von der Regelung unberührt.

Regelungsvorschlag 2:
Durch interne und externe Qualifizierungsmaßnahmen werden die betroffenen Mitarbeiter auf die Anforderungen der neuen oder veränderten Arbeitsplätze bei dem neuen Arbeitgeber (z. B. in Fällen des § 613a BGB) vorbereitet. Die nachfolgenden Grundsätze beziehen sich ausschließlich auf diese Maßnahmen zur Qualifizierung auf einen neuen oder veränderten Arbeitsplatz.
Die Ermittlung des notwendigen Qualifizierungsbedarfs resultiert aus dem Abgleich zwischen den Anforderungen des neuen/veränderten Arbeitsplatzes und den vorhandenen Qualifikationen des betroffenen Mitarbeiters. Die Verantwortung liegt bei der aufnehmenden Gesellschaft in Abstimmung mit der abgegebenen Gesellschaft und bedarf der Mitwirkung des Mitarbeiters.
Beginn, Lage und Dauer der ermittelten Qualifizierungsmaßnahmen sind unabhängig von dem Beginn der Tätigkeit an dem neuen/veränderten Arbeitsplatz.
Der Zeitraum der Qualifizierungsmaßnahmen bis zur Erlangung der geforderten zusätzlichen oder geänderten Qualifikation soll nach Möglichkeit (je nach Situation zwischen sechs und zwölf) Monate nicht überschreiten. Im Einzelfall können unter Berücksichtigung der betrieblichen Belange längere Qualifizierungsmaßnahmen vereinbart werden.
Weiterbildungsmaßnahmen finden grundsätzlich während der Arbeitszeit und auf Kosten des Arbeitgebers statt.
Die Mitbestimmungsrechte des Betriebsrats gem. §§ 97 Abs. 2, 98 BetrVG bleiben unberührt.

Eine umfassende Analyse von Betriebsvereinbarungen zur betrieblichen Weiterbildung findet sich bei *Heidemann* 2019.

e. Transfergesellschaft

Sind alle Möglichkeiten ausgeschöpft, im Betrieb, Unternehmen oder Konzern Arbeitsplätze zu sichern, können durch entsprechende Vereinbarungen im Interessenausgleich und Sozialplan den von Kündigung bedrohten Beschäftigten der Wechsel in eine Transfergesellschaft angeboten werden. Wenn sich die Betriebsparteien im Interessenausgleich dem Grunde nach auf die Einrichtung einer Transfergesellschaft verständigt haben, ist es sinnvoll, die umfangreichen Regelungen über die Einrichtung, den Übergang der Arbeitnehmer und die finanzielle Ausgestaltung der Transfergesellschaft im Rahmen einer separaten Betriebsvereinbarung festzulegen (siehe Kapitel M [Anhang])

Regelungsvorschlag:
Für alle von der Maßnahme betroffenen Arbeitnehmer, deren Arbeitsplatz entfällt, besteht die Möglichkeit, für max. zwölf Monate befristet unter Bezug von 80%–90% ihres bisherigen Nettoentgeltes in eine Transfergesellschaft zu wechseln. Näheres zur Ausgestaltung der Transfergesellschaft ist in der Transfer-Betriebsvereinbarung geregelt.

Die Einrichtung einer Transfergesellschaft stellt eine Alternative zur drohenden Arbeitslosigkeit dar. Die von Entlassung bedrohten Beschäftigten wechseln dabei in ein neues, auf max. zwölf Monate befristetes Arbeitsverhältnis mit der Transfergesellschaft, wobei innerhalb einer Transfergesellschaft mehrere zeitlich versetzte betriebsorganisatorische Einheiten (beE) errichtet werden können. Die Zeitpunkte der Errichtung sind meist von der Dauer der jeweiligen Kündigungsfristen der betroffenen Beschäftigten abhängig. In den meisten Fällen wird die Transfergesellschaft nicht vom bisherigen Unternehmen, sondern von einem externen Anbieter durchgeführt, der sich hierauf spezialisiert hat. Eine länger als zwölfmonatige Befristung des Arbeitsverhältnisses in der Transfergesellschaft ist ohne den weiteren Bezug von Transfer-Kurzarbeitergeld grundsätzlich möglich, wird aber in der Praxis nur in sehr seltenen Ausnahmefällen vereinbart. Zudem kann hierdurch ein Anreiz geschaffen werden, dass sich die Beschäftigten nicht um ein neues Arbeitsverhältnis bemühen, sondern die maximale Verweildauer in der Transfergesellschaft ausschöpfen wollen. Dies kann schädlich für die Förderfähigkeit sein und dazu führen, dass die Agentur für Arbeit die Zahlung von Transferkurzarbeitergeld ablehnt.
Mit Hilfe von Transfer-Kurzarbeitergeld (§ 111 SGB III) und den Pflichtleistungen des Arbeitgebers für Sozialversicherungsbeiträge, Urlaubs- und Feiertagsvergütung wird ein Einkommen etwa in Höhe des Arbeitslosengeldes (60 % bzw. 67 % des Nettoverdienstes) sichergestellt. Hinzu kommen i. d. R. im Sozialplan vereinbarte Aufstockungsleistungen (meist auf 80 %-90 % des individuellen oder

pauschalierten Nettoverdienstes) durch den bisherigen Arbeitgeber (Rahmenbedingungen für Zuschüsse durch die BA, siehe Kapitel B.X).
Die Beschäftigten schließen mit einer Willenserklärung (Unterschrift) eine Aufhebungsvereinbarung mit dem bisherigen Arbeitgeber und beginnen gleichzeitig ein neues, befristetes Beschäftigungsverhältnis mit der Transfergesellschaft. Die Grundlagen für diesen sog. » Dreiseitigen Vertrag« (siehe Kapitel M [Anhang]) müssen zuvor von Arbeitgeber und Betriebsrat vereinbart werden. Die Bundesagentur für Arbeit ist beratend hinzuzuziehen, um die Inanspruchnahme von Transfer-Kug nicht zu gefährden (§ 111 Abs. 1 Nr. 4 SGB III).
Ziel in der Transfergesellschaft ist es, die Beschäftigten

- professionell und praxisnah bei ihren Bemühungen um ein neues Arbeitsverhältnis zu unterstützen und
- gleichzeitig eine soziale und gegenüber der Arbeitslosigkeit bessere materielle Absicherung für den Zeitraum des befristeten Arbeitsverhältnisses zu gewährleisten.

Dementsprechend werden die Maßnahmeninhalte auf die Situation und Bedürfnisse der Beschäftigten abgestimmt. Vor Eintritt in die Transfergesellschaft fordert die Arbeitsagentur eine Eignungsfeststellung (§ 111 Abs. 3 Nr. 4b SGB III, sog. »Profiling«). In der Transfergesellschaft werden i.d.R. folgende Maßnahmen durchgeführt:

- Direkte Vermittlungsunterstützung,
- Bewerbungsunterstützung/-training,
- Berufliche Qualifizierung (soweit in zwölf Monaten zu leisten),
- Praktika/Probearbeitsverhältnisse zur beruflichen Orientierung bzw. als Einstiegsmöglichkeit und
- Existenzgründungsberatung/-unterstützung.

Im Regelfall sind die Beschäftigten nicht während der gesamten Dauer der Transfergesellschaft voll ausgelastet. Je nach inhaltlicher Gestaltung und zeitlicher Organisation gibt es Phasen, die einem normalen Arbeitstag ähneln und solche, in denen die Beschäftigten überwiegend eigenständige Bemühungen unternehmen und nur zu Terminen mit ihrem Betreuer bzw. zu bestimmten Gruppenveranstaltungen zusammenkommen. Eine Förderung der Weiterbildung durch teilweise Übernahme der Weiterbildungskosten für Inanspruchsberechtigte von Transfer-Kug ist unter bestimmten Voraussetzungen möglich (§ 111a Abs. 1 SGB III)
Eine wesentliche Rolle bei den Verhandlungen über eine Transfergesellschaft spielen die damit verbundenen Aufwendungen für den Arbeitgeber, die dieser zu Recht als Teil der Sozialplankosten betrachtet. Mit folgenden finanziellen Aufwendungen ist im Rahmen einer TG zu rechnen:

- Remanenzkosten der Transferkurzarbeit (Arbeitgeber- und Arbeitnehmer-Anteile zur Sozialversicherung berechnet auf der Basis von 80% des letzten

Bruttoeinkommens, Urlaubs- und Feiertagsvergütung einschließlich der Sozialversicherungsbeiträge) in Höhe von rd. 40 % des Arbeitnehmer-Bruttoverdienstes
- Falls zusätzlich vereinbart: Urlaubs- und Weihnachtsgeld sowie Aufstockungsbeträge
- Verwaltungskosten der TG
- Abfindungen bei Ausscheiden beim bisherigen Arbeitgeber und ggf. bei (vorzeitigem) Ausscheiden aus der TG (abhängig von der Regelung im Sozialplan))
- Qualifizierungs- und Outplacementbudget
- evtl. Budget für längere Beschäftigung (über zwölf Monate) in der Transfergesellschaft, weil hierfür kein Transfer-Kurzarbeitergeld gezahlt wird.

Die Beschäftigung in einer Transfergesellschaft hat generell folgende Vorteile für die Beschäftigten:
- Pufferung der Zeit zwischen dem Verlust des Arbeitsplatzes und dem Eintritt von Arbeitslosigkeit (ggf. können ältere Beschäftigte so unter Einbezug der Dauer des Bezugs von Arbeitslosengeld die (vorgezogene) Altersrente erreichen).
- Bei Aufstockung des Transfer-Kurzarbeitergeldes höhere Bezüge für den Transfer-Kurzarbeitergeld-Zeitraum gegenüber dem Bezug von Arbeitslosengeld.
- Chance von weitreichender und individuell abgestimmter Qualifizierung sowie professionelle Unterstützung bei der Suche eines neuen Beschäftigungsverhältnisses
- Arbeitsrechtlich bessere Sicherstellung der (ggf. probeweisen) Arbeitsaufnahme bei Dritten mit der Möglichkeit der Rückkehr in die Transfergesellschaft unter bestimmten Voraussetzungen
- Keine Nachteile beim Bezug von Arbeitslosengeld nach dem Ausscheiden aus der Transfergesellschaft und Eintritt der Arbeitslosigkeit (Höhe des Arbeitslosengeldes wird auf Basis des Entgelts der früheren Beschäftigung berechnet/ ggf. verlängert sich beim Überschreiten bestimmter Altersgrenzen sogar der Bezugszeitraum für das Arbeitslosengeld durch die beitragspflichtige Transfer-Kurzarbeitergeld-Phase)

Der Wechsel in eine Transfergesellschaft ist aber auch mit Nachteilen für die Beschäftigten verbunden. Hier sind vor allem folgende Nachteile zu nennen:
- Endgültiger Verlust des bisherigen Arbeitsplatzes
- Fehlende Möglichkeit der gerichtlichen Überprüfung der Kündigung
- Einkommensminderung bei Abkürzung der Kündigungsfrist (sofern der Arbeitgeber die eingesparte Vergütung nicht zusätzlich als Wechselprämie zur Abfindung zahlt).

Bei Abwägung der Vor- und Nachteile überwiegen nach unserer Erfahrung die Vorteile für viele Beschäftigte deutlich.
Trotz erfahrungsgemäß höherer Gesamtkosten eines Sozialplans bei Einrichtung einer Transfergesellschaft lassen sich Arbeitgeber auf solche Konstruktionen ein, weil dies auch für sie folgende Vorteile bringt:

- Vermeidung des Risikos und der Kosten von Kündigungsschutzklagen
- Bessere und flexiblere Personalplanung (günstigere Altersstruktur durch die Möglichkeit der sozialen »Pufferung« bei älteren Beschäftigten für die Dauer von zwölf Monaten oder sogar darüber hinaus), Beschäftigte verlassen den Betrieb zum vereinbarten Zeitpunkt
- Die Vergütung, die der Arbeitgeber durch die Abkürzung von Kündigungsfristen einsparen kann, wird in vielen Fällen zur anteiligen Finanzierung der TG eingesetzt (Faustregel: Ein Monatsgehalt (Arbeitgeberbrutto) reicht i. d. R. aus, um zwei Monate in der Transfergesellschaft zu finanzieren). Bei einem vorzeitigen Ausscheiden sollten diese Eigenleistungen, sofern sie nicht verbraucht sind, dem jeweiligen Beschäftigten als Prämie zufließen.

Ob die Einrichtung einer Transfergesellschaft gegen den Willen des Arbeitgebers durch Spruch einer Einigungsstelle erzwungen werden kann, ist umstritten (*Fitting*, Rn. 278f. zu §§ 112BetrVG). Unseres Erachtens hat die Einigungsstelle in dieser Frage dann eine Spruchkompetenz, wenn die beE nicht innerhalb des Betriebes errichtet werden soll, weil dann der Arbeitgeber nicht zu einer Änderung seiner geplanten Betriebsänderung gezwungen ist (*DKW*, Rn. 249 zu §§ 112, 112a BetrVG). Allerdings kann der Arbeitgeber durch einen Spruch nur zur Finanzierung der Transfergesellschaft, jedoch nicht zum Abschluss des erforderlichen Vertrags mit dem externen Anbieter verpflichtet werden. Teilweise wird dieser Zwang faktisch erzeugt, indem die Einigungsstelle bestimmt, dass der Arbeitgeber im Falle der Verweigerung zusätzlich vergleichsweise höhere Abfindungszahlungen leisten muss. Dann hat der Arbeitgeber ein eigenes Interesse, einen externen Anbieter mit der Durchführung der Transfergesellschaft zu beauftragen.
Wir verzichten an dieser Stelle auf Regelungsvorschläge und verweisen auf den Anhang (Kapitel M) und die Praxisbeispiele bei *Laßmann/Riegel* 2017, S. 162ff.).

3. Regelungen über einen sozialverträglichen Personalabbau

Ist im Arbeitgeber-Konzept der geplanten Betriebsänderung ein Personalabbau vorgesehen und sieht auch der Betriebsrat nach intensiven Beratungen unter Hinzuziehung von Gewerkschaft und Sachverständigen und nach Ausschöpfen aller sonstigen Maßnahmen – insbesondere möglicher Qualifizierung – die Notwendigkeit einer Verringerung der Belegschaft ein (vgl. hierzu auch Kapitel

E.IV), so ist zunächst zu prüfen, ob es dennoch Möglichkeiten gibt, Entlassungen zu vermeiden. Zu solchen sozialverträglichen Maßnahmen rechnen wir
- Einstellungsstopp und Ausnutzen der natürlichen Fluktuation sowie
- Vorruhestand, vorzeitige Pensionierung und Inanspruchnahme von Altersteilzeit.

a. Einstellungsstopp

Soll nach den Vorstellungen des Arbeitgebers die Zahl der Beschäftigten verringert werden, so ist der Betriebsrat gut beraten, wenn er zunächst auf die Einführung einer Einstellungssperre drängt und etwaig beantragten Einstellungen generell seine Zustimmung nach § 99 BetrVG verweigert. Je nach der konkreten betrieblichen Situation sind dabei verschiedene Formen und Ausgestaltungen denkbar:
- genereller Einstellungsstopp (d. h. keine Deckung des Ersatz- noch eines evtl. Neubedarfs),
- qualifizierter Einstellungsstopp (Begrenzung der Einstellungssperre auf bestimmte Berufe, Mitarbeitergruppen, Abteilungen usw.),
- modifizierter Einstellungsstopp (strenge Prüfung der Ersatz- und Neueinstellungen auf ihre konkrete Notwendigkeit).

Bei einer Einstellungssperre werden die durch Fluktuation frei werdenden Stellen von Beschäftigten u. U. nach Durchführung einer Qualifizierungsmaßnahme (vgl. Kapitel G.I.2) besetzt, die sonst von einer Kündigung bedroht wären. Die in diesem Zusammenhang erforderlichen Versetzungen oder Umsetzungen unterliegen dem Mitbestimmungsrecht des Betriebsrats nach § 99 BetrVG (vgl. auch Kapitel J.III).

Sofern es die wirtschaftliche Situation des Unternehmens gestattet, lässt sich durch einen Einstellungsstopp über einen längeren Zeitraum, gekoppelt mit Umsetzungen und Versetzungen sowie damit verbundenen evtl. Qualifizierungsmaßnahmen, eine Verringerung des Personalbestands ohne Entlassungen erreichen. Voraussetzung ist aber u. a., dass das Unternehmen über die entsprechenden personalwirtschaftlichen Informationen sowie eine darauf aufbauende Personalplanung verfügt.

Die Wirksamkeit einer Einstellungssperre hängt in hohem Maße vom Umfang der Fluktuation im Betrieb ab. Da die entsprechende Rate (unabhängig von der Altersstruktur) in aller Regel in produktiven Bereichen spürbar höher ist als im Angestelltenbereich, wirkt diese Maßnahme in aller Regel eher im produktiven Bereich. Allerdings sollte eine Einstellungssperre immer auch nur für einen bestimmten Zeitraum vereinbart werden, um gravierende Verschlechterungen vor allem in der betrieblichen Altersstruktur zu vermeiden.

Wurde mit dem Arbeitgeber ein Einstellungsstopp vereinbart, so hat der Betriebsrat neben den ihm bzw. dem Wirtschaftsausschuss zustehenden Informations- und Beratungsrechten nach den §§ 92, 106 BetrVG auch ein Mitbestimmungsrecht nach § 99 Abs. 2 Nr. 1 BetrVG, da ggf. eine geplante Einstellung gegen diese Vereinbarung verstoßen kann. Auch bei evtl. Kündigungen im Einzelfall kann sich ein Widerspruchsgrund nach § 102 Abs. 3 Nr. 3 BetrVG ergeben, wenn nämlich ein zur Kündigung vorgesehener Arbeitnehmer auf einem in absehbarer Zeit frei werdenden Arbeitsplatz weiterbeschäftigt werden könnte.

Regelungsvorschlag:
1. Vereinbarung eines generellen/qualifizierten/modifizierten Einstellungsstopps für den Betrieb, bestimmte Abteilungen oder bestimmte Berufe für einen bestimmten Zeitraum.
2. Vorrang der Versetzung von Entlassung bedrohter Beschäftigter auf durch Fluktuation frei werdende Arbeitsplätze, ggf. im Zusammenhang mit erforderlichen Qualifizierungsmaßnahmen, die im Idealfall auch die Dauer der individuellen Kündigungsfrist überschreiten kann. Dabei soll es sich grundsätzlich um mindestens gleichwertige Arbeitsplätze handeln.
3. Regelmäßige Information und Beratung der Personalplanung mit dem Betriebsrat anhand aussagefähiger Unterlagen.

b. Vorzeitiges Ausscheiden älterer Arbeitnehmer

aa. Vorzeitiger Ruhestand

Sofern ein teilweiser Abbau der Beschäftigten unabwendbar ist, kann der Betriebsrat versuchen, diesen Personalabbau durch das Ausscheiden älterer Beschäftigter auf freiwilliger Basis zu realisieren. Meist sind die älteren Beschäftigten nicht von Kündigungen betroffen, da sie bei der Sozialauswahl regelmäßig schutzwürdiger sind als jüngere Beschäftigte.

Bei den Vorruhestandsinstrumenten lassen sich das Vorruhestands- und das Vorzeitpensionierungsmodell unterscheiden:

Beim Vorruhestandsmodell treffen die älteren Beschäftigten auf der Basis von (Mindest-)Bedingungen, die in einer Betriebsvereinbarung festgelegt sind, mit dem Arbeitgeber eine individuelle Vereinbarung, nach der sie bis zum Erreichen der flexiblen Altersgrenze zwar Mitarbeiter des Unternehmens bleiben, jedoch von der Arbeit freigestellt werden und eine monatliche Überbrückungszahlung in Höhe von z. B. 70 % des letzten Bruttoeinkommens erhalten.

Bei der Vorzeitpensionierung wird dagegen das Arbeitsverhältnis der älteren Beschäftigten beendet. Im Sozialplan verpflichtet sich der Arbeitgeber zur Zahlung einer Abfindung, die so berechnet wird, dass der/die Beschäftigte zusammen mit seinen/ihren Ansprüchen auf Arbeitslosengeld so gestellt wird, als wenn e/sier bis zum Erreichen der vorgezogenen Altersruhegrenze (60 Jahre) z. B. 80 % seines/ihres bisherigen Nettoeinkommens erhalten würde. Gerade durch die neuen gesetzlichen Regelungen zur möglichen (Voll-)Rente mit 63 Jahren hat dieses In-

strument in der Praxis an Bedeutung gewonnen. Allerdings werden Zeiten des Arbeitslosengeldbezugs in den letzten zwei Jahren vor der abschlagsfreien Rente ab 63 nicht mehr mitgezählt. Eine Ausnahme ist für Zeiten des Arbeitslosengeldbezugs vorgesehen, die durch eine Insolvenz oder eine vollständige Geschäftsaufgabe des Arbeitgebers verursacht wurden.
Durch die zweijährige Nichtanrechnung soll verhindert werden, dass Versicherte vorsätzlich zwei Jahre vor dem eigentlichen Eintritt der Altersrente in Arbeitslosigkeit gehen. Unabhängig ob dies auf Grund einer (meist zuvor abgesprochenen) Kündigung oder einer Aufhebungsvereinbarung geschieht.
Vorruhestand und Vorzeitpensionierung lassen sich i. d. R. nur auf freiwilliger Basis erreichen, da die älteren Beschäftigten – insbesondere wenn sie zugleich über lange Betriebszugehörigkeitszeiten verfügen – nach vielen Tarifverträgen unkündbar oder, wenn entsprechende tarifvertragliche Regelungen nicht bestehen, nach den gängigen Kriterien der Sozialauswahl zumeist nicht sozial gerechtfertigt kündbar sind, auch wenn die Möglichkeit der Inanspruchnahme von Vorruhestandsgeld oder vorgezogenem Altersruhegeld besteht (*Becker u. a. 2007*, Rn. 358 zu § 1 KSchG). Die gesetzlich vorgesehenen Rentenabschläge (0,3 % pro Monat des vorzeitigen Rentenbeginns) i. V. m. der (schrittweisen) Erhöhung des Rentenalters macht diese Modelle ohne einen entsprechenden finanziellen Ausgleich ungeachtet der o. g. neuen Rentenregelungen für viele ältere Beschäftigte nicht besonders attraktiv. Deshalb müssen im Sozialplan ausreichende finanzielle Anreize zum Ausgleich der entstehenden wirtschaftlichen Nachteile beim laufenden Einkommen und bei der späteren Altersrente errechnet und entsprechende Ausgleichszahlungen vereinbart werden, was diese Regelung für den Arbeitgeber sehr teuer macht (vgl. ausführlich Kapitel H.IV).
Für den Arbeitgeber ist das Ausscheiden älterer Beschäftigter nach dem Vorruhestandsmodell weiterhin mit erheblichen Kosten verbunden. Deshalb wird – wenn überhaupt – von Seiten des Arbeitgebers das Instrument der Vorzeitpensionierung bevorzugt werden, bei der ein Teil der Kosten auf die Arbeitslosenversicherung abgewälzt werden soll. Früher drohende Erstattungsleistungen nach § 147a SGB III an die Agentur für Arbeit hat der Arbeitgeber seit dem 1. 4. 2012 nicht mehr zu befürchten.
Die einvernehmliche Beendigung des Arbeitsverhältnisses ist grundsätzlich gefährlich, weil die Agentur für Arbeit sehr intensiv prüft, ob eine Sperrzeit des Arbeitslosengeldbezugs für bis zu zwölf Wochen gem. § 158SGB III verhängt und ein Ruhen des ALG-Anspruchs gem. § 159 SGB III angeordnet wird. Die Agentur für Arbeit entscheidet bezüglich der Verhängung einer Sperrfrist bei der einvernehmlichen Beendigung des Arbeitsverhältnisses folgende Fälle (siehe Übersicht 18).

Übersicht 18:
Einvernehmliche Beendigung des Beschäftigungsverhältnisses

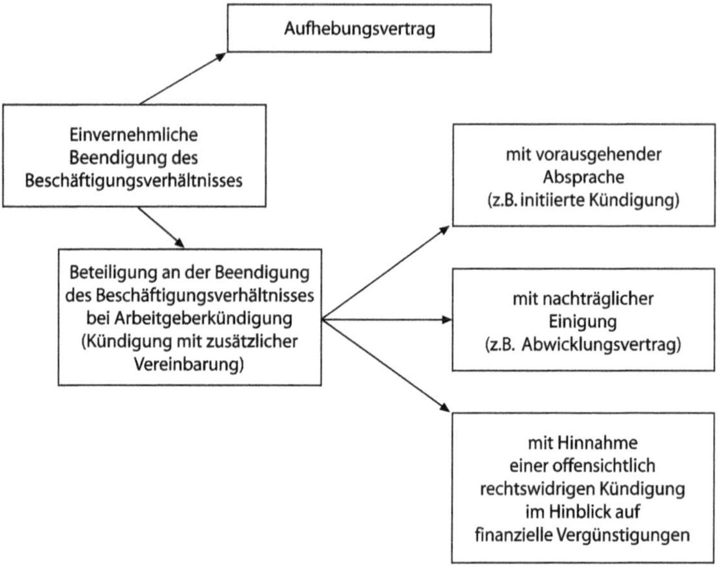

Bei einer Beendigung des Arbeitsverhältnisses durch Aufhebungsvertrag verhängt die Agentur für Arbeit eine Sperrzeit gem. § 158 SGB III immer dann, wenn das Vorliegen eines wichtigen Grundes für die Beendigung des Arbeitsverhältnisses von der Agentur für Arbeit verneint wird. Ein von der Agentur für Arbeit anerkannter wichtiger Grund zur Auflösung des Arbeitsverhältnisses liegt vor, wenn ein/e Arbeitslose/r mit dem Aufhebungsvertrag einer drohenden rechtmäßigen arbeitgeberseitigen Kündigung (hypothetische Kündigung) zuvorkommt, bspw. um dadurch Nachteile für sein weiteres berufliches Fortkommen zu verhindern oder um andere Nachteile von vergleichbarem Gewicht zu vermeiden, etwa wenn dem/der Beschäftigten die Fortsetzung des Arbeitsverhältnisses gem. § 625 Abs. 1 BGB unzumutbar ist oder wenn der/die Beschäftigte in seinem/ihren persönlichen Bereich Gründe (z. B. gesundheitlicher Art, familiäre Gründe) hat, die einen Wechsel der Art der Arbeit, des Betriebes oder des Wohnortes erforderlich machen.
Trotz einer etwaig formal vorliegenden Kündigung prüft die Agentur für Arbeit dennoch, ob nach dem tatsächlichen Geschehensablauf nicht doch im Grunde eine einvernehmliche Beendigung des Arbeitsverhältnisses vorliegt. Dies unterstellt die Agentur für Arbeit meist bei einer ausdrücklichen oder konkludenten Vereinbarung einer nachfolgenden arbeitgeberseitigen Kündigung (z. B. initiierte Kündigung), bei einer nachträglichen Einigung (z. B. Abwicklungsvertrag)

und bei Hinnahme einer offensichtlich rechtswidrigen Kündigung im Hinblick auf finanzielle Vergünstigungen (z. B. Abfindung). Eine Kündigung ist dann offensichtlich rechtswidrig, wenn der Arbeitnehmer ohne weiteres erkennen musste, dass die Kündigung gegen arbeitsrechtliche, tarifvertragliche oder gesetzliche Bestimmungen verstößt. Ob die Kündigung sozial gerechtfertigt ist, ist für den/die Beschäftigte hingegen nicht offensichtlich.

Die Agentur für Arbeit überprüft den jeweiligen Sachverhalt anhand der Angaben in standardisierten Fragebögen, die Beschäftigte und Arbeitgeber jeweils wahrheitsgemäß auszufüllen haben.

Das Ausscheiden älterer Beschäftigter erfolgt häufig im Zusammenhang mit einem Aufhebungsvertrag oder als Kündigung mit vorausgehender Absprache. Dementsprechend muss das Risiko einer Sperrzeit von bis zu zwölf Wochen einkalkuliert werden. Bei einer Sperrzeit von zwölf Wochen wegen Arbeitsaufgabe mindert sich zudem der Anspruch auf ALG um ein Viertel (§ 158 Abs. 2 SGB III), d. h. bei einem ALG-Anspruch von 18 Monaten verringert sich der Anspruch um 4,5 Monate. Neben der Sperrzeit von zwölf Wochen wird der Anspruch in diesem Fall noch einmal um sechs Wochen gekürzt (§ 148 SGB III). Die damit verbundenen wirtschaftlichen Nachteile lassen sich leicht errechnen und sollten individuell ausgeglichen werden.

Auf jeden Fall sollte der Aufhebungsvertrag unbedingt den Hinweis enthalten, dass das Arbeitsverhältnis auf Veranlassung des Arbeitgeber beendet wurde, oder das Arbeitsverhältnis sollte – das Einverständnis des Betroffenen vorausgesetzt – durch eine arbeitgeberseitig ausgesprochene fristgemäße Kündigung beendet werden. Bei unkündbaren Arbeitnehmern muss dabei eine Kündigungsfrist von 18 Monaten eingehalten werden, um ein Ruhen des Anspruchs auf Arbeitslosengeld gem. § 58 SGB III zu vermeiden.

Nach unseren empirischen Untersuchungen wurden bislang Regelungen zum Ausscheiden älterer Beschäftigter überwiegend in Großbetrieben mit eigenen betrieblichen Altersversorgungssystemen und schwerpunktmäßig weiterhin meist nur in den Branchen Metallverarbeitung, Chemie sowie Nahrungsmittel und Gaststätten vereinbart.

Wichtige Regelungspunkte:

- Anspruch der älteren Beschäftigten auf freiwilliges Ausscheiden, dem nur bei Vorliegen dringender betrieblicher Gründe vom Arbeitgeber widersprochen werden darf,
- Schaffung von finanziellen Anreizen im Rahmen des Sozialplans,
- genaue Festlegung des anspruchsberechtigten Personenkreises,
- umfassende Information der anspruchsberechtigten Beschäftigten und ausführliche Darlegung möglicher Vor- und Nachteile (individuelle Rentenauskunft sollte verpflichtend eingeholt werden),

- Vereinbarung, dass jeder anspruchsberechtigte Beschäftigte einen Anspruch darauf hat, sich während der Arbeitszeit und auf Kosten des Arbeitgebers die finanziellen Auswirkungen der vereinbarten Regelung auf das monatliche Einkommen und die spätere Altersrente von einem sachkundigen Rentenberater erläutern zu lassen.

bb. Altersteilzeit

Auch nach dem Auslaufen der Förderung von Altersteilzeit durch die Agentur für Arbeit zum 31. 12. 2009 gilt das Altersteilzeitgesetz (AtG) weiterhin.
Ziel des AtG ist, Beschäftigten ein vorzeitiges Ausscheiden aus dem Arbeitsverhältnis mit einem direkten Wechsel in die Altersrente zu ermöglichen, ohne dass zuvor eine Arbeitslosigkeit eingetreten ist. Während der Altersteilzeitphase erfolgen eine Aufstockung des Altersteilzeitentgeltes sowie eine Aufstockung des Rentenversicherungsbeitrages durch den Arbeitgeber.
Die Altersteilzeit kann, wenn es noch entsprechend ältere Beschäftigte im Betrieb/Unternehmen gibt, trotz Wegfall der Erstattungsleistungen nach § 4 AtG, weiter zum sozial verträglichen Personalabbau genutzt werden. Gleichwohl hat die Altersteilzeit zwischenzeitlich deutlich an Bedeutung verloren.
Durch die letzte Rentenreform wurde mit Wirkung zum 1. 7. 2014 die Altersgrenze bei den Altersrenten ohne Abschlag auf das 63. Lebensjahr abgesenkt, sofern der Arbeitnehmer bereits 45 Jahre lang Beiträge in die gesetzliche Rentenversicherung eingezahlt hat. Darüber hinaus kommen die Altersrente für langjährig und besonders langjährig Versicherte, die Altersrente für Schwerbehinderte und die sog. Mütterrente mit unterschiedlich gestaffelten Altersgrenzen für eine vorzeitige Inanspruchnahme der Altersrente in Betracht. Diese Sonderregelungen gelten auch für Beschäftigte, die einen Altersteilzeitvertrag abgeschlossen haben.
Im Folgenden sollen einige wesentliche gesetzliche Regelungen zur Altersteilzeit kurz dargestellt werden, um daran anknüpfend auf einige erforderliche Regelungen im Interessenausgleich/Sozialplan hinzuweisen.
Allerdings sei erwähnt, dass es kaum möglich sein wird, alle regelungsbedürftigen Aspekte zum Thema Altersteilzeit in einem Interessenausgleich/Sozialplan zu berücksichtigen. Oft verständigen sich die Betriebsparteien lediglich auf die Absichtserklärung, die beinhaltet, dass im Zusammenhang mit der Betriebsänderung auch die Möglichkeit des Abschlusses von Altersteilzeitverträgen mit betroffenen Beschäftigten zu prüfen ist, um eine möglichst sozialverträgliche Durchführung der Betriebsänderung zu gewährleisten. Diese Praxis halten wir für risikobehaftet und generell für unzureichend. Wir empfehlen, eine solche Absichtserklärung mit der Zielsetzung, bis zu einem bestimmten Termin eine Betriebsvereinbarung zum Thema Altersteilzeit abzuschließen, zu verbinden. Für den Fall, dass bis zu dem genannten Termin ein Abschluss einer solchen Betriebs-

vereinbarung nicht zu Stande gekommen ist, muss eine Konfliktregelung greifen. Da der Abschluss der Betriebsvereinbarung Altersteilzeit in solchen Fällen im Zusammenhang mit der Durchführung einer Betriebsänderung steht, ist es sinnvoll, sich vorab für den Konfliktfall auf die Zuständigkeit der Einigungsstelle analog § 112 Abs. 6 BetrVG zu verständigen und sich vorab dem Spruch der Einigungsstelle zu unterwerfen. Weiterhin ist darauf hinzuweisen, dass der betriebliche Regelungsbedarf geringer ist, wenn Aspekte der Altersteilzeit bereits in einem gültigen Tarifvertrag geregelt sind.

Grundlegende Fragen, z. B. ob und zu welchen Konditionen im Zusammenhang mit der Betriebsänderung Altersteilzeitverträge abgeschlossen werden sollen, sind Gegenstand der Verhandlungen über den Interessenausgleich. Daran anknüpfende Regelungen zum Ausgleich und zur Milderung von wirtschaftlichen Nachteilen, die den Beschäftigten durch die Altersteilzeit entstehen können, gehören hingegen zum erzwingbaren Sozialplan. Allerdings ist zu beachten, dass der Arbeitgeber nicht gezwungen werden kann, Altersteilzeitverträge abzuschließen; insofern kann die Festlegung hoher Aufstockungsleistungen die Abschluss- und Anwendungsbereitschaft des Arbeitgebers negativ beeinflussen. Für Aufstockungsbeträge gilt nach § 1 Abs. 3 Satz 2 AtG die bisherige Steuerfreiheit gemäß § 3 Nr. 28 EStG unabhängig davon, ob Altersteilzeit nach § 4 AtG förderfähig ist oder sie erst nach dem 31. 12. 2009 beginnt.

Der Arbeitgeber sollte ungeachtet des Wegfalls der gesetzlichen Förderung durch die Agentur für Arbeit verpflichtet werden, bei der Altersteilzeit aufgrund eines Tarifvertrages, einer Betriebsvereinbarung oder einer Vereinbarung mit dem Arbeitnehmer,

- das Regelarbeitsentgelt um mind. 20 % aufzustocken und
- zusätzliche Rentenversicherungsbeiträge, mind. in Höhe des Beitrags, der auf 80 % des Regelarbeitsentgeltes für die ATZ entfällt, abzuführen, begrenzt auf den Unterschiedsbetrag zwischen 90 % der monatlichen Beitragsbemessungsgrenze und dem Regelarbeitsentgelt, höchstens bis zur Beitragsbemessungsgrenze.

Altersteilzeitverträge sollten weiterhin

- über 36 Monate und
- bis zu sechs Jahre

abgeschlossen werden.

Bei der Verteilung der wöchentlichen Arbeitszeit während der Altersteilzeit sollte beachtet werden, dass »im Durchschnitt die Hälfte der tariflichen regelmäßigen wöchentlichen Arbeitszeit nicht überschritten wird«; allerdings muss weiterhin eine versicherungspflichtige Beschäftigung im Sinne des SGB III vorliegen. Die konkrete Verteilung der Arbeitszeit bleibt also den Arbeitsvertragsparteien überlassen. Die in der Praxis am häufigsten anzutreffende Variante ist das sog. »Blockzeitmodell «. Auf der Grundlage eines Tarifvertrages oder einer Betriebsvereinbarung (also auch eines Sozialplanes) ist es möglich, die Arbeitszeit während einer festgelegten ATZ-Höchstdauer (z. B. bis zu sechs Jahren) in der Weise zu verteilen, dass der/die Altersteilzeit-Beschäftigte maximal drei Jahre wie bisher Vollzeit arbeitet und nach Ablauf dieser Blockarbeitsphase in eine dreijährige Freistellungsphase geht. Der Eintritt in die gesetzliche Altersrente muss unmittelbar im Anschluss an die Freistellungsphase erfolgen.

Das Blockzeitmodell bietet sich vor allem bei Betriebsänderungen an, deren Inhalt die wesentliche Veränderung von Organisationsstrukturen, Arbeitsabläufen und der Arbeitstechnik ist. Solche Veränderungen erfolgen i. d. R. fortlaufend oder in mehreren Stufen über einen längeren Zeitraum. In der organisatorischen bzw. technischen Umstellungsphase entsteht wegen Anlaufschwierigkeiten oder notwendigen Einarbeitungen in die veränderten Prozesse häufig sogar ein höherer Personalbedarf. Die Altersteilzeit-Beschäftigten im Blockzeitmodell sind also während der arbeitsintensiven Umstellungsphase noch in Vollzeit tätig und scheiden erst zu einem späteren Zeitpunkt, nämlich wenn die beabsichtigten Produktivitäts- und Rationalisierungseffekte greifen, aus. Da die Altersteilzeit mind. 36 Monate dauern muss, bedeutet dies, dass im Blockzeitmodell frühestens nach zwölf Monaten die Freistellungsphase beginnen kann. Hierdurch ergibt sich ein breiter zeitlicher Spielraum, der im Rahmen einer vorausschauenden Personalpolitik dazu genutzt werden kann, einen Personalabbau zeitlich zu strecken und dem Vollzug der Betriebsänderung anzupassen.

Da in der Blockarbeitsphase ein Altersteilzeitentgelt in Höhe von 50 % des Vollzeitarbeitsentgeltes zu zahlen ist, ergibt sich, dass der Altersteilzeit-Beschäftigte in der Arbeitsphase für das Entgelt in seiner Freistellungsphase vorarbeitet, also ein Arbeitszeit- oder Wertguthaben erwirbt. Da das Wertguthaben durch erbrachte, aber noch nicht entgoltene Arbeitsleistung entsteht, beinhaltet es folglich einen Anspruch des/der Altersteilzeit-Beschäftigten gegenüber dem Arbeitgeber. Dies spielt eine Rolle, wenn die Altersteilzeitarbeit durch eine vertragliche Vereinbarung, Kündigung, Erwerbsunfähigkeit oder Tod vorzeitig beendet wird. In diesen Fällen hat eine Rückrechnung zu erfolgen, die dem/der Altersteilzeit-Beschäftigten (oder seinen Erben) ein Entgelt gewährleistet, das er/sie aufgrund der tatsächlich erbrachten Arbeitsleistung auf der Grundlage der entsprechenden Vollzeitbezüge ohne seinen/ihren Eintritt in die Altersteilzeit erzielt hätte. In einem Sozialplan sollte deshalb auf das Erfordernis einer solchen Rückrechnung hingewiesen werden. Ab 1. 7. 2004 ist eine Insolvenzsicherung der Wertguthaben vorgeschrieben. Danach ist der Arbeitgeber verpflichtet, eine Absicherung von Wertguthaben vorzunehmen, wenn eine Altersteilzeitvereinbarung vorsieht, dass ein Wertguthaben aufzubauen ist, das mehr als das Dreifache des Regelarbeitsentgelts ausmacht. Der Arbeitgeber muss dem Arbeitnehmer halbjährlich einen schriftlichen Nachweis über die von ihm getroffenen Maßnahmen zur Insolvenzsicherung überlassen.

Im Blockzeitmodell sind außerdem besondere Regelungen für den Krankheitsfall erforderlich. Da bei Altersteilzeit der/die Beschäftigte während der Arbeitsphase durch seine/ihre Vollzeitarbeit bei 50 %ig vermindertem Entgelt Vorleistungen für die Freistellungshälfte erbringt, ergibt sich bei Krankheit über den Lohnfortzahlungszeitraum hinaus die Situation, dass der/die Beschäftigte in dieser Zeit keine Vorleistungen mehr erbringt. Manche Arbeitgeber behalten sich für diese Fälle vor, den voraussichtlichen Zeitpunkt der Freistellung zu verschieben. Mögliche Regelungen zu Gunsten der Beschäftigten zielen darauf ab, entweder jede hälftige Nacharbeit von krankheitsbedingten Ausfallzeiten über den Lohnfortzahlungszeitraum hinaus auszuschließen oder aber diese Nacharbeit zumindest von einer bestimmten Dauer der krankheitsbedingten Ausfallzeit (z. B. mehr als sechs Monate) abhängig zu machen.

Die Altersteilzeitarbeit kann aber auch in der Weise gestaltet werden, dass der/die Altersteilzeit-Beschäftigte während der gesamten Dauer seiner/ihrer Altersteilzeit bei entsprechender Reduzierung seiner/ihrer bisherigen Vollzeitarbeitszeit kontinuierlich arbeitet. Hier sind i. d. R. 50 %ige Teilzeitverträge üblich, allerdings können auch andere Arbeitszeitverteilungen gewählt werden. Bei einer 50 %igen Arbeitszeitreduzierung über die Gesamtdauer der fünfjährigen Altersteilzeit arbeitet der/die Altersteilzeit-Beschäftigte folglich nicht für eine Freistellungsphase vor und beendet demzufolge seine/ihre Arbeitstätigkeit erst mit dem Ende des Altersteilzeitarbeitsverhältnisses. Diese Variante der Altersteilzeit bietet sich bei solchen Betriebsänderungen an, bei denen eine kurzfristige Kapazitätsreduzierung erfolgen soll. Sie ist auch geeignet, Versetzungspotenzial für Beschäftigte zu schaffen, deren Arbeitsplatz wegfällt und denen deshalb die betriebsbedingte Kündigung droht. Verringern beispielsweise zwei ältere Beschäftigte ihre Vollzeitarbeit auf 50 % Altersteilzeitarbeit in einer Abteilung, in der kein Kapazitätsüberhang besteht, ergibt sich eine Versetzungs- und Weiterbeschäftigungsmöglichkeit für eine/n andere/n Beschäftigte/n einer anderen Abteilung, dessen Arbeitsplatz rationalisierungsbedingt wegfallen soll.

Wesentlich für die Altersteilzeit sind die gesetzlich vorgesehenen Aufstockungsleistungen: Der Arbeitgeber hat einen Aufstockungsbetrag zu leisten, wobei das Arbeitsentgelt für die Altersteilzeit und der Aufstockungsbetrag zusammen mind. 70 % des um die gewöhnlichen gesetzlichen Abzüge verminderten Vollzeitarbeitsentgeltes betragen müssen (vgl. § 3 Abs. 1 AtG). Für die Ermittlung der 70-%-Mindestregelungen ist die jeweils gültige Mindestnettoverordnung maßgebend. Im Rahmen von Tarifverträgen, Betriebsvereinbarungen, aber auch im Rahmen von Sozialplänen ist es durchaus üblich, eine höhere Aufstockung zu vereinbaren. Hierbei zielen diese Regelungen darauf ab, sowohl die 20-%-Klausel als auch die 70-%-Mindestregelung zu verbessern. Der Arbeitgeber kann beispielsweise verpflichtet werden, 15 % des bisherigen Vollzeitbruttos als Aufstockungsbetrag zu gewähren und hat zugleich zu garantieren, dass der/die Alters-

teilzeit-Beschäftigten mind. 80 % des um die gewöhnlichen gesetzlichen Abzüge verminderten Vollzeitarbeitsentgeltes erhält. Bei einer solchen Regelung sind die 70-%-Beträge der Mindestnettoverordnung auf 80 % hochzurechnen.
Ferner sieht § 3 Abs. 1 AtG vor, dass der Arbeitgeber für den/die Altersteilzeit-Beschäftigten die Beiträge zur gesetzlichen Rentenversicherung aufstockt. Tarifverträge, Betriebsvereinbarungen und Sozialpläne können auch eine höhere Aufstockung der Rentenbeiträge vorsehen.
Wesentlich für eine gesetzeskonforme Altersteilzeit ist folglich, dass der Arbeitgeber über die Gesamtdauer der Altersteilzeit die gesetzlichen Mindestleistungen erbringt. Ist dies nicht der Fall, ergibt sich, dass keine Altersteilzeit aufgrund der gesetzlichen Regelungen vorliegt. Die Erfüllung dieser Regelungen ist jedoch rentenrechtliche Voraussetzung, damit der/die Altersteilzeit-Beschäftigte die Berechtigung erlangt, die vorzeitige Altersrente wegen Altersteilzeitarbeit zu beanspruchen, und damit die Aufstockungsleistungen des Arbeitgebers steuer- und sozialversicherungsfrei bleiben. Werden die gesetzlichen Regelungen zur Altersteilzeit nicht eingehalten, hat der/die Beschäftigte nur in Teilzeit, nicht aber in Altersteilzeit gearbeitet.
Die Aufstockungsleistungen des Arbeitgebers werden steuer- und sozialversicherungsfrei gewährt. Dies wirkt sich dann nachteilig aus, wenn Arbeitnehmer in Altersteilzeit über die Höchstdauer der Entgeltfortzahlung hinaus erkrankt sind. Denn bei der Bemessung des Krankengeldes (und ggf. auch anderer Lohnersatzleistungen wie z. B. Versorgungskrankengeld, Verletztengeld oder Übergangsgeld) bleiben diese Aufstockungsleistungen unberücksichtigt. Krankheitsbedingte Ausfallzeiten innerhalb des Lohnfortzahlungszeitraumes sind dagegen grundsätzlich unproblematisch, weil hier der Arbeitgeber verpflichtet ist, das Altersteilzeitentgelt und alle Aufstockungsleistungen weiterhin in voller Höhe zu zahlen.
Aus diesen Gründen ergibt sich, dass es in jedem Fall einer Absicherung bedarf, dass Altersteilzeit-Beschäftigte im Krankheitsfall über den Lohnfortzahlungszeitraum hinaus genauso gestellt sind wie im Krankheitsfall innerhalb des Lohnfortzahlungszeitraumes.
Aufgrund der Verpflichtungen des Arbeitgebers zur Zahlung der vereinbarten Aufstockungsleistungen ergibt sich, dass der/die Beschäftigte über die Gesamtdauer der Altersteilzeit in Summe zwar weniger Kosten verursacht, diesen Kosten jedoch eine überproportional geringere Arbeitszeit und damit meist auch eine Arbeitsleistung entgegenstehen. Dabei ist zu berücksichtigen, dass im Falle einer betriebsbedingten Kündigung oder eines Aufhebungsvertrages eine Abfindung zu zahlen wäre. Bei einer relativ guten Abfindungsregelung und bei langer Betriebszugehörigkeitsdauer erweisen sich die zusätzlichen Belastungen infolge der Altersteilzeitverträge selbst bei einem zusätzlichen Ausgleich der durch die Altersteilzeit entstehenden wirtschaftlichen Nachteile für die Beschäftigten meist als relativ günstiger.

Die sich durch die Altersteilzeit für die betroffenen Beschäftigten ergebenden wirtschaftlichen Nachteile sind meist erheblich. Diese setzen sich aus mehreren Elementen zusammen:

- Einkommenseinbußen in Höhe von 30 % des bisherigen Netto-Vollzeitentgeltes für die Dauer der Altersteilzeit;
- Einkommenseinbußen gemäß der Differenz zwischen der vorgezogenen Altersrente und dem Netto-Vollzeitentgelt bis zum Erreichen der Regelaltersgrenze;
- Renteneinbuße durch die um 10 % geringeren Rentenbeiträge während der Altersteilzeitarbeit gegenüber einer Vollzeitbeschäftigung;
- Rentennachteil infolge der fehlenden Beitragsleistungen zwischen dem früheren Renteneintritt und dem Zeitpunkt der Regelaltersrente;
- Rentenabschläge von 0,3-%-Abschlag pro Monat des vorzeitigen Renteneintritts;
- Nachteile bei Rentenerhöhungen, da wegen der verminderten Ausgangsbasis geringere absolute Rentenerhöhung;
- Einkommensnachteil durch Verschlechterung der Ansprüche an die betriebliche Altersversorgung infolge der Teilzeitbeschäftigung;
- Einkommensnachteile durch Abschläge bei der betrieblichen Altersversorgung infolge der vorzeitigen Inanspruchnahme mit Vollendung des 63. Lebensjahres;
- Einkommensnachteil bei langandauernder Krankheit über die Dauer der Lohnfortzahlung hinaus.

Diese wirtschaftlichen Nachteile sind ein Grund, zusätzlich zu den Altersteilzeitleistungen des Arbeitgebers einen Abfindungsanspruch für Beschäftigte, die in Altersteilzeit wechseln, zu fordern. Dieser ist wegen der bereits entstehenden Kosten der Altersteilzeit für den Arbeitgeber i. d. R. schwer durchsetzbar. Ein zentraler Ansatzpunkt für Verhandlungen über eine Abfindung bei Wechsel in die Altersteilzeit ist der Rentennachteil, der sich aus einem Abschlag in Höhe von 0,3 % auf bereits erworbene Ansprüche für jeden Monat der vorzeitigen Inanspruchnahme der Rente ergibt. Für die Berechnung der Entschädigung für diese Rentennachteile muss zwischen den Parteien insbesondere festgelegt werden, welche Dauer des Rentenbezugs, also die Zeitspanne zwischen Renteneintritt und dem Ende des Rentenbezugs, festgelegt werden. Häufig wird auf die durchschnittliche geschlechterübergreifende statistische Lebenserwartung abgestellt (80,9 Jahre, Stand 1/2020). Diese Statistik beruht jedoch auf vergangenheitsbezogenen Daten, führt damit zu zu kurzen Betrachtungszeiträumen und ist daher für eine vorausschauende Betrachtung nicht geeignet. Eine Prognose muss sich daher an den sog. Sterbetafeln (z. B. Heubeck) orientieren. Die Sterbetafel gibt u. a. Auskunft über die durchschnittliche Lebenserwartung in den einzelnen Altersjahren. Die sogenannte fernere Lebenserwartung gibt daher an, wie viele wei-

tere Lebensjahre Menschen eines bestimmten Alters nach den jeweils aktuellen Sterblichkeitsverhältnissen im Durchschnitt noch leben könnten. Diese Sterbetafeln wenden Unternehmen regelmäßig für die versicherungsmathematsche Bewertung von bilanziellen Rückstellungen für die betriebliche Altersversorgung an.
Eine in diesem Zusammenhang getroffene Regelung in einer Vereinbarung lautet wie folgt:

»Arbeitnehmer, die nach Inanspruchnahme der Altersteilzeit eine Rentenkürzung wegen der vorzeitigen Inanspruchnahme der Rente zu erwarten haben, erhalten für je 0,3 % Rentenminderung eine einmalige Abfindung, die diese Minderung für die Dauer des Rentenbezugs, bis zur festgelegten Altersgrenze (z. B. bis zur Vollendung des 83. Lebensjahres) vollständig ausgleichen soll. (Optional: Der so individuell ermittelte Betrag wird mit einem Zinssatz von X% abgezinst, wobei für die Höhe des Zinssatzes das aktuelle Zinsniveau für langfristige Geldanlagen zugrunde gelegt werden sollte).«

Es besteht auch die Möglichkeit, den Rentennachteil infolge der o. g. Abschlagsregelung durch eine zusätzliche Beitragsleistung in die gesetzliche Rentenversicherung auszugleichen. Die Rentenversicherungsträger erstellen auf Anforderung entsprechende Berechnungen, aus denen die Höhe der erforderlichen Einmalzahlung hervorgeht. Allerdings ist davon auszugehen, dass der Rentenabschlagsnachteil durch Anlage eines verhältnismäßig erheblich geringeren Betrages bei einer privaten Lebensversicherung oder durch sonstige private Anlageformen ebenfalls kompensiert werden kann. Es stellt sich jedoch die Frage, ob eine solche Regelung in einem Sozialplan überhaupt sinnvoll ist, denn unter der Voraussetzung einer entsprechend hohen Abfindung kann jeder Arbeitnehmer selbst entscheiden, ob er diesen Abfindungsbetrag zur Kompensation des zu erwartenden Rentenabschlages selbst langfristig anlegen will.
Regelungen zur betrieblichen Altersregelung sehen häufig einen Abschlag bei vorzeitiger Inanspruchnahme vor. In diesen Fällen addieren sich der Abschlagsnachteil bei der gesetzlichen Rentenversicherung und der Abschlagsnachteil bei der betrieblichen Altersversorgung. Deshalb ist es im Rahmen von Sozialplanverhandlungen durchaus angebracht, eine Regelung herbeizuführen, wonach die Abschläge bei der betrieblichen Altersversorgung entweder erst gar nicht vorgenommen oder aber zumindest begrenzt werden. Ebenfalls in einem Sozialplan regelbar ist, dass Beschäftigte, die einen Altersteilzeitvertrag abschließen, hinsichtlich ihrer betrieblichen Altersversorgung so gestellt werden, als ob sie bis zur Beendigung ihres Altersteilzeitverhältnisses in Vollzeit gearbeitet hätten. Hierdurch werden Nachteile infolge der Teilzeitarbeit bei der betrieblichen Altersversorgung vermieden.

Fazit: Empfehlung einer Altersteilzeit- Betriebsvereinbarung
Als Ergebnis lässt sich festhalten, dass Altersteilzeitklauseln in Sozialplänen unzureichend sind, die lediglich eine Absichtserklärung formulieren, im Zusammenhang mit Betriebsänderungen und diesbezüglichen personellen Maßnahmen auch Altersteilzeitverträge abzuschließen. Vielmehr handelt es sich bei der Altersteilzeit um eine komplexe und schwierige sozialversicherungsrechtliche Materie, die einer entsprechend sorgfältigen und meist zeitintensiven Behandlung bedarf. Viele Aspekte zur Altersteilzeit konnten daher hier nicht dargestellt werden. Hierzu gehören z. B. Risiken infolge von Mehrarbeit oder von Nebentätigkeiten, die Mitwirkungs- und Auskunftspflichten der Beschäftigten, bei deren Verletzung manche Arbeitgeber teilweise sogar Schadensersatzregelungen zu ihren Gunsten fordern. Auch deshalb sollte der Betriebsrat nicht nur einen Mustervertrag vereinbaren, sondern auch die Vorlage der Entwürfe der einzelnen Altersteilzeitverträge verlangen, rechtzeitig bevor diese den Beschäftigten zur Unterzeichnung übergeben werden. Von der Verfahrensseite her ist es wichtig, Regelungen herbeizuführen, die den Beschäftigten ausreichend lange Fristen zur Bedenkzeit einräumen. Dies ist insbesondere wegen der erforderlichen Rentenauskünfte notwendig, damit die Beschäftigten eine Entscheidung für die Altersteilzeit in Kenntnis ihrer voraussichtlichen Rentennachteile treffen können. Hinzu kommt, dass Arbeitgeber oft beabsichtigen, Altersteilzeitverträge grundsätzlich auf den Zeitpunkt des frühestmöglichen Rentenbezugs zu terminieren. Eine solche Regelung zur Beendigung des Arbeitsverhältnisses ist gem. § 8 Abs. 3 AtG sehr wohl zulässig. Damit wird aber den Beschäftigten in jedem Fall der maximale Rentenabschlag zugemutet. Für solche Absichten bietet sich zumindest eine Verfahrens- und Konfliktregelung an, die eine Beteiligung des Betriebsrats dann gewährleistet, wenn der/die Beschäftigte einen späteren Zeitpunkt für die Beendigung seines Arbeitsverhältnisses fordert. Gerade diese individuellen Aspekte können während der Interessenausgleichs-/Sozialplanverhandlungen kaum berücksichtigt werden. Insofern empfehlen wir, in dem Sozialplan die wesentlichen Eckpunkte – wie z. B. eine Aufstockung über die gesetzlichen Pflichtleistungen, die Abfindung zur Beendigung der Altersteilzeit, eine Absicherung der betrieblichen Altersversorgung – zu regeln, und ansonsten die anfangs vorgeschlagene Regelung zum verpflichtenden Abschluss einer gesonderten BV Altersteilzeit mit dem Arbeitgeber zu vereinbaren. Praxisbeispiele zur Regelung von Altersteilzeit finden sich bei *Laßmann/Riegel* 2017, S. 192 ff.

4. Betriebsbedingte Entlassungen

Wurden im Rahmen der Verhandlungen über die Betriebsänderung die zuvor genannten Maßnahmen im Rahmen der betrieblichen Möglichkeiten weitestgehend ausgeschöpft und kann dennoch ein zusätzlicher Personalabbau nicht verhindert werden, sind Regelungen zu betriebsbedingten Kündigungen erforderlich.

Diese können Festlegungen zu folgenden Punkten treffen:

- Umfang des Personalabbaus (detailliert nach Kostenstellen/Abteilungen/Bereichen sowie nach den Qualifikationsanforderungen bezüglich der abzubauenden Stellen),
- zeitliche Fragen (Zeitpunkte für den Ausspruch der Kündigungen, Vorgaben für etwaige Freistellungen, bzw. der Beendigung der Arbeitsverhältnisse) für den Abbau der Arbeitsplätze (detailliert nach Kostenstellen/Abteilungen/Bereichen sowie Qualifikationsanforderungen der abzubauenden Stellen)
- (optional) Richtlinien für die (Sozial-)Auswahl der zur Entlassung vorgesehenen Personen

Im Hinblick auf den Umfang des Personalabbaus ist zu gewährleisten, dass Eigenkündigungen und Aufhebungsverträge im Zeitraum von der Bekanntgabe bis zur Beendigung der Betriebsänderung auf die Zahl der vorgesehenen Kündigungen angerechnet werden.

Bei der zeitlichen Planung des Personalabbaus ist je nach wirtschaftlicher Situation des Unternehmens auch an eine Streckung zu denken, da dann erfahrungsgemäß ein größerer Teil des Abbaus sozialverträglich, d. h. durch freiwilliges Ausscheiden oder natürliche Fluktuation erreicht werden kann. Allerdings sollte dabei gewährleistet werden, dass freiwillig ausscheidende Beschäftigte einen Anspruch auf Leistungen nach dem Sozialplan haben.

Bezüglich der Auswahl der zu entlassenden Beschäftigten ist dem Prinzip des freiwilligen Ausscheidens oberste Priorität einzuräumen. In jedem Betrieb gibt es Beschäftigte, die mit ihrer beruflichen Situation oder den anstehenden Veränderungen in Folge der Betriebsänderung unzufrieden sind und von der Gelegenheit, unter Inanspruchnahme der Leistungen aus dem Sozialplan ausscheiden zu können, gern Gebrauch machen werden. Gegenüber dem Arbeitgeber kann dieses Prinzip damit begründet werden, dass sich der Betrieb dadurch eher von den weniger motivierten Beschäftigten trennt als von motivierten und dass hierdurch in der Regel auch weniger Unruhe in der Belegschaft entsteht. Zudem kann der Arbeitgeber mit einer geringeren Zahl von Kündigungsschutzprozessen rechnen. Wenn überhaupt, dann wird sich der Betriebsrat vermutlich am ehesten mit dem Arbeitgeber auf ein Verfahren verständigen können, wonach sich die Freiwilligkeit des Austauschs von Beschäftigten auf solche Beschäftigtengruppen beschränkt, die von ihrer Qualifikation (i. d. R. wird auch eine Zeitspanne – z. B. sechs bis zwölf Monate – für erforderliche und zumutbare Qualifikationsmaßnahmen festgelegt) und ihrem beruflichen Werdegang her vergleichbar sind.

Es müssen daher anhand von transparenten und nachprüfbaren Merkmalen konkrete Beschäftigtengruppen gebildet werden, die hinsichtlich ihrer Qualifikation, ihrer Stellung in der betrieblichen Hierarchie und ihrer tariflichen Bezah-

lung vergleichbar sind und die im Rahmen einer Sozialauswahl für eine betriebsbedingte Kündigung grundsätzlich in Frage kommen. In dem Maße, wie das Freiwilligkeitsprinzip greift, entstehen Versetzungsmöglichkeiten für die von Kündigung bedrohten Beschäftigte auf die hierdurch frei werdenden Stellen (sog. Ringtauschlösungen).
Erst wenn der Arbeitsplatzabbau auch auf diese Weise nicht vollständig bewerkstelligt werden kann, sollte der Ausspruch von betriebsbedingten Kündigungen zur Reduzierung der noch fehlenden Kapazitäten zulässig sein (Kündigung als »ultima ratio«). In diesem Zusammenhang muss sich der Betriebsrat gut überlegen, ob er eine Auswahlrichtlinie nach § 95 BetrVG vereinbaren will, deren Vorteil darin besteht, dass damit Arbeitgeber-Willkür eingeschränkt und vermutlich am besten der Gleichbehandlungsgrundsatz beachtet wird. Der Verstoß gegen eine Auswahlrichtlinie nach § 95 BetrVG ist ein eigenständiger Widerspruchsgrund des Betriebsrats nach § 102 Abs. 3 Nr. 2 BetrVG. Der Nachteil ist vor allem darin zu sehen, dass, wenn der Arbeitgeber die Richtlinie genau beachtet, die betroffenen Beschäftigten faktisch nicht mehr mit Erfolg gegen die Kündigung gerichtlich vorgehen können (§ 1 Abs. 4 KSchG). Auch die Widerspruchsmöglichkeiten des Betriebsrats nach § 102 Abs. 3 Nr. 1 und 2 BetrVG sind dann erheblich eingeschränkt.

Wichtige Regelungspunkte:

- Festlegung des Umfangs des erforderlichen Stellenabbaus, wobei ggf. vergleichbare Arbeitsplätze jeweils zu abgrenzbaren Gruppen zusammengefasst werden,
- Bildung dieser Beschäftigtengruppen nach transparenten und nachprüfbaren Merkmalen, wie z. B. hinsichtlich Qualifikation, Stellung in der betrieblichen Hierarchie und tariflicher Bezahlung, die im Rahmen einer Sozialauswahl für eine Kündigung grundsätzlich auch zur Anwendung kommen,
- Unterbreitung eines Angebotes an die in diesen vergleichbaren Beschäftigtengruppen zusammengefassten Personen, ihr Interesse zu bekunden und freiwillig unter Inanspruchnahme der Leistungen aus dem Sozialplan mittels (abgesprochener) betriebsbedingter Kündigung auszuscheiden (ggf. mit Namensliste nach § 1 Abs. 5 KSchG),
- sind darüber hinaus weitere Entlassungen notwendig, so erfolgt die soziale Auswahl anhand von Auswahlkriterien, die einvernehmlich zwischen Arbeitgeber und Betriebsrat festgelegt werden.

II. Regelungen aus Anlass der Betriebsänderung

Der Interessenausgleich ist eine kollektivrechtliche Vereinbarung besonderer Art. Im Unterschied zur Betriebsvereinbarung kann der Arbeitgeber nach herrschender Meinung vom vereinbarten Interessenausgleich abweichen, ohne dass der Betriebsrat die Einhaltung gerichtlich erzwingen kann. Außerdem sieht der Interessenausgleich weder Kündigungsmöglichkeiten noch Kündigungsfristen vor. Daher empfehlen wir, in allen Fällen, wo dies sinnvoll ist, eine oder mehrere separate Betriebsvereinbarungen im Rahmen der Interessenausgleichsverhandlungen (z. B. zum Abbau von Überstunden, zur Einführung von Kurzarbeit, zur Urlaubsplanung) oder besser noch den Interessenausgleich als freiwillige Betriebsvereinbarung abzuschließen.

Darüber hinaus können die Verhandlungen auch dazu genutzt werden, um weitere Betriebsvereinbarungen aus Anlass der Betriebsänderung abzuschließen. Hierunter verstehen wir solche Regelungen, die im Zusammenhang mit der Betriebsänderung vereinbart werden können, entweder, weil sich gezeigt hat, dass in der Vergangenheit bestimmte Informations- und Beratungsrechte des Betriebsrats vom Arbeitgeber missachtet wurden (z. B. §§ 90, 91, 92, 92a, 95, 96, 97, 98, 106 BetrVG) oder aber, weil die Interessenvertretung ihre Mitbestimmungsrechte in gesetzlich vorgesehener Weise erweitern will (z. B. § 102 Abs. 6 BetrVG).

Im Rahmen der Ausführungen in Kapitel G.I.2 haben wir eine Reihe von Regelungsvorschlägen zu den §§ 95 bis 98 BetrVG gemacht, die hier nicht wiederholt zu werden brauchen. Wir werden uns daher auf den Bereich der Informations- und Beratungsrechte bei der Personalplanung (§ 92 BetrVG) und im Wirtschaftsausschuss (§§ 106 ff.) sowie auf die erweiterte Mitbestimmung des Betriebsrats bei Kündigungen (§ 102 Abs. 6 BetrVG) beschränken.

1. Betriebsvereinbarung zur Personalplanung

Eine Betriebsvereinbarung zur Personalplanung soll gewährleisten, dass der Betriebsrat seine Informations- und Beratungsrechte nach § 92 BetrVG vernünftig ausschöpfen kann. Hierzu ist es erforderlich, einerseits *organisatorische* Regelungen zu vereinbaren (Sitzungstermine, zeitlicher Vorlauf der Information) und andererseits *inhaltliche (materielle)* Regelungen über Art und Umfang der Information zu treffen sowie Lösungsmöglichkeiten bei auftretenden Streitfragen (z. B. Einigungsstelle) vorzusehen.

Die Sitzungstermine des Personalplanungsausschusses sollten in Abstimmung mit dem Arbeitgeber so gelegt werden, dass sie sich an den Planungsabläufen und den entsprechenden Terminen der arbeitgeberseitigen Planungsabläufe orientieren, d. h. die Planungsvorbereitung bereits abgeschlossen ist, jedoch konkrete (Zwischen-)Entscheidungen bezüglich der Planung noch nicht getroffen worden sind, da sonst das Beratungsrecht des Betriebsrats bzw. seines Personalplanungsausschusses obsolet wäre. Zur gründlichen Vorbereitung auf diese Sitzungen ist es erforderlich, die Mitglieder des Betriebsrats bzw. des Personalplanungsausschusses rechtzeitig vorab (mind. 10–14 Tage) anhand noch zu bestimmender schriftlicher Unterlagen über die Personalplanung bzw. mit dieser verknüpften Planungen aus anderen Bereichen zu informieren. Die personalwirtschaftlichen Informationen sollten insbesondere folgende Bereiche jeweils getrennt nach kurzfristigem (monatliche Aufschlüsselung für das folgende Geschäftsjahr), mittelfristigem (Jahreszahlen für einen Zeitraum von drei bis fünf Jahren) und langfristigem Planungshorizont (Zeitraum von mehr als fünf Jahren) umfassen:

- Personalbedarfsplan (Soll-Ist-Stellenplan),
- Personalbeschaffungs- bzw. -abbauplan,
- Personaleinsatzplan,
- Personalkostenplan.

Da es sich bei der Personalplanung meistens um eine aus den anderen Unternehmensbereichen abgeleitete Planung handelt, sind die wesentlichen Absichten bezüglich des Umsatzes, der Produktion und der Investition zur Begründung ebenfalls zu erläutern.
Bezüglich einer ausführlichen Darstellung der Personalplanung verweisen wir auf die einschlägige Fachliteratur (*Laßmann/Rupp* 2020; *Bosch u. a.* 1995; RKW-Handbuch Personalplanung 1996).

Wichtige Regelungspunkte:

- Vereinbarung eines Sitzungsrhythmus (monatlich, vierteljährlich) und Sitzungsterminen in Abhängigkeit vom Planungskalender des Arbeitgebers,
- festschreiben, dass Information und Beratung zum frühestmöglichen Zeitpunkt erfolgen und dass zuvor keine verbindlichen Planungsentscheidungen getroffen werden,
- Regelung von Art, Umfang und Inhalt der Informationen zu den einzelnen Bereichen der Personalplanung (Personalbedarf, -beschaffung, -abbau, -einsatz, -entwicklung, -kosten) sowie zu deren Grundlagen (z. B. Umsatzplanung, Produktionsplanung),
- Regelungen des Informationszeitpunktes (mind. 14 Tage vor der jeweiligen Sitzung).

Eine ausführliche Regelung zur quantitativen und qualitativen Personalplanung findet sich bei Laßmann/Riegel 2017, S. 95f.

2. Vereinbarung über die Informations- und Beratungsrechte des Wirtschaftsausschusses

Eine Betriebsvereinbarung über die Ausfüllung der Informations- und Beratungsrechte bietet sich vor allem dann an, wenn in der Vergangenheit häufiger Probleme mit der Informationspolitik des Arbeitgebers zu verzeichnen waren.
In einer solchen Betriebsvereinbarung sollten vor allem folgende Punkte geregelt werden:

- Organisation der Wirtschaftsausschuss-Sitzungen (Sitzungsrhythmus, Zeitpunkt der Vorabinformation durch den Arbeitgeber),
- Informationspflichten des Unternehmers (inhaltliche Konkretisierung des Informationskatalogs nach § 106 Abs. 3, § 108 Abs. 5 und § 110 BetrVG),
- Art und Umfang der Informationen (Informationen auf der Ebene einzelner Abteilungen, Betriebe usw.); Festlegung der verwendeten Unterlagen (Soll-Ist-Vergleiche, Überstundenstatistik, Fehlzeitenstatistik, Wirtschaftsprüferbericht usw.).

Bezüglich einer ausführlichen Darstellung der Arbeitsweise des Wirtschaftsausschusses im Rahmen einer aktiven Informationspolitik des Betriebsrats verweisen wir auf die einschlägige Literatur (v. a. *Laßmann/Mengay/Rupp* 2020).
Beim nachfolgenden Regelungsvorschlag ergeben sich Überschneidungen mit dem Bereich der Personalplanung (vgl. Kapitel G.II.1), weil auch im Wirtschaftsausschuss die Auswirkungen der Unternehmensplanungen auf die Personalplanung zu beraten sind.

Wichtige Regelungspunkte:

- Festlegung des Sitzungsrhythmus (möglichst monatlich),
- des Zeitpunktes der Vorab-Informationen (mind. 14 Tage im Voraus),
- von Art und Umfang der Information und Beratung über den Ist-Zustand des Unternehmens (einzelner Betriebe, Abteilungen) anhand genau bezeichneter Unterlagen,
- über die strategische, kurz- und mittelfristige Unternehmensplanung (Umsatzplanung, Produktionsplanung, Investitionsplanung, Personalplanung, Erfolgsplanung),
- über den Jahresabschluss (Bilanz, Gewinn- und Verlust-Rechnung, Anhang, Lagebericht, Wirtschaftsprüferbericht) nach § 108 Abs. 5 BetrVG,
- Abstimmung des Vierteljahresberichts nach § 110 BetrVG,
- Regelung der Vorlage aller Verträge, die für den Betriebsrat von Bedeutung sein können (z.B. Vertrag mit Unternehmensberater, Werkverträge, Fremdfirmeneinsatz),
- Klärung von Streitfällen durch die Einigungsstelle.

3. Vereinbarung über die erweiterte Mitbestimmung des Betriebsrats bei Kündigungen

Betriebsrat und Arbeitgeber können im Rahmen einer freiwilligen Betriebsvereinbarung beschließen, dass Kündigungen der Zustimmung des Betriebsrats bedürfen und bei Meinungsverschiedenheiten über die Berechtigung der Nichterteilung der Zustimmung die Einigungsstelle entscheidet (§ 102 Abs. 6 BetrVG).

Solche Vereinbarungen werden z. T. im Zusammenhang mit Betriebsänderungen, die auch einen Personalabbau durch Kündigungen vorsehen, getroffen. Dabei kann das Zustimmungserfordernis des Betriebsrats für die Wirksamkeit einer Kündigung generell für alle Kündigungen oder nur für Kündigungen bei bestimmten Beschäftigungsgruppen vereinbart werden.

Allerdings sollte sich der Betriebsrat bewusst sein, dass eine solche Vereinbarung eine ambivalente Wirkung entfaltet: Einerseits kann der Betriebsrat Kündigungen zunächst verzögern, da ohne seine Zustimmung dennoch ausgesprochene Kündigungen unwirksam wären und der Arbeitgeber den kosten- und zeitaufwändigen und zudem ungewissen Weg über die Einigungsstelle wählen muss, wenn er immer noch kündigen will. Andererseits bürdet eine solche Vereinbarung dem Betriebsrat ein hohes Maß an Verantwortung auf, da es gerade bei einer großen Zahl von Entlassungen schwerfallen wird, in allen Fällen die Zustimmung zu einer Kündigung zu verweigern und damit zumeist die Chancen einzelner Betroffener in einem möglichen Kündigungsschutzprozess vermindert werden.

Entscheidet sich der Betriebsrat nach Abwägen aller Umstände für eine Regelung nach § 102 Abs. 6 BetrVG und stimmt dem auch der Arbeitgeber zu, sollte der Betriebsrat unbedingt darauf achten, dass ihm zum einen bei der Auswahl der Beisitzer der Einigungsstelle die Möglichkeit zur Besetzung auch mit externen Personen (z. B. rechtskundiger Gewerkschaftssekretär, Rechtsanwalt) erhalten bleibt. Zum anderen kommt es bei Einigungsstellen in hohem Maße auf die Person des Vorsitzenden an (vgl. *Göritz u. a.* 2007, S. 82ff.). Daher sollte sich der Betriebsrat ebenfalls sehr genau überlegen, ob er einer ständigen Einigungsstelle unter dem Vorsitz einer fest vereinbarten Person zustimmt oder ob er dies lieber fallweise entscheiden will. Nach allen Erfahrungen ist die bedarfsweise Bildung einer ständigen Einigungsstelle vorzuziehen. Eher wird der Arbeitgeber Interesse an einer ständigen Einigungsstelle haben, um schnell eine Entscheidung über die Ersetzung der Zustimmung des Betriebsrats zur Kündigung zu bekommen.

Wichtige Regelungspunkte:
- Vereinbarung der erweiterten Mitbestimmung des Betriebsrats nach § 102 Abs. 6 BetrVG,
- Festlegung von Maßstäben für die Verweigerung der Zustimmung des Betriebsrats zu Kündigungen (mind. die Widerspruchsgründe nach § 102 Abs. 3 BetrVG; möglichst darüber hinausgehende Gründe vereinbaren),
- des zeitlichen Ablaufs des Verfahrens (mind. die Wochenfrist nach § 102 Abs. 2 BetrVG als Erklärungszeitraum für den Betriebsrat, erst danach kann die Einigungsstelle eingeschaltet werden),
- der Zahl der Beisitzer der Einigungsstelle für jede Seite (mind. zwei; keine Einschränkung bezüglich der Frage interne oder externe, kostenpflichtige Beisitzer akzeptieren),
- der Person des Vorsitzenden (ständige Einigungsstelle) oder des Verfahrens zur Bestellung des Vorsitzenden.

III. Die Festlegung der Betriebsänderung

Bei diesen Regelungen geht es um die genaue Festlegung von Art und Umfang und um den zeitlichen Ablauf der Betriebsänderung. Selbst wenn es dem Betriebsrat nicht gelungen sein sollte, die geplante Betriebsänderung im Interesse der Beschäftigten spürbar zu verändern, ist es doch ratsam, darauf zu bestehen, dass sie in einem Interessenausgleich genau beschrieben ist, jedoch ohne sich mit ihr einverstanden zu erklären. Dadurch wird der Arbeitgeber auf seine eigene Planung festgelegt. Der Entwurf für die Beschreibung der Maßnahme sollte deshalb zunächst durch den Arbeitgeber erfolgen und ggf. vom Betriebsrat präzisiert werden. Weicht der Arbeitgeber ohne gravierenden Grund von der im Interessenausgleich möglichst genau beschriebenen Betriebsänderung ab, dann haben die betroffenen Arbeitnehmer die Möglichkeit, einen Nachteilsausgleich nach § 113 Abs. 1 BetrVG einzuklagen. Dazu ist wichtig, die Abweichung zu beweisen. Obwohl wir diese Frage bewusst an das Ende der Regelungen zum Interessenausgleich gestellt haben, um den Blick für die Möglichkeiten zu schärfen, wird die Beschreibung der Betriebsänderung meist an den Anfang gestellt.

Aufgrund der Vielzahl von Arten von *Betriebsänderungen* und der Unterschiedlichkeit jeder einzelnen (auch gleicher Art) können hier nur sehr allgemeine Hinweise gegeben werden. (Eine Vielzahl von Praxisbeispielen findet sich bei *Laßmann/Riegel* 2017, S. 18 ff.).

Zunächst geht es darum, ihre Art im Einzelnen zu beschreiben: Dabei empfiehlt es sich, so weit wie möglich an den Betriebsänderungsarten des § 111 Satz 2 Nr. 1–5 BetrVG anzuknüpfen. Lässt sich die Maßnahme hierdurch nicht zutreffend beschreiben, sollte die Betriebsänderung selbst mit ihren wesentlichen

Nachteilen dargestellt werden (§ 111 Satz 1 BetrVG). Handelt es sich bei ihr um eine Vielzahl von Maßnahmen bzw. Projekte, so sind diese zur Beschreibung – ggf. unter Verweis auf entsprechende Anlagen, die Bestandteil des Interessenausgleichs sind – heranzuziehen.
Bei der Festlegung ihres Umfangs geht es zum einen um die Abgrenzung des Bereichs, in dem sie durchgeführt wird, also der gesamte Betrieb, einzelne Abteilungen usw., und zum anderen um den Personenkreis, der von Maßnahmen bzw. Projekten der Betriebsänderung betroffen sind, und die möglichst genaue Zahl der betroffenen Beschäftigte (alle Beschäftigten, bestimmte Berufsgruppen usw.).
Lässt sich die Betriebsänderung zum Beratungszeitpunkt noch nicht in allen Einzelheiten festlegen (z. B. bei schritt- bzw. stufenweisen Veränderungen der Betriebsorganisation), kann es sinnvoll sein, einen Teil- bzw. Rahmeninteressenausgleich (*DKW*, Rn. 29 zu §§ 112, 112a BetrVG) abzuschließen, in dem für die noch offenen Betriebsänderungsteile die weiteren Beteiligungsrechte und deren Beschreibung in gesonderten Teil-Interessenausgleichen geregelt werden, wenn gleichzeitig ein akzeptabler und umfassender Sozialplan vereinbart wird.
Insbesondere bei umfangreicheren Betriebsänderungen ist es wichtig, möglichst genau den zeitlichen Ablauf der geplanten Maßnahmen zu vereinbaren. Besteht z. B. die Betriebsänderung in einer Einführung grundlegend neuer Fertigungsverfahren oder die fortlaufende Anpassung im Rahmen von Lean Management, so ist es erforderlich, zum einen die genauen Termine der (üblicherweise) schrittweisen Einführung zu vereinbaren und parallel dazu auch evtl. notwendig werdende Qualifizierungsmaßnahmen zeitlich abzustimmen. Handelt es sich bei der Betriebsänderung um eine Verlegung des Betriebes, dann sind sowohl die Reihenfolge der Verlegung der einzelnen Abteilungen als auch die genauen Umzugstermine zu vereinbaren, damit sich auch die Beschäftigten darauf einstellen können. Ist mit der Betriebsänderung ein Personalabbau verbunden, dann ist die jeweilige Anzahl der zu Entlassenden zu den einzelnen Kündigungsterminen festzulegen.

Wichtige Regelungspunkte:

- Genaue Beschreibung der Art der Betriebsänderung (möglichst anhand der Fälle des § 111 Satz 2 Nr. 1–5 BetrVG; ansonsten anhand von Maßnahmenkatalogen oder Projektlisten unter Angabe ihrer wesentlichen Nachteile für die Belegschaft oder erhebliche Teile der Belegschaft),
- genaue Festlegung des Umfangs bei Betriebsänderung (Abgrenzung des räumlichen Bereichs und des betroffenen Personenkreises) sowie
- der zeitlichen Abfolge (mit Terminangaben) der einzelnen Maßnahmen.

IV. Vertiefende und weiterführende Literatur

Bosch/Kohl/Schneider (Hrsg.), Handbuch Personalplanung, 1995

Buschmann/Ulber, Arbeitszeitgesetz, Basiskommentar, 9. Auflage 2019

Duhm (Hrsg.), Wachstum alternativ – Initiativen für eine andere Produktion, 1983

Etzel/Bader/Fischermeier u. a., Gemeinschaftskommentar zum Kündigungsschutzgesetz und zu sonstigen kündigungsschutzrechtlichen Vorschriften (KR), 12. Auflage 2019

Fischer, Beschäftigungsförderung nach dem neuen Betriebsverfassungsrecht, in: Der Betrieb, 6/2002

Laßmann/Riegel, Interessenausgleich und Sozialplan. Betriebs- und Dienstvereinbarungen. Analyse und Handlungsempfehlungen, 3. Auflage 2017

Göritz/Laßmann/Pankau/Röhricht/Rupp/Teppich, Handbuch Einigungsstelle, 5. Auflage 2017

Hamm/Rupp, Beschäftigungssicherung, Interessenausgleich und Sozialplan, Handlungshilfe für Betriebsräte und Vertrauensleute Nr. 11, IG Metall Vorstand, FB Betriebs- und Branchenpolitik (Hrsg.), Frankfurt/M. 2020, AiB Betriebsrat-Stichwort, 2. Auflage 2015

IG Metall, Handlungsanleitung bei drohenden Betriebsstillegungen, 1986

Klemisch/Sack/Ehrsam, Betriebsübernahme durch Belegschaften – Eine aktuelle Bestandsaufnahme – KNI PAPERS 02/2010 (*www.S-2009–303–1-1.pdf*)

Laßmann/Rupp, Beschäftigungssicherung. Betriebs- und Dienstvereinbarungen. Analyse und Handlungsempfehlungen, 2. Auflage 2010

Laßmann/Rupp, Konjunkturbedingte Kurzarbeit, Reihe Betriebs- und Dienstvereinbarungen/Kurzauswertung, Hans-Böckler-Stiftung (Hrsg.), 2009, Download unter: *www.boekler.de/betriebsvereinbarungen*

Laßmann/Rupp, Personalplanung, Handlungshilfe für Betriebsräte und Vertrauensleute Nr. 31, IG Metall Vorstand, FB Betriebs- und Branchenpolitik (Hrsg.), Frankfurt am Main 2020

Mehrens (Hrsg.), Alternative Produktion. Arbeitnehmerinitiativen für sinnvolle Arbeit, 1985

Molkenbur/Schulte, Rechtscharakter und -wirkungen des Interessenausgleichs, in: Der *Betrieb*, 1995 S. 269–271

Niemeyer, Zur Umsetzung des neuen Initiativrechts nach § 92a BetrVG, in: AiB, 10/2002

RKW (Hrsg.), Handbuch Personalplanung, 3. Auflage 1996

Rupp, Sicherung und Förderung von Beschäftigung, in: AiB, 8/2002

Schwarzbach, Möglichkeiten zur Beschäftigungssicherung in der Praxis, in: Der Betrieb, 6/2003

H. Regelungsvorschläge zum Sozialplan

Inhaltsübersicht

Die Ausführungen und Regelungen im vorstehenden Kapitel zum Interessenausgleich haben die Maßnahmen als solche zum Gegenstand. Vorrangiges Ziel des Betriebsrats ist in der Regel, die Betriebsänderung so sozialverträglich wie möglich mitzugestalten und nachteilige Auswirkungen auf die Beschäftigten auszugleichen oder zumindest substantiell zu mildern. Können wirtschaftliche Nachteile nicht vermieden werden, muss der Betriebsrat versuchen, im Sozialplan einen Ausgleich oder zumindest eine substanzielle Milderung der wirtschaftlichen Nachteile zu erreichen. Zusätzlich kann der Betriebsrat versuchen, weitere Nachteile, die nur mittelbar wirtschaftlich zu bemessen sind, auszugleichen oder zu mildern. Solche mittelbaren Nachteile können allerdings nicht über die Einigungsstelle erzwungen werden.

Bei der Frage, welche Nachteile durch den Sozialplan ausgeglichen oder abgemildert werden sollen, können die Betriebsparteien frei entscheiden (BAG

28.9.1988 – 1 ABR 23/87). Die insoweit vereinbarten Regelungen dürfen allerdings nicht gegen zwingendes Recht verstoßen.

Neben dem Gleichbehandlungsgrundsatz (§ 75 Abs. 1 BetrVG) ist auch das Allgemeine Gleichbehandlungsgesetz (AGG) bei der Aufstellung von Sozialplänen zu beachten. Danach dürfen Sozialpläne grundsätzlich keine diskriminierenden Regelungen im Hinblick auf die Rasse, die ethnische Herkunft, das Geschlecht, die Religion, die Weltanschauung, eine Behinderung, das Alter oder die sexuelle Identität (§ 1 AGG) enthalten. Allerdings enthält § 10 Satz 3 Nr. 6 AGG eine Sondernorm für den Sozialplan: Abfindungsregelungen dürfen demnach nach dem Alter und/oder der Betriebszugehörigkeit gestaffelt werden (*DKW*, Rn. 95 zu §§ 112, 112a BetrVG). Allerdings ist eine verhältnismäßig starke Betonung des Lebensalters nur im Hinblick auf die damit einhergehenden schlechteren Chancen auf dem Arbeitsmarkt zulässig (ständige Rechtsprechung des BAG 12.4.2011 – 1 AZR 764/09). In der Praxis werden zur Berechnung der Abfindungen als Kriterien überwiegend das Lebensalter und die Dauer der Betriebszugehörigkeit herangezogen. Soweit diese sich nicht wesentlich unterscheiden, ist auch eine deutliche Differenzierung der Abfindungen nicht gerechtfertigt. Eine in der Praxis häufig vorkommende lineare Steigerung der Abfindung mit zunehmendem Alter kann deshalb nicht mehr aufrecht gehalten werden (*DKW*, Rn. 99 zu §§ 112, 112a BetrVG; anderer Ansicht: BAG 5.11.2009 – 2 AZR 676/08). Wird bei der Berechnung der Abfindung sowohl auf das Lebensalter als auch auf dic Dauer der Betriebszugehörigkeit abgestellt, ist deren kumulative Wirkung zu beachten, die tendenziell zu einer Begünstigung älterer Beschäftigter führt und die deshalb nur zulässig ist, wenn sie auch sachlich begründet werden kann (*DKW*, Rn. 49c zu §§ 112, 112a BetrVG).

Im Unterschied zu anderen Betriebsvereinbarungen gilt beim Sozialplan nicht der Tarifvorbehalt des § 77 Abs. 3 BetrVG. Das bedeutet, dass im Sozialplan Regelungen vereinbart werden können, die üblicherweise in Tarifverträgen geregelt sind (z.B. betriebliche Sonderzahlungen, vermögenswirksame Leistungen, Urlaubsansprüche und deren Abgeltung, Abfindungen im Rahmen eines Rationalisierungsschutz-Tarifvertrages, Kündigungsfristen).

Bei der Abfassung des Sozialplans haben die Parteien nach billigem Ermessen zu entscheiden. Ermessensrichtlinien finden sich in § 112 Abs. 5 BetrVG hinsichtlich des Ermessensspielraums für die Einigungsstelle, die über einen Sozialplan zu entscheiden hat:

- Nach § 112 Abs. 5 Nr. 1 BetrVG soll beim Ausgleich oder der Milderung wirtschaftlicher Nachteile i.d.R. den Gegebenheiten des Einzelfalls Rechnung getragen werden. Eine abschließende Bezifferung der Nachteile ist zum Zeitpunkt des Sozialplanschlusses in der Regel nicht möglich. Daher ist es zulässig, Abfindungen pauschal anhand bestimmter Kriterien wie z.B. Lebensalter oder

Betriebszugehörigkeitsdauer zum Ausgleich prognostizierter Nachteile zu bemessen.

- Nach § 112 Abs. 5 Nr. 2 BetrVG sind die Aussichten der betroffenen Beschäftigten auf dem Arbeitsmarkt zu berücksichtigen. Außerdem sollen Beschäftigte von Sozialplanleistungen ausgeschlossen werden, die eine mögliche Weiterbeschäftigung in einem zumutbaren Arbeitsverhältnis im selben Betrieb, Unternehmen oder Konzern ablehnen, wobei ein Ortswechsel für sich allein keine Unzumutbarkeit darstellt. Soweit entsprechende Versetzungsmöglichkeiten bestehen, ist es zweckmäßig, entsprechende Zumutbarkeitsregelungen im Sozialplan zu definieren.
- Nach § 112 Abs. 5 Nr. 3 BetrVG ist bei der Bemessung des Gesamtbetrages der Sozialplanleistungen (Sozialplanvolumen) darauf zu achten, dass der Fortbestand des Unternehmens und die nach Durchführung der Betriebsänderung verbleibenden Arbeitsplätze nicht gefährdet werden (vgl. dazu ausführlich Kapitel I.III).

In frei zwischen Betriebsrat und Arbeitgeber verhandelten Sozialplänen sind nach der Rechtsprechung des BAG folgende Regelungen zulässig (vgl. *Hamm/Rupp* 2020, S. 113ff.):

- In einem Sozialplan kann vorgesehen sein, dass Beschäftigte, die durch Eigenkündigung ausscheiden, eine niedrigere Abfindung erhalten (BAG 11.8.93 – 10 AZR 558/92)
- Beschäftigte, die durch zwei verschiedene Betriebsänderungen in demselben Betrieb betroffen sind, haben keinen Anspruch auf Gleichbehandlung, wenn die Sozialpläne unterschiedliche Abfindungshöhen vorsehen (BAG 9.12.1991, BB 1992, S. 1299).
- Umstritten ist, ob ältere Beschäftigte im Sozialplan unmittelbar dazu verpflichtet werden können, zum frühestmöglichen Zeitpunkt einen Antrag auf vorgezogenes Altersruhegeld zu stellen. Während das BAG solche Bestimmungen mit Hinweis auf die Überbrückungsfunktion noch für zulässig erachtet (BAG 26.3.2013 – 1 AZR 813/11), bewertete der Europäische Gerichtshof derartige Regelungen zuletzt als unzulässige Altersdiskriminierung (EuGH 12.10.2010 – C-499/08 – Andersen) bzw. Diskriminierung von Schwerbehinderten (EuGH 6.12.2012 – C-152/11 – Odar gg. Baxter).
- Abfindungsleistungen für ältere Beschäftigte, die bereits eine große Nähe zu den möglichen Rentenzahlungen erreicht haben, dürfen reduziert werden, wenn hierfür ein Ausgleich in Form der Aufstockung von Arbeitslosengeld erfolgt (BAG 14.2.1984 – 1 AZR 574/82).
- Sozialplanabfindungen müssen nicht durch eine Formel, sondern können auch insbesondere in kleineren Betrieben durch ausdrückliche Festlegung im Sozialplan zugewiesen werden, wenn die persönlichen und wirtschaftlichen Verhältnisse der Betroffenen bekannt sind (BAG 12.2.1985 – 1 AZR 40/84).

- Die Fälligkeit der Ansprüche auf Abfindung darf von einer rechtskräftigen Entscheidung über eine Kündigungsschutzklage abhängig gemacht werden (BAG 20.6.1985 – 2 AZR 427/84)
- Ein Sozialplan darf bei der Berechnung der Abfindungshöhe ausschließlich auf die individuelle Arbeitszeit zum Zeitpunkt der Beendigung des Arbeitsverhältnisses abstellen (BAG 28.10.1992 – 10 AZR 129/92)
- Im Sozialplan dürfen Beschäftigte von der Zahlung von Abfindungen ausgenommen werden, wenn sie vor einem dort festgelegten Stichtag ausscheiden (BAG 30.11.1994 – 10 AZR 129/92)
- Ein Sozialplan kann auch für zukünftige Betriebsänderungen aufgestellt werden, die nur in groben Umrissen abschätzbar sind (BAG 19.1.1999 – 1 AZR 342/98)
- Beschäftigte, die selber kündigen, können nach Sozialplan eine Abfindung zuerkannt bekommen, wenn der Arbeitgeber nicht binnen einer bestimmten Frist widerspricht und die Fortsetzung des Arbeitsverhältnisses anbietet (BAG 6.8.2002 – 1 AZR 247/01)
- Ein Sozialplan darf bei der Bemessung der Abfindung Zeiten der Vollzeit- und Teilzeitbeschäftigung anteilig berücksichtigen (BAG 14.8.2001 – 1 AZR 760/00)
- Es ist zulässig, bei der Sozialplanabfindung nur solche Kinder zu berücksichtigen, die in der Lohnsteuerkarte eingetragen sind (BAG 12.3.1997 – 10 AZR 648/96)
- Ein Sozialplan darf für solche Beschäftigte die Zahlung einer Abfindung ausschließen, die auf Vermittlung des Arbeitgebers einen neuen Arbeitsplatz finden (BAG 22.3.2005 – 1 AZR 3/04)
- Ein Sozialplan darf die Abfindungen nach Lebensalter staffeln und die Abfindungen rentennaher Beschäftigter kürzen. Darin liegt keine unzulässige Altersdiskriminierung (BAG 26.5.2009 – 1 AZR 198/08)
- Ein Sozialplan darf einen Stichtag festsetzen, der Beschäftigte von der Zahlung von Abfindungen ausnimmt, die vor diesem Tag ihr Arbeitsverhältnis selber auflösen (BAG 12.4.2011 – 1 AZR 505/09)

Folgende Regelungen im frei verhandelten Sozialplan hat das BAG hingegen für unzulässig erklärt (vgl. *Hamm/Rupp* 2020, S. 116):

- Abfindungsansprüche dürfen nicht von unzulässigen Kriterien, etwa der Gewerkschaftszugehörigkeit, abhängig gemacht werden (BAG 12.2.1985 – 1 AZR 40/84)
- Wenn für die Höhe der Abfindungsansprüche die Dauer der Beschäftigung maßgeblich ist, dürfen im Sozialplan die Zeiten des Erziehungsurlaubs hiervon nicht ausgenommen werden (BAG 21.10.2003 – 1 AZR 58407/02)

- Sozialplanleistungen dürfen nicht vom Verzicht auf die Erhebung einer Kündigungsschutzklage abhängig gemacht werden (BAG 31.5.2005 – 1 AZR 254/04)
- Die Möglichkeit der vorzeitigen Inanspruchnahme von Altersrente wegen Schwerbehinderung darf sich nicht nachteilig auf die Abfindungshöhe auswirken (EuGH 6.12.2012 – C-152/11)
- Die mit Stichtagsregelungen in Sozialplänen verbundene Gruppenbildung darf nicht gegen den betriebsverfassungsrechtlichen Gleichbehandlungsgrundsatz verstoßen (BAG 19.2.2008 – 1 AZR 1004/06)

Das BAG hat folgende Abfindungsregelungen, die durch Spruch der Einigungsstelle entstanden sind, als zulässig erachtet (vgl. *Hamm/Rupp* 2020, S. 114):

- Ein Sozialplan darf Festlegungen über die Zumutbarkeit eines Ersatzarbeitsplatzes vornehmen, dessen Nichtannahme zum Ausschluss von Sozialplanleistungen, insb. Abfindungen führen kann (BAG 27.10.1987 – 1 ABR 9/86)
- Verluste bei verfallbaren Anwartschaften auf Altersversorgung dürfen durch eine pauschalierte Summe ausgeglichen werden (BAG 27.10.1987 – 1 ABR 9/86)

Folgende Regelungen in Sozialplänen, die durch Spruch der Einigungsstelle zustande gekommen sind, wurden vom BAG hingegen als unzulässig erachtet (vgl. *Hamm/Rupp* 2020, S. 114):

- Im Sozialplan dürfen nicht für alle Beschäftigten ohne Unterschied Abfindungen festgesetzt werden, deren Höhe sich allein nach dem Monatseinkommen und der Dauer der Betriebszugehörigkeit bemisst (BAG 14.9.1994 – 10 ABR 7/94)
- Ein Sozialplan darf nicht solche Beschäftigte von der Abfindungsregelung ausnehmen, die aufgrund eines durch die geplante Betriebsänderung veranlassten Aufhebungsvertrages ausscheiden (BAG 20.4.1994 – 10 AZR 323/93)
- Der Sozialplan darf keine Ausgleichsmaßnahmen vorsehen, die nicht durch die bei seiner Aufstellung absehbaren Nachteile durch die Betriebsänderung gerechtfertigt sind (BAG 25.1.2000 – 1 ABR 1/99)

Im Unterschied zum Interessenausgleich kann der Betriebsrat versuchen, die Durchsetzung der nachfolgend vorgeschlagenen Regelungen im Falle der Nichteinigung mit dem Arbeitgeber in einer Einigungsstelle zu erzwingen. Erzwingbar ist der Sozialplan lediglich nicht in Unternehmen, die eine Betriebsänderung innerhalb der ersten vier Jahre seit Gründung des Unternehmens durchführen. Eine Vielzahl praxisbezogener Regelungen zu den einzelnen Regelungsbereichen des Sozialplans finden sich bei *Laßmann/Riegel* 2017, S. 102ff.).

I. Festlegung des Geltungsbereichs

Da der Sozialplan die Nachteile einer Betriebsänderung ausgleichen oder mildern soll, erstreckt sich dessen Geltungsbereich auf die von der Betriebsänderung betroffenen Beschäftigten bzw. verweist direkt auf einen etwaig abgeschlossenen Interessenausgleich.
Es ist allerdings keineswegs immer sichergestellt, dass die Formulierungen im Interessenausgleich ausreichend präzise den Geltungsbereich bestimmen. Deshalb ist es zweckmäßig, den Geltungsbereich in räumlicher, sachlicher, persönlicher und zeitlicher Hinsicht eindeutig zu bestimmen.

Räumlicher Geltungsbereich
Mit dem räumlichen Geltungsbereich wird der Betrieb (oder mehrere Betriebe) oder abgrenzbare Betriebsteile beschrieben.

Sachlicher Geltungsbereich
Hier wird die Art der Betriebsänderung beschrieben, z. B. Verlagerung von X nach Y; Betriebsstilllegung; Personalabbau; Umstellung der Fertigung auf CNC-gesteuerte Maschinen.

Persönlicher Geltungsbereich
Hier werden sämtliche, von der Betriebsänderung betroffenen Beschäftigten im Sinne des § 5 Abs. 1 BetrVG erfasst. Dabei ist es unerheblich, welche Art der Beschäftigung hinsichtlich Umfang (Voll- oder Teilzeit), Status (z. B. Auszubildender), Arbeitsplatzgestaltung (z. B. Heimarbeit) oder Vertragsverhältnis (befristet/unbefristet) zugrunde liegt.
Bei Vorliegen einer unzulässigen Form der Leiharbeit (Überschreitung der Ausleihfrist, Schein-Werkvertrag) sind diese illegalen Leiharbeitnehmer/innen Beschäftigte des entleihenden Betriebes und fallen demzufolge ebenfalls unter den Geltungsbereich des Sozialplans. Unter den persönlichen Geltungsbereich fallen auch Beschäftigte, die aus Anlass der geplanten Betriebsänderung ihr Arbeitsverhältnis aus Veranlassung des Arbeitgebers durch Eigenkündigung oder Aufhebungsvertrag beendet haben.

Beispiel 1:
Die Regelungen dieses Sozialplans gelten für alle Beschäftigten im Sinne des § 5 Abs. 1 BetrVG, die am 26.6.2011 (Tag der Bekanntgabe der geplanten Betriebsänderung) in einem unbefristeten Arbeitsverhältnis mit der Firma standen bzw. stehen und deren Arbeitsplätze infolge der Produktionseinstellung bzw. Produktionsverlagerung entfallen. Sie gelten auch für Beschäftigte in einem befristeten Arbeitsverhältnis bei Ausscheiden vor der vereinbarten Frist aufgrund der Betriebs-

änderung. Ferner gelten diese Regelungen für alle betriebsbedingten Kündigungen während der gesamten Laufzeit des Sozialplans. Abfindungen aus diesem Sozialplan erhalten auch sämtliche Arbeitnehmer im Sinne des § 5 Abs. 1 BetrVG, die nach dem 26.6.2011 gekündigt oder Aufhebungsverträge mit der Firma abgeschlossen haben.

Beispiel 2:
Dieser Sozialplan gilt für alle Mitarbeiter/innen der Firma, deren Arbeitsplatz bzw. Stelle/Funktion infolge eines Personalabbaus bereits entfallen ist oder noch entfallen wird, und zwar

- wegen produktspezifischer Umsatzrückgänge und der wirtschaftlichen Situation der Firma,
- wegen der Realisierung von Maßnahmen aus der Funktionskostenanalyse, vor allem für den sich ab 2011 ergebenden Personalabbau aus folgenden Projekten:
  - Gruppenprämiensystem (Leistungslohn/Provision) im Vertrieb, in der Fertigung sowie in der Entwicklung,
  - Betriebsdatenerfassung/Produktionsplanungssystem,
  - EDV-gestützte Zeiterfassung,
  - Qualitätskontrolle,
  - Messestand (make or buy),
  - Leiterplattenproduktion (make or buy),
  - Software-Entwicklung (make or buy).

Aufgrund der Art der Betriebsänderung und der Festlegung im Interessenausgleich kann eine Einschränkung des Geltungsbereiches auf bestimmte abgrenzbare Beschäftigtengruppen geboten sein, z. B. altersabhängig, wenn der Personalabbau nur auf dem Wege des vorzeitigen Ausscheidens älterer Beschäftigter erfolgen soll.
Nicht unter den persönlichen Geltungsbereich des Sozialplans fallen die leitenden Angestellten (§ 5 Abs. 3 BetrVG) und die Mitglieder der gesetzlichen Vertretungsorgane des Unternehmens.

Beispiel:
Keine Ansprüche aus dem Sozialplan haben Arbeitnehmer/innen, die

1. leitende Angestellte gem. § 5 Abs. 3 BetrVG sind,
2. aus einem in ihrer Person oder in ihrem Verhalten liegenden wichtigen Grund (§ 626 BGB) rechtskräftig, nach dem … (Tag der Bekanntgabe der Betriebsänderung) gekündigt wurden oder werden.

Der Arbeitgeber versucht häufig, die Zahl der Anspruchsberechtigten in unzulässiger Weise zu begrenzen. Häufig fordern deshalb Arbeitgeber den Ausschluss von Sozialplanleistungen, wenn Beschäftigte

- selbst kündigen (Eigenkündigungen),

- einen Aufhebungsvertrag unterschreiben,
- Anspruch auf vorgezogene gesetzliche Altersrente haben,
- eine Versetzung auf einen zumutbaren Arbeitsplatz ablehnen,
- eine personen- oder verhaltensbedingte Kündigung aus wichtigem Grund (§ 626 BGB) erhalten.

Bis auf die letzten beiden Fälle muss sich der Betriebsrat auf diese Ausschlussgründe nicht einlassen. Wenn die Eigenkündigung oder der Aufhebungsvertrag durch die Betriebsänderung veranlasst sind, verstößt ein solcher Ausschluss gegen den Gleichbehandlungsgrundsatz des § 75 BetrVG (BAG 19.7.1995 – 10 AZR 885/94; BAG 20.4.1994 – 10 AZR 186/93). Eine Herausnahme von Beschäftigten, die bereits einen Anspruch auf vorgezogene gesetzliche Altersrente haben, verstößt zwar nicht gegen den Gleichbehandlungsgrundsatz (BAG 31.7.1996 – 10 AZR 45/96) oder das AGG (§ 10 Satz 3 Nr. 6 AGG), dennoch sind im Falle eines vorzeitigen Rentenbezugs wirtschaftliche Nachteile aufgrund fehlender Beiträge und versicherungsmathematischer Abschläge zu erwarten, die möglichst ausgeglichen werden sollten. Allenfalls in Unternehmen, denen aufgrund der wirtschaftlichen und finanziellen Situation nachweislich nur geringe finanzielle Mittel zur Dotierung eines Sozialplans zur Verfügung stehen, kann der Ausschluss rentennaher Beschäftigter von Sozialplanleistungen gerechtfertigt sein, um wirtschaftliche Nachteile der übrigen Betroffenen zumindest mildern zu können (BAG 7.5.2019 – 1 ABR 54/17; BAG 16.7.2019 – 1 AZR 842/16).
Im Fall der Ablehnung eines zumutbaren Arbeitsplatzes stellt sich der Sachverhalt anders dar. In § 112 Abs. 5 Nr. 2 BetrVG ist der Ausschluss wegen eines abgelehnten zumutbaren Arbeitsplatzes explizit vorgesehen. Da das Gesetz selbst keine Vorgaben zur Zumutbarkeit enthält, sollten Zumutbarkeitskriterien durch die Betriebsparteien oder durch Spruch der Einigungsstelle im Sozialplan definiert werden (vgl. Kapitel H.II).

Zeitlicher Geltungsbereich

Bezüglich des zeitlichen Geltungsbereiches gibt es grundsätzlich zwei Möglichkeiten: Einmal eine nach dem Kalender bestimmbare oder datumsmäßige Festlegung für den Beginn und das Ende der Geltungsdauer.

> **Beispiel:**
> Dieser Sozialplan tritt am Tag der Unterzeichnung in Kraft und läuft bis zum 31.12.2021. Sollten die im Interessenausgleich dargestellten personellen Maßnahmen bis zu diesem Zeitpunkt noch nicht vollständig durchgeführt sein, wird auf Antrag einer Seite der Sozialplan bis zum 31.12.2022 verlängert.

Eine andere Möglichkeit besteht darin, das Ende nicht konkret zu benennen, sondern auf eine oder mehrere Bedingungen abzustellen, bzw. auf die Zweckerreichung nach Abschluss/Umsetzung der Betriebsänderung abzustellen. Hierbei ist allerdings nicht ausgeschlossen, dass es zum Streit darüber kommt, ob der Zweck erreicht ist oder nicht.

Beispiele:
Dieser Sozialplan tritt zum Datum der Unterzeichnung in Kraft und endet X Monate nach dem Abschluss der Umsetzung der Betriebsänderung (ggf. bei mehrstufigen/komplexeren Betriebsänderungen: X Monate nach Abschluss der letzten Maßnahme).
Dieser Sozialplan tritt zum Datum der Unterzeichnung in Kraft und endet mit Zweckerreichung.
Die Bestimmungen dieses Sozialplans gelten für alle Mitarbeiter/innen des Betriebes, die vor, während oder nach der Realisierung der Produktionseinstellung von personellen Maßnahmen betroffen sind, die in Zusammenhang mit der Produktionseinstellung stehen.

Weitere Praxisbeispiele zur Definition des Geltungsbereichs eines Sozialplans finden sich bei *Laßmann/Riegel* 2017, S. 257 ff.
Manchmal werden in Sozialplänen auch Stichtagsregelungen vereinbart. Diese sind dann statthaft, wenn sie nicht gegen den Gleichbehandlungsgrundsatz verstoßen. Bedeutung erlangen Stichtagsregelungen, wenn

- Abfindungsregelungen nach Alter und Betriebszugehörigkeit gestaffelt sind und Beschäftigte von Leistungen aus dem Sozialplan ausgeschlossen werden sollen, etwa weil sie – z. B. nach Bezug von Arbeitslosengeld – eine gekürzte oder ungekürzte Altersrente beziehen können (BAG 26. 5. 2009 – 1 AZR 198/08).
- Beschäftigte von Leistungen aus dem Sozialplan ausgeschlossen werden sollen, wenn sie – z. B. nach Bezug von Arbeitslosengeld – eine Altersrente beziehen können (BAG 26. 5. 2009 – 1 AZR 198/08; BAG 7. 5. 2019 – 1 ABR 54/17; BAG 16. 7. 2019 – 1 AZR 842/16).
- Beschäftigte wegen Eigenkündigung keine Leistungen aus dem Sozialplan erhalten sollen (BAG 12. 4. 2011 – 1 AZR 505/09) oder wegen »vorzeitiger« Eigenkündigung eine Minderung der Leistungen aus dem Sozialplan erfolgen soll (BAG 11. 8. 1993 – 10 AZR 558/92).

II. Regelungen zu Umsetzungen und Versetzungen

Eine Weiterbeschäftigung auf einem anderen Arbeitsplatz, der inhaltlich oder räumlich von der bisherigen Beschäftigung abweicht, ist grundsätzlich einer Beendigungskündigung vorzuziehen. Der Betriebsrat sollte jedoch fordern, dass etwaige Versetzungen/Umsetzungen nur auf freiwilliger Basis erfolgen dürfen und dass die Ablehnung von Versetzungen/Umsetzungen mit keinen oder möglichst geringen Nachteilen (Verlust von Sozialplanansprüchen) verbunden ist.

Beispiel:
Versetzungen/Umsetzungen sind nur mit dem Einverständnis des betroffenen Arbeitnehmers bzw. der betroffenen Arbeitnehmerin zulässig. Die Mitbestimmungsrechte des Betriebsrats gem. § 99 BetrVG bleiben unberührt.
Lehnt ein/e Arbeitnehmer/in einen ihm angebotenen Arbeitsplatz ab, dann scheidet er/sie unter Inanspruchnahme der Leistungen aus dem Sozialplan aus.

Häufig versuchen Arbeitgeber, eine Regelung zu vereinbaren, nach der die Ablehnung eines unzumutbaren Umsetzungs- oder Versetzungsangebots den Ausschluss von Sozialplanleistungen zur Folge hat. Auf einen (teilweisen) Ausschluss von Leistungen muss sich der Betriebsrat jedoch nur bei der Ablehnung zumutbarer Arbeitsplätze einzulassen. Es ist deshalb wichtig, sehr genau und umfassend (und möglichst eng) die Zumutbarkeitsfrage in funktioneller, materieller, zeitlicher, örtlicher und sozialer Hinsicht zu regeln (vgl. auch *Tupay* 1994, S. 133ff.).

Beispiel:
Umsetzungen bzw. Versetzungen sollen nur auf Arbeitsplätze erfolgen, welche die nachfolgenden Zumutbarkeitskriterien kumulativ erfüllen:

- Die funktionelle Zumutbarkeit ist gegeben, wenn die Anforderungen am neuen Arbeitsplatz der Qualifikation (Ausbildung, Erfahrung, bisherige Tätigkeit etc.) und der bisherigen Stellung des Arbeitnehmers/der Arbeitnehmerin in der betrieblichen Hierarchie im Wesentlichen entsprechen.
- Die wirtschaftliche/materielle Zumutbarkeit ist gegeben, wenn die Arbeitsaufgabe mit vergleichbaren Qualifikationsanforderungen verbunden ist und die materiellen Arbeitsbedingungen (insb. Arbeitsvergütung) gegenüber der bisherigen Beschäftigung nicht verschlechtert werden.
- Die zeitliche Zumutbarkeit ist gegeben, wenn Dauer und Lage der Arbeitszeit am neuen Arbeitsplatz den Bedingungen des bisherigen Arbeitsplatzes entsprechen.
- Die Zumutbarkeit der Annahme eines anderen Arbeitsplatzes des Unternehmens oder im Konzern an einem anderen Arbeitsort ist gegeben, wenn dem keine persönlichen Gründe entgegenstehen, die zu einer sozialen Härte führen würden.
  Eine soziale Härte ist insbesondere dann anzunehmen, wenn
  - durch die Versetzung sich im Regelfall die einfache Wegstrecke von der Wohnung zum neuen Arbeitsplatz um mehr als 45 Minuten verlängert. Die Wegezeiten werden grundsätzlich auf der Grundlage der Nutzung des ÖPNV berechnet. Für Teilzeitkräfte gilt die ihnen zumutbare Wegezeit entsprechend anteilig ihrer individuellen Arbeitszeit zur Vollzeit.

- die Betreuung pflegebedürftiger Personen oder schulpflichtiger Kinder erschwert wird;
- das Lebensalter zum Zeitpunkt der Aufnahme der Tätigkeit mehr als 50 Jahre beträgt;
- eine durch Bescheid anerkannte Schwerbehinderung oder eine Gleichstellung vorliegt;
- die Ehegatte/in oder Lebenspartner/in in der Ausübung ihrer Berufstätigkeit im Schichtbetrieb eingeschränkt würde oder wenn er/sie aufgrund eines Wohnortwechsels gezwungen wäre, seinen/ihren Arbeitsplatz aufzugeben;
- die Pflege und/oder Betreuung von Angehörigen in Wohnortnähe geleistet wird, ohne dass hierzu eine Freistellung nach dem Pflegezeitgesetz in Anspruch genommen wurde bzw. wird;
- Ehrenämter ausgeübt oder ein soziales Engagement vor Ort geleistet wird;
- gesundheitliche Belastungen dem Wechsel des Wohnortes entgegenstehen;

• Die soziale Zumutbarkeit ist gegeben, wenn die Annahme des neuen Arbeitsplatzes für den/die betroffene/n Arbeitnehmer/in keine soziale Härte darstellt. Ein sozialer Härtefall liegt unwiderlegbar dann vor, wenn die Versetzung
  - die jetzige oder künftige Betreuung und Versorgung pflege oder -betreuungsbedürftiger Familienangehöriger erschwert, oder
  - aufgrund einer vorliegenden gesundheitlichen Beeinträchtigung den/die Arbeitnehmer/in besonders belastet.

Gelingt es in den Verhandlungen nicht, einen Wohnortwechsel als grundsätzlich unzumutbar einzustufen, so sollte zumindest gefordert werden, dass die mit dem notwendigen Wechsel des Wohnorts verbundenen wirtschaftlichen Nachteile weitgehend ausgeglichen werden. Während eine grundsätzliche Unzumutbarkeit eines Ortswechsels wegen § 112 Abs. 5 Satz 2 BetrVG nicht spruchfähig ist, kann über den Ausgleich der mit einem erforderlichen Umzug verbundenen wirtschaftlichen Nachteile in der Einigungsstelle per Spruch entschieden werden. Erreichen dabei die vom Arbeitgeber zu tragenden Kosten für einen Umzug (mit allen verbundenen Nebenkosten und etwaigem zeitlichen und finanziellem Aufwand für eine Wohnungssuche) das Niveau der entsprechenden Abfindungen für den Verlust des Arbeitsplatzes, so wird der Arbeitgeber möglicherweise seine starre Haltung bezüglich seiner Forderung nach einer Zumutbarkeit eines Wohnortswechsels aufgeben.
Denkbar und bislang in der Praxis auch verbreitet ist eine Kompromissformel derart, dass bei Ablehnung eines zumutbaren Arbeitsplatzes der/die Arbeitnehmer/in nur einen Teil der Abfindung aus dem Sozialplan erhält.

Beispiel:
Lehnt ein/e Arbeitnehmer/in einen ihm/ihr angebotenen, zumutbaren Arbeitsplatz ab, so erhält er/sie beim Ausscheiden aus dem Betrieb 50 % der sich aus dem Sozialplan ergebenden Leistungen.

Um zu verhindern, dass Arbeitgeber eine solche Regelung zur Minimierung des Sozialplanvolumens nutzen, indem sie bevorzugt solchen Beschäftigten zumutbare Versetzungsangebote unterbreiten, von denen sie annehmen, dass sie aus persönlichen Gründen das Versetzungsangebot ablehnen werden, sollte noch folgende Ergänzung vorgenommen werden:

> **Beispiel:**
> Wird der angebotene Arbeitsplatz von einem anderen Arbeitnehmer bzw. einer anderen Arbeitnehmerin besetzt, dem/der sonst betriebsbedingt gekündigt werden würde, dann hat der/die die Versetzung ablehnende Arbeitnehmer/in Anspruch auf die volle Abfindung.

Um den Beschäftigten die Möglichkeit der Inanspruchnahme eines Wohnortwechsels hinsichtlich aller möglichen Auswirkungen zu verdeutlichen, ist eine vorherige Information über die Umsetzung oder Versetzung unverzichtbar (z. B. rechtzeitige Information während der Arbeitszeit und auf Kosten des Arbeitgebers, ausreichende Bedenkzeit).

> **Beispiel:**
> Jeder/Jede der zur Versetzung/Umsetzung vorgesehenen Beschäftigten erhält spätestens acht Wochen vor dem Zeitpunkt der beabsichtigten Versetzung/Umsetzung vom Arbeitgeber ein entsprechendes schriftliches Arbeitsplatzangebot, das als Mindestinformation eine Stellenbeschreibung mit den erforderlichen Kenntnissen und Fertigkeiten (Qualifikationsprofil), die Eingruppierung, die tatsächliche Verdienstmöglichkeit, die Dauer und Lage der Arbeitszeit, den Einsatzort, die organisatorische Einordnung der Stelle in die Betriebsorganisation und -hierarchie und die beruflichen Entwicklungsmöglichkeiten enthält.
> Der/die Beschäftigte erhält Gelegenheit, sich vor Ort über den neuen Arbeitsplatz, den Vorgesetzten und die Kollegen während der Arbeitszeit und auf Kosten des Arbeitgebers umfassend zu informieren. Dies gilt auch, wenn das Besichtigen des neuen Arbeitsplatzes mit einer Dienstreise verbunden ist. Der/die Beschäftigte erhält, gerechnet vom Zeitpunkt der Aussprache des Angebotes durch den Arbeitgeber an, mind. 30 Tage Bedenkzeit.

Häufig wird es vorkommen, dass Beschäftigte, insbesondere dann, wenn sie z. B. aufgrund ihres Alters nur geringe Chancen auf dem Arbeitsmarkt haben, bereit sind, auch eine Umsetzung oder Versetzung auf einen an und für sich unzumutbaren Arbeitsplatz anzunehmen. Für solche Fälle müssen Regelungen getroffen werden, die mit der Annahme eines solchen Arbeitsplatzes verbundenen Nachteile so gut wie möglich ausgleichen (z. B. Verdienstsicherung, ausreichende Einarbeitungszeit und Einarbeitungshilfen, besonderer Kündigungsschutz, Übernahme von Umzugskosten, Mietzuschüsse, Darlehen). Bei wesentlich längeren Wegezeiten kommt auch eine zumindest teilweise Anrechnung der Wegezeit als Arbeitszeit (z. B. durch entsprechende Zeitgutschriften auf dem Arbeitszeitkonto), in Betracht. Eine andere Möglichkeit besteht darin, die Wochenarbeitszeit auf weniger Wochentage zu verteilen oder zumindest teilweise Arbeiten im Home-Office/Telearbeit anzubieten, wenn es die betrieblichen Möglichkeiten erlauben.

Beispiel:
Beschäftigte, die versetzt werden, erwerben folgende Rechte:

1. Teilnahme an erforderlichen Fortbildungs- bzw. Umschulungsmaßnahmen, die der Arbeitgeber in Abstimmung mit dem Betriebsrat und dem Betroffenen rechtzeitig zu veranlassen hat. Die Qualifizierungsmaßnahmen können inner- und außerbetrieblich erfolgen und sind grundsätzlich während der betrieblichen Arbeitszeit durchzuführen. Von der erforderlichen Freistellung bleibt das Arbeitsverhältnis unberührt.
   Die Umschulung erfolgt auf Kosten des Arbeitgebers. Während der Dauer der Qualifizierungsmaßnahmen wird dem/der Beschäftigten das bisherige Einkommen weiterbezahlt (Berechnungsgrundlage ist die Lohnfortzahlung im Krankheitsfall). Wird durch die Qualifizierungsmaßnahme die durchschnittliche wöchentliche Arbeitszeit überschritten, so wird dem/der Beschäftigten entsprechender Freizeitausgleich gewährt. Darüber hinaus erhält er/sie für die die regelmäßige Arbeitszeit überschreitende Dauer der Qualifizierungsmaßnahme die tariflichen Überstundenzuschläge.
2. Bei Versetzung/Umsetzung auf einen neuen Arbeitsplatz wird dem/der Beschäftigten eine angemessene Anlern- und Einarbeitungszeit von mind. sechs Monaten gewährt, welche auf seinen/ihren Antrag um weitere sechs Monate verlängert werden kann. Im Falle der Versetzung auf einen unzumutbaren Arbeitsplatz kann der/die Beschäftigte seine/ihre Zustimmung zur Versetzung innerhalb einer Frist von drei Monaten zurücknehmen, ohne dass er/sie die Rechte aus diesem Sozialplan verliert.
3. Rückgruppierungen aus Anlass einer Versetzung sind ausgeschlossen. Bis zur Versetzung gezahlte Zulagen werden weiterbezahlt. Eine Anrechnung von Tariferhöhungen auf übertarifliche Zulagen findet nicht statt. Bei Leistungslöhnen wird für einen Zeitraum von zwei Jahren das bisherige Durchschnittseinkommen garantiert.
4. Bei einem notwendig werdenden Wohnortwechsel kann der/die Arbeitnehmer/in folgende Leistungen beanspruchen:
   a. Erstattung der Maklercourtage bei Verkauf und Neukauf eines Eigenheimes bzw. für Vermittlung einer Mietwohnung.
   b. Erstattung der Kosten für bis zu drei Besichtigungsfahrten (Übernachtung, Spesen, Fahrtkosten) für bis zu fünf Personen,
   c. Erstattung der Umzugskosten sowie einer Pauschale von 2500 € für Umzugsnebenkosten.
   d. Erstattung der Kosten für eine erforderliche Renovierung bei Auszug aus der alten Mietwohnung,

e. Mietzuschuss, sofern der Mietzins für die neue Mietwohnung bei vergleichbarer Wohnfläche und vergleichbarem Wohnkomfort höher ist als der bisher gezahlte Mietzins, und zwar in Höhe der Mietdifferenz für einen Zeitraum von fünf Jahren, wobei im ersten Jahr die Mietdifferenz in Höhe von 100% und in den Folgejahren jeweils um 20% abnehmend ausgeglichen wird.
f. Bei Beibehaltung des Haushaltes am bisherigen Wohnort erhält der/die Beschäftigte für die Dauer von bis zu zwölf Monaten die Miete für ein Hotelzimmer bzw. möbliertes Zimmer erstattet; als Ausgleich für Verpflegungsmehraufwand wird die steuerlich zulässige Pauschale gezahlt; während des 12-Monats-Zeitraumes werden die Kosten für eine wöchentliche Familienheimfahrt auf der Grundlage der jeweils geltenden Reisekostenordnung erstattet. Der Gesamtbetrag wird mit der monatlichen Lohn- bzw. Gehaltszahlung überwiesen.

5. Beschäftigte, die auf einen neuen Arbeitsplatz versetzt/umgesetzt werden, erhalten für die Dauer von zwei Jahren seit der Versetzung/Umsetzung einen Sonderkündigungsschutz und können während dieses Zeitraums nur aus wichtigem Grund (§ 626 BGB) gekündigt werden. Für Beschäftigte, die an einer Qualifizierungsmaßnahme teilnehmen, verlängert sich die Dauer des Kündigungsschutzes um die Dauer der Maßnahme.

Besteht die Unzumutbarkeit des angebotenen Arbeitsplatzes in einem geringeren Verdienst (wirtschaftliche Unzumutbarkeit), dann kann der Arbeitsplatz durch eine dauerhafte oder zeitlich befristete Verdienstabsicherung zumutbar gemacht werden.

Beispiel 1:
Nimmt der/die Beschäftigte ein unzumutbares Arbeitsplatzangebot seines/ihres Arbeitsgebers oder eines Konzernunternehmens an, so werden die bisherigen Leistungen (Vergütung), insbesondere tarifliche Leistungen, dauerhaft für die Dauer von zwei Jahren als nicht anrechenbare Besitzstandszulage gezahlt.

Beispiel 2:
Beschäftigte, denen kein gleichwertiger bzw. zumutbarer Arbeitsplatz angeboten werden kann, erhalten bei Annahme eines unzumutbaren Arbeitsplatzes einen Nachteilsausgleich. Wird der unzumutbare Arbeitsplatz angenommen und erfolgt daraus eine Versetzung, erhält der/die Beschäftigte als Nachteilsausgleich für die Dauer von zwölf Monaten die Differenz zwischen dem bisherigen Bruttojahresgehalt (ausgenommen Tantieme) und dem neu vereinbarten Gehalt. Dieser Differenzbetrag wird in Form einer monatlichen Ausgleichszulage gezahlt. Übersteigt die Ausgleichszulage einen Betrag von 500 €, erfolgt nach zwölf Monaten eine Reduzierung auf 500 €. Nach weiteren zwölf Monaten wird die Ausgleichszulage um den Betrag der künftigen Tariferhöhungen vermindert. Wenn die Ausgleichszulage nach 60 Monaten, gerechnet ab dem Zeitpunkt der Annahme des unzumutbaren Arbeitsplatzes, mit den Tariferhöhungen noch nicht vollständig verrechnet werden konnte, entfällt der verbleibende Restbetrag.

Sind Versetzungen zu anderen Unternehmen des Konzerns vorgesehen, so sollte eine Zumutbarkeit nur akzeptiert werden, wenn die bisherigen Betriebszugehörigkeitszeiten und die gesetzlichen oder einzelvertraglichen Kündigungsfristen vom neuen Arbeitgeber anerkannt werden. Außerdem sollte dem versetzten Beschäftigten eine Rückkehr, zumindest aber die im Sozialplan vereinbarten Abfindungen für den Fall betriebsbedingten Ausscheidens beim neuen Arbeitgeber zumindest für einen längeren Zeitraum garantiert werden.

Beispiel:
Das Angebot eines neuen Arbeitsplatzes in einem anderen Unternehmen des Konzerns ist nur zumutbar, wenn die bisherige Betriebszugehörigkeit und die bisher gültigen Kündigungsfristen vom neuen Arbeitgeber anerkannt werden. Zu anderen Unternehmen des Konzerns versetzte Beschäftigte sind bei neu zu besetzenden Stellen im alten Unternehmen bevorzugt zu berücksichtigen. Scheiden zu anderen Unternehmen des Konzerns versetzte Beschäftigte innerhalb einer Frist von zwei Jahren nach der Versetzung betriebsbedingt aus dem neuen Unternehmen aus, so erhalten sie vom alten Arbeitgeber eine Abfindung, die sich nach diesem Sozialplan berechnet; eine vom neuen Arbeitgeber erhaltene Abfindung für den Verlust des Arbeitsplatzes kann angerechnet werden.

Ist im Rahmen des Interessenausgleichs auch die Möglichkeit zur individuellen Verkürzung der Arbeitszeit geschaffen worden, sollten finanzielle Anreize geschaffen werden, die an den Abfindungen orientiert werden, die ausscheidende Arbeitnehmer/innen erhalten. Allerdings können diese Beträge nicht steuerbegünstigt und sozialversicherungsfrei gezahlt werden, weil die Zahlung nicht wegen des Verlustes des Arbeitsplatzes erfolgt.

Beispiel:
Beschäftigte, die ihre bisherige Arbeitszeit verkürzen, erhalten als Abfindung einen Anteil des Betrages, den sie entsprechend diesem Sozialplan bei Ausscheiden erhalten hätten. Der Anteil berechnet sich als das Verhältnis der individuellen wöchentlichen Arbeitszeitverkürzung zur tariflichen Wochenarbeitszeit.
Möglicherweise anfallende Steuern und Sozialversicherungsbeiträge sind in voller Höhe vom Arbeitgeber zu tragen. Bei einer Rückkehr zur bisherigen individuellen Arbeitszeit vor Ablauf von fünf Jahren ist der Nettobetrag der gewährten Abfindung zeitanteilig zurückzuzahlen.

Um einem/einer Beschäftigten die Annahme eines an sich unzumutbaren Arbeitsplatzes zu erleichtern, ist es sinnvoll, ein Wahlrecht zwischen dem angebotenen, aber unzumutbaren Arbeitsplatz und dem Ausscheiden zu den dafür im Sozialplan bestimmten Bedingungen einzuräumen.

Beispiel 1:
Der/die Mitarbeiter/in hat ein Wahlrecht dahingehend, ob er/sie einen unzumutbaren Arbeitsplatz annehmen will bzw. auf diesem verbleiben will oder gegen Zahlung einer Abfindung aus dem Sozialplan aus dem Arbeitsverhältnis ausscheiden möchte. Dieses Wahlrecht kann er/sie innerhalb einer Frist von bis zu sechs Monaten nach dem Arbeitsplatzwechsel ausüben. Lehnt er/sie eine Beschäftigung auf einem unzumutbaren Arbeitsplatz ab oder erklärt er/sie fristgemäß, dass er/sie auf diesem nicht verbleiben will, so bleiben seine/ihre Ansprüche aus dem Sozialplan unberührt.

Beispiel 2:
Beschäftigte, die einen unzumutbaren Arbeitsplatz annehmen, können diese Annahme innerhalb einer Frist von sechs Monaten nach Beginn der neuen Tätigkeit widerrufen. In diesem Fall wird das Arbeitsverhältnis aus betriebsbedingten Gründen beendet. Der/die betroffene Beschäftigte hat Anspruch auf die Sozialplanabfindung.

Beispiel 3:
Hat ein/e Mitarbeiter/in das Angebot auf Weiterbeschäftigung auf einen tariflich nicht gleichwertigen oder aus sonstigen Gründen nicht zumutbaren Arbeitsplatz angenommen und kündigt der/die Mitarbeiter/in innerhalb von drei Monaten nach der Übernahme der neuen Tätigkeit, so erhält er/sie 100% der ihm nach diesem Sozialplan zustehenden Abfindung. Er/Sie muss sich auf seinem Abfindungsanspruch Zahlungen, die er/sie im Zusammenhang mit der Versetzung erhalten hat, anrechnen lassen; Lohn und Gehalt werden nicht angepasst. Für die Berechnung sind in diesem Fall die Verhältnisse im Zeitpunkt vor der Übernahme der neuen Tätigkeit maßgebend.

Um für die Beschäftigten einen Anreiz zu schaffen, der Versetzung zuzustimmen, sollte sich der Betriebsrat überlegen, ob er nicht einige der hier vorgeschlagenen Regelungen bei Versetzungen fordert. Weitere Praxisbeispiele finden sich bei *Laßmann/Riegel* 2017, S. 205ff.
Wenn sich im Rahmen des Zustimmungsverfahrens nach § 99 BetrVG Meinungsunterschiede zwischen Arbeitgeber und Betriebsrat ergeben, ist es dringend erforderlich, eine paritätisch mit Vertretern der Betriebsparteien besetzte Kommission zu vereinbaren, die alle Streitfälle berät und ggf. entscheidet. Als weiterer Schritt der Konfliktlösung kann die Einigungsstelle nach § 76 Abs. 6 BetrVG verbindlich entscheiden.

Beispiel:
Über die Zumutbarkeit eines Arbeitsplatzes entscheidet bei Meinungsverschiedenheiten zwischen Betriebsrat und Arbeitgeber eine paritätische Kommission, die mit je drei Vertretern des Arbeitgebers und des Betriebsrats besetzt ist. Kommt auch hier kein Einvernehmen zu Stande, entscheidet eine Einigungsstelle nach § 76 Abs. 6 BetrVG verbindlich.

III. Regelungen zu Qualifizierungsmaßnahmen

Bei Regelungen über Leistungen des Arbeitgebers bei Qualifizierungsmaßnahmen sollte der Betriebsrat folgende Grundsätze beachten:

- Die Teilnahme an einer Qualifizierungsmaßnahme sollte wegen des Schulungserfolges grundsätzlich freiwillig sein. Nur dann lassen sich diese auch erwarten.
- Lässt sich das Freiwilligkeitsprinzip nicht durchsetzen, dann ist es notwendig, möglichst eindeutige Zumutbarkeitskriterien festzulegen.
- Die Zumutbarkeit einer Qualifizierungsmaßnahme sollte unter Berücksichtigung von Lebensalter, Vorbildung und sonstigen sozialen Lebensumständen des/der betroffenen Beschäftigten beurteilt werden. Bei Meinungsverschiedenheiten sollte eine paritätisch zusammengesetzte Kommission aus Betriebsrats- und Arbeitgebervertretern entscheiden. Gegebenenfalls ist die Einigungsstelle nach § 76 Abs. 6 BetrVG einzuschalten, die dann verbindlich entscheidet.
- Bildungsbarrieren sollten durch Vorbereitungskurse vor allem für un- und angelernte Beschäftigte während der Arbeitszeit und auf Kosten des Arbeitgebers abgebaut werden.
- Qualifizierungsmaßnahmen sollten während der Arbeitszeit und auf Kosten des Unternehmens durchgeführt werden.
- Während ihrer Dauer wird das bisherige Arbeitsentgelt weitergezahlt.
- Ihre Durchführung sollte in enger Zusammenarbeit mit der Bundesagentur für Arbeit erfolgen, auch wegen möglicher Förderung nach dem SGB III.

Beispiel:

1. Qualifizierungsmaßnahmen werden vorrangig Beschäftigten angeboten, die vom Verlust ihres Arbeitsplatzes bedroht sind, die auf andere Arbeitsplätze versetzt werden sollen oder deren Arbeitsinhalte sich ändern. In diesen Fällen ist ein individueller Qualifizierungsplan unter Beteiligung des Betriebsrats aufzustellen, der den betroffenen Beschäftigten auszuhändigen ist. Die Teilnahme an einer Qualifizierungsmaßnahme ist grundsätzlich freiwillig.
2. Um die Bereitschaft zur Teilnahme an Qualifizierungsmaßnahmen zu fördern und Bildungsbarrieren zu beseitigen, werden während der Arbeitszeit und auf Kosten des Arbeitgebers Vorbereitungslehrgänge für betroffene Beschäftigte angeboten. Eine Entscheidung über die Teilnahme an der eigentlichen Qualifizierungsmaßnahme braucht erst nach Abschluss des Vorbereitungslehrgangs getroffen zu werden. Es wird jedem/jeder betroffenen Beschäftigten empfohlen, vor einer endgültigen Entscheidung mit dem Betriebsrat oder einem Betriebsratsmitglied seines Vertrauens die Auswirkung der Entscheidung ausführlich zu beraten.
3. Qualifizierungsmaßnahmen finden grundsätzlich während der Arbeitszeit statt. Wird durch sie die durchschnittliche wöchentliche Arbeitszeit überschritten, so wird dem/der Arbeitnehmer/in entsprechender Freizeitausgleich gewährt. Da-

rüber hinaus erhält er für die die regelmäßige Arbeitszeit überschreitende Dauer der Qualifizierungsmaßnahme die tariflichen Überstundenzuschläge.

4. Der Arbeitgeber trägt sämtliche im Zusammenhang mit der Qualifizierungsmaßnahme anfallenden Kosten, soweit diese nicht von Dritten z.B. nach dem SGB III erstattet werden. Während ihrer Dauer wird dem/der Beschäftigten das bisherige Einkommen weiterbezahlt (Berechnungsgrundlage ist das Gesetz über die Lohnfortzahlung im Krankheitsfall).

Der Betriebsrat sollte auch versuchen, die Bildungsbereitschaft finanziell durch Anreize zu fördern.

Beispiel:
Beschäftigte, die bereit sind, nach einer Kündigung durch die Firma eine durch die Agentur für Arbeit vermittelte, anerkannte, frei zu wählende Förderungsmaßnahme gem. SGB III zu ergreifen, können zwischen folgenden beiden Regelungen wählen:

1. Entweder erhalten sie den Abfindungsbetrag zu 100% und darüber hinaus, sofern die Maßnahme erfolgreich abgeschlossen wird und eine Wiedereinstellung nicht erfolgen kann, eine zusätzliche Zahlung in Höhe von 20% der Abfindungssumme.
2. Oder sie erhalten 25% des Abfindungsbetrages und für die Dauer der Maßnahme, längstens jedoch für 18 Monate, einen monatlichen Zuschuss in Höhe der Differenz zwischen dem bisherigen Nettoverdienst und dem Unterhaltsgeld nach SGB III. Der Nettoverdienst errechnet sich nach dem Durchschnitt der letzten drei Monate.

Manchmal kann eine betriebsbedingte Beendigung des Arbeitsverhältnisses dadurch vermieden werden, dass den Beschäftigten in absehbarer Zeit ein anderer Arbeitsplatz angeboten werden kann, für den er jedoch noch nicht ausreichend qualifiziert ist; Voraussetzung ist eine vorausschauende Personalpolitik, insbesondere Personalbedarfsplanung auf Arbeitgeberseite und Veränderungsbereitschaft bei den Beschäftigten (*Hase* 2007, S. 636ff.).

Beispiel:
Kann eine betriebsbedingte Beendigung des Arbeitsverhältnisses dadurch vermieden werden, dass dem/der Mitarbeiter/in in absehbarer Zeit ein anderer Arbeitsplatz angeboten werden kann, für den er/sie jedoch noch nicht ausreichend qualifiziert ist, sind im Einvernehmen mit dem aufnehmenden Bereich und der Personalabteilung angemessene Einarbeitungs- und Qualifizierungsmaßnahmen sowie in begründeten Einzelfällen Umschulungen oder eine Ausbildung durchzuführen. Dabei ist auch ein konkreter künftiger Bedarf an qualifizierten Arbeitskräften zu berücksichtigen.

Die Kosten angemessener und erforderlicher Weiterbildungsmaßnahmen übernimmt der Arbeitgeber. Einzelmaßnahmen werden zwischen den Betriebsparteien abgestimmt. Manchmal versuchen Arbeitgeber, einen Teil der Qualifizierungskosten auf die Beschäftigten abzuwälzen. Dies ist aber grundsätzlich abzulehnen. Im Zusammenhang mit einer ansonsten drohenden Beendigung des Arbeitsverhältnisses sind die Qualifizierungskosten in der Regel erheblich geringer als die ansonsten anfallende Abfindung.
Weitere Praxisbeispiele finden sich bei *Laßmann/Riegel* 2017, S. 248ff.

IV. Regelungen zum vorzeitigen Ausscheiden älterer Arbeitnehmer/innen

Sieht der Interessenausgleich die Möglichkeit des Ausscheidens älterer Beschäftigter vor, so sind im Sozialplan die Leistungen beim vorzeitigen Ausscheiden zu vereinbaren.
Bei den Regelungen dieser Leistungen geht es vor allem um

- Festlegung der monatlichen Überbrückungszahlung (nur beim Vorruhestandsmodell);
- Abfindung (beim Vorzeitpensionierungsmodell als Ausgleich folgender Nachteile:
  - Verminderung des Einkommens während der Dauer der Arbeitslosigkeit,
  - Zahlung von Sozialversicherungsbeiträgen durch den/die Beschäftigte während der Zeiten der Arbeitslosigkeit, in denen ein Anspruch auf Arbeitslosengeld ruht oder nicht besteht,
  - Minderung der Altersrente durch Zeiten der Arbeitslosigkeit und durch Vorverlegung des Rentenbeginns gegenüber den gesetzlich vorgesehenen Terminen,
  - Abfindung und Aufstockungsbetrag (beim Altersteilzeitmodell);
- Sicherung betrieblicher Sozialleistungen (Wohnrecht in Werkswohnungen, Weiterführung der Betriebsrente, Rückzahlung von betrieblichen Darlehen, Jubiläumszuwendungen, Sachleistungen);
- Regelung der Ansprüche auf Urlaub, Urlaubsgeld, Jahressonderzahlung, vermögenswirksame Leistungen im Jahr des Ausscheidens.

Beispiel:
Vorzeitpensionierung
Beschäftigte, die die Möglichkeit der Vorzeitpensionierung in Anspruch nehmen, erhalten eine Abfindung, die ihnen unter Anrechnung des voraussichtlichen ALG ein Einkommen von durchschnittlich 85% des bisherigen Nettoeinkommens bis

zum Bezug der Altersrente sichert. Die Abfindung wird nach folgendem Schema berechnet:

Abfindung bei Vorzeitpensionierung unter Berücksichtigung der voraussichtlichen Arbeitslosengeldzahlungen

Beschäftigte, die im Jahre ... oder früher geboren sind oder im Ausscheidejahr das 54. Lebensjahr vollendet und die im Ausscheidemonat mind. zehn Beschäftigungsjahre erreicht haben, erhalten statt der Zahlung einer Abfindung die Zahlung eines Überbrückungsgeldes in vier Phasen nach folgender Regelung:

Phase 1: Ab Beendigung des Arbeitsverhältnisses bis zum Ablauf der Anspruchsdauer von Arbeitslosengeld.

Während der Anspruchsdauer auf Bezug von Arbeitslosengeld wird das Arbeitslosengeld auf 95% des bisherigen Nettomonatsentgeltes aufgestockt. Bei Verhängung einer Sperrzeit, die nicht auf einem Fehlverhalten des/der Beschäftigten beruht, erhöht sich während der Sperrzeit der Aufstockungsbetrag um das entgangene Arbeitslosengeld.

Phase 2: Nach Beendigung der Anspruchsdauer auf Bezug von Arbeitslosengeld bis zur Vollendung des 60. Lebensjahres

Das Überbrückungsgeld beträgt 70% vom Bruttomonatsentgelt (für Tarifbeschäftigte) bzw. 65% vom Bruttomonatsentgelt zuzgl. 5% bis zur Beitragsbemessungsgrenze in der RV (für AT-Beschäftigte).

Phase 3: Nach vollendetem 60. Lebensjahr bis zur Vollendung des 63. Lebensjahres (bzw. bis zum frühestmöglichen Zeitpunkt des Bezugs von Altersrente nach Vollendung des 63. Lebensjahres, sofern die sozialversicherungsrechtlichen Voraussetzungen mit Vollendung des 63. Lebensjahres noch nicht erfüllt sind)

In dieser Phase beträgt das Überbrückungsgeld 85% des Betrages aus Phase 2

Phase 4: Nach Abschluss der Phase 3 (vollendetes 63. Lebensjahr oder später)

Als Ausgleich für Rentennachteile wegen fehlender RV-Beiträge sowie als Ausgleich für die gesetzlichen Rentenabschläge erhalten die Beschäftigten einen individuellen Nachteilsausgleich, der sich wie folgt berechnet:

Summe der vorstehend genannten Rentennachteile aus den Phasen 2 und 3, multipliziert mit dem Faktor 19 (Männer) bzw. 23 (Frauen); davon 25%. (Die unterschiedlichen Faktoren berücksichtigen die unterschiedlichen statistischen Lebenserwartungen von Männern und Frauen; sie sollten entsprechend der jeweils aktuellen Sterbetafel angepasst werden).

Ein konkretes Berechnungsbeispiel für diese Regelung aus dem Jahre 2007 findet sich in Kapitel M.II.

Weitere Praxisbeispiele für Regelungen zum Ausscheiden älterer Beschäftigter finden sich bei *Laßmann/Riegel* 2017, S. 199ff.

V. Regelungen bei Entlassungen

Sind im Rahmen der Durchführung einer Betriebsänderung Entlassungen unvermeidlich, dann ist es erforderlich, die damit verbundenen wirtschaftlichen Nachteile auszugleichen oder zumindest substanziell zu mildern.
Bei den Regelungen im Zusammenhang mit Entlassungen geht es vor allem um folgende Bereiche:
- Berechnung der Abfindung für den Verlust des Arbeitsplatzes,
- Sicherung betrieblicher Sozialleistungen (zumindest für das Jahr des Ausscheidens),
- Beendigung des Arbeitsverhältnisses (Transfermaßnahmen, Anspruch auf bevorzugte Wiedereinstellung).

1. Berechnung der Abfindung

a. Abfindungskriterien und Berechnungsverfahren

Regelmäßig werden für den Fall der betriebsbedingten Beendigung des Arbeitsverhältnisses Regelungen über die Abfindung getroffen. Die Abfindung bestimmt sich dabei häufig durch eine im Sozialplan bestimmte Berechnungsmethode. Seltener und dann auch nur in kleineren Betrieben finden sich festgelegte Summen für die durch den Sozialplan erfassten Beschäftigten. Eine umfassende Zusammenstellung möglicher Berechnungsverfahren in der Praxis findet sich bei *Laßmann/Riegel* 2017, S. 103ff.

aa. Abfindungskriterien

Es ist mit der nach § 112 Abs. 5 Nr. 1 BetrVG geforderten Berücksichtigung des Einzelfalls bei der Berechnung der Abfindungshöhe durchaus vereinbar und bei einer größeren Zahl betroffener Beschäftigter auch gar nicht anders leistbar, als mit einer Berechnungsmethode zu arbeiten, die pauschalierende Faktoren (Lebensalter, Dauer der Betriebszugehörigkeit, Einkommen, Kinderzahl usw.) berücksichtigt. Nach Auffassung des BAG ist eine Differenzierung allein nach Einkommen und Dauer der Betriebszugehörigkeit dabei nicht ausreichend (BAG 14.9.1994 – 10 ABR 7/94). Die Kriterien zur Berechnung der Abfindungshöhe sind vor dem Hintergrund des zu erwartenden wirtschaftlichen Nachteils zu bewerten.
Nach unseren Erfahrungen wird die Höhe der Abfindung fast immer anhand folgender, häufig gleichzeitig verwendeter Kriterien berechnet:
- Betriebszugehörigkeit
- Lebensalter
- Einkommen
- Unterhaltsverpflichtungen/Kinderzahl

- Grad der Behinderung
- Familienstand (eher selten)

Die Dauer der Betriebszugehörigkeit und das Lebensalter sind die zentralen Abfindungskriterien. Nach ständiger Rechtsprechung des BAG sind sie grundsätzlich auch nicht zu beanstanden (BAG 12.4.2011 – 1 AZR 764/09).

Für die Verwendung der Betriebszugehörigkeit sprechen aus Sicht des BAG mehrere Gründe (vgl. auch Anmerkung von *Schmitt-Rolfes* zu BAG 21.7.2009 – 1 AZR 566/08; AP Nr. 202 zu § 112 BetrVG):

»1. Mit der Dauer der Betriebszugehörigkeit besteht die Möglichkeit der Einengung der Qualifikation und damit eine Minderung der Chancen auf dem Arbeitsmarkt.
2. Von der Dauer der Betriebszugehörigkeit sind eine Reihe von sozialen Besitzständen abhängig (z. B. Kündigungsschutz, Anspruch auf Unverfallbarkeit einer betrieblichen Altersversorgung).
3. Die Dauer der Betriebszugehörigkeit ist transparent und praktikabel und findet deshalb weitgehende Akzeptanz in den Belegschaften (BAG 12.11.2002 – 1 AZR 58/02).«

Für die Verwendung des Lebensalters spricht, dass dieses Kriterium erhebliche Auswirkungen auf die zukünftigen Arbeitsmarktchancen hat, wie alle Statistiken der Bundesagentur für Arbeit bestätigen. Die Betriebsparteien sind aber nicht verpflichtet, die Arbeitsmarktchancen der vom Arbeitsplatzabbau betroffenen Beschäftigten in den einzelnen Regionen konkret zu ermitteln. Eine pauschalierende und typisierende Bewertung (z. B. durch die Bildung von Altersgruppen) ist zulässig und ausreichend (BAG 12.4.2011 – 1 AZR 764/09). Die Statistik der zuständigen Regionaldirektion der Arbeitsagentur für Arbeit erstellt auf Anfrage und gegen Kostenerstattung entsprechende regionale Statistiken für vorgegebene Berufs- und Altersgruppen.

Nach Inkrafttreten des Allgemeinen Gleichstellungsgesetzes (AGG) ist allerdings zu beachten, dass durch den kumulierenden Effekt der Berücksichtigung von Alter und Betriebszugehörigkeit keine nicht zu rechtfertigende Begünstigung älterer Beschäftigter eintritt (*DKW*, Rn. 99 zu §§ 112, 112a BetrVG).

Fast immer spielt auch das Einkommen für die Höhe der Abfindung eine Rolle. Hier muss kritisch gefragt werden, ob Beschäftigte mit höheren Einkommen, die i. d. R. auch besser qualifiziert sind und über längere Kündigungsfristen verfügen, tatsächlich einen höheren wirtschaftlichen Nachteil erleiden als geringer verdienende Beschäftigte mit meist schlechterer Qualifikation. Nach allen Erfahrungen und allen bekannten Statistiken zur Arbeitslosigkeit ist das nicht der Fall. Auch die Tatsache, dass Frauen bei vergleichbaren Tätigkeiten etwa ein Drittel weniger verdienen als Männer, zeigt die Problematik der Verwendung der Einkommenshöhe bei der Berechnung der Abfindung. Andererseits spielt das Einkommen eine wesentliche Rolle bei der Berechnung wirtschaftlicher Nachteile (BAG 22.9.2009 – 1 AZR 316/08). Insofern findet die Diskriminierung bei der Verwendung der Einkommenshöhe als Abfindungskriterium nicht im Sozialplan, sondern bereits vorher im beruflichen Alltag statt. Eine Möglichkeit zur Lösung dieser Probleme wäre z. B. die Verwendung eines festen Einkommensbetrags für alle. Dieser Betrag kann sich am betrieblichen Durchschnitt orientieren. Will sich der Betriebsrat für ein solches Vorgehen entscheiden, so muss er mit dem Widerstand der Bezieher »höherer« Einkommen rechnen, und er wird viel Überzeugungsarbeit leisten müssen, um die Unterstützung der Beschäftigten für sein Vorgehen zu gewinnen. Die Betriebsparteien haben einen erheblichen Gestaltungsspielraum, ob und inwieweit Schwankungen bei der monatlichen Vergütung bei der Höhe von Sozialplanabfindungen zu berücksichtigen sind (BAG 26.9.2017 – 1 AZR 137/15). Ebenso können anteiliges Urlaubsgeld und Jahressonderzahlungen berücksichtigt werden. Ebenso anteilige Prämienzahlungen. Gerade bei der Stilllegung des Betriebes oder von wesentlichen Betriebsteilen kann der Betriebsrat versuchen, mit dem Arbeitgeber eine Prämienregelung z. B. für die Aufrechterhaltung der Produktion bis zum Stilllegungszeitpunkt zu vereinbaren. Bietet der Betriebsrat dabei seine Bereitschaft an, die Kosten dieser Prämienregelung auf das Sozialplanvolumen anzurechnen, kann durchaus eine entsprechende Prämienvereinbarung zustande kommen. Dies hätte zudem den Vorteil, dass diese Prämienzahlung auch in die Bemessungsgrundlage für das Arbeitslosengeld und (bei Errichtung einer Transfergesellschaft) auch in das Transfer-Kug eingeht und damit den Beschäftigten höhere Leistungen bei gleichbleibendem Aufwand für den Arbeitgeber sichert. In Bezug auf Transfer-Kug ist es sinnvoll, die Berechnung der Bemessungsgrundlage mit der Bundesagentur für Arbeit abzustimmen (vgl. auch Kapitel B.X.3).

Die Berücksichtigung der Zahl der unterhaltspflichtigen Kinder und des Grades der Behinderung sind sozial und arbeitsmarktpolitisch begründete Abfindungskriterien, die allerdings in der Praxis bisher leider nicht die Bedeutung gefunden haben, die wünschenswert und der Funktion der Abfindung auch angemessen wäre. Zwar werden diese Kriterien heute überwiegend berücksichtigt; ihr Einfluss auf die Höhe der Abfindung bleibt aber relativ gering. Um insbesondere Beschäftigte mit mehreren Kindern zu begünstigen, kann der Pauschalbetrag, der für jedes unterhaltsberechtigte Kind gezahlt wird, mit jedem weiteren Kind ansteigen. Fast immer fordern die Arbeitgeber allein schon aus Vereinfachungsgründen, auf die Anzahl der in der Lohnsteuerkarte eingetragenen Kinder abzustellen. Das ist zwar zulässig (BAG 12.3.1997 – 10 AZR 648/96), sollte aber vom Betriebsrat nicht akzeptiert werden, weil die Anzahl der auf der Lohnsteuerkarte eingetragenen Kinder nicht zwangsläufig der Realität entspricht, weil die Kinder je zur Hälfte bei beiden Eltern eingetragen sein können oder aber die Kinder voll-

ständig beim Ehepartner. Als Nachweis sollte eine Haushaltsbescheinigung des Einwohnermeldeamtes ausreichen. Oder aber es muss dem/der Beschäftigten Zeit eingeräumt werden, seine/ihre Lohnsteuerkarte entsprechend ändern zu lassen.
Die Verwendung des Kriteriums Familienstand ist in zweierlei Hinsicht problematisch: Einmal sagt es nichts darüber aus, wie viele Personen der/die Beschäftigte in seinem/ihren Haushalt zu versorgen hat, da z. B. zunehmend mehr Menschen in einer eheähnlichen Gemeinschaft oder Partnerschaft leben und dies im Familienstand nicht zum Ausdruck kommt, und zum anderen ist die soziale Absicherung einer verheirateten durch einen ebenfalls berufstätigen Ehepartner günstiger als die einer unverheirateten Person. Daher sollte unserer Meinung nach auf die Verwendung dieses Kriteriums verzichtet werden. Sollten im Einzelfall durch dessen Nichtberücksichtigung Härten auftreten, dann lassen diese sich besser mit Hilfe einer Härtefallregelung (vgl. Kapitel H.VI) beheben.

bb. Berechnungsmethoden

In der Praxis haben sich drei Berechnungsmethoden zur Ermittlung der Höhen der Abfindung durchgesetzt:

- Berechnung nach einer Formel,
- Berechnung nach einem Punkteverfahren,
- Berechnung nach einer Tabelle.

Berechnung nach einer Formel

Häufig setzen sich die zu Grunde gelegten Formeln aus einem Grund- oder Sockelbetrag und einem zusätzlichen Steigerungsbetrag zusammen.
Die Vereinbarung eines Grund- oder Sockelbetrages ist grundsätzlich sinnvoll. Einmal, weil dadurch eine Mindestabsicherung unabhängig vom Alter, der Betriebszugehörigkeit und dem Einkommen erreicht wird; zum anderen weil hierdurch die Beschäftigten mit niedrigen Einkommen begünstigt werden, sofern man nicht auf die Berücksichtigung unterschiedlicher Einkommen verzichtet. Nach unseren Untersuchungsergebnissen bewegte sich der Grund- bzw. Sockelbetrag dabei in einer Bandbreite von 500 € bis 10 000 €. Die Forderung nach einem Grund- oder Sockelbetrag ist auch taktisch günstiger als die Forderung nach einer Mindestabfindung, weil dies in aller Regel auf Arbeitgeberseite die Gegenforderung nach Abfindungsobergrenzen provoziert. Manchmal wird auch der Grund- bzw. Sockelbetrag nach der Dauer der Betriebszugehörigkeit gestaffelt (vgl. hierzu auch die Zusammenstellung der Praxisbeispiele bei *Laßmann/Riegel* 2017, S. 107 ff.).
In knapp 60 % der von uns analysierten Fälle wurde der *Steigerungsbetrag* nach einer Formel berechnet. Eine gebräuchliche Formel lautet:

$$\frac{\text{Alter} \times \text{Betriebszugehörigkeit} \times \text{Monatseinkommen}}{\text{Divisor}}$$

Als Monatseinkommen wird häufig das Bruttomonatseinkommen im Durchschnitt der letzten drei Monate (teilweise ohne Berücksichtigung von Mehrarbeitsvergütungen) oder das Durchschnittseinkommen der letzten zwölf Monate verwendet. Anstelle des Monatseinkommens kann in diese Formel auch ein (fiktives) betriebliches Durchschnittseinkommen oder ein Festbetrag eingesetzt werden.

Bei dieser Formel kommt dem Divisor für die Höhe der Abfindung zentrale Bedeutung zu; er ist auch die einzig variable Größe, die bei dieser Formel mit dem Arbeitgeber vereinbart werden muss. Ein Divisor von 50 bedeutet, dass z. B. ein 50-jähriger Beschäftigter pro Jahr seiner Betriebszugehörigkeit 1,0 Monatsgehälter als Abfindung bekäme; ein 40-jähriger erhielte entsprechend 0,8 und ein 55-jähriger 1,1 Monatsgehälter.

Da mit einem einheitlichen Divisor die altersabhängigen Arbeitsmarktrisiken nicht immer ausreichend berücksichtigt werden können, ist es nach unseren Erfahrungen empfehlenswert, den Divisor altersabhängig oder ein Faktormodell mit einem alters(gruppen)abhängigen Faktor zu vereinbaren. Bei der Festlegung der Altersgruppen sollte man unabhängige Statistiken des regionalen Arbeitsmarktes heranziehen, die Auskunft über die Arbeitsmarktrisiken in Abhängigkeit vom Alter geben, oder entsprechende Auskünfte bei der Statistik der zuständigen Regionaldirektion der Arbeitsagentur für Arbeit einholen. Gegen eine relativ geringe Gebühr (i. d. R. unter 200 €) erstellt die Arbeitsagentur die jeweils gewünschte Statistik für die konkret betroffenen Beschäftigtengruppen.

Das folgende Beispiel berücksichtigt in der Abfindungsformel sowohl die altersabhängigen Arbeitsmarktrisiken als auch die zeitliche Entfernung zur gesetzlichen Altersrente.

Beispiel: Abfindungsregelung in einem Sozialplan

§ 4 Abfindungszahlungen

(1) Arbeitnehmer/innen, die ihren Arbeitsplatz verlieren und unter den Geltungsbereich dieses Sozialplans fallen, erhalten eine Abfindung, die sich aus einem

- Sockelbetrag,
- Steigerungsbetrag nach Betriebszugehörigkeit und Lebensalter und
- Zuschlägen für Kinder und Schwerbehinderte zusammensetzt.

(2) Sockelbetrag

Der Sockelbetrag beträgt € 5000,00 für eine tarifliche Vollzeitkraft und mindert sich für Teilzeitkräfte entsprechend deren individueller Arbeitszeit auf der Basis der Wochenarbeitszeit.

Bei Teilzeitbeschäftigten, die in den letzten zwölf Monaten ihrer Beschäftigung vor dem Ausscheidensmonat mehr als durchschnittlich 10% über der vertraglich geschuldeten Arbeitszeit gearbeitet haben, wird der Sockelbetrag auf der Basis der tatsächlich geleisteten Arbeitszeit berechnet.

(3) Steigerungsbetrag

Der Sockelbetrag wird um einen Steigerungsbetrag aufgestockt. Der Steigerungsbetrag wird in zwei Stufen errechnet. Zunächst wird der Steigerungsbetrag in Abhängigkeit von der Dauer der Betriebszugehörigkeit wie folgt errechnet:

- für das 1. und 2. Beschäftigungsjahr (0 bis 24 Monate): Monatsvergütung *1,5
- für das 3. und 4. Beschäftigungsjahr (25 bis 48 Monate): Monatsvergütung *1,3
- für das 5. und 6. Beschäftigungsjahr (49 bis 72 Monate): Monatsvergütung *1,1
- ab dem 7. Beschäftigungsjahr (ab 73 Monate): Monatsvergütung *0,9

Der so berechnete Steigerungsbetrag wird dann in Abhängigkeit vom Lebensalter wie folgt erhöht bzw. ermäßigt:

- bis zur Vollendung des 36. Lebensjahres 100%
- bei Vollendung des 37. Lebensjahres 106%
- bei Vollendung des 38. Lebensjahres 109%
- bei Vollendung des 39. Lebensjahres 112%
- bei Vollendung des 40. Lebensjahres 115%
- bei Vollendung des 41. Lebensjahres 118%
- bei Vollendung des 42. Lebensjahres 121%
- bei Vollendung des 43. Lebensjahres 124%
- bei Vollendung des 44. Lebensjahres 127%
- bei Vollendung des 45. Lebensjahres 130%
- bei Vollendung des 46. Lebensjahres 133%
- bei Vollendung des 47. Lebensjahres 136%
- bei Vollendung des 48. Lebensjahres 139%
- bei Vollendung des 49. Lebensjahres 142%
- bei Vollendung des 50. Lebensjahres 145%
- bei Vollendung des 51. Lebensjahres 148%
- bei Vollendung des 52. Lebensjahres 151%
- bei Vollendung des 53. Lebensjahres 154%
- bei Vollendung des 54. Lebensjahres 136%
- bei Vollendung des 55. Lebensjahres 118%
- bei Vollendung des 56. Lebensjahres 100%
- bei Vollendung des 57. Lebensjahres 90%
- bei Vollendung des 58. Lebensjahres 80%
- bei Vollendung des 59. Lebensjahres 70%
- bei Vollendung des 60. Lebensjahres 60%
- bei Vollendung des 61. Lebensjahres 50%
- bei Vollendung des 62. Lebensjahres 40%
- bei Vollendung des 63. Lebensjahres 30%
- bei Vollendung des 64. Lebensjahres 15%
- ab der Vollendung des 65. Lebensjahres 0%

(4) Zuschläge

Vollzeitbeschäftigte Arbeitnehmer/innen mit unterhaltsberechtigten Kindern erhalten für jedes im Haushalt lebende unterhaltsberechtigte Kind 5000,00 €. Der Nachweis wird durch eine längstens einen Monat alte Haushaltsbescheinigung des Einwohnermeldeamtes oder Eintrag auf der maßgebenden Lohnsteuerkarte erbracht (0,5 Kinder sind 1 Kind).
Schwerbehinderte i.S.v. §§ 1 und 2 SchwbG oder Gleichgestellte erhalten einen Zuschlag von 10 000,00 €.

Eine andere Formel lautet:

$$\text{Betriebszugehörigkeit} \times \text{Bruttomonatseinkommen} \times \text{Altersfaktor}$$

Hier gibt der Altersfaktor die Anzahl der Bruttomonatseinkommen pro Jahr der Betriebszugehörigkeit an. Üblicherweise ist der Altersfaktor altersgruppenabhängig gestaffelt, entsprechend den prognostizierten wirtschaftlichen Nachteilen der verschiedenen Altersgruppen. Verwendet man für einen 50-Jährigen einen Altersfaktor von 1,0 und für einen 40-Jährigen einen Altersfaktor von 0,8, dann entspricht dies einem Divisor von 50. Mit Altersfaktoren lassen sich die Arbeitsmarktrisiken der verschiedenen Altersgruppen besser berücksichtigen.
Für die Berechnung des Steigerungsbetrages sind auch andere Formeln praktikabel, z. B. die folgende:

$$\text{Alter} \times \text{Betriebszugehörigkeit} \times \text{Festbetrag}$$

Bei dieser Formel entscheidet die Höhe des Festbetrages über die Höhe der Abfindung. Je nach betrieblichem Lohn- und Gehaltsniveau wird der Betriebsrat bei seiner Forderung in dieser Formel einen Festbetrag zwischen 60 € (bei einem Durchschnittsverdienst von 2500 € brutto im Monat) und 100 € (bei einem Durchschnittsverdienst von 4000 € brutto im Monat) ansetzen müssen.

Berechnung nach einem Punkteverfahren
Punkteverfahren werden eher seltener verwendet. Sie kommen immer dort zur Anwendung, wo ein vereinbartes Sozialplanbudget – ein vorgegebener »Topf« – vollständig unter die betroffenen Beschäftigten verteilt werden soll. Voraussetzung für die Anwendung des Punkteverfahrens ist, dass die ausscheidenden Beschäftigten bekannt sind. Häufig ist dies bei Betriebsschließungen oder Insolvenzen der Fall.
Das Punkteverfahren hat nach unseren Erfahrungen einige Nachteile:
- Die wirtschaftlichen Nachteile der Betroffenen drücken sich in den zu vergebenden Punkten der Tabelle nicht unmittelbar aus. Das erschwert dem Betriebsrat die Argumentation gegen die Klagen des Arbeitgebers über ein zu hohes Sozialplanvolumen.

- Veränderungen bei der Zuordnung der Punkte führen nicht automatisch zu einer Erhöhung des Sozialplanvolumens.
- Der Betriebsrat trägt die alleinige Verantwortung für die Verteilung des Sozialplanvolumens, da sich der Arbeitgeber in aller Regel nur für die Gesamthöhe interessiert. Damit wird u. U. der Konflikt um die Abfindungsbeträge für die Betroffenen vom Arbeitgeber weg auf den Betriebsrat verlagert.

Hinweis: Punkteverfahren nur bei Insolvenz

Wir empfehlen das Punkteverfahren deshalb lediglich für den Insolvenzfall. Grundsätzlich werden auch beim Punkteverfahren die Abfindungskriterien aus Kapitel H.V.1.a) aa) zu Grunde gelegt. Mit welcher Gewichtung einzelne Kriterien in die Punktebewertung eingehen sollen, muss der Betriebsrat anhand der konkret von Entlassung betroffenen Beschäftigten entscheiden. So ist es wenig sinnvoll, die Zahl der unterhaltspflichtigen Kinder mit einer hohen Punktzahl zu bewerten, wenn nur wenige Betroffene unterhaltspflichtige Kinder haben. Oder die möglichst hohe Bewertung der Betriebszugehörigkeitsdauer ist dann wenig sinnvoll, wenn nur jüngere Beschäftigte ausscheiden sollen usw.

Beispiel:
Berücksichtigung der Dauer der Betriebszugehörigkeit: 2 Punkte pro Beschäftigungsjahr
Berücksichtigung des Lebensalters: 1 Punkt pro Jahr ab dem 18. Lebensjahr (lineare Erhöhung nach *DKW* problematisch (*DKW*, Rn. 100 zu §§ 112, 112a BetrVG).
Berücksichtigung unterhaltsberechtigter Kinder: 15 Punkte pro Kind
Berücksichtigung des Grades der Schwerbehinderung: 30 Punkte bei mehr als 50 % MdE

Eine Punktbewertung kann auch durch eine *Punktetabelle* erfolgen, aus der direkt für einzelne Abfindungskriterien die jeweilige Punktzahl abzulesen ist. Eine solche Punktetabelle hat gegenüber dem vorher dargestellten Punkteverfahren den Vorteil, dass sich die Punktzahlen für die einzelnen Kriterien unterschiedlich entwickeln können, z. B. zunächst progressiv, dann linear und schließlich degressiv oder umgekehrt (vgl. Beispiel nächste Seite).
Zur Ermittlung der Abfindung für den einzelnen Betroffenen bedarf es nun noch weiterer Rechenschritte: Zunächst werden die Punktzahlen der einzelnen Abfindungskriterien für jeden Beschäftigten zusammengezählt. Dann werden die Punktzahlen sämtlicher Beschäftigter zu einer Gesamtpunktzahl addiert. Als nächstes wird das gesamte Sozialplanvolumen durch die Gesamtpunktzahl geteilt, und man erhält einen €-Betrag pro Punkt. Multipliziert man diesen €-Betrag pro Punkt mit der individuellen Punktzahl des/der einzelnen Beschäftigten, so erhält man dessen/deren Abfindungsbetrag. Die Summe aller Abfindungsbeträge ergibt wieder das Sozialplanvolumen.

Gerade bei den Punkteverfahren ist nach unserem Wissen der Betriebsrat in der Ausgestaltung weitgehend frei, da der Arbeitgeber lediglich an der Höhe des Sozialplanvolumens und weniger an dessen Verteilung interessiert ist. Allerdings ist auch der Betriebsrat gehalten, Diskriminierungen und Ungleichbehandlungen zu vermeiden.

Berechnung nach dem Tabellenverfahren

In 9 % der von uns analysierten Sozialpläne wurden zur Berechnung der Abfindung Tabellen verwendet, in denen i. d. R., bezogen auf die Kriterien Betriebszugehörigkeit und Alter, jeweils feste Abfindungsbeträge oder die Anzahl der als Abfindung zu zahlenden Monatseinkommen aufgeführt sind (vgl. die Beispiele auf den folgenden beiden Seiten). Meist werden zusätzliche Abfindungszahlungen für unterhaltspflichtige Kinder und für eine Schwerbehinderung vereinbart, die den Tabellenwerten zuzurechnen sind.

Beispiel:

Berücksichtigung der Dauer der Betriebszugehörigkeit		Berücksichtigung des Lebensalters		Berücksichtigung der Zahl der unterhaltsberechtigten Kinder	
Jahre	Punkte	Alter	Punkte	Anzahl	Punkte
2	4	24	15	1	5
3	7	25	20	2	11
4	10	26	23	3	18
5	13	27	26	4	25
6	17	28	29	5	32
7	21	29	32	6	39
8	25	30	35		
9	29	31	37		
10	33	32	39		
11	37	34	43		
12	41	35	45		
23	84	57	94		
24	88	58	90		
ab 25	92	59	85		

Tabellenverfahren halten wir nicht für besonders geeignet, die wirtschaftlichen Nachteile eines Arbeitsplatzverlustes auszugleichen. Hinzu kommt – wie bei jeder Stichtagsregelung –, dass bei Fehlen weniger Monate bei Alter und Betriebszugehörigkeit die Abfindung deutlich niedriger ausfällt als bei den Formelmethoden und das umso mehr, je größer die Differenzen zwischen den einzelnen Tabellenwerten sind. Das soll am Beispiel der Abfindungstabelle mit Festwerten demonstriert werden: Fehlt einem Beschäftigten nur jeweils ein Tag zur Vollendung des 45. Lebensjahres und ein Tag zu einer Dauer der Betriebszugehörigkeit von 22 Jahren, erhält er nach der Abfindungstabelle eine Abfindung von 74 500 €; wäre er nur einen Tag später ausgeschieden, würde die Abfindung 86 000 € betragen. Das kann keinem Beschäftigten vermittelt werden.

b. Überlegungen zur Abfindungshöhe

Die Frage der Abfindungsbeträge und des sich maßgeblich daraus ergebenden voraussichtlichen Gesamtvolumens des Sozialplans ist der zentrale Streitpunkt bei den Sozialplanverhandlungen. Häufig versuchen Arbeitgeber in dieser Frage die Forderungen des Betriebsrats von vornherein durch Vorlage eines niedrigen Angebots zu begrenzen. Damit sollen zumindest die Größenordnungen klargelegt werden, in denen sich aus Unternehmersicht die Abfindungen bewegen sollen.

Der Betriebsrat sollte sich bei der Entwicklung seiner Forderungen jedoch zunächst nicht an einem Arbeitgeberangebot orientieren. Sinnvoller ist es, für die Entwicklung der geforderten Abfindungen von den wirtschaftlichen Nachteilen auszugehen, die die Betroffenen zu erwarten haben (vgl. hierzu ausführlich Kapitel I.II).

Liegt die Forderung des Betriebsrats weit über dem Angebot des Arbeitgebers, so wird sich der Betriebsrat regelmäßig mit zwei Argumenten auseinandersetzen müssen:

1. Die Abfindungsbeträge für die einzelnen Betroffenen seien unangemessen hoch.

Dies wird häufig damit begründet, dass die zu entlassenden Beschäftigten – insbesondere die jüngeren und qualifizierten – schon Angebote für neue Arbeitsplätze hätten oder vermutlich schnell wieder einen Arbeitsplatz finden würden. In dieser Situation ist es günstig, wenn der Betriebsrat seine Forderung mit den zu erwartenden Nachteilen begründen und z. B. auch negative Arbeitsmarkteinschätzungen für einzelne Berufs- und Altersgruppen vorlegen kann. Außerdem ist es hilfreich, wenn der Betriebsrat deutlich macht, welche Abfindungsbeträge letztlich netto, d. h. nach Abzug der Lohn- bzw. Einkommensteuer, verbleiben. Hierzu muss das (voraussichtliche) Gesamtjahreseinkommen des Arbeitnehmers bzw. der Arbeitnehmerin und die Abfindung zusammengerechnet und hierauf auf der Jahressteuertabelle die Lohn- bzw. Einkommensteuer abgelesen werden. Vergleicht man die so errechnete Lohn- bzw. Einkommensteuer mit derjenigen, die sich ohne Zahlung einer Abfindung ergeben hätte, so ist der Differenzbetrag der Steueranteil, der auf die Abfindung entfällt (vgl. *Übersicht 25* in Kapitel I.II.3.f)).

Zur Begrenzung der Höhe der einzelnen Abfindungen fordern Arbeitgeber häufig die Festlegung von Abfindungsobergrenzen. Dabei orientieren sie sich meist an § 10 KSchG. Danach kann im Rahmen von Kündigungsschutzprozessen eine Abfindung bis zur Höhe von zwölf Monatsverdiensten festgesetzt werden; diese kann sich auf maximal 18 Monatsverdienste erhöhen, wenn der/die Arbeitnehmer/in das 50. Lebensjahr vollendet hat und mind. 15 Jahre Betriebszugehörigkeit vorweisen kann. Für die Vereinbarung solcher Obergrenzen in einem Sozialplan gibt es keine rechtliche Grundlage (BAG 27.10.1987 – 1 ABR 9/86). Sie ist vom Gesetzgeber auch bewusst nicht gewollt (vgl. Kapitel I.I.2).

Beispiel:

Abfindungstabelle (Festbeträge in €)

Vollendete Dienstjahre	Lebensalter bei Dienstaustritt				
	< 29	30–39	40–44	45–49	50–55[1]
1	5000	5500	6000	6500	7000
2	7000	8000	9000	10000	11000
3	9500	10500	11500	12500	13500
4	11500	13000	14500	16000	17500
5	13500	15500	17500	19500	21500
6	16000	18500	21000	23500	26000
7	18500	21000	23500	26000	28500
8	21000	24000	27000	30000	33000
9	23500	26500	29500	32500	35500
10	26000	29500	33000	36500	40000
11	32000	33000	37000	41000	45000
12	35000	36000	40000	44000	48000
13	38000	39000	43000	47000	51000
14		42500	47000	51500	56000
15		46000	51000	56000	61000
16		49500	55000	61500	67000
17		53000	58500	64000	69500
18		56500	62000	67500	73000

1 Ab dem 56. Lebensjahr gilt eine spezielle Vorruhestandsvereinbarung.

Vollendete Dienstjahre	Lebensalter bei Dienstaustritt				
	< 29	30–39	40–44	45–49	50–55[1]
19		60 500	66 500	72 500	78 500
20		64 000	70 000	76 000	82 000
21		68 000	74 500	81 000	87 500
22		72 000	79 000	86 000	93 000
23		76 500	84 000	91 500	99 000
24		81 000	89 000	97 000	105 000
25		87 000	96 000	105 000	114 000

Beispiel (2):
Abfindungstabelle (Anzahl Bruttomonatsverdienste)

Dauer der Betriebszugehörigkeit	Lebensalter bei Dienstaustritt				
	20–29	30–39	40–44	45–49	50–55[2]
	Faktor	Faktor	Faktor	Faktor	Faktor
1	1,55	1,70	1,85	2,00	2,15
2	2,22	2,47	2,72	2,97	3,22
3	2,89	3,24	3,59	3,94	4,29
4	3,56	4,01	4,46	4,91	5,36
5	4,23	4,78	5,33	5,88	6,43
6	5,00	5,65	6,30	6,95	7,60
7	5,77	6,52	7,27	8,02	8,77
8	6,54	7,39	8,24	9,09	9,94
9	7,31	8,26	9,21	10.16	11,11
10	8,18	9,23	10,28	11,33	12,38
11	9,05	10,20	11,35	12,50	13,65
12	9,92	11,17	12,42	13,67	14,92
13	10,79	12,14	13,49	14,84	16,19

1 Ab dem 56. Lebensjahr gilt eine spezielle Vorruhestandsvereinbarung.
2 Ab dem 56. Lebensjahr gilt eine spezielle Vorruhestandsvereinbarung.

Dauer der Betriebszugehörigkeit	Lebensalter bei Dienstaustritt				
	20–29	30–39	40–44	45–49	50–55[2]
	Faktor	Faktor	Faktor	Faktor	Faktor
14	11,76	13,21	14,66	16,11	17,56
15	12,73	14,28	15,83	17,38	18,93
16	13,70	15,35	17,00	18,65	20,30
17	14,67	16,42	18,17	19,92	21.67
18	15,74	17,59	19,44	21,29	23,14
19	16,81	18,76	20,71	22,66	24,61
20	17,88	19,93	21,98	24,03	26,08
21	18,95	21,10	23,25	25,40	27,55
22	20,12	22,37	24,62	26,87	29,12
23	21,29	23,64	25,99	28,34	30,69
24	22,46	24,91	27,36	29,81	32,26
25	23,63	26,18	28,73	31,28	33,83

2. Arbeitgeber behaupten häufig, dass die voraussichtliche Abfindungssumme nach den Vorschlägen des Betriebsrats wirtschaftlich nicht vertretbar sei.
Diese Argumentation zielt auf die nach § 112 Abs. 5 BetrVG von der Einigungsstelle zu berücksichtigende wirtschaftliche Vertretbarkeit des Sozialplans ab (vgl. Kapitel B.VI.2). Wird der Sozialplan noch nicht vor der Einigungsstelle verhandelt, so droht der Arbeitgeber zumindest indirekt, die Einigungsstelle notfalls anzurufen, wenn der Betriebsrat auf seiner Forderung beharrt. Zur wirtschaftlichen Vertretbarkeit eines Sozialplanvolumens vgl. ausführlich Kapitel I.III. Für den Betriebsrat ist wichtig zu wissen, dass der wirtschaftlichen Vertretbarkeit eine Korrektivfunktion lediglich für den Fall zukommt, dass die Berechnung der wirtschaftlichen Nachteile zu einem Sozialplanvolumen führen würde, das die wirtschaftlichen und finanziellen Verhältnisse des Unternehmens (oder bei Durchgriffshaftung: des Konzerns) übersteigt.
Der Betriebsrat muss den Arbeitgeber in einer solchen Situation auffordern, seine Behauptung anhand von nachvollziehbaren Unterlagen zu belegen. Die Analyse der Unterlagen erfordert allerdings betriebswirtschaftliche Sachkennt-

2 Ab dem 56. Lebensjahr gilt eine spezielle Vorruhestandsvereinbarung.

nisse, die sich der Betriebsrat durch Hinzuziehung eines Gewerkschaftssekretärs oder betriebswirtschaftlichen Sachverständigen nach § 80 Abs. 3 BetrVG bzw. § 111 BetrVG verschaffen sollte (vgl. auch Kapitel B.XII und den Beispielsfall in Kapitel I.III.5). Führt die Analyse der Unterlagen zu dem Ergebnis, dass der Fortbestand des Unternehmens und damit die restlichen Arbeitsplätze gefährdet sind, wird der Betriebsrat seine Forderungen reduzieren müssen. Ist dies jedoch nicht der Fall, so sollte er sich überlegen, ob er die Verhandlungen an diesem Punkt scheitern lassen und die Einigungsstelle anrufen soll.

Beispiel:
Die Abfindung setzt sich aus einem Sockelbetrag, einem Steigerungsbetrag sowie Zuschlägen zusammen.

1. Der Sockelbetrag ist abhängig von der Dauer der Betriebszugehörigkeit. Er beträgt bei einer Betriebszugehörigkeit von

bis 3 Jahren	1,0 Bruttomonatseinkommen
4–7 Jahren	1,5 Bruttomonatseinkommen
8–11 Jahren	2,0 Bruttomonatseinkommen
12–15 Jahren	2,5 Bruttomonatseinkommen
16–19 Jahren	3,0 Bruttomonatseinkommen
20–23 Jahren	3,5 Bruttomonatseinkommen
über 23 Jahre	4,0 Bruttomonatseinkommen

   Das Bruttomonatseinkommen errechnet sich aus 1/12 des effektiven Einkommens der letzten zwölf voll abgerechneten Monate.
2. … Der Steigerungsbetrag errechnet sich nach folgender Formel/Tabelle:
3. Die Abfindung erhöht sich um folgende Zuschläge, sofern die Voraussetzungen hierfür gegeben sind:
   a. Kinderzuschlag von 5000,00 € für jedes auf der Lohnsteuerkarte eingetragene Kind
   b. Zuschlag für Alleinerziehende von 8000,00 €
   c. Zuschlag für Personen mit einer Minderung der Erwerbstätigkeit von mind. 50 % von 10 000,00 €
4. Steuerliche Behandlung
   Abfindungszahlungen sind Bruttobeträge. Zu ihrer einkommensteuerlichen Behandlung ist § 3 Nr. 9, §§ 24, 34 und 39b EStG zu beachten.
5. Begriffsbestimmung Monatsvergütung
   Als Monatsvergütung im Sinne dieser Abfindungsregelung gilt: Bruttovergütung der letzten zwölf voll abgerechneten Monate vor dem Ausscheidemonat geteilt durch 12.
6. Fälligkeit der Abfindung
   Die Abfindung ist mit der letzten Abrechnung für den Monat zu zahlen, in den die Auflösung des Arbeitsverhältnisses fällt.
   Erhebt der/die Arbeitnehmer/in gegen eine Kündigung Klage, so ruht der Anspruch auf die Abfindungszahlung bis zur rechtskräftigen Beendigung des Arbeitsverhältnisses.

7. Vererbung von Abfindungen
   Der Anspruch auf Abfindung ist vererblich mit dem Zeitpunkt des Ausspruchs der Kündigung bzw. dem Abschluss einer Aufhebungsvereinbarung.

c. Steuerliche und abgabenmäßige Behandlung der Abfindung

Erhaltene Abfindungen für den Verlust des Arbeitsplatzes sind für den/die Arbeitnehmer/in Einnahmen im Sinne des EStG. Sie unterliegen im Unterschied zur Vergütung aber nicht der Beitragspflicht zur Sozialversicherung (BAG 9.11.1988 – 4 AZR 433/88; BAG 13.11.1991 – 4 AZR 20/91). Da Abfindungen außerordentliche Einkünfte im Sinne des § 34 Abs. 2 Nr. 2 EStG sind, erfolgt zur Milderung der Steuerprogression die Besteuerung derart, dass der Abfindungsbetrag nur zu einem Fünftel in die Bemessungsgrundlage der Einkommensteuer eingeht und der auf dieses Fünftel entfallende Einkommenssteuerbetrag mit fünf multipliziert wird (§ 34 Abs. 1 EStG). Dies gilt jedoch nur, wenn sämtliche mit der Beendigung des Arbeitsverhältnisses im Zusammenhang stehenden Leistungen des Arbeitgebers innerhalb eines Veranlagungszeitraums (Kalenderjahr) erfolgen (sog. Zusammenballung der Einkünfte). Fehlt es an dieser Zusammenballung von Einkünften des Arbeitnehmers bzw. der Arbeitnehmerin, werden sämtliche Leistungen im Zusammenhang mit der Beendigung des Arbeitsverhältnisses – also auch die Abfindung – normal besteuert; die begünstigte Besteuerung gem. § 34 Abs. 1 und 2 EStG entfällt.
Arbeitgeber und Beschäftigte können aber den Zufluss einer Abfindung anlässlich der Beendigung des Arbeitsverhältnisses in der Weise steuerwirksam gestalten, dass sie die Fälligkeit der Abfindung vor ihrem Eintritt hinausschieben (z. B. auf das dem Ausscheiden folgende Jahr verschieben).
In einem vom Bundesfinanzhof (BFH) am 11.11.2009 entschiedenen Fall wurde der Zeitpunkt der Fälligkeit einer (Teil-)Abfindungsleistung für das Ausscheiden des Arbeitnehmers zunächst in einer Betriebsvereinbarung auf November des Streitjahres bestimmt. Die Vertragsparteien verschoben jedoch vor dem ursprünglichen Fälligkeitszeitpunkt im Interesse einer für den Arbeitnehmer günstigeren steuerlichen Gestaltung den Eintritt der Fälligkeit einvernehmlich auf den Januar des Folgejahres. Entsprechend wurde die Abfindung auch erst im Folgejahr ausgezahlt. Weil die Besteuerung vom konkreten Zufluss der Abfindung abhängt, war die Abfindung nach der Beurteilung des BFH deshalb auch erst im Auszahlungsjahr zu versteuern (BFH 11.11.2009 – IX R 12/09). Ob dann aber die Steuervergünstigung der »Fünftelungsregelung« in Anspruch genommen werden kann, hängt davon ab, ob im Auszahlungsjahr das dann zu versteuernde Entgelt (unter Berücksichtigung des Arbeitslosengeldes wegen dem Progressionsvorbehalt und/oder der Einkünfte aus einem neuen Arbeitsverhältnis) dasjenige Entgelt übersteigt, das üblicherweise bei Fortführung des Beschäftigungsverhältnisses erzielt worden wäre. Nur dann, wenn Abfindungszahlung und Ar-

beitslosenentgelt (oder Entgelt in einer Anschlussbeschäftigung) höher ist, als das üblicherweise erzielte Entgelt in der Altbeschäftigung, liegt eine Zusammenballung der Einkünfte vor und es kann die Steuervergünstigung der »Fünftelungsregelung« in Anspruch genommen werden (BFH 8.4.2014 – IX R 33/13). Ob also eine Verschiebung der Abfindungszahlung ins darauffolgende Jahr steuerlich vorteilhaft ist oder nicht, kann nur im konkreten Einzelfall entschieden werden.

In einem »Einmalbetrag« ausbezahlte Abfindungen dürfen allerdings auch in Zukunft nicht auf mehrere Steuerjahre aufgeteilt werden, um die Steuerlast zu senken. Anders verhält es sich aber, sobald Beschäftigte mit dem Arbeitgeber eine Fälligkeitsvereinbarung schließen. Damit kann die Auszahlung der Abfindung auf mehrere Kalenderjahre verteilt werden. Entscheidend für die Besteuerung ist der Zeitpunkt, an dem das Geld dem/der Arbeitnehmer/in zugeflossen ist. Ob dann aber noch eine Zusammenballung der Einkünfte vorliegt, die eine Steuervergünstigung nach der »Fünftelungsregelung« rechtfertigt, kann nur im konkreten Einzelfall entschieden werden (s. o.).

Bestehen Unklarheiten über die steuerliche Behandlung der Abfindung, so muss das zuständige Finanzamt auf Anfrage Auskunft erteilen (§ 42e EStG).

2. Regelungen zur Sicherung betrieblicher Sozialleistungen

Die Frage der Ansprüche auf Urlaubsgeld, Jahressonderzahlungen bzw. Weihnachtsgeld und vermögenswirksame Leistungen beim Ausscheiden aus einem Unternehmen sind regelmäßig tarifvertraglich geregelt. Da der Tarifvorbehalt des § 77 Abs. 3 BetrVG für den Sozialplan ausdrücklich nicht gilt (§ 112 Abs. 1 BetrVG), kann der Betriebsrat im Rahmen des Sozialplans weitergehende Forderungen stellen und ggf. mit Hilfe einer Einigungsstelle durchsetzen. Häufig wird vom Betriebsrat gefordert und auch durchgesetzt, dass im Jahr des Ausscheidens das volle Urlaubsgeld, die volle Jahressonderzahlung bzw. Weihnachtsgeld und die volle vermögenswirksame Leistung vom Arbeitgeber gezahlt wird.

Beispiel:

Sonstige Leistungen

1. Urlaub und Urlaubsgeld
   Ausscheidende Arbeitnehmer/innen erhalten für das Jahr ihres Ausscheidens den vollen Jahresurlaub, sofern das Arbeitsverhältnis nach dem 30.6. endet, ansonsten gilt die tarifvertragliche Regelung; außerdem wird das volle Urlaubsgeld gezahlt. Kann der Urlaub nicht in Freizeit gewährt werden, so ist er abzugelten. Soweit auf das Urlaubsgeld kein Rechtsanspruch aus dem Arbeitsverhältnis besteht, wird es der Abfindung zugeschlagen.
2. Tarifliche Sonderzahlung
   Ausscheidende Arbeitnehmer/innen erhalten für das Jahr ihres Ausscheidens

die volle tarifliche Sonderzahlung. Soweit auf diese Zahlung kein Rechtsanspruch aus dem Arbeitsverhältnis besteht, wird sie der Abfindung zugeschlagen.

3. Vermögenswirksame Leistungen
   Die vermögenswirksamen Leistungen werden nach dem Ausscheiden noch neun Monate weitergezahlt. Durch eine Einmalzahlung als zusätzliche Abfindung kann diese Zahlungsverpflichtung abgelöst werden.

Daneben werden – sofern erforderlich – im Rahmen des Sozialplans auch die Fragen des Jubiläums, des Wohnrechts in Werkswohnungen, der Rückzahlung von Arbeitgeber-Darlehen und der Ausgleich bzw. die Milderung der Einbußen bei der Betriebsrente geregelt.
Häufig gelingt es dem Betriebsrat, für ältere Betroffene hier eine Gleichstellung mit den aus Altersgründen ausscheidenden Beschäftigten zu erreichen (vgl. hierzu die Regelungen beim Ausscheiden älterer Arbeitnehmer/innen in Kapitel G.I.3.b)); für jüngere können zumeist mehrjährige Übergangsregelungen vereinbart werden.

Beispiel:

1. Dienstjubiläum
   Beschäftigte, die nach ihrem Ausscheiden noch im selben oder dem darauffolgenden Kalenderjahr ein Dienstjubiläum begehen würden, erhalten die dafür vorgesehene Leistung mit dem Zeitpunkt ihres Ausscheidens.
2. Wohnrecht in Werkswohnungen
   Das Wohnrecht in einer Werkswohnung bleibt mind. für fünf Jahre nach dem Ausscheiden bestehen. Miet- und Heizkostenzuschüsse werden für die Dauer des Wohnrechts weitergezahlt.
3. Arbeitgeber-Darlehen
   Die gewährten Arbeitgeber-Darlehen werden unter unveränderten Bedingungen fortgesetzt. Bei Vorliegen eines Härtefalls (z.B. Arbeitslosigkeit) kann auf Antrag des Darlehensnehmers eine Stundung der Rückzahlung vereinbart werden.
4. Bezug von Sachleistungen bzw. Einkaufsvorteile
   Die den Beschäftigten des Betriebes gewährten Vergünstigungen hinsichtlich des Bezugs von Sachleistungen bzw. Einkaufsvorteilen bleiben den Ausscheidenden für zwei Jahre, gerechnet vom Zeitpunkt ihres Ausscheidens, erhalten. Um eine korrekte steuerliche Behandlung zu gewährleisten, verpflichten sich die Beschäftigten, für den Zweijahreszeitraum jährlich eine zweite Lohnsteuerkarte im Personalbüro abzugeben. Ohne eine solche zweite Lohnsteuerkarte ist ein vergünstigter Bezug von Sachleistungen bzw. die Gewährung von Einkaufsvorteilen nur im Rahmen der steuerlichen Freigrenzen möglich.
5. Betriebsrente
   Beschäftigte, die zum Zeitpunkt ihres Ausscheidens eine Anwartschaft auf das betriebliche Altersruhegeld von mind. acht Jahren erreicht haben, wird die Be-

triebsrente so lange fortgeführt, bis eine unverfallbare Anwartschaft erreicht ist. Grundlage bildet dabei das Durchschnittsgehalt der letzten drei Monate vor dem Ausscheiden. In den übrigen Fällen verfallbarer Anwartschaft wird der verfallbare Betrag mit einem Zinssatz von 6% kapitalisiert und als zusätzliche Abfindung ausgezahlt.

Sofern ausscheidende Beschäftigte Anspruch auf eine betriebliche Altersversorgung haben, erleiden sie durch ihr Ausscheiden aus dem Unternehmen folgende wirtschaftlichen Nachteile: Keine weitere Erhöhung der Betriebsrentenansprüche und Kürzung der bereits erworbenen Ansprüche durch Anwendung der »ratierlichen Methode« bei der Berechnung der unverfallbaren Anwartschaft. Die Höhe des wirtschaftlichen Nachteils kann an folgendem Beispiel verdeutlicht werden:

Beispiel:
Herr X ist 44 Jahre alt und zum Zeitpunkt seines Ausscheidens zum 31.12.2015 19 Jahre und 2 Monate im Unternehmen. Sein pensionsfähiges Gehalt beträgt zum Ausscheidenszeitpunkt 2438 €. Nach der Betriebsvereinbarung zur betrieblichen Altersversorgung hat Herr X eine Versorgungsleistung in Höhe 82% der Höchstpension erworben, das sind 399,82 € (2438,00 € * 83%*20%). Da die Ist-Dienstzeit von Herrn X 230 Monate (19 Jahre, 2 Monate) und die Soll-Dienstzeit 482 Monate beträgt, ergibt sich nach der ratierlichen Methode eine unverfallbare Anwartschaft von 232,67 € Monatsrente. Daraus ergibt sich allein schon ein Rentennachteil von 163,15 € Monatsrente (399,82 € – 232,67 €). Wenn man unterstellt, dass Herr X nicht freiwillig das Unternehmen verlassen hätte, sondern aus dem Unternehmen in Rente gegangen wäre, dann wäre die ratierliche Methode überhaupt nicht zur Anwendung gekommen und Herr X hätte noch eine unverfallbare Anwartschaft von 487,60 € Monatsrente erworben. Der Nachteil beträgt dann 254,93 € monatlich. Bei einem statistischen Lebensalter von 78,82 Jahren (Sterbetafel 2007/2009) ergibt das eine Rentenbezugszeit von 13,82 Jahren. Der Zeitwert der Renteneinbußen beträgt 42 277,59 € (254,93 €*13,82 Jahre *12 Monate); der wirtschaftliche Nachteil bei Ausscheiden aus dem Unternehmen (Barwert bei einem Zinssatz von 3%) beträgt 15 380 €.

Beispiel:
Die Nachteile aus der betrieblichen Altersversorgung werden durch ein versicherungsmathematisches Gutachten ermittelt, dem folgende Annahmen zu Grunde liegen: Hypothetische Fortführung des Arbeitsverhältnisses für einen Zeitraum von sieben Jahren; keine Anwendung der ratierlichen Methode bei der Ermittlung der unverfallbaren Anwartschaft; Barwert der Rentennachteile bei einem Zinssatz von 3% bezogen auf eine Rentenbezugszeit, die sich aus der Differenz zwischen statistischer Lebenserwartung (aktuelle Sterbetafel) und frühestmöglichem Rentenbeginn ergibt. Die Kosten des versicherungsmathematischen Gutachtens trägt der Arbeitgeber.

3. Regelungen im Zusammenhang mit der Beendigung des Arbeitsverhältnisses

Im Zusammenhang mit dem Ausscheiden aus dem Arbeitsverhältnis werden häufig folgende Fragen geregelt:

- vorzeitige Freistellung bei Aufnahme einer neuen Tätigkeit,
- zeitweise Freistellung zur Suche eines neuen Arbeitsplatzes,
- Übernahme der Kosten für Arbeitsplatzsuche,
- Wiedereinstellungsklausel,
- Form des Ausscheidens
- Transfermaßnahmen

Für Beschäftigte mit langen tarifvertraglichen oder arbeitsvertraglichen Kündigungsfristen ist es häufig wichtig, dass sie vor Ablauf ihrer Kündigungsfrist aus dem bisherigen Arbeitsverhältnis aussteigen können, um rasch auf eine sich bietende Chance eines neuen Arbeitsplatzes reagieren zu können. Wichtig ist, dass Anreize für vorzeitiges Ausscheiden nicht im Sozialplan, sondern in einer gesonderten Betriebsvereinbarung nach § 88 BetrVG geregelt werden (BAG 18.5.2010 – 1 AZR 187/09)

In solchen Fällen, in denen der Arbeitgeber die Beschäftigten nicht mehr bis zum Ende der Kündigungsfrist dringend benötigt, spart der Arbeitgeber für die Zeit der Abkürzung der Kündigungsfrist die Personalkosten in Höhe von etwa 1,21 Bruttoverdiensten pro Monat der Abkürzung der Kündigungsfrist. Um einerseits einen Anreiz zu schaffen, dass gekündigte Arbeitnehmer/innen sich möglichst schnell nach einem neuen Arbeitsplatz umsehen können und andererseits der Arbeitgeber Personalkosten spart, ist es vertretbar, dass sich Arbeitgeber und Beschäftigte diese Personalkostenersparnis zumindest teilen oder die Beschäftigten sogar das ganze ersparte Arbeitnehmerbrutto als zusätzliche Abfindung erhalten.

> **Beispiel:**
> Jeder/Jede gekündigte oder von Kündigung bedrohte Beschäftigte hat das Recht, unabhängig von tariflichen oder arbeitsvertraglichen Kündigungsfristen mit einer Frist von zwei Wochen aus dem Betrieb auszuscheiden. Das vorzeitige Ausscheiden ist schriftlich anzuzeigen. In diesen Fällen erhöht sich die Abfindungszahlung um die Hälfte des Betrages des fortzuzahlenden Arbeitsentgelts einschließlich der Arbeitgeber-Anteile zur Sozialversicherung (sog. Arbeitgeber-Brutto), das bei Einhaltung der Kündigungsfrist zu zahlen gewesen wäre. Im Übrigen bleiben die Ansprüche aus Leistungen aus dem Sozialplan in vollem Umfang erhalten.

Häufig lassen sich Arbeitgeber auf eine solche Verkürzung der Kündigungsfrist nur ein, wenn eine Reduzierung der Abfindung vorgenommen wird. Das Argument hierbei lautet, dass ganz offensichtlich diese Beschäftigten einen neuen Ar-

beitsplatz gefunden haben und somit deren Arbeitsmarktchancen günstiger sind als für die übrigen, die nicht vorzeitig ausscheiden wollen. Dem kann der Betriebsrat entgegenhalten, dass der neue Arbeitsplatz dem/der Beschäftigten aufgrund des zunächst fehlenden Kündigungsschutzes und später wegen des an die Betriebszugehörigkeit gekoppelten Kündigungsschutzes relativ geringe Sicherheit bietet. Außerdem kann ein vorzeitiges Ausscheiden auch für den Arbeitgeber vorteilhaft sein, weil dies Einsparungen bei den Personalkosten bringt. Im Übrigen sollte sich der Betriebsrat auf eine Verringerung der Abfindung für vorzeitig Ausscheidende nur einlassen, wenn gesichert ist, dass der/die Arbeitnehmer/in für einen Zeitraum von mehreren Jahren Anspruch auf die restliche Abfindung hat, sofern er/sie ohne eigenes Verschulden in dieser Zeit arbeitslos wird.
Um die Chancen für die Betroffenen zu erhöhen, noch vor Eintritt der Arbeitslosigkeit eine neue Stelle zu finden, ist es wichtig, im Sozialplan eine zeitweise bezahlte Freistellung zur Arbeitssuche zu vereinbaren, zumindest dann, wenn keine entsprechende tarifvertragliche Regelung besteht oder diese nicht ausreichend erscheint. Nach unseren empirischen Ergebnissen wird überwiegend eine zeitweise bezahlte Freistellung »in angemessenem Umfang« vereinbart. Sofern der Betriebsrat aufgrund seiner Betriebskenntnis einschätzen kann, dass eine solche Regelung vom Arbeitgeber nicht restriktiv ausgelegt werden wird, ist diese Regelung günstiger als die Vereinbarung einer festen Zeit. Steht eher zu befürchten, dass der Arbeitgeber sich sperrt, dann ist es günstiger, eine feste Stundenzahl oder ganze Arbeitstage zu vereinbaren. In einer Reihe von Sozialplänen wurden fünf Tage, in wenigen Ausnahmefällen auch mehr zugestanden.

Beispiel: Zeitweise Freistellung zur Arbeitssuche
Jede/r Arbeitnehmer/in, der/die gekündigt oder zur Kündigung vorgesehen ist, hat Anspruch auf bezahlte Freistellung von der Arbeit zur Arbeitsplatzsuche im Umfang von maximal fünf Arbeitstagen. Die Freistellung erfolgt in Absprache mit dem betrieblichen Vorgesetzten unter Berücksichtigung der betrieblichen Belange.

In einigen Fällen gelingt es Betriebsräten auch, den Arbeitgeber zur Übernahme (zumindest eines Teils) der Kosten der Arbeitssuche zu verpflichten.

Beispiel:
Der Arbeitgeber übernimmt gegen Nachweis die Kosten der Arbeitsplatzsuche (Kosten für die Erstellung von Bewerbungsunterlagen, Porto, Reisekosten). Bei der Erstattung von Reisekosten gilt die Reisekostenordnung des Unternehmens in der jeweils aktuellen Fassung.

Grundsätzlich ist es sinnvoll, im Sozialplan eine Wiedereinstellungsverpflichtung des Arbeitgebers gegenüber ausgeschiedenen interessierten Arbeitnehmer/innen zumindest für einen begrenzten Zeitraum zu übernehmen.

Beispiel:
Beschäftigte, die in den Geltungsbereich dieses Sozialplans fallen, werden bei einer Bewerbung auf für sie geeignete freie Arbeitsplätze innerhalb von zwei Jahren – beginnend mit ihrem tatsächlichen Ausscheiden – externen Bewerbern gegenüber bei vergleichbarer Qualifikation vorgezogen. Die bisherige Zeit ihrer Betriebszugehörigkeit wird auf das neue Arbeitsverhältnis angerechnet.
Der Arbeitgeber verpflichtet sich, ausgeschiedenen Beschäftigten, die dies wünschen, jeweils die für sie in Frage kommenden internen und externen Stellenausschreibungen zukommen zu lassen. Der/Die Arbeitnehmer/in informiert den Arbeitgeber über jede Änderung seiner Wohnanschrift.

Oft drängen Arbeitgeber darauf, dass im Falle einer Wiedereinstellung innerhalb des eingeräumten Zeitraums die Beschäftigten die erhaltene Abfindung anteilig zurückzahlen sollen. Nach Auffassung von *DKW* ist eine solche Regelung unbillig und damit unwirksam (*DKW*, Rn. 183 zu §§ 112, 112a BetrVG).
Eine von Unternehmerseite bevorzugte Form des Ausscheidens ist der Abschluss eines Aufhebungsvertrages. Aufhebungsverträge sind aufgrund der Vertragsfreiheit grundsätzlich zulässig. Wegen der mit einem solchen Vertrag verbundenen möglichen Nachteile sollte der Betriebsrat Aufhebungsverträge grundsätzlich nicht anregen, denn der Abschluss bedeutet für den Ausscheidenden, dass

- sämtliche Kündigungsschutzvorschriften hinfällig werden,
- die Beteiligungsrechte des Betriebsrats wegfallen,
- die Agentur für Arbeit dies möglicherweise zur Grundlage für eine 12-wöchige Sperre des Arbeitslosengeldes mit Verkürzung der Anspruchsdauer ¼ nimmt (§§ 128 und 144 SGB III), wenn nach Auffassung der Arbeitsagentur kein wichtiger Grund vorliegt.

Teilweise ziehen Beschäftigte den Abschluss eines Aufhebungsvertrages einer arbeitgeberseitigen Kündigung vor, um dem Makel des Gekündigtseins zu entgehen. Um die Beschäftigten vor den Nachteilen eines Aufhebungsvertrages zu schützen, sollte im Sozialplan vereinbart werden, dass

- ausdrücklich im Aufhebungsvertrag vermerkt wird, dass dieser anstelle einer betriebsbedingten Kündigung erfolgt,
- die gesetzlichen, tarifvertraglichen oder einzelarbeitsvertraglichen Kündigungsfristen einzuhalten sind,
- die Abfindungsbeträge in Aufhebungsverträgen nicht geringer sein dürfen als nach der vereinbarten Sozialplanformel. Bereits abgeschlossene Verträge sind ggf. nachzubessern,
- der Arbeitgeber dem/der Arbeitnehmer/in alle Nachteile, die sich durch die Verhängung von Sperr- und Ruhenszeiten durch die Agentur für Arbeit tatsächlich ergeben, durch entsprechende Zahlungen ausgleicht (gem. BAG 27.10.1987 – 1 ABR 9/86 auch in der Einigungsstelle spruchfähig).

Beispiel:
1. Aufhebungsverträge werden nur auf Wunsch der Beschäftigten geschlossen.
2. Die jeweiligen gesetzlichen, tarifvertraglichen oder einzelarbeitsvertraglichen Kündigungsfristen sind einzuhalten. Sie dürfen nur auf Wunsch der Beschäftigten abgekürzt werden.
3. Im Aufhebungsvertrag muss unmissverständlich darauf hingewiesen werden, dass dieser anstelle einer betriebsbedingten Kündigung geschlossen wurde.
4. Beschäftigte, die durch Aufhebungsvertrag ausscheiden, dürfen nicht schlechter gestellt werden als diejenigen, die durch arbeitgeberseitige betriebsbedingte Kündigung ausscheiden. Insbesondere sind für den Verlust des Arbeitsplatzes die gleichen Abfindungen zu zahlen. Mit ungünstigeren Regelungen ausgeschiedene Beschäftigte erhalten eine Nachbesserung.
5. Erleiden Beschäftigte durch den Abschluss eines Aufhebungsvertrages Nachteile, so gehen diese voll zu Lasten des Arbeitgebers. Insbesondere verpflichtet sich dieser zur Zahlung der entgangenen Leistungen (ALG) sowie des Arbeitgeber- und Arbeitnehmeranteils zur gesetzlichen Krankenversicherung, falls es wegen des Aufhebungsvertrages zu einer Sperre des Bezugs von Arbeitslosengeld und einem Ruhen des Anspruchs auf Arbeitslosengeld kommt.

Transfermaßnahmen

Im Zusammenhang mit dem Ausscheiden von Arbeitnehmer/innen aus den Unternehmen werden auch Transfermaßnahmen nach dem Sozialgesetzbuch III (SGB III) vereinbart. Auch die Einigungsstelle soll bei der Aufstellung eines Sozialplans die Fördermöglichkeiten des SGB III berücksichtigen (§ 112 Abs. 5 Satz 2 BetrVG). Zu unterscheiden sind Maßnahmen im Rahmen einer Transferagentur (§ 110 SGB III) und Maßnahmen im Rahmen einer Transfergesellschaft unter Einbeziehung von Transfer-Kurzarbeitergeld (§ 111 SGB III). Zu den Einzelheiten siehe Kapitel B.X und G.I.2.b).

Häufig werden im Sozialplan nur die grundsätzlichen Regelungen und die Finanzierungsfragen geklärt und Einzelheiten in einer separaten Betriebsvereinbarung geregelt (vgl. Kapitel M.I.1).

Beispiel:

Vorbehaltlich der Förderung durch die Agentur für Arbeit gem. §§ 110 und 111 SGB III wird das Unternehmen den Mitarbeiter/innen mit mind. dreijähriger Betriebszugehörigkeit, die ihren Arbeitsplatz aus betriebsbedingten Gründen verlieren, Transfermaßnahmen (Transferagentur/Transfergesellschaft) anbieten. Einzelheiten hierzu sind in der Gesamtbetriebsvereinbarung zur Durchführung von Transfermaßnahmen geregelt.

Diese sollte möglichst zeitgleich mit dem Sozialplan abgeschlossen werden. Ist das nicht möglich, dann sollten mindestens folgende Eckpunkte im Sozialplan geregelt sein (vgl. *Schweibert* 2016, C 282 f.):

- Übernahme der Kosten für das Profiling vor dem Wechsel in die Transfergesellschaft (§ 111 Abs. 4 Nr. 4b SGB III), wobei 50 % höchstens jedoch 2500 € der Kosten durch die Bundesagentur für Arbeit gefördert wird
- Festlegung eines Budgets für Qualifizierungsmaßnahmen (in der Praxis werden Beträge zwischen 1000 € und 4000 € vereinbart); ergänzend können Leistungen des Europäischen Sozialfonds beantragt werden
- Festlegung der Verweildauer in der Transfergesellschaft (mindestens doppelte Kündigungsfrist; maximal 12 Monate)
- Zuschuss zum Kurzarbeitergeld (Zuschüsse sind Nettobeträge (BAG 14.9.2016 – 5 AZR 567/14 und bis zu einer Aufstockung auf 80 % des Nettoentgelts sozialversicherungsfrei)
- Regelung des Urlaubsanspruchs (i. d. R. der gesetzliche Urlaubsanspruch von 30 Tagen, für die kein Kug gezahlt wird)
- Übernahme der Arbeitgeber- und Arbeitnehmeranteile zur Sozialversicherung
- Vereinbarung einer Mobilitäts- oder Sprinterprämie, um die Bereitschaft zur Vermittlung in Arbeit zu steigern
- Übernahme der Beratungs- und Verwaltungskosten der Transfergesellschaft.

Typische Beispiele für Regelungen bezüglich Fördermaßnahmen gem. § 110 SGB III:

Beispiel: Transferagentur

Die Betriebspartner einigen sich auf Fa. [...] als Outplacement-Anbieter, der die betroffenen Mitarbeiter/innen im Prozess der Vermittlung/Bewerbung in ein neues, externes Arbeitsverhältnis unterstützt. Die Kosten der Beauftragung trägt das Unternehmen.

Die betroffenen Mitarbeiter/innen werden zu einer Informationsveranstaltung des Outplacement-Anbieters zum Thema Outplacement-Beratung verbindlich eingeladen. Diese Veranstaltung soll zeitnah stattfinden.

Anschließend an diese Informationsveranstaltung können die betroffenen Mitarbeiter/innen ein individuelles Informationsgespräch mit einem Berater des Outplacement-Anbieters führen, um sich über ihre Chancen auf dem externen Arbeitsmarkt zu erkundigen und die Vorteile und Möglichkeiten einer Outplacementberatung zu erfragen.

Der Outplacement-Anbieter wählt aufgrund der Informationen aus diesem Gespräch einen festen persönlichen Berater für den/die Mitarbeiter/in aus.

Nach dem Follow-up-Gespräch und unter Abwägung seiner/ihrer potenziellen Chancen auf dem externen Arbeitsmarkt kann sich der/die Mitarbeiter/in für eines der beiden angebotenen Programme des Outplacement-Anbieters entscheiden:

– 6-Monatsprogramm + Prämie

Aktive Begleitung des Mitarbeiters bzw. der Mitarbeiterin bei der Suche nach einem alternativen, externen Arbeitsplatz in Individualgesprächen und Workshops über einen Zeitraum von sechs Monaten ab Beginn der Maßnahme.

Sollte der/die Mitarbeiter/in vor Ablauf der sechs Monate ein neues Arbeitsverhältnis annehmen und einen Aufhebungsvertrag mit [...] schließen, so erhält er/sie eine festgelegte Prämie in Höhe von 50 % der monatlichen Vergütung, die bis zum Ablauf der Sechsmonatsfrist noch angefallen wäre.
– Garantieprogramm
Zeitlich unbegrenzte, aktive Begleitung des Mitarbeiters bzw. der Mitarbeiterin in Individualgesprächen und Workshops, bis er ein neues Arbeitsverhältnis annimmt; bei einer Probezeitkündigung durch das neue Unternehmen nimmt der Outplacement-Anbieter die Beratung einmalig bis zur Annahme eines neuen Arbeitsverhältnisses wieder auf.
Alle Beratungsgespräche mit dem/der Mitarbeiter/in erfolgen absolut vertraulich und in terminlicher Absprache zwischen Mitarbeiter/in und Outplacement-Berater.
Der Outplacement-Anbieter berichtet der Geschäftsleitung und Betriebsrat monatlich anonym über den aktuellen Stand der Bewerbungsaktivitäten der von ihm betreuten Mitarbeiter/innen.
Der Arbeitgeber stellt sicher, dass der/die Mitarbeiter/in spätestens im letzten Monat der Kündigungsfrist an Transfermaßnahmen gem. § 110 SGB III teilnehmen kann.

Beispiel 2:
Transferagentur
Im Sozialplan vom [...] wurde zwischen den Parteien vereinbart, dass Beschäftigten, auf die dieser Sozialplan Anwendung findet, eine professionelle und qualitativ hochwertige Beratung angeboten wird, um sie auf ein ihrer Eignung und ihren Fähigkeiten entsprechendes Beschäftigungsverhältnis außerhalb des Unternehmens bestmöglich vorzubereiten.
Die Regelungen dieser Outplacementvereinbarung dienen der Umsetzung dieser Zielsetzung. Die nachfolgenden Regelungen sollen auch die Förderungsfähigkeit der geplanten Maßnahmengemäß § 110 SGB III gewährleisten.
Geltungsbereich
Diese Outplacementvereinbarung findet Anwendung auf alle infolge der Durchführung der im Interessenausgleich vom [...] geregelten Restrukturierungsmaßnahmen betroffenen Beschäftigten.
Weiteren Beschäftigten, auf die der Sozialplan Anwendung findet, wird jeweils ein entsprechendes Outplacement zur Verfügung gestellt.
Ziel
Ziel ist es, den betroffenen Beschäftigten durch die angebotenen Leistungen nach Möglichkeit ein anderes Arbeitsverhältnis außerhalb des Unternehmens zu verschaffen. Für diese Leistungen sollen so weit wie möglich Fördermittel gem. § 110 SGB III in Anspruch genommen werden.
Aufgaben/Leistungen
Die Aufgaben und Leistungen der Outplacement-Maßnahmen sind im Folgenden kurz beschrieben und werden in der Betriebszeitung ausführlich konzeptionell dargestellt.

Im Rahmen ihrer Tätigkeit wird die beauftragte Agentur insbesondere folgende Aufgaben erfüllen bzw. Leistungen erbringen:

- Durchführung von Orientierungs- und Entscheidungsgesprächen mit den betroffenen Beschäftigten.
- Unterstützung bei der Bearbeitung der für die Arbeitsagentur notwendigen Unterlagen
- Mitwirkung bei der Unterstützung von betroffenen Beschäftigten bei der Arbeitsplatzsuche
- Kontaktaufnahme mit örtlichen Arbeitgebern mit dem Ziel, geeignete Arbeitsplätze für die betroffenen Beschäftigten zu akquirieren
- Fachliche Beratung und konzeptionelle Begleitung der betroffenen Beschäftigten im Zusammenhang mit allen genannten Aufgaben und Maßnahmen
- Fachliche Beratung und Unterstützung der zuständigen Personalvorgesetzten bei [...] im Zusammenhang mit allen genannten Aufgaben und Maßnahmen

Um allen vom Verlust ihres Arbeitsplatzes betroffenen Beschäftigten eine professionelle und qualitativ hochwertige Beratung/Qualifizierung anbieten zu können, ist der Grundsatz einer sparsamen Mittelverwendung zu beachten. Zur sparsamen Mittelverwendung gehört auch, auf eine mögliche Förderfähigkeit der Maßnahmen hinzuwirken.

Eine Eigenbeteiligung der betroffenen Beschäftigten an diesen Kosten erfolgt nicht.

Inanspruchnahme von Outplacement-Maßnahmen

Berechtigt zur Inanspruchnahme von Leistungen sind alle im Sinne des Geltungsbereichs dieser Outplacementvereinbarung betroffenen Beschäftigten.

Im Zusammenhang mit der beabsichtigten Beendigung von Arbeitsverhältnissen werden die betroffenen Beschäftigten ausführlich über Konzepte, Maßnahmen und Modalitäten im Rahmen von Orientierungs-und Entscheidungsgesprächen informiert. Die beabsichtigten Maßnahmen sind dem Betriebsrat vorab zur Kenntnis zu geben. Die Teilnahme an diesen Maßnahmen wird auch den Mitgliedern des Betriebsrats zur Information angeboten.

Die Outplacement-Agentur wird für diese Orientierungs- und Entscheidungsgespräche vorrangig besonders geeignete Personalbetreuerinnen/Personalbetreuer einsetzen.

Jeder betroffene Beschäftigte kann Outplacement-Maßnahmen für einen Zeitraum von sechs Monaten beanspruchen. Bei Bedarf besteht die Möglichkeit einer dreimonatigen Verlängerung. Sofern zum Zeitpunkt des Ablaufs der individuellen ordentlichen Kündigungsfrist der maximale Zeitraum noch nicht ausgeschöpft ist, können betroffene Beschäftigte Outplacement-Maßnahmen für den verbliebenen Zeitraum weiterhin in Anspruch nehmen.

Die Outplacement-Maßnahmen können von den betroffenen Beschäftigten jederzeit beendet werden. Ansonsten enden sie vor Ablauf des o.g. maximalen Zeitraums nur nach dem Abschluss eines neuen Arbeitsvertrages. Sollte es während der Probezeit des neuen Arbeitsverhältnisses und innerhalb der individuellen Kündigungsfrist des alten Arbeitsverhältnisses zur Auflösung des neuen Vertrages

kommen, kann die Outplacementmaßnahme wieder aufgenommen werden, sofern das laufende Outplacement-Projekt noch nicht beendet ist.
Der Arbeitgeber ist verpflichtet, die Beschäftigten für die Leistungen und die sich daraus ergebenden Aktivitäten während der individuellen ordentlichen Kündigungsfrist im erforderlichen Umfang von der Arbeit freizustellen. Veranstaltungen, Aufgaben und Termine im Zusammenhang mit den Leistungen sind absolut vorrangig. Die Kosten für die erforderlichen Freistellungen von der Arbeitsverpflichtung sind vom Arbeitgeber zu tragen.
Die Inanspruchnahme von Leistungen aus dieser Outplacementvereinbarung führt zu keiner Verringerung von Abfindungsansprüchen.
Den betroffenen Beschäftigten ist während der Kündigungsfrist die Möglichkeit einzuräumen, ein Arbeitsverhältnis zur Probe mit einem potentiellen neuen Arbeitgeber einzugehen. Dies gilt maximal bis zum Abschluss des Outplacement-Projektes.
Infrastruktur und Finanzierung der Outplacement-Maßnahmen
Sämtliche Maßnahmen finden in den Räumen statt, die die Outplacement-Agentur zur Verfügung stellt.
Zur Finanzierung der Outplacement-Maßnahmen wird gemäß Sozialplan ein Betrag von max. 8000 € pro Person zur Verfügung gestellt.
Konfliktlösung
Eventuell auftretende Konflikte im Zusammenhang mit dieser Vereinbarung lösen Arbeitgeber und Betriebsrat einvernehmlich. Kommt keine Einigung zustande, entscheidet die Einigungsstelle verbindlich.

Transfergesellschaft

Typische Beispiele für Regelungen bezüglich Fördermaßnahmen gem. § 111 SGB III:

Beispiel:
Der Arbeitgeber verpflichtet sich, die angebotenen Profilingmaßnahmen vor Übertritt der Beschäftigten in die Transfergesellschaft umzusetzen.
Die Transfergesellschaft soll insbesondere folgende Aufgaben übernehmen:

- Durchführung von Orientierungsgesprächen zur Verbesserung der Vermittlungschancen in den ersten Arbeitsmarkt sowie zur Erfassung des persönlichen Qualifizierungsbedarfs;
- Durchführung von Bewerbungstrainings;
- Persönliche Unterstützung bei der Bewerbung (Bewerbungscoaching);
- Vermittlung von Berufspraktika;
- Durchführung von gezielten Qualifizierungsmaßnahmen bei Bedarf;
- Persönliche Unterstützung bei einer Existenzgründung;
- Suche nach Einsatz-/Vermittlungsmöglichkeiten.

Beschäftigte, die in die Transfergesellschaft wechseln, erhalten eine Aufstockung zum Transfer-Kug auf 90 % des individuellen/pauschalierten Nettoeinkommen.
Der Arbeitgeber zahlt an die Transfergesellschaft für jede/n Beschäftigte/n, der/die

in die Transfergesellschaft wechselt, eine Pauschale von 3000 € für Qualifizierungsmaßnahmen. Diese Pauschale wird zusätzlich zur Vergütung an den Dienstleister gezahlt.
Bei vorzeitigem Ausscheiden aus der TG erhält der/die Beschäftigte eine einmalige Ausstiegsprämie von 50 % der eingesparten Kosten des Arbeitgebers. Die Ausstiegsprämie wird im Monat nach dem Ausscheiden mit einer Berechnung über deren Höhe an den/die Beschäftigte ausgezahlt.

VI. Regelung zur Lösung von Härtefällen

Kein noch so ausführlich und umfassend formulierter Sozialplan ist in der Lage, alle möglichen wirtschaftlichen Nachteile angemessen zu erfassen und befriedigend zu regeln. Eine u. E. angemessene Lösung dieses Problems stellt die Einrichtung eines sog. Härtefonds dar. Dieser soll dazu dienen, dem/der von einer Betriebsänderung besonders betroffenen Beschäftigten über die vereinbarten Leistungen hinaus bei Bedarf einen finanziellen Ausgleich zu gewähren.
Allerdings hatte nur ein Viertel der von uns analysierten Sozialpläne einen Härtefonds vereinbart, bei denen in etwa 60 % eine feste Dotierung vorgenommen wurde. Die Höhe des Härtefonds ist abhängig von der Zahl der betroffenen Beschäftigten; in unserer Untersuchung schwankte sie zwischen einigen hundert € und mehreren tausend € pro Betroffenem.
In einem uns bekannten Fall einer Produktionsverlagerung ins Ausland und einer damit verbundenen Betriebsstilllegung verweigerte der Betriebsrat generell seine Zustimmung zu Überstunden. Im Rahmen der Sozialplanverhandlungen einigte man sich darauf, dass der Betriebsrat Überstunden auf freiwilliger Basis zustimmt und im Gegenzug der Arbeitgeber zusagte, pro geleisteter Überstunde 5 € in einen Härtefonds einzuzahlen, den der Betriebsrat verwaltet.
Fordert der Betriebsrat die Einrichtung eines Härtefonds, so argumentiert häufig der Arbeitgeber, dass dessen Volumen vom Sozialplanvolumen abgezogen werden müsse, die Abfindungen also entsprechend niedriger ausfallen müssten. Dem ist entgegenzuhalten, dass die Ausschöpfung der Mittel ja nicht gesichert ist und im Übrigen bis zur Inanspruchnahme des Härtefonds erfahrungsgemäß einige Zeit verstreicht und in dieser Zeit das Unternehmen mit diesen Mitteln arbeiten kann. Wenn eine Anrechnung auf das Sozialplanvolumen nicht verhindert werden kann, dann muss zumindest gewährleistet werden, dass ein nicht ausgeschöpftes Härtefondsvolumen nachträglich auf die betroffenen Beschäftigten aufgeteilt wird.
Leistungen aus dem Härtefonds werden auf Antrag gewährt. Über die Anspruchsberechtigung, die Anspruchshöhe und den Auszahlungszeitpunkt ent-

scheidet in fast allen Fällen eine paritätisch mit Vertretern des Betriebsrats und des Arbeitgebers besetzte Kommission. Kann sich diese Kommission nicht einigen, entscheidet eine Einigungsstelle (§ 76 BetrVG).

Beispiel:
Der Arbeitgeber stellt für den Ausgleich besonderer persönlicher Härten, die nach Beendigung des Arbeitsverhältnisses entstehen können, einen Härtefonds in Höhe von … € zur Verfügung. Zahlungen aus diesem Härtefonds erfolgen auf Antrag des einzelnen Arbeitnehmers bzw. einzelner Arbeitnehmerin, des Arbeitgebers oder des Betriebsrats. Über die Anträge entscheidet der Personalplanungsausschuss, der mit je zwei Vertretern des Arbeitgebers und des Betriebsrats besetzt ist. Ein Rechtsanspruch auf Leistungen aus diesem Härtefonds besteht nicht.

Hinweis:
Kein Härtefonds bei Insolvenz (Stilllegung)
In den Fällen, in denen eine Betriebsfortführung wenig wahrscheinlich ist (Insolvenz, Stilllegung) und in denen die Wahrnehmung des Restmandats durch den Betriebsrat möglicherweise schwierig wird, sollte auf einen Härtefonds verzichtet und besser gleich eine höhere Abfindung vereinbart werden.

VII. Regelungen zu Verfahrensfragen

Zu den in einem Sozialplan zu klärenden Verfahrensfragen gehören vor allem
- die Beilegung von Meinungsverschiedenheiten,
- die Behandlung von Kündigungsschutzklagen und
- die Auszahlungsmodalitäten.

1. Regelungen zur Klärung von Meinungsverschiedenheiten

Bei allen Bemühungen um präzise Formulierungen bei den einzelnen Regelungen eines Sozialplans lassen sich Meinungsverschiedenheiten zwischen Arbeitgeber und Betriebsrat schon wegen der unterschiedlichen Interessenlagen nicht immer vermeiden. Hinzu kommt, dass eine Reihe von Regelungen in einem Sozialplan (z. B. Beurteilung der Zumutbarkeit eines angebotenen neuen Arbeitsplatzes, Anspruch aus dem Härtefonds) die Einigung der beiden Betriebsparteien bzw. deren Vertreter in den eigens gebildeten Ausschüssen, Kommissionen usw. vorsieht.
Daher bietet es sich geradezu an, einen Schlichtungsmechanismus im Falle von Meinungsverschiedenheiten zu vereinbaren. In der Mehrzahl der von uns analysierten Sozialpläne wird ein zweistufiges Verfahren vorgesehen. Zunächst sollen

sich die Betriebsparteien um eine gütliche Beilegung des Konflikts bemühen. Ist dies nicht möglich, dann soll eine Einigungsstelle eingeschaltet werden.
Nur in Ausnahmefällen wird eine ständige Einigungsstelle vereinbart; überwiegend begnügt man sich mit einem Hinweis auf die Einigungsstelle nach § 76 BetrVG.
Fehlt ein solcher Hinweis und begnügt man sich mit dem Bescheid, Arbeitgeber und Betriebsrat bemühen sich um eine einvernehmliche Lösung, dann ist eine Klärung strittiger Fragen bei Nichteinigung nur im Wege eines arbeitsgerichtlichen Beschlussverfahrens möglich (§ 2a ArbGG).
In einem Sozialplan kann allerdings nicht vereinbart werden, dass Meinungsverschiedenheiten zwischen Arbeitgeber und Beschäftigten über die Anwendung eines Sozialplans durch eine Einigungsstelle nach § 76 BetrVG verbindlich zu entscheiden sind. Dies stellt eine unzulässige Schiedsabrede dar (BAG 27. 10. 1987 – 1 AZR 80/86).

Beispiel:
Bei der Anwendung dieses Sozialplans auftretende Meinungsverschiedenheiten zwischen den Betriebsparteien werden mit dem ernsten Willen zu einer einvernehmlichen Lösung beraten. Kommt eine solche nicht zu Stande, dann entscheidet eine Einigungsstelle gem. § 76 Abs. 6 BetrVG verbindlich.

2. Die Behandlung von Kündigungsschutzklagen und Nachteilsausgleich

Häufig versuchen Arbeitgeber, die über einen Sozialplan ausgeschiedenen Beschäftigten von Kündigungsschutz- oder Nachteilsausgleichsklagen abzuhalten, indem solche Klagen mit Sanktionen bezüglich des Auszahlungszeitpunktes oder gar des Anspruchs auf die Abfindung insgesamt belegt werden sollen.
Grundsätzlich sind Regelungen, die den Anspruch auf Abfindung oder deren Auszahlungszeitpunkt von der Nichteinreichung einer Nachteilsausgleichsklage abhängig machen, als unwirksam anzusehen. Dasselbe gilt für Klauseln, die den Anspruch auf Abfindung an die Forderung binden, dass der Betroffene keine Kündigungsschutzklage einreicht oder eine bereits eingereichte wieder zurücknimmt (BAG 20. 6. 1985 – 4 AZR 427/84). Dagegen sind Regelungen, die die Auszahlung der Abfindung bis zum rechtskräftigen Abschluss eines Kündigungsschutzprozesses aussetzen, zulässig (BAG 20. 6. 1985 – 4 AZR 427/84). Allerdings ist eine solche explizite Regelung nicht notwendig. Sie ergibt sich aus der Sache selbst. Denn wenn der Beschäftigte vor Gericht mit seiner Klage erfolgreich ist, z. B. weil der Arbeitgeber eine fehlerhafte Sozialauswahl vorgenommen hat, so bleibt das Arbeitsverhältnis bestehen, und der/die Beschäftigte fällt aus dem Kreis der Anspruchsberechtigten. Häufig wird neben der Aussetzung der Aus-

zahlung der Abfindung auch eine Anrechnung für eine im Rahmen des Kündigungsschutzverfahrens erhaltene Abfindung vereinbart. Eine solche Anrechnungsklausel enthält ebenfalls etwa ein Drittel der von uns untersuchten Sozialpläne. Ist eine solche Anrechnungsklausel nicht vereinbart, dann ist eine gem. § 1a KSchG vereinbarte Abfindungszahlung neben einer Abfindung aus dem Sozialplan zu zahlen; der/die Beschäftigte hat dann einen doppelten Abfindungsanspruch (LAG Berlin-Brandenburg 10.7.2015 – 8 Sa 531/15).
Zulässig ist eine zwischen Arbeitgeber und Betriebsrat geschlossene Betriebsvereinbarung über eine sogen. »Turbo- oder Sprinterprämie« zusätzlich zum Sozialplan, in der neben der Sozialplanabfindung eine zusätzliche Prämie gezahlt wird, wenn Beschäftigte auf eine Kündigungsschutzklage verzichten (BAG 31.5.2005 – 1 AZR 254/04; BAG 3.5.2006 – 4 AZR 189/05).

Beispiel:
Erhebt ein/e Arbeitnehmer/in Kündigungsschutzklage vor dem Arbeitsgericht, so ruhen seine/ihre Ansprüche aus dem Sozialplan bis zum rechtskräftigen Abschluss des Verfahrens. Im Rahmen eines Kündigungsschutzverfahrens erhaltene Abfindungen werden auf die Leistungen aus dem Sozialplan angerechnet.

3. Auszahlungsmodalitäten

Bezüglich der Auszahlung von Abfindungen wird überwiegend vereinbart, dass die Abfindungssumme in voller Höhe gemeinsam mit dem letzten Verdienst zum üblichen Termin ausgezahlt wird. In Fällen, in denen die Unternehmen Liquiditätsprobleme haben, kann auch Ratenzahlung vereinbart werden. In einem solchen Fall empfiehlt es sich, dass der Arbeitgeber Sicherheiten (z. B. eine Bankbürgschaft) stellt.
Zunehmend legen Arbeitgeber Wert darauf, dass die Auszahlung der Abfindung von der Unterzeichnung einer *Ausgleichsquittung* abhängig gemacht wird. Darin erklären die Beschäftigten, dass sie auf weitere Ansprüche gegenüber dem Unternehmen verzichten bzw. dass mit der Zahlung der Abfindung alle Ansprüche abgegolten sind. Soweit in einer solchen Ausgleichsquittung auch der Verzicht auf Rechtsansprüche aus Betriebsvereinbarungen ausgesprochen wird, muss der Betriebsrat einem solchen Verzicht im Einzelfall zustimmen (vgl. *Fitting*, Rn. 132ff. zu § 77). Der Betriebsrat sollte darauf bestehen, dass der konkrete Wortlaut der Ausgleichsquittung als Anlage Bestandteil des Sozialplans wird und somit seiner Mitbestimmung unterliegt.

VIII. Vertiefende und weiterführende Literatur

Laßmann/Riegel, Interessenausgleich und Sozialplan, Praxiswissen Betriebsvereinbarungen, STUDY Nr. 360., Schriftenreihe der Hans-Böckler-Stiftung, Bund-Verlag Frankfurt am Main 2017 (*www.boeckler.de/pdf/study_hbs_mbf_bvd_360.pdf*).

Hase, Employability. Ein Konzept zur mittel- und langfristigen Beschäftigungssicherung? In: AiB, 11/2007

Hamm/Rupp, Veräußerung und Restrukturierung von Unternehmen, 2. Auflage 2012

Hamm/Rupp, Beschäftigungssicherung, Interessenausgleich und Sozialplan. Handlungshilfe für Betriebsräte und Vertrauensleute Nr. 11, IG Metall Vorstand, FB Betriebs- und Branchenpolitik (Hrsg.), Frankfurt am Main 2020

Tupay, Zumutbarer Ersatzarbeitsplatz – Regelungen über die Zumutbarkeit eines angebotenen anderen Arbeitsplatzes, in: *Riederer*, H.D. (Hrsg.), Sozialplan, 1994

I. Überlegungen zur Höhe des Sozialplanvolumens

Inhaltsübersicht

I. Allgemeine Überlegungen

1. Zweck eines Sozialplans

Sozialpläne haben vor allem eine zukunftsorientierte **Überbrückungs- und Ausgleichsfunktion**: Die *zukünftigen* wirtschaftlichen Nachteile, die durch die Betriebsänderung entstehen, sollen ausgeglichen oder gemildert werden (BAG 26.9.2017 – 1 AZR 137/15).

Der Sozialplan soll aber auch eine **Steuerungsfunktion**haben: Die unternehmerische Entscheidung zur Betriebsänderung kann mit finanziellen Lasten verbunden werden, die den Unternehmer tendenziell anhalten sollen, eine Betriebsänderung so durchzuführen, dass möglichst geringe wirtschaftliche Nachteile für die davon betroffenen Beschäftigten entstehen (BAG 23.4.1985 – 1 ABR 3/81).

Außerdem hat der Sozialplan auch eine **Befriedungsfunktion**. Diese rechtfertigt es, auf eindeutige und plausible Kriterien wie Lebensalter und Betriebszugehörigkeit bei der Berechnung von Abfindungen abzustellen (BAG 31.5.2005 – 1 AZR 254/04).

2. Rechtliche Ausgangssituation zur Bestimmung des Sozialplanvolumens

Das BetrVG enthält keine konkreten Bestimmungen über die Höhe des Volumens eines Sozialplans. Denkbar wäre gewesen, dass der Gesetzgeber für die Höhe der Leistungen an einzelne Beschäftigte Obergrenzen festlegt, wie er dies beispielsweise beim Nachteilsausgleich in § 113 BetrVG durch Verweis auf § 19 KSchG getan hat. Einen entsprechenden Vorschlag des Bundesrates bei der Novellierung des BetrVG im Jahr 1988 hat der Gesetzgeber jedoch gerade nicht aufgegriffen, sodass davon auszugehen ist, dass dies auch nicht gewollt war (*Targan* 1994, S. 100). Auch das BAG hat festgestellt, dass es eine Höchstgrenze für die Summe aller Sozialplanansprüche nicht gibt (BAG 27.10.1987 – 1 ABR 9/86).

Im Gesetz finden sich allerdings einige Anhaltspunkte, die bei der Bestimmung der Höhe des Sozialplanvolumens hilfreich sind: So hat der Sozialplan die Funktion, die wirtschaftlichen Nachteile, die den Beschäftigten infolge der geplanten Betriebsänderung entstehen, auszugleichen oder zu mildern (§ 112 Abs. 1 Satz 2 BetrVG). Das ist kein konkreter Maßstab, sondern vor allem ein Hinweis darauf, was Abfindungen nicht sein sollen: eine zusätzliche Entlohnung des ausscheidenden Beschäftigten für geleistete Dienste. Folglich sind die Nachteile wegen der »Überbrückungsfunktion« von Abfindungen zukunftsbezogen zu ermitteln.

In § 112 Abs. 5 BetrVG fordert der Gesetzgeber, dass die Einigungsstelle bei ihrer Entscheidung über einen Sozialplan sowohl die sozialen Belange der betroffenen

Beschäftigten zu berücksichtigen als auch auf die wirtschaftliche Vertretbarkeit der Entscheidung für das Unternehmen zu achten hat. Dies wird dann vom Gesetzgeber dahingehend präzisiert, dass, bezogen auf die Ermittlung der wirtschaftlichen Nachteile, den Gegebenheiten des Einzelfalls Rechnung getragen werden soll, dass die Aussichten der betroffenen Beschäftigten auf dem Arbeitsmarkt zu berücksichtigen sind und dass darauf zu achten ist, dass ein so berechnetes Sozialplanvolumen die Existenz des Unternehmens und damit der verbleibenden Arbeitsplätze nicht gefährdet. Daraus kann jedoch nicht der Schluss gezogen werden, dass für jede/n einzelne/n Arbeitnehmer/in die jeweiligen individuellen wirtschaftlichen Nachteile zu ermitteln sind. Zum einen ist das bei einer größeren Anzahl betroffener Beschäftigter vom Arbeitsaufwand her gar nicht zu leisten; zum anderen sind alle Prognosen bezüglich der zukünftigen wirtschaftlichen Nachteile mit einer gewissen Unsicherheit behaftet. Oftmals stehen bei Abschluss des Sozialplans die betroffenen Beschäftigten konkret noch gar nicht fest, sondern werden erst bei der Umsetzung der Betriebsänderung im Rahmen einer Sozialauswahl ermittelt. Deshalb sind für einzelne Beschäftigtengruppen Pauschalierungen möglich und häufig auch der einzig sinnvolle Weg.

Das BAG hat in mehreren Entscheidungen Stellung zur Höhe von Sozialplanleistungen genommen, die in Einigungsstellen festgelegt wurden So soll der vollständige Ausgleich wirtschaftlicher Nachteile die Obergrenze von Sozialplanleistungen darstellen. Die sozialen Belange der Beschäftigten rechtfertigen in keinem Fall höhere Leistungen (BAG 6.5.2003 – 1 ABR 11/02). Allerdings ist dabei die Einkommenssteuer auf die Abfindung zu berücksichtigen. Ein voller Ausgleich ist erst dann gegeben, wenn die Höhe der Nettoabfindung den prognostizierten wirtschaftlichen Nachteilen entspricht. Umgekehrt wird es aber auch als notwendig erachtet, dass ein Sozialplan Leistungen vorsieht, die als substanzielle Milderung der Nachteile angesehen werden können (BAG 24.8.2004 – 1 ABR 23/03). Als substanzielle Milderung werden vom BAG aber schon »Miniabfindungen« angesehen. So hat das BAG eine Regelung zu Abfindungen, die altersbedingte Staffelung von 0,15 (bis < 46 Jahre), 0,25 (46 bis <53 Jahre), 0,32 (53 bis <61 Jahre) und 0,25 (ab 61 Jahren) Monatsgehalt pro Beschäftigungsjahr noch als ermessensgerecht anerkannt, da damit die wirtschaftlichen Nachteile einer drohenden Arbeitslosigkeit weitgehend abgedeckt würden (BAG 7.5.2019 – 1 ABR 54/17). Diese bilden die Untergrenze für die Dotierung eines Sozialplans. Innerhalb dieser Grenzen hat die Einigungsstelle ihr Ermessen auszuüben. Ist der für angemessen erachtete Ausgleich von Nachteilen der Beschäftigten für das Unternehmen wirtschaftlich nicht vertretbar, ist das Sozialplanvolumen bis zum Erreichen der Grenze der wirtschaftlichen Vertretbarkeit zu mindern. Die gebotene Rücksichtnahme auf die wirtschaftlichen Verhältnisse des Unternehmens kann die Einigungsstelle sogar zum Unterschreiten der Untergrenze des Sozialplans zwingen. In solchen Fällen können rentennahe Beschäftigte, die mit der Beendigung des Arbeitsverhältnisses oder im Anschluss an den Bezug von Arbeitslosengeld I eine (gekürzte oder ungekürzte) Altersrente beziehen können, sogar vollständig von Abfindungsleistungen ausgeschlossen werden; ein Ausgleich oder eine Minderung der Rentenabschläge hielt das BAG nicht für erforderlich (BAG 7.5.2019 – 1 ABR 54/17). Allerdings darf der frühere Rentenbezug für Schwerbehinderte nicht abfindungsmindernd berücksichtigt werden (BAG 16.7.2019 – 1 AZR 842/16). Erweist sich auch eine noch substanzielle Milderung der mit der Betriebsänderung verbundenen Nachteile als für das Unternehmen wirtschaftlich unvertretbar, ist es nach § 112 Abs. 5 Satz 1 und Satz 2 Nr. 3 BetrVG zulässig und geboten, von einer solchen Milderung abzusehen (BAG 24.8.2004 – 1 ABR 23/03).

Zwar gelten diese Richtlinien nur für die Einigungsstelle im Rahmen der Ausübung ihres billigen Ermessens; faktisch werden sie aber auch schon in den freien Verhandlungen zwischen Arbeitgeber und Betriebsrat beachtet, da im Falle des Scheiterns dieser Verhandlungen der Sozialplan in der Einigungsstelle entschieden wird. Dennoch verbieten es diese Richtlinien nicht, weitergehende Leistungen in einem Sozialplan zu vereinbaren (*DKW*, Rn. 64 zu §§ 112, 112a BetrVG). Sie haben dabei allerdings die Grenzen von Recht und Billigkeit gem. § 75 BetrVG zu beachten. In der Praxis bezieht sich das im Wesentlichen auf das Gebot der Gleichbehandlung, das Verbot der sachfremden Differenzierung und das Maßregelungsverbot (*Schweibert* 2016, Rn. 294ff.).

3. Schlussfolgerungen für die Bestimmung des Sozialplanvolumens

Ausgangspunkt für die Bestimmung des Sozialplanvolumens ist die Summe aller prognostizierbaren wirtschaftlichen Nachteile der betroffenen Beschäftigten. Dieses so ermittelte Sozialplanvolumen bildet den Ausgangspunkt für die Forderung des Betriebsrats. Es hängt dann vor allem vom Entgegenkommen des Arbeitgebers beim Interessenausgleich, der wirtschaftlichen Situation des Unternehmens (ausnahmsweise auch des Konzerns) und dem Verhandlungsgeschick des Betriebsrats ab, inwieweit eine solche Forderung durchgesetzt werden kann.

II. Bestimmung der durch die Betriebsänderung entstehenden wirtschaftlichen Nachteile für die Beschäftigten

1. Mit welchen wirtschaftlichen Nachteilen müssen betroffene Beschäftigte rechnen?

Wirtschaftliche Nachteile entstehen erst mit dem Wirksamwerden der Kündigung bzw. dem Ausscheiden aus dem Unternehmen. Sie sind also zum Zeitpunkt der Verhandlungen über die Höhe der Abfindung noch nicht tatsächlich eingetreten, sondern können nur aufgrund einer Prognose näherungsweise ermittelt werden.
Beschäftigte, die ihren Arbeitsplatz verlieren und nicht unmittelbar im Anschluss einen neuen, gleichwertigen Arbeitsplatz finden, müssen mit wirtschaftlichen Nachteilen rechnen (siehe *Übersicht* 19).

Übersicht 19:
Mögliche wirtschaftliche Nachteile durch den Verlust des Arbeitsplatzes
- Nettoeinkommenseinbuße während der Dauer der Arbeitslosigkeit
- Nettoeinkommenseinbuße im nachfolgenden Arbeitsverhältnis
- Nettoeinkommenseinbuße bei vorzeitiger Verrentung
- Minderung der gesetzlichen Altersrente wegen der zuvor genannten Einkommenseinbußen
- Verlust/Minderung der betrieblichen Altersversorgung (sofern eine solche besteht) durch Wegfall aufgelaufener Ansprüche bei Verfallbarkeit dieser Ansprüche (weniger als 25 Jahre Lebensalter und 5 Jahre Betriebszugehörigkeit) bzw. Wegfall zukünftiger Zuwächse bei Unverfallbarkeit der Ansprüche
- Verlust sonstiger materieller Leistungen, die an die Betriebszugehörigkeit oder den Fortbestand des Arbeitsverhältnisses gekoppelt sind (z.B. Jubiläen, Jahressonderzahlungen, Mietkostenzuschüsse, verbilligtes Einkaufen)

Weitere Nachteile bei Verlust des Arbeitsplatzes, die sich allerdings nicht quantifizieren lassen, können sich im neuen Arbeitsverhältnis durch die Risiken einer Probezeit und des Neubeginns der Betriebszugehörigkeit im Rahmen einer eventuell erforderlich werdenden Sozialauswahl ergeben.
Da die einzelnen wirtschaftlichen Nachteile in der Zukunft auftreten, ist zwischen dem Zeitwert und dem Barwert der wirtschaftlichen Nachteile zu unterscheiden. Der Zeitwert der wirtschaftlichen Nachteile ist die Summe der in den einzelnen Jahren des Betrachtungszeitraums anfallenden wirtschaftlichen Nachteile, unabhängig davon, in welchem Jahr diese Nachteile anfallen. Wegen des Zinseszinseffektes sind aber spätere wirtschaftliche Nachteile geringer zu bewerten als frühere. Um diesen Zinseszinseffekt zu berücksichtigen, berechnet man

aus den Zeitwerten den Barwert. Der Barwert ist der Wert, den zukünftige Zeitwerte (hier: wirtschaftliche Nachteile) in der Gegenwart besitzen. Er wird durch Abzinsung (Diskontierung) der zukünftigen Zahlungen und anschließendes Aufsummieren ermittelt.
Wenn die Nachteile über einen bestimmten Zeitraum in einer konstanten Höhe auftreten, müssen diese mittels einer Annuitätenformel abgezinst werden:

$$\textit{Barwert der Nachteile} = \textit{Nachteile} \,/\, \left[\frac{(1 + \textit{Zinssatz})^{\textit{Zeitraum}} * \textit{Zinssatz}}{(1 + \textit{Zinssatz})^{\textit{Zeitraum}} - 1}\right]$$

Da es sich meist um monatliche Nachteile handelt, muss aus dem Jahreszinssatz der monatliche Zinssatz berechnet werden:

$$\textit{monatlicher Zinssatz} = \sqrt[12]{1 + \textit{Jahreszins} - 1}$$

Entsprechend muss in diesem Fall der Zeitraum in Monaten zugrunde gelegt werden.
Legt man der Prognose einen Zeitraum von fünf bis sieben Jahren zugrunde – entspricht i. d. R. der strategischen Planung eines Unternehmens – errechnet sich der wirtschaftliche Nachteil im anschließenden Arbeitsverhältnis wie folgt: Die monatlichen Einkommenseinbußen müssen zum Betrachtungszeitpunkt mittels der Annuitätenformel abgezinst werden.
Bei der Festlegung des Zinssatzes sind folgende Entwicklungen zu berücksichtigen:
Zum einen muss die voraussichtliche Einkommensentwicklung in diesem Zeitraum berücksichtigt werden. Hierbei wird unterstellt, dass die Einkommensentwicklung im alten und zukünftigen Arbeitsverhältnis sich annähernd gleich entwickelt. Bei positiver Einkommensentwicklung wächst somit die Differenz zwischen altem und neuem Einkommen und dementsprechend auch der wirtschaftliche Nachteil.
Außerdem muss das Zinsniveau für langfristige mündelsichere Anleihen (z. B. Bundesanleihen) angerechnet werden. Die Differenz zwischen voraussichtlicher Einkommensentwicklung (in Prozent) und Zinsniveau wird als Zinssatz für die Auf- oder Abzinsung der Zeitwerte verwendet. Drei Ergebnisse sind möglich:

- Einkommensentwicklung > Zinsniveau: Diskontierungszinssatz ist negativ, d. h. die Zeitwerte müssen aufgezinst werden, weil die im Vergleich zum Zinsniveau höhere Einkommensentwicklung die wirtschaftlichen Nachteile größer werden lässt.
- Einkommensentwicklung = Zinsniveau: Diskontierungszinssatz ist null, d. h. es muss weder auf- noch abgezinst werden, weil die Einkommensentwicklung durch das Zinsniveau kompensiert wird.

- Einkommensentwicklung < Zinsniveau: Diskontierungszinssatz ist positiv; die Zeitwerte müssen abgezinst werden, weil durch den positiven Zinseffekt die wirtschaftlichen Nachteile geringer werden.

Hinweis: Wenn aufgrund einer schwierigen wirtschaftlichen Situation des Unternehmens davon ausgegangen werden muss, dass ein voller Nachteilsausgleich nicht realistisch ist, sollte von einem kleineren Betrachtungszeitraum ausgegangen werden, weil dies dann die Diskussion um die Länge des Betrachtungszeitraums – die immer geführt werden muss – vereinfacht.

2. Wie lassen sich diese wirtschaftlichen Nachteile plausibel ermitteln?

Die Berechnung der wirtschaftlichen Nachteile ist nur aufgrund einer Prognose unter bestimmten Grundannahmen möglich. Diese müssen realitätsbezogen sein, weil sich sonst weder der Arbeitgeber noch ein/e Einigungsstellenvorsitzende/r ernsthaft mit den Forderungen des Betriebsrats auseinandersetzt, die auf diesen Prognosen aufbauen.

Einkommenseinbußen während der Dauer der drohenden Arbeitslosigkeit
Beschäftigte, die ihren Arbeitsplatz verlieren, müssen damit rechnen, zunächst einmal arbeitslos zu sein. Die zuständige Regionaldirektion der Bundesanstalt für Arbeit erstellt auf Anfrage und gegen Kostenerstattung berufsgruppen- und altersspezifische Statistiken zur durchschnittlichen Dauer der Arbeitslosigkeit. Die durchschnittliche Arbeitslosigkeit bestimmt sich nicht nach dem Anspruch auf Arbeitslosengeld I (ALG I), sondern bildet die durchschnittliche Dauer der Arbeitslosigkeit ab. Für Beschäftigte, die das 55. Lebensjahr vollendet haben, besteht eine erhebliche Wahrscheinlichkeit der Langzeitarbeitslosigkeit. Damit geht einher, dass auch Zeiträume über die Bezugsdauer von Arbeitslosengeld I hinaus als wirtschaftlicher Nachteil berücksichtigt werden müssen. Etwaige Leistungen nach dem Arbeitslosengeld II können hierbei nicht gegengerechnet werden, da die Anspruchsvoraussetzungen individuell vorliegen müssen. Sofern der/die Betroffene eine Abfindung erhalten hat, scheiden Leistungen nach dem ALG II regelmäßig aus, da die Abfindung und ggf. weiteres Vermögen oberhalb der Schongrenzen erst aufgebraucht werden müssen.
Den wirtschaftlichen Nachteil ermittelt man, indem man die Differenz zwischen der Nettomonatsvergütung (unter Berücksichtigung von anteiligem Urlaubs- und anteiliger Jahressonderzahlung) und individuellem Anspruch auf Arbeitslosengeld I berechnet und mit der durchschnittlichen Dauer der Arbeitslosigkeit (in Monaten) multipliziert.
Bei Einkommen bis zur Beitragsbemessungsgrenze zur Sozialversicherung betragen die Nachteile bei Ledigen etwa 28 % und bei Verheirateten mit einem Kind

etwa 33 % des Bruttoeinkommens. Oberhalb der Beitragsbemessungsgrenze sind die Nachteile natürlich deutlich höher.

Beispiel:
Bei einem durchschnittlichen Jahresbruttoverdienst eines 40-jährigen Mannes von 40 000,00 € mit Steuerklasse 1, keinen Kindern und einer drohenden Arbeitslosigkeit von 12 Monaten errechnet sich der wirtschaftliche Nachteil für die Dauer der drohenden Arbeitslosigkeit wie folgt (per Annahme beträgt der Jahreszinssatz 2 %):
Wir nehmen für dieses Beispiel aus Vereinfachungsgründen an, dass das individuelle Nettoeinkommen dem pauschalierten Netto entspricht. Bei einem monatlichen Brutto von 3333,33 € ergibt sich somit aus der Tabelle für das pauschalierte Netto ein monatliches Netto i. H. v. 2045,19 €. Das Arbeitslosengeld I beträgt 60 % des pauschalierten Nettoentgeltes und beläuft sich daher auf 0,6*2045,19 € = 1227,11 €. Dadurch ergibt sich ein monatlicher Nettoentgeltverlust von 818,08 €. Dieser muss mittels der Annuitätenformel monatlich abgezinst werden. Aus dem Jahreszinssatz von 2 % ergibt sich ein monatlicher Zins von $i_m = \sqrt[12]{1{,}02} - 1 = 0{,}165\,\%$
Der Barwert der Nettoentgeltverluste beträgt somit:

$$\textit{Barwert der Nettoentgeltverluste während Arbeitslosigkeit} = 818{,}08\,€ \bigg/ \frac{(1 + 0{,}00165)^{12} * 0{,}00165}{(1 + 0{,}00165)^{12} - 1}$$

Der Annuitätenfaktor beträgt gerundet 0,084 und der sich daraus ergebende Barwert der Nettoentgeltverluste während der Arbeitslosigkeit beträgt 9739,05 €.

Einkommenseinbußen im anschließenden Arbeitsverhältnis

Da das anschließende Arbeitsverhältnis nicht bekannt ist, ist es schwierig, hier die Einkommenseinbußen zu berechnen. Zwei Möglichkeiten bieten sich an: Wenn das Unternehmen übertariflich bezahlt hat, dann kann die Differenz zwischen bisheriger Bezahlung und tariflicher Bezahlung herangezogen werden, wenn in der Branche eine Tarifentlohnung üblich ist. Eine andere Möglichkeit besteht darin, zu argumentieren, dass spätestens nach einer Arbeitslosigkeit von sechs Monaten die Arbeitsagentur ein Einkommen in der Höhe des Arbeitslosengeldes als zumutbar einstuft (§ 140 Abs. 3 SGB III) und die Arbeitsagentur bei Weigerung der Annahme eines mit dieser Bezahlung angebotenen Arbeitsplatzes eine Sperrzeit von bis zu zwölf Wochen verhängen kann, was zum Ruhen des Anspruchs auf Arbeitslosengeld I führt (§ 159 SGB III). Insofern kann auch mit Einkommenseinbußen in Höhe der Differenz zwischen bisheriger Nettoentlohnung und Anspruch auf Arbeitslosengeld gerechnet werden.
Je nachdem, von welchem Betrachtungszeitraum man ausgeht (realistisch sind wohl fünf bis sieben Jahre, sofern nicht vorher schon das Rentenalter erreicht wird) errechnet sich der wirtschaftliche Nachteil im anschließenden Arbeitsver-

hältnis wie folgt: fünf bzw. sieben Jahre (bzw. Jahre bis zur Rente, falls diese geringer) abzüglich der Dauer der voraussichtlichen durchschnittlichen Arbeitslosigkeit, multipliziert mit der jährlichen Einkommenseinbuße (Monatsverlust mal 12).

Beispiel:
Bei einem durchschnittlichen Jahresbruttoverdienst eines 40-jährigen Mannes von 40 000,00 € mit einer drohenden Arbeitslosigkeit von 12 Monaten und einer erwarteten Einkommensminderung im neuen Beschäftigungsverhältnis von 25 % errechnen sich die Einkommenseinbußen im anschließenden Arbeitsverhältnis für einen Betrachtungszeitraum von sieben Jahren wie folgt (per Annahme beträgt der Jahreszinssatz 2 %):
Wir nehmen für dieses Beispiel aus Vereinfachungsgründen an, dass das individuelle Nettoeinkommen dem pauschalierten Netto entspricht. Bei einem monatlichen Brutto von 3333,33 € ergibt sich somit aus der Tabelle für das pauschalierte Netto ein monatliches Netto i. H. v. 2045,19 €. Bei einer Einkommensminderung von 25 % ergibt sich somit ein monatlicher Verlust i. H. v. 0,25 * 2045,19 € = 511,30 €. Annahmegemäß entspricht die Einkommensentwicklung im Betrachtungszeitraum dem Zinssatz, sodass hierfür keine Abzinsung vorgenommen werden muss (Barwert = Zeitwert). Für einen verbleibenden Zeitraum von sechs Jahren (sieben Jahre Betrachtungszeitraum – ein Jahr Arbeitslosigkeit) ergibt sich somit ein Nachteil i. H. v. 511,30 € * 12 * 6 = 36 813,42 €.

Minderung der gesetzlichen Altersrente

Eine Minderung der gesetzlichen Altersversorgung ergibt sich zum einen aus der Zeit der Arbeitslosigkeit und zum anderen aus der niedrigeren Entlohnung im Anschlussarbeitsverhältnis nach der Arbeitslosigkeit. Grundlage der Berechnung ist der jeweils aktuelle Rentenwert, der in den neuen Bundesländern mit 33,23 € (noch) etwas niedriger ist als in den alten Bundesländern mit 34,19 € (Stand: 1. 7. 2020). Dieser Rentenwert gibt die monatliche Rentenhöhe bei einem durchschnittlichen Jahresverdienst von 38 901 € (West) bzw. 35 892 € (neue Bundesländer) an.
Zeiten der Arbeitslosigkeit gehen mit 80 % des bisherigen Durchschnittsjahresverdienstes in die Rentenberechnung ein (§ 74 Rentenreformgesetz). Die Höhe des wirtschaftlichen Nachteils der Rentenminderung für die Dauer der Arbeitslosigkeit berechnet sich für 2020 wie folgt: Durchschnittlicher Jahresbruttoverdienst geteilt durch 38 901 € (alte Bundesländer) bzw. 35 892 € (neue Bundesländer), multipliziert mit dem Rentenwert 34,19 € (alte Bundesländer) bzw. 33,23 € (neue Bundesländer), multipliziert mit der voraussichtlichen Dauer der Arbeitslosigkeit, geteilt durch 12 und multipliziert mit 20 % und multipliziert mit den Monaten des voraussichtlichen Rentenbezugs (Differenz zwischen Lebenserwartung lt. Sterbetafel und Alter bei Renteneintritt). Dabei muss die Beitragsober-

grenze von 6900 € (alte Bundesländer) und 6450,0 € (neue Bundesländer) berücksichtigt werden bei der Berechnung der maximalen Anzahl der erwerbbaren Rentenpunkte. In späteren Jahren müssen der jeweilige durchschnittliche Jahresverdienst, der jeweilige aktuelle Rentenwert und die statistische Lebenserwartung lt. Sterbetafel angepasst werden.
Dieser Nachteil ist ein Zeitwert, der erst in späteren Jahren mit den monatlichen Rentenzahlungen eintritt. Da dieser Nachteil aber schon jetzt mit der Abfindung ausgeglichen werden soll, ist der Barwert durch Diskontierung (Abzinsung) zu ermitteln. Dabei muss in zwei Schritten vorgegangen werden: Zunächst wird der Barwert der Renteneinbußen auf den Zeitpunkt des Beginns der Rentenzahlung berechnet nach folgender Formel:

$$\text{monatliche Renteneinbußen} \Big/ \left[\frac{(1 + \text{Zinssatz})^{\text{Laufzeit}} * \text{Zinssatz}}{(1 + \text{Zinssatz})^{\text{Laufzeit}} - 1}\right]$$

Da es sich bei der Rente um monatliche Zahlungsströme handelt, muss aus dem meist zugrundeliegenden Jahreszinssatz der monatliche Zinssatz berechnet werden: $im = = \sqrt[12]{1 + i_j} - 1$. Außerdem muss die jährliche Laufzeit in eine monatliche Laufzeit umgerechnet werden (dies gilt grundsätzlich bei den Berechnungen).
Die Laufzeit entspricht hierbei der Differenz aus dem Renteneintrittsalter und dem erwarteten Sterbealter.
Dann wird dieser Barwert nochmals auf den Zeitpunkt der Abfindungszahlung abgezinst nach folgender Formel:

Barwert der Renteneinbußen zum Zeitpunkt der Abfindung =
Barwert der Renteneinbußen zu Rentenbeginn $\Big/ (1 + \mathit{Zinssatz})^{(\mathit{Renteneintrittsalter} - \mathit{Alter\ bei\ Abfindung}}$

Beispiel:
Bei einem durchschnittlichen Jahresbruttoverdienst eines 40-jährigen Mannes von 40 000,00 € und einer drohenden Arbeitslosigkeit von zwölf Monaten errechnet sich der wirtschaftliche Nachteil aus der erwarteten Arbeitslosigkeit für die gesetzliche Altersrente folgendermaßen: (40 000 €/38 901 €) * 34,19 € * ((zwölf Monate ALG-Bezug/(zwölf Monate * 20 %)) = 30,45 € monatliche Minderung der Altersrente wegen Arbeitslosigkeit.
Zusätzlich muss der wirtschaftliche Nachteil aus der erwarteten Nettominderung im neuen Beschäftigungsverhältnis berücksichtigt werden. Bei einer erwarteten Einkommensminderung im neuen Beschäftigungsverhältnis von 25 % und einem Betrachtungszeitraum von insgesamt sieben Jahren (und demzufolge einer Dauer von sechs Jahren im neuen Beschäftigungsverhältnis) ergibt sich eine monatliche Minderung der Altersrente wegen der erwarteten Nettominderung im neuen Beschäftigungsverhältnis i. H. v. 40 000 €/38 901 € * 34,19 € * 0,25 * 6 = 52,73 €.

Aus beiden Effekten (Arbeitslosigkeit, niedrigeres Einkommen im neuen Arbeitsverhältnis) beträgt der monatliche wirtschaftliche Nachteil bei der Altersrente 83,18 €.
Ein heute 40-jähriger Mann wird laut statistischer Sterbetafel (Stand: 2020) durchschnittlich 78,9 Jahre alt. Er geht mit 67 Jahren ohne Abschläge in Rente. Er bezieht somit voraussichtlich 15,3 Jahre Rente. Über die gesamte Zeit des Rentenbezugs errechnet sich der wirtschaftliche Nachteil wie folgt: 15,3 Jahre Rentenbezug * 12 Monate * 83,18 € monatliche Rentenminderung = 15 272 €. Dieser Nachteil ist ein Zeitwert, der erst in späteren Jahren mit den monatlichen Rentenzahlungen eintritt. Da dieser Nachteil aber schon jetzt mit der Abfindung ausgeglichen werden soll, ist der Barwert durch Diskontierung (Abzinsung) zu ermitteln. Je nach aktuellem Zinsniveau ist der Diskontierungszinssatz zu bestimmen. Beim derzeitigen Zinsniveau, das sich voraussichtlich auch in den nächsten Jahren kaum verändern wird, kann auf eine Abzinsung verzichtet werden. Um den Rechengang zu erläutern, wird ein Jahreszins von 2% unterstellt. Bei angenommenen 2% Jahreszins beträgt der Barwert einer laufenden monatlichen Rentenminderung von 83,18 € über 15,3 Jahre (183,6 Monate) bei Rentenbeginn 1370,05 €. Da der Rentenbeginn noch 27 Jahre in der Zukunft liegt, muss dieser Barwert nochmals abgezinst werden. Der Abzinsungsfaktor beträgt 0,59 und der Barwert 808,33 € (1370,05 € * 0,59).
Bei den Rentenverlusten aufgrund der Einkommensminderung im neuen Beschäftigungsverhältnis muss wieder die Einkommensentwicklung berücksichtigt werden. Wenn per Annahme die Einkommensentwicklung und der Zinssatz identisch sind, bedeutet dies, dass der Zeitwert dem Barwert entspricht. Daraus ergibt sich ein Rentennachteil zum Zeitpunkt des Renteneintritts i. H. v. 15,3 * 12 * 83,18 € = 15 271,85 €. Auch dieser Betrag muss mit dem Abzinsungsfaktor von 0,59 zum heutigen Zeitpunkt abgezinst werden. Dadurch ergibt sich ein Barwert von 9010,39 €.

Einbußen bei der betrieblichen Altersversorgung

Sofern die von Entlassung betroffenen Beschäftigten eine betriebliche Altersversorgungszusage besitzen, ergeben sich durch die Entlassung hier ebenfalls Nachteile. Das gilt auch dann, wenn noch kein unverfallbarer Anspruch entstanden ist, denn dieser hätte bei Weiterbeschäftigung erworben werden können.
Da die Modelle der betrieblichen Altersversorgung in der Praxis sehr unterschiedlich sind, ist es unmöglich, an dieser Stelle einen allgemeinen Berechnungsmodus vorzustellen. Die Minderung der monatlichen Betriebsrente muss individuell ermittelt werden und dann der wirtschaftliche Nachteil für die Dauer des Rentenbezugs analog der gesetzlichen Rente als Barwert berechnet werden.

Beispiel:
Wäre unser 40-jähriger Arbeitnehmer bereits zehn Jahre im Unternehmen und bestünde eine betriebliche Rentenzusage von 5 € pro Jahr der Betriebszugehörigkeit (max. 200 €), so errechnet sich der wirtschaftliche Nachteil wie folgt: Es besteht bereits ein unverfallbarer Betriebsrentenanspruch von 50 € (5,00 € * 10 Jahre Betriebszugehörigkeit). Bei Weiterbeschäftigung könnten noch maximal 150 € an Ansprüchen erworben werden. Bei einer Bezugsdauer der Betriebsrente analog der gesetzlichen Rente von 15,3 Jahren beträgt der Zeitwert der wirtschaftlichen Nachteile bei Rentenbeginn 27 540 €; der Barwert beläuft sich bei einem Zinssatz von 2 % (Abzinsungsfaktor 0,78) auf 21 481,20 €. Abgezinst auf den heutigen Zeitpunkt beträgt der Barwert bei einem Abzinsungsfaktor von 0,59 12 673,91 €.

Verlust sonstiger materieller Leistungen

Werden durch Tarifvertrag, Betriebsvereinbarung oder betriebliche Übung materielle Leistungen gewährt, so ist deren zukünftiger Wert für den Betrachtungszeitraum zu ermitteln und ggf. als Barwert als wirtschaftlicher Nachteil anzusetzen.

Beispiel:
Zahlt z. B. das Unternehmen für 10, 25 und 40 Jahre Betriebszugehörigkeit ein Jubiläum in Höhe von ein, zwei bzw. drei Bruttomonatsverdiensten und könnte der gekündigte Beschäftigte eines dieser Jubiläen im Betrachtungszeitraum erreichen, so ist dieser Wert ggf. abzuzinsen und der Barwert als wirtschaftlicher Nachteil anzusetzen.
Angenommen, unser 40-jähriger Arbeitnehmer hätte sein 10-jähriges Jubiläum bereits erhalten, dann könnte er bis zum Eintritt der Rente noch das 25-jährige Jubiläum und damit eine Zahlung von 6666,67 € (zwei Bruttomonatsverdienste) erreichen. Diese steht ihm aber erst mit Alter 55 zu, da er erst in 15 Jahren eine Betriebszugehörigkeit von 25 Jahren erreichen würde. Der wirtschaftliche Nachteil entspricht dem Barwert von 4953,40 € (Zeitwert 6666,67 € * Abzinsungsfaktor 0,743 [2 % bei 15 Jahren]).
Summe der wirtschaftlichen Nachteile als Nettobetrag
Die Summe der zuvor ermittelten wirtschaftlichen Nachteile ist ein Nettobetrag. Die Abfindung hingegen ist ein Bruttobetrag, der unter Berücksichtigung der sogen. »Fünftelungsregelung« mit dem individuellen Einkommenssteuersatz zu versteuern ist.
Die Abfindung muss also um den auf die Abfindung entfallenden Steuerbetrag höher sein als der Nettobetrag der wirtschaftlichen Nachteile. Um diese Steuerbelastung zu berechnen, geht man folgendermaßen vor: Man berechnet zunächst die Einkommensteuer auf das Jahreseinkommen für das Jahr, in dem die Abfindung gezahlt wird. Scheidet der Beschäftigte innerhalb des Jahres aus, so rechnet man zu dem aufgelaufenen Bruttoverdienst bis zum Ausscheidenstermin noch das Arbeitslosengeld I (wegen des sogen. Progressionsvorbehalts) hinzu und berechnet auf diesen Betrag den Steuersatz, nicht den Steuerbetrag, denn das Arbeitslosen-

geld I wird ja nicht besteuert. Den (höheren) Steuersatz wendet man dann auf den aufgelaufenen Bruttoverdienst an und erhält so die Einkommensteuer. Dieselbe Rechnung führt man nun noch einmal durch, allerdings unter Berücksichtigung von einem Fünftel der Abfindung, die zu dem aufgelaufenen Bruttoverdienst hinzugerechnet wird. Die Differenz aus der Steuer mit und der Steuer ohne Abfindung wird dann mit 5 multipliziert und es ergibt sich die Steuerbelastung, die auf die Abfindung entfällt. Die Abfindung muss daher um diesen Steuerbetrag höher sein als die Summe der ermittelten wirtschaftlichen Nachteile.
EStt(Abfindung) = 5 × [ESt(Bruttoverdienst) − ESt(Bruttoverdienst + 1/5 × Abfindung)]

In unserem Beispielfall betrugen die gesamten wirtschaftlichen Nachteile 73 189,97 €. Unter der Annahme, dass der Beschäftigte zum Jahresanfang aus dem Unternehmen ausscheidet, muss anstelle des Bruttoverdienstes wegen des Progressionsvorbehalts der Jahresbezug von Arbeitslosengeld I berücksichtigt werden.
Das Jahreseinkommen von 40 000 € wird nach der Grundsteuertabelle 2020 mit 21 % besteuert, das sind 8400 € Einkommensteuer. Die Einkommensteuer auf das um ein Fünftel der Abfindung (= 14 638 €) erhöhte Jahreseinkommen von dann 54 638 € beträgt 14 206 € (Steuersatz: 26 %). Die Differenz von 6238 € (14 638 € – 8400 €), multipliziert mit dem Faktor 5 ergibt die Einkommensteuer auf die Abfindung in Höhe von 31 190 €. Um diesen Betrag muss die Abfindung höher sein als die Summe der prognostizierten wirtschaftlichen Nachteile. Die Abfindung als Bruttobetrag müsste somit 104 380 € betragen, um die prognostizierten wirtschaftlichen Nachteile für einen Zeitraum von sieben Jahren auszugleichen.
Die Berechnung der zu erwartenden wirtschaftlichen Nachteile für die Betroffenen erfordert betriebswirtschaftliche Sachkenntnisse, die sich der Betriebsrat durch Hinzuziehung eines betriebswirtschaftlichen Sachverständigen nach § 80 Abs. 3 BetrVG bzw. § 111 BetrVG verschaffen sollte.
Die Autoren haben für die Hans-Böckler-Stiftung ein Modell für die Berechnung individueller Abfindungen entwickelt, das durch die Verwendung von Durchschnittsdaten für einzelne definierte Arbeitnehmergruppen auch zur näherungsweisen Berechnung eines Sozialplanvolumens herangezogen werden kann. Die Excel-Datei ist abrufbar unter *www.boeckler.de/pdf/mbf_bvd_excelsheet_abfindungshoehe.xlsx.*

3. Ein Praxisbeispiel

Im Rahmen der Beratung des Betriebsrats eines Wohnungsbauunternehmens bei den Verhandlungen über einen Interessenausgleich und Sozialplan wurde 2007 das folgende Gutachten zur Ermittlung der wirtschaftlichen Nachteile für den Verlust des Arbeitsplatzes betroffener Arbeitnehmer/innen (hier: Hauswarte) erstellt. Dieses reale Beispiel verdeutlicht lediglich die Systematik der Berechnung der wirtschaftlichen Nachteile. Diese sind auf das Jahr 2007 bezogen und die errechneten Werte deshalb heute nicht unmittelbar übertragbar.

a. Nettolohneinbuße während der Arbeitslosigkeit

Ein Arbeitsloser muss mit zunehmendem Alter mit einer ansteigenden durchschnittlichen Dauer der Arbeitslosigkeit rechnen. Hauswarte fallen in der Arbeitslosenstatistik in die Kategorie der Un- und Angelernten.

Übersicht 20:
Altersabhängige durchschnittliche Dauer der Arbeitslosigkeit für Un- und Angelernte in der Region Berlin-Brandenburg (2007)

Altersgruppe	durchschnittl. Dauer der Arbeitslosigkeit
bis 29	9,0 Monate
30–34	14,1 Monate
35–39	16,3 Monate
40–44	17,8 Monate
45–49	19,3 Monate
50–54	19,8 Monate
55–59	20,6 Monate
ab 60	18,3 Monate[1]

Unter Berücksichtigung der altersgruppenabhängigen durchschnittlichen Bruttomonatsverdienste (inklusive anteiligem Urlaubsgeld und Jahressonderzahlung, die bei der Berechnung des ALG nicht berücksichtigt werden) und der verschiedenen Steuerklassen (I, III/0, III/1, III/2) wurden die durchschnittlichen altersgruppenspezifischen Nettomonatsverdienste ermittelt und dem Anspruch auf ALG gegenübergestellt:

1 Der rückläufige Wert ist der Möglichkeit des Bezugs von vorgezogenem Altersruhegeld ab Alter 60 mit finanzmathematischen Abschlägen geschuldet. Wegen der sukzessiven Anhebung der Altersgrenze wird sich dieser Wert zukünftig erhöhen.

Übersicht 21:
Berechnung der monatlichen Einkommenseinbußen während der Dauer der Arbeitslosigkeit

Familienstand	ledig	verheiratet 1 Kind	
Steuerklasse	1	3	
Bruttoeinkommen	2448 €	2448 €	
+ 1/12 Jahressonderzahlung	204 €	204 €	
+ 1/12 Urlaubsgeld	40 €	40 €	
+ vermögenswirksame Leistung	27 €	27 €	
+ Miet- und Heizkostenzuschuss	130 €	130 €	
+ durchschnittlicher Überstundenverdienst	40 €	40 €	
= steuerpflichtiges Brutto	2889 €	2889 €	
./. Lohnsteuer	588 €	249 €	
./. Sozialversicherung	599 €	599 €	
= Nettoeinkommen	1702 €	2041 €	
./. Arbeitslosengeld	1014 €	1199 €	
= Einkommensverlust	688 €	842 €	
in % vom Bruttoeinkommen	28 %	33 %	durchschnittlich 30,5 %

Bei Annahme einer durchschnittlichen Einkommenseinbuße von monatlich 30,5 % des Bruttomonatseinkommens lässt sich dieser wirtschaftliche Nachteil für die einzelnen Altersgruppen entsprechend ihrem Durchschnittsverdienst und der voraussichtlichen Dauer der Arbeitslosigkeit berechnen:

Übersicht 22:
Berechnung der Nettoeinkommenseinbuße für die Dauer der Arbeitslosigkeit

Altersgruppe	durchschn. Brutto-Monatseinkommen	Einkommenseinbuße[2] (monatlich)	Dauer der Arbeitslosigkeit[3]	Nettoeinkommenseinbuße (für Dauer ALG-Bezug)
50 – 54	2770	845	19,8 Monate	16731
45 – 49	2672	815	19,3 Monate	15729
40 – 44	2711	827	17,8 Monate	14718
35 – 39	2659	811	16,3 Monate	13219
30 – 34	2492	760	14,1 Monate	10716
< 30	2221	677	9,0 Monate	6097

b. Nettolohneinbuße im nachfolgenden Arbeitsverhältnis

Die Verdienstmöglichkeiten in dem Unternehmen sind wegen des Haustarifvertrages überdurchschnittlich gut. Bei einer neuen Beschäftigung im Anschluss an die Arbeitslosigkeit ist im besten Fall davon auszugehen, dass ein branchendurchschnittliches Einkommen gezahlt wird, das – unter Berücksichtigung längerer Wochenarbeitszeiten – etwa 30 % unter dem Tarifniveau des Haustarifvertrages liegt. Im Folgenden wird unter Berücksichtigung der Dauer des Arbeitslosengeldbezugs von einem Betrachtungszeitraum von sieben Jahren (= 84 Monaten) ausgegangen.

Übersicht23a:
Einkommenseinbuße im nachfolgenden Arbeitsverhältnis

Altersgruppe	Nettoverdienst[4] neu	Nettoverdienst[5] alt	Differenz alt/neu	Bezugszeitraum Monate	ges. Einkommenseinbuße
50 – 54	1385	1817	–432	64,2	27734
45 – 49	1345	1771	–426	64,7	27562
40 – 44	1361	1789	–428	66,2	28334
35 – 39	1272	1764	–492	67,7	33308
30 – 34	1272	1679	–407	69,9	28449
< 30	1152	1541	–389	75,0	29175

2 Durchschnittswert zwischen Steuerklasse I/0 und III/1.
3 Annahme: Für die voraussichtliche Dauer der Arbeitslosigkeit besteht Anspruch auf ALG.
4 Durchschnittswert zwischen Steuerklasse I/0 und III/1.
5 Durchschnittswert zwischen Steuerklasse I/0 und III/1.

Nicht berücksichtigt sind dabei weitere mögliche Nachteile, die sich durch das Risiko einer Probezeit in einem neuen Arbeitsverhältnis sowie aus dem Neubeginn der Berechnung der Dauer der Betriebszugehörigkeit im Rahmen einer möglichen Sozialauswahl ergibt.

c. Minderung der gesetzlichen Altersrente

Eine Minderung der gesetzlichen Altersrente ergibt sich zum einen aus der Zeit der Arbeitslosigkeit und zum anderen aus der vergleichsweise niedrigeren Entlohnung in der Anschlusstätigkeit nach der Arbeitslosigkeit. Grundlage der Berechnungen ist der Rentenwert, der 2007 bei einem Jahreseinkommen von rd. 29 488 € in den alten Bundesländern 26,13 € betrug.

Zeiten der Arbeitslosigkeit gehen mit max. 80 % des bisherigen Durchschnittsverdienstes in die Rentenberechnung ein (§ 74 Rentenreformgesetz). Für die Altersgruppe 50–54 Jahre bedeutet dies Folgendes: Bei einem durchschnittlichen Bruttoeinkommen von 36 490 € beträgt der aktuelle Rentenwert 32,33 € (36 490/29 488 × 26,13 €). Bei 19,8 Monaten Arbeitslosigkeit beträgt die monatliche Rentenminderung 10,66 € (32,33 € × 19,8/12*20 %).

Die Minderung der gesetzlichen Altersrente wegen des niedrigeren Einkommens hängt ab vom Umfang der Verdienstminderung und dem Zeitraum, in welchem das niedrigere Einkommen bezogen wird. In unserem Fall haben wir einen 7-Jahres-Zeitraum abzüglich der Dauer der Arbeitslosigkeit zu Grunde gelegt. Für die Altersgruppe 50–54 Jahre bedeutet dies Folgendes: Der aktuelle Rentenwert von 32,33 € vermindert sich um die Einkommensreduzierung von rd. 30 % (= 9,69 €) auf 22,64 €. Über den Zeitraum von 64,2 Monaten (84 Monate abzüglich 19,8 Monate Bezug ALG) ergibt das eine monatliche Rentenminderung von 51,84 € (9,69 € × 64,2/12).

Für den gesamten betrachteten 7-Jahres-Zeitraum inklusive Arbeitslosigkeit ergibt dies eine monatliche Rentenminderung von 62,50 €. Unter der Annahme, dass mit Vollendung des 65. Lebensjahres die gesetzliche Altersrente bezogen wird und die statistische Lebenserwartung beim Durchschnittsalter 52 dieser Altersgruppe noch 29 Jahre beträgt, ergibt sich ein Rentenbezugszeitraum von 16 Jahren. Dem Nominalwert der gesamten Rentenminderung in Höhe von 12 000 € (62,50 €*12 Monate*16 Jahre) entspricht bei einem Abzinsungsfaktor von 3 % ein Barwert von 6387 € zum Zeitpunkt des Ausscheidens aus dem Unternehmen. Die gesamten Renteneinbußen aus der gesetzlichen Altersrente sind in *Übersicht* 25 zusammengestellt.

Übersicht 23b:
Minderung der gesetzlichen Altersrente

		Monatliche Rentenminderung						
Altersgruppe (Barwert)	Durchschnittsalter	statist. Lebenserwartung (Jahre)	Rentenbezugszeitraum (Jahre)	durchschn. Rentenwert (R)	Bezug ALG (R)	niedr. Einkommen (R)	Insgesamt (R)	Ges. Renteneinbuße (R)
50–54	52	29	16	32,33	10,66	51,84	62,50	6387
45–49	46	35	16	31,20	9,97	50,46	60,43	5650
40–44	42	39	16	31,21	9,25	51,63	60,88	5063
35–39	37	43	15	31,02	8,42	52,46	60,88	4364
30–34	33	47	15	29,13	6,84	50,85	57,69	3662
< 30	28	52	15	26,01	3,90	48,75	52,65	2712

d. Verlust bzw. Minderung der betrieblichen Altersversorgung

Das Unternehmen gewährt den Mitarbeitern eine betriebliche Altersversorgung. Die monatliche Betriebsrente beträgt maximal 20 % der letzten Bruttomonatsvergütung. Nach zehn Jahren Betriebszugehörigkeit erreicht der Mitarbeiter 55 % der Höchstrente. Pro weiterem Jahr der Betriebszugehörigkeit steigt dieser Prozentsatz um 3 % an; nach 25 Jahren Betriebszugehörigkeit sind 100 % erreicht.

Die wirtschaftlichen Nachteile bei der betrieblichen Altersversorgung beim Ausscheiden aus dem Unternehmen ergeben sich aus zwei Faktoren: (1) Solange aufgrund fehlender Jahre der Betriebszugehörigkeit noch nicht die 100 % erreicht sind, kann die betriebliche Altersversorgung nicht weiter anwachsen. (2) Unabhängig von der erreichten Höhe der betrieblichen Altersversorgung errechnet sich die unverfallbare Anwartschaft nach der ratierlichen Methode. Das bedeutet, dass der erreichte Wert der betrieblichen Altersversorgung im Verhältnis der tatsächlichen Betriebszugehörigkeit (m) zur Betriebszugehörigkeit bei Erreichen des Rentenalters (n) quotiert wird (m/n-tel Methode).

Am Beispiel der Altersgruppe 50–54 Jahre sollen die Auswirkungen erläutert werden: Bei einem Durchschnittsalter von 52 Jahren, einer Betriebszugehörigkeit von 23 Jahren und einem Bruttomonatsverdienst von 2771 € wird eine Betriebsrente von 521 € (94 %*20 %*2771 €) erreicht. Die unverfallbare Anwartschaft beim Ausscheiden vor Erreichen der gesetzlichen Altersgrenze beträgt 354 € (20 %*2771 €*23Jahre/36 Jahre). Der Rentenverlust beträgt monatlich 200 €, da der Mitarbeiter bei Verbleib im Unternehmen eine Höchstrente von 554 € hätte erreichen können. Dieser monatliche Rentenverlust entspricht ei-

nem Barwert zum Zeitpunkt des Ausscheidens aus dem Unternehmen bei einem Zinssatz von 3 % in Höhe von 22 342 € (siehe *Übersicht 24*). Dieser Betrag müsste dem Mitarbeiter zum Zeitpunkt des Ausscheidens gezahlt werden, um seine Rentenverluste auszugleichen.
Nicht berücksichtigt ist bei dieser Rechnung, dass zukünftige Einkommenserhöhungen (z. B. durch Tariferhöhungen) die Höchstrente erhöhen und damit auch den Verlust vergrößern würden. Ebenso wenig berücksichtigt wird, dass der Arbeitgeber gem. § 16 BetrAVG alle drei Jahre die Betriebsrente an die Inflationsrate anpassen muss, wenn die wirtschaftliche und finanzielle Lage des Unternehmens dies erlaubt. Unterlassene Anpassungen sind zu einem späteren Zeitpunkt nachzuholen. Der Rentennachteil ergibt sich daraus, dass zukünftig die Rentenanpassungen auf einem niedrigeren Rentenniveau stattfinden. Eine Berücksichtigung dieser Nachteile kann dadurch erfolgen, dass man den der Barwertberechnung zu Grunde liegenden Zinssatz um die angenommene jährliche Einkommenserhöhung bzw. Inflationsrate (beispielsweise um 2 %) verringert.

Übersicht 24:
Nachteile bei der betrieblichen Altersversorgung aufgrund der Anwendung der ratierlichen Methode

Altersgruppe	Durchschn. Betriebszugehörigkeit	Durchschnittsalter	Bruttomonatseinkommen	Erreicht Rente	Rentenanwartschaft (m/n-tel)	Höchstrente[6]	Verlust monatl.	Barwert des Rentenverlustes
50–54	23,0	52	2771	521	354	554	200	22 342
45–49	18,4	46	2672	422	263	534	271	25 339
40–44	18,5	42	2711	444	242	542	300	24 950
35–39	14,5	37	2659	372	165	484	319	22 868
30–34	10,2	33	2492	274	91	378	287	18 738
30	10,0	28	2221	244	72	337	265	14 084

6 Bezogen auf einen Zeitraum von sieben Jahren, der generell in diesem Beispiel bei der Errechnung der Nachteile zu Grunde gelegt wird.

e. Verlust sonstiger materieller Leistungen

Aufgrund tarifvertraglicher Verpflichtung zahlt das Unternehmen für 10, 25 und 40 Jahre Betriebszugehörigkeit ein, zwei bzw. drei Bruttomonatsverdienste als Jubiläum. Soweit Beschäftigte im Betrachtungszeitraum von 7 Jahren ein solches Jubiläum noch hätten begehen können, besteht der wirtschaftliche Nachteil im Barwert der jeweiligen Jubiläumszahlung.
Als freiwillige soziale Leistung zahlt das Unternehmen einen Zuschuss zu den monatlichen Miet- und Heizkosten. Der Zuschuss orientiert sich an der Wohnungsgröße. Der Zuschuss betrug im Durchschnitt 180 € im Monat.
Diese Nachteile können nicht pauschal in einer Formel abgebildet werden, sondern müssen auf den Einzelfall bezogen als zusätzlicher Abfindungsanspruch im Sozialplan formuliert werden.

f. Zusammenfassung

Fasst man die zuvor einzeln berechneten zu erwartenden wirtschaftlichen Nachteile beim Verlust des Arbeitsplatzes zusammen und berücksichtigt man außerdem, dass diese Beträge als Nettobeträge berechnet sind, während die Abfindungen unter Berücksichtigung der Fünftelungsregelung mit dem Grenzsteuersatz des jeweils Steuerpflichtigen versteuert werden, so wäre der wirtschaftliche Nachteil beim Verlust des Arbeitsplatzes für einen 7-Jahres-Zeitraum gemäß den Beträgen in *Übersicht* 25, Spalte 10, auszugleichen. In Spalte 11 sind unter Berücksichtigung der durchschnittlichen Betriebszugehörigkeit (Spalte 2) der einzelnen Altersgruppen die altersabhängigen Abfindungsfaktoren errechnet, die bei der Abfindungsformel

$$\text{Betriebszugehörigkeit} \times \text{Bruttomonatseinkommen} \times \text{Altersfaktor}$$

anzuwenden wären.
Nicht berücksichtigt sind sonstige materielle Leistungen, die an die Betriebszugehörigkeit bzw. das Fortbestehen des Arbeitsverhältnisses gekoppelt sind, wie z. B. Jubiläen, Miet- und Heizkostenzuschüsse. Hierfür sollten im Sozialplan gesonderte Regelungen getroffen werden.

Übersicht 25:
Zusammenstellung der gesamten wirtschaftlichen Nachteile beim Verlust des Arbeitsplatzes

			Nettolohneinbuße							
Altersgruppe	durchschnittl. Betriebszugehörigkeit	durchschnittl. Bruttomonatseinkommen	wegen Arbeitslosigkeit	wegen niedr. Einkommen	Minderung der gesetzlichen Altersrente	Verlust betriebl. Altersversorgung	gesamter wirtschaftlicher Nachteil (netto)	Grenzsteuersatz[7]	entsprechende Abfindung (brutto)	altersabhängiger Abfindungsfaktor
1	2	3	4	5	6	7	8	9	10	11
50–54	23,0	2770	16731	27734	6387	22342	73194	24,1	96400	1,51
45–49	18,4	2672	15729	27562	5650	25335	74280	24,2	98000	1,99
40–44	18,5	2711	14718	28334	5063	24950	73065	24,0	96200	1,92
35–39	14,5	2659	13219	33308	4364	22868	73759	24,1	97200	2,52
30–34	10,2	2492	10716	28449	3662	18738	61565	22,8	79700	3,11
< 30	10,0	2221	6017	29179	2712	14084	52068	21,6	66400	2,99

III. Zur wirtschaftlichen Vertretbarkeit eines Sozialplanvolumens

Ein Sozialplanvolumen, verstanden als der Gesamtbetrag aller finanziellen Leistungen, die im Sozialplan vereinbart sind, ist dann wirtschaftlich vertretbar, wenn durch die damit verbundenen finanziellen Belastungen der Fortbestand des Unternehmens oder die verbleibenden Arbeitsplätze nicht gefährdet werden (§ 112 Abs. 5 Nr. 3 BetrVG). In diesem Zusammenhang sind folgende Fragen von Bedeutung:

- Für wen muss das Sozialplanvolumen vertretbar sein?
- Wer muss beweisen, welches Sozialplanvolumen gerade noch wirtschaftlich vertretbar ist?
- Welche Kriterien eignen sich zur Beurteilung der wirtschaftlichen Vertretbarkeit eines Sozialplanvolumens?

7 Nach der Fünftelungsregelung und unter Berücksichtigung des Progressionsvorbehalts beim ALG.

- Auf welchen Zeitpunkt bezieht sich die Prüfung der wirtschaftlichen Vertretbarkeit eines Sozialplanvolumens?
- Wie sollte der Betriebsrat mit dieser Problematik umgehen?

Diese Fragen sollen im Folgenden diskutiert werden.

1. Für wen muss das Sozialplanvolumen vertretbar sein?

Der Gesetzgeber spricht von der wirtschaftlichen Vertretbarkeit für das Unternehmen (§ 112 Abs. 5 Nr. 3 BetrVG). Damit ist zunächst nur klargestellt, dass es nicht auf die wirtschaftliche Vertretbarkeit für den einzelnen Betrieb ankommt. In Gemeinschaftsbetrieben (»Ein Betrieb – mehrere Unternehmen«) kommt es auf die wirtschaftliche Situation aller beteiligten Unternehmen an (*DKW*, Rn. 152 zu §§ 112, 112a BetrVG).
Bei Einzelkaufleuten und Personengesellschaften (OHG, KG) kommt es nicht nur auf die wirtschaftliche Situation des Unternehmens, sondern auch auf die wirtschaftlichen Verhältnisse der vollhaftenden Gesellschafter an (*DKW*, Rn. 152 zu §§ 112, 112a BetrVG).
Besonderheiten können in Konzernunternehmen gelten: Handelt es sich bei dem Unternehmen um ein Konzernunternehmen (§ 18 AktG), kann für die Beurteilung der wirtschaftlichen Vertretbarkeit die Durchgriffshaftung oder der sog. Berechnungsdurchgriff in Frage kommen. Nach der neueren Rechtsprechung des Bundesgerichtshofs (*BGH* vom 16.7.2007, II ZR 3/04) richtet sich die Durchgriffshaftung im sog. qualifizierten faktischen Konzern nach den Grundsätzen der Existenzvernichtungshaftung als Form der vorsätzlichen sittenwidrigen Schädigung im Sinne des § 826 BGB. Danach hat der Alleingesellschafter einer GmbH bei dessen Eingriff in das Gesellschaftsvermögen zu haften. Mit dem Berechnungsdurchgriff ist gemeint, dass es bei der wirtschaftlichen Beurteilung nicht isoliert auf die wirtschaftliche und finanzielle Lage des einzelnen Konzernunternehmens, sondern des gesamten Konzerns ankommt. Ein Berechnungsdurchgriff ist zumindest immer dann angezeigt, wenn das Konzernunternehmen eingegliedert ist (§ 322 AktG), oder wenn ein Vertragskonzern (es besteht ein Beherrschungs- und Ergebnisabführungsvertrag; BAG 28.4.1992, AP Nr. 25 zu § 16 BetrAVG) oder ein qualifizierter faktischer Konzern (die abhängige Gesellschaft wird wie eine Betriebsabteilung geführt; BAG 14.2.1989 – 3 AZR 313/87) vorliegt (*DKW*, Rn. 187ff. zu §§ 112, 112a BetrVG). Hinzukommen muss allerdings noch, dass das beherrschende Unternehmen keine angemessene Rücksicht auf die eigenen Belange der abhängigen Gesellschaft genommen hat (BAG 8.3.1994 – 9 AZR 197/92; BAG 4.10.1994 – 3 AZR 910/93). In Teilen der Literatur wird gefordert, den Berechnungsdurchgriff auf den einfachen faktischen Konzern und den Gleichordnungskonzern auszudehnen (*DKW*, Rn. 189 zu §§ 112, 112a BetrVG).

Ein Berechnungsdurchgriff kann u. U. auch bei Nicht-Konzernunternehmen in Frage kommen, nämlich dann, wenn eine sog. Durchgriffshaftung begründet werden kann. Eine Durchgriffshaftung, d.h. die Haftung der beherrschenden Gesellschafter für die Verbindlichkeiten der Gesellschaft, ist in folgenden Fällen gegeben: bei der sog. Sphärenvermischung (das Vermögen der Gesellschaft und der Gesellschafter ist nicht auseinanderzuhalten) und beim sog. Formenmissbrauch (die gewählte Rechtsform der Gesellschaft wird missbräuchlich verwendet; *DKW*, Rn. 188ff. zu §§ 112, 112a BetrVG). Demgegenüber rechtfertigt die bloße Unterkapitalisierung (die Gesellschaft ist mit zu wenig Eigenkapital ausgestattet) nach ständiger Rechtsprechung des Bundesgerichtshofs (BGH 28.4.2008 – II ZR 264/06) für sich allein noch keinen Haftungsdurchgriff (BAG 15.3.2011 – 1 ABR 97/09).

2. Die Beweislast für die wirtschaftliche Unvertretbarkeit der Sozialplanforderungen des Betriebsrats liegt beim Arbeitgeber

Der Betriebsrat hat die Aufgabe, eine Prognose über die möglichen wirtschaftlichen Nachteile der von einer Betriebsänderung betroffenen Arbeitnehmer/innen zu erstellen und daraus seine Sozialplanforderung abzuleiten. Zum Zeitpunkt der Aufstellung der Sozialplanforderung kann der Betriebsrat oft noch gar nicht abschätzen, wie hoch das Sozialplanvolumen sein wird, da die betroffenen Beschäftigten nach Anzahl, Alter, Betriebszugehörigkeit, Einkommen und sozialen Verhältnissen noch gar nicht konkret feststehen, weil z. B. der Arbeitgeber noch keine Sozialauswahl getroffen hat. Selbst bei einer vollständigen Betriebsschließung kann die Berechnung des gesamten Sozialplanvolumens schwierig sein, wenn z. B. Beschäftigte Versetzungsangebote zu anderen Konzernunternehmen oder befreundeten Unternehmen unterbreitet werden und nicht absehbar ist, wie viele Beschäftigte von diesen Angeboten Gebrauch machen werden, und wenn hierfür unterschiedliche Sozialplanleistungen vereinbart sind.
Dennoch ist der Betriebsrat gut beraten, wenn er eine ungefähre Abschätzung des Sozialplanvolumens auf der Basis seiner Forderungen vorzunehmen versucht, um zum einen Aussagen des Arbeitgebers über die Höhe der Sozialplanforderung überprüfen zu können und zum anderen Gegenargumente gegen die zu erwartenden Einwände bezüglich der wirtschaftlichen Vertretbarkeit der Betriebsratsforderung entwickeln zu können.
Grundsätzlich ist es die Aufgabe des Arbeitgebers, das Sozialplanvolumen auf der Grundlage der Betriebsratsforderungen zu berechnen und ggf. die wirtschaftliche Unvertretbarkeit für das Unternehmen bzw. den Konzern plausibel anhand von nachvollziehbaren Unterlagen zu beweisen. Auf pauschale Bewertungen, wie z. B. »viel zu teuer«, oder »weit überzogene Forderungen« sollte der Betriebsrat mit der Forderung nach konkreten Berechnungen und aussagefähigen Unterla-

gen reagieren. Legt der Arbeitgeber solche Berechnungen und Unterlagen nicht vor, besteht für den Betriebsrat keine Veranlassung, von seiner Forderung abzurücken. Legt der Arbeitgeber jedoch die geforderten Unterlagen vor, dann muss sich der Betriebsrat damit natürlich intensiv auseinandersetzen. Häufig wird er damit überfordert sein. In einem solchen Fall ist die Hinzuziehung eines betriebswirtschaftlich versierten Sachverständigen gem. §§ 80 Abs. 3 oder 111 BetrVG dringend anzuraten (vgl. Kapitel B.XII).
Es kommt vor, dass Arbeitgeber die mangelnde wirtschaftliche Vertretbarkeit von Betriebsratsforderungen anhand selbst erstellter interner Unterlagen darzustellen versuchen. Hier besteht immer die Möglichkeit der Manipulation. Deshalb sollten möglichst von Wirtschaftsprüfern testierte Unterlagen (z. B. Jahresabschluss) herangezogen werden (vgl. das Praxisbeispiel in Kapitel I.III.5).

Beispiel:
Im Rahmen eines Einigungsstellenverfahrens über einen Interessenausgleich und Sozialplan legte der Arbeitgeber eine nicht testierte Bilanz und GuV-Rechnung vor, aus denen sich die mangelnde wirtschaftliche Vertretbarkeit der Betriebsratsforderung ergeben sollte. Der betriebswirtschaftlich versierte externe Beisitzer des Betriebsrats in der Einigungsstelle erkannte, dass in der GuV-Rechnung ein erheblicher Zinsaufwand für den ausgewiesenen Verlust verantwortlich war, obwohl laut Bilanz keine verzinslichen Verbindlichkeiten auf der Passivseite ausgewiesen waren. Auf Verlangen der Beisitzer des Betriebsrats in der Einigungsstelle wurden in aller Eile per Fax Kopien der testierten Bilanz und GuV-Rechnung beigeschafft. In dieser GuV-Rechnung waren die Zinsaufwendungen nicht enthalten und es wurde ein stattlicher Gewinn ausgewiesen. Die Beisitzer der Arbeitgeberseite in der Einigungsstelle verwahrten sich gegen den Vorwurf der Täuschung der Einigungsstelle und erklärten, dass das Darlehen aus steuerrechtlichen Gründen von der Muttergesellschaft für den damaligen Kauf des Unternehmens aufgenommen worden war, aber wirtschaftlich dem Unternehmen zuzuordnen sei. Darauf ließen sich die Beisitzer des Betriebsrats und der Einigungsstellenvorsitzende aber nicht ein und bestanden auf dem testierten Jahresabschluss als Grundlage für die Beurteilung der wirtschaftlichen Vertretbarkeit. Dies führte dann zu einem sehr gut dotierten Sozialplan, der die wirtschaftlichen Nachteile für die betroffenen Beschäftigten weitgehend ausglich.

3. Kriterien zur Beurteilung der wirtschaftlichen Vertretbarkeit eines Sozialplans

a. Allgemeine Überlegungen

Die Beurteilung der wirtschaftlichen Vertretbarkeit eines Sozialplans für ein Unternehmen bzw. einen Konzern ist ein schwieriges Problem, da es objektive Kriterien hierfür nicht gibt, abgesehen von den Kriterien Verschuldungsgrad und Liquidität. Ein Sozialplan, dessen finanzielle Belastungen zu einer Überschuldung oder zur Zahlungsunfähigkeit oder zur nicht mehr vertretbaren Schmälerung des Eigenkapitals des Unternehmens führen würde, wäre wirtschaftlich unzumutbar (BAG 15. 3. 2011 – 1 ABR 97/09, Rn. 21). Damit wäre auch der Bestand an verbleibenden Arbeitsplätzen nicht gesichert. Die in § 112 Abs. 5 Nr. 3 BetrVG vom Gesetzgeber zum Ausdruck gebrachte Wertung ist nach Ansicht des BAG zu entnehmen, dass einschneidende Belastungen des Unternehmens durch einen Sozialplan bis an den Rand der Bestandsgefährdung als wirtschaftlich vertretbar angesehen werden können (BAG 6. 5. 2003 – 1 ABR 11/02)

Ganz allgemein verwendet die Praxis zur wirtschaftlichen Beurteilung eines Unternehmens/Konzerns aus dem externen Rechnungswesen abgeleitete Kennzahlensysteme, die Aussagen über die Vermögens-, Finanz- und Ertragslage ermöglichen sollen. Aus dem externen Rechnungswesen (Bilanz, GuV-Rechnung, Anhang, Lagebericht) abgeleitete Kennzahlen haben den Mangel, dass die Datenbasis aufgrund handelsrechtlicher Vorschriften legal manipulierbar ist, und wegen des Vorrangs des Gläubigerschutzes die wirtschaftliche Situation im Zweifel schlechter dargestellt werden muss, als sie tatsächlich ist. Außerdem sind die Daten nicht aktuell, da frühestens im April/Mai des folgenden Jahres die Jahresabschlüsse des Vorjahres vorliegen. In nicht publizitätspflichtigen Unternehmen liegt der Zeitpunkt der Erstellung des Abschlusses häufig noch sehr viel später. Deshalb ist es zweckmäßig, Planjahresabschlüsse (Planbilanz, Plan-GuV-Rechnung) zur wirtschaftlichen Beurteilung mit heranzuziehen. Hinzu kommt, dass die Kennzahlen für sich genommen keinen sehr großen Aussagewert besitzen, sondern allenfalls die Entwicklung der Kennzahlen über die Jahre oder im Vergleich mit Konkurrenten oder dem Branchendurchschnitt eine Beurteilung (besser/schlechter/gleich) ermöglicht. Sofern das Unternehmen Bankkredite in Anspruch nimmt, werden regelmäßig im Rahmen des Kreditvertrages sog. Convenants (Kreditnebenbedingungen, wie z. B. Eigenkapitalquote, Zinsdeckungsgrad, Verschuldungsgrad, Schuldendienstdeckungsgrad) vereinbart, deren Einhaltung meist vierteljährig gegenüber der kreditgebenden Bank nachgewiesen werden muss. Solange durch ein Sozialplanvolumen diese Convenants nicht verletzt werden, ist die wirtschaftliche Zumutbarkeit immer gegeben. Bei einer Verletzung der Convenants ist bedeutsam, ob diese Verletzung die Bank berechtigt, höhere Zinsen zu verlangen oder ob die fristlose Kündigung des Kredits möglich wird. Nur wenn dies zur Insolvenz des Unternehmens führen könnte, wäre der Sozialplan wirtschaftlich nicht vertretbar.

Für die Beurteilung der wirtschaftlichen Vertretbarkeit eines Sozialplanvolumens ist auch von Bedeutung, wie das Unternehmen selbst seine Belastbarkeit durch einen Sozialplan einschätzt (*DKW*, Rn. 155 zu §§ 112, 112a BetrVG). Ein Indiz hierfür ist eine möglicherweise gebildete Sozialplanrückstellung. Handelsrechtlich ist eine Rückstellung für Sozialplanverpflichtungen dann zu bilden, wenn das Unternehmen ernsthaft mit einer Betriebsänderung rechnet. Rückstel-

lungen sind handelsrechtlich spätestens dann zu bilden, wenn der Betriebsrat über die geplante Betriebsänderung unterrichtet wurde.
Sozialplanrückstellungen werden auf der Passivseite der Bilanz nicht gesondert ausgewiesen, sondern sind Teil der sonstigen Rückstellungen. Im Wirtschaftsprüferbericht wird diese Position aufgeschlüsselt und erläutert. Im Rahmen der Erläuterung des Jahresabschlusses gem. § 108 Abs. 5 BetrVG hat der Unternehmer diese Position dem Wirtschaftsausschuss und Betriebsrat aufzuschlüsseln und zu erläutern. Informationen über diese Position kann sich der Betriebsrat ggf. auch über die Arbeitnehmervertreter im Aufsichtsrat besorgen.
Soweit Sozialplanrückstellungen gebildet sind, sind die wirtschaftlichen Belastungen aus dem Sozialplan in Höhe der gebildeten Rückstellung bereits voll berücksichtigt. Liegt die Forderung des Betriebsrats über der vom Unternehmer gebildeten Rückstellung, dann belastet lediglich der über die Rückstellung hinausgehende Teil das Unternehmensergebnis im laufenden Geschäftsjahr. Die Unternehmensliquidität wird hingegen in vollem Umfang des Sozialplanvolumens belastet.
Um eine aktuelle Bewertung der Vermögens-, Finanz- und Ertragslage des Unternehmens vornehmen zu können, ist ein zusätzlicher Rückgriff auf Unterlagen aus dem internen Rechnungswesen (z. B. kurzfristige Erfolgsrechnung, Deckungsbeitragsrechnung, Investitionsrechnungen, Planungsrechnungen) erforderlich. Zur Beurteilung der Liquiditätssituation werden aktuelle Daten über Forderungen und Verbindlichkeiten (unterteilt nach ihren Fristigkeiten), liquide Mittel (Kasse, Bankguthaben) und die Kreditmöglichkeiten (Höhe der Kreditlinien und ihrer Inanspruchnahme) des Unternehmens bzw. Konzerns benötigt. In Konzernen findet häufig ein Cash-Pooling statt (vgl. *Laßmann/Rupp* 2020, S. 345 ff.), was zur Folge hat, dass die Liquidität der einzelnen Konzernunternehmen auf das zur Finanzierung des laufenden Geschäfts erforderliche Maß reduziert wird. Auch mit dieser Problematik muss sich der Betriebsrat ggf. intensiv auseinandersetzen und sich den Cash-Pooling-Vertrag vorlegen lassen, etwa wenn der Arbeitgeber auf eine angespannte Liquidität verweist.
Bezüglich der finanziellen Belastung des Unternehmens durch den vom Betriebsrat geforderten Sozialplan ist noch folgende steuerliche Überlegung wichtig: Das ausgezahlte Sozialplanvolumen ist in voller Höhe als Betriebsausgabe steuerlich abzugsfähig. Sofern das Unternehmen mind. einen Gewinn in Höhe des Sozialplanvolumens erzielt, tritt eine Steuerersparnis von 25 % ein, d. h. das ausgezahlte Sozialplanvolumen belastet das Unternehmen mit etwa 75 %. Diese Überlegung gilt aufgrund der Möglichkeit des Verlustrücktrages bzw. Verlustvortrages auch bei einer aktuellen Verlustsituation, sofern in den Vorjahren Gewinne erzielt wurden, oder wenn zukünftig wieder Gewinne erzielt werden. Insbesondere Einigungsstellenvorsitzenden, die mit der steuerlichen Problematik

nicht so vertraut sind, nimmt eine solche Argumentation die Scheu vor hohen Sozialplanvolumina.

b. Fallabhängigkeit der wirtschaftlichen Beurteilung

Aussagen über die wirtschaftliche Vertretbarkeit eines Sozialplans hängen von mehreren Faktoren ab: der Höhe des Sozialplanvolumens, der konkreten Vermögens-, Finanz- und Ertragslage des Unternehmens bzw. Konzerns und der Art der Betriebsänderung. Unterschiede in der Art der Betriebsänderung können bei ansonsten gleichen Bedingungen zu völlig unterschiedlichen Bewertungen bezüglich der wirtschaftlichen Vertretbarkeit eines Sozialplans führen.

Handelt es sich um eine Betriebsstilllegung eines Einbetriebsunternehmens, spielen die gesetzlichen Forderungen, wonach durch den Sozialplan der Fortbestand des Unternehmens oder die verbleibenden Arbeitsplätze nicht gefährdet werden dürfen, keine Rolle (siehe Beispielfall in Kapitel L.II). Solange die Betriebsratsforderungen nicht zur Insolvenz des Unternehmens führen, sind sie wirtschaftlich vertretbar.

Handelt es sich hingegen um die Stilllegung eines Betriebes eines Mehrbetriebsunternehmens, dann sind diese gesetzlichen Anforderungen zu beachten. Da jedoch der Betrieb stillgelegt wird, sind bei der Beurteilung der wirtschaftlichen Vertretbarkeit die durch die Stilllegung verfügbar werdenden Vermögenswerte des Betriebes zu berücksichtigen. Hier handelt es sich um nicht (mehr) betriebsnotwendiges Vermögen, das, soweit es sich um Grundvermögen handelt, i. d. R. beträchtliche stille Reserven beinhaltet, die bei einer Verwertung aufgedeckt werden.

Bei dem Zusammenschluss von Betrieben, Betriebsverlagerungen, Betriebsspaltungen, grundlegenden Änderungen der Betriebsorganisation und der Einführung grundlegend neuer Arbeitsmethoden und Fertigungsverfahren handelt es sich um Betriebsänderungen, die in aller Regel beträchtliche Rationalisierungseffekte erbringen, die sich vor allem als Kosteneinspareffekte erweisen, ohne dass damit notwendigerweise Umsatzrückgänge verbunden sein müssen. Der Sozialplan im Zusammenhang mit einer solchen Betriebsänderung ist aus der Sicht des Unternehmers wie eine Investition zu beurteilen. Für die wirtschaftliche Vertretbarkeit eines solchen Sozialplans können folglich die gleichen Investitionsrechenverfahren herangezogen werden, die das Unternehmen zur Beurteilung der Vorteilhaftigkeit einer Investition verwendet (z. B. Amortisationsrechnung, Interne-Zinsfuß-Methode, Kosten- oder Gewinnvergleichsrechnung). Die zu vergleichenden Alternativen sind die Durchführung der Betriebsänderung und der Verzicht auf die Durchführung der Betriebsänderung. Ein Sozialplanvolumen ist in solchen Fällen zumindest in der Höhe wirtschaftlich vertretbar, wie eine Investitionsrechnung die Alternative Durchführung der Betriebsänderung unter Berücksichtigung der Sozialplankosten und der übrigen Kosten der Betriebsänderung im Vergleich zur Alternative Verzicht als günstiger oder gleich günstig ausweist (BAG 6.5.2003 – 1 ABR 11/02).

Ähnlich argumentierte das BAG in einer früheren Entscheidung, als es das Sozialplanvolumen mit den Kosteneinsparungen der Betriebsänderung verglich. In diesem konkreten Fall einer Teilbetriebsstilllegung und Verlagerung der Funktionen Verwaltung und Einkauf auf einen anderen Betrieb entschied das BAG, dass das Sozialplanvolumen in Höhe der Kosteneinsparung eines Jahres nicht zu beanstanden war (BAG 27.10.1987 – 1 ABR 9/86). Das bedeutet jedoch nicht automatisch, dass nicht auch ein Sozialplanvolumen in Höhe der Kosteneinsparungen von mehr als einem Jahr wirtschaftlich vertretbar wäre, insbesondere, wenn dieser Einspareffekt von Dauer ist. In einer anderen BAG-Entscheidung wurde eine Amortisationsdauer von zwei Jahren als nicht ermessensfehlerhaft betrachtet (BAG 6.5.2003 – 1 ABR 11/02). Bedenkt man, dass je nach Branche Unternehmen mit Amortisationszeiten von drei bis fünf Jahren rechnen, dann sind auch Einspareffekte über diese Zeiträume als wirtschaftlich vertretbar einzustufen. Die Orientierung der wirtschaftlichen Vertretbarkeit an den erwarteten Einspareffekten bzw. der Amortisationsdauer ist jedoch allenfalls eine Hilfsgröße bei Unternehmen in einer schwierigen wirtschaftlichen Situation, in der eh kein Ausgleich der prognostizierten wirtschaftlichen Nachteile möglich ist. Das wird durch folgende Überlegung deutlich: Eine Orientierung an den erwarteten Einspareffekten einer Betriebsänderung würde bei einer fragwürdigen und wenig Erfolg versprechenden Betriebsänderung zu niedrigeren Abfindungsbeträgen führen als bei einer besonders effizienten Umstrukturierung. Es geht bei der Abfindung aber um den Ausgleich oder die Milderung der wirtschaftlichen Nachteile einer Betriebsänderung für die Betroffenen. Die wirtschaftliche Vertretbarkeit ist lediglich ein Korrektiv, das ohnehin nur in gesondert gelagerten Fällen von Relevanz ist (*Schweibert* 2016, C 313).

Bei einer Betriebsverlagerung kommt hinzu, dass durch die Aufgabe des Standortes Grundstücke und Gebäude verwertbar werden, sofern sie dem Unternehmen gehören. Die i.d.R. beträchtlichen stillen Reserven können zu einer anderen Beurteilung der Vermögenssituation des Unternehmens führen. Auch wenn Grundstücke und andere Anlagegegenstände oft nicht kurzfristig verwertet werden können, so können sie doch als Sicherheiten für einen Kredit ausgereicht werden, mit dem dann der Sozialplan finanziert werden kann.

Die Insolvenz für sich genommen stellt noch keine Betriebsänderung dar. Plant jedoch der Insolvenzverwalter eine Betriebsänderung (i.d.R. Betriebsstilllegung oder Betriebseinschränkung), dann gelten für den Sozialplan die Regelungen der Insolvenzordnung (vgl. Kapitel B.VIII). Das nach der Insolvenzordnung ermittelte Sozialplanvolumen, über dessen Verteilung sich Betriebsrat und Insolvenzverwalter einigen müssen bzw. über dessen Verteilung notfalls eine Einigungsstelle entscheidet, ist ein Höchstbetrag.

4. Zeitpunkt für die Prüfung der wirtschaftlichen Vertretbarkeit eines Sozialplans

Für die Beurteilung der wirtschaftlichen Vertretbarkeit eines Sozialplans ist auf den Zeitpunkt abzustellen, zu dem der Sozialplan aufzustellen ist. Gemeint ist damit nicht der Zeitpunkt des tatsächlichen Abschlusses, sondern der Zeitpunkt, zu dem der Sozialplan bei freiwilliger Einigung zwischen Arbeitgeber und Betriebsrat nach den Vorstellungen des Gesetzgebers abgeschlossen sein sollte, nämlich vor der Durchführung der Betriebsänderung (*Gaul* 2004, S. 1503). Wird der Sozialplan erst zu einem späteren Zeitpunkt – aus welchen Gründen auch immer – abgeschlossen, dann ist auf die wirtschaftlichen Verhältnisse abzustellen, die zum Zeitpunkt der Betriebsänderung vernünftigerweise anzunehmen waren (*Targan* 1994, S. 103f.). Dies gilt aber nur mit der Einschränkung, dass es bei dieser Betrachtungsweise nicht zu einer Gefährdung des Unternehmens und dem Fortbestand der verbleibenden Arbeitsplätze kommt. Ansonsten ist die aktuelle wirtschaftliche und finanzielle Lage zu berücksichtigen.

5. Der Betriebsrat sollte einen betriebswirtschaftlich versierten Sachverständigen hinzuziehen

Die Beurteilung der wirtschaftlichen Vertretbarkeit eines Sozialplans erfordert ein hohes Maß an betriebswirtschaftlichem Sachverstand, der bei Betriebsräten nicht notwendigerweise vorausgesetzt werden kann.
In solchen Fällen hat der Betriebsrat einen Anspruch auf Hinzuziehung eines Sachverständigen auf der Grundlage von § 80 Abs. 3 oder § 111 BetrVG (vgl. auch Kapitel B.XII.2).
Sachverständige im Sinne dieses Gesetzes sind fachkundige Personen, die dem Betriebsrat die fehlenden fachlichen Kenntnisse vermitteln oder aus feststehenden Sachverhalten Schlussfolgerungen ziehen können, damit der Betriebsrat seine Aufgaben sachgerecht erfüllen kann (BAG 13.9.1977 – 1 ABR 67/75). Personen mit wirtschaftswissenschaftlicher Ausbildung erfüllen diese Voraussetzungen hinsichtlich der Beurteilung der wirtschaftlichen Vertretbarkeit eines Sozialplans.
Bei der Hinzuziehung eines externen Sachverständigen ist die Größe des Unternehmens (nicht des Betriebes!) entscheidend. In Unternehmen mit bis zu 300 Beschäftigten ist der Arbeitgeber zur Übernahme der Kosten für die Sachverständigentätigkeit nur dann verpflichtet, wenn der Betriebsrat mit dem Arbeitgeber eine nähere Vereinbarung getroffen hat oder wenn das verweigerte Einverständnis des Arbeitgebers durch das Arbeitsgericht ersetzt wurde (*DKW*, Rn. 129152f. zu § 80 BetrVG). Weigert sich der Arbeitgeber, mit dem Betriebsrat eine Vereinbarung über die Hinzuziehung eines Sachverständigen abzuschlie-

ßen, die für die ordnungsgemäße Erfüllung der Betriebsratsaufgaben erforderlich ist, kann der Arbeitgeber im Wege der einstweiligen Verfügung zur Abgabe einer entsprechenden Einverständniserklärung verpflichtet werden (LAG Hamm 15.3.1994 – 13TaBV 16/94). Die Entscheidung des LAG Hamm erging im Zusammenhang mit der Hinzuziehung eines Sachverständigen zu Verhandlungen über einen Interessenausgleich und Sozialplan.
Das BAG hat eine Reihe von Hürden aufgebaut, die der Betriebsrat überwinden muss, um einen Sachverständigen gem. § 80 Abs. 3 BetrVG hinzuziehen zu können (*vgl. Kapitel B.XII.2)*). Auch wenn dem BAG nicht gefolgt werden kann (vgl. zur Kritik *DKW*, Rn. 159ff. zu § 80 BetrVG), ist es für den Betriebsrat wichtig, keine formalen Fehler zu begehen, die dazu führen können, dass auch die Gerichte die Hinzuziehung von Sachverständigen aus formalen Gründen ablehnen. Wir verweisen in diesem Zusammenhang auch auf die informativen Aufsätze von *Wagner* (in: AiB 6/1992, 316–325) und *Pflüger* (in: NZA 2/1988, 45–49), die auch heute noch aktuell sind sowie aktuell auf *Takkaci-Gros*, (in: AiB 2/2017, S. 10ff.) und *Ratzesberger/Schulze* (in: AiB 2/2017, S. 14ff.).
In Unternehmen (nicht Betrieben!) mit mehr als 300 Beschäftigten kann der Betriebsrat zu seiner Unterstützung einen Berater hinzuziehen, ohne dass es hierzu des Einvernehmens mit dem Arbeitgeber bedarf (§ 111 Satz 2 BetrVG). Über den Beschluss des Betriebsrats, einen Berater hinzuzuziehen, ist der Arbeitgeber lediglich zu informieren (*DKW* § 111 Rn. 174).

IV. Die Praxis von Sozialplanverhandlungen muss sich ändern

Die überwiegende Praxis von Sozialplanverhandlungen orientiert sich am Modell der Tarifverhandlungen: Der Betriebsrat eröffnet mit einer Maximalforderung die Verhandlungen und der Arbeitgeber reagiert hierauf mit einem Minimalangebot. Schließlich einigt man sich irgendwo dazwischen. Ähnlich verlaufen die Verhandlungen auch in der Einigungsstelle, wenn die freien Verhandlungen scheitern.
Unseres Erachtens gilt es, diese Praxis zu verändern.
Für den Betriebsrat sind in diesem Zusammenhang folgende Überlegungen wichtig: Die Ausgangsforderung des Betriebsrats muss sich an den zu erwartenden wirtschaftlichen Nachteilen der voraussichtlich betroffenen Beschäftigten, den Entschädigungsbeträgen für den Verlust des Bestandsschutzes sowie Zuschlägen für bestimmte sozial besonders benachteiligte Beschäftigtengruppen ausrichten (vgl. Kapitel I.II). Solche Forderungen sind plausibel begründbar. Darüber hinausgehende Forderungen sind nicht in gleichem Maße begründbar.

Außerdem besteht die Gefahr, dass die Forderung des Betriebsrats vom Arbeitgeber und später evtl. von Vorsitzenden der Einigungsstelle nicht ernst genommen wird.
Falls das aus dieser Ausgangsforderung des Betriebsrats resultierende Sozialplanvolumen für das Unternehmen wirtschaftlich nicht zumutbar ist, hat dies der Arbeitgeber plausibel anhand nachvollziehbarer Unterlagen darzulegen. Weigert sich der Arbeitgeber, den Beweis für die wirtschaftliche Unvertretbarkeit des Sozialplanvolumens anzutreten, dann gibt es für den Betriebsrat keinen Grund, von der Ausgangsforderung abzugehen. Schließlich hat der Sozialplan v.a. die Funktion, erwartete wirtschaftliche Nachteile für die betroffenen Beschäftigten auszugleichen; nur wenn das für das Unternehmen wirtschaftlich nicht vertretbar ist, dann sind die wirtschaftlichen Nachteile in dem Umfang abzumildern, wie dies für das Unternehmen gerade noch wirtschaftlich vertretbar ist, so jedenfalls unsere Interpretation der vom Gesetzgeber getroffenen Reihenfolge in § 112 Abs. 1 BetrVG. Handelt es sich bei dem Unternehmen um ein Konzernunternehmen, dann kann es auf die wirtschaftliche Vertretbarkeit für den Konzern ankommen (vgl. Kapitel I.III.1).
Betriebsräte werden häufig sowohl in den freien Verhandlungen mit dem Arbeitgeber als auch in der Einigungsstelle mit dem Hinweis auf branchenübliche Abfindungsregelungen (Abfindungsbeträge bzw. -formeln, -tabellen usw.) oder früher abgeschlossene Sozialpläne oder im Konzern »übliche« Sozialpläne konfrontiert. Der Betriebsrat sollte sich hierdurch nicht in die Defensive drängen lassen, denn »branchenübliche Regelungen« werden weder dem Erfordernis des Einzelfalls gerecht, noch berücksichtigen sie in ausreichendem Maße die jeweilige Art der Betriebsänderung, die unterschiedlichen Strukturen der betroffenen Beschäftigten (Alter, Betriebszugehörigkeit, sozialer Status), die regionale Arbeitsmarktsituation und die unterschiedlichen wirtschaftlichen Verhältnisse der einzelnen Unternehmen/Konzerne.
Dieses hier kurz skizzierte Verständnis von Verhandlungen über die Höhe des Sozialplanvolumens ist sicherlich noch nicht sehr verbreitet. Auf Arbeitgeberseite wird sich massiv Widerstand regen, weil unsere Herangehensweise zu tendenziell höheren Abfindungen und damit Sozialplanvolumina führen kann. Einigungsstellenvorsitzende müssen ihre bisherige Praxis und Herangehensweise kritisch hinterfragen. Außerdem wird die Einigung der Betriebsparteien schwieriger, weil die Betriebsratsforderungen sachlich begründet und damit Kompromissen nicht mehr so leicht zugänglich sind.

V. Vertiefende und weiterführende Literatur

Bichlmeier, Durchgriffshaftung, in: AiB, 8–9/1993
Drukarczyk, Zum Problem der »wirtschaftlichen Vertretbarkeit« von Sozialplänen, in: Recht der Arbeit, 2/1986
Gaul, Wirtschaftliche Vertretbarkeit eines Sozialplans, in: Der Betrieb, 2004
Hoyningen-Huene, Die wirtschaftliche Vertretbarkeit von Sozialplänen, in: Recht der Arbeit, 2/1986
Pflüger, Die Hinzuziehung eines Sachverständigen gem. § 80 Abs. 3 BetrVG, in: NZA, 2/1988
Ratzesberger/Schulze, Unterstützung von außen, in: AiB 2/2017, S. 14ff.
Schweibert, Beteiligungsrechte der Organe der Betriebsverfassung bei der Unternehmensumstrukturierung, in: *Willemsen/Hohenstatt/Schweibert/Seibt*, Umstrukturierung und Übertragung von Unternehmen, Arbeitsrechtliches Handbuch, 5. Auflage 2016
Takkaci-Gros, Sachverstand hinzuziehen, in: AiB 2/2017, S. 10ff.
Targan, Höhe der Sozialplanleistungen – Gedanken zum Gesamtvolumen des Sozialplans, in: *Rieder*, (Hrsg.): Sozialplan, Band 16, 1994
Wagner, Hinzuziehung eines Sachverständigen durch den Betriebsrat, in: AiB, 6/1992

J. Die Umsetzung von Interessenausgleich und Sozialplan

Inhaltsübersicht

Sind die Verhandlungen über Interessenausgleich und Sozialplan abgeschlossen, so sind die Arbeiten des Betriebsrats im Zusammenhang mit der Betriebsänderung aber noch nicht beendet. Es verbleiben vielmehr folgende Aufgaben:

- Die Belegschaft muss von dem Ergebnis der Verhandlungen informiert werden.
- Der Betriebsrat muss die Einhaltung der Vereinbarungen überwachen.
- Er muss seine Mitbestimmungsrechte bei der Abwicklung der Betriebsänderung wahrnehmen.

I. Information der Belegschaft

Nach Abschluss der Verhandlungen hat die Belegschaft natürlich das Recht zu erfahren, worauf sich Betriebsrat und Arbeitgeber geeinigt haben. Es sollte deshalb die selbstverständliche Pflicht des Betriebsrats sein, die Belegschaft umgehend zu informieren. Dies sollte er nicht dem Arbeitgeber allein überlassen, da neben der reinen Faktendarstellung zumeist auch Erläuterungen und Wertungen der Ver-

handlungsergebnisse notwendig sind. Er kann dabei natürlich die Verhandlungsergebnisse – soweit dies gerechtfertigt ist – als Erfolg verkaufen, dabei wird es jedoch auch notwendig sein, zu erläutern, warum bestimmte Forderungen nicht durchgesetzt werden konnten.
Die Information über die Ergebnisse der Verhandlungen kann durch einen Aushang am Schwarzen Brett, durch ein Betriebsrats-Info oder auf einer (außerordentlichen) Betriebsversammlung erfolgen. Sind vornehmlich bestimmte Abteilungen von der Betriebsänderung betroffen, so bieten sich auch Abteilungsversammlungen an. Insbesondere bei umfangreichen Sozialplanregelungen kann es sinnvoll sein, spezielle Betriebsratssprechstunden zur Darstellung von Details und zur Klärung von Einzelfragen anzubieten. Beinhaltet der Sozialplan die Möglichkeiten des Ausscheidens auf freiwilliger Basis, so wird es auch regelmäßig notwendig sein, Beratungsgespräche mit den interessierten Beschäftigten zu führen, um ihnen die Regelungen des Sozialplans zu erläutern und sie auf die Folgen des Ausscheidens hinzuweisen. Neben diesen allgemeinen Informationen sollte allen potenziell Betroffenen auch eine Kopie des Sozialplans ausgehändigt werden, damit sie im Falle des Ausscheidens aus dem Betrieb ihre Ansprüche daraus ohne Inanspruchnahme des Betriebsrats anmelden können. Natürlich sollte der Betriebsrat dieser Beschäftigtengruppe für einen Übergangszeitraum auch weiterhin zur Verfügung stehen.

II. Überwachung und Umsetzung der Vereinbarungen

Für die Durchführung der getroffenen Vereinbarungen ist der Arbeitgeber verantwortlich. Oft werden im Interessenausgleich, Sozialplan oder in Betriebsvereinbarungen, die aus Anlass der Betriebsänderung abgeschlossen wurden, auch Regelungen getroffen, die eine Initiative der Betriebsräte erfordern. Sind solche Regelungen (z. B. Übergabe von Unterlagen, Bildung paritätischer Ausschüsse, Durchführung spezieller Informationsveranstaltungen) vorhanden, so kann er von sich aus aktiv werden. Vornehmlich hat er jedoch nach § 80 Abs. 1 BetrVG darüber zu wachen, ob die Vereinbarungen eingehalten werden.
Damit der Betriebsrat diese Überwachungsaufgabe vernünftig wahrnehmen kann, bietet es sich an, schon im Interessenausgleich und Sozialplan Regelungen zu vereinbaren, die regelmäßige Informationen des Arbeitgebers über den Stand der Umsetzung der Betriebsänderung beinhalten. Ist dies nicht vorgesehen, so kann sich der Betriebsrat auf die allgemeine Informationspflicht des Arbeitgebers nach § 80 Abs. 2 BetrVG berufen, nach der der Interessenvertretung jederzeit die zur Durchführung ihrer Aufgaben notwendigen Unterlagen zur Verfügung zu stellen sind.

Stellt der Betriebsrat fest, dass sich der Arbeitgeber nicht an die getroffenen Vereinbarungen hält, so sollte er diesen umgehend schriftlich auf seine Verstöße hinweisen und darauf drängen, dass die entsprechenden Maßnahmen rückgängig gemacht werden. Zugleich sollte er die zukünftige Einhaltung der Regelungen fordern. Außerdem kann es sinnvoll sein, auch die Belegschaft über die Verstöße des Arbeitgebers zu informieren, um so Druck auf diesen auszuüben. Weigert er sich, die Regelungen einzuhalten, so ist für das weitere Vorgehen zu unterscheiden, ob der Verstoß den Interessenausgleich oder den Sozialplan betrifft.

Verstößt der Arbeitgeber gegen eine Bestimmung aus dem Interessenausgleich, so kann ihn der Betriebsrat nicht auf dem arbeitsgerichtlichen Weg zur Einhaltung der Beschlüsse zwingen, da der Interessenausgleich nach herrschender Rechtsauffassung keine Betriebsvereinbarung, sondern eine kollektive Vereinbarung besonderer Art darstellt. In diesem Fall haben nur die betroffenen Beschäftigten die Möglichkeit, ein Arbeitsgerichtsverfahren anzustrengen, um sich die ihnen entstandenen Nachteile nach § 113 BetrVG ausgleichen zu lassen. Allerdings ist diese Möglichkeit nur gegeben, wenn der Unternehmer ohne zwingenden Grund vom Interessenausgleich abweicht. Keine zwingenden Gründe liegen dabei nach Ansicht des BAG vor, wenn er sich nur auf die ursprünglichen Gründe für die Betriebsänderung beruft (BAG 17.9.1974 – 1 AZR 16/74). Kann der Arbeitgeber dagegen neue zwingende Gründe wie z.B. die Insolvenz eines wichtigen Kunden oder die Streichung der Kreditlinien durch die Banken anführen, so dürfte die Klage auf Nachteilsausgleich wenig Aussicht auf Erfolg haben. Allerdings stellt sich in einer solchen Situation für den Betriebsrat die Frage, ob nicht eine erneute mitbestimmungspflichtige Betriebsänderung vorliegt, die den Abschluss eines neuen Interessenausgleichs und ggf. auch Sozialplans notwendig macht. Da die Beschäftigten i.d.R. nur schwer erkennen können, ob der Arbeitgeber vom Interessenausgleich abgewichen ist und ob dafür zwingende Gründe vorlagen, sollte der Betriebsrat die Einhaltung des Interessenausgleichs genau überwachen und bei Abweichungen nach den Gründen fragen, um so die Betroffenen bei der Frage der Klageerhebung und den möglichen Arbeitsgerichtsverfahren zu unterstützen.

Hält sich der Arbeitgeber nicht an die Regelungen aus dem Sozialplan, so ist weiter zu unterscheiden, ob die Ansprüche einzelner Beschäftigter nicht erfüllt werden oder ob der Arbeitgeber gegen Mitbestimmungsrechte des Betriebsrat verstößt, die im Sozialplan festgelegt sind: Erbringt der Arbeitgeber im Sozialplan vereinbarte Leistungen nicht an die Betroffenen, so kann der Betriebsrat die Erfüllung dieser Verpflichtungen nicht gerichtlich erzwingen (BAG 17.10.1989 – 1 ABR 55/88). Die betroffenen Beschäftigten müssen deshalb ihre Ansprüche selbstständig vor dem Arbeitsgericht einklagen. Verstößt der Arbeitgeber jedoch gegen im Sozialplan geregelte Mitbestimmungsrechte, so kann der Betriebsrat nach erfolgloser Aufforderung zur Einhaltung dieser Regelung ein Verfahren auf

Erlass einer einstweiligen Verfügung nach § 23 Abs. 3 BetrVG in Gang setzen, um dem Arbeitgeber unter Androhung eines Zwangsgeldes vom Arbeitsgericht auferlegen zu lassen, eine Handlung durchzuführen, zu unterlassen oder zu dulden. Denkbar ist auch die Durchführung eines arbeitsgerichtlichen Beschlussverfahrens nach § 2a ArbGG, mit dem geklärt werden soll, ob der Arbeitgeber solche Regelungen des Sozialplans richtig durchführt, ob die fragliche Regelung Bestand hat und wie sie auszulegen ist (BAG 25. 2. 2020 – 1 ABR 38/18).

III. Wahrnehmung der Mitbestimmungsrechte bei der Durchführung der Betriebsänderung

Unabhängig davon, ob die Betriebsänderung mitbestimmungspflichtig ist und ein Interessenausgleich und Sozialplan ausgehandelt wurde, stehen dem Betriebsrat bei der Umsetzung der Betriebsänderung seine sonstigen Mitbestimmungsrechte zu. Zu denken ist hier vor allem an folgende Maßnahmen des Arbeitgebers:

- Kündigungen (§ 102 BetrVG),
- Versetzungen und Umgruppierungen (§§ 99, 100 BetrVG),
- Einstellungen (§§ 99, 100 BetrVG),
- Durchführung betrieblicher Bildungsmaßnahmen (§ 98 BetrVG),
- Gestaltung der Arbeitsplätze, -abläufe und -umgebung (§§ 90 und 91 BetrVG),
- vorübergehende Verkürzung der betriebsüblichen Arbeitszeit (§ 87 Abs. 1 Ziff. 3 BetrVG),
- Einführung von technischen Einrichtungen, die zur Leistungs- und Verhaltensüberwachung geeignet sind (§ 87 Abs. 1 Ziff. 6 BetrVG)
- Einführung von Gruppenarbeit (§ 87 Abs. 1 Ziff. 13 BetrVG).

Die bei diesen Maßnahmen bestehenden Mitbestimmungsrechte können allerdings in Ausnahmefällen schon durch Einzelregelungen im Interessenausgleich und Sozialplan ausgeübt worden sein. Im Folgenden werden Kündigungen, Versetzungen und Umgruppierungen behandelt, da diese nahezu bei jeder Betriebsänderung eine Rolle spielen. Außerdem die Einführung von technischen Einrichtungen, die zur Leistungs-und Verhaltenskontrolle geeignet sind sowie die Einführung von Gruppenarbeit, weil diese beiden Mitbestimmungsrechte bei der Digitalisierung von Betrieben eine wichtige Rolle spielen.

1. Kündigungen

Der Abschluss eines Interessenausgleichs und eines Sozialplans ersetzt nicht die Kündigungen einzelner zur Entlassung vorgesehener Beschäftigter (vgl. *Fitting*, Rn. 8 zu §§ 112, 112a BetrVG), auch wenn im Interessenausgleich ein Personalabbau vereinbart wurde. Der Arbeitgeber muss also jedem einzelnen Betroffenen kündigen. Dementsprechend hat er den Betriebsrat auch vor jeder Kündigung anzuhören. Dazu hat der Arbeitgeber über die Kündigungsgründe, die in die Sozialauswahl (dazu siehe Kapitel J.III.3) einbezogenen Beschäftigten und den vorgesehenen Entlassungstermin zu informieren. Ohne Anhörung des Betriebsrats ausgesprochene Kündigungen sind unwirksam. Die Anhörung kann allenfalls dann unterbleiben, wenn im Interessenausgleich, in einer Namenliste gem. § 1 Abs. 5 KSchG, die zu kündigenden Beschäftigten und die Kündigungstermine festgelegt sind und die Anhörung des Betriebsrats verbindlich als abgeschlossen vereinbart wurde (BAG 28.6.2012 – 6 AZR 682/10).

Die Mitteilung des Arbeitgebers an den Betriebsrat über die vorgesehene Kündigung wird als Begründung für die betriebsbedingte Entlassung i.d.R. den einfachen Hinweis auf die Betriebsänderung enthalten. Das wird allerdings dann nicht als ausreichend anzusehen sein, wenn der Betriebsrat über die Betriebsänderung gar nicht oder nur unvollständig informiert wurde. In einem solchen Fall kann der Arbeitgeber nicht davon ausgehen, dass der Betriebsrat über den notwendigen Wissensstand verfügt (BAG 27.6.1985 – 2 AZR 412/84). Dies kann zur Folge haben, dass die Kündigung in einem Kündigungsschutzprozess möglicherweise als unwirksam eingestuft wird. Außerdem müssen die Sozialdaten der zu Kündigenden und anderer Arbeitnehmer/innen mit vergleichbaren Tätigkeiten beigefügt sein, damit der Betriebsrat zur Frage der Berücksichtigung der Sozialauswahl sachgemäß Stellung nehmen kann. Informiert der Arbeitgeber den Betriebsrat gar nicht oder nur unvollständig über die von ihm getroffene Sozialauswahl, so liegt ein fehlerhaftes Anhörungsverfahren vor. Der Betroffene kann sich dann auf die Unwirksamkeit der Kündigung berufen (BAG 29.3.1984 – 2 AZR 429/83).

Hinweis:
Fristverlängerung beantragen bei Kündigungen
Nach Zugang der Mitteilung hat der Betriebsrat eine Woche Zeit, sich zu den geplanten Entlassungen zu äußern. Gerade bei Betriebsänderungen kann deren Zahl so hoch sein, dass die Wochenfrist für eine vernünftige Bearbeitung aller Einzelfälle, insbesondere für die Anhörung der Betroffenen durch den Betriebsrat, nicht ausreicht. In diesem Fall sollte er versuchen, mit dem Arbeitgeber eine Verlängerung der Anhörungsfrist zu vereinbaren. Es ist zwar umstritten, ob eine Fristverlängerung zu gewähren ist. Im Falle der Weigerung jedoch geht der Arbeitgeber das Risiko ein, dass sein Beharren auf der Wochenfrist in einem Kündigungsschutzpro-

zess als rechtsmissbräuchlich eingestuft wird (BAG 14.8.1986 – 2 AZR 561/85). Da dies die Unwirksamkeit der Kündigung zur Folge hätte, wird er sich i.d.R. auf eine Fristverlängerung einlassen. Tut er dies nicht, so wird dem Betriebsrat nur die Möglichkeit des Widerspruchs gegen die Kündigungen bleiben, da sein Schweigen als Zustimmung gedeutet wird.
Der Widerspruch gegen Kündigungen im Rahmen von Betriebsänderungen wird vom Betriebsrat insbesondere dann in Erwägung gezogen werden, wenn der Arbeitgeber keinen Interessenausgleich versucht hat oder wenn wegen unterschiedlicher Positionen kein solcher zu Stande gekommen ist. Doch auch wenn ein Interessenausgleich vereinbart wurde, muss sich der Betriebsrat überlegen, ob er den vorgesehenen Kündigungen im Einzelfall widersprechen soll. Denn die Begründung seines Widerspruchs wird in einem möglichen Kündigungsschutzprozess regelmäßig herangezogen, womit der Betroffene zumeist verbesserte Prozesschancen hat, da der Betriebsrat i.d.R. über eine bessere Kenntnis des Betriebes (insbesondere freie Stellen und vergleichbare Arbeitnehmer/innen) verfügt als der einzelne Beschäftigte. Zwar enden Kündigungsschutzprozesse nach den Erfahrungen der Praxis nur selten mit einer Weiterbeschäftigung des Gekündigten, jedoch hat er bei einem frist- oder ordnungsgemäßen Widerspruch des Betriebsrats auch bei einer Abweisung der Kündigungsschutzklage einen Anspruch auf die Weiterzahlung seines bisherigen Entgelts für den Zeitraum zwischen der Entlassung und dem Zeitpunkt eines rechtskräftigen Urteils (vgl. *Fitting* Rn. 113 zu § 102 BetrVG). Sind zudem die im Sozialplan ausgehandelten Abfindungen relativ niedrig, so erhöhen sich durch einen guten Widerspruch die Chancen der Gekündigten, höhere Abfindungen in den Grenzen des § 10 KSchG im Rahmen eines Vergleichs auszuhandeln oder vom Gericht zugesprochen zu bekommen.

Zur Beantwortung der Frage, mit welcher Begründung der Betriebsrat einer Kündigung im Rahmen einer Betriebsänderung widersprechen will, muss er vor allem die folgenden in § 102 Abs. 3 BetrVG aufgelisteten Punkte überprüfen:
- ausreichende Berücksichtigung sozialer Gesichtspunkte,
- Berücksichtigung u.U. vorhandener Auswahlrichtlinien nach § 95 BetrVG,
- Versetzungsmöglichkeiten innerhalb des Betriebes oder Unternehmens,
- Weiterbeschäftigung nach zumutbaren Umschulungs- oder Fortbildungsmaßnahmen,
- Weiterbeschäftigung unter veränderten Vertragsbedingungen (bei Einverständnis des/der Betroffenen).

Der Betriebsrat braucht sich jedoch bei der Angabe der Gründe nicht auf den Katalog des § 102 Abs. 3 BetrVG zu beschränken. Zwar sind nur Argumente, die unter diesen Katalog fallen, für die Frage eines ordnungsgemäßen Widerspruchs von Bedeutung; jedoch können auch andere Gründe für den Betroffenen im Kündigungsschutzprozess hilfreich sein.
Auch wenn im Sozialplan Regelungen für die Sozialauswahl getroffen wurden, sollte der Betriebsrat die Frage der ausreichenden Sozialauswahl in jedem Fall ge-

nau prüfen. Zum einen können dem Arbeitgeber Fehler unterlaufen, zum anderen lassen sich auch mit sehr weitgehenden Regelungen nie alle Einzelfälle erfassen.
Sind einer oder mehrere der genannten Gründe gegeben, so muss der Betriebsrat einen schriftlich begründeten Widerspruch innerhalb von einer Woche bzw. der möglicherweise verlängerten Frist formulieren. Dabei genügt nicht die einfache Wiederholung des Gesetzeswortlauts; vielmehr sollte die Begründung möglichst konkret sein und z. B. eine genaue Bezeichnung eines freien Arbeitsplatzes oder eine Angabe über die soziale Situation des zur Kündigung Vorgesehenen sowie die Abteilung enthalten, in der vergleichbare, sozial weniger schutzwürdige Arbeitnehmer/innen beschäftigt sind.
Die ordentliche Kündigung von Betriebsratsmitgliedern ist nach § 15 Abs. 4 KSchG im Rahmen von Betriebsänderungen nur bei Betriebsstilllegungen möglich. Im Fall der Stilllegung von Betriebsabteilungen ist dies nur zulässig, wenn die Übernahme in eine andere Betriebsabteilung aus internen Gründen nicht möglich ist (§ 15 Abs. 5 KSchG). In diesen Fällen bedarf die Kündigung nicht der Zustimmung des Betriebsrats entsprechend § 103 BetrVG, sondern es gelten auch für die Betriebsratsmitglieder nur die oben beschriebenen Regelungen des § 102 BetrVG. Ihre Kündigung darf in diesen Fällen erst zum Zeitpunkt der Stilllegung erfolgen, es sei denn, es liegen zwingende betriebliche Gründe vor, die eine Kündigung auch zu einem früheren Zeitpunkt erforderlich machen. In jedem Fall muss zur Wahrung des Restmandats ein Betriebsratsmitglied bis zum Schluss im Betrieb verbleiben (vgl. *Fitting*, Rn. 19 zu § 103 BetrVG).

2. Versetzungen und Umgruppierungen

Versetzungen werden als Alternative zur Entlassung gerade bei Betriebsänderungen vorgenommen. Deshalb finden sich in Interessenausgleichen und Sozialplänen häufig Versetzungsregelungen, die zum einen die Fragen der Zumutbarkeit eines neuen Arbeitsplatzes und zum anderen auch Rechte der einzelnen Arbeitnehmer/innen bei der Versetzung (z. B. Informationsrechte, Rückkehrrechte) beinhalten können.
Enthält der Sozialplan solche Regelungen, so sollte der Betriebsrat die für Versetzungen in Frage kommenden Beschäftigten darüber möglichst frühzeitig informieren. Insbesondere wird es wichtig sein, ihnen die nach dem Sozialplan vorgesehenen Folgen der Ablehnung einer Versetzung darzustellen. Um sie wirksam zu schützen, sollte er dabei darauf dringen, dass die Beschäftigten ihre Stellungnahme auf ein Versetzungsangebot erst nach einer Rücksprache mit dem Betriebsrat abgeben. Auch wenn im Sozialplan keine Fristen für die Stellungnahme des/der Beschäftigten zu einem Versetzungsangebot vorgesehen sind, so kann der Arbeitgeber nicht eine umgehende Entscheidung fordern. Dem Betroffenen ist vielmehr ausreichend Bedenkzeit einzuräumen.

In jedem Fall ist der Betriebsrat vor der Versetzung oder Umgruppierung nach § 99 BetrVG zu beteiligen. Dies gilt unabhängig davon, ob im Interessenausgleich oder im Sozialplan Regelungen zur Versetzung getroffen wurden. Eine Ausnahme davon ist nur denkbar, wenn schon im Interessenausgleich die zu versetzenden Personen, die jeweiligen neuen Arbeitsplätze bzw. Arbeitsbereiche und die vorgesehene Eingruppierung vereinbart wurden. Neben der Einholung der Zustimmung zur Versetzung muss häufig auch der Arbeitsvertrag des/der einzelnen Beschäftigten im Wege der einvernehmlichen Einigung oder der Änderungskündigung umgewandelt werden. Weist der Arbeitgeber im Zusammenhang mit der Unterrichtung über die Versetzung nach § 99 BetrVG allerdings auf die vorgesehene Änderungskündigung hin, so stellt die Einholung der Zustimmung nach § 99 BetrVG gleichzeitig die Anhörung zur Änderungskündigung nach § 102 BetrVG dar, sodass eine zusätzliche Anhörung des Betriebsrats nach § 102 BetrVG vermutlich nicht erforderlich ist (vgl. *Fitting*, Rn. 9 zu § 102 BetrVG).
Will der Arbeitgeber eine Versetzung und die damit möglicherweise verbundene Umgruppierung vornehmen, so hat er davon die Interessenvertretung nach § 99 Abs. 1 BetrVG unter Vorlage der erforderlichen Unterlagen zu informieren, ihr insbesondere den vorgesehenen Arbeitsplatz und die geplante Eingruppierung mitzuteilen und deren Zustimmung einzuholen. Verweigert der Betriebsrat die Zustimmung, so muss er dies nach § 99 Abs. 3 BetrVG unter Angabe aller Gründe innerhalb einer Woche dem Arbeitgeber schriftlich mitteilen (Schweigen wird als Zustimmung gewertet).

Fristverlängerung auch bei Versetzungen beantragen
Diese Frist kann bei einer hohen Zahl von Versetzungen für eine ordnungsgemäße Bearbeitung durch den Betriebsrat zu kurz sein. Er sollte in diesem Fall versuchen, mit dem Arbeitgeber eine Fristverlängerung zu vereinbaren. Gelingt dies nicht, so kann der Betriebsrat u. U. eine Fristverlängerung unter Hinweis auf fehlende Angaben und Unterlagen erreichen. Denn nach der Rechtsprechung beginnt die Wochenfrist erst nach vollständiger Information zu laufen (BAG 28.1.1986 – 1 ABR 10/84). Allerdings ist dies mit einem Risiko verbunden; stellt das Arbeitsgericht nachträglich fest, dass die Information doch ausreichend war, so wird das Schweigen des Betriebsrats in der ursprünglichen Wochenfrist als Zustimmung gewertet. Der Betriebsrat kann deshalb überlegen, die Forderung nach zusätzlicher Information mit einem vorläufigen Widerspruch zu verbinden. Dabei sollten jedoch die unten dargestellten möglichen Folgen eines Widerspruchs für den Beschäftigten bedacht werden.
Bei anstehenden Versetzungen sollte der Betriebsrat auch genau darauf achten, ob die bisherige (für den Fall, dass keine Umgruppierung vorgesehen ist) oder die vorgesehene neue *Eingruppierung* dem jeweiligen Tarifvertrag entspricht oder einem möglicherweise im Sozialplan vereinbarten Abgruppierungsverbot

widerspricht. Allerdings kann der Betriebsrat der Versetzung vermutlich nicht erfolgreich mit dem Argument einer falschen Eingruppierung widersprechen (BAG 10. 2. 1976 – 1 ABR 49/74 und BAG 20. 12. 1988 – 1 ABR 68/87 für den entsprechenden Fall der Einstellung), da die vorgesehene Versetzung und die Umgruppierung als zwei getrennte Vorgänge angesehen werden. Der Betriebsrat sollte deshalb bei Versetzungen mit falscher Umgruppierung überlegen, der Versetzung zwar zuzustimmen, der vorgesehenen Eingruppierung jedoch zu widersprechen. Dieser gespaltene Widerspruch ist für den Betroffenen nur dann gefährlich, wenn zu befürchten ist, dass der Arbeitgeber wegen der Zustimmungsverweigerung zur Umgruppierung auf die Versetzung verzichtet und stattdessen kündigt. Allerdings kann der Betriebsrat in einem solchen Fall auch seinen Widerspruch zur Umgruppierung zurücknehmen, sodass die Versetzung doch noch erfolgen kann.

Damit ein Widerspruch gegen eine Versetzung oder Umgruppierung Aussicht auf Erfolg hat, muss sich der Betriebsrat auf einen der in § 99 Abs. 2 BetrVG aufgeführten Gründe beziehen können. Da ein Nachschieben weiterer Gründe nach Ablauf der Wochenfrist nach der Rechtsprechung nicht zulässig ist (BAG 15. 4. 1986 – 1 ABR 55/84), sollte der Betriebsrat alle Gründe für seine Zustimmungsverweigerung anführen.

Ein Widerspruch gegen Versetzungen im Rahmen von Betriebsänderungen wird vermutlich nur in Ausnahmefällen vorkommen, da der Betriebsrat damit rechnen muss, dass der Arbeitgeber dem Betroffenen andernfalls kündigen wird. Außerdem wird der Arbeitgeber die dringende Erforderlichkeit einer vorläufigen Versetzung i. d. R. begründen können, und es wird für den Betriebsrat auch oft schwierig sein, ausreichende Widerspruchsgründe nach § 99 Abs. 2 BetrVG zu finden. Ein Widerspruch sollte deshalb nur nach vorheriger Unterredung mit den Betroffenen in folgenden Fällen erwogen werden:

- Der Betriebsrat ist mit der Auswahl des zu Versetzenden nicht einverstanden, da andere Beschäftigte, die seiner Meinung nach schutzwürdiger sind, damit die Möglichkeit zur Weiterbeschäftigung verlieren. Dies wäre bei guter Begründung auch ein vom Arbeitgeber zu akzeptierender Widerspruchsgrund nach § 99 Abs. 2 Ziff. 3 BetrVG (BAG 15. 9. 1987 – 1 ABR 66/84).
- Die für die Versetzung vorgesehenen Regelungen aus Interessenausgleich oder Sozialplan wurden nicht eingehalten. Dies ergibt einen vermutlich erfolgreichen Widerspruchsgrund nach § 99 Abs. 2 Ziff. 1 BetrVG.
- Der Beschäftigte hat gegenüber dem Betriebsrat angedeutet, dass er den Betrieb lieber verlassen möchte, aber bei einer Ablehnung der Versetzung nach dem Sozialplan seinen Anspruch auf Abfindung verlieren würde. Gleichzeitig stehen für den freien Arbeitsplatz noch andere, ansonsten zu entlassende Beschäftigte zur Verfügung.

3. Sozialauswahl

Die Freiheit des Arbeitgebers in Bezug auf personelle Einzelmaßnahmen, z. B. bei betriebsbedingten (Änderungs-)Kündigungen, etwa als Folge einer Umstrukturierung, wird durch die Verpflichtung zur ordnungsgemäßen Sozialauswahl eingeschränkt. Bei der Sozialauswahl werden die Dauer der Betriebszugehörigkeit, das Lebensalter, die Unterhaltspflichten und die Schwerbehinderung zueinander in ein angemessenes Verhältnis gesetzt. Dabei ist es üblich, die einzelnen Kriterien in einem Punktesystem zu gewichten, jeden/jede von der Betriebsänderung betroffene/n Beschäftigte/n entsprechend zu bewerten und anschließend eine Rangliste zu erstellen. Kommt der Arbeitgeber dieser Pflicht nicht oder nur unzureichend nach und hätte dem/der Beschäftigten bei ordnungsgemäßer Sozialauswahl nicht gekündigt werden dürfen, dann ist eine betriebsbedingte Kündigung auch dann sozial ungerechtfertigt, wenn tatsächlich keine Beschäftigungsmöglichkeit für den/die betroffene/n Beschäftigte/n mehr vorhanden ist. Ob die Sozialauswahl ordnungsgemäß durchgeführt wurde, insbesondere ob die Kriterien angemessen berücksichtigt wurden, unterliegt dabei in einem Rechtsstreit der vollen arbeitsgerichtlichen Kontrolle. Diese Kontrolle kann jedoch stark eingeschränkt werden, wenn in einem Tarifvertrag zwischen den Betriebsparteien Auswahlrichtlinien (§ 1 Abs. 4 KSchG) oder ein Interessenausgleich mit Namensliste (§ 1 Abs. 5 KSchG) vereinbart wurden. Auch hinsichtlich anderer personeller Einzelmaßnahmen, z. B. Versetzungen, sind Auswahlrichtlinien denkbar. Hierbei ist jedoch zu beachten, dass die verschiedenen Aspekte je nach Maßnahme unterschiedlich bewertet werden müssen. So kann bei der Versetzung die Erziehungsverantwortung des/der 35-Jährigen mit minderjährigen Kindern durchaus ausschlaggebend dafür sein, diesen/diese 35-Jährige/n nicht zu versetzen, weil damit z. B. auch ein Schulwechsel der Kinder verbunden wäre, während z. B. ein/e 55-Jährige/r mit erwachsenen Kindern demgegenüber als mobiler einzustufen ist (*Hamm/Rupp* 2012, S. 27). Dagegen fällt die Abwägung bei einer Kündigung in aller Regel zugunsten des 55-Jährigen aus.

Wird in einem Tarifvertrag, in einer Auswahlrichtlinie (§ 95 BetrVG) oder einer entsprechenden Richtlinie nach den Personalvertretungsgesetzen bestimmt, wie die in § 1 Abs. 3 KSchG ausgeführten sozialen Aspekte im Verhältnis zueinander zu bewerten sind, kann die darauf beruhende Sozialauswahl von den Arbeitsgerichten lediglich auf grobe Fehlerhaftigkeit hin überprüft werden. Gleiches gilt auch für einen Interessenausgleich mit einer Namensliste der zu kündigenden Beschäftigten.

Der Begriff der groben Fehlerhaftigkeit findet sich u. a. auch in den § 1 Abs. 4 und 5 KSchG, § 323 Abs. 2 UmwG sowie § 125 Abs. 1 InsO. Nach der herrschenden Meinung in Literatur und der Rechtsprechung ist eine grobe Fehlerhaftigkeit dann gegeben, wenn ganz tragende Gesichtspunkte nicht in die Bewertung einbezogen worden sind, sodass die Bewertung evident unzulänglich ist und jede Ausgewogenheit vermissen lässt (*Willemsen* 2016, H 28b). Das LAG Hamm (LAG Hamm 5.6.2003 – 4 Sa 1976/02) hat zur groben Fehlerhaftigkeit einer Sozialauswahl bei Vorliegen eines Interessenausgleiches mit Namensliste mehrere Fallgruppen gebildet. Demnach ist die Sozialauswahl grob fehlerhaft, wenn die Betriebsparteien

- den auswahlrelevanten Personenkreis der vergleichbaren Beschäftigten willkürlich bestimmt oder nach unsachlichen Gesichtspunkten eingegrenzt haben,
- unsystematische Altersgruppen mit wechselnden Zeitsprüngen (bspw. in 12er, 8er und 10er Jahresschritten) gebildet haben,
- eines der drei sozialen Grundkriterien (§ 1 Abs. 3 KSchG) überhaupt nicht berücksichtigt oder zusätzlichen Auswahlkriterien eine überhöhte Bewertung beigemessen haben,
- die der Auswahl nach sozialen Gesichtspunkten entgegenstehenden Gründen nicht nach sachlichen Gesichtspunkten konkretisiert haben.

Nur wenn sich – unter Berücksichtigung aller Merkmale des § 1 Abs. 3 KSchG – kein sachlicher Grund finden lässt, der die Bildung von Vergleichsgruppen und die Auswahlentscheidung in irgendeiner Weise nachvollziehbar erscheinen lässt, genügt die Sozialauswahl nicht den gesetzlichen Anforderungen.

Die Fehlerhaftigkeit muss bei sachkundiger Beurteilung (also nicht erst für einen Laien) offensichtlich sein oder auf erkennbar sachwidrigen Motiven beruhen. Die Hürde für die Angreifbarkeit der Sozialauswahl liegt dann sehr hoch und daher drängt die Arbeitgeberseite häufig bereits zu Beginn der Verhandlungen auf den Abschluss entsprechender Vereinbarungen.

Der Betriebsrat sollte sich stets bewusst sein, dass diese Vereinbarungen großen Schaden anrichten können, weil der Kündigungsschutz der betroffenen Beschäftigten dadurch fast gänzlich beseitigt wird. Bevor der Betriebsrat sich auf ein solch riskantes Vorgehen mit u.U. weitreichenden Folgen für die Beschäftigten einlässt, sollte er unbedingt den Rat der zuständigen Gewerkschaft und oder eines externen Sachverständigen einholen und ggf. diese auch zu den konkreten Verhandlungen mit dem Arbeitgeber hinzuziehen.

Um eine ordnungsgemäße Sozialauswahl durchführen zu können, muss zunächst bestimmt werden, welche Beschäftigte im Betrieb (nicht im Unternehmen) überhaupt miteinander vergleichbar sind. Eine Vergleichbarkeit ist dann gegeben, wenn die Beschäftigten ohne eine Änderung des Vertragsinhalts die gleichwertige Tätigkeit des/der jeweils anderen Beschäftigten (ggf. auch erst nach zumutbarer Einarbeitung) übernehmen können. Ein Vergleich kann daher nur horizontal erfolgen; höherwertigere oder schlechtere Arbeitsplätze dürfen nicht in den konkreten Vergleich einbezogen werden. Weit gefasste arbeits- oder tarifvertragliche Versetzungsklauseln können die Vergleichbarkeit und damit den

Umfang der Sozialauswahl wesentlich erweitern. Auch eine erhebliche räumliche Entfernung zwischen Betriebsteilen steht einer Vergleichbarkeit grundsätzlich nicht im Weg. Die Herausnahme von Beschäftigten mit besonderem gesetzlichen Schutz (z.B. Betriebsratsmitglieder) von der Sozialauswahl ist nach der Rechtsprechung des BAG (BAG 21.4.2005 – 2 AZR 241/04) sachlich geboten und gerechtfertigt.

Beschäftigte, deren Weiterbeschäftigung, insbesondere wegen ihrer Kenntnisse, Fähigkeiten und Leistungen (sog. »Leistungsträger) oder zur Sicherung einer ausgewogenen Personalstruktur des Betriebes im berechtigten betrieblichen Interesse liegt, sind in die Sozialauswahl nach § 1 Abs. 3 Satz 2 KSchG nicht einzubeziehen. Von dieser Ausnahmevorschrift sollte jedoch nur zurückhaltend, insbesondere bei der Herausnahme von »Leistungsträgern« und lediglich zur Schaffung einer ausgewogenen Altersstruktur, z.B. durch eine Sozialauswahl innerhalb von Altersgruppen, Gebrauch gemacht werden.

Auch nach dem Inkrafttreten des Allgemeinen Gleichbehandlungsgesetzes (AGG) ist die Festlegung von Altersgruppen in Auswahlrichtlinien sowie bei der Auswahl des/der zu kündigenden Beschäftigten zulässig (BAG 15.12.2011 – 2 AZR 42/10).

Das LAG Niedersachsen hat einige Kriterien aufgeführt, die bei einer Wertung (Produktionsbetrieb/schlechte Altersstruktur) ggf. beachtlich sein können und die Bildung von Altersgruppen im konkreten Fall rechtfertigen könnten (LAG Niedersachsen 13.7.2007 – 16 Sa 269/07):

- Langfristige Nachwuchsplanung
- Weitergabe von Erfahrungswissen an jüngere Beschäftigte
- Wissensaustausch zwischen älteren (Erfahrungswissen) und jüngeren Beschäftigten (aktueller Ausbildungsstand)
- Motivation jüngerer Beschäftigter durch innerbetriebliche Aufstiegschancen
- Sicherung einer durchmischten Altersstruktur

Genau wie bei einem Interessenausgleich mit Namensliste (siehe Kapitel B.III.2) sollte sich der Betriebsrat wegen erheblicher Risiken für die betroffenen Beschäftigten nur in Ausnahmefällen mit dem Arbeitgeber auf entsprechende Auswahlrichtlinien verständigen. Der Betriebsrat kann im Rahmen eines Interessenausgleichs nicht zum Abschluss einer Auswahlrichtlinie gezwungen werden. Daher sollte er als Gegenleistung für sein Entgegenkommen verbindliche Zugeständnisse bei den Sozialplanverhandlungen (z.B. höheres finanzielles Volumen, Bildung von Transfergesellschaften oder Zukunftssicherung der verbleibenden Arbeitsplätze) vom Arbeitgeber fordern. Dagegen kann der Arbeitgeber eine Auswahlrichtlinie nach § 95 BetrVG ggf. auch durch die Einigungsstelle erzwingen.

Fehler in der Sozialauswahl führen nach aktueller Rechtsprechung des BAG nicht mehr zwangsläufig dazu, dass ausgesprochene Kündigungen sozial ungerechtfertigt sind. Unter Aufgabe seiner bisherigen umstrittenen Rechtsprechung (Dominotheorie) hat das BAG nunmehr entschieden, dass ein Fehler in der Sozialauswahl nur dann die Kündigung zu Fall bringt, wenn der betroffene Beschäftigte bei richtiger Sozialauswahl nicht zur Kündigung angestanden hätte (BAG 9.11.2006 – 2 AZR 812/05). Verbessert sich der/die Beschäftigte bei zutreffender Sozialauswahl im Rahmen eines Punktesystems zwar in der Rangfolge, jedoch liegt dieser Rang weiterhin in einem Bereich, der vom Personalabbau oder anderen Maßnahmen betroffen ist, so kann er sich nicht mit Erfolg gegen die Maßnahme zur Wehr setzen.

4. Mitbestimmung bei der Einführung und Anwendung technischer Einrichtungen, die zur Überwachung der Leistung und des Verhaltens der Beschäftigten geeignet sind (§ 87 Abs. 1 Nr. 6 BetrVG)

Betriebsänderungen, die durch die Digitalisierung von Betrieben hervorgerufen werden, zeichnen sich dadurch aus, dass meist neue oder zusätzliche Hard- und Software eingeführt werden muss, ohne die die Umsetzung der Digitalisierungsstrategie nicht funktionieren würde. In diesen technischen Systemen werden über Programme eine Vielzahl von Daten (Big Data) erfasst, verarbeitet und gespeichert, die oftmals auch einen Bezug zu den Beschäftigten haben. Damit sind solche technischen Systeme und Programme grundsätzlich auch dazu geeignet, Leistung und Verhalten der Beschäftigten zu überwachen und damit gem. § 87 Abs. 1 Nr. 6 BetrVG mitbestimmungspflichtig, auch dann, wenn der Arbeitgeber eine Überwachung gar nicht beabsichtigt (BAG 13.12.2016 – 1 ABR 7/15). Eine Auflistung von Beispielen technischer Überwachungseinrichtungen und der hierzu ergangenen Rechtsprechung findet sich bei *Fitting* (Rn. 244ff.zu § 87 BetrVG).
Das Mitbestimmungsrecht des Betriebsrats besteht bei der Einführung und Anwendung von technischen Überwachungseinrichtungen (BAG 27.1.2004 – 1 ABR 7/03). Mitbestimmungspflichtig ist auch die inhaltliche Gestaltung der Speicherungs- und Verarbeitungsprogramme dieser technischen Systeme (BAG 11.3.1986 – 1 ABR 12/84). Das Mitbestimmungsrecht wird auch nicht dadurch eingeschränkt, dass die Speicherung und Verarbeitung der Daten von einem Dritten übernommen wird (BAG 17.3.1987 – 1 ABR 59/85). Bei einer einheitlichen unternehmensweiten Nutzung der technischen Systeme und Programme kann sich eine originäre Zuständigkeit des Gesamtbetriebsrats ergeben (*Fitting*, Rn. 41 zu § 50 BetrVG). Gleiches gilt für die konzernweite einheitliche Einführung und Anwendung, bei der eine originäre Zuständigkeit des Konzernbetriebsrats besteht (*Fitting*, Rn. 12 zu § 58 BetrVG). Das Initiativrecht des Betriebsrats kann auch zur Änderung bestehender technischer Systeme und Programme genutzt werden (*Fitting*, Rn. 251 zu § 87 BetrVG).

Das Mitbestimmungsrecht wird durch Abschluss einer Betriebsvereinbarung ausgeübt. Wegen der Komplexität der Thematik ist die Hinzuziehung eines entsprechenden Sachverständigen gem. § 80 Abs. 3 BetrVG dringend angeraten.
Das harte Mitbestimmungsrecht nach § 87 Abs. 1 Nr. 6 BetrVG kann und sollte auch dazu genutzt werden, bei den Verhandlungen über einen Interessenausgleich und Sozialplan Druck auf den Arbeitgeber auszuüben, um bestimmte Forderungen des Betriebsrats im Interesse der Beschäftigten durchzusetzen (vgl. auch Kapitel B.III.2 f.).

5. Mitbestimmungsrechte bei der Durchführung von Gruppenarbeit (§ 87 Abs. 1 Nr. 13 BetrVG)

Unter Gruppenarbeit versteht man das Zusammenwirken mehrerer Menschen im Rahmen einer gemeinsamen Arbeitsaufgabe. Zunehmende Bedeutung erlangt Gruppenarbeit im Zusammenhang mit neuen Unternehmenskonzepten (z. B. Matrixorganisation, Lean Production oder agilen Arbeitsformen).
Die Einführung von Gruppenarbeit kann eine Betriebsänderung darstellen, die die Mitbestimmungsrechte des Betriebsrats nach § 111 f. BetrVG auslösen. Hinzu kommt ein eigenständiges Mitbestimmungsrecht des Betriebsrats nach § 87 Abs. 1 Nr. 13 BetrVG. Dieses bezieht sich allerdings nicht auf die Einführung oder Abschaffung von Gruppenarbeit, sondern auf die Grundsätze der Durchführung von Gruppenarbeit.
Mit Gruppenarbeit verbinden sich unterschiedliche Interessen von Arbeitgeber und Beschäftigten. Dem Arbeitgeber geht es vor allem um effizienteres Arbeiten durch höhere Produktivität, höhere Flexibilität, bessere Qualität und Kostenreduzierung. Beschäftigte wollen demgegenüber mehr Selbstbestimmung (weniger Hierarchie), bessere und abwechslungsreichere Arbeitsinhalte, höhere Qualifikation, bessere Arbeitsbedingungen, begrenzte, stabile Leistungsabforderungen ohne Gesundheitsverschleiß und damit auch höhere Arbeitszufriedenheit.
Der Betriebsrat muss versuchen, diese z. T. gegensätzlichen Interessen durch Abschluss einer Betriebsvereinbarung auszubalancieren. Dabei geht es um folgende Ziele (*www.betriebsrat-aktuell.de/cutom/download/downloads/BV_Grupprenarbeit.pdf*, S. 3):

- Schaffung von Dispositions- und Entscheidungsspielräumen der Beschäftigten
- Ermöglichung qualifizierter und abwechslungsreicher Arbeit
- Schutz vor unangemessenen Leistungs- und Verhaltenskontrollen
- Schutz vor Selbstausbeutung
- Schaffung von Möglichkeiten zur Qualifikationserweiterung
- Vereinbarung eines angemessenen Entgelts (unter Beachtung des Tarifvorbehalts)

- Gestaltung der Arbeitszeit

Eckpunkte einer Betriebsvereinbarung zu »Gruppenarbeit« könnten sein (ebd., S. 7):

- Geltungsbereich
- Menschengerechte Arbeitsbedingungen – Gruppenarbeit als solidarische freiwillige Arbeitsweise
- Aufgabenbeschreibung und Aufgabenabgrenzung
- Qualifizierung
- Personalbemessung
- Gruppensprecher
- Kompetenzen der Gruppe
- Auftragsbezogene Soll-Vorgaben
- Prämienlohn – Prämienleistung
- Beschwerderegelung
- Konfliktlösung durch paritätische Kommission
- Inkrafttreten, Kündigung, Nachwirkung

Eine entsprechende Musterbetriebsvereinbarung der IG Metall findet sich ebd., 8 ff.

Der Betriebsrat kann auch überlegen, ob er der Gruppe Mitbestimmungsrechte des Betriebsrats, etwa bei der Arbeitszeit (§ 87 Abs. 1 Nr. 2, 3 BetrVG) und Urlaubsplanung (§ 87 Abs. 1 Nr. 5 BetrVG) gem. § 28a BetrVG überträgt. Dazu ist der Abschluss einer separaten Rahmenvereinbarung mit dem Arbeitgeber erforderlich. Die Arbeitsgruppe kann dann im Rahmen der ihr übertragenen Aufgaben selbständig mit dem Arbeitgeber Vereinbarungen abschließen. Der Betriebsrat kann ohne Begründung die Übertragung von Mitbestimmungsrechten jederzeit widerrufen. Dies wird immer dann der Fall sein, wenn gegen Arbeitszeit- und Gesundheitsschutzvorschriften verstoßen wird oder Mitglieder der Gruppe diskriminiert werden und keine Abhilfe geschaffen wird.

IV. Vertiefende und weiterführende Literatur

Böttcher, Rechte des Betriebsrats bei personellen Einzelmaßnahmen, Handlungshilfe für Betriebsräte zu § 99 BetrVG, AiB-Stichwort, 5. Auflage 2013

Hinrichs, Rechte des Betriebsrats bei Kündigungen. Handlungshilfe für Betriebsräte zu § 102 BetrVG, AiB-Stichwort, 7. Auflage 2014

K. Unternehmensrechtliche Strukturänderungen

Inhaltsübersicht

Bereits im Kapitel B.I.4.b) haben wir bei der Erläuterung der Betriebsänderungsarten gem. § 111 Satz 2 BetrVG darauf hingewiesen, dass sich Betriebsänderun-

gen auch durch den Zusammenschluss oder durch die Spaltung von Unternehmen ergeben können. Die unternehmensrechtlichen Strukturänderungen lösen aber nicht zwangsläufig die Rechtsfolgen gem. §§ 111ff. BetrVG aus. Voraussetzung hierfür ist, dass mit den unternehmensrechtlichen Veränderungen auch betriebliche Veränderungen verbunden sind, welche die beschriebenen Tatbestände des § 111 BetrVG erfüllen (vgl. Kapitel B.VII). Dennoch können auch bei ausschließlich unternehmensrechtlichen Strukturänderungen erhebliche Nachteile für die Beschäftigten entstehen.
Es gibt verschiedene Möglichkeiten, wie Unternehmen ihre rechtlichen Strukturen verändern können. Zunächst sollen auf der Grundlage der Bestimmungen des Umwandlungsgesetzes (UmwG) die rechtlichen Gegebenheiten sowie die hiermit verbundenen Probleme und Handlungserfordernisse erläutert werden.
Nach den Ausführungen zum UmwG behandeln wir weitere Möglichkeiten zur Änderung der Unternehmensstrukturen (Gesellschafterwechsel durch Veräußerung von Anteilen, Veräußerung von Betrieben oder Betriebsteilen gegen Entgelt (Einzelrechtsnachfolge), Funktionsübertragung bzw. Outsourcing), wobei diese nicht den Bestimmungen des UmwG unterliegen.
Wesentliche Aspekte und Probleme, die mit den verschiedenen Möglichkeiten zur Änderung der Unternehmensstrukturen verbunden sind, werden angesprochen. Ferner geben wir Hinweise, welche Risiken für Interessen und Besitzstand der Beschäftigten drohen, wie Betriebsrat bzw. Gesamtbetriebsrat sich rechtzeitig Informationen über solche Strukturmaßnahmen und deren Folgen beschaffen können, ob und wie frühzeitig Betriebsänderungen erkennbar sind, welche die Rechtsfolgen nach §§ 111ff. BetrVG auslösen. Dies ist u. E. Voraussetzung, um zu versuchen, mit dem Arbeitgeber die erforderlichen, einzelfallabhängigen Regelungen zur Verhinderung oder zur Minderung der voraussichtlichen Nachteile für die betroffenen Beschäftigten zu vereinbaren. Sofern rechtzeitig erkennbar ist, dass die betrieblichen Folgemaßnahmen unternehmensrechtlicher Strukturänderungen Tatbestände gem. § 111 BetrVG erfüllen, kann der Betriebsrat seine Regelungsvorschläge in die dann erforderlichen Interessenausgleichs- und Sozialplanverhandlungen einbringen. Ansonsten muss er versuchen, seine Regelungsvorschläge im Rahmen freiwilliger Betriebsvereinbarungen durchzusetzen. Hierzu bedarf er der besonderen Unterstützung durch die betroffenen Beschäftigten und der Gewerkschaft, um z. B. einen Tarifsozialplan durchzusetzen (vgl. Kapitel B.XI).

I. Änderung der Unternehmensstruktur auf der Grundlage des Umwandlungsgesetzes

1. Umwandlungsarten

Das UmwG schafft für die Unternehmen vielfältige Möglichkeiten, ihre bisherigen Unternehmensstrukturen flexibel an veränderte wirtschaftliche Rahmenbedingungen anzupassen. Insgesamt kennt das UmwG, das nur für Rechtsträger mit Sitz im Inland gilt (§ 1 UmwG), vier verschiedene Umwandlungsarten:

Übersicht 26:
Umwandlungsarten nach dem UmwG

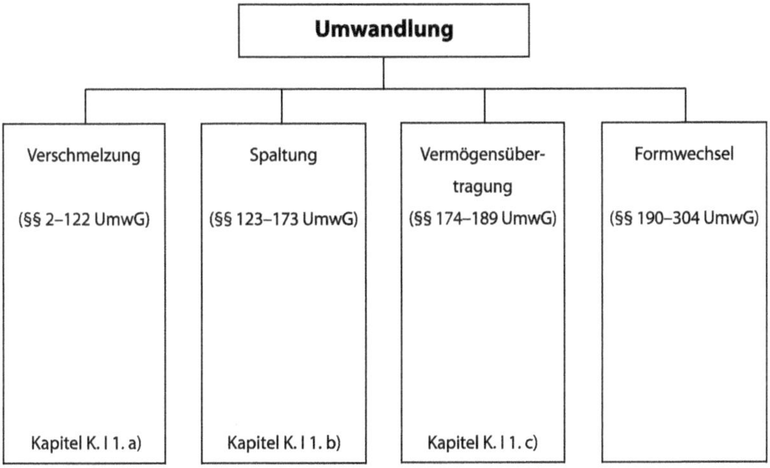

Von diesen Umwandlungsarten sind die Spaltung, die Verschmelzung und die Vermögensübertragung von Bedeutung für das Thema Betriebsänderung. Ein Formwechsel führt nie zu einer Betriebsänderung.

a. Umwandlung durch Verschmelzung von Unternehmen

Die Verschmelzung von Unternehmen kann zwei oder mehr Unternehmen betreffen. Das UmwG sieht folgende Fälle der Verschmelzung vor.

Übersicht 27:
Möglichkeiten der Verschmelzung nach dem UmwG

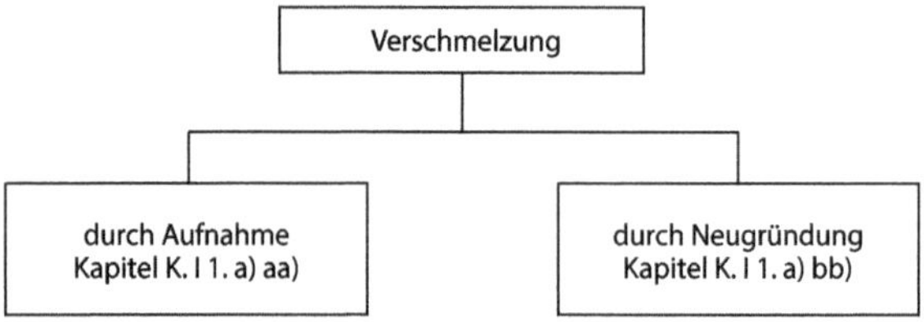

Folgende Rechtsträger können verschmolzen werden (§ 3 UmwG):

Übersicht 28:
Verschmelzungsfähige Rechtsträger
1. Personenhandelsgesellschaften (OHG, KG)
2. Kapitalgesellschaften (AG, GmbH, KG a. A.)
3. Eingetragene Genossenschaften
4. Eingetragene Vereine
5. Genossenschaftliche Prüfverbände
6. Versicherungsvereine auf Gegenseitigkeit
7. Wirtschaftliche Vereine (§ 22 BGB), soweit sie übertragender Rechtsträger sind
8. Natürliche Personen, die als Alleingesellschafter einer Kapitalgesellschaft deren Vermögen übernehmen

Eine Verschmelzung vollzieht sich in folgenden Schritten:

Übersicht 29:
Schritte zur Verschmelzung
- Entwurf eines Verschmelzungsvertrages (§ 5 Abs. 1 UmwG)
- Zuleitung an Betriebsrat (§ 5 Abs. 3 UmwG)
- Verschmelzungsbericht (§ 8 UmwG)
- Verschmelzungsprüfung (§§ 9–12 UmwG)
- Verschmelzungsbeschluss (§ 13 UmwG)
- Anmeldung der Verschmelzung beim Registergericht (§ 16f. UmwG)
- Eintragung und Bekanntmachung der Verschmelzung (§§ 19, 36 UmwG)

aa. Verschmelzung durch Aufnahme

Bei der Verschmelzung durch Aufnahme erfolgt die Übertragung des Vermögens eines (oder mehrerer) Rechtsträger als Ganzes auf einen anderen Rechtsträger gegen Gewährung von Anteilen oder Mitgliedschaften an die Anteilsinhaber (Gesellschafter, Aktionäre, Genossen oder Mitglieder) der übertragenden Rechtsträger. Der alte Rechtsträger wird ohne Abwicklung aufgelöst.

bb. Verschmelzung durch Neugründung

Bei der Verschmelzung durch Neugründung wird das Vermögen zweier (oder mehrerer) Rechtsträger jeweils als Ganzes auf einen neuen, von ihnen dadurch gegründeten Rechtsträger gegen Gewährung von Anteilen oder Mitgliedschaften an die Anteilsinhaber (Gesellschafter, Aktionäre, Genossen, Mitglieder) der Rechtsträger. Die alten Rechtsträger werden ohne Abwicklung aufgelöst
Grundsätzlich ist dieselbe Rechtssituation wie bei der Verschmelzung durch Aufnahme gegeben.

b. Umwandlung durch Spaltung

Das UmwG sieht gem. § 123 UmwG verschiedene Möglichkeiten vor, Unternehmen zu spalten:

Übersicht 30:
Formen der Spaltung

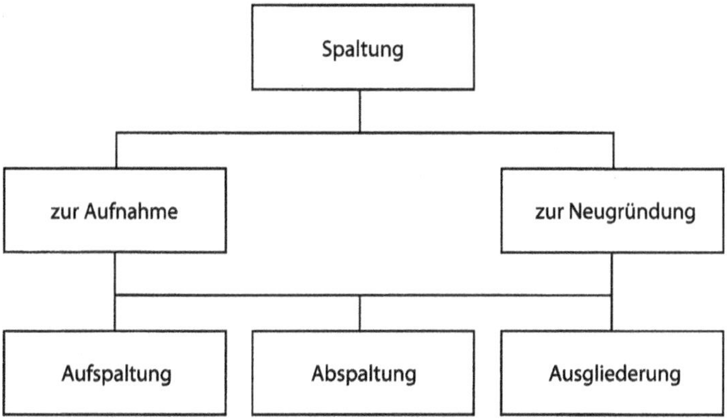

Ein Rechtsträger kann ohne Abwicklung (und ohne besondere Übertragungsakte) im Wege der Gesamtrechtsnachfolge sein Vermögen aufspalten, von seinem Vermögen einen Teil oder mehrere Teile abspalten oder aus seinem Vermögen einen oder mehrere Teile ausgliedern. Die Vermögensteile können auf bestehende Rechtsträger (zur Aufnahme) oder neu gegründete Rechtsträger (zur Neugründung) übertragen werden, und zwar gegen Gewährung von Anteilen oder Mitgliedschaften an die Anteilsinhaber.
Bei der Aufspaltung erlischt der Rechtsträger, während bei der Abspaltung und Ausgliederung der alte Rechtsträger bestehen bleibt.
Folgende Rechtsträger können gespalten werden (§ 124 UmwG):

Übersicht 31:
Spaltungsfähige Rechtsträger

1. Personenhandelsgesellschaften (OHG, KG)
2. Kapitalgesellschaften (AG, GmbH, KG a. A.)
3. Eingetragene Genossenschaften
4. Eingetragene Vereine (§ 21 BGB)
5. Genossenschaftliche Prüfverbände
6. Versicherungsvereine auf Gegenseitigkeit
7. Wirtschaftliche Vereine (§ 22 BGB), soweit sie übertragender Rechtsträger sind
8. Einzelkaufleute, Stiftungen und Gebietskörperschaften, soweit sie übertragender Rechtsträger sind und nur im Zusammenhang mit einer Ausgliederung

Eine Spaltung vollzieht sich in folgenden Schritten:

Übersicht 32:
Schritte zur Unternehmensspaltung

- Entwurf des Spaltungs-, Ausgliederungs- oder Übernahmevertrages bzw. -planes (§ 126 Abs. 1 UmwG)
- Zuleitung an den zuständigen Betriebsrat (§ 126 Abs. 3 UmwG)
- Spaltungs- bzw. Ausgliederungsbericht (§ 127 UmwG)
- Spaltungs-, Ausgliederungs- bzw. Übernahmebeschluss (§ 125 i. V. m. § 13 UmwG)
- Anmeldung zum Registergericht (§ 129 UmwG)
- Eintragung und Bekanntmachung (§ 130 UmwG)

c. Vermögensübertragung

Gemäß § 174 UmwG kann ein Unternehmen sein gesamtes Vermögen (Vollübertragung) oder Teile seines Vermögens in der Form der Aufspaltung, Abspaltung oder Ausgliederung (Teilübertragung) auf einen oder mehrere andere Rechtsträger übertragen »gegen Gewährung einer Gegenleistung an die Anteilsinhaber des übertragenden Rechtsträgers, die nicht in Anteilen oder Mitgliedschaften besteht«. Vollübertragungen oder Teilübertragungen sind jedoch bzgl. der beteiligten Rechtsträger begrenzt, sie sind jeweils nur möglich

- von einer Kapitalgesellschaft auf Bund, Länder oder Gebietskörperschaften,
- sowie zwischen Unternehmen verschiedener besonderer Rechtsformen der Versicherungsbranche.

Aus diesem Grunde gehen wir auf die Vermögensübertragung nicht weiter ein.

2. Informationsrechte der Interessenvertretung bei Umwandlung

Neben den Informationsrechten des Betriebsrats und Wirtschaftsausschusses im Rahmen von §§ 80 Abs. 2, 90, 92, 106 und 111 BetrVG (vgl. Kapitel B.III.1) räumt das UmwG dem Betriebsrat einen zusätzlichen Informationsanspruch

über den Umwandlungsvertrag bzw. dessen Entwurf ein (§§ 5 Abs. 3, 126 Abs. 3, 176 Abs. 1, 194 Abs. 2 UmwG).
Der Umwandlungsvertrag muss mind. folgende Angaben enthalten (§§ 5 Abs. 1, 126 Abs. 1, 176 Abs. 2, 194 Abs. 1 UmwG):

Übersicht 33:
Mindestinhalt des Umwandlungsbeschlusses

Mindestangaben		Verschmelzung	Spaltung	Vermögensübertragung
1.	Rechtsform, die der Rechtsträger durch den Formwechsel erlangen soll			
2.	Name oder Firma und Sitz der an der Umwandlung beteiligten Rechtsträger	X	X	X
3.	Vereinbarung über die Übertragung des Vermögens jedes übertragenden Rechtsträgers als Ganzes gegen Gewährung von Anteilen oder Mitgliedschaften an dem übernehmenden Rechtsträger	X	X	X
4.	Umtauschverhältnis der Anteile und ggf. die Höhe der baren Zuzahlung oder Angabe über die Mitgliedschaft bei dem übertragenden Rechtsträger	X	X	X
5.	Einzelheiten der Übertragung der Anteile des übernehmenden Rechtsträgers oder über den Erwerb von Mitgliedschaften bei dem übernehmenden Rechtsträger	X	X	
6.	Zeitpunkt, von dem an diese Anteile oder die Mitgliedschaften einen Anspruch auf einen Anteil am Bilanzgewinn gewähren, sowie alle Besonderheiten in Bezug auf diesen Anspruch	X	X	

Mindestangaben	Verschmelzung	Spaltung	Vermögensübertragung
7. Zeitpunkt, von dem an die Handlungen der übertragenden Rechtsträger als für Rechnung des übernehmenden Rechtsträgers vorgenommen werden (Umwandlungsstichtag)	X	X	X
8. Rechte, die der übernehmende Rechtsträger einzelnen Anteilsinhabern sowie den Inhabern besonderer Rechte wie Anteile ohne Stimmrecht, Vorzugsaktien, Mehrstimmrechtsaktien, Schuldverschreibungen und Genussrechte gewährt, oder die für diese Personen vorgesehenen Maßnahmen	X	X	
9. Besondere Vorteile, die einem Mitglied eines Vertretungsorgans oder eines Aufsichtsorgans der an der Umwandlung beteiligten Rechtsträger, einem geschäftsführenden Gesellschafter, einem Abschluss- oder Umwandlungsprüfer gewährt werden	X	X	X
10. Genaue Bezeichnung und Aufteilung der Gegenstände des Aktiv- und Passivvermögens, die an jeden der übernehmenden Rechtsträger übertragen werden, sowie der übergehenden Betriebe oder Betriebsteile unter Zuordnung zu den übernehmenden Rechtsträgern		X	

Mindestangaben	Verschmelzung	Spaltung	Vermögensübertragung
11. Bei Auf- und Abspaltung die Aufteilung der Anteile oder Mitgliedschaften jedes der übernehmenden Rechtsträger auf die Anteilsinhaber des übertragenden Rechtsträgers sowie den Maßstab für die Aufteilung		X	
12. Folgen der Umwandlung für die Beschäftigten und ihre Vertretungen sowie die insoweit vorgesehenen Maßnahmen	X	X	X

Für den Betriebsrat sind insbesondere diejenigen Angaben wichtig, die Aussagen darüber enthalten, welche »Folgen in rechtlicher Hinsicht« und welche »tatsächlichen Folgen« sich für die Beschäftigten und für die bisherigen Mitbestimmungsstrukturen voraussichtlich infolge der Umwandlung ergeben werden, welche Maßnahmen vorgesehen sind, die zu diesen Folgen führen und welche Maßnahmen darüber hinaus zur »Bewältigung der Folgen« ergriffen werden sollen (vgl. *Bachner u. a. 2012*, S. 190f.). Dies gilt sowohl für die durch die Umwandlung eintretenden individualrechtlichen als auch für die kollektivrechtlichen Folgen. Nach *Bachner u. a. 2012*, S. 344ff. sind folgende Mindestangaben zu machen:

Übersicht 34:
Mindestangaben über die Folgen der Umwandlung für die Arbeitnehmer/innen und ihre Vertretungen

Folgen der Umwandlung für …	Angaben zu …
Arbeitnehmer/innen	• Tarifrecht
	• Arbeitsverhältnisse der Beschäftigten der beteiligten Rechtsträger (Zeitpunkt des Übergangs, Kündigungsverbot)
	• kündigungsrechtlicher Stellung der Beschäftigten (Fortgeltung des KSchG, Gemeinschaftsbetrieb)
	• Auswirkungen auf die arbeitnehmerseitige Gläubigerposition (z. B. nach einer Betriebsaufspaltung gem. § 134 UmwG)

Folgen der Umwandlung für …	Angaben zu …
	• tatsächliche Folgen der Umwandlung (z. B. Zusammenlegung von Betrieben oder Betriebsteilen, Schließung von Betrieben oder Betriebsteilen, Rationalisierungsmaßnahmen, Änderung der Organisationsstrukturen)
Interessenvertretungen	• Betriebsrat (Fortbestand oder Neuwahl, Restmandat oder Übergangsmandat gem. § 321 UmwG, Gemeinschaftsbetrieb, Mitbestimmungsbeibehaltung gem. § 325 Abs. 2 UmwG)
	• Gesamtbetriebsrat, Wirtschaftsausschuss
	• Konzernbetriebsrat
	• Jugend- und Auszubildendenvertretung
	• Schwerbehindertenvertretung
	• Sprecherausschuss
	• Schicksal abgeschlossener Betriebsvereinbarung, GBV, KBV
	• Veränderung oder Wegfall der Mitbestimmung bei Unterschreiten bestimmter Schwellenwerte
Unternehmensmitbestimmung	• befristete Beibehaltung der bisherigen Mitbestimmung gem. § 325 Abs. 1 UmwG

Letztlich sind die beteiligten Rechtsträger verpflichtet, alle erkennbaren Konsequenzen und absehbaren Maßnahmen, die sich aus der Umwandlung ergeben, so darzustellen, dass die Beschäftigten und der Betriebsrat oder Gesamtbetriebsrat die auf sie zukommenden Auswirkungen der Umwandlung erkennen und beurteilen können (*Dehmer* 1996, *Engelmeyer* 1996).
Diese Angaben können bedeutsame »Frühwarnfunktion« für den Betriebsrat bzw. Gesamtbetriebsrat haben. Sie können Risiken für die Beschäftigteninteressen rechtzeitig erkennen, daraus wichtige Forderungen zum Schutz der gefährdeten Beschäftigteninteressen ableiten und entsprechende Verhandlungspositionen ausarbeiten. Deshalb haben Betriebsrat bzw. Gesamtbetriebsrat gemäß § 5 Abs. 3 UmwG einen Informationsanspruch bzgl. des Umwandlungsvertrages (Verschmelzungs- oder Spaltungsvertrag) bzw. dessen Entwurf. Dieser Vertrag oder sein Entwurf ist spätestens einen Monat vor dem Tage der Versammlung der Anteilsinhaber jedes der beteiligten Rechtsträger dem zuständigen Betriebsrat oder Gesamtbetriebsrat dieses Rechtsträgers zuzuleiten. Zielsetzung dieser Vorschrift ist es, die rechtzeitige und umfassende Information des Betriebsrats bzw.

Gesamtbetriebsrats sicherzustellen und so die Voraussetzungen für eine möglichst sozialverträgliche Durchführung der Umwandlung und ihrer Folgemaßnahmen zu schaffen.
Abgesehen davon, dass jede Umwandlung als wirtschaftliche Angelegenheit gem. § 106 Abs. 3 Ziff. 8 BetrVG rechtzeitig und umfassend im Wirtschaftsausschuss zu behandeln ist, bedeutet die Vorschrift im UmwG, dass der Betriebsrat oder Gesamtbetriebsrat einen Zuleitungs- und Aushändigungsanspruch bzgl. des Umwandlungsvertrages bzw. seines Entwurfs hat. Hinzu kommt, dass die Umwandlung erst mit der Eintragung in das Register am Sitz des übernehmenden Rechtsträgers rechtswirksam wird. Diese Eintragung ist beim zuständigen Register anzumelden. Zu den erforderlichen »Anlagen der Anmeldung« gehört auch ein Nachweis über die rechtzeitige Zuleitung des Umwandlungsvertrages oder seines Entwurfes an den zuständigen Betriebsrat bzw. Gesamtbetriebsrat (§ 17 Abs. 1 UmwG i.V.m. § 125 UmwG). Es ist davon auszugehen, dass bei Verletzung der Zuleitungspflicht durch einen der beteiligten Rechtsträger das Wirksamwerden der Umwandlung gefährdet ist. Die rechtzeitige Erfüllung der Zuleitungspflicht ist durch alle beteiligten Rechtsträger nachzuweisen. Gelingt dies nicht, wird das Registergericht die Eintragung der Umwandlung ablehnen (vgl. *Dehmer*, 1996), weil die gesetzlichen Erfordernisse nicht eingehalten wurden. Bei nicht gesetzeskonformer Zuleitung des Entwurfs des Umwandlungsvertrages kann der Betriebsrat oder Gesamtbetriebsrat versuchen, kurzfristig im Wege eines einstweiligen Beschlussverfahrens die Zuleitung der Verträge bzw. ihrer Entwürfe zu erwirken. Der betroffene Betriebsrat bzw. Gesamtbetriebsrat hat auch die Möglichkeit, beim Registergericht vorstellig zu werden, um die Eintragung in das Register und damit das Wirksamwerden der Umwandlung so lange zu verhindern, bis die an der Umwandlung beteiligten Gesellschaften ihre gesetzlichen Informationspflichten erfüllt haben. Mit der Androhung einer solchen Maßnahme, die zu einer zeitlichen Verzögerung des Wirksamwerdens der Umwandlung führen kann, können sich Betriebsrat oder Gesamtbetriebsrat u.U. in eine bessere Verhandlungsposition zur Durchsetzung ihrer Forderungen bringen.
Die bisherige Praxis hat gezeigt, dass Unternehmen i.d.R. ihren Informationspflichten nachkommen und den Umwandlungsvertrag im Entwurf dem Betriebsrat oder Gesamtbetriebsrat gegen Empfangsquittung zuleiten. Allerdings mangelt es teilweise an einer inhaltlich zufriedenstellenden Darstellung der Folgen der Umwandlung für die Arbeitnehmer/innen und für ihre Vertretungen (§ 5 Abs. 1 Nr. 9 UmwG). Sofern dies so ist, kann sich der Betriebsrat bzw. Gesamtbetriebsrat ebenfalls an das für die Eintragung zuständige Registergericht wenden mit dem Ziel, die Registereintragung solange zu verhindern, wie die Angaben zu den Auswirkungen der Umwandlung in dem Umwandlungsvertrag nicht den gesetzlichen Erfordernissen genügen, weil sie ganz fehlen, unvollständig oder unrichtig sind. Wenn der Umwandlungsvertrag nicht den Anforderungen der §§ 5 Abs. 1 Nr. 9

bzw. 126 Abs. 1 Nr. 11 UmwG genügt, ist dem Registergericht eine Prüfung und Beanstandung zuzugestehen; »schlimmstenfalls kann die Eintragung verweigert werden« (*Dehmer*, 1996). Stellt sich im Nachhinein heraus, dass die Angaben unvollständig, fehlerhaft oder falsch waren, können Maßnahmen strafrechtlicher und schadensersatzrechtlicher Art gegen die Verantwortlichen auf der Grundlage des § 313 UmwG eingeleitet werden (vgl. *Engelmeyer* 1996).
Darüber hinaus sollten Betriebsrat bzw. Gesamtbetriebsrat und Wirtschaftsausschuss in jedem Fall ihre weit reichenden Informationsmöglichkeiten nutzen und frühzeitig nach der Erstellung und den Inhalten des Integrations- und Strukturkonzeptes im Zusammenhang mit der Unternehmensumwandlung fragen. Gleiches gilt für die Arbeitnehmervertreter im Aufsichtsrat. Von den Vorständen oder den Geschäftsführungen der beteiligten Unternehmen sollte ein Bericht verlangt werden, aus dem hervorgeht, welche Ausschüsse, Teams und Projekte anlässlich der bevorstehenden Umwandlung gebildet wurden, an welchen Fragestellungen dort gearbeitet wird, welche Ergebnisse bereits vorliegen bzw. wann weitere Ergebnisse zu erwarten sind.
Dem Betriebsrat bzw. Gesamtbetriebsrat stehen auf der Grundlage des § 80 Abs. 2 BetrVG und dem Wirtschaftsausschuss auf der Grundlage des § 106 Abs. 3 Nr. 8 BetrVG umfassende Informationsrechte zu. Nach § 106 Abs. 3 Nr. 8 BetrVG gehört »der Zusammenschluss oder die Spaltung von Unternehmen oder Betrieben« zu den wirtschaftlichen Angelegenheiten, über die der Unternehmer rechtzeitig und umfassend anhand von Unterlagen zu informieren hat. Im Zusammenhang mit der Verabschiedung des UmwG wurden die bisherigen Bestimmungen in § 106 Abs. 3 BetrVG dementsprechend erweitert. Der Wirtschaftsausschuss sollte deshalb frühzeitig alle umwandlungsrelevanten Informationen anfordern:

Übersicht 35:
Umwandlungsrelevante Informationen für den Wirtschaftsausschuss

- Art und Weise der zu erwartenden Umstrukturierungen
- Zeitplan der Umstrukturierungsmaßnahmen
- Möglichkeiten für alternative Maßnahmen
- Finanzielle Ausstattung der beteiligten Unternehmen
- Räumliche Unterbringung der Unternehmen
- Leitungsstrukturen der beteiligten Gesellschaften
- Auswirkungen auf die Betriebs- und Arbeitsorganisation
- Technische und organisatorische Verknüpfungen zwischen den beteiligten Unternehmen
- Anwendbare Betriebsvereinbarungen und Tarifverträge
- Voraussetzungen einer Betriebsänderung gem. § 111 BetrVG
- Absichten des neuen Rechtsträgers zur Stilllegung von Betrieben oder Betriebsteilen bzw. zu deren Spaltung oder Zusammenlegung
- Personalplanung, insbesondere Personalbedarfsplanung des neuen Rechtsträgers

- Auswirkungen des Widerspruchs des/der Beschäftigten gegen den Übergang des Arbeitsverhältnisses für den/die einzelne/n Beschäftigte/n (nur sinnvoll bei der Unternehmensspaltung bzw. Ausgliederung)

Nach herrschender Rechtsauffassung ist der Wirtschaftsausschuss grundsätzlich vor dem Betriebsrat, also in einem früheren Stadium der Zielsetzung und Planung zu informieren (*Fitting*, Rn. 30 zu § 106 BetrVG). Dies gilt insbesondere auch für die Planung betriebsändernder Maßnahmen im Sinne des § 111 BetrVG (*Fitting*, Rn. 102ff. zu § 111 BetrVG). In der Praxis werden die beiden Gremien meist zeitgleich in einer gemeinsamen Sitzung durch den Arbeitgeber informiert.

3. Arbeitsrechtliche Bestimmungen im UmwG

Mit dem UmwG verbunden sind wichtige arbeitsrechtliche Bestimmungen, deren Kenntnis für Betriebsrats- und Gesamtbetriebsratsmitglieder sowie für Arbeitnehmervertreter im Aufsichtsrat von Bedeutung ist.
Hierzu gehören:

- Übergangsmandat des Betriebsrats bei Betriebsspaltung (§ 21a BetrVG; früher § 321 UmwG)

Betriebsrat

- Vermutung eines gemeinsamen Betriebes bei Unternehmensspaltung (§ 322 UmwG)
- Zeitlich befristete Beibehaltung der kündigungsrechtlichen Stellung (§ 323 Abs. 1 UmwG)
- Eingeschränkte gerichtliche Überprüfbarkeit einer Zuordnung von Arbeitnehmer/innen mittels Namensliste (§ 323 Abs. 2 UmwG)

Beschäftigte

- Anwendbarkeit der Bestimmungen des § 613a Abs. 1 und Abs. 4 bis 6 BGB – Betriebsübergang (§ 324 UmwG)

Arbeitgeber

- Zeitlich befristete Mitbestimmungsbeibehaltung für AR und Betriebsrat (§ 325 UmwG)

a. § 613a Abs. 1 und 4–6 BGB als Auffangtatbestand gem. § 324 UmwG

In § 324 UmwG heißt es unter der Überschrift »Rechte und Pflichten bei Betriebsübergang«: »§ 613a Abs. 1 und Abs. 4 bis 6 des BGB bleibt durch die Wirkungen der Eintragung einer Verschmelzung, Spaltung oder Vermögensübertragung unberührt.« Diese Bestimmung ist nach herrschender Auffassung so zu verstehen, dass die Vorschriften des § 613a Abs. 1 und Abs. 4 bis 6 BGB für den

Arbeitgeberwechsel für die im UmwG genannten Umwandlungsformen dann Anwendung finden, wenn mit der Umwandlung ein Betriebs- oder Betriebsteilübergang verbunden ist und sich die Fortgeltung kollektiver Normen nicht aus anderen Vorschriften ergibt (»Auffangtatbestand«).

aa. Eintritt in die bestehenden Arbeitsverhältnisse

Gemäß § 613a BGB Abs. 1 Satz 1 hat der »neue Inhaber«, also der aufnehmende Rechtsträger, alle Rechte und Pflichten aus den bestehenden Arbeitsverhältnissen, die zum Zeitpunkt des Betriebsübergangs bestehen, zu übernehmen. Diese Vorschrift soll den Bestand der Arbeitsverhältnisse und den Inhalt der Arbeitsverträge schützen.

Der aufnehmende Rechtsträger tritt als neuer Arbeitgeber in die bestehenden arbeitsvertraglichen Bindungen in vollem Umfang ein. Dies gilt auch für ruhende Arbeitsverhältnisse (BAG 14.7.2005 – 8 AZR 392/04). Es ist also *kein Abschluss neuer Arbeitsverträge* erforderlich. Sofern Arbeitgeber dennoch den Abschluss eines neuen Arbeitsvertrages fordern, sollte dies abgelehnt werden. Zu den bestehenden Arbeitsverhältnissen gehören auch befristete oder bereits gekündigte Arbeitsverhältnisse, sofern der Ablauf der Fristen nach dem Wirksamwerden der Umwandlung erfolgt. Weil die Formulierung auf die »bestehenden Arbeitsverhältnisse« Bezug nimmt, kann der Schluss gezogen werden, dass die Ansprüche der Beschäftigten aus früheren Arbeitsverhältnissen, z. B. die der Betriebsrentner, nicht nach § 613a BGB übergehen. Dies ist aber auch nicht erforderlich, weil bei Umwandlungen auf der Grundlage des UmwG – wegen der Gesamtrechtsnachfolge – der aufnehmende Rechtsträger auch die Verpflichtungen aus früheren Arbeitsverhältnissen zu erfüllen hat; ansonsten würde das Erlöschen des übertragenden Rechtsträgers zu erheblichen Nachteilen für die früheren Beschäftigten führen, die noch Ansprüche gegen den übertragenden Rechtsträger haben.

Der neue Arbeitgeber (aufnehmender Rechtsträger) ist durch den Eintritt in die bisherigen Arbeitsverhältnisse verpflichtet, die bisherige Betriebszugehörigkeitsdauer anzuerkennen und fortzusetzen. Dies hat u. a. Bedeutung für Kündigungsschutz, Kündigungsfristen, Jubiläumsgelder und sonstige soziale Leistungen, die von der Dauer der Betriebszugehörigkeit abhängen. Dies gilt auch für die Versorgungspflichten aufgrund bestehender Regelungen zur betrieblichen Alterssicherung. Auch Ansprüche der Beschäftigten infolge langjähriger Betriebsübung oder Gesamtzusagen sind arbeitsvertragliche Bestandteile und vom neuen Arbeitgeber weiterhin zu erfüllen.

Nach § 613a Abs. 6 BGB tritt die gesetzliche Rechtsfolge des Übergangs eines Arbeitsverhältnisses bei Betriebs- oder Teilbetriebsübergang nicht ein, wenn betroffene Beschäftigte dem Übergang widersprechen.

Das gesetzliche Widerspruchsrecht trägt zur Rechtssicherheit und Rechtsklarheit bei. Es dient dem Schutz der Menschenwürde (Art. 1 Abs. 1 GG), sichert die freie

Wahl des Arbeitsplatzes (Art. 12 Abs. 1 GG) und ist Ausfluss der Vertragsfreiheit (Art. 2 Abs. 1 GG).

Das Widerspruchsrecht wird durch einseitige, empfangsbedürftige und unwiderrufliche Willenserklärung durch betroffene Beschäftigte gegenüber dem alten oder neuen Betriebsinhaber ausgeübt (*Willemsen* 2016, Rn. G 149). Dies gilt jedoch dann nicht, wenn der alte Arbeitgeber, bzw. der Rechteinhaber in Folge einer Gesamtrechtsnachfolge erlischt (z. B. Verschmelzung, Anwachsung). Dann ist das Widerspruchsrecht i. S. d. § 613a Abs. 6 BGB nicht gegeben. Ein dennoch erklärter Widerspruch entfaltet keine Rechtsfolgen. Der Widerspruch kann darüber hinaus weder im Wege der Auslegung noch der Umdeutung als Kündigungserklärung verstanden werden (BAG 21. 2. 2008 – 8 AZR 157/07).

Der Widerspruch kann auch noch nach dem Betriebsübergang erfolgen, nach Auffassung des BAG soll dies sogar noch nach dem Ende des Arbeitsverhältnisses möglich sein (z. B. wenn die Widerspruchsfrist wegen fehlerhafter Unterrichtung nicht in Kraft gesetzt wurde, siehe auch BAG 20. 3. 2008 – 8 AZR 1016/06). Allerdings kann gegenüber einem ehemaligen Arbeitgeber mit Bezug auf einen früheren Betriebsübergang ein Widerspruch jedoch nicht mehr erklärt werden (BAG 24. 4. 2014 – 8 AZR 369/13).

Der Widerspruch bedarf der Schriftform i. S. v. § 126 BGB und darf nicht unter eine Bedingung gestellt werden (ausgenommen die Bedingung, dass es sich um einen Betriebs- oder Teilbetriebsübergang handelt (BAG 13. 7. 2006 – 8 AZR 382/05). Eine Begründung des Widerspruchs oder ein sachlicher Grund sind hingegen nicht erforderlich.

Der Widerspruch muss schriftlich innerhalb eines Monats nach schriftlicher Information durch den alten oder neuen Inhaber gem. § 613a Abs. 5 BGB erfolgen und eigenhändig unterzeichnet sein. Die Widerspruchsfrist wird gemäß den §§ 187 Abs. 1, 188 Abs. 2 BGB berechnet.

Beschäftigte können Dritte (z. B. Betriebsratsvorsitzende, Gewerkschaftssekretär, Rechtsanwalt oder sonstige Vertrauensperson mit der Einlegung des Widerspruchs bevollmächtigen. Dem Bevollmächtigten kann ein Ermessensspielraum für die Ausübung des Widerspruchsrechts eingeräumt werden (*Laßmann/Rupp* 2020, S. 26).

Das Widerspruchsrecht kann auch gemeinschaftlich durch mehrere Beschäftigte erfolgen. Ein von Betriebsrat oder Gewerkschaft organisierter kollektiver Widerspruch ist zulässig und i. d. R. nicht – wie von Arbeitgeberseite oft behauptet – rechtsmissbräuchlich (BAG 2. 4. 2004, – 8 AZR 462/03).

Ein Widerspruch gegen den Übergang des Arbeitsverhältnisses wird nicht die geplante Umwandlung verhindern. Allerdings kann sich bei einer Vielzahl von Widersprüchen die Situation ergeben, dass der Betrieb oder zumindest Betriebsteile in ihrer Funktionsfähigkeit vorübergehend beeinträchtigt werden. Hieran ist weder dem neuen noch dem bisherigen Arbeitgeber gelegen. Insofern kann das

Mittel des Widerspruchs, insbesondere dann, wenn es kollektiv von den betroffenen Beschäftigten ausgeübt wird, dazu genutzt werden, um Druck auf den bisherigen und den neuen Betriebsinhaber auszuüben mit dem Ziel, Bedingungen zu vereinbaren, die es den Beschäftigten ermöglicht, ihren Widerspruch zurückzunehmen und dem Übergang ihrer Arbeitsverhältnisse zuzustimmen (vgl. *Bachner u. a. 2012*, S. 350f.).

In der Praxis hat sich folgende Vorgehensweise bewährt: Der Betriebsrat organisiert den gemeinsamen Widerspruch durch eine entsprechende Unterschriftenliste (vgl. *Übersicht* 36). Die Liste wird bei einem Notar hinterlegt, der lediglich notariell bestätigt, wie viele Widersprüche bei ihm hinterlegt sind. Der Betriebsrat sichert den Beschäftigten zu, dass vor einer Weitergabe der Liste an den bisherigen oder neuen Betriebsinhaber jede/r Beschäftigte nochmals befragt wird, ob er mit einer Weitergabe einverstanden ist. Außerdem ist es erforderlich, die Weitergabe einer solchen Widerspruchsliste von einer hohen Beteiligungsquote (mind. 80%) abhängig zu machen. Mit einer solchen Vorgehensweise lässt sich nach unseren Erfahrungen eine hohe Beteiligungsquote erreichen, was die Verhandlungsposition des Betriebsrats stärkt und – wenn der neue Betriebsinhaber auf die Beschäftigten in hohem Maße angewiesen ist – auch zu Verhandlungsergebnissen führt, die eine tatsächliche Ausübung des Widerspruchsrechts gar nicht erforderlich macht.

Übersicht 36:
Muster für eine gemeinschaftliche Ausübung des Widerspruchsrechts beim Betriebsübergang

Unterschriftenliste
Hiermit widersprechen wir dem Übergang unserer Arbeitsverhältnisse auf die XYZ-GmbH zum 00.00.20..

Selbstverständlich sind wir gerne bereit, im Wege der erlaubten Arbeitnehmer-Überlassung im Konzernunternehmen XYZ-GmbH zu arbeiten (falls zutreffend)

Name	Vorname	Abt./Bereich/Kst.	Unterschrift

Ein wirksam erfolgter Widerspruch nach § 613a BGB kann von den Beschäftigten nicht mehr einseitig widerrufen werden, und zwar auch dann, wenn im Zeitpunkt des Betriebsübergangs die Informationen nach § 613a BGB noch nicht erteilt sind (BAG 30. 10. 2003 – 8 AZR 491/02). Eine Rückgängigmachung bzw. Beseitigung eines Widerspruchs ist entweder nur durch dreiseitigen Vertrag zwischen dem bisherigen Inhaber, dem neuen Inhaber und dem Beschäftigten (*Willemsen* 2016, Rn. G 152) oder durch eine Anfechtung wegen eines Irrtums möglich (BAG 15. 12. 2011 – 8 AZR 220/11). Beschäftigte können auch auf die Ausübung ihres Widerspruchsrechts verzichten. Beschäftigten ist dies jedoch nur dann anzuraten, wenn sie im Gegenzug dafür bessere Arbeitsbedingungen geboten bekommen, als dies durch § 613a BGB der Fall wäre. Aus Gründen der Rechtssicherheit ist die schriftliche Fixierung der Zusagen des Arbeitgebers dringend anzuraten (*Willemsen* 2016 Rn. G 152). Nach ständiger Rechtsprechung des BAG können Beschäftigte ihr Widerspruchsrecht auch verwirken. Dafür bedarf es sowohl eines Zeit- als auch eines Umstandsmoments (BAG 24. 8. 2017 – 8 AZR 265/16). Als plausible Faustregel erscheint dabei in Anlehnung an § 124 BGB ein Zeitmoment von einem Jahr. Für das Zeitmoment kann auch eine Frist von sechs oder knapp fünf Monaten ausreichend sein, wenn in der Gesamtbetrachtung weitere, verstärkende Momente zu beachten sind (BAG 17. 10. 2013 – 8 AZR 974/12). Bezüglich des Zeitmoments kommt das BAG auf eine Verwirkungsfrist von 7 Jahren ab Betriebsübergang (BAG 24. 8. 2017 – 8 AZR 265/16). Dabei orientiert sich das BAG an einem Mittelwert zwischen der dreijährigen Verjährungsfrist nach § 195 BGB und der zehnjährigen Anfechtungsfrist nach § 121 BGB. Die Frist für das Zeitmoment beginnt grundsätzlich einen Monat nach einer Unterrichtung über den Betriebsübergang in Textform, auch wenn diese unvollständig oder fehlerhaft war (BAG 2. 4. 2009 – 8 AZR 318/07).

Wann ein Umstandsmoment für das Vorliegen einer Verwirkung zu bejahen ist, hat das BAG in folgenden Fällen entschieden:

- Wenn der/die Beschäftigte über sein/ihr Arbeitsverhältnis disponiert, beispielsweise, indem er/sie sich gegen eine vom Erwerber ausgesprochene Kündigung nicht zur Wehr setzt (BAG 24. 7. 2008 – 8 AZR 175/07), einen Altersteilzeitvertrag abschließt (BAG 23. 7. 2009 – 8 AZR 538/08), einen Aufhebungsvertrag oder Abwicklungsvertrag mit dem Erwerber schließt (BAG 20. 3. 2008 – 8 AZR 1016/06), eine Eigenkündigung ausspricht (BAG 12. 11. 2009 – 8 AZR 530/07) oder durch einen dreiseitigen Vertrag zu einer Beschäftigungs- und Qualifizierungsgesellschaft wechselt (BAG 12. 11. 2009 – 8 AZR 530/07);
- wenn der/die Beschäftigte mit dem Betriebserwerber bei tatsächlich gegebenen Betriebsübergang vereinbart, zwischen ihnen habe nie ein Arbeitsverhältnis bestanden und eine nicht näher vereinbarte Zahlung mit dem Erwerber verabredet (BAG 17. 10. 2013 – 8 AZR 974/12). Die bloße Weiterarbeit beim

Erwerber schafft aber noch kein Umstandsmoment (BAG 24.7.2008 – 8 AZR 755/07).

- *»Zeitmoment und Umstandsmoment beeinflussen sich wechselseitig in dem Sinne, dass beide Elemente bildhaft im Sinne »kommunizierender Röhren« miteinander verbunden sind. Je stärker das gesetzte Vertrauen oder die Umstände sind, die eine Geltendmachung für den Gegner unzumutbar machen, desto schneller kann ein Anspruch oder Recht verwirken. Umgekehrt gilt, je mehr Zeit seit dem Zeitpunkt des Betriebsübergangs verstrichen ist und je länger der Arbeitnehmer für den Erwerber gearbeitet hat, desto geringer sind die Anforderungen an das Umstandsmoment. Es müssen letztlich besondere Verhaltensweisen sowohl des Berechtigten als auch des Verpflichteten vorliegen, die es rechtfertigen, die späte Geltendmachung des Rechts als mit Treu und Glauben unvereinbar und für den Verpflichteten als unzumutbar anzusehen«* (BAG 24.8.2017 – 8 AZR 265/16).

Die rechtmäßige Ausübung des Widerspruchsrechts hat zur Folge, dass das Arbeitsverhältnis beim (Teil-)Betriebsübergang beim bisherigen Betriebsinhaber verbleibt. Der Widerspruch einzelner oder zahlreicher Beschäftigter verhindert jedoch nicht den (Teil-)Betriebsübergang als solchen, sofern nicht der Betriebsübergang als solcher vom Übergang eines erheblichen Teils der Hauptbelegschaft abhängt (bspw. bei sogen. betriebsmittelarmen Tätigkeiten). Vollzieht sich der (Teil-)Betriebsübergang in solchen Fällen außerhalb des Umwandlungsrechts, kann der ausgeübte Widerspruch eines erheblichen Teils der Belegschaft dazu führen, dass auch die Arbeitsverhältnisse der nicht widersprechenden Beschäftigten mangels Betriebsübergang nicht übergehen, sondern beim Betriebsveräußerer verbleiben (*Willemsen* 2016, Rn. G 155).Sofern beim Betriebsveräußerer eine vergleichbare – freie – Weiterbeschäftigungsmöglichkeit im ehemaligen Beschäftigungsbetrieb oder in einem anderen Betrieb desselben Unternehmens für den/die widersprechende/n Beschäftigte/n nicht mehr zur Verfügung steht, ist eine Kündigung aus betriebsbedingten Gründen grundsätzlich sozial gerechtfertigt (BAG 19.3.1998 – 8 AZR 139/97). Die frühere Rechtsprechung des BAG, wonach widersprechende Beschäftigte nur dann in die Sozialauswahl nach § 1 Abs. 3 KSchG einzubeziehen sind, wenn für den Widerspruch ein ausreichender sachlicher Grund gegeben war (BAG 7.4.1993 – 2 AZR 449/91), musste das BAG nach der Änderung des § 1 Abs. 3 KSchG aufgeben. Die Sozialauswahl ist nunmehr ausschließlich nach den im Gesetz genannten vier Kriterien (Betriebszugehörigkeit, Lebensalter, Unterhaltsverpflichtungen, Schwerbehinderung) vorzunehmen. Diese Auflistung ist abschließend und schließt damit grundsätzlich die Berücksichtigung der Gründe für den Widerspruch im Rahmen der Sozialauswahl aus (BAG 31.5.2007 – 2 AZR 176/06).

Bei Übergang des gesamten Betriebes kann Beschäftigten mit Sonderkündigungsschutz bei fehlender Weiterbeschäftigungsmöglichkeit ordentlich gekündigt werden (BAG 25.5.2000 – 8 AZR 416/99).
Soweit lediglich ein Teilbetriebsübergang vorliegt, muss der Arbeitgeber dem/der Beschäftigten allerdings die Weiterbeschäftigung auf einem freien zumutbaren Arbeitsplatz ggf. auch zu geänderten Vertragsbedingungen anbieten, wenn er mit dem Widerspruch des/der Beschäftigten rechnen muss. Er darf sich dann nicht der Weiterbeschäftigungsmöglichkeit auf dem freien Arbeitsplatz berauben, indem er die freie Stelle mit einem/einer anderen Beschäftigten besetzt. Die Berufung auf das faktische Fehlen der Weiterbeschäftigungsmöglichkeit ist dem Arbeitgeber dann verwehrt, weil er in rechtsmissbräuchlicher Weise versucht hat, den Anspruch des/der Beschäftigten zu vereiteln.
Für widersprechende Beschäftigte mit Sonderkündigungsschutz, wie z.B. Betriebsratsmitgliedern (§ 15 Abs. 1 KSchG) oder tariflich unkündbaren Arbeitnehmer/innen gilt Folgendes: Ist eine Weiterbeschäftigung auf einem zumutbaren freien Arbeitsplatz nicht möglich, muss notfalls der Arbeitgeber einen anderen, geeigneten Arbeitsplatz freikündigen (BAG 17.9.1998 – 2 AZR 419/97).
Die Ausübung des Widerspruchsrechts kann zu erheblichen Nachteilen führen (z.B. Verlust des Arbeitsplatzes). Deshalb muss eine solche Vorgehensweise gut überlegt sein. Sie sollte nur nach vorheriger Beratung mit der Gewerkschaft, dem Betriebsrat und/oder einem auf Arbeitsrecht spezialisierten Rechtsanwalt in Erwägung gezogen werden.

bb. Eingeschränktes Kündigungsverbot

§ 613a Abs. 4 BGB enthält ein Verbot der Kündigung »wegen Betriebs- oder Betriebsteilübergangs«. Aus anderen betriebsbedingten Gründen (z.B. Auftragsmangel, Wegfall von Arbeitsplätzen aufgrund von Struktur- und Rationalisierungsmaßnahmen nach der Umwandlung) sowie aus personen- und verhaltensbedingten Gründen kann sehr wohl gekündigt werden (vgl. *Bachner* u.a. 2012, S. 368f.). Die häufig anzutreffende Meinung, dass § 613a Abs. 4 BGB ein generelles einjähriges Kündigungsverbot enthält, ist also unzutreffend. Er beinhaltet lediglich ein eigenständiges, absolutes Verbot von Kündigungen wegen des Betriebsüberganges, dessen Missachtung in jedem Fall rechtswidrig ist. Deshalb unterliegt dieses Kündigungsverbot auch nicht den Kriterien der Sozialwidrigkeit und den Verfahrensnormen des KSchG. Dieses Kündigungsverbot gilt somit auch für Kleinstbetriebe mit weniger als 20 Beschäftigten und Arbeitsverhältnisse, die noch keine sechs Monate begründet sind.
Auch die Rechtsfolgen sind unterschiedlich: Bei Feststellung der Unwirksamkeit der Kündigung »aus sonstigen Gründen« scheidet auch eine Auflösung des Arbeitsverhältnisses gegen Zahlung einer Abfindung gem. §§ 9ff. KSchG aus, da nach § 13 Abs. 3 KSchG die §§ 1–14 KSchG keine Anwendung finden. Das Ar-

beitsverhältnis besteht fort und geht gem. § 613a BGB auf den neuen Betriebsinhaber über.
Aufhebungsverträge sind vom Wortlaut des § 613a BGB nicht erfasst. Sie sind jedoch unwirksam, wenn sie – als Umgehungsstrategie – vom Arbeitgeber veranlasst sind und den Betriebsübergang ermöglichen sollen (BAG 25.10.2012 – 8 AZR 575/11).
In der Praxis ist die Beurteilung, ob eine Kündigung wegen des Betriebsübergangs ausgesprochen wurde, häufig sehr schwierig, weil Arbeitgeber in Kenntnis des Kündigungsverbotes diesen Kündigungsgrund nicht nennen werden. Nach ständiger Rechtsprechung des BAG reicht es jedoch aus, als Kündigungsgrund »wegen des Betriebsübergangs« anzunehmen, wenn der Betriebsübergang für den Ausspruch der Kündigung die wesentliche Bedingung war und andere sachliche Gründe, die aus sich heraus die Kündigung zu rechtfertigen vermögen, nicht dargelegt werden (BAG 26.5.1983 – 2 AZR 477/81; BAG 27.9.1984 – 2 AZR 62/83; BAG 19.5.1988 – 2 AZR 596/87).
Das Kündigungsverbot des § 613a Abs.4 BGB stellt häufig ein Hindernis bei Betriebsübergängen dar. Deshalb versuchen Arbeitgeber, dieses Verbot zu umgehen. Umgehungsgeschäfte, sofern sie denn als solche erkannt werden, sind unwirksam (BAG 28.4.1987 – 3AZR 75/86).
Typische Umgehungsstrategien sind:

- Arbeitgeberseitig veranlasste fristlose Eigenkündigungen und Aufhebungsverträge (als Anreiz wird eine Abfindung angeboten)
- Verzicht auf Leistungen (z. B. auf betriebliche Altersversorgung), um die Verkaufschancen zu verbessern
- Vermehrter Ausspruch personen- und verhaltensbedingter Kündigungen, um dem Erwerber eine »olympiareife« Belegschaft zu übergeben
- Betriebsbedingte Kündigung wegen angeblicher Betriebsstilllegung, obwohl nach einer Tätigkeitsunterbrechung der Betrieb von einem neuen Inhaber weitergeführt wird.

Wechseln Beschäftigte von ihrem bisherigen Arbeitgeber erst per Aufhebungsvertrag in eine Transfergesellschaft (»Beschäftigungsgesellschaft«) und sucht sich der Erwerber dann per Einzelvertrag die Beschäftigten heraus, die er weiterbeschäftigen möchte, ist das nach der Rechtsprechung des BAG nur dann keine verbotene Umgehung von § 613a BGB, wenn die Arbeitsverhältnisse mit dem Wechsel zur Transfergesellschaft endgültig beendet werden sollten. Bei einem nur eintägigen Zwischenstopp in einer Transfergesellschaft liegt aber eine Umgehung vor (BAG 18.8.2011 – 8 AZR 312/10).
Die Unwirksamkeit einer Kündigung »wegen des Betriebsübergangs« kann im Wege einer allgemeinen Feststellungsklage gem. § 256 ZPO geltend gemacht werden. Die 3-Wochen-Frist nach § 4 KSchG muss nicht eingehalten werden. Allerdings muss die Feststellungsklage innerhalb einer angemessenen Frist erhoben

werden, soll das Klagerecht nicht verwirkt werden. Wann ein Klagerecht verwirkt ist, kann nicht an starren zeitlichen Fristen festgemacht werden. Vielmehr kommt es auf die konkreten Umstände des Einzelfalls an (BAG 20.5.1988 – 2 AZR 711/87). Zu beachten sind hier das Zeit- und das Umstandsmoment.

Die Darlegungs- und Beweislast bei einer Feststellungsklage liegt beim Klagenden. Dieser genügt seiner Darlegungs- und Beweislast, indem er darstellt, dass die Kündigung im zeitlichen und funktionellen Zusammenhang mit dem Betriebsübergang steht. Damit ist eine für den »Anscheinsbeweis« genügende Wahrscheinlichkeit gegeben und es ist dann Sache des Beklagten, nachvollziehbar darzulegen, dass die Kündigung nicht im Zusammenhang mit dem Betriebsübergang steht, wobei an die Darlegungs- und Beweislast hohe Anforderungen zu stellen sind.

§ 613a Abs. 4 BGB schützt ausdrücklich nicht vor Kündigungen, die nicht im Zusammenhang mit einem Betriebsübergang stehen. Hier gelten die Voraussetzungen des KSchG für den Ausspruch von personen-, verhaltens- und vor allem betriebsbedingten Kündigungen.

Bei Anhörungen zu personen- und verhaltensbedingten Kündigungen sollte der Betriebsrat sehr genau darauf achten, ob die Kündigungsgründe nicht vorgeschoben sind, um durch entsprechende Begründungen bei der Zustimmungsverweigerung die Chancen der Betroffenen in Kündigungsschutzklagen zu verbessern.

Betriebsbedingte Kündigungen sind nach Ansicht des BAG zulässig, wenn sie der Rationalisierung (Verkleinerung) des Betriebes zur Verbesserung der Verkaufschancen dienen (BAG 18.7.1996 – 8 AZR 127/94).

Nach der Rechtsprechung des BAG sollen auch Kündigungen im Rahmen eines sogen. Erwerberkonzept – hier im Fall einer Insolvenz – zulässig sein, auch wenn dadurch ein Betriebsübergang vorbereitet wird (BAG 20.3.2003 – 8 AZR 97/02). Dieser Grundsatz kann auch auf Fälle außerhalb der Insolvenz übertragen werden. Dies ist aber nicht als Freibrief für Arbeitgeber zu verstehen, unter Berufung auf ein sogen. Erwerberkonzept unproblematisch betriebsbedingte Kündigungen aussprechen zu können. Vielmehr kann ein Arbeitgeber, der beabsichtigt, seinen Betrieb zu veräußern, nur dann betriebsbedingt kündigen, wenn ein verbindliches Konzept oder ein Sanierungsplan des Erwerbers vorliegt, dessen Durchführung im Zeitpunkt des Zugangs der Kündigung bereits greifbare Formen angenommen hat. Allein die Forderung des Erwerbers, die Belegschaft vor dem Betriebsübergang zu verkleinern, genügt nicht (LAG Köln 11.9.2013 – 5 Sa 1128/12).

cc. Arbeitsvertragliche Fortgeltung kollektiver Regelungen

Eine weitere Rechtsfolge ergibt sich aus § 613a Abs. 1 Satz 2 BGB, der die arbeitsvertragliche Fortgeltung der bisher in Kollektivverträgen (Konzern-, Gesamt-,

Betriebsvereinbarung, Tarifvertrag) vereinbarten Arbeitsbedingungen der Beschäftigten (z.B. Arbeitszeit, Urlaub, Entgelt, Prämien, Sonderzahlungen u.a.m.) regelt, für den Fall, dass eine kollektive Fortgeltung aus anderen Gründen nicht möglich ist. In diesen Fällen erfolgt eine Transformation der »normativen Regelungen«, die in den Kollektivverträgen enthalten sind, in das Arbeitsvertragsrecht. D.h., dass die in den Kollektivverträgen geregelten Rechte und Pflichten, die zum Zeitpunkt des Betriebsübergangs bestehen, Bestandteile des Arbeitsverhältnisses werden, also in den Arbeitsvertrag des/der einzelnen Beschäftigten übertragen werden.

Es ist jedoch davon auszugehen, dass der Grundsatz gilt, dass Kollektivverträge so weit wie möglich kollektivrechtlich fortgelten, denn § 613a Abs. 1 Satz 2 BGB ist lediglich ein »Auffangtatbestand«. Zielsetzung ist es, dass durch die Transformation die bisherigen Rechte und Pflichten der vom Betriebsübergang betroffenen Beschäftigten nur dann arbeitsvertraglich abgesichert werden sollen, wenn die beim bisherigen Arbeitgeber geltenden kollektiven Vereinbarungen und Verträge beim neuen Arbeitgeber nicht mehr fortgelten können. Folglich ist § 613a Abs. 1 Satz 2 BGB nur dann anzuwenden, wenn der Übergang des bisherigen Kollektivrechts ausnahmsweise nicht möglich ist. Der Gesetzeswortlaut schließt eine Fortgeltung von Kollektivverträgen bei einem Wechsel des Betriebsinhabers nicht aus. Vielmehr soll ein Schutz der Beschäftigten vor dem Verlust kollektivrechtlich vereinbarter Normen erfolgen. Die Fortgeltung von bisherigen Kollektivverträgen erfüllt ebenfalls diese Zielsetzung; sie entspricht i.d.R. dem Schutz von Arbeitnehmerinteressen noch besser als die Transformation gem. § 613a Abs. 1 Satz 2 BGB. Können die bisherigen Kollektivverträge also weiter gelten, bedarf es keiner Transformation.

Soll es zu einer Transformation von normativen Regelungen aus Kollektivverträgen in das Arbeitsvertragsrecht kommen (z.B. bei Verlust der Betriebsidentität), so kann diese Transformation jedoch durch kollidierende normative Regelungen bei dem aufnehmenden Rechtsträger verhindert werden. Dies gilt auch dann, wenn die Regelungen für die übernommenen Arbeitnehmer/innen ungünstiger sind. Diese Rechtsfolgen ergeben sich aus § 613a Abs. 1 Satz 3 BGB.

Gemäß § 613a Satz 2 BGB besteht für die normativen Regelungen, die durch die Transformation Inhalt des Arbeitsvertrages geworden sind, grundsätzlich eine einjährige Veränderungssperre. § 613a Abs. 1 Satz 4 BGB gestattet jedoch eine Änderung vor Ablauf eines Jahres, wenn die Geltungsdauer der normativen Regelungen bei Fortbestand der ursprünglichen Vereinbarung abgelaufen wäre. Nach Ablauf der Geltungsdauer kann eine Veränderung einvernehmlich oder durch Änderungskündigung erfolgen. Nach Ablauf der einjährigen Sperrfrist bleiben die in den Arbeitsvertrag transformierten Rechte zunächst unverändert bestehen. Allerdings kann der neue Arbeitgeber jetzt versuchen, eine Veränderung durch einvernehmliche Änderungsvereinbarung oder durch Änderungskündigung zu bewirken, wobei sich die Wirksamkeit einer Änderungskündigung nach den normalen kündigungsschutz- und zivilrechtlichen Bestimmungen richtet.

Allerdings besteht auch die Möglichkeit, sowohl vor als auch nach Ablauf der einjährigen Veränderungssperre eine Verdrängung der in das Arbeitsvertragsrecht transformierten normativen Regelungen herbeizuführen, nämlich dann, wenn die Rechte und Pflichten bei dem neuen Inhaber durch eine andere Betriebsvereinbarung oder einen anderen Tarifvertrag geregelt werden, wenn sich eine transformierte Kollektivregelung bereits bei Betriebsübergang in der Nachwirkung befindet oder durch Befristung vor Ablauf eines Jahres endet Der einjährige Bestandsschutz schützt also nicht vor kollektivrechtlichen Verschlechterungen, die durch den Abschluss einer neuen Betriebsvereinbarung oder eines neuen Tarifvertrag mit nachteiligen Regelungen zu denselben Regelungsgegenständen entstehen. Diese Verschlechterungen müssen die von dem Übergang ihrer Arbeitsverhältnisse betroffenen Beschäftigten auch innerhalb der Jahresfrist gegen sich gelten lassen.

Über solche absehbaren Verschlechterungen für die Beschäftigten ist im Umwandlungsvertrag zu informieren (§ 5 Abs. 1 Nr. 9 UmwG; vgl. auch Kapitel K.I.1.c)). Der Betriebsrat bzw. Gesamtbetriebsrat des übertragenden Rechtsträgers kann dann rechtzeitig versuchen, besitzstandssichernde Regelungen bzw. Kompensationen für die zu erwartenden Verschlechterungen auszuhandeln. In der Regel muss sich der Betriebsrat bzw. Gesamtbetriebsrat des übergehenden Rechtsträgers die Betriebsvereinbarung, Gesamt-, Konzernbetriebsvereinbarung und den Tarifvertrag, die bei dem aufnehmenden Rechtsträger gelten, beschaffen, um drohende Nachteile zu erkennen.

dd. Kollektivrechtliche Fortgeltung von Betriebsvereinbarungen, Gesamtbetriebsvereinbarungen und Konzernbetriebsvereinbarungen

Eine Betriebsvereinbarung, die ein örtlicher Betriebsrat abgeschlossen hat, gilt kollektivrechtlich weiter, wenn auch nach der Umwandlung und einem Betriebsübergang die Identität des bisherigen Betriebes gewahrt bleibt. Die Betriebsidentität bleibt dann erhalten, wenn die Organisations- und Leitungsstrukturen im Wesentlichen erhalten bleiben. Ob dies der Fall ist, muss in jedem Einzelfall neu entschieden werden.

Übersicht 37:
Kollektive Fortgeltung einer Betriebsvereinbarung bei Erhalt der Betriebsidentität

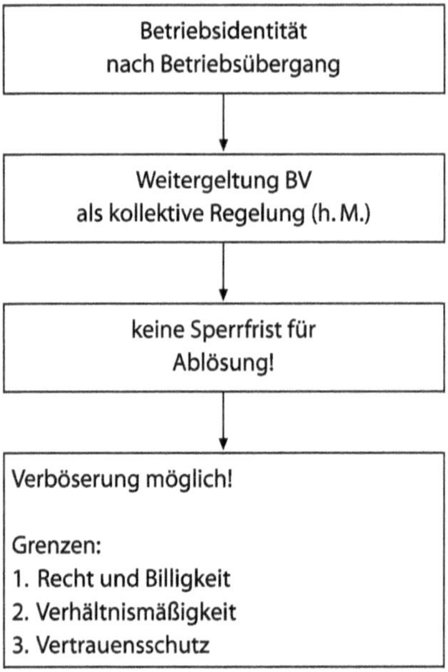

Quelle: *Düwell*, 1995, S. 142

Eine verbösernde Betriebsvereinbarung, welche in die Besitzstände der Beschäftigten eingreift, ist jedoch nur in den vom BAG gesteckten Grenzen von Recht und Billigkeit möglich. Außerdem hat der Arbeitgeber die Grundsätze der Verhältnismäßigkeit und des Vertrauensschutzes zu beachten (vgl. *DKW*, Rn. 24 zu § 77 BetrVG).

Übersicht 38:
Keine kollektive Fortgeltung einer Betriebsvereinbarung bei Verlust der Betriebsidentität

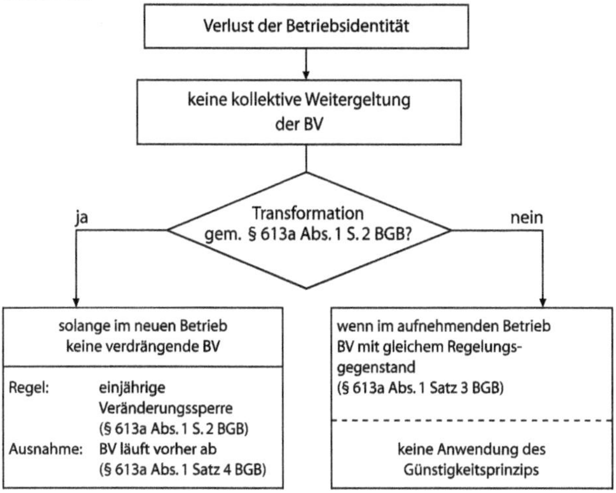

Quelle: In Anlehnung an *Düwell*, 1995, S. 145

Geht hingegen die Betriebsidentität aufgrund einer Eingliederung des Betriebes in einen anderen Betrieb oder aufgrund der Zusammenlegung zweier Betriebe als Folgemaßnahme einer Verschmelzung beim Betriebsübergang verloren, so ist die kollektive Fortgeltung einer Betriebsvereinbarung grundsätzlich nicht möglich.

Eine Gesamtbetriebsvereinbarung gilt dementsprechend grundsätzlich dann kollektivrechtlich weiter, wenn die Unternehmensidentität gewahrt bleibt. Dasselbe gilt für eine Konzernbetriebsvereinbarung, wenn die Konzernzugehörigkeit erhalten bleibt.

Regelungen aus Gesamtbetriebsvereinbarungen, die in den Betrieben eines abgebenden Unternehmens gelten, können bei einem die Betriebsidentität wahrenden Übergang auf einen bisher betriebslosen Betriebserwerber in den übertragenen Teilen des Unternehmens ihren Status als kollektiv geltende Rechtsnormen auch dann behalten, wenn nur ein Betrieb auf den Erwerber übergeht. Dies gilt jedenfalls dann, wenn das andere Unternehmen bis dahin keinen Betrieb führte und der übertragende Betrieb seine Identität bewahrt hat (BAG 18.9.2002 – 1 ABR 54/01).

Zu einer normativen Fortgeltung des Inhalts einer Gesamtbetriebsvereinbarung als Einzelbetriebsvereinbarung kommt es nach der o. g. Rechtsprechung des BAG also auch dann, wenn nur ein Betrieb unter Wahrung seiner Identität von einem Unternehmen mit mehreren Betrieben übernommen wird und die in der Gesamtbetriebsvereinbarung geregelten Rechte und Pflichten beim aufnehmenden

Unternehmen nicht bereits normativ (»echte« Gesamtbetriebsvereinbarung in originärer Zuständigkeit des Gesamtbetriebsrats) geregelt sind. Dies folgt aus den Strukturprinzipien der Betriebsverfassung.
Der Inhalt einer Gesamtbetriebsvereinbarung (unabhängig ob in originärer Zuständigkeit oder Beauftragung nach § 50 Abs. 2 BetrVG) gilt nach einem Betriebsübergang in dem übertragenen Betrieb als Einzelbetriebsvereinbarung weiter, wenn ihr Gegenstand im Unternehmen des Betriebserwerbers nicht normativ geregelt ist (BAG 5.5.2015 – 1 AZR 763/13). Die normative Regelung im aufnehmenden Unternehmen kann bestehendes Kollektivrecht aus dem übergehenden (Teil-)Betrieb nur dann ablösen, wenn der Betriebsrat auf Erwerberseite in originärer Zuständigkeit gehandelt hat.
Vereinbarungen zu Gunsten des Betriebsrats oder Gesamtbetriebsrats (z.B. Regelungen über zusätzliche Freistellungen, zu Umfang und Zeitpunkt der Information über neue DV-Systeme oder über die Personalplanung, Verfahrensfragen zur Information über die wirtschaftlichen Angelegenheiten im Wirtschaftsausschuss u.a.m.) fallen nicht unter § 613a BGB und werden daher nicht in individualrechtliche Ansprüche transformiert. Solche Regelungen sind mit dem Verlust der Betriebs- bzw. der Unternehmensidentität verloren.

ee. Kollektivrechtliche Fortgeltung der Tarifverträge des übergehenden Rechtsträgers

Hinsichtlich der Fortgeltung oder Transformation tarifvertraglicher Normen bei Betriebsübergängen spielt es eine entscheidende Rolle, ob sich mit der Unternehmensumwandlung auch die Identität des Rechtsträgers ändert. Bei bestimmten Umwandlungsformen ändert sich der Rechtsträger immer (z.B. bei der Aufspaltung, der Verschmelzung durch Neugründung, der Vollübertragung des Vermögens), bei einer Umwandlungsform bleibt sie immer erhalten (Rechtsformwechsel) und bei den übrigen Formen kommt es darauf an, welchem Rechtsträger Beschäftigte zugeordnet werden (vgl. auch *Bachner* u.a. 2012, S. 253).
Eine weitere wichtige Rolle spielt die Art des jeweiligen Tarifvertrages. Zu unterscheiden sind der Verbands- und der Firmentarifvertrag (vgl. auch *Laßmann/Rupp* 2020, S. 28ff.).
Bei der Beantwortung der Frage, wie sich Betriebsübergänge auf die kollektive Fortgeltung von Tarifverträgen bzw. deren Transformation in das Arbeitsvertragsrecht auswirken, sind mehrere Fallgestaltungen zu unterscheiden:

1. Beim übertragenden Rechtsträger und beim aufnehmenden Rechtsträger gilt derselbe Verbandstarifvertrag: Mit dem Arbeitgeberwechsel ist keine Veränderung der bisherigen Tarifbindung verbunden. Der bisherige Verbandstarifvertrag gilt kollektivrechtlich auch nach der Umwandlung unmittelbar für die betroffenen Arbeitnehmer/innen weiter.

2. Beim übertragenden Rechtsträger gilt ein anderer Verbandstarifvertrag als beim aufnehmenden Rechtsträger: Ändert sich für vom Betriebsübergang betroffene Beschäftigte durch die Umwandlung der Arbeitgeber, dann gelangt der Tarifvertrag des aufnehmenden Rechtsträgers für die bisherigen Beschäftigten des übertragenden Rechtsträgers unmittelbar tarifrechtlich zur Anwendung, wenn eine beiderseitige Tarifbindung vorliegt. Dies ist dann der Fall, wenn die Arbeitnehmer/innen Mitglieder der tarifvertragschließenden Gewerkschaft sind und der Arbeitgeber Mitglied des tarifvertragschließenden Arbeitgeberverbandes ist. Dies gilt auch dann, wenn die normativen Regelungen des nun zur Anwendung kommenden Tarifvertrages schlechter sind als die des bisherigen Tarifvertrages.
   Im Umkehrschluss kann der Tarifvertrag des aufnehmenden Rechtsträgers für die Beschäftigten des übertragenden Rechtsträgers dann nicht zur Anwendung kommen, wenn keine beiderseitige Tarifbindung gegeben ist. An dieser beiderseitigen Tarifbindung fehlt es, wenn die Beschäftigten des übertragenden Rechtsträgers nicht Mitglied der tarifvertragschließenden Gewerkschaft sind, mit der der Tarifvertrag, der bei dem übernehmenden Rechtsträger gilt, abgeschlossen wurde. Solange die Arbeitnehmer/innen des übertragenden Rechtsträgers Mitglied in ihrer bisherigen Gewerkschaft bleiben, können die Bestimmungen des anderen Tarifvertrages nicht unmittelbar tarifrechtlich angewendet werden. Folglich kann § 613a Abs. 1 Satz 3 BGB auch nicht die Transformation nach § 613a Abs. 1 Satz 2 BGB verhindern: Die normativen Bestimmungen des bisherigen Verbandstarifvertrages werden Inhalt der Arbeitsverhältnisse der Beschäftigten des übertragenden Rechtsträgers, es sei denn, diese Beschäftigten werden Mitglieder in der Gewerkschaft, die den anderen Tarifvertrag beim aufnehmenden Rechtsträger abgeschlossen hat und stellen hierdurch die beiderseitige Tarifbindung her.
3. Der aufnehmende Rechtsträger ist nicht tarifgebunden. In diesem Fall werden die bisherigen Tarifnormen für die Arbeitnehmer/innen, die auf den aufnehmenden Rechtsträger übergehen, gem. § 613a Abs. 1 Satz 2 BGB in das Arbeitsvertragsrecht transformiert und »eingefroren«, d.h. sie gelten nur noch in statischer Form weiter.
4. Der übertragende Rechtsträger hat mit der zuständigen Gewerkschaft einen Firmentarifvertrag (Haustarifvertrag) abgeschlossen. Dieser Firmentarifvertrag gilt dann für die im Rahmen der Umwandlung durch Betriebsübergang übergehenden Beschäftigten bei dem aufnehmenden Rechtsträger aufgrund der Gesamtrechtsnachfolge. Demzufolge ist auch weiterhin für die übergehenden Beschäftigten die unmittelbare tarifrechtliche Geltung des Haustarifvertrages gegeben.

Eine Ablösung von aufgrund eines Betriebsübergangs ins Individualrecht transformierten tarifvertraglich begründeten Rechtsansprüchen durch ungünstigere

Regelungen aus einer Betriebsvereinbarung (»Überkreuz-Ablösung«) ist nicht möglich. Dies widerspricht dem Schutzzweck des § 613a BGB (BAG 21.4.2010 – 4 AZR 768/08).

b. Zuordnung der Beschäftigten in einem Interessenausgleich gem. § 323 Abs. 2 UmwG

Sofern im Zusammenhang mit einer unternehmensrechtlichen Umwandlung (Verschmelzung, Spaltung, Vermögensübertragung) ein Interessenausgleich zu Stande kommt, »in dem diejenigen Beschäftigten namentlich bezeichnet werden, die nach der Umwandlung einem bestimmten Betrieb oder Betriebsteil zugeordnet werden«, kann gem. § 323 Abs. 2 UmwG »die Zuordnung der Beschäftigten durch das Arbeitsgericht nur auf grobe Fehlerhaftigkeit überprüft werden.« Diese Bestimmung setzt voraus, dass infolge einer Unternehmensumwandlung auch eine Betriebsänderung erfolgt, da ansonsten kein Interessenausgleich zu Stande kommen kann. Ferner ist in dieser Bestimmung ein Zuordnungsproblem unterstellt, denn ansonsten richtet sich der Übergang der Arbeitsverhältnisse nach § 613a BGB, d. h., dass das Arbeitsverhältnis auf denjenigen aufnehmenden Rechtsträger übergeht, der einen Betrieb oder einen Betriebsteil übernimmt, in dem der/die Beschäftigte, dessen Arbeitsverhältnis übergehen soll, tatsächlich und überwiegend beschäftigt ist.

Diese umwandlungsrechtliche Vorschrift wird also nur bei Unternehmensspaltungen relevant, die eine Betriebsspaltung zur Folge haben. In diesen Fällen hängt nämlich von der Zuordnung der Beschäftigten zu bestimmten Betriebsteilen auch die Zuordnung zu einem der aufnehmenden Rechtsträger ab. Folglich müssen alle Arbeitsverhältnisse entweder dem einen oder dem anderen Betriebsteil zugeordnet werden. Für Beschäftigte, deren Arbeitsplatz eindeutig einem der beiden Betriebsteile zugeordnet ist, ergibt sich der Übergang ihres Arbeitsverhältnisses zu einem der beiden aufnehmenden Rechtsträger aus dieser Zuordnung. Diese Zuordnung bereitet u. U. jedoch dann Schwierigkeiten, wenn Beschäftigte mit Querschnittsfunktion (z. B. Verwaltung, Lager, technische Wartung, Arbeitsvorbereitung u. Ä.) für mehrere Betriebsteile gleichermaßen gearbeitet haben. In der Praxis wird der Arbeitgeber den Beschäftigten zunächst mitteilen, auf welchen der aufnehmenden Rechtsträger die jeweiligen Arbeitsverhältnisse übergehen sollen. Ist der/die Beschäftigte mit dieser Zuordnung nicht einverstanden, kann er/sie dem Übergang seines/ihres Arbeitsverhältnisses auf den neuen Rechtsträger widersprechen. Ein Widerspruch gegen den Arbeitgeber-Wechsel führt dann nicht zu einer Weiterbeschäftigung beim bisherigen Rechtsträger, wenn dieser z. B. nach der Aufspaltung zur Aufnahme erlischt. Ziel eines solchen Widerspruchs kann es jedoch sein, einen Übergang des Arbeitsverhältnisses zu einem anderen Rechtsträger zu erreichen. Sofern dies durch den Widerspruch nicht bewirkt wird, bleibt die Möglichkeit, arbeitsgerichtlich feststellen zu lassen, dass das Arbeitsverhältnis nicht auf den einen, sondern auf den anderen Rechtsträger übergegangen ist. Wird also in einem Interessenausgleich eine Zuordnung der Beschäftigten zu den Betriebsteilen vorgenommen, führt die umwandlungsrechtliche Bestimmung in § 323 Abs. 2 UmwG jedoch dazu, dass das Arbeitsgericht diese Zuordnung im Streitfall nur noch auf grobe Fehlerhaftigkeit überprüfen kann (zu diesem Begriff ausführlich Kapitel J.III.3). Die Hürden, eine solche Zuordnung später zu Fall zu bringen, sind hoch. Grobe Fehlerhaftigkeit wird von den Gerichten nämlich nur dann bejaht, wenn ein offensichtlicher, ins Auge springender schwerer Fehler (hier bei der Zuordnung eines/einer oder mehrerer Beschäftigten zu einem Betrieb) vorliegt. Denkbar ist dies z. B., wenn § 613a Abs. 1 Satz 1 BGB missachtet wurde, also bei einer willkürlichen oder missbräuchlichen Zuordnung des/der Beschäftigten zu einem Betriebsteil, in dem er/sie noch gar nicht oder kaum gearbeitet hat. In diesem Fall würde sein/ihr Arbeitsverhältnis durch die willkürliche Zuordnung auf einen für ihn/sie nicht maßgeblichen aufnehmenden Rechtsträger übergehen. Eine Zuordnung der Beschäftigten in einem Interessenausgleich greift also in die Rechtsmöglichkeiten der einzelnen Beschäftigten insofern nachteilig ein, als die gerichtliche Überprüfbarkeit der Zuordnung eingeschränkt wird. Erschwerend kommt für die Beschäftigten hinzu, dass mit der Zuordnung mittels Namensliste auch eine Umkehr der Beweislast verbunden ist; d. h. nicht der Arbeitgeber muss vor Gericht nachweisen, dass die von ihm vorgenommene Zuordnung richtig war, sondern die betroffenen Beschäftigten haben jetzt den Beweis zu erbringen, dass die Zuordnung grob fehlerhaft war.

Die Zuordnung der Beschäftigten per Namensliste zum Interessenausgleich sollte sich daher auf den seltenen Ausnahmefall beschränken und der Betriebsrat wegen der weitgehenden und nur schwer abschätzbaren Folgen für die betroffenen Beschäftigten zuvor unbedingt die zuständige Gewerkschaft und/oder einen Sachverständigen hinzuziehen.

c. Befristete Beibehaltung der kündigungsrechtlichen Stellung gem. § 323 Abs. 1 UmwG

Durch die Betriebsspaltung kann sich auch die kündigungsrechtliche Stellung der betroffenen Beschäftigten verschlechtern. Denkbar ist u. a., dass infolge der unternehmensrechtlichen Aufspaltung und Vermögensübertragung Betriebsteile abgespalten werden, die – gemessen an der Zahl der regelmäßig beschäftigten Arbeitnehmer/innen – nur noch eine Größe haben, die es dem Arbeitgeber im Falle von Kündigungen ermöglicht, die Kleinbetriebsklausel gem. § 23 KSchG in Anspruch zu nehmen. Durch eine solche Spaltungsmaßnahme hätte sich dann die kündigungsrechtliche Stellung der Beschäftigten erheblich verschlechtert. Gleiches gilt für tarifliche oder betriebliche Regelungen zu einem

verbesserten Kündigungsschutz, die durch schlechtere tarifliche oder betriebliche Regelungen im aufnehmenden Betrieb verdrängt werden können.
Zur Vermeidung solcher kündigungsrechtlichen Verschlechterungen bestimmt § 323 Abs. 1 UmwG, dass sich »die kündigungsrechtliche Stellung eines Arbeitnehmers, der vor dem Wirksamwerden einer Spaltung … zu dem übertragenden Rechtsträger in einem Arbeitsverhältnis steht, aufgrund der Spaltung … für die Dauer von zwei Jahren ab dem Zeitpunkt ihres Wirksamwerdens nicht verschlechtert«. Dies bedeutet, dass besondere kündigungsrechtliche Regelungen für diese zwei Jahre in jedem Fall weiter gelten und im Kündigungsfall zu berücksichtigen sind. Die 2-Jahres-Frist beginnt mit dem Tag der Eintragung der Spaltung oder Teilübertragung im Handelsregister.
Die befristete Beibehaltung der kündigungsrechtlichen Stellung bedeutet für die betroffenen Beschäftigten nach weit überwiegender Rechtsauffassung insbesondere

- Schutz vor sozial ungerechtfertigter Kündigung (§ 1 KSchG), auch wenn nach der Spaltung weniger als zehn Arbeitnehmer/innen (vgl. § 23 Abs. 1 Satz 2 KSchG) im Betrieb beschäftigt sind,
- Erhaltung des bisher aufgrund eines Tarifvertrag oder einer Betriebsvereinbarung geltenden Ausschlusses der ordentlichen Kündigung, auch wenn beim neuen Arbeitgeber diese Normen nicht weiter gelten (insofern ist § 323 Abs. 1 UmwG lex specialis zu § 613a Abs. 1 Sätze 2–4 BGB),
- Erstreckung der Sozialauswahl bei einer betriebsbedingten Kündigung fiktiv auch auf die anderen abgespaltenen oder übertragenen Betriebsteile, sofern diese als Gemeinschaftsbetrieb i. S. § 1 Abs. 2 Nr. 1 BetrVG fortgeführt werden (BAG 22.9.2005 – 6 AZR 526/04).

d. Mitbestimmungsbeibehaltung gem. § 325 UmwG

In § 325 Abs. 1 UmwG ist die Beibehaltung der Unternehmensmitbestimmung im Aufsichtsrat geregelt.
Hatte der übertragende Rechtsträger einen Aufsichtsrat mit Arbeitnehmerbeteiligung und entfallen durch die Umwandlung (Abspaltung oder Ausgliederung) die gesetzlichen Voraussetzungen für die Beteiligung der Beschäftigten am Aufsichtsrat, so soll dennoch beim alten Rechtsträger für die Dauer von fünf Jahren die Arbeitnehmerbeteiligung im Aufsichtsrat erhalten bleiben, wenn die Zahl der beim alten Rechtsträger verbleibenden Beschäftigten nicht auf weniger als ein Viertel der gesetzlichen Mindestzahl sinkt (mind. 126 bei DrittelbG, 501 bei MitbestG, 251 bei Montan-MitbestG; *Bachner* u.a. 2012, S. 80). In § 325 Abs. 2 UmwG ist die Beibehaltung der Beteiligungsrechte des Betriebsrats geregelt.
Durch die Aufspaltung eines Unternehmens und damit verbundener Betriebsspaltung können sich auch Nachteile ergeben, die sich auf die Inanspruchnahme betriebsverfassungsrechtlicher Handlungsmöglichkeiten beziehen. So sind z.B.

verschiedene Rechte oder Beteiligungsrechte des Betriebsrats an eine bestimmte Betriebs- oder Unternehmensgröße – gemessen an der Arbeitnehmer-Zahl – gebunden:

- § 38 Abs. 1 BetrVG Freistellungen
- § 95 Abs. 2 BetrVG Auswahlrichtlinien
- § 99 Abs. 1 BetrVG Mitbestimmung bei personellen Einzelmaßnahmen
- § 106 Abs. 1 BetrVG Wirtschaftsausschuss
- § 110 Abs. 1 BetrVG Quartalsbericht
- § 111 Abs. 1 BetrVG Betriebsänderungen

Sofern durch die Unternehmensaufspaltung auch eine Betriebsspaltung erfolgt, entstehen neue Betriebe, in denen bisherige Rechte durch Unterschreiten der kritischen Schwellenwerte »weggespalten« werden.

§ 325 Abs. 2 UmwG regelt unter der Überschrift »Mitbestimmungsbeibehaltung« zumindest die Möglichkeit, dass solche Verschlechterungen für die Interessenvertretungen durch besondere Vereinbarungen vermieden werden können. »Hat die Spaltung … eines Rechtsträgers die Spaltung eines Betriebes zur Folge und entfallen für die aus der Spaltung hervorgegangenen Betriebe Rechte oder Beteiligungsrechte des Betriebsrats, so kann durch Betriebsvereinbarung oder Tarifvertrag die Fortgeltung dieser Rechte und Beteiligungsrechte vereinbart werden. Die §§ 9 und 27 des BetrVG bleiben unberührt.«

Da Betriebsspaltungen die Rechtsfolgen nach §§ 111ff. BetrVG auslösen, sollte der Betriebsrat versuchen, neben Regelungen zur Verhinderung, dem Ausgleich oder der Milderung wirtschaftlicher Nachteile der Betriebsänderung auch Regelungen zur Beibehaltung bestehender Mitbestimmungsrechte durchzusetzen. Ist der Arbeitgeber zum Abschluss einer freiwilligen Betriebsvereinbarung nicht bereit, so sollte geprüft werden, ob die betriebspolitischen Voraussetzungen (u. a. Organisationsgrad, Mobilisierungsfähigkeit der Belegschaft) zur Durchsetzung eines entsprechenden Tarifsozialplans bestehen (vgl. Kapitel B.XI).

e. Vermutung eines Gemeinschaftsbetriebes gem. § 1 Abs. 2 BetrVG

Wenn mit der Aufspaltung zur Aufnahme auch eine Betriebsspaltung verbunden ist, ergeben sich zusätzliche Nachteile, die durch das UmwG nur teilweise vermieden werden. Im Folgenden soll deshalb eine weitere Besonderheit erörtert werden, die bei der Aufspaltung eines Unternehmens vorliegen kann. So besteht die Möglichkeit, dass trotz der Aufspaltung eines Rechtsträgers zur Aufnahme der Betrieb nicht gespalten wird, sondern als Gemeinschaftsbetrieb fortgeführt wird. In diesem Fall ergibt sich zunächst, dass die Unternehmensspaltung nicht mit einer Betriebsspaltung und damit auch nicht mit einer Betriebsänderung i. S. v. § 111 BetrVG verbunden ist. Auch ist das Übergangsmandat des bisherigen Betriebsrats gem. § 21a BetrVG entbehrlich, weil ohne Spaltung des Betriebes die Betriebsidentität und das Amt des bisherigen Betriebsrats unverändert erhalten bleiben. Da mit dem Verzicht auf die Betriebsspaltung auch ein Verzicht auf die Zusammenlegung mit anderen Betrieben verbunden ist, können auch die örtlichen Betriebsvereinbarungen unverändert fortgelten. Darüber hinaus hat der Gemeinschaftsbetrieb keine Verschlechterung der kündigungsrechtlichen Stellung der Arbeitnehmer/innen zur Folge. Gleiches gilt für die bisherige Rechtssituation des Betriebsrats in Bezug auf jene Beteiligungsrechte, die an eine bestimmte betriebliche Größe gebunden sind.

In § 1 Abs. 2 BetrVG ist geregelt, dass für die Anwendung des BetrVG vermutet wird, dass der gespaltene Betrieb von den an der Spaltung beteiligten Rechtsträgern gemeinsam geführt wird, wenn im Falle einer Unternehmensspaltung »die Organisation des gespaltenen Betriebes nicht verändert wird«. In den für den Spaltungsvertrag vorgeschriebenen Angaben »zu den Folgen der Spaltung für die Arbeitnehmer und ihre Vertretungen« gem. § 125 Abs. 1 Ziff. 11 UmwG ist in jedem Fall darauf einzugehen, ob nach Ansicht der Vertragsparteien mit der Aufspaltung zur Aufnahme auch eine Spaltung des Betriebes oder aber die Fortführung des bisherigen Betriebes als Gemeinschaftsbetrieb verbunden ist. Letztlich handelt es sich bei der Beurteilung über das Vorliegen eines Gemeinschaftsbetriebes um eine Rechtsfrage, die notfalls gem. § 18 Abs. 2 BetrVG durch das Arbeitsgericht entschieden wird. Nach unseren Erfahrungen kann eine von Arbeitgeber-Seite gewollte Betriebsspaltung durch den Betriebsrat letztlich aber nicht verhindert werden. Denn obsiegt der Betriebsrat mit seinem Feststellungsantrag beim Arbeitsgericht, so ist die Urteilsbegründung letztlich das »Drehbuch« für eine rechtlich einwandfreie Betriebsspaltung.

Hierbei kommt es vor allem auf die Veränderung der bisherigen Leitungsstrukturen und auf die Veränderung des bisherigen Betriebes als technisch-organisatorische Einheit an. Nach herrschender Rechtsauffassung ist die Voraussetzung für einen gemeinsamen Betrieb mehrerer rechtlich selbstständiger Unternehmen ein einheitlicher Leitungsapparat. Diese einheitliche Leitung muss sich insbesondere auf die Entscheidungen des Arbeitgebers im Bereich der personellen und sozialen Angelegenheiten des gemeinsamen Betriebes beziehen (vgl. *Fitting*, Rn. 120ff. zu § 1 BetrVG).

Die Gemeinschaftsvermutung in § 1 Abs. 2 BetrVG besagt, dass bei einer Unternehmensspaltung von der Fortführung eines gemeinsamen Betriebes der aufnehmenden Rechtsträger zumindest dann auszugehen ist, wenn keine organisatorischen Veränderungen durchgeführt werden, die auf eine getrennte Leitung der übertragenen Betriebsteile schließen lassen. Die bisherige Organisation muss im Wesentlichen erhalten bleiben. Dies ist dann der Fall, wenn im Betrieb als technisch-organisatorische Einheit die bestehende betriebliche Infrastruktur von den aufnehmenden Rechtsträgern gemeinsam genutzt wird:

- gemeinsame räumliche Unterbringung,
- personelle, technische, organisatorische Verknüpfung von Arbeitsabläufen,

- nur bedingt einheitliche Arbeitsordnung und Betriebsordnung (vgl. *Bachner u.a. 2007*, S. 106f.).

Die Bedeutung der Vorschrift des § 1 Abs. 2 BetrVG liegt darin, dass der Betriebsrat lediglich darlegen muss, dass die o.g. Voraussetzungen für einen Gemeinschaftsbetrieb sprechen. Es ist Aufgabe des Arbeitgebers, die gesetzliche Vermutung der gemeinsamen Führung des Betriebes zu widerlegen. Damit ist eine Umkehr der Beweislast zugunsten des Betriebsrats gegeben.

Im Falle der Fortführung des Betriebes als Gemeinschaftsbetrieb bleiben die Betriebsidentität und damit auch der Betriebsrat unverändert erhalten. Der Betriebsrat ist nach wie vor für alle Beschäftigte des Betriebes zuständig. Alle für diesen Betrieb geschlossenen Betriebsvereinbarungen gelten kollektivrechtlich weiter, soweit sie nicht mit Gesamt- bzw. Konzernbetriebsvereinbarungen kollidieren, die in originärer Zuständigkeit des Gesamt- bzw. Konzernbetriebsrats geschlossen wurden. In diesem Fall gelten die Gesamt- bzw. Konzernbetriebsvereinbarungen für diejenigen Beschäftigten desjenigen Unternehmens, für das die Gesamt- bzw. Konzernbetriebsvereinbarung gilt. Damit kann die Situation eintreten, dass im Gemeinschaftsbetrieb für die beiden Beschäftigtengruppen entsprechend ihrer Unternehmenszugehörigkeit unterschiedliche kollektivrechtliche Regelungen gelten können. Diese können dann abgelöst werden durch Gesamt- bzw. Konzernbetriebsvereinbarungen, die unter Beteiligung von Vertretern des Gemeinschafts-Betriebsrats zu Stande gekommen sind. Kommt es auch hier zur Kollision, weil die verschiedenen Gesamt- bzw. Konzernbetriebsräte unter Beteiligung von Vertretern des Gemeinschafts-Betriebsrats unterschiedliche Regelungen zum gleichen Regelungsgegenstand abschließen, gilt folgendes: Bei Kollision verschiedener Konzernbetriebsvereinbarungen mit der Betriebsvereinbarung des Gemeinschaftsbetriebes zum gleichen Regelungsgegenstand gilt diejenige Konzernbetriebsvereinbarung, die zuerst von einem die Beschäftigten des Gemeinschaftsbetriebes repräsentierenden Konzernbetriebsrates geschlossen wurde. Bei Kollision verschiedener Gesamtbetriebsvereinbarungen mit der Betriebsvereinbarung des Gemeinschaftsbetriebes zum gleichen Regelungsgegenstand soll diejenige Gesamtbetriebsvereinbarung gelten, die vom Gesamtbetriebsrat desjenigen Trägerunternehmens abgeschlossen wurde, das die größte Zahl an Beschäftigten beschäftigt (vgl. *DKW*, Rn. 23ff. zu § 77 BetrVG).

Der Betriebsrat des Gemeinschaftsbetriebes kann nach überwiegender Rechtsauffassung Vertreter in die Gesamtbetriebsräte der beiden aufnehmenden Unternehmen entsenden; ebenso in den Konzernbetriebsrat, sofern die sonstigen Voraussetzungen vorliegen (vgl. *DKW*, Rn. 176ff. zu § 1 BetrVG). Durch Tarifvertrag oder Betriebsvereinbarung kann eine vom Gesetz abweichende Regelung über die Stimmgewichtung getroffen werden (§ 47 Abs. 8 BetrVG).

Da bei einer Fortführung des bisherigen Betriebes als Gemeinschaftsbetrieb trotz der umwandlungsrechtlichen Aufspaltung die Identität des bisherigen Betriebes erhalten bleibt, ist dies mit erheblich weniger Risiken und Nachteilen für die Beschäftigten verbunden als bei einer Betriebsspaltung. Deshalb ist es sinnvoll, dass die Betriebsräte im Falle von Betriebsspaltungen, die häufig Unternehmensspaltungen folgen, zunächst das Thema »Gemeinschaftsbetrieb« in den Katalog der zu verhandelnden Problemstellungen aufnehmen. Selbstverständlich kann der Betriebsrat, der bei einer Betriebsspaltung gem. §§ 111 ff. BetrVG Interessenausgleichs- und Sozialplanverhandlungen führt, den Gemeinschaftsbetrieb auch als seine Alternative zur Betriebsspaltung vorschlagen.

II. Weitere Möglichkeiten zu Strukturänderungen in Unternehmen und Betrieb

Bisher haben wir uns ausschließlich mit Veränderungen von Unternehmensstrukturen auf der Grundlage des UmwG befasst. Aus diesem Vorgehen und aus der ausführlichen Behandlung der Bestimmungen des UmwG darf jedoch nicht der Schluss gezogen werden, dass solche Unternehmensumstrukturierungen nur nach den Bestimmungen des UmwG erfolgen können und dürfen. Vielmehr gab es bereits vor der Verabschiedung des UmwG vielfältige Möglichkeiten, Unternehmensstrukturen zu verändern. Im Folgenden wollen wir andere Möglichkeiten aufzeigen, die Unternehmens- und Betriebsstrukturen zu ändern, ohne dass diese Maßnahmen in den Geltungs- und Anwendungsbereich des UmwG fallen. Hierbei beschränken wir uns auf einige wesentliche Fälle, mit der Zielsetzung, die Unterschiede zu den bisher besprochenen Umwandlungsarten zu verdeutlichen und die hiermit verbundenen Probleme und Handlungsmöglichkeiten anzusprechen.

1. Gesellschafterwechsel durch Veräußerung der Unternehmensanteile (»share deal«)

Bei den bisher behandelten Umwandlungsarten treten Fallgestaltungen auf, bei denen die bisherigen Anteilseigner das gesamte Vermögen einer Gesellschaft auf ein anderes Unternehmen oder auf mehrere andere Unternehmen übertragen (z. B. Verschmelzung durch Aufnahme, Aufspaltung zur Aufnahme) und sich infolge dieser Maßnahmen für die betroffenen Beschäftigten u. a. die Konzernzugehörigkeit aufgrund eines Wechsels des maßgeblichen Anteilseigners ändert. Grundlage der bisher behandelten Fälle war jeweils eine Vermögensübertragung auf einen aufnehmenden Rechtsträger gegen die Gewährung von Anteilen

an dem aufnehmenden Rechtsträger an die Anteilseigner des übertragenden Rechtsträgers oder dem übertragenden Rechtsträger selbst. Transaktionen, die zu einem Wechsel des maßgeblichen Anteilseigners und ggf. zu einem Wechsel der Konzernzugehörigkeit führen, sind jedoch auch möglich, wenn die Anteile an einer Gesellschaft vollständig oder überwiegend an eine andere Gesellschaft verkauft werden (sogen. »Share-deal«).
Die rechtliche Identität des Unternehmens und damit auch der Arbeitgeber ändert sich nicht, nur der Anteilsinhaber hat gewechselt. Die Rechtsfolgen gem. § 613a BGB und §§ 111 ff. BetrVG treten nicht ein. Die Mitbestimmungsstrukturen auf der Unternehmens- und Betriebsebene bleiben erhalten, die Kollektivverträge bleiben in Kraft. Dem Wirtschaftsausschuss der Gesellschaft, deren Anteile ganz oder teilweise verkauft werden, steht ein rechtzeitiges und umfassendes Informationsrecht zu dem geplanten Verkauf der Anteile und dem bevorstehenden Gesellschafterwechsel zu (vgl. *Fitting*, Rn. 102 zu § 106 BetrVG). Unter dem Gesichtspunkt des § 106 Abs.3 Nr. 10 BetrVG kann auch dem Wirtschaftsausschuss des Käuferunternehmens ein Informationsrecht zustehen. Ist mit einem solchen Verkauf der Gesellschaftsanteile ein Wechsel der Konzernzugehörigkeit verbunden, dann ist zu prüfen, ob dies für die betroffenen Beschäftigten zu Nachteilen führen kann.

2. Anwachsung

Die Wirkung einer Verschmelzung kann bei Personengesellschaften auch dadurch erreicht werden, dass alle Gesellschafter bis auf einen aus der Gesellschaft austreten, indem der übrigbleibende Gesellschafter den ausscheidenden Gesellschaftern die Gesellschaftsanteile abkauft. In einem solchen Fall wächst das Gesamthandsvermögen der Personengesellschaft kraft Gesetz dem übrigbleibenden Gesellschafter zu (vgl. *Bachner* u. a., 2012, S. 39).
Es handelt sich hier um einen Betriebsübergang gem. § 613a BGB. Die Arbeitnehmer/innen sind hierüber schriftlich gem. § 613a Abs. 5 BGB schriftlich zu informieren.
Im Falle der Anwachsung greifen nicht die Vorschriften des UmwG. Informationsansprüche des Betriebsrats ergeben sich daher lediglich aus dem BetrVG (z. B. §§ 106, 111 BetrVG). Ist mit der Anwachsung auch eine Zusammenlegung von Betrieben verbunden, stellt dies eine mitbestimmungspflichtige Betriebsänderung gem. §§ 111, 112 BetrVG dar.

3. Verkauf von Betrieben oder Betriebsteilen (» Asset-deal«)

Für Unternehmensumstrukturierungen gilt der Grundsatz der Wahlfreiheit (*Bachner u. a.* 2012, S. 38). So können Umstrukturierungen auch vollkommen

außerhalb des UmwG vorgenommen werden, etwa durch Verkauf von Betrieben oder Betriebsteilen. Man spricht hier auch von einem Asset-deal. Im Unterschied zum UmwG liegt hier ein Fall der Einzelrechtsnachfolge vor.
Folge eines solchen Rechtsgeschäftes ist es, dass die Betriebe bzw. Betriebsteile gegen Zahlung des vereinbarten Kaufpreises auf einen neuen Rechtsträger übergehen. Aus der Sicht des Verkäufers ist ein Asset-deal dann sinnvoll, wenn sich der Verkäufer von bestimmten wirtschaftlichen Aktivitäten ganz oder teilweise trennen will und deshalb keinen Wert darauf legt, Anteile an den aufnehmenden Rechtsträgern zu erwerben. Oder wenn sich der Verkäufer durch diese Transaktionen Liquidität verschaffen will, um ggf. selbst als Käufer anderer Unternehmen oder Betriebe auftreten zu können. Aus Sicht der Käufer liegen die Vorteile eines Asset-deals darin, dass auf den Erwerb einzelner Wirtschaftsgüter verzichtet werden kann (z. B. umweltbelastende Grundstücke) und stille Reserven gehoben werden können (es wird der jeweilige Kaufpreis des einzelnen Wirtschaftsgutes aktiviert). Dafür wird das gegenüber dem Umwandlungsgesetz etwas aufwändigere Verfahren in Kauf genommen (vgl. *Rupp* 2017, S. 71).
Werden ganze Betriebe oder Betriebsteile einer Gesellschaft von anderen Gesellschaften käuflich erworben, so führt dies für die betroffenen Beschäftigten zu einem Arbeitgeberwechsel. Es handelt sich hierbei um einen Betriebsübergang mit den Rechtsfolgen gem. § 613a BGB (vgl. auch Kapitel K.I.3.a)).

4. Funktionsübertragung, Fremdvergabe bzw. Outsourcing

Die Frage, ob im konkreten Einzelfall ein Betriebsübergang vorliegt oder nicht, ist oft sehr schwierig zu beantworten. Diese Problematik ergibt sich häufig bei den sog. Outsourcing-Maßnahmen. Der Begriff Outsourcing ist eine Ableitung aus »outside resources using« und meint die Nutzung externer Kapazitäten aufgrund ökonomischer Vorteile für ein Unternehmen oder für einen Betrieb. Outsourcing ist mit der Auslagerung betrieblicher Funktionen verbunden. Durch die Auslagerung bisheriger betrieblicher Funktionen sind Beschäftigung und Arbeitsplätze der betroffenen Beschäftigten hochgradig gefährdet. Die Auslagerung betrieblicher Funktionen kann verbunden sein mit der Übertragung von Vermögenswerten, also der Produktionsmittel, die zur Erfüllung der betrieblichen Funktionen erforderlich sind.
In einem Unternehmen, das Elektromotoren baut, soll die Wickelei, in der die Spulen für den Elektromotor gewickelt werden, »outgesourced« werden. Der Auftragnehmer übernimmt in diesem Zusammenhang die Spezialmaschinen der Wickelei, da er anderenfalls bestimmte Spulen gar nicht herstellen könnte. Da mit der Outsourcingmaßnahme durch die Übernahme der Spezialmaschinen eine Vermögensübertragung verbunden ist, die einen Teilbetriebsübergang darstellt, ist § 613a BGB anzuwenden. Bei Dienstleistungsunternehmen, bei denen

es weniger auf die materiellen Produktionsmittel ankommt, werden die Rechtsfolgen des § 613a BGB auch ausgelöst, wenn immaterielle Produktionsmittel (z. B. Kundendateien) übertragen werden. So liegt beispielsweise ein Betriebsübergang vor, wenn ein Dienstleister, der bestimmte Beratungs- oder Wartungsleistungen erbringt, seine Kundendatei an einen anderen Dienstleister veräußert, der dann diese Kunden weiterhin in vergleichbarer Art und Weise betreut.
In vielen Fällen greift aber diese Interpretation, die auf den Sachverhalt der Übertragung von materiellen oder immateriellen Produktionsmitteln abstellt, zu kurz. Denn bei einem systematischen Outsourcing können viele Funktionen im Unternehmen ausgelagert werden, ohne dass dies mit einer Übertragung von Vermögenswerten verbunden ist (z. B. bei allen internen Verwaltungs- und Dienstleistungsfunktionen wie Datenverarbeitung, Buchhaltung, Gebäudemanagement, Küche, Kantine, Reinigung, Pförtner, Werkssicherheit, innerbetriebliche Instandhaltung, Rechtswesen, Marketing, Forschung und Entwicklung). Alle diese Funktionen zeichnen sich dadurch aus, dass sie i. d. R. nur wenige und leicht austauschbare Produktionsmittel erfordern. Die Fremdvergabe der Buchhaltung erfordert nicht, die DV-Anlage, auf der die Kontensysteme geführt werden, an den Auftragnehmer zu verkaufen. Es reicht, wenn dieser die Belege verbucht und die Buchungen über Datenträgeraustausch eingespielt werden. Die Fremdvergabe der bisherigen internen Verwaltung der unternehmenseigenen Immobilien erfordert ebenso wenig, die technische Ausstattung dieser Büroarbeitsplätze an den Auftragnehmer zu verkaufen. Und die Fremdvergabe von Marketingaufgaben erfordert nicht, das Textverarbeitungssystem an den Auftragnehmer zu veräußern, mit dem bisher intern Prospekte und Werbematerialien erstellt wurden. In all diesen Fällen droht den betroffenen Beschäftigten der Verlust ihres Arbeitsplatzes infolge der Auslagerung ihrer Aufgaben, ohne dass zugleich ein Rechtsanspruch gem. § 613a BGB gesichert ist, dass das Arbeitsverhältnis auf den Auftragnehmer übergeht.
Nach der maßgeblichen europäischen Rechtsgrundlage des § 613a BGB – der sogen. Betriebsübergangsrichtlinie 98/50 EG vom 29. 6. 1998 – und der darauf basierenden Rechtsprechung des EuGH findet § 613a BGB immer dann Anwendung, wenn eine ihre Identität wahrende wirtschaftliche Einheit im Sinne der Weiternutzung einer vorhandenen, vom bisherigen Betriebsinhaber geschaffenen, auf Dauer angelegten und auf einen Betriebszweck ausgerichtete Arbeitsorganisation auf einen neuen Inhaber übergeht (*EuGH* 11. 7. 2018 – C-60/17).
Ob ein Betriebsübergang vorliegt, ist nach der Rechtsprechung des EuGH, der sich das BAG vorbehaltlos angeschlossen hat, anhand einer »Sieben-Punkte-Prüfung« zu entscheiden (*Laßmann/Rupp* 2020, S. 12).
Sieben-Punkte-Prüfkatalog des EuGH:
- Art des (bisherigen) Betriebes/Betriebsidentität
- Etwaiger Übergang der materiellen Betriebsmittel (Gebäude, Betriebs- und Geschäftsausstattung)

- Wert der immateriellen Aktiva im Zeitpunkt des Übergangs
- Etwaige Übernahme der Hauptbelegschaft durch den neuen Inhaber
- Etwaiger Übergang der Kundschaft
- Grad der Ähnlichkeit zwischen den vor und nach dem Übergang verrichteten Tätigkeiten
- Dauer einer etwaigen Unterbrechung der Tätigkeit

Gerichtsurteile zu § 613a BGB haben sich an diesem Katalog zu orientieren und sich mit jedem einzelnen Merkmal in nachvollziehbarer Weise auseinanderzusetzen und zu einer Gesamtbewertung zu kommen. Arbeitsgerichte haben weiterhin erhebliche Räume für Wertungen und nutzen diese auch weidlich (*Hamm/Rupp*, 2012, S. 164). Darüber hinaus sind einige Aspekte dieser komplexen Gesamtbewertung durch die europäische Rechtsprechung weiterhin noch nicht abschließend geklärt. Beides führt dazu, dass der Ausgang von gerichtlichen Verfahren kaum vorhersehbar ist und insoweit eine eindeutige Antwort auf die Frage, ob ein Betriebsübergang vorliegt oder nicht, nicht in jedem Fall möglich ist.

Um das Vorliegen eines (Teil-)Betriebsübergangs im Falle eines Outsourcings zu bejahen, muss sich als Ergebnis der Gesamtabwägung ergeben, dass ein Betrieb oder Betriebsteil als konkrete »wirtschaftliche Einheit« identitätswahrend auf einen neuen Betriebsinhaber übertragen und von dem neuen Betriebsinhaber auch in dieser Form tatsächlich weitergeführt wurde. Was dabei eine wirtschaftliche Einheit ist, hängt davon ab, um welche Art von Unternehmen oder Betrieb es sich handelt und welche Tätigkeiten im Einzelnen ausgeführt werden.

Zur Frage, welche Anforderungen an die Betriebsidentität beim Veräußerer bzw. an die Identitätswahrung beim Erwerber zu stellen sind, haben das BAG bzw. der EuGH zwei wichtige Entscheidungen gefällt:

- Ein Übergang eines Betriebsteils auf einen Erwerber liegt nur dann vor, wenn die übernommenen Betriebsmittel und/oder Beschäftigten bereits beim Veräußerer eine abgrenzbare organisatorische wirtschaftliche Einheit, d. h. einen Betriebsteil dargestellt haben (BAG 13. 10. 2011 – 8 AZR 455/10).
- Ein Betriebsteil kann auch dann übergehen, wenn er im übernehmenden Betrieb seine bisherige, beim alten Arbeitgeber bestehende organisatorische Selbständigkeit verliert, sofern die funktionelle Verknüpfung zwischen den übertragenen Produktionsfaktoren beibehalten wird und sie es dem Erwerber erlaubt, diese Faktoren zu nutzen, um derselben oder einer gleichartigen wirtschaftlichen Tätigkeit nachzugehen (EuGH 12. 2. 2009 – C-466/07 – Rs. Klarenberg).

Bei betriebsmittelarmen Tätigkeiten soll zumindest notwendig sein, dass auch ein bedeutender Teil der Belegschaft auf den Erwerber übertragen wird, während bei betriebsmittelgeprägten Tätigkeiten die Übertragung der wesentlichen Betriebsmittel für die Annahme eines (Teil-)Betriebsübergangs ausreichen soll.

Wie viele Beschäftigte übernommen werden müssen, hängt stark vom Einzelfall ab. Grundsätzlich gilt, dass bei Beschäftigten mit geringem Qualifikationsgrad grundsätzlich eine hohe Zahl von ihnen weiterbeschäftigt werden muss. Das BAG hat für Reinigungsaufgaben festgestellt, dass 2/3 der Beschäftigten noch nicht ausreichen, 85 % hingegen den Betriebsübergang auslösen können. Zeichnen sich hingegen die Beschäftigten durch Spezialwissen und besondere Qualifikation aus, kann auch schon ein geringerer Prozentanteil ausreichen (BAG 22.1.2009 – 8 AZR 158/07; EuGH 12.2.2009 – C-466/07 – Rs. Klarenberg).
Als Schlussfolgerung ergibt sich zunächst, dass Outsourcingmaßnahmen dann die Rechtsfolgen der §§ 111 ff. BetrVG auslösen, wenn diese Maßnahmen eine grundsätzliche Änderung der Organisationsstruktur bewirken oder einen erheblichen Teil der Belegschaft betreffen. Ob § 613a BGB greift, hängt davon ab, ob man nach den vorstehend genannten Kriterien von einem Teilbetriebsübergang ausgehen kann.
Die mit Outsourcingmaßnahmen angestrebten wirtschaftlichen Vorteile können verschiedener Art sein. Oft stehen Kostenersparnisse im Vordergrund, aber auch Schnelligkeit, Qualität und Know-how durch Spezialisierung des auftragnehmenden Unternehmens spielen eine Rolle. Unter dem Stichwort »Rückbesinnung auf die Kernkompetenzen des Unternehmens« werden oft alle Aufgaben und Funktionen im Unternehmen und in den Betrieben zur Disposition gestellt, die nicht unmittelbar zur Erfüllung der Unternehmens- und Betriebszwecke beitragen. So ist es beispielsweise Hauptzweck und Kernkompetenz eines Großhandelsunternehmens, für seine Kunden durch gute Beziehungen zu den produzierenden Unternehmen die benötigten Waren schnell und preiswert zu beschaffen. Die Auslieferung der Ware gehört nach dieser Definition nicht mehr zur Kernkompetenz eines Großhandelsunternehmens, also kann der Fuhrpark auch fremdvergeben werden. Oft vernachlässigen Unternehmen das sorgfältige Abwägen aller Vor- und Nachteile, die mit Outsourcingmaßnahmen verbunden sind, weil das kurzfristige Ziel der Kostensenkung und Ergebnisverbesserung im Vordergrund steht. Bei den erforderlichen Interessenausgleichsverhandlungen zu Outsourcingmaßnahmen besteht grundsätzlich die Möglichkeit, auch das Ob einer solchen Maßnahme in Frage zu stellen. Dies sollte in jedem Fall dann geschehen, wenn eine Sicherung der Arbeitsplätze der betroffenen Beschäftigten zu den bisherigen Bedingungen nicht gewährleistet ist. Grundlage hierfür ist eine sorgfältige Abwägung der Vor- und Nachteile der geplanten Outsourcingmaßnahmen gemäß nachfolgender Checkliste (in Anlehnung an IGM-Handlungshilfe 05/97):

Übersicht 39:
Checkliste zum Abwägen von Vor- und Nachteilen bei Outsourcing-Maßnahmen

Beurteilungs-merkmal	Vorteil	Nachteil
Strategie	• Konzentration auf die wesentlichen Stärken des Unternehmens • Bündelung der Kräfte und wirtschaftlichen Ressourcen auf das Kerngeschäft • Kleinere Organisation mit einfachen und schnelleren Entscheidungswegen • Flexiblere Reaktionsmöglichkeiten bei Nachfrageschwankungen • Verminderung wirtschaftlicher und technischer Risiken • Standardisierung und Kostendegression durch Größenvorteile bei externem Anbieter	• Risiken durch Abhängigkeit von externen Anbietern, die strategische Optionen unmöglich machen können, weil Entscheidungsmöglichkeiten eingeengt werden • Kostenrisiken durch Abhängigkeit von externen Anbietern, die diese bei ihrer Preisstellung ausnutzen können • Verlagerung von Know-how auf unternehmensexterne Anbieter und hierdurch auch Störung zusammenhängender Prozesse im Unternehmen/Betrieb • Durch Verlagerung von Know-how auf externe Anbieter Risiken infolge einer möglichen Zusammenarbeit des externen Anbieters mit Wettbewerbern • Risiken durch falsche Definition der Kernkompetenzen vor dem Hintergrund sich immer rascher verändernder Märkte
Leistung	• Externer Anbieter verfügt über höhere Kompetenz • Neue effektivere Leistungsdefinitionen und Verantwortlichkeitsabgrenzungen • Externer Anbieter verfügt über bessere Kapazitätserhöhungspotenziale	• Know-how-Verlust, outgesourcte Randtätigkeiten können bei entspr. Marktentwicklung nicht mehr zu ertragsstarken Geschäftsfeldern ausgebaut werden • Kompetenzdefizite infolge der Aufgabe bestimmter Aktivitäten, hierdurch können ggf. Anbieterargumente schwerer hinterfragt werden

Beurteilungs-merkmal	Vorteil	Nachteil
Kosten	• Externer Anbieter stellt erhebliche Verringerung der Kosten in Aussicht • Bisherige Fixkosten werden bei entspr. Vertragsgestaltung eher variabel • Externe Beschaffung verbessert die eigene Kostentransparenz	• U. U. erhebliche Transaktionskosten der Outsourcingmaßnahme, die durch die in Aussicht gestellten Kostenvorteile erst erwirtschaftet werden müssen • Kalkulationsprobleme bzgl. der bezogenen Leistungen, Produktivitäts- und Kostenvorteile bleiben u. U. beim Anbieter »hängen«, d. h., die wirtschaftliche Vorteilhaftigkeit einer Outsourcingmaßnahme kann sich im Zeitablauf umkehren
Personal	• Reduzierung von Problemen infolge fehlender Qualifikationen und/oder fehlender Fachkräfte	• Nachteilige soziale Folgen, insbesondere für Beschäftigung und Einkommen • Verunsicherung und Demotivation der Belegschaft bis hin zu sinkender Produktivität und Reduzierung von Qualitäts- und Serviceniveau
Finanzen	• Durch Verringerung der Fertigungstiefe weniger Anlage- und Umlaufvermögen erforderlich • Günstigere Bilanzkennzahlen durch geringere Kapitalbindung	• Liquiditätsbelastung durch Transaktionskosten und ggf. hohe Sozialplankosten

Ob sich diese möglichen Vorteile tatsächlich einstellen, bedarf einer sorgfältigen Prüfung. Oft stellen die externen Anbieter Kostensenkungen von rd. 50 % in Aussicht. Hierbei lassen sie sich jedoch oft von der Überlegung leiten, dass nicht nur die Outsourcingmaßnahmen von Umstrukturierungskosten begleitet sind, sondern dass es oft auch erhebliche Kosten verursacht, outgesourcte Funktionen wieder in die Betriebe zurückzuholen. Insofern spekulieren externe Anbieter nicht selten auf eine spätere Abhängigkeit des auftraggebenden Unternehmens, in deren Verlauf sie zu einem späteren Zeitpunkt auch die Preise zu ihren Gunsten verändern können. Deshalb kommt es bei Outsourcingmaßnahmen auch immer auf die Vertragsgestaltung und auf die Bindungsfristen von Leistungs- und Preisvereinbarungen an.

Das Hauptproblem bei Outsourcingmaßnahmen ist, dass die Erfassung und Abwägung der möglichen Vor- und Nachteile, insbesondere bei den qualitativen, also zunächst nicht monetär nachrechenbaren Faktoren, sehr subjektiv beeinflusst sein kann. Die Unternehmerseite rechnet die kurzfristigen wirtschaftlichen Vorteile der Maßnahme vor und versichert, Folgeprobleme »in den Griff« zu bekommen, der Betriebsrat argumentiert mit den potenziellen strategischen Risiken der Maßnahme und der Unumkehrbarkeit der Entscheidung.

Vor allem deshalb sollte der Betriebsrat verlangen, dass ihm zunächst sorgfältig erarbeitete Entscheidungsgrundlagen vorgelegt werden, welche die o. g. Vor- und Nachteile systematisch zu erfassen und zu bewerten versuchen. Denn eines ist sicher: Bei Outsourcingmaßnahmen handelt es sich um langfristig wirkende Entscheidungen, die in ein und demselben Unternehmen auch anders getroffen werden können, wenn andere Personen auf den Entscheidungsebenen agieren. In einem uns bekannten Fall wurde aus kurzfristigen Kostengründen der Bereich »Neue Werkstoffe/Keramik« outgesourct, weil er (noch) nicht den Kernaktivitäten des Unternehmens zuzurechnen war. Als infolge der anhaltenden wirtschaftlichen Schwierigkeiten Vorstandsmitglieder ausgewechselt wurden, stellte sich sehr schnell heraus, dass aus der Sicht des neuen Vorstandsvorsitzenden mit dieser Maßnahme »eine Zukunftsoption verspielt worden sei«. Wenig tröstlich für den beteiligten Betriebsrat und die betroffenen Beschäftigten, dass sie das von Anfang an so gesehen hatten. Trotz dieser Schwierigkeiten, im Rahmen des Interessenausgleichs nur die Möglichkeit der beratenden Einflussnahme zu haben, sollten Gegenargumente gut ausgearbeitet und vorbereitet werden, denn wenn es im Streitfall gelingt, den/die Einigungsstellenvorsitzende/n davon zu überzeugen, dass die Maßnahme nicht zweckmäßig ist, wirkt sich dies i. d. R. zumindest positiv bei einem Streit um die soziale Absicherung der betroffenen Beschäftigten und um die Qualität der erzwingbaren Sozialplanregelungen aus. Insofern kommt der kritischen Auseinandersetzung mit solchen Maßnahmen sowohl eine bedeutsame inhaltliche als auch eine wichtige taktische Funktion zu. Wenn die betrieblichen und tarifvertraglichen Voraussetzungen gegeben sind, sollte der Betriebsrat gemeinsam mit der Gewerkschaft überlegen, ob nicht der Abschluss eines Tarifsozialplans in Betracht kommt (vgl. hierzu Kapitel B.XI).

III. Regelungsbedarf und Regelungsmöglichkeiten bei Strukturänderungen

Die Beispiele in den vorangegangenen Abschnitten dieses Kapitels haben deutlich gemacht, dass unternehmensrechtliche Strukturveränderungen zu erheblichen negativen Auswirkungen auf Beschäftigte, ihre Interessenvertretung sowie die Anwendung von Tarifverträgen und Betriebsvereinbarungen führen können. Dies gilt unabhängig davon, ob für die Strukturveränderungen die Wege des UmwG, Gesellschafterwechsel (»Share-deal«), Verkauf von Betrieben bzw. Betriebsteilen »Asset-deal«) oder Outsourcingmaßnahmen gewählt werden.
Da die möglichen Auswirkungen von Strukturveränderungen sehr stark vom jeweiligen Einzelfall und dem jeweils gewählten Weg abhängen, ist es dringend erforderlich, dass die betroffenen Betriebsräte möglichst gemeinsam, ggf. unter Hinzuziehung eines Sachverständigen, zunächst eine Gefährdungsanalyse durchführen. Im Anschluss daran sollten die betroffenen Betriebsräte versuchen, die erkannten Gefährdungen durch einheitliche Regelungen (Tarifverträge, freiwillige Betriebsvereinbarung, Interessenausgleiche, Sozialpläne) auszuschließen oder unabwendbare Nachteile zumindest wirtschaftlich auszugleichen oder abzumildern.
Die folgende Checkliste gibt einen Überblick über den Regelungsbedarf und die Regelungsmöglichkeiten bei Unternehmensumwandlungen (vgl. auch *Schmidt* 1997, S. 72ff.; *Schmidt* 1999, S. 76ff.):

Übersicht 40:
Regelungsbedarf und Regelungsmöglichkeiten bei Unternehmensumwandlungen

Regelungsbereich	Regelungsinhalt	Regelungsmöglichkeit
1. Beschäftigung	• Erhalt der Arbeitsplätze • Ausschluss von Betriebsbedingten Kündigungen für einen best. Zeitraum • Regelung zumutbarer Versetzungen	• Betriebsvereinbarung, I, T • Betriebsvereinbarung, I, T • S, T

Legende: Betriebsvereinbarung = freiwillige Regelung durch Betriebsvereinbarung/GBV/KBV
I = Interessenausgleich (nicht erzwingbar)
S = Sozialplan (durch Spruch der Einigungsstelle erzwingbar)
T = (Überleitungs-)Tarifvertrag

Regelungsbereich	Regelungsinhalt	Regelungsmöglichkeit
	• Umschulungs- und Qualifizierungsmaßnahmen • Errichtung einer Beschäftigungs- und Qualifizierungsgesellschaft • Vereinbarung von (Struktur-)Kurzarbeit	• Betriebsvereinbarung, I, S, T • Betriebsvereinbarung, I, T • Betriebsvereinbarung, I, T
2. Einkommen	• Sicherung der Tarifbindung • Einkommenssicherung bei Anwendung anderer Tarifverträge • Einkommenssicherung durch Abgruppierungsschutz	• Betriebsvereinbarung, I, T • Betriebsvereinbarung, I, T • S, T
3. Sozialleistungen	• Sicherung bestehender Sozialleistungen • Ausgleich von entstehenden Nachteilen	• Betriebsvereinbarung, I, T • Betriebsvereinbarung, I, S, T
4. Haftung für zukünftige Arbeitnehmer-Ansprüche	• Bürgschaft oder Patronatserklärung der Konzernobergesellschaft • Schuldbeitritt	• Vertrag mit haftender Gesellschaft bzw. Mitunterzeichnung der Betriebsvereinbarung bzw. einseitig unwiderrufliche Erklärung
5. Interessenvertretung	• Gemeinschaftsbetriebsrat • Übergangsmandat • Fortbestand von Rechten des Betriebsrats (z. B. Freistellung) • Konzern-WA	• Betriebsvereinbarung, I, T • Betriebsvereinbarung, I, T • Betriebsvereinbarung, I, T • Betriebsvereinbarung, I, T
6. Mitbestimmung	• Zahl der AR-Mitglieder (bei BetrVG 52) • Stimmbindungsvertrag	• Vertrag mit Gesellschaftern • Vertrag mit Gesellschaftern

IV. Vertiefende und weiterführende Literatur

Bachner/Köstler/Matthießen/Trittin, Arbeitsrecht bei Unternehmensumwandlung und Betriebsübergang, 4. Aufl. 2012

Bopp, Betriebsvereinbarung und Betriebsübergang – u. a. Gestaltungsmacht von Betriebserwerber und Betriebsrat, in: *Riederer*, (Hrsg.), Betriebsübergang (§ 613a BGB), Schriftenreihe Recht und Kommunikation, Band 23, 1994

Düwell, Zusammenschluss von Betrieben und Fusionen, in: *Riederer*, (Hrsg.), Betriebsänderung und Personalreduzierung, Band 10, 1993

Düwell, Auswirkungen einer Fusion von Betrieben und Unternehmen auf Arbeitsvertrag, (Gesamt-)Betriebsvereinbarung, Tarifvertrag, in: *Riederer*, (Hrsg.), Betriebsübergang (§ 613a BGB), Schriftenreihe Recht und Kommunikation, Band 23, 1994

Düwell, Umstrukturierung von Unternehmen, in: *Beseler/Düwell/Göttling*, Arbeitsrechtliche Probleme bei Betriebsübergang, Betriebsänderung und Unternehmensumwandlung, 2000

Engelmeyer, Die Informationsrechte des Betriebsrats und der Arbeitnehmer bei Strukturänderungen, in: DB, 50/1996

Hamm/Rupp, Veräußerung und Restrukturierung von Unternehmen, 2. Auflage 2012, IG Metall, Abteilung Gewerkschaftliche Betriebspolitik: Outsourcing, Wirtschaftliche Vor- und Nachteile sorgfältig abwägen! Handlungshilfe für Betriebsräte

Jaeger, Die Betriebsaufspaltung durch Ausgliederung einzelner Betriebsteile als sozialplanpflichtige Betriebsänderung, in: BB, 1988

Kania, Tarifbindung bei Ausgliederung und Aufspaltung eines Betriebes, in: DB, 12/1995

Laßmann/Rupp, Der Betriebsübergang. Handlungshilfe für Betriebsräte und Vertrauensleute Nr. 10, IG Metall Vorstand, FB Betriebspolitik (Hrsg.), Frankfurt am Main 2020

Preis/Steffan, Neue Konzepte des BAG zum Betriebsübergang nach § 613a BGB, in: DB, 6/1998

Rupp, Übernahme durch Finanzinvestoren. Handlungshilfe für Betriebsräte und Vertrauensleute Nr. 26, hrsg. von IG Metall, FB Betriebspolitik, 3. Aufl. Frankfurt am Main 2017

Steuerer, Das Schicksal von Betriebsvereinbarungen und Tarifvertrag beim Betriebsübergang, in: *Riederer*, (Hrsg.), Betriebsänderung und Personalreduzierung, Band 10, 1993

Willemsen/Hohenstatt/Schweibert/Seibt, Umstrukturierung und Übertragung von Unternehmen, Arbeitsrechtliches Handbuch, 5. Auflage 2016

L. Praxisfälle

Inhaltsübersicht

In diesem Kapitel sind fünf Fälle dokumentiert, die im Hinblick auf die Vorgehensweisen der jeweiligen betrieblichen Interessenvertretung und die erzielten Verhandlungsergebnisse als vorbildlich angesehen werden können. Die Fallschilderungen entstanden auf der Grundlage ausführlicher Interviews mit Betriebsratsmitgliedern, Managementvertretern und Gewerkschaftssekretären; teilweise waren die Autoren in ihrer Funktion als Sachverständige für den Betriebsrat mit den Fällen selbst befasst.
Die Fallschilderungen versuchen ein möglichst breites Spektrum der Realität einzufangen. Sie sollen belegen, dass der Betriebsrat auch in schwierigen Ausgangs- und Verhandlungspositionen nicht vorschnell aufgeben sollte, denn durch eine konsequente Nutzung der rechtlichen und betriebspolitischen Handlungsmöglichkeiten kann oft doch noch etwas für die Beschäftigten »herausgeholt« werden. Zugleich soll auch deutlich werden, dass es wegen der Eigenart eines jeden Falls keine »Patentrezepte« für den Betriebsrat gibt, sondern jeweils einzelfallbezogen Vorgehen und Verhandlungspositionen zu erarbeiten sind. Schließlich sollen die Fallschilderungen die Betriebsräte, die vor Interessenausgleichs- und Sozialplanverhandlungen anlässlich einer Betriebsänderung stehen, Mut machen, sich in die Planungen des Arbeitgebers einzumischen.

I. Personalab- und -umbau über die Einigungsstelle mit Transfergesellschaft und Kurzarbeit

Fall 1:
Bei dem betroffenen Unternehmen handelt es sich um ein Tochterunternehmen eines weltweit operierenden ausländischen Konsumgüterkonzerns. Das deutsche Unternehmen ist auf dem Gebiet der Metallverarbeitung mit einem Betrieb und ca. 1200 Arbeitnehmer/innen tätig. Der Betriebsrat bestand aus 15 Mitgliedern, von denen 3 freigestellt waren. Einige davon sind im Europäischen Betriebsrat und im Wirtschaftsausschuss. Der gewerkschaftliche Organisationsgrad im Betrieb beträgt ca. 70 %.

Art der Betriebsänderung
Im Rahmen der Umstrukturierung des gesamten Konzerns, die mit der Spezialisierung von Standorten, der Konzentration der Produktion und Produktionsverlagerungen bei gleichzeitig verstärkten Rationalisierungsbemühungen verbunden war, plante die Konzern- und Unternehmensleitung verschiedene Restrukturierungsprojekte.

Informationspolitik des Arbeitgebers
Im Frühjahr 2004 bekam der Wirtschaftsausschuss die Information von der Unternehmensleitung, dass im Konzern ein umfangreiches Restrukturierungs- und Rationalisierungsprogramm durchgeführt werden soll und dass davon selbstverständlich auch der deutsche Standort mit unterschiedlichen Restrukturierungsprojekten betroffen sei.
Die dem Wirtschaftsausschuss vorgelegten Unterlagen sollten belegen, dass die geplanten Projekte wirtschaftlich notwendig waren und nur so auf Dauer der »teure« deutsche Standort erhalten bleiben könnte.
In diesem Zusammenhang sollten folgende Maßnahmen durchgeführt werden:
- Outsourcing der operativen Logistik durch Betriebsteilübergang
- Änderung der betrieblichen Organisation und Teil-Outsourcing von Serviceleistungen im technischen Service
- Ratio-Studien und entsprechende Personalbemessung/-anpassung in der Fertigung/Produktion
- Stufenweise Verlagerung eines Produktes und der dazugehörigen Maschinen

Zusätzlich wurde er informiert, dass ein neues Produkt geplant sei, das an einem europäischen Standort mitentwickelt und für den europäischen Markt auch produziert werden sollte.

Allerdings wurden zunächst noch keine genauen Zahlen über den zukünftigen Personalbedarf des Betriebes und über die Anzahl der von Personalmaßnahmen betroffenen Beschäftigten vorgelegt.
Ende Mai 2004 erhielten Betriebsrat und Wirtschaftsausschuss vom Arbeitgeber umfangreiche schriftliche Unterlagen zur Personalplanung auf der Grundlage der vorgesehenen Restrukturierungsprojekte. Daraus ging hervor, dass die geplanten Projekte erhebliche Veränderungen bei Arbeitsabläufen und -anforderungen sowie einer Vielzahl von personellen Einzelmaßnahmen bewirken sollten, insbesondere:

- Betriebsteilübergängen gem. § 613a BGB
- Outsourcing von Serviceleistungen
- betriebsbedingte Versetzungen aufgrund des Wegfalls von Arbeitsplätzen
- betriebliche Qualifizierungsmaßnahmen
- betriebsbedingte Personalreduzierung

Von den etwa 750 Produktionsmitarbeitern sollten durch die Programme ca. 400 Arbeitnehmer/innen betroffen sein und ungefähr 200 Arbeitsplätze entfallen.
Darüber hinaus wurde der Betriebsrat informiert, dass das neue Produkt gemeinsam entwickelt und ab ca. Mitte 2006 stufenweise eingeführt werden sollte, ohne dass ein Produktionsstandort benannt wurde.
Insgesamt fühlte sich der Betriebsrat – auch aus heutiger Sicht – zwar umfassend informiert, allerdings bezweifelte er die Korrektheit einiger wirtschaftlicher Unterlagen, mit denen die Projekte belegt werden sollten. Der Betriebsrat konnte aber aufgrund von Vergleichsdaten aus anderen europäischen Konzernbetrieben nachvollziehen, dass Organisationsänderungen mit Outsourcing von Teilbetrieben und Leistungen zum Erhalt der Wettbewerbsfähigkeit sinnvoll wären.

Aktionen des Betriebsrats

Im Betriebsrat herrschte von Anfang an die Meinung vor, dass der Betrieb langfristig nur sicher sei, wenn das neue Produkt im deutschen Werk maßgeblich mitentwickelt und dann auch produziert würde. Dementsprechend wurde schon bald auf mehreren Betriebs(teil)versammlungen über die Pläne der Unternehmensleitung informiert, wobei der Betriebsrat deutlich zum Ausdruck gebracht hatte, dass er langfristig den gesamten Betrieb für gefährdet ansehe, wenn es nicht gelänge, neue Produkte ins Werk zu holen und auf der anderen Seite durch eine Restrukturierung der Betriebsorganisation im Konzernvergleich wettbewerbsfähig zu bleiben.
Die Betriebs(teil)versammlungen wurden vom Betriebsrat und der Vertrauenskörperleitung intensiv vorbereitet. (Flugblätter, Plakate, Transparente, Reden).
Während der Verhandlungen und nach deren Scheitern in der Einigungsstelle informierte der Betriebsrat die Beschäftigten immer wieder. Aus den betroffenen

Beschäftigtengruppen wurden der Betriebsrat und die Verhandlungskommission laufend unterstützt. Die Unterstützung ging so weit, dass Mitarbeiter spontan in ihren Pausen die Verhandlungen aufsuchten, um auf der einen Seite ihr Missfallen zu den Planungen des Arbeitgebers und auf der anderen Seite ihre Solidarität mit dem Betriebsrat zu zeigen.

Zusammenarbeit mit der Gewerkschaft

Die IG Metall war von Anfang an mit der betreuenden Sekretärin an der Auseinandersetzung beteiligt. Sie nahm direkt an den Verhandlungen teil und unterstützte den Vertrauenskörper und den Betriebsrat. Als die Verhandlungen in eine Sackgasse gerieten, versuchte die IG Metall in Person des Verwaltungsstellenleiters in einem persönlichen Gespräch mit der örtlichen Unternehmensleitung, den Verhandlungsprozess wieder in Gang zu bringen. An der Einigungsstelle nahm die IG Metall nicht direkt teil, unterstützte die Beisitzer und den Betriebsrat aber ständig.

Verhandlungsablauf

An den Verhandlungen nahmen auf Arbeitgeber-Seite jeweils drei bis vier Personen, ständig die Personalleitung mit zwei Personen, nicht immer der Geschäftsführer und ein leitender Angestellter aus der Produktion teil.
Auf Seiten des Betriebsrats nahmen jeweils sechs Personen an den Verhandlungen teil, vier seiner Mitglieder sowie die zuständige Sekretärin der IG Metall und ein wirtschaftlicher Sachverständiger des Betriebsrats. Die Verhandlungsführung auf der Betriebsratsseite übernahm die langjährige Betriebsratsvorsitzende.
Die Beratungen wurden dadurch erschwert, dass

- die einzelnen Restrukturierungsprojekte inhaltlich und zeitlich auseinanderfielen,
- zum Teil aus Sicht des Betriebsrats noch nicht konkretisiert waren,
- die Verhandlungsdelegation auf Arbeitgeberseite meist keine direkten Zusagen machen konnte, sondern sich Zugeständnisse zuvor immer über die Unternehmens- und Konzernleitung holen musste,
- auch die Verhandlungsdelegation des Betriebsrats keine direkten Zusagen machte, sondern sich vorher immer mit dem gesamten Betriebsrat rückgekoppelt hat.

Die Anrufung der Einigungsstelle wurde von beiden Seiten erwogen und dann auch nach dem Scheitern der freien Verhandlungen einvernehmlich eingesetzt.

Verhandlungsziele des Betriebsrats

Ziel des Betriebsrats war es, betriebsbedingte Kündigungen so weit wie eben möglich zu vermeiden und nur dort, wo diese unvermeidbar waren, die davon Betroffenen zeitlich und finanziell abzusichern.

Das Konzept des Betriebsrats war es, sämtliche Maßnahmen zusammen als Gesamtprojekt zu beraten und eine prozessbegleitende Rahmenvereinbarung, einen Rahmensozialplan und jeweils Einzelinteressenausgleiche abzuschließen. Dabei sollte der Rahmensozialplan vorsorglich für alle geplanten Projekte und Maßnahmen den Ausgleich der Nachteile regeln und die Rahmenvereinbarung Regelungen zur gemeinsamen Begleitung (Information und Beratung) der Maßnahmen beinhalten. Dabei stand vor allem eine umfassende und detaillierte Information und Beratung zur Personalplanung im Mittelpunkt. Die einzelnen Projekte sollten dann im zeitlichen Verlauf jeweils gem. § 111 BetrVG gesondert beraten werden, wobei die zeitlich unmittelbar geplanten betriebsändernden Maßnahmen direkt beraten werden sollten.

Das Betriebsratskonzept basierte auf folgenden maßgeblichen Überlegungen und Zielen:

- da die verschiedenen Projekte bis zum 31.12.2007 umgesetzt werden sollten, wollte der Betriebsrat einheitliche Regelungen für die nachteilig betroffenen Beschäftigten vereinbaren, unabhängig davon, ob die jeweilige Maßnahme für sich betrachtet eine Betriebsänderung gem. § 111 ff. BetrVG darstellt;
- durch die zeitliche Spreizung des Gesamtprojektes sollte für den größten Teil des zunächst dargestellten Personalüberhangs (ca. 200 Vollzeitkontingente) ein nur vorübergehender Personalüberhang aufzeigt werden, der durch Personalbedarf beim neuen Produkt zum größten Teil wieder aufgefangen wird;
- dieser vorübergehende Personalüberhang sollte durch Konjunkturkurzarbeit ausgeglichen werden;
- der geringere dauerhafte Personalüberhang sollte neben klassischen Sozialplanleistungen durch eine Transfergesellschaft und Vorruhestandslösungen aufgefangen werden;
- die notwendigen Betriebs(teil)übergänge sollten durch eine Überleitungsvereinbarung abgesichert und den widersprechenden Beschäftigten sollten Abfindungsleistungen gem. Sozialplan gesichert werden;
- die notwendigen betrieblichen Qualifizierungsmaßnahmen über den gesamten Zeitraum für alle Beschäftigtengruppen gesichert und
- die Sonderschichtmodelle für Teilzeit- und leistungsgewandelte Beschäftigte sollten gesichert werden.

Der Betriebsrat fasste seine Verhandlungsziele in einen umfangreichen vierteiligen Verhandlungsentwurf zusammen und überreichte diesen der Arbeitgeber-Seite.

Reaktion und Ziele der Arbeitgeberseite

Die Arbeitgeberseite wollte die Verhandlungen nur zu den jeweils konkret anstehenden und geplanten Betriebsänderungen aufnehmen. Sie war durch das Vorgehen des Betriebsrats überrascht, folgte dann aber der gesamthaften Betrachtung des Betriebsrats. Sie wich von ihrem Vorhaben, nur einzelne Maßnahmen zu beraten, ab mit den für sie maßgeblichen Verhandlungszielen:

- Auswahlkriterien für eine Sozialauswahl für den gesamten Prozess festzulegen,
- Namenslisten für die konkreten Maßnahmen zu vereinbaren,
- Zuordnung der Beschäftigten für den anstehenden Teilbetriebsübergang vorzunehmen,
- eine prozessbegleitende Rahmenvereinbarung abzuschließen,
- einen Rahmensozialplan zu vereinbaren,
- eine Transfergesellschaft für die Personalüberhänge zu vereinbaren,
- ein Qualifizierungs- und Beurteilungsprogramm abzustimmen.

Entgegen den definierten Vorstellungen des Betriebsrats wollte die Arbeitgeberseite auf keinen Fall

- Konjunkturkurzarbeit für nur vorübergehenden Beschäftigungsüberhang,
- keine Abfindungsleistungen für Beschäftigte, die dem Teilbetriebsübergang widersprechen,
- keine Vorruhestandslösungen,
- keine Sicherung der Sonderschichtmodelle.

Der Arbeitgeber legte während der Verhandlungen einen eigenen umfassenden Entwurf seiner Positionen und Vorstellungen vor.

Verhandlungsphase

Während der sehr zeitaufwendigen und intensiven Verhandlungen, die sich über drei Monate hinzogen, konnte zu einigen Teilbereichen eine Einigung erzielt werden. Dazu zählten u. a.:

- eine Überleitungsvereinbarung für die vom Teilbetriebsübergang betroffenen Beschäftigten,
- ein Rahmensozialplan (ohne Transfergesellschaft),
- ein Qualifizierungs- und Beurteilungsprogramm,
- wesentliche Regelungen für die Rahmenvereinbarung.

Allerdings stand von beiden Seiten die Einigung in den einzelnen Punkten immer unter dem Vorbehalt einer Gesamteinigung.

Zu den anderen o.a. wesentlichen Verhandlungszielen beider Seiten konnte jedoch, auch nach Intervention der IG Metall, keine Einigkeit erzielt werden. Der Betriebsrat konnte in den Verhandlungen nicht durchsetzen, dass

- eine mittelfristige detaillierte Personalplanung aufgestellt und beraten wird,
- zur Überwindung eines zeitlich befristeten Personalüberhangs Konjunkturkurzarbeit durchgeführt wird,

- die Beschäftigten, die einem Teilbetriebsübergang widersprechen, Abfindungsansprüche bei Kündigung haben,
- die Transfergesellschaft ausreichend materiell ausgestattet und dass
- Vorruhestandslösungen und Sonderschichtmodelle gesichert werden.

Auf der anderen Seite gelang es dem Arbeitgeber nicht,
- Auswahlkriterien für den gesamten Restrukturierungsprozess,
- Namenslisten für die jeweils konkreten Maßnahmen und
- eine namentliche Zuordnung der vom Teilbetriebsübergang Betroffenen

zu vereinbaren.

Betriebsrat und Arbeitgeber stellten gemeinsam das Scheitern der Verhandlungen fest und verständigten sich darauf, die Einigungsstelle anzurufen.

Einigungsstelle

Beide Seiten konnten sich auf den Vorsitz der Einigungsstelle sowie, wegen dem Umfang und dem Schwierigkeitsgrad des Regelungsgegenstands, für jede Seite vier Beisitzer und jeweils einen gesonderten Verfahrensbevollmächtigten verständigen.

Für den Betriebsrat nahmen die Betriebsratsvorsitzende sowie zwei weitere, aus den betroffenen Bereichen stammende Betriebsratsmitglieder und ein Fachanwalt für Arbeitsrecht die Beisitzerfunktion wahr. Die Funktion des gesonderten Verfahrensbevollmächtigten nahmen entweder die IG Metall-Sekretärin oder der Sachverständige des Betriebsrats wahr. Die Betriebsratsseite war mit einer entsprechenden Abschlussvollmacht ausgestattet.

Die Einigungsstelle kam insgesamt zu fünf Sitzungsterminen zusammen. Die letzten beiden entscheidenden Termine liefen zeitlich bis in die frühen Morgenstunden.

Die Vorsitzende wies während den Beratungen in der Einigungsstelle mehrmals darauf hin, dass etliche Regelungsbedarfe beider Seiten nicht durch einen Spruch der Einigungsstelle geregelt werden können.

Spruchfähig seien lediglich:
- der Abschluss eines Sozialplans wegen der vom Arbeitgeber konkret geplanten Betriebsänderungen und
- eine Vereinbarung über Auswahlkriterien gem. § 95 BetrVG.

In der Einigungsstelle wurden umfassend, teilweise getrennt und teilweise gemeinsam, alle divergierenden Fragen erörtert. Es wurden diverse Regelungsmodelle entwickelt und durchgesprochen. Vor dem letzten Sitzungstag fasste die Vorsitzende die bisher zu den einzelnen Punkten im Wesentlichen erzielten Übereinkünfte noch einmal in einem schriftlichen Regelungsentwurf zusammen und erarbeitete zu den strittigen Punkten Kompromissvorschläge. Auch diese wurden nochmals erörtert und teilweise verändert.

Am Schluss der fünften Sitzung schlossen die Parteien eine Betriebsvereinbarung, die von der Geschäftsführung und der Betriebsratsvorsitzenden unterzeichnet wurden.

Ergebnisse
Die von den Parteien abgeschlossene Betriebsvereinbarung enthält drei Vereinbarungen und fünf Anlagen.
Gegenstände der Vereinbarungen sind:

I. Rahmenvereinbarung
Da ein abschließender Interessenausgleich für alle von der Geschäftsführung und Konzernleitung geplanten Maßnahmen zur Zeit noch nicht abgeschlossen werden konnte, verpflichten sich die Betriebsparteien auf bestimmte prozessbegleitende Rahmenregelungen, die für alle in der Rahmenvereinbarung genannten Projekte gelten sollen.
Wesentliche Inhalte der Rahmenvereinbarung sind:

1. Prozessbegleitende Maßnahmen
   a. rechtzeitige und umfassende Information und Beratung mit Wirtschaftsausschuss und Betriebsrat
   b. insbesondere durch detaillierte Maßnahmenplanung und nachvollziehbaren – mind. quartalsweisen – Personalplanungen
   c. Interessenausgleichsverhandlungen über die geplanten Maßnahmen
   d. Umsetzungsmaßnahmen werden jeweils erst nach Abschluss der Interessenausgleichsverhandlungen durchgeführt
2. Zeitplanung der Maßnahmen, vom 1. 10. 2004 – 31. 12. 2007
3. Auswahlkriterien für notwendige Sozialauswahl
   a. Dienstalter, Lebensalter, Unterhaltspflichten und Schwerbehinderung
   b. Punkteschema
   c. Keine Herausnahme von Beschäftigten aus berechtigtem betrieblichen Interesse (§ 1 Abs. 3 Satz 2)
   d. Nach Auswahlkriterien Namensliste
4. Qualifizierungs- und Beurteilungsprogramm
   a. Regelungen für die gemeinsame Erarbeitung von Qualifizierungs- und Beurteilungsprogrammen
   b. Auswahl und Behandlung der Beschäftigten
   c. Nachschulungen und Maßnahmen bei Erfolglosigkeit
   d. Anspruch auf Sozialplanleistungen auch bei notwendigen Einzelkündigungen
5. Sonderschichtmodelle
   a. für leistungsgewandelte Beschäftigte und
   b. für Mitarbeiter in Teilzeit

c. Vereinbarung über die Verhandlungen zu einer »BV Sonderschichtmodelle« mit Abschluss bis zum 31. 12. 2004, sollte das nicht gelingen, wird dazu eine Einigungsstelle angerufen

II. Interessenausgleich
Für die konkret geplanten Maßnahmen:
1. Outsourcing Lager
   a. Outsourcing mit Wirkung zum 1. 1. 2005
   b. Betriebsübergang aller dort beschäftigten 25 Mitarbeiter/innen gem. Überleitungsvereinbarung
   c. Einigkeit der Betriebsparteien, dass für die betroffenen MA keine alternativen vergleichbaren Arbeitsplätze zur Verfügung stehen
   d. deshalb bei Widerspruch betriebsbedingte Kündigung mit Anspruch auf Abfindung gem. Sozialplan
2. Produktionsverlagerung und Personalabbau 2004
   a. nach detaillierter und mit dem Betriebsrat abgestimmter Personalplanung insgesamt 45 Personalüberhänge,
   b. Alternative, freie oder frei werdende Arbeitsplätze stehen absehbar nicht zur Verfügung,
   c. Mitarbeiter müssen aus den definierten Bereichen abgebaut werden,
   d. Sozialauswahl entsprechend Auswahlkriterien und abgestimmter Vergleichsgruppen,
   e. Vor Beendigungskündigung Angebot zum Wechsel in die Transfergesellschaft gem. Sozialplan,
   f. Anspruch auf Abfindungs-, Transfer- und evtl. Vorruhestandslösungen gem. Rahmensozialplan
3. Produktionsverlagerung und Personalabbau 2005
   a. gem. bisheriger Personalplanung 2005 werden zwei Personalanpassungen mit zusammen ca. 130 Personalüberhängen erforderlich sein
   b. konkreter Überhang wird anhand jeweils aktueller Personalplanungen bestimmt
   c. Personalplanungen mit einem Zeithorizont von jeweils 18 Monaten
   d. Personalüberhang darf frühestens zum Personalabbau führen, wenn er länger als drei Monate besteht
   e. Betriebsbedingte Kündigungen nur dann, wenn
      aa. die gesetzlichen Voraussetzungen zur Durchführung von Konjunkturkurzarbeit nicht erfüllt sind (gem. §§ 169ff. SGB III) oder
      bb. die Betriebsparteien sich nicht auf die Einführung von Kurzarbeit einigen konnten (gem. § 87 Abs. 1 Nr. 3 BetrVG) und
      cc. Vorruhestandslösungen auch im »Ringtauschverfahren«
      dd. Versetzungen nach Qualifizierung

ee. Überleitung in eine Transfergesellschaft jeweils gem. Rahmensozialplan nicht ausreichen, um den Personalüberhang aufzufangen.
f. Sonderregelungen für leistungsgewandelte Beschäftigte.

III. Rahmensozialplan
1. Abfindungen
   a. Sockelbetrag
   b. Steigerungsbetrag nach Formel
   c. Lebensalter × Betriebszugehörigkeit × Bruttomonatseinkommen / Divisor 35–55 je nach Lebensalter,
   d. Schwerbehindertenpauschale gestaffelt nach Behinderungsgrad,
   e. Kinderpauschale,
   f. Alleinerziehendenpauschale
2. Sonstige Leistungen
   a. voller Jahresurlaub und Urlaubsgeld, wenn Arbeitsvertrag nach dem 30.6. endet (bis zum 30.6. anteilig)
   b. für jeden Beschäftigungsmonat ein Zwölftel der tariflichen Sonderzahlung
   c. Jubiläumszahlungen für das Jahr des Ausscheidens
   d. Gewährte Vermögenswirksame Leistungen für neun Monate als Einmalzahlungen mit der letzten Gehaltsabrechnung.
3. Vorruhestandslösungen
   a. für MA, die das 55. Lebensjahr vollendet haben,
   b. freiwilliger Ringtausch möglich
   c. Altersteilzeit gem. TV zur ATZ
   d. Abfindungen gem. TV zur Beschäftigungsbrücke plus
   e. zusätzliche Abfindung für MA, die weniger als sechs Jahre ATZ wahrnehmen
4. Transfergesellschaft
   a. Laufzeit jeweils zwölf Monate an drei festgelegten Stichtagen
   b. Aufstockung des Transfer-Kug auf 80 % des Nettoentgeltes
   c. Verpflichtung, dass der Arbeitgeber die Remanenzkosten finanziert
   d. Übernahme der Qualifizierungskosten von 200 €/Beschäftigte/Monat
   e. Urlaubsanspruch 30 Tage
   f. Übernahme der notwendigen Profilingkosten
   g. Anspruch der Beschäftigten auf 60 % Abfindung
   h. bei vorzeitigem Ausscheiden aus der TG erhalten die Beschäftigten die Hälfte der eingesparten Kosten zum Ausscheidenstermin ausgezahlt
   i. gemeinsame Auswahl der TG zwischen den Betriebsparteien

Überleitungsvereinbarung

Zur Überleitung der Beschäftigungsbedingungen der Lagermitarbeiter/innen gelten folgende Regelungen:

- Vergütungsschutz mit etwaigen Ausgleichszahlungen für drei Jahre zugesichert,
- Dienstjubiläumsleistungen für drei Jahre zugesichert,
- Abfindungsstaffel bei betriebsbedingter Kündigung innerhalb von drei Jahren zwischen 100 % und 80 % gem. Sozialplan,
- besonderer bestehender tariflicher Kündigungsschutz wird beibehalten,
- betriebliche Altersversorgung wird gesichert,
- Belegschaftsaktien können ausgezahlt werden,
- Mitgliedschaft in der Betriebskrankenkasse kann beibehalten werden.

Umsetzung

Die geplanten Betriebsänderungen waren zum Ende des Jahres 2007 umgesetzt. Der Betriebsübergang der Lagermitarbeiter ging reibungslos vonstatten. Bis auf fünf Beschäftigte, die danach über Abfindungen das Unternehmen verließen, haben alle anderen den Betriebsübergang vollzogen. Sie sind nach dem letzten Informationsstand nach wie vor im neuen Unternehmen beschäftigt.

Der Personalabbau in 2004 sorgte bei den betroffenen Beschäftigten, insbesondere wegen der Namensliste, für einige Aufregung. Auch waren die Betroffenen mit einer Eigenbeteiligung an der Transfergesellschaft nicht einverstanden. Nur ca. die Hälfte der betroffenen Beschäftigten (25 Arbeitnehmer/innen) nahm das Angebot zum Wechsel in die TG an.

Für den Personalabbau in 2005 wurde eine Vereinbarung über Konjunkturkurzarbeit nach zähen Verhandlungen mit dem Arbeitgeber abgeschlossen. Aus den in 2005 aktuellen Personalplanungen stellte sich die Beschäftigungslücke zwischen dem sukzessiven Auslaufen der alten Produktion und dem Anlaufen der neuen Produktion bis hin zur Vollauslastung von 15 Monaten dar. In dieser Zeit sollten alle Produktionsmitarbeiter zwischen 10–20 % ihrer Arbeitszeit, unterschiedlich verteilt über die Monate, in die Kurzarbeit.

Nachdem die Kurzarbeit im Mai 2005 mit der zuständigen Agentur für Arbeit abgesprochen worden war, stellte sich aufgrund geänderter Bedarfe und Verzögerungen bei der Produktverlagerung heraus, dass im Betrieb weit mehr als geplant produziert werden musste. Somit konnte im Folgenden die gesamte Kurzarbeit ausfallen, und kein/e Arbeitnehmer/in wurde entlassen.

Inzwischen ist das »alte« Produkt vollständig verlagert und das »neue« Produkt in die Standardproduktion überführt. Schon wird wieder über Verlagerung von Produktion und neuen Produkten am Standort diskutiert. Zudem ist das Gesamtunternehmen in ein neues Konzernunternehmen überführt worden.

Nach den letzten Informationen durch den Betriebsrat sind mit Beginn des Jahres 2008 zusätzliche Beschäftigte für die Produktion eingestellt worden, darunter etliche Beschäftigte, die 2004 in die Transfergesellschaft gewechselt waren und während der ganzen Zeit ihre Wiedereinstellungswünsche über den Betriebsrat geltend gemacht haben.

Einschätzung

Mit den abgeschlossenen Vereinbarungen konnte der Betriebsrat seine ursprünglich gesetzten Ziele weitgehend erreichen. Lediglich die Vereinbarung einer Namensliste zur Personalmaßnahme 2004 war bis zuletzt im Betriebsrat heftig umstritten und wurde nur aufgrund des Gesamtpaketes akzeptiert.

Der Betriebsrat führt diese positiven Verhandlungsergebnisse auf die Ängste der Konzern- und der Unternehmensleitung vor Imageverlusten, auf Unruhe innerhalb der Belegschaft sowie auf die intensive Unterstützung von Gewerkschaftsseite und durch einen Sachverständigen und einen Rechtsanwalt zurück. Der Abschluss des Gesamtpaketes wäre ohne die Einschaltung der Einigungsstelle und dem damit einhergehenden zeitlichen und inhaltlichen Druck auf die Unternehmensleitung nicht gelungen.

In der Umsetzungsphase ist es dann, wie oben berichtet, zu den angedrohten und geplanten weiteren Personalabbaumaßnahmen nicht gekommen.

Hierbei zeigt sich einmal mehr, dass Zeitgewinn, hier durch zeitliche Streckung der Maßnahmen und damit einhergehender Qualifizierung der Beschäftigten, manchmal die geplanten Personalabbaumaßnahmen hinfällig machen kann. Auch noch so detaillierte Unternehmensplanungen sind auf die Zukunft gerichtet und tragen ein mehr oder weniger großes Fehlerpotential in sich.

In diesem Fall waren es nicht vorhersehbare (kalkulierte) Verzögerungen bei der Produktverlagerung und höhere Absatzmengen (Produktion) bei den hergestellten Produkten, die letztendlich die weiteren Personalabbauplanungen überflüssig machten.

Durch die verabredete rechtzeitige und detaillierte Produktions- und Personalplanung war der Betriebsrat laufend in der Lage, die Planungen zu überprüfen und anzupassen.

Insgesamt sind von den geplanten ca. 200 Personalüberhängen nur 45 durch Kündigung der Arbeitsverhältnisse beendet worden, ca. 20 wurden bis Januar 2008 wieder fest eingestellt, weitere 25 Arbeitsplätze sind durch Betriebsübergang abgebaut worden. Alle anderen Arbeitsplätze und Beschäftigungsverhältnisse sind erhalten geblieben.

II. Betriebsschließung

Fall 2:
Das Unternehmen aus der Branche der Autozulieferindustrie hat eine Betriebsstätte mit 45 überwiegend langjährigen Beschäftigten in Schwaben. Seit Ende der 90er Jahre stiegen Umsatz und Gewinn rasant, während die Beschäftigung weitgehend stabil blieb. Auch 2008, im Jahr der beginnenden globalen Wirtschafts- und Finanzkrise, wurde noch ein Gewinn in Millionenhöhe erwirtschaftet.
Im Herbst 2007 war das Unternehmen vom bisherigen Eigentümer an einen einem englischen Finanzinvestor gehörenden Konzern verkauft worden, der ähnliche Produkte in Unternehmen in Deutschland, Europa und weltweit herstellt und vertreibt.
Der Betriebsrat besteht aus drei Mitgliedern. Er ist auch im Konzernbetriebsrat vertreten. In der Vergangenheit gab es in dem patriarchisch geführten Familienbetrieb kaum nennenswerte Konflikte. Der Betriebsrat war daher wenig konflikterfahren. Der Organisationsgrad der Belegschaft ist gering.

Beschreibung der Betriebsänderung
Im November 2008 informiert die in Deutschland agierende Konzernleitung den Betriebsrat, dass man 2009 aufgrund der durch die globale Wirtschafts- und Finanzkrise ausgelösten Rezession gezwungen sei, Synergien zu nutzen und Personalkosten zu sparen, indem man die Produktion des Unternehmens in den Hauptbetrieb der Konzernmutter verlagert und diesen damit besser auslastet. Der Betrieb soll zum 30.6.2009 geschlossen, die Maschinen verlagert, verkauft oder verschrottet und die Beschäftigten entlassen werden. Nur so ließen sich die Gewinnerwartungen der geldgebenden Banken befriedigen. Die Unterschreitung der Erwartungen hätte eine Verletzung der Convenants (Nebenvereinbarung zum Kreditvertrag) und damit Kreditzinserhöhung zur Folge. Die betroffene Belegschaft ist geschockt und verärgert, hatte man doch bis zuletzt gehofft, einen großen Neuauftrag im Millionenbereich, dessen Bestellungen gerade anlaufen, im eigenen Betrieb produzieren zu dürfen. Schließlich war man an der Produktentwicklung maßgeblich beteiligt. Dieser geht nun an einen anderen deutschen Betrieb des Konzerns. Nach Auffassung des Betriebsrats hätte man nach einem mageren Jahr 2009, bei dem man aufgrund von Kurzarbeit dennoch ein positives Ergebnis erwartete, in 2010 wieder durchstarten können. Er vermutet, dass hier die Rezession als Sündenbock für Entwicklungen herhalten muss, die sowieso schon geplant waren.
Da es sich hier um einen klaren Fall des § 111 Nr. 1 BetrVG handelt, legte der Arbeitgeber, vertreten durch den Personalleiter, unmittelbar nach Information des Betriebsrats und der Belegschaft den folgenden Entwurf für einen Interessenausgleich auf den Tisch und forderte den Betriebsrat zur Aufnahme von Verhandlungen auf.

Arbeitgeberentwurf für Interessenausgleich:

»Präambel
Die gesamte Automobilindustrie befindet sich derzeit in einer schweren wirtschaftlichen Krise. Die [...]-Gruppe hat deshalb dramatische Auftragsrückgänge zu verzeichnen.
Auch die weiteren Umsatzprognosen lassen keine Änderung erkennen.
Vor diesem Hintergrund hat die Geschäftsführung beschlossen, den Standort in [...] stillzulegen und die Geschäftstätigkeit auf andere Standorte zu konzentrieren.
Die Betriebsparteien vereinbaren deshalb den folgenden Interessenausgleich gem. § 112 Abs. 1 BetrVG:

§ 1 Betriebsänderung
Der Standort [...] wird spätestens zum 30.6.2009 stillgelegt. Damit entfallen alle Arbeitsplätze.
Der Betriebsrat nimmt die Betriebsstilllegung zur Kenntnis.

§ 2 Durchführung
(1) Der Auslauf der Produktion und der Abbau der Maschinen und Gerätschaften erfolgt sukzessive ab dem 30.6.2009.
(2) Die Arbeitsverträge der betroffenen Mitarbeiter werden schnellstmöglich unter Einhaltung der gesetzlichen oder einzelvertraglichen Kündigungsfrist von der Gesellschaft gekündigt. Die erforderlichen Kündigungen erfolgen aufgrund eines dringenden betrieblichen Erfordernisses i.S.v. § 1 Abs. 2 KSchG. Das Recht der Gesellschaft zu Kündigungen aus personen- oder verhaltensbedingten Gründen oder aus wichtigem Grund bleibt unberührt.
(3) Alle Mitarbeiter sind bis zum Ablauf der Kündigungsfrist zur Arbeitsleistung verpflichtet. Die Gesellschaft ist aber berechtigt, die Mitarbeiter von der Arbeit freizustellen.
(4) Betriebsbedingt gekündigte Mitarbeiter werden innerhalb von einer Woche nach Zugang der Kündigung ohne gesonderte Aufforderung durch die Gesellschaft ein wohlwollendes und qualifiziertes Zwischenzeugnis erhalten, das der Suche nach einem neuen Arbeitsplatz förderlich ist.

§ 3 Anhörung des Betriebsrats nach § 102 BetrVG sowie § 17 KSchG
(1) Dem Betriebsrat liegt die Liste mit den Sozialdaten aller Mitarbeiter (Betriebszugehörigkeit, Lebensalter, Familienstand, Unterhaltspflichten, Schwerbehinderung, Sonderkündigungsschutz soweit bekannt) vor. Der Betriebsrat stimmt der wegen der Betriebsstilllegung notwendigen fristgerechten Kündigung der Arbeitsverhältnisse aller Mitarbeiter zu. Das Anhörungsverfahren ist damit abgeschlossen. Soweit zur Kündigung die Zustimmung von Behörden notwendig ist, wird der Betriebsrat erklären, dass er gegen die Kündigung keine Einwendungen erhebt.
(2) Dieser Interessenausgleich gilt zugleich als Stellungnahme des Betriebsrats im Sinne des § 17 KSchG.

§ 4 Sozialplan
Zum Ausgleich und zur Milderung der wirtschaftlichen Nachteile der von der Stilllegung betroffenen Mitarbeiter werden die Parteien einen Sozialplan abschließen. Hierfür stellt die Gesellschaft einen Betrag in Höhe von 400 000 € zur Verfügung.

§ 5 Schlussbestimmungen
(1) Diese Vereinbarung tritt mit Unterzeichnung in Kraft. Sie endet, ohne dass es einer Kündigung bedarf, mit dem Abschluss sämtlicher Maßnahmen, spätestens am 31.12.2009.
(2) Die Parteien sind sich einig, dass die Verhandlungen abgeschlossen sind und das Verfahren zur Herbeiführung eines Interessenausgleichs im Hinblick auf die beschriebenen Maßnahmen beendet ist.«

Betriebsrat beschließt die Hinzuziehung eines Rechtsanwalts
Der Betriebsrat fühlt sich mit der Situation überfordert und beschließt auf Anraten des Konzernbetriebsratsvorsitzenden, einen in Betriebsänderungen erfahrenen Rechtsanwalt hinzuzuziehen. Der Arbeitgeber erklärt sich mit der Hinzuziehung einverstanden.
Bereits in der ersten Verhandlungsrunde wird deutlich, dass die Konzernleitung von ihren Stilllegungsplänen nicht abrücken wird. Daher verständigen sich der Betriebsrat und der Rechtsanwalt darauf, die Einrichtung einer Transfergesellschaft für zwölf Monate für alle und eine Aufstockung des Transfer-Kug auf 85 % sowie hohe Abfindungen zu fordern. Begründet wird dies mit dem hohen Altersdurchschnitt der Belegschaft und den schlechten Arbeitsmarktchancen in der Region. Bei den Abfindungen wurde ein Sockelbetrag von 10 000 € sowie eine variable, am Lebensalter orientierte Abfindung von 1,1 bis 1,8 Bruttomonatsverdiensten sowie Zuschläge für unterhaltsberechtigte Kinder und für Schwerbehinderte gefordert. Der geforderte Sozialplan einschließlich der Kosten der Transfergesellschaft hatte ein Gesamtvolumen von 4,2 Mio. €. Der Arbeitgeber wollte keine Transfergesellschaft und bot als Sozialplanvolumen 400 000 € an. Der Betriebsrat wertete dieses Angebot als Provokation und erklärte die Verhandlungen für gescheitert. Es sollte die Einigungsstelle angerufen werden. Der Arbeitgeber war darauf vorbereitet und man einigte sich auf einen erfahrenen Vorsitzenden und je drei Beisitzer auf jeder Seite.

Erste Einigungsstellensitzung
An der ersten Einigungsstellensitzung, die Anfang Dezember 2008 stattfand, nahmen auf Betriebsratsseite der Betriebsratsvorsitzende, der Rechtsanwalt und ein betriebswirtschaftlicher Sachverständiger teil. Letzterer, so glaubte man, würde erforderlich sein, weil der Hauptstreit vermutlich um die wirtschaftliche Vertretbarkeit des Sozialplanvolumens gehen würde. Außerdem war in einem Nebenraum der gesamte restliche Betriebsrat anwesend, der auch laufend über

den Stand der Verhandlungen – teilweise auch vom Einigungsstellenvorsitzenden persönlich – informiert wurde.
Die Sitzung dauerte zehn Stunden und diente vor allem dem Austausch der Standpunkte und der Klärung noch offener Fragen. Der Vorsitzende machte am Ende der Sitzung beiden Seiten Auflagen: Der Arbeitgeber wurde verpflichtet, dem betriebswirtschaftlichen Sachverständigen die Jahresabschlüsse des Unternehmens und des Konzerns für die beiden letzten Jahre sowie Excel-Tabellen mit allen sozialplanrelevanten Daten aller Beschäftigten binnen 14 Tagen zur Verfügung zu stellen. Die Beisitzer des Betriebsrats wurden aufgefordert, darauf binnen weiterer 14 Tage zu erwidern und vor allem zur Frage der wirtschaftlichen Vertretbarkeit des vom Betriebsrat geforderten Sozialplanvolumens Stellung zu nehmen. Dabei ließ der Einigungsstellenvorsitzende offen, ob dafür der Einzelabschluss des Unternehmens oder der Konzernabschluss maßgebend ist.
Der Antrag der Arbeitgeberseite, den Interessenausgleich für gescheitert zu erklären und damit den Weg für eine Massenentlassungsanzeige und den Ausspruch betriebsbedingter Kündigungen freizumachen, wurde mit der Stimme des Vorsitzenden zurückgewiesen. Der Vorsitzende machte deutlich, dass für ihn Interessenausgleich und Sozialplan eine Einheit darstellen. Damit hatte der Betriebsrat sein erstes Etappenziel erreicht, nämlich das Scheitern des Interessenausgleichs zunächst zu verhindern.

Auswertung der Jahresabschlüsse durch den betriebswirtschaftlichen Sachverständigen

Der Arbeitgeber stellte innerhalb einer Woche die Jahresabschlüsse für das Unternehmen und den Konzern zur Verfügung. Dabei fiel dem Sachverständigen auf, dass für den Konzernabschluss Kopien der Wirtschaftsprüferberichte der Jahre 2006 und 2007 vorgelegt wurden, für das Unternehmen, dessen Betrieb stillgelegt werden sollte, dagegen selbsterstellte Bilanzen und GuV-Rechnungen auf Excel-Basis. Außerdem fiel dem Sachverständigen auf, dass in der Bilanz keinerlei Bankkredite ausgewiesen waren, in der GuV-Rechnung aber ein durch Zinsaufwand verursachtes negatives Finanzergebnis in Millionenhöhe ausgewiesen wurde. Auf Nachfrage wurde erläutert, dass der Finanzinvestor konzernintern die Zinsen und Tilgungsraten für den kreditfinanzierten Teil des Kaufpreises – nämlich 70 % – dem Unternehmen anlastet. Dies sei bei kreditfinanzierten Unternehmenskäufen durch Finanzinvestoren die Regel. Das sollte auch dem Sachverständigen bekannt sein. So war es dann nicht verwunderlich, dass das Unternehmen wegen des hohen negativen Finanzergebnisses einen Verlust in der GuV-Rechnung und wegen der Tilgungsraten auch einen negativen Cash-Flow und eine entsprechende Verschuldung bei der Muttergesellschaft auswies. Die Forderung des Sachverständigen nach Vorlage von Kopien der handelsrechtlichen Abschlüsse wurde wegen angeblicher Irrelevanz verweigert. Der Rechtsanwalt informierte den Einigungsstellenvorsitzenden über diesen Vorgang.

Zweite Einigungsstellensitzung
Kurz vor Weihnachten 2008 fand die zweite Einigungsstellensitzung statt. Parallel wie bei der ersten Sitzung tagte der gesamte Betriebsrat in einem Nebenraum und war in alle Diskussionen mit einbezogen. Wie zu erwarten, ging es zunächst darum, inwieweit der Arbeitgeber die Auflagen des Vorsitzenden erfüllt hat. Nachdem der Sachverständige erläutert hatte, weshalb ein eigens gefertigter Jahresabschluss des betroffenen Unternehmens nicht akzeptabel sei, weil eine Überprüfung der Angaben nicht möglich ist, verlangte auch der Vorsitzende, dass die handelsrechtlichen Abschlüsse unverzüglich per Fax beigeschafft werden sollten. Ansonsten müsste die Einigungsstellensitzung aufs neue Jahr verschoben werden. Da damit der Ausspruch von Kündigungen noch in diesem Jahr nicht mehr möglich wäre, lenkte der Arbeitgeber ein und besorgte unverzüglich die Kopien der angeforderten Jahresabschlüsse. Während die übrigen Mitglieder der Einigungsstelle mit dem Vorsitzenden über einzelne Formulierungen und Regelungen im Sozialplan sowie über Sinn und Unsinn einer Transfergesellschaft diskutierten, warf der Sachverständige in einem Nebenraum einen Blick über die neu zur Verfügung gestellten Unterlagen. Es zeigt sich Folgendes: Das Unternehmen hatte die letzten Jahre regelmäßig mit einem Gewinn von mehr als 1 Mio. € abgeschlossen, der aber aufgrund eines Beherrschungs- und Ergebnisabführungsvertrages mit der Muttergesellschaft an diese abgeführt wurde. Das Eigenkapital der Gesellschaft betrug 7 Mio. €. Das Unternehmen hatte keine Bankschulden, sondern lediglich Verbindlichkeiten gegenüber Lieferanten und der Muttergesellschaft.
Die anschließende Diskussion in der Einigungsstelle verlief dann zunächst äußerst hitzig. Der Rechtsanwalt des Arbeitgebers wollte vom betriebswirtschaftlichen Sachverständigen wissen, ob es nicht zuträfe, dass es ein ständig praktiziertes Modell von Finanzinvestoren sei, den kreditfinanzierten Kaufpreis auf das gekaufte Unternehmen überzuwälzen, das dann die Zins- und Tilgungslasten zu tragen habe. Der Sachverständige bejahte dies, fügte aber hinzu, dass es dazu erforderlich sei, im Wege eines »Downstream-Merger« des Käuferunternehmens auf das gekaufte Unternehmen zu verschmelzen, was gerade hier nicht der Fall sei. Warum auf diese Möglichkeit verzichtet wurde, sei nicht erheblich. Maßgeblich sei der handelsrechtliche Abschluss und der enthielt keine Bankschulden, die das Unternehmen zu Zins- und Tilgungsleistungen verpflichteten. Bei einem Eigenkapital von 7 Mio. € sei ein Sozialplanvolumen von 4,2 Mio. €, wie vom Betriebsrat gefordert, leicht zu finanzieren, auch unter Berücksichtigung weiterer Schließungskosten, die der Arbeitgeber ins Feld führte. Da der gesamte Betrieb geschlossen werden soll, kann es durch die Sozialplanabfindung auch nicht zu einer weiteren Gefährdung von Arbeitsplätzen im Betrieb kommen.

An dieser Stelle unterbrach der Vorsitzende die Einigungsstellensitzung und führte getrennte Gespräche mit beiden Parteien. Der Vorsitzende gab der Betriebsratsseite zu verstehen, dass er davon ausgehe, dass die Forderung von 4,2 Mio. € nicht das letzte Wort des Betriebsrats sei und dass er auch dem Arbeitgeber deutlich zu verstehen gegeben habe, dass angesichts der guten wirtschaftlichen Daten ein Minisozialplan mit einem Volumen von 400 000 € mit ihm nicht zu machen sei. Die Betriebsratsseite gab zu verstehen, dass für sie zunächst maßgebend sei, ob der Arbeitgeber die Einrichtung einer Transfergesellschaft mittrage. Danach könne erneut über das Volumen unter Berücksichtigung der Kosten der Transfergesellschaft geredet werden.
Es dauerte eine geraume Zeit, bis der Vorsitzende mit der positiven Nachricht zurückkam, dass eine Transfergesellschaft mitgetragen würde, wenn noch heute eine Einigung über das Sozialplanvolumen erzielt und der Interessenausgleich zustande komme oder für gescheitert erklärt werden würde. Allerdings dürfte das Sozialplanvolumen nicht mehr als 1,8 Mio. € betragen. Dies sei doch eine erhebliche Bewegung des Arbeitgebers, dem nun auch die Betriebsratsseite Rechnung tragen müsse. Daraufhin erklärte die Betriebsratsseite, dass das Sozialplanvolumen mind. 3,6 Mio. € betragen müsse. Es folgten noch mehrere getrennte Verhandlungen mit dem Vorsitzenden, bis schließlich die Parteien nur noch 800 000 € auseinander lagen. Der Arbeitgeber bot 2,6 Mio. €, der Betriebsrat hatte seine Forderung auf 3,4 Mio. € reduziert. Der Vorsitzende berichtete, dass sich die Arbeitgeberseite nicht mehr weiter bewegen könnte, weil sonst eine Abfindungsformel in den Sozialplan Eingang fände, die es im Konzern bisher so nicht gegeben hatte und die sicherlich ganz schnell die Runde machen würde. Da ein weiterer Personalabbau im Konzern anstehe, würde die Anwendung dieser Formel dann zu einer Explosion der Sozialplankosten führen, die sich der Konzern nicht leisten könne. Dafür müsste der Betriebsrat doch Verständnis aufbringen. Nach internen Beratungen machte die Betriebsratsseite dem Vorsitzenden den Vorschlag, dass man auf eine konkrete Abfindungsformel im Sozialplan verzichten und stattdessen einen Anhang vereinbaren könne, in dem für jeden Beschäftigten dessen individuelle Abfindungshöhe enthalten sei. Diese müsse natürlich nach einheitlichen Kriterien ermittelt werden, aber nicht explizit im Sozialplan als Formel ausgewiesen werden. Der Vorsitzende rief daraufhin die Einigungsstelle wieder zusammen und machte den Vorschlag, den Knoten in der Mitte durchzuschlagen und die bislang bestehende Differenz von 800 000 € zu halbieren. Er schlug daher ein Volumen von 3 Mio. € vor und anstelle einer Abfindungsformel eine Auflistung der Einzelabfindungen, die allerdings anhand einer (dann nicht veröffentlichten) Formel zu berechnen sei. Dieser Vorschlag fand dann, nachdem sich die Beisitzer des Arbeitgebers mit dem Finanzvorstand des Konzerns kurzgeschlossen hatten, auch die Zustimmung des Arbeitgebers.

Wer nun geglaubt hatte, mit dieser Einigung sei die Kuh vom Eis, der sah sich getäuscht. Der Arbeitgeber machte deutlich, dass er nicht bereit sei, bei den Kosten der Transfergesellschaft auch nur mit einem Cent ins Risiko zu gehen. Am liebsten wäre es ihm gewesen, der Betriebsrat würde auf die Transfergesellschaft verzichten. Das kam für den Betriebsrat aber nicht in Frage. Die in Aussicht genommene Transfergesellschaft, die während der ganzen Einigungsstellensitzung Gewehr bei Fuß stand, wurde gebeten, einen sehr vorsichtig kalkulierten Kostenplan für die Transfergesellschaft aufzustellen, damit nicht am Ende der Kostenrahmen von 3 Mio. € bei der Endabrechnung gesprengt werden würde. Daher wurden die Kosten der Transfergesellschaft vorsichtig kalkuliert und in Höhe von 1,209 Mio. € vom festgelegten Sozialplanvolumen abgezogen. Der verbleibende Betrag in Höhe von 1,791 Mio. € wurde für die Abfindungszahlungen vorgesehen. Allerdings sollten Einsparungen bei der Transfergesellschaft nach dem Verständnis des Betriebsrats nicht zu einer Minderung des Sozialplanvolumens führen. Deshalb wurde in einer besonderen Betriebsvereinbarung zur Errichtung einer Transfergesellschaft festgelegt, dass die Einigungsstelle nach einer Endabrechnung der Transfergesellschaft gegenüber dem Arbeitgeber über ggf. nicht verbrauchte Restmittel entscheidet.
Die endgültige Formulierung des Interessenausgleichs und Sozialplans sowie der ergänzenden Betriebsvereinbarung zur Errichtung einer Transfergesellschaft noch am selben Tag war nur möglich, weil die Einigungsstelle auf ausformulierte Entwürfe des Betriebsrats zurückgreifen konnte, die nur noch an die gefundenen Kompromisse anzupassen waren. Während der Einigungsstellenvorsitzende und die Rechtsanwälte beider Seiten an den Vereinbarungstexten feilten, erarbeiteten der Personalleiter und der Sachverständige am Laptop anhand einer Excel-Tabelle durch ständige Variation der einzelnen Abfindungsparameter eine Abfindungsformel, die das für die Abfindungszahlungen vorgesehene Volumen von 1,791 Mio. € bis auf den letzten Cent ausschöpfte. Spät in der Nacht war es vollbracht. Die Abfindung berechnete sich aus einem Grundbetrag von 4000 €, einem am Lebensalter orientierten Steigerungsbetrag, der von 1,2 auf 1,7 Bruttomonatsverdienste anstieg, sowie an Zuschlägen für Kinder in Höhe von 4000 € sowie für Schwerbehinderte von 10 000 €. Alles in allem erhalten die Beschäftigten Abfindungen in Höhe von durchschnittlich 2,25 Bruttomonatsverdiensten pro Jahr der Betriebszugehörigkeit (bei einer Bandbreite von 1,5 bis 3,5). Außerdem wurde eine Transfergesellschaft für zwölf Monate für alle vereinbart, unabhängig von den eingebrachten Kündigungsfristen. Das Kug wurde auf 85 % aufgestockt. Für Qualifizierungsmaßnahmen wurden 5000 € pro Beschäftigtem vereinbart, die allerdings in einen Qualifizierungstopf eingezahlt werden, aus dem dann die individuell erforderlichen Qualifizierungsleistungen finanziert werden sollten. Der Betriebsrat war mit dem Ergebnis sehr zufrieden.

Streit um die Verteilung der Restmittel
Ende 2010 war die Laufzeit der Transfergesellschaft vereinbarungsgemäß nach zwölf Monaten beendet. Alle Beschäftigten hatten das Angebot auf Abschluss eines 3-seitigen Vertrags angenommen und waren in die Transfergesellschaft gewechselt. Erfreulicherweise konnte eine ganze Reihe von Beschäftigten bereits nach wenigen Monaten in den ersten Arbeitsmarkt vermittelt werden. Deshalb ergab die Endabrechnung der Transfergesellschaft ein Guthaben nicht verbrauchter Mittel in Höhe von 150 000 €. Davon entfielen knapp 50 000 € auf nicht verbrauchte Qualifizierungsmittel, der Rest waren nicht verbrauchte Remanenzkosten.
Der Arbeitgeber vertrat die Auffassung, dass nur die ersparten Qualifizierungsmittel entsprechend dem Sozialplan noch an die Mitarbeiter zu verteilen wären, während der Betriebsrat der Auffassung war, dass der gesamte Restbetrag zur Verteilung ansteht. Um den Betriebsrat im Restmandat für seine Auffassung zu gewinnen, bot der Arbeitgeber an, den Betrag um 21 % aufzustocken, um damit die Steuerbelastung auszugleichen. Ansonsten drohte der Arbeitgeber im Falle der Anrufung der Einigungsstelle durch den Betriebsrat, die 21-%-Erhöhung zurückzunehmen und darüber hinaus aus diesem Betrag auch noch die Kosten der Einigungsstelle abzuziehen. Dennoch entschied sich der Betriebsrat dazu, die Einigungsstelle in der damaligen Besetzung anzurufen.
Wegen Terminschwierigkeiten fand die Einigungsstelle dann Anfang Mai 2011 statt. In Vorbereitung der Einigungsstelle hatten die Beisitzer des Betriebsrats bei der Auswertung der durch die Transfergesellschaft zur Verfügung gestellten Unterlagen herausgefunden, dass entgegen den bei Abschluss des Sozialplans kalkulierten Kosten der Transfergesellschaft 50 000 € geringere Kosten angefallen sind. Nach Auffassung der Beisitzer wurde damit von vornherein das vereinbarte Sozialplanvolumen nicht ausgeschöpft. Ihrer Meinung nach stünden daher insgesamt 200 000 € zur weiteren Verteilung zur Verfügung, über die die Einigungsstelle zu entscheiden habe. Überraschenderweise bestritt die Arbeitgeberseite, dass ursprünglich ein Volumen vereinbart worden sei, jedenfalls ginge dies aus dem Sozialplan nicht hervor. Anhand der Unterlagen und Berechnungsschritte bei der Abfindung konnten die Beisitzer des Betriebsrats aber darlegen, dass es eine Verständigung über das Sozialplanvolumen gab und auch der Einigungsstellenvorsitzende konnte sich noch daran erinnern. Allerdings vertrat der Einigungsstellenvorsitzende zur Überraschung der Beisitzer des Betriebsrats die Auffassung, dass die Formulierung im Sozialplan, dass die Einigungsstelle über die Verteilung der Restmittel entscheidet, seiner Erinnerung nach so zu verstehen sei, dass damit nicht nur die Verteilung auf die Mitarbeiter, sondern auch die Verteilung zwischen Mitarbeiter und Unternehmen zu verstehen sei. Leider war die Formulierung im Sozialplan auslegungsfähig. Schließlich einigte man sich darauf, dass 100 000 € an die 42 Beschäftigten gleichmäßig aufgeteilt werden und die Transfergesellschaft diese Verteilung übernimmt.

Einschätzung

Wenn man von der realistischen Einschätzung ausgeht, dass die geplante Betriebsstilllegung auch bei größtmöglicher Mobilisierung der Belegschaft und der betroffenen Region nicht zu verhindern war, dann stellt das materielle Einigungsstellenergebnis einen großen Erfolg für den Betriebsrat dar. Selbst wenn man davon ausgehen muss, dass das erste Arbeitgeberangebot von 400 000 € nicht ernst gemeint war, so ist die Erhöhung auf 3 Mio. € doch ein gewaltiger Schritt. Dass in diesem Volumen auch die Kosten der Transfergesellschaft mit enthalten waren, ist eine Selbstverständlichkeit. Auch war es ein Ausdruck großer Solidarität, dass allen Beschäftigten eine Verweildauer in der Transfergesellschaft von zwölf Monaten angeboten wurde, unabhängig davon, welche Kündigungsfristen eingebracht wurden. Dass alle Beschäftigten das Angebot, in die Transfergesellschaft zu wechseln, angenommen haben, zeigt ebenfalls, dass gute Bedingungen für die Transfergesellschaft ausgehandelt worden waren. Der gute Vermittlungserfolg aus der Transfergesellschaft heraus zeigt überdies, dass es sich hier um ein wichtiges Instrument der aktiven Arbeitsmarktpolitik handelt, auf das der Betriebsrat bei geplantem Personalabbau nicht verzichten sollte.
Zu Gute kam dem Betriebsrat, dass sich das kleine Unternehmen in einer guten wirtschaftlichen und finanziellen Situation befand, sodass es auf die Frage der Konzerndurchgriffshaftung hier nicht ankam. Begünstigt wurde der Erfolg auch dadurch, dass der Finanzinvestor aus bis heute nicht bekannten Gründen auf eine Verschmelzung und damit auf eine sonst durchaus übliche Vorgehensweise der Überwälzung des fremdfinanzierten Teils des Kaufpreises auf das gekaufte Unternehmen verzichtet hat. Wichtig war sicherlich auch, dass sich der Betriebsrat einen betriebswirtschaftlich versierten Beisitzer in die Einigungsstelle geholt hat, welcher der Arbeitgeberseite Paroli bieten konnte. Auch das Verhalten des Einigungsstellenvorsitzenden war sicherlich wesentlich für das Zustandekommen des Ergebnisses.

III. Unternehmensfortführung durch die Belegschaft

Fall 3:

Das Familienunternehmen wurde nach dem plötzlichen Tod des Inhaber-Geschäftsführers einige Monate vor der Stellung des Konkursantrages von der Rechtsform der Kommanditgesellschaft in eine GmbH umgewandelt. Zum Zeitpunkt der drohenden Stilllegung infolge des Konkursantrages waren ca. 115 Arbeitnehmer/innen einschließlich der Auszubildenden beschäftigt. In der einzigen Betriebsstätte des Unternehmens im Saarland wurden hochwertige Fenster hergestellt.
Es gab einen Betriebsrat und auch einen Wirtschaftsausschuss. Aufgrund der über-

schaubaren Betriebsgröße und der Tätigkeit des Betriebsratsvorsitzenden im kaufmännischen Bereich und in der Buchhaltung des Unternehmens hatte der Betriebsrat einen guten Einblick in die wirtschaftlichen Angelegenheiten. Hinzu kam, dass der Inhaber einen eher familiären Führungsstil pflegte.

Das Hauptprodukt der Firma – ein qualitativ hochwertiges Holz-Aluminium-Fenster – führte zu einer relativ guten Auftragslage und einer gesicherten Marktsituation, insbesondere bei öffentlichen Großaufträgen. Trotzdem konnte der Betriebsratsvorsitzende im Sommer 1985 ernste Anzeichen für eine drohende Zahlungskrise feststellen. Die vorhandenen liquiden Mittel reichten nicht mehr aus, die Löhne und Gehälter und die Rechnungen der Zulieferfirmen pünktlich zu begleichen. Diese Situation war auf mehrere Faktoren zurückzuführen:

- Die Firma hatte in den Vorjahren einen erheblichen Liquiditäts- und Kapitalbedarf durch das Ausscheiden eines zweiten Gesellschafters zu verkraften, dem ein erheblicher Betrag über mehrere hunderttausend DM auszuzahlen war. Hierzu mussten zusätzliche Kredite aufgenommen werden, die zu höheren Zinsbelastungen führten. Auch konnten erforderliche Ersatz- und Modernisierungsinvestitionen teilweise nicht oder nur verzögert durchgeführt werden.
- Ferner versuchte die Firma, ihre Fenster in einem zusätzlichen Marktsegment anzubieten. Über den Aufbau eines Vertriebsnetzes sollten auch Fenster für kleinere private Wohnbauten hergestellt und abgesetzt werden. Dies führte jedoch zu zusätzlichen Produktions- und Vertriebskosten, die durch den Verkaufserlös nicht mehr ausreichend gedeckt werden konnten. Längere Rüstzeiten infolge wesentlich geringerer Losgrößen im Privatwohnbau führten zu Terminschwierigkeiten bei zugesagten Lieferungen und zu einem erheblichen Personalmehrbedarf. Das Vertriebssystem erforderte umfangreiche Provisionsvorauszahlungen an Vertreter/innen und Außendienstmitarbeiter/innen, die über zusätzliche Kredite vorfinanziert werden mussten.
- Hinzu kam, dass die Baukonjunktur stagnierte und zusätzliche, ertragsstarke Aufträge zum Ausgleich dieser wirtschaftlichen Belastungen kaum zu akquirieren waren.

Betriebsrat befürchtete frühzeitig drohende Betriebsstilllegung

Als sich die ersten Liquiditätsschwierigkeiten bemerkbar machten, überlegten der Betriebsratsvorsitzende und einige Führungskräfte bereits, wie durch eine Beteiligung von Einzelpersonen aus der Belegschaft an der Firma die Kapitalbasis zur Überbrückung des Engpasses erhöht werden könnte. Die Prokuristen der Firma wären bereit gewesen, die damit verbundenen wirtschaftlichen Risiken zu tragen. Der Firmeninhaber stand diesen Überlegungen jedoch ablehnend gegenüber. Die Situation verschärfte sich gravierend, als dieser im Herbst 1985 plötzlich verstarb. Für viele Zulieferer und auch für die Hausbank war damit die »Vertrauensperson« verlorengegangen. Eine Konkursgefahr (heute: Insolvenzgefahr) zeichnete sich bereits deutlich ab. Ein von den Erben eingesetzter Verwalter wusste die ökonomische Situation nicht zu verbessern. Die Umwandlung der

Firma in eine GmbH zum Zweck der Haftungsbegrenzung für den Konkursfall (heute: Insolvenzfall) verursachte Kosten und führte zu einer weiteren Belastung der Kreditwürdigkeit, da nun eine persönliche Haftung durch den Gesellschafter nicht mehr gegeben war. Im März 1986 musste der Konkursantrag (heute: Insolvenzantrag) gestellt werden.
Bereits im Sommer 1985, als sich die ersten Liquiditätsschwierigkeiten abzeichneten, informierte der Betriebsratsvorsitzende die zuständige Bezirksgeschäftsstelle der Gewerkschaft Holz und Kunststoff (GHK). Aufgrund vergleichbarer Erfahrungen mit Liquiditätsschwierigkeiten in anderen Firmen schien der Bestand der Arbeitsplätze hochgradig gefährdet. Eine Betriebsstilllegung infolge einer möglichen Liquidation oder eines Konkurses (heute: Insolvenz) konnte nicht ausgeschlossen werden.
Die Beratungen mit der Gewerkschaft ergaben jedoch, dass die Firma eigentlich erfolgreich weitergeführt werden könnte. Die aktuellen Schwierigkeiten waren zunächst eine Folge außerordentlicher wirtschaftlicher Belastungen aufgrund der gesellschaftsrechtlichen Veränderungen oder falscher geschäftspolitischer Entscheidungen. Von diesen Einflussfaktoren abgesehen produzierte die Firma

- mit einer akzeptablen technischen Ausstattung
- in einem gut erhaltenen Fabrikgebäude
- ein solides Produkt, das sich auf dem Markt behaupten könnte,

so die Einschätzung auf Arbeitnehmerseite. Diese Beurteilung führt zu dem Schluss, dass die Arbeitsplätze dann erhalten werden könnten, wenn es gelänge, eine Lösung für die bestehenden Liquiditätsschwierigkeiten zu finden. Wenn die Eigentümer hierzu nicht bereit oder allein nicht in der Lage sein sollten, müssten Belegschaft, Betriebsrat und Gewerkschaft alles versuchen, eine mögliche Fortführung des Betriebes zum Erhalt der Arbeitsplätze zu sichern.
Diese Einstellung ist vor allem in Bezug auf die damalige Arbeitsmarktlage in der Region zu begreifen. Bei einer Reihe von Stilllegungen und Insolvenzen in der holzverarbeitenden Branche und in der Bauindustrie hatte sich immer wieder gezeigt, dass die betroffenen Beschäftigten nur äußerst schwierig einen anderen Arbeitsplatz finden konnten. Lang andauernde Arbeitslosigkeit und Gefährdung der sozialen Existenz waren in vielen Fällen gegeben. Deshalb ging es bei diesem Entschluss auch um den Versuch, den Beschäftigten der Firma ein vergleichbares Schicksal zu ersparen. Nicht zuletzt diese arbeitsmarktpolitische Problematik führte zu großer Unterstützung der entwickelten Modellösung zur Unternehmensfortführung durch die Beschäftigten sowohl bei den Betroffenen als auch bei den kommunalen und politischen Entscheidungsträgern sowie in der regionalen Öffentlichkeit.

Betriebsrat, Gewerkschaft und Sachverständige entwickeln Grundzüge eines Fortführungsmodells

Nachdem die grundsätzliche Entscheidung gefallen war, sich mit der möglichen Fortführung des Betriebes durch die Beschäftigten zu befassen, wurde ein Mitarbeiter der *Arbeitskammer des Saarlands* als Berater für die betriebswirtschaftlichen Fragen hinzugezogen. Gewerkschaft, Betriebsrat, einzelne Beschäftigte und der Sachverständige entwickelten nun ein Fortführungs- und Sanierungsmodell mit folgenden Grundzügen:

- Die Belegschaft und die Gewerkschaft Holz- und Kunststoff werden einen Verein *Arbeit und Selbstverwaltung e. V.* gründen, der drei Hauptziele verfolgen soll:
  - Organisation der Belegschaft und der Förderer,
  - Stärkung des Selbstverwaltungsgedankens,
  - Funktion als Träger einer Fortführungsgesellschaft.
- Der Verein wird drei Treuhänder benennen, die eine *Fenster- und Fassadenbau GmbH* gründen, um sich an dem Unternehmen zu beteiligen oder um das Unternehmen, wenn notwendig, ganz zu übernehmen.
- Eine Betriebsfortführung unter Beteiligung der Beschäftigten ist grundsätzlich nur akzeptabel, wenn die damit verbundenen wirtschaftlichen Risiken kalkulierbar und vertretbar sind:
  - Es soll ein betriebswirtschaftliches Fortführungskonzept zur Verbesserung der Umsatz-Kosten-Struktur entwickelt werden, d. h. die Betriebsorganisation und der Personalbedarf werden einer kritischen Prüfung unterzogen.
  - Mit den Eigentümern und den Gläubigern sollen Verhandlungen über die erforderliche Verbesserung des Eigenkapitals und eine teilweise Entschuldung des Unternehmens aufgenommen werden.
  - Darüber hinaus sollten die Möglichkeiten einer öffentlichen Unterstützung in Form von Liquiditätshilfen und Zuschüssen aus regionalen Wirtschaftsförderungsprogrammen und Landesbürgschaften geklärt werden.

Die Bemühungen zielten zunächst darauf hin, den drohenden Konkurs (heute: Insolvenz) zu vermeiden, weil die negativen Wirkungen auf Zulieferer und Kunden nicht abschätzbar waren.

In ersten Verhandlungen mit den neuen Eigentümern des Unternehmens, den Erben des alten Inhaber-Geschäftsführers, zeigte sich jedoch, dass diese eine bedeutende Eigenkapitalerhöhung zur Stärkung des Unternehmens ablehnten und den Beteiligungs- und Übernahmevorschlägen skeptisch gegenüberstanden. Sie vermochten die tatsächlichen wirtschaftlichen Risiken wohl nicht richtig zu kalkulieren und hatten Angst vor weiteren Verlusten. Deshalb unternahmen sie auch keine betriebswirtschaftlich sinnvollen Schritte zur Sanierung.

Ein Angebot an die Beschäftigten, das gesamte Unternehmen für den symbolischen Kaufpreis von einer Mark zu übernehmen, war zu diesem Zeitpunkt

nicht akzeptabel. Denn dann hätte die Belegschaftsgesellschaft alle vorhandenen Schulden mit übernehmen müssen, ohne dass geklärt gewesen wäre, wie es finanziell hätte weitergehen können.
Versuche der Erben, einen Käufer für die Firma zu finden, scheiterten ebenfalls. Dies mag einerseits an den zu hohen Kaufpreisforderungen gelegen haben, andererseits aber auch an einer eher pessimistischen Einschätzung der konjunkturellen Entwicklung auf Käuferseite.
Auch die außergerichtlichen Vergleichsverhandlungen mit den wichtigsten Zulieferern über einen teilweisen Forderungsverzicht scheiterten, weil zu diesem Zeitpunkt die Landesregierung nicht bereit war, Zuschüsse zu gewähren und Bürgschaften für die verbleibenden Forderungen zu übernehmen, sodass eine langfristige Existenzsicherung des Unternehmens nicht in Sicht war. Insbesondere solange die Erben noch Gesellschafter der Firma seien, könnten diese nicht durch öffentliche Mittel von ihren wirtschaftlichen Verpflichtungen entlastet werden – so die Argumentation der zuständigen Stellen. Auch die Kreissparkasse als Hauptgläubiger zeigte wenig Vergleichsbereitschaft, weil sie durch die Sicherungsübereignung der Maschinen und Grundschuldeintragungen zu Lasten des Fabrikgrundstückes optimal abgesichert war und bei einer Verwertung der eingeräumten Sicherheiten ohne Verlust aus diesem Engagement gekommen wäre.
Da sich die wirtschaftliche Situation während dieser Verhandlungen weiter verschlechterte, wurde der Konkurs (heute: Insolvenz) letztlich unvermeidlich. Im März 1986 musste Konkursantrag (heute: Insolvenzantrag) gestellt werden. Für die Belegschaft und den Betriebsrat kam dies nicht mehr überraschend. Jetzt musste eben alles darangesetzt werden, die Fortführung durch die Beschäftigten aus der Konkurssituation (heute: Insolvenzsituation) heraus zu realisieren.

Trotz Konkursantrag (heute: Insolvenzantrag): Vorbereitungsarbeiten zur möglichen Fortführung machen sich bezahlt
Zeitgleich mit dem Konkursantrag (heute: Insolvenzantrag) wurde im März 1986 auf einer Belegschaftsversammlung der Verein Arbeit und Selbstverwaltung den bereits seit langem getroffenen Vorbereitungen entsprechend gegründet. Drei Vorstandsmitglieder erhielten vom Verein sogleich den Auftrag, eine Fenster- und Fassadenbau GmbH zu gründen. Das erforderliche Grundkapital wurde nach entsprechenden Beschlüssen zur Hälfte von der Bezirksstelle der Gewerkschaft aufgebracht. Die andere Hälfte wurde als ausstehende Einlage des Vereins behandelt, wobei die Vereinsmitglieder Übernahmeverpflichtungen für einen Teilbetrag unterzeichneten. Diese Haftungsverpflichtungen konnten später durch eine Spende der katholischen Kirche, die die Mitarbeitergesellschaft als fortschrittliches sozialpolitisches Modell zur Erhaltung von Arbeitsplätzen unterstützte, getilgt werden.

Vereins- und GmbH-Gründung führten demzufolge zu keiner wirksamen finanziellen Belastung der Beschäftigten. Sie waren für die politischen Auseinandersetzungen um die Realisierung der Fortführungsgesellschaft jedoch äußerst bedeutungsvoll, weil sie den Grundgedanken der Fortführung durch die Beschäftigten organisatorisch konkretisierten und damit die Ernsthaftigkeit dieser Absicht deutlich unterstrichen.

Wesentlich war auch, dass der Betriebsrat bereits vor dem Konkursantrag (heute: Insolvenzantrag) Kontakt zu einem möglichen Konkursverwalter (heute: Insolvenzverwalter) aufgenommen hatte. Dieser Konkursverwalter (heute: Insolvenzverwalter) – sonst als Wirtschaftsprüfer tätig – war in der Region bereits durch möglichst sozialverträgliche Abwicklung von Konkursfällen (heute: Insolvenzfällen) positiv aufgefallen. Er konnte von der Arbeitnehmerseite von den Erfolgsaussichten des entwickelten Fortführungskonzepts anhand der bereits vor dem Konkurs erstellten Unterlagen überzeugt werden. Der möglichen Sicherung zumindest eines Teils der Arbeitsplätze wollte er entsprechend Vorrang einräumen gegenüber der ausschließlichen Verwertung des Betriebsvermögens zu Gunsten der Gläubiger. Hierzu war es unabdingbare Voraussetzung, dass auch nach Konkurseröffnung (heute: Insolvenzeröffnung) der Betrieb möglichst ohne Reibungsverluste fortgeführt werden konnte. Vorhandene Aufträge mussten fertiggestellt, neue akquiriert werden. Insbesondere mussten Zulieferer und Abnehmer davon überzeugt werden, weiterhin mit dem Konkursunternehmen (heute: Insolvenzunternehmen) Geschäftsbeziehungen zu unterhalten.

Nunmehr war der Versuch zu unternehmen, dass der vom Betriebsrat gewünschte Konkursverwalter (heute: Insolvenzverwalter) auch tatsächlich vom Gericht bestellt wurde. In der Regel erfolgt eine solche Bestellung gemäß einer vorgesehenen Reihenfolge in einer Liste beim Gericht, die die für eine Region in Frage kommenden Konkursverwalter (heute: Insolvenzverwalter) enthält. Durch informelle Kontakte zum Gericht konnte der gewünschte Bestellungsbeschluss jedoch erreicht werden. Da der Konkursverwalter (heute: Insolvenzverwalter) auch ein angesehener Wirtschaftsprüfer war, hatte der Gläubigerausschuss gegen die Bestellung keine Einwände.

Problematisch erwies sich der Umgang mit den Gläubigern. Zunächst wollten auch die Zulieferbetriebe eine Abwicklung des Unternehmens in der Hoffnung auf eine möglichst hohe Konkursquote (heute: Insolvenzquote). Im Gläubigerausschuss stellte sich aber schnell heraus, dass die Verschuldung des Unternehmens höher als erwartet war und die wesentlichen Vermögensteile der Kreissparkasse als Sicherung ihrer Forderungen dienten, mithin eine hohe Konkursquote (heute: Insolvenzquote) für die übrigen Gläubiger nicht in Aussicht war. Da ein Forderungsausfall bei den Zulieferern ohnehin unvermeidlich sei, wären sie gut beraten, auch während des Konkursverfahrens (heute: Insolvenzverfahrens) die Zusammenarbeit nicht aufzukündigen, so die Argumentation des Konkursver-

walters (heute: Insolvenzverwalters). Bei einer Abwicklung der vorhandenen Aufträge und einer erfolgreichen Sanierung und Fortführung des Unternehmens durch die Arbeitnehmer/innen hätten die Zulieferer den Vorteil, weiterhin Aufträge zu erhalten und damit zukünftig Beschäftigung und Einkommen auch in ihren Firmen zu sichern.
Als besonders problematisch zeigte sich die Position der Kreissparkasse als Hauptgläubiger. Da die maschinellen Anlagen, das Fabrikgrundstück und -gebäude zur Sicherung der hohen Bankkredite verwendet worden waren, gehörten diese Vermögenswerte faktisch bereits der Kreissparkasse. Diese äußerte ein starkes Interesse an einer sofortigen Veräußerung, weil sie erwartete, durch den Verkaufserlös ihre Kreditforderungen voll befriedigen zu können. In einem solchen Fall wäre eine Fortführung des Unternehmens nicht möglich gewesen und damit alle Arbeitsplätze verloren. Hinzu kam, dass die Kreissparkasse von Beginn an dem Modell einer Fortführung des Unternehmens durch die Beschäftigten sehr skeptisch gegenüberstand.

Kampf der Beschäftigten um Durchsetzung des Fortführungsmodells
Zunächst ging es darum, eine Abwicklung der noch vorhandenen Aufträge zu gewährleisten. Hierzu waren zwei Voraussetzungen zu schaffen:
- Die für eine Aufrechterhaltung der Betriebstätigkeit während des Konkursverfahrens (heute: Insolvenzverfahrens) erforderliche Liquidität musste beschafft werden.
- Die Kreissparkasse musste zum vorläufigen Verzicht hinsichtlich der möglichen sofortigen Verwendung der Betriebsmittel und Immobilien bewegt werden.

Der Konkursverwalter (heute: Insolvenzverwalter) konnte die Liquiditätssituation vor allem dadurch verbessern, dass ein fast fertiger Großauftrag an einen anderen Hersteller zur endgültigen Fertigstellung veräußert wurde. Hierdurch flossen dem Unternehmen umgehend liquide Mittel zu. Ferner wurden solche Aufträge vorrangig fertiggestellt, für die die Abnehmer nur geringe Anzahlungen geleistet hatten. Bei der Fertigstellung ergaben sich hierdurch ebenfalls größere Liquiditätszuflüsse. Aus diesen konnten zumindest die laufenden Lohnkosten und neue Materialbestellungen finanziert werden, die für die Abwicklung weiterer Aufträge erforderlich waren.
Zusätzlich beantragte der Konkursverwalter (heute: Insolvenzverwalter) bei der saarländischen Landesregierung ein »Verwalterdarlehen«. Dieses Verwalterdarlehen ist eine wohl nur im Saarland bestehende Möglichkeit, mit deren Hilfe sich ein Konkursverwalter (heute: Insolvenzverwalter) die für eine längere Abwicklung erforderlichen Finanzmittel verschaffen kann. Durch den Konkurs (heute: Insolvenz) hatte sich die Liquiditätssituation auch insofern verbessert, als die vor dem Konkursantrag (heute: Insolvenzantrag) fälligen Forderungen nun nicht mehr beglichen werden mussten.

Eine weitere Nutzung der Betriebsmittel, der Gebäude und des Grundstücks konnte zunächst dadurch erreicht werden, dass mit der Kreissparkasse ein Nutzungsvertrag abgeschlossen wurde. Somit konnte zunächst verhindert werden, dass die Kreissparkasse von dem ihr zustehenden sofortigen Verwertungsrecht Gebrauch machte. Die Kreissparkasse erzielte hierdurch nicht unerhebliche Einnahmen. Der Abschluss dieses Nutzungsvertrages widersprach eigentlich deren Interesse an einer zügigen Verwertung der überlassenen Sicherheiten. Jedoch scheute sie zunächst wohl den öffentlichen Vorwurf, eine Abwicklung der noch vorhandenen Aufträge zu behindern. Besonders in kleinstädtisch-ländlichen Gebieten sind solche Vorwürfe öffentlichkeitswirksam und imageschädigend. Zu beachten ist auch, dass die im Verwaltungsrat einer Kreissparkasse vertretenen Regionalpolitiker sich nur ungern dem Vorwurf aussetzen wollten, in einer sowieso schon strukturschwachen Region den Wegfall von Arbeitsplätzen beschleunigt zu haben.

Für die politische Auseinandersetzung um die Fortführung des Unternehmens durch die Beschäftigten war entscheidend, dass das Fortführungskonzept der regionalen Öffentlichkeit so schnell wie möglich vorgestellt wurde. Durch gezielte Öffentlichkeitsarbeit, Demonstrationen, Flugblätter, Pressekonferenzen, Betriebsbegehungen mit politischen Entscheidungsträgern der Region und mit Journalisten konnten Gewerkschaft und Beschäftigte erreichen, dass die mögliche Betriebsfortführung auch als Angelegenheit im öffentlichen Interesse behandelt wurde. Andere Betriebsräte und Einzelgewerkschaften, Einrichtungen der politischen Parteien und der Kirche bis hin zum örtlichen Einzelhandel unterstützten durch öffentliche Solidaritätsbekundungen und Unterstützungsschreiben das Anliegen der Beschäftigten. Hierdurch gelang es, auf die wirtschaftlichen und politischen Entscheidungsträger einen erheblichen politischen Druck auszuüben, der auch notwendig war, wie die weitere Entwicklung zeigte.

Nachdem nämlich die kurzfristige Fortführung des Betriebes im Konkursverfahren (heute: Insolvenzverfahren) gesichert war, ging es nun darum, diesen in das Eigentum der Beschäftigten zu überführen. Die vom Verein *Arbeit und Selbstverwaltung* bestimmten Treuhänder hatten – wie bereits erwähnt – als Fortführungsgesellschaft die *Fenster- und Fassadenbau GmbH* gegründet, die den Betrieb vom Konkursverwalter (heute: Insolvenzverwalter) übernehmen und endgültig weiterführen sollte. Hauptproblem war die Finanzierung dieser Übernahme. Da der Konkursverwalter (heute: Insolvenzverwalter) vorrangig verpflichtet ist, im Interesse der Gläubiger zu handeln, und die Kreissparkasse faktisch Eigentümer der Betriebsmittel und Immobilien war, mussten die Konditionen für eine solche Übernahme stimmen, d. h. es mussten die erforderlichen Finanzmittel beschafft werden, um zu einem realistischen Wert die erforderlichen Vermögenswerte übernehmen zu können.

Durch Tarifvertrag bzw. Betriebsvereinbarung wurde zunächst sichergestellt, dass die Beschäftigten auf ihr Weihnachtsgeld 1986, Urlaubsgeld 1987, Lohnerhöhungen 1987 verzichteten und die vermögenswirksamen Leistungen ab 1.10.1986 als stille Beteiligung der *Fenster- und Fassadenbau GmbH* zur Verfügung stellen würden. Hierdurch sollten zusätzliche Personalkosten eingespart und die Eigenkapitalausstattung der Fortführungsgesellschaft verbessert werden. Nachdem somit deutlich zum Ausdruck gebracht war, dass die Beschäftigten bereit waren, ebenfalls einen finanziellen Beitrag zur beabsichtigten Übernahme des Unternehmens zu leisten, bemühte man sich um öffentliche Förderung des Vorhabens.

Beim Wirtschaftsministerium des Saarlandes beantragte die *Fenster- und Fassadenbau GmbH* als neu gegründetes Unternehmen Existenzgründungsdarlehen, Investitionszuschüsse und vor allem eine Landesbürgschaft über rd. 3 Mio. DM. Ziel war, über die Landesbürgschaft bei der Kreissparkasse einen neuen langfristigen Kredit zu erhalten. Mit diesem Kredit sollten die alten Kreditforderungen der Kreissparkasse gegenüber dem Konkursunternehmen (heute: Insolvenzunternehmen) gegen Freigabe der überlassenen Sicherheiten abgelöst werden. Die *Fenster- und Fassadenbau GmbH* wäre auf diesem Wege Eigentümerin der Betriebsmittel und der Immobilien geworden.

Der Rückkauf dieser Vermögenswerte war für den langfristigen Bestand der Fortführungsgesellschaft unbedingt erforderlich. Denn solange die Kreissparkasse Eigentumsrechte an den Betriebsmitteln und Immobilien geltend machen konnte, war auch ihre Verwertung zur Tilgung der dem Konkursunternehmen gewährten Kredite nicht auszuschließen. Ein Verzicht auf ihre Eigentumsrechte war aber nur denkbar, wenn ihr eine anderweitige Sicherheit zur Verfügung gestellt würde. Die Kreissparkasse hätte diesem Konzept zufolge nach wie vor eine Kreditforderung ungefähr in bisheriger Höhe gehabt, nun jedoch gegenüber dem Belegschaftsunternehmen. Sie wäre durch die Landesbürgschaft anstelle der Betriebsmittel und Immobilien abgesichert gewesen.

Die Umsetzung dieses Teils des Arbeitnehmerkonzepts erwies sich aber als äußerst schwierig, weil sich die Landesregierung und Kreissparkasse gegenseitig für Monate blockierten. Die Landesregierung verwies auf Richtlinien, nach denen sie keine 100 %ige Bürgschaft übernehmen könne, und forderte eine »übliche Risikobeteiligung« durch die Kreissparkasse. Diese erklärte ihrerseits, dass sie nicht bereit sei, ein eigenes Risiko bei der Fortführungsgesellschaft einzugehen, und forderte eine 100 %ige Ausfallbürgschaft des Landes. Sie begründete dieses Verhalten damit, dass sie von der wirtschaftlichen Solidität und Seriosität einer Unternehmensfortführung durch die Beschäftigten nicht überzeugt sei. Insbesondere die Umsatzplanung sei mit Unsicherheiten behaftet, die das Konzept in Frage stellten. Diese Haltung änderte sich auch nicht durch ein externes Gutachten einer Unternehmensberatungsgesellschaft, die die Plandaten und die beab-

sichtigten personellen und technisch-organisatorischen Veränderungen als sinnvoll und realistisch bewertete. Auch das Argument, dass man in der schwierigen Konkursphase (heute: Insolvenzphase) bereits nahe an der Umsatzzielgröße sei, vermochte die Kreissparkasse nicht zu überzeugen.
Noch problematischer wurde die Situation, als die Landesregierung nach monatelangem Tauziehen um die Höhe der Bürgschaft definitiv mitteilte, dass sie nur eine 80 %ige Landesbürgschaft gewähren werde, und dies mit zwei Auflagen verband. Auf Verlangen der Landesregierung sollte ein Beirat gebildet werden, der quasi aufsichtsratsähnliche Funktionen wahrzunehmen hat. Dieser Beirat sollte sich aus einem Vertreter der Kreissparkasse, einer externen, betriebswirtschaftlich sachkundigen Person und einem Vertreter der Belegschaft zusammensetzen. Die Beschäftigten erklärten ihr Einverständnis zur Bildung des Beirats.
Problematisch hingegen war die zweite Auflage: Die Landesregierung war nur bereit, eine 80 %ige Landesbürgschaft zu gewähren, wenn die Beschäftigten ihrerseits eine 10 %ige Rückbürgschaft an das Land übernehmen würden. Als die Beschäftigten auch zu dieser weiteren Eigenbeteiligung ihre Bereitschaft erklärt hatten (sie übernahmen damit einen Risikoanteil von 300 000 DM), hing letztendlich die Fortführung des Unternehmens von der Entscheidung der Kreissparkasse ab, einen Risikoanteil von 600 000 DM selbst zu übernehmen.
Noch im April 1987, also mehr als zwölf Monate nach der Konkurseröffnung (heute: Insolvenzeröffnung), in denen die Produktion im Rahmen des Konkursverfahrens – also unter sehr schwierigen Bedingungen und nur durch das große persönliche Engagement des Konkursverwalters (heute: Insolvenzverwalters) – erfolgreich fortgeführt werden konnte, verweigerte die Kreissparkasse ihre Zustimmung zu dem Gesamtkonzept, wohl wissend, dass eine dauerhafte Fortführung ohne ihr Mitwirken nicht möglich sei. Die Kreissparkasse versuchte in dieser Phase energisch, einen Käufer für das Unternehmen oder die Immobilien zu finden. Sie fand auch einen Interessenten, der einen Teil der Produktionshalle für die Errichtung eines großen Verbrauchermarktes zu erwerben bereit war. Eine wirtschaftliche Fortführung der Produktion wäre bei der Verwirklichung dieses Vorhabens kaum noch möglich gewesen. Der Verbrauchermarkt hätte den betroffenen Beschäftigten auch keine adäquaten Arbeitsplätze zur Verfügung stellen können.
Gewerkschaft, Betriebsrat und Arbeitnehmer/innen wendeten sich nun noch einmal intensiv an die Öffentlichkeit und prangerten das Verhalten der Kreissparkasse als arbeitnehmerfeindlich an. Parteiausschüsse und Landes- und Kommunalpolitiker bezogen daraufhin öffentlich Stellung. Erst als in Presseberichten Äußerungen von kommunalpolitischer Seite öffentlich wurden, dass es »nur verständlich wäre, wenn viele Beschäftigte in Solidarität zu den betroffenen Beschäftigten ihre Konten bei der Kreissparkasse auflösten« und die betroffenen Beschäftigten selbst eine Demonstration vor der Kreissparkasse planten, änderte

sich deren Haltung. Diese war nun bereit, die geforderte 20%ige Risikobeteiligung zu übernehmen, jedoch nur unter der Voraussetzung, dass ein kleinerer Teil der Produktionshalle für die Einrichtung des Verbrauchermarktes vermietet wird. Ende Mai 1987 konnte dann die Presse berichten, dass die *Fenster- und Fassadenbau GmbH* endlich den Betrieb von dem Konkursverwalter (heute: Insolvenzverwalter) übernehmen und damit 60 Arbeitsplätze in der Region gerettet werden konnten.

Nicht alle Beschäftigten übernommen – Lösung der personellen Probleme

Gut 40% der damaligen Belegschaft fanden zunächst in der Fortführungsgesellschaft keinen neuen Arbeitsplatz. Inzwischen konnte die Belegschaft aufgrund der guten Auftragslage auf 80 Beschäftigte erhöht werden. Gewerkschaft Holz- und Kunststoff und Betriebsrat versuchten gemeinsam mit dem Konkursverwalter (heute: Insolvenzverwalter), den erforderlichen Personalabbau so sozialverträglich wie nur irgend möglich abzuwickeln.

Nach Konkurseröffnung (heute: Insolvenzeröffnung) wurde vom Konkursverwalter (heute: Insolvenzverwalter) zunächst allen Beschäftigten betriebsbedingt gekündigt. Bis Ende der Kündigungsfristen wurden alle weiterbeschäftigt. Je nach Auftragslage und Arbeitsanfall wurden dann erhebliche Teile der Belegschaft nach dem Auslaufen der Kündigungsfristen mehrfach befristet weiterbeschäftigt.

In einem Interessenausgleich, der nur eine formalrechtliche Bedeutung hatte, erklärte der Betriebsrat sein Einverständnis zu den betriebsbedingten Kündigungen. Da zu diesem Zeitpunkt bereits die Absicht bestand, zum 1.10.1986 möglichst vielen Beschäftigten einen Arbeitsplatz in der neu gegründeten GmbH anzubieten, hatte der Betriebsrat auch keine Einwände gegen eine vorübergehende kurzfristige Beschäftigung in diesem problematischen Übergangsstadium. Hierdurch hatten die Beschäftigten, die nicht beschäftigt werden konnten, einerseits einen Anspruch auf ALG, andererseits konnten durch einen flexiblen Personaleinsatz in der Übergangsphase Kosten gespart werden, die die ohnehin knappe Liquidität zusätzlich belastet hätten.

Das betriebswirtschaftliche Fortführungskonzept, das der Betriebsrat mit Hilfe der Gewerkschaft und des Sachverständigen der Arbeitskammer des Saarlands entwickelte, sah zunächst vor, die falsche geschäftspolitische Weichenstellung, in das Marktsegment Privatwohnbauten zu gehen, rückgängig zu machen. Die durch diese Fehlentscheidung bedingten Personaleinstellungen, die mitentscheidend für die Herbeiführung der Liquiditätsprobleme war, konnten nicht aufrechterhalten bleiben. Ebenso mussten die Verträge mit den Vertretern aufgekündigt werden. Darüber hinaus waren technisch-organisatorische Veränderungen erforderlich, um die Produktivität zu heben. Dies galt insbesondere für die Arbeitsorganisation. Aufgrund der voraussichtlichen Umsatzzahlen ging die Planung von vermutlich 60 Arbeitsplätzen aus, die zunächst erhalten bleiben könnten.

Für die Beschäftigten, die in der Fortführungsgesellschaft keinen Arbeitsplatz erhalten konnten, wurde vereinbart, dass Abfindungen entsprechend dem damaligen Gesetz über den Sozialplan im Konkurs- und Vergleichsverfahren ausgezahlt würden. Einige ältere Beschäftigte verzichteten freiwillig auf eine den Erfordernissen der sozialen Auswahl entsprechende Übernahme in die Fortführungsgesellschaft. Sie entschieden sich für die Abfindung und wollten nach einem Jahr Arbeitslosigkeit das vorgezogene Altersruhegeld für 60-Jährige beantragen. In einigen Fällen konnten jüngere Beschäftigte ihren Wehrdienst antreten und dadurch das Übernahmeproblem zunächst reduzieren. Einige hatten auch nicht den Mut, sich auf den Erfolg des Fortführungskonzeptes zu verlassen. Sie suchten sich in der Region einen anderen Arbeitsplatz und verzichteten freiwillig auf eine Übernahme. Nur in wenigen Fällen kam es zu dem Problem, dass Beschäftigte übernommen werden wollten, jedoch nur mit einer Abfindungszahlung bedient werden konnten. Mittels gewerkschaftlicher Kontakte zu Betriebsräten anderer Firmen wurde versucht, diesen andere Arbeitsplätze zu beschaffen. Ferner war vereinbart worden, dass bei einem Personalmehrbedarf diesen Beschäftigten ein Rückkehranspruch zustehe. Insbesondere die älteren Beschäftigten wurden übernommen. Dies war nicht nur aus arbeitsrechtlichen und sozialen Erwägungen heraus erforderlich, sondern führte auch zu Lohnkostenzuschusszahlungen durch das Arbeitsamt (heute: Arbeitsagentur), weil für Ältere gem. §§ 97 und 98 AFG vom Arbeitsamt (heute: Arbeitsagentur) Eingliederungshilfen gewährt werden. Hierdurch ergab sich dann eine nicht unbeträchtliche Lohnkostenentlastung. Die Auszubildenden der Firma konnten alle ihre Ausbildung beenden und teilweise von der Fortführungsgesellschaft übernommen werden.

Im Oktober 1986 stellte sich das Problem, dass nach der personalwirtschaftlichen Abwicklung unter möglichst weitgehender Berücksichtigung der sozialen Situation der Betroffenen und ihrer Wünsche in der Fortführungsgesellschaft 60 Arbeitnehmer/innen eingestellt waren, jedoch die Fortführungsgesellschaft noch nicht selbstständig über die Produktionsmittel verfügen konnte, weil die Verhandlungen mit den öffentlichen Amtsträgern und mit der Kreissparkasse über die Finanzierung des Fortführungskonzepts noch in vollem Gange waren. Dieses Problem wurde dadurch gelöst, dass der Konkursverwalter (heute: Insolvenzverwalter) die Fortführungsgesellschaft quasi als Subunternehmer beauftragte, die Aufträge für das sich in Konkurs befindliche alte Unternehmen abzuwickeln. Denn das Konkursunternehmen (heute: Insolvenzunternehmen) war nunmehr ohne eigene Beschäftigte, hatte aber die Aufträge und verfügte weiterhin über die Betriebsmittel, während die Fortführungsgesellschaft zwar bereits die Arbeitnehmer/innen eingestellt hatte, aber noch nicht über Aufträge und Betriebsmittel verfügen konnte. Durch diese Konstruktion war es möglich, die Beschäftigung der Arbeitnehmer/innen aufrechtzuerhalten, ohne dass die Finanzierungsfrage bereits abschließend geklärt war. Da diese Lösung reibungslos funktionierte, konnten während des Konkursverfahrens (heute: Insolvenzverfahrens) nach dem 1.10.1986 auch zusätzliche Neuaufträge akquiriert werden. Dies geschah bereits weitgehend im Namen der Fortführungsgesellschaft und war dringend erforderlich, um die lange Verhandlungsdauer über die noch offene Finanzierungsfrage überbrücken zu können.

Einschätzung

Durch die positive Entwicklung der Fortführungsgesellschaft wurden rund 80 Arbeitnehmer/innen in der Fenster- und Fassadenbau GmbH weiterbeschäftigt. Das Fortführungskonzept hat sich also als tragfähiges wirtschaftliches Sanierungskonzept bewährt.

Entscheidend hierfür waren zunächst die grundlegenden wirtschaftlichen Ausgangsbedingungen:

- ein qualitativ hochwertiges Produkt,
- eine zufriedenstellende Marktperspektive für das Produkt,
- eine akzeptable technische Ausstattung in der Produktion.

Als Ursache der Liquiditätsschwierigkeiten, die zum Konkurs (heute: Insolvenz) führten, können genannt werden:

- hohe finanzielle Belastungen durch gesellschaftsrechtliche Vorgänge,
- falsche geschäftspolitische Grundsatzentscheidungen,
- der Tod des Inhaber-Geschäftsführers.

Diese Ursachen sind nicht mit den grundlegenden wirtschaftlichen Ausgangsbedingungen verbunden, sodass die anfängliche Einschätzung von Betriebsrat und Gewerkschaft, dass das Unternehmen grundsätzlich sanierungsfähig und förderungswürdig sei, richtig war. Anders wäre eine Situation zu beurteilen gewesen, wenn die ökonomischen Auftragsbedingungen schlecht gewesen wären und sich andere, außerordentliche Ursachen für die wirtschaftlichen Probleme nicht hätten finden lassen.

Wesentlich für die gelungene Unternehmensfortführung war jedoch nicht nur die richtige Einschätzung der Ausgangslage, sondern vor allem, dass diese Überlegungen bereits zu einem sehr frühen Zeitpunkt erfolgten und dass aus ihnen ebenfalls sehr frühzeitig Schlussfolgerungen gezogen und realisiert wurden:

- schnelle Hinzuziehung gewerkschaftlicher Unterstützung durch den Betriebsrat;
- frühe Entscheidung, die Aussichten einer Fortführung durch die Beschäftigten zu prüfen;
- frühe Inanspruchnahme eines Sachverständigen zur Beratung über die wirtschaftlichen Fragen, die mit einer Fortführung verbunden sind.

Auf diese Art und Weise ergab sich in der Insolvenzsituation die günstige Situation, dass der Betriebsrat dem Konkursverwalter (heute: Insolvenzverwalter) nicht nur die Idee einer Fortführung des Unternehmens durch die Beschäftigten vorschlagen konnte, sondern bereits wichtige konzeptionelle Vorarbeiten geleistet hatte, die diesen schließlich bewogen, einen entsprechenden Versuch zu unternehmen. Wäre es nicht gelungen, den Konkursverwalter (heute: Insolvenzverwalter) von der Tragfähigkeit des Fortführungskonzepts zu überzeugen, wäre eine Erhaltung des Unternehmens nicht möglich gewesen. Müssen solche tragfähigen Fortführungskonzepte aber nach Stellung des Konkursantrages (heute: Insolvenzantrages) erst erarbeitet werden, dann fehlt in aller Regel hierzu die erforderliche Zeit. Hat sich der Konkursverwalter (heute: Insolvenzverwalter) erst einmal auf eine zügige Abwicklung des Konkurses (heute: Insolvenz) und die Verwertung der Vermögensteile eingestellt, wird es nur in seltenen Ausnahmefällen gelingen, ein arbeitnehmerorientiertes Sanierungskonzept doch noch durchzusetzen. Deutlich wird in dem geschilderten Fall auch, dass es wichtig ist, dass der Konkursverwalter (heute: Insolvenzverwalter) arbeitnehmerorientierten Lösungen aufgeschlossen gegenübertritt. Deshalb wäre es grundsätzlich sinnvoll, dem Betriebsrat einen Einfluss auf die Auswahl des Konkursverwalters (heute: Insolvenzverwalters) rechtlich zuzugestehen.

Durch die geleisteten Vorarbeiten war die Arbeitnehmerseite nach Stellung des Konkursantrages (heute: Insolvenzantrages) auch in der Lage, schnell organisatorisch auf diese Situation zu reagieren. Der Belegschaftsverein und die Fortführungsgesellschaft konnten umgehend gegründet werden. Für die Beschäftigten vertretbare Finanzierungsmöglichkeiten für die Fortführungsgesellschaft konnten rasch vereinbart werden. Die schnelle Realisierung der organisatorischen Voraussetzung für die Fortführung durch die Beschäftigten ermöglichte es, nach außen die Ernsthaftigkeit des Vorhabens überzeugend zu dokumentieren. Hierdurch konnte dann ein beträchtlicher politischer Druck auf die öffentlichen und wirtschaftlichen Entscheidungsträger ausgeübt werden.

Hinzu kam, dass die Belegschaft nahezu geschlossen von Beginn an hinter dem vom Betriebsrat und Gewerkschaft entwickelten Konzept stand. Durch einen früheren, mehr als siebenwöchigen Streik im Rahmen eines Tarifkonfliktes war die Belegschaft zusammengewachsen und kampferprobt. So konnten nicht nur überzeugende politische Aktionen durchgeführt werden, sondern es zeigte sich auch, dass trotz der mehr als 14 Monate dauernden Übergangszeit vom Konkursantrag (heute: Insolvenzantrag) bis zur Überführung des Konkursunternehmens (heute: Insolvenzunternehmens) in die Fortführungsgesellschaft nur wenige Beschäftigte absprangen. Hierdurch blieb auch die zur Fortführung erforderliche Arbeitskräftestruktur erhalten. Sofern die Kreissparkasse damit kalkuliert hatte, die Fortführung durch eine Verzögerung der Verhandlungen letztendlich unmöglich zu machen, war dies eine Fehlkalkulation. Der starke Zusam-

menhalt der Belegschaft war auch wichtig, weil es für die besonders Engagierten durch den Rückhalt in der Belegschaft leichter war, Rückschläge bei den Verhandlungen und bei der Realisierung ihres Konzepts zu verkraften.
Das Verhalten der Kreissparkasse ist typisch für das Verhalten von Kreditinstituten in Konkurssituationen (heute: Insolvenzsituationen). Der rasche Zugriff auf die Sicherheiten mit dem Ziel, möglichst ohne Verluste aus dem Kreditengagement herauszukommen, ist das dominierende Verhaltensmuster. Eine vorübergehende oder gar dauerhafte Erhaltung von Arbeitsplätzen spielt hierbei i. d. R. keine Rolle. Da bei der Verwertung von Sicherheiten die Kreditinstitute sich oft ein Selbsteintrittsrecht vorbehalten, ist häufig nicht auszuschließen, dass durch den Eigenerwerb der übernommenen Sicherheiten, u. U. auch im Rahmen einer erforderlichen Zwangsversteigerung zu einem späteren Zeitpunkt Spekulationsgewinne realisiert werden sollen. U. U. ist die zögerliche Haltung der Kreissparkasse auch konservativen Vorbehalten gegenüber unkonventionellen, arbeitnehmerorientierten Lösungen geschuldet. Offenbar hat die satzungsmäßige Verpflichtung der Kreissparkasse, zur Förderung der regionalen Wirtschaft beizutragen, die Entscheidungsfindung nicht beschleunigt. Die Kommunalpolitiker im Verwaltungsrat zeigten sich – u. U. aufgrund der Gewährsträgerhaftung der öffentlichen Hand – ebenfalls extrem risikoscheu und stellten lange Zeit diese Haltung über die vorhandenen Erfolgsaussichten zur Sicherung einer beträchtlichen Anzahl von Arbeitsplätzen. Erst der öffentliche politische Druck, der durch die Belegschaft erzeugt worden war, brachte hier ein Umdenken zu Stande.
Ferner soll hervorgehoben werden, dass das Fortführungskonzept nicht auf vorhandene Ersparnisse der Beschäftigten zurückgriff. Ihre Finanzierungsbeiträge bestanden im Wesentlichen aus dem Verzicht auf künftige Einkommensbestandteile oder aus Erklärungen zur Haftungsübernahme. Die finanziellen Einbußen durch diesen Verzicht bei einer Weiterbeschäftigung in der Fortführungsgesellschaft wurden als kleineres Übel gegenüber möglichen Einkommensverlusten infolge der drohenden Arbeitslosigkeit betrachtet. Ohne finanzielle Eigenbeteiligung der Beschäftigten und ohne Übernahme von Haftungsrisiken hätte das Konzept eine geringere politische Durchsetzungskraft entfaltet, so die Einschätzung der Beteiligten.
Problematisch ist in diesem Zusammenhang die 10 %ige Rückbürgschaft gegenüber dem Land. Denn wenn diese Rückbürgschaft einmal fällig werden sollte, weil das Fortführungsunternehmen seine Verpflichtungen nicht erfüllen kann, wären dies rd. 5000 DM Bürgschaftsverpflichtung je Beschäftigte/r. Allerdings ist hierbei zu beachten, dass für die Landesregierung die tatsächliche Inanspruchnahme einer solchen Rückforderung gegenüber möglicherweise infolge einer Unternehmenskrise gerade arbeitslos gewordenen Beschäftigten politisch nicht unproblematisch ist. Andererseits hat auch heute noch die Einschätzung der Beteiligten Bestand, dass ohne diese Rückbürgschaft die Landesbürgschaft nicht ge-

währt worden wäre. Ohne die Landesbürgschaft jedoch wäre das gesamte Fortführungsmodell an der dann nicht zu lösenden Finanzierungsfrage gescheitert. Denn ohne Unterstützung durch die öffentliche Hand aufgrund kommunal- und regionalpolitischer Interessen sind solche Fortführungskonzepte kaum realisierbar. Dies zeigen auch die Erfahrungen im Zusammenhang mit der Einrichtung und Tätigkeit von Beschäftigungs- und Qualifizierungsgesellschaften. Deshalb war es konsequent und richtig, dass Gewerkschaft, Betriebsrat und Arbeitnehmer/innen gemeinsam frühzeitig die Öffentlichkeit einschalteten und politischen Druck auf die Entscheidungsträger ausübten.
Betrachtet man die Ausgangszielsetzung des Vereins *Arbeit und Selbstverwaltung e. V.*, so wurden zwei Zwecke erreicht: Die Belegschaft und die Förderer wurden organisatorisch zur Realisierung des Fortführungskonzepts zusammengefasst; der Verein hat die Funktion als Träger einer Fortführungsgesellschaft übernommen. Darüber hinaus jedoch erfolgte bisher keine weitere Verfolgung des dritten Vereinsziels, der Förderung des Selbstverwaltungsgedankens. Dies liegt zum einen daran, dass nach Durchsetzung des Fortführungskonzepts zunächst die gesamte Aufmerksamkeit auf eine erfolgreiche Weiterführung der Fortführungsgesellschaft gerichtet war.
Zum anderen war nach der langen Zeit der Ungewissheit und der Auseinandersetzung um die Fortführungsgesellschaft ein gewisses Motivationsdefizit vorhanden, nun zugleich Modelle einer erweiterten Mitbestimmung und kooperativer Entscheidungsstrukturen zu erproben. Bezüglich dieser Defizite bei der Umsetzung des Selbstverwaltungsgedankens – die Entscheidungsabläufe sind noch weitgehend mit denen herkömmlicher Unternehmen vergleichbar, obwohl der ehemalige Betriebsratsvorsitzende heute zweiter Geschäftsführer ist – besteht jedoch auf gewerkschaftlicher Seite eine Unzufriedenheit. Es gibt deshalb die Absicht, über eine verstärkte Schulung der Beschäftigten und veränderte Entscheidungsstrukturen nun, nachdem sich die Fortführungsgesellschaft ökonomisch stabilisieren konnte, den bisher vernachlässigten *Selbstverwaltungsgedanken* intensiver zu verfolgen.

IV. Verschmelzung zweier Unternehmen

Fall 4:
Das Unternehmen wird in der Rechtsform des eingetragenen Vereins geführt und ist auf dem Gebiet der technischen Überwachung tätig, wobei zum einen staatsentlastende Aufgaben (etwa im Bereich des Kfz-Wesens und der Überprüfung von Aufzügen), zum anderen freiwirtschaftliche Prüf- und Gutachtertätigkeiten (in Konkurrenz zu Privatunternehmen) wahrgenommen werden. Der Tätigkeitsbereich ist

z. Z. noch überwiegend regional begrenzt. Allerdings ist im Zuge der von der Bundesregierung angestrebten Liberalisierung und Deregulierung auf dem Überwachungssektor sowie der angestrebten Vollendung des EG-Binnenmarktes mit einer Zunahme des nationalen, aber auch des internationalen Wettbewerbs zu rechnen. Die Unternehmen in dieser Branche begegnen dieser Entwicklung mit verstärkten Kooperations- und Konzentrationsbemühungen bis hin zu Unternehmenszusammenschlüssen.
Der Verein hat neben seinem Hauptsitz fünf Dienststellen mit jeweils mehreren technischen Kfz-Prüfstellen in der umliegenden Region und beschäftigt etwas über 1000 Arbeitnehmer/innen, davon etwa zwei Drittel technisches und ein Drittel Verwaltungspersonal. Der gewerkschaftliche Organisationsgrad beträgt rund 30 %. An sämtlichen Dienststellen existieren Betriebsräte, die gemeinsam einen Gesamtbetriebsrat und einen Wirtschaftsausschuss gebildet haben.
Gesamtbetriebsrat und Wirtschaftsausschuss werden von der Geschäftsleitung als kompetente Interessenvertreter der Belegschaft respektiert, nicht zuletzt deshalb, weil sich der Gesamtbetriebsrat in der Vergangenheit nicht gescheut hat, die Einigungsstelle oder das Arbeitsgericht – überwiegend mit Erfolg – zur Durchsetzung seiner Mitbestimmungsrechte einzuschalten. Dennoch monieren Gesamtbetriebsrat und Wirtschaftsausschuss häufig die verspätete und nicht umfassende Information durch die Geschäftsleitung.

Fusion beider Vereine geplant

Die Fusion der beiden Vereine war schon seit einigen Jahren im Gespräch, ohne dass diese zu einem Ergebnis geführt hätten.
Auslöser für die neuerlichen Aktivitäten im Hinblick auf die Fusion waren Berichte über angebliche Missstände bei der Überprüfung von Kernkraftwerken, über die auch in den Medien berichtet wurde. Dies hatte dazu geführt, dass von Seiten des Umweltministeriums als staatlicher Aufsichtsbehörde dem Verein nahegelegt wurde, seine kerntechnische Abteilung gemeinsam mit der des Nachbarvereins neu zu ordnen.
Im Mai 1988 beschlossen die Vorstände der beiden Vereine, ihre kerntechnischen Abteilungen als ersten Schritt zu einem neuen, fusionierten Verein zusammenzulegen. Sukzessive sollten dann weitere Fachbereiche zusammengeführt werden. Der Gesamtbetriebsrat erfuhr von dieser Entscheidung durch einen Aushang am Schwarzen Brett. Dass zur Vorbereitung der Fusion eine Unternehmensberatungsfirma mit der Erstellung eines Gutachtens beauftragt worden war, erfuhr der Gesamtbetriebsrat nicht offiziell, sondern dies wurde zwei Betriebsratsmitgliedern am Hauptsitz des Vereins eher zufällig Ende Mai 1988 mitgeteilt. Dabei wurde auch deutlich, dass in die Fusion auch weitere, an die Region angrenzende Vereine einbezogen werden sollten.

Gewerkschaft wird eingeschaltet und Sachverständiger hinzugezogen

Die Beziehungen zwischen den in der Gewerkschaft ÖTV (heute aufgegangen in ver.di) organisierten Betriebsrat und der Gewerkschaft ÖTV sind sehr gut. An den Gesamtbetriebsrat- und Wirtschaftsausschusssitzungen nimmt regelmäßig ein Gewerkschaftsbeauftragter teil. Daher war die ÖTV auch von Anbeginn an über die geplante Fusion informiert.

Die Gewerkschaft bemühte sich auch um die Abstimmung der inhaltlichen Vorstellungen und Vorgehensweisen zwischen den Gesamtbetriebsrat der beiden Vereine, indem beim Hauptvorstand der ÖTV eine Arbeitsgruppe eingerichtet wurde, die regelmäßig tagte und an der auch ständig ein Sachverständiger mitarbeitete.

Allerdings gestaltete sich die Abstimmung mit dem Gesamtbetriebsrat des Nachbarvereins als sehr schwierig, weil dieser zunächst der Auffassung der Geschäftsführungen der beiden Vereine zustimmte, dass es sich bei der Fusion lediglich um einen Betriebsübergang und nicht auch um eine Betriebsänderung handele. Um den Gesamtbetriebsrat zu einer Änderung seiner Rechtsauffassung zu bewegen, veranstaltete die Gewerkschaft ÖTV Anfang Februar 1988 ein spezielles Wochenseminar für die Betriebsrats- und Wirtschaftsausschussmitglieder beider Vereine zu den rechtlichen Rahmenbedingungen und inhaltlichen Gestaltungsmöglichkeiten von Interessenausgleich und Sozialplan. Zwar führte dieses Seminar bei einer Reihe von Betriebsratsmitgliedern des Nachbarvereins zur Einsicht, dass es sich bei der geplanten Fusion auch um eine Betriebsänderung handelt, nicht jedoch bei deren Gesamtbetriebsratsvorsitzendem. Trotz heftigem Protest der ÖTV und Boykott durch die überwiegende Mehrzahl der Betriebsratsmitglieder organisierte der Gesamtbetriebsratsvorsitzende des Nachbarvereins in Abstimmung mit den Geschäftsführungen der beiden Vereine ein mehrtägiges Seminar, auf dem die Arbeitgeberseite nochmals ihren rechtlichen Standpunkt zur Frage einer möglichen Betriebsänderung darstellen konnte und wo – laut Themenplan – durch einen Rechtsanwalt des Arbeitgebers und des Gesamtbetriebsrats die rechtlichen Grenzen (!) der Mitbestimmung beim Betriebsübergang erläutert wurden.

Der Gesamtbetriebsrat, der in der geplanten Fusion und der in diesem Zusammenhang geplanten Zusammenlegung von Abteilungen (und nach aller Erfahrung auch der Verwaltungen) eine Betriebsänderung i. S. v. § 111 BetrVG sah und in dieser Auffassung auch von der ÖTV unterstützt wurde, beschloss, zu seiner Unterstützung einen Rechtsanwalt als Sachverständigen nach § 80 Abs. 3 BetrVG hinzuzuziehen, was auch von der Geschäftsführung zugestanden wurde. Allerdings versuchte der Arbeitgeber einige Zeit später, diese Zusage wieder zurückzunehmen. Als der Gesamtbetriebsrat daraufhin ankündigte, die Berechtigung und Notwendigkeit der Hinzuziehung eines Sachverständigen durch ein arbeitsgerichtliches Beschlussverfahren klären zu lassen, erklärte sich der Arbeitgeber mit der weiteren Tätigkeit des Rechtsanwalts als Sachverständigen einverstanden. Auch der Gesamtbetriebsrat des Nachbarvereins zog im Einvernehmen mit dem Arbeitgeber einen Rechtsanwalt als Sachverständigen hinzu.

Verhandlungen über Interessenausgleich scheitern

Mitte Juni 1988 legten die Geschäftsführungen beider Vereine den jeweiligen Gesamtbetriebsräten den Entwurf einer Betriebsvereinbarung über einen Interessenausgleich vor. Danach sollten die beiden Gesamtbetriebsräte den geplanten Maßnahmen (Zusammenschluss der beiden kerntechnischen Fachbereiche, notwendige inner- und zwischenbetriebliche Versetzungen, ohne dass diese im Einzelnen benannt wurden) zustimmen. Änderungs- und Beendigungskündigungen waren ausdrücklich nicht ausgeschlossen. Beide Gesamtbetriebsräte lehnten den Abschluss einer solchen Vereinbarung als völlig unzureichend ab.

Ende Juni 1988 kam es zu einem gemeinsamen Gespräch zwischen den beiden Gesamtbetriebsräten, dem juristischen Sachverständigen und einem Vertreter der Gewerkschaft ÖTV auf der einen und den beiden Geschäftsführungen auf der anderen Seite. Ergebnis dieses Gesprächs war eine auf Vorschlag des Sachverständigen des Gesamtbetriebsrats erstellte gemeinsame Protokollnotiz im Rang einer Betriebsvereinbarung, die die Informationsrechte der beiden Wirtschaftsausschüsse und die Beteiligungsrechte der Gesamtbetriebsräte unter ausdrücklichem Bezug auf die §§ 111 ff. BetrVG sicherstellen sollte.

Gemäß dem in der gemeinsamen Protokollnotiz vereinbarten Zeitplan informierten die beiden Geschäftsführungen Ende Juli 1988 anhand eines umfangreichen Papiers den Wirtschaftsausschuss und Gesamtbetriebsrat darüber, wie sie sich die Fusion der beiden Vereine vorstellen.

Eine Auswertung der schriftlichen Unterlage durch den Sachverständigen des Gesamtbetriebsrats ergab, dass beim derzeitigen Informationsstand der Gesamtrahmen der geplanten Maßnahme insbesondere hinsichtlich der Auswirkungen auf die Beschäftigten nicht verlässlich bestimmt werden konnte. Allerdings war mit großer Wahrscheinlichkeit ein Abbau von Arbeitsplätzen aufgrund von Rationalisierungseffekten zu erwarten.

Um einerseits den von staatlicher Seite forcierten Zusammenschluss der beiden kerntechnischen Fachbereiche nicht zu behindern, andererseits aber die Beschäftigten vor negativen Auswirkungen zu schützen, erarbeitete der Gesamtbetriebsrat mit Unterstützung des Sachverständigen eine entsprechende Betriebsvereinbarung, die der Geschäftsführung Ende September 1988 vorgelegt wurde. Kernpunkte dieses Betriebsvereinbarungsentwurfs waren:

- Anerkennung, dass es sich bei der geplanten Fusion um eine mitbestimmungspflichtige Betriebsänderung nach § 111 BetrVG handelt;
- Zustimmung zu geplanten kurzfristigen und organisatorischen Maßnahmen, sofern die Unterrichtung und Beratung der noch offenen Punkte erfolgt ist;

- Versetzungen nur unter dem Vorbehalt der Freiwilligkeit;
- Ausschluss betriebsbedingter Kündigungen für die Geltungsdauer der Betriebsvereinbarung.

Obwohl sich dieser Entwurf der Betriebsvereinbarung im Wesentlichen am Inhalt der gemeinsamen Protokollnotiz orientierte, lehnte es die Geschäftsführung zur Überraschung des Gesamtbetriebsrats kategorisch ab, über den Entwurf überhaupt zu verhandeln. Ihrer Meinung nach handelte es sich bei der beabsichtigten Zusammenlegung der beiden kerntechnischen Fachbereiche nicht um eine Betriebsänderung nach § 111 BetrVG, da eine grundlegende Änderung der Betriebsorganisation durch diese Maßnahme nicht erfolgt. Auch die geplante Fusion selbst stelle im Übrigen lediglich einen Betriebsübergang dar, der als solcher ebenfalls nicht unter die §§ 111 ff. BetrVG falle. Eine Betriebsänderung würde – wenn überhaupt – erst von der Geschäftsführung des neuen, fusionierten Vereins vorgenommen werden. In diesem Fall würden selbstverständlich die Mitbestimmungsrechte beachtet und mit dem neuen Gesamtbetriebsrat entsprechende Verhandlungen aufgenommen werden. Ganz offensichtlich hoffte die Geschäftsleitung, dass sie mit dem dann neugebildeten Gesamtbetriebsrat nach der Fusion leichteres Spiel haben würde als mit dem jetzigen Gesamtbetriebsrat und nach erfolgter Fusion auch das Druckpotenzial der Interessenvertretung wesentlich geringer sein würde als vor der Fusion.
Der Gesamtbetriebsrat forderte daraufhin in einem Schreiben Anfang Oktober 1988 die Geschäftsführung auf, zu den Positionen der gemeinsamen Protokollnotiz zurückzukehren und in Verhandlungen über einen Interessenausgleich und ggf. Sozialplan einzutreten. Außerdem wurde die Geschäftsführung aufgefordert, dem Wirtschaftsausschuss unverzüglich das fertiggestellte Gutachten der Unternehmensberatungsfirma zur Verfügung zu stellen und vor der entsprechenden Information und Beratung mit dem Gesamtbetriebsrat keine vollendeten Tatsachen zu schaffen.
Mitte Oktober äußerte die Geschäftsführung, dass sie ihre ursprüngliche Absicht, die beiden kerntechnischen Fachbereiche schon vor der Fusion zusammenzulegen, aufgebe. Gleichzeitig wurde der Gesamtbetriebsrat aber über beabsichtigte kurzfristige organisatorische und personelle Maßnahmen im kerntechnischen Fachbereich informiert und um Zustimmung gebeten. Die erbetenen Informationen im Zusammenhang mit der geplanten Fusion, insbesondere das Gutachten der Unternehmensberatungsfirma, würden zu gegebener Zeit erfolgen. Als hierauf der Rechtsanwalt des Gesamtbetriebsrats der Geschäftsführung androhte, die geplanten kurzfristigen organisatorischen und personellen Maßnahmen im kerntechnischen Fachbereich notfalls durch einstweilige Verfügung zu verhindern und wegen der unzureichenden Unterrichtung des Wirtschaftsausschusses ein Ordnungswidrigkeitsverfahren nach § 121 BetrVG einzuleiten, teilte die Geschäftsführung dem Gesamtbetriebsrat mit, dass sie auf die Durch-

führung der organisatorischen und personellen Maßnahmen im kerntechnischen Bereich verzichte. Nach wie vor weigerte sich die Geschäftsführung aber, dem Wirtschaftsausschuss und Gesamtbetriebsrat das Gutachten der Unternehmensberatungsfirma auszuhändigen.
Erst als der Gesamtbetriebsrat Ende November nochmals ausdrücklich auf die Aushändigung des Gutachtens der Unternehmensberatungsfirma an den Wirtschaftsausschuss bestand und im Weigerungsfall mit der Einleitung eines Beschlussverfahrens zur Bestellung einer Einigungsstelle nach § 109 BetrVG drohte, gab die Geschäftsführung nach und stellte die gewünschten Unterlagen zur Verfügung.
Zwischenzeitlich hatte der Gesamtbetriebsrat auch Kenntnis erhalten, dass auf einer Vorstandssitzung des Vereins Anfang Dezember ein Beschluss zur Auflösung des Vereins und zur Fusion mit dem Nachbarverein getroffen werden sollte, wobei die neue Organisation der fusionierten Vereine auf der Grundlage des Gutachtens der Unternehmensberatungsfirma erfolgen sollte. Der Anwalt des Gesamtbetriebsrats richtete daraufhin im Auftrag des Gesamtbetriebsrats gleichgerichtete Schreiben an den Vorstandsvorsitzenden, den Geschäftsführer und den Oberbürgermeister als Vorstandsmitglied, in dem diese aufgefordert wurden, den Beschluss zur Auflösung des Vereins und zur Fusion zurückzustellen, um zunächst die nach dem BetrVG erforderlichen Mitbestimmungsrechte des Wirtschaftsausschusses und Gesamtbetriebsrats zu gewährleisten. Diese Aufforderung blieb allerdings wirkungslos: Der Vereinsvorstand beschloss wie vorgesehen die Auflösung und Fusion des Vereins. Lediglich der Oberbürgermeister reagierte auf das Schreiben des Rechtsanwalts und bot seine Vermittlerdienste an. Das daraufhin stattfindende Vermittlungsgespräch zwischen der Geschäftsführung auf der einen und dem Gesamtbetriebsrat und der Gewerkschaft auf der anderen Seite blieb allerdings erfolglos.
Da die Analyse des Gutachtens der Unternehmensberatungsfirma aus der Sicht des Gesamtbetriebsrats und seines Sachverständigen eindeutig ergab, dass es sich bei der Fusion aufgrund der einschneidenden Veränderung der Unternehmensorganisation von einer Stab-Linien-Organisation zu einer Matrixorganisation um eine Betriebsänderung nach § 111 Satz 2 Nrn. 2, 3 und 4 BetrVG handelte und die Geschäftsführung eindeutig zu verstehen gegeben hatte, dass sie in der geplanten Fusion lediglich einen Betriebsübergang und keine Betriebsänderung sehe, wurde im Gesamtbetriebsrat Mitte Januar der Beschluss gefasst, die Verhandlungen für gescheitert zu erklären und den Rechtsanwalt mit der Einleitung eines Beschlussverfahrens zur Einrichtung einer Einigungsstelle zu beauftragten, mit einem dem Gesamtbetriebsrat bekannten, erfahrenen Arbeitsrichter als Vorsitzenden und je fünf Beisitzern auf jeder Seite.
Der Gerichtstermin fand Mitte Februar 1989 statt. Dort schlossen die beiden Parteien einen Vergleich, nach dem eine Einigungsstelle unter Vorsitz des vom

Gesamtbetriebsrat vorgeschlagenen Arbeitsrichters mit je vier Beisitzern auf jeder Seite gebildet wurde.

Vorbereitung der Verhandlungen der Einigungsstelle

Eine Woche vor der ersten Einigungsstellensitzung fand eine Sitzung des Arbeitskreises beim Hauptvorstand der Gewerkschaft ÖTV statt. An dieser Sitzung nahmen Gesamtbetriebsratsmitglieder derjenigen Vereine teil, die in die Fusion ursprünglich einbezogen werden sollten. Außerdem nahmen Vertreter der ÖTV-Hauptverwaltung und der zuständigen Bezirksverwaltung sowie ein Sachverständiger teil.

Zunächst wurde von den Betriebsräten der betroffenen Vereine ein Situationsbericht über die aktuelle Lage gegeben. Dabei stellte sich heraus, dass entgegen der ursprünglichen Absicht zunächst nur eine Fusion der beiden Nachbarvereine erfolgen sollte, der sich zu einem späteren Zeitpunkt die anderen Vereine anschließen könnten. Außerdem wurde deutlich, dass bei einem Verein aufgrund der Aktivitäten des dortigen Gesamtbetriebsrats mit dem Scheitern der Verhandlungen und dem Einschalten der Einigungsstelle ein sehr viel fortgeschrittenerer Verhandlungsstand erreicht worden war als beim anderen, wo der Gesamtbetriebsrat überhaupt noch keine Verhandlungen mit der Geschäftsführung aufgenommen hatte.

Um eine Einschätzung der möglichen Gefährdungen der Beschäftigteninteressen vornehmen zu können, wurde ein Vergleich der jeweils existierenden Betriebsvereinbarung zu den verschiedensten Regelungsbereichen (Altersversorgung, Beihilfen, Essensgeldzuschuss, Kleidergeld, Reisekostenordnung, arbeitsfreie Tage, Darlehen usw.) vorgenommen. Es bestand Einvernehmen unter den Beteiligten, dass die Betriebsräte im Rahmen von Interessenausgleichs- und Sozialplanverhandlungen die jeweils günstigsten Regelungen zum Ausgangspunkt ihrer Forderungen machen. Außerdem sollten Versetzungen nur auf zumutbare Arbeitsplätze und nicht gegen den Willen der Betroffenen möglich sein. Betriebsbedingte Entlassungen sollten möglichst ausgeschlossen werden. Es wurde vereinbart, auf der nächsten Arbeitskreissitzung Anfang Juni einen gemeinsamen Entwurf für einen Interessenausgleich und Sozialplan zu erarbeiten, wozu der Sachverständige entsprechende Vorarbeiten leisten sollte.

Schließlich wurde auch über die Frage diskutiert, ob es nicht erfolgreicher sein würde, statt parallel in zwei getrennten Verhandlungen bzw. Einigungsstellen zu agieren, die Gewerkschaft ÖTV aufzufordern, mit dem zukünftigen neuen Großverein einen entsprechenden Überleitungstarifvertrag abzuschließen. Diese Idee, die vor allem von den Gesamtbetriebsratsmitgliedern favorisiert wurde, die bisher noch nicht aktiv geworden war, erschien den meisten Anwesenden allerdings nicht sehr Erfolg versprechend, da die Stärke der Gewerkschaft im Wesentlichen von der Streikbereitschaft der Beschäftigten abhängt und diese als relativ gering eingeschätzt wurde.

Erste Einigungsstellensitzung: Arbeitgeberseite bestreitet Zuständigkeit
Die erste Einigungsstellensitzung fand Mitte April 1989 statt. Erwartungsgemäß beschäftigte sie sich nur mit der Frage ihrer Zuständigkeit. Während die Vertreter des Gesamtbetriebsrats die Auffassung vertraten, dass die im Zusammenhang mit der geplanten Fusion auch betriebsändernden Maßnahmen entsprechend den Empfehlungen des Gutachtens der Unternehmensberatungsfirma unzweifelhaft Verhandlungen über einen Interessenausgleich und Sozialplan erforderlich machen, behaupteten die Vertreter der Arbeitgeberseite, dass die geplante Fusion lediglich ein Betriebsübergang nach § 613a BGB sei und Betriebsänderungen – wenn überhaupt – erst von der Geschäftsführung des fusionierten Vereins geplant würden. Das Gutachten des Unternehmensberaters sei lediglich eine Empfehlung, und es sei überhaupt noch nicht klar, ob diesen Empfehlungen gefolgt würde. Gegenwärtig sei allenfalls das Stadium von Vorüberlegungen erreicht. Über hypothetische Sachverhalte wolle und könne man keine Regelungen treffen. Auch existiere noch keinerlei Zeitplan für die Fusion.
Nach gemeinsamen sowie getrennten Beratungen verständigten sich beide Seiten auf Vorschlag des Vorsitzenden auf folgende Vorgehensweise: Von Seiten der Gesamtbetriebsräte wird ein Katalog derjenigen Punkte vorgelegt, aus denen sich die Befürchtungen und Sorgen über mögliche Nachteile der Beschäftigten ergeben, und durch welche Maßnahmen diese Bedenken ausgeräumt werden können. Außerdem soll der Gesamtbetriebsrat diejenigen Tatsachen vortragen, aus denen sich für ihn zweifelsfrei ergibt, dass Betriebsänderungen geplant sind. Von Seiten des Arbeitgebers wird die Stellungnahme des Gesamtbetriebsrats unverzüglich erwidert.

Zweite Vorbereitungssitzung: Abstimmung zwischen beteiligten Gesamtbetriebsräten
Auf der nächsten Vorbereitungssitzung berichteten die Vertreter der vier betroffenen Vereine über die weitere Entwicklung seit der letzten Vorbereitungssitzung. Dabei stellte sich heraus, dass ein Verein voraussichtlich überhaupt nicht und ein zweiter vermutlich ein bis zwei Jahre später fusionieren wird. Damit stellte sich die Fusionsproblematik zunächst nur den beiden Nachbarvereinen. Als problematisch erwies sich vor allem das unterschiedliche Verhandlungsstadium: Während im einen Verein die Verhandlungen bereits gescheitert und die erste Einigungsstellensitzung stattgefunden hatte, waren im anderen Verein die Verhandlungen noch gar nicht richtig angelaufen. Die Tatsache, dass wider Erwarten die Einigungsstelle keine Entscheidung über die Zuständigkeit der Eini-

gungsstelle selbst getroffen hatte, ließ den Gesamtbetriebsrat des Fusionspartners in seiner abwartenden Haltung verharren.
Allerdings wurde Übereinstimmung darüber erzielt, dass der Vorschlag der Beisitzer des Gesamtbetriebsrats in der Einigungsstelle über einen Interessenausgleich und Sozialplan in überarbeiteter Form vom Gesamtbetriebsrat des Fusionspartners übernommen und dem Arbeitgeber zugeleitet werden sollte. Auch wurden Termine verabredet, um möglichst noch vor dem nächsten Einigungsstellentermin Klarheit über die Position des Arbeitgebers des Fusionspartners zu haben. Dem Gesamtbetriebsrat des Fusionspartners wurde sehr deutlich gemacht, dass es die Verhandlungsposition in der Einigungsstelle entschieden stärken würde, wenn auch im anderen Verein die Verhandlungen scheitern würden und der dortige Gesamtbetriebsrat die Einigungsstelle einschalten würde.

Zweite Einigungsstellensitzung: Zuständigkeit der Einigungsstelle wird vom Vorsitzenden bejaht

Die zweite Einigungsstellensitzung fand in der zweiten Juni-Woche statt. Anhand des von den Beisitzern des Betriebsrats erstellten Positionspapiers und der schriftlichen Erwiderung der Arbeitgeberseite wurde erneut über die Frage der Zuständigkeit der Einigungsstelle diskutiert.
Die Betriebsratsseite begründete das Vorliegen einer Betriebsänderung vor allem mit den organisatorischen Änderungsvorschlägen des Gutachtens des Unternehmensberaters, die auf eine völlige Neuorganisation hinausliefen, welche unmittelbare Auswirkungen auf die Beschäftigten des Vereins haben werden (Versetzungen, Entlassungen). Einzelne, den örtlichen Betriebsrat zur Zustimmung vorgelegte Maßnahmen entsprachen exakt den Empfehlungen aus dem Gutachten des Unternehmensberaters. Dies sprach dafür, dass die Empfehlungen mehr waren als reine Gedankenspiele. Für das Erreichen des Planungsstadiums sprach auch, dass die Vorstände der beiden Vereine definitive Beschlüsse zur Auflösung der Vereine und zur Fusion gefasst hatten und die Fusion auf der Grundlage der Empfehlungen des Unternehmensberaters erfolgen solle.
Die Arbeitgeberseite kündigte in ihrer schriftlichen Erwiderung auf die Stellungnahme der Beisitzer des Gesamtbetriebsrats an, die Unzuständigkeit der Einigungsstelle und damit die Einstellung des Verfahrens zu beantragen. Sie begründete dies mit den wiederholt vorgebrachten Behauptungen:

- Die Beisitzer des Gesamtbetriebsrats vermischten in unzulässiger Weise die beabsichtigte Fusion mit der Frage, ob nach der Fusion unter Umständen irgendwelche Betriebsänderungen im neuen Verein geplant seien. Es könne nicht Aufgabe der Einigungsstelle sein, Eventualregelungen für Betriebsänderungen festzulegen, die erst nach einer Fusion ein anderer Unternehmensträger vielleicht später einmal vornehmen werde.

- Die Empfehlungen aus dem Gutachten des Unternehmensberaters seien völlig unverbindliche Vorschläge; es sei noch völlig offen, ob und in welcher Weise den Empfehlungen aus dem Gutachten gefolgt werde.
- Das Planungsstadium einer Betriebsänderung sei überhaupt noch nicht erreicht, da Betriebsänderungen allenfalls vom neuen Arbeitgeber des fusionierten Vereins geplant und umgesetzt werden könnten.
- Die den örtlichen Betriebsräten zur Zustimmung vorgelegten personellen Einzelmaßnahmen seien völlig unabhängig von der geplanten Fusion erforderlich.

Nachdem keine Änderung der Standpunkte über die Zuständigkeit der Einigungsstelle zu erreichen war, machte der Vorsitzende der Einigungsstelle deutlich, dass er nach derzeitigem Informationsstand nicht von der Unzuständigkeit der Einigungsstelle ausgehen könne. Seiner Meinung nach wäre die Einigungsstelle nur dann unzuständig, wenn entweder keine Betriebsänderung in Überlegung wäre oder diese das Stadium der Planung noch nicht erreicht hätte oder der Gesamtbetriebsrat als Regelungspartner nicht in Frage käme. Keine der drei genannten Voraussetzungen könne er jedoch bislang definitiv verneinen. Daraufhin verzichtete die Arbeitgeberseite auf ihren schriftlich angekündigten Antrag, die Zuständigkeit der Einigungsstelle abzulehnen. Im Protokoll der Einigungsstellensitzung begründete der Vorsitzende seine Rechtsauffassung nochmals sehr ausführlich. Dies geschah auf Wunsch der Beisitzer des Gesamtbetriebsrats, um den immer noch zögerlichen Gesamtbetriebsrat des Fusionspartners endlich überzeugen zu können.

Außerdem forderte der Vorsitzende die Arbeitgeberseite auf, bis zum nächsten Einigungsstellentermin über Form und Inhalt der Durchführung der Fusion nach dem letzten Stand der Überlegungen/Planungen und mögliche Folgen für die Betroffenen schriftlich zu berichten. Die Beisitzer des Gesamtbetriebsrats wurden aufgefordert, hierauf ggf. zu erwidern und strittig gebliebene Sachverhalte unter Beweis zu stellen.

Dritte Vorbereitungsrunde: Gesamtbetriebsrat des Fusionspartners zieht endlich mit

Auf einer weiteren Vorbereitungssitzung der Vertreter des Gesamtbetriebsrats wurde darauf hingewiesen, dass die Arbeitgeberseite für ihre Auffassung, dass es sich bei der geplanten Fusion lediglich um einen Betriebsübergang und nicht auch um eine Betriebsänderung handelt, die Passivität des Gesamtbetriebsrats des Fusionspartners angeführt habe. Der Arbeitskreis kam zu der Auffassung, dass im Rahmen eines koordinierten Vorgehens nun unbedingt auch der Gesamtbetriebsrat des Fusionspartners unverzüglich Verhandlungen über einen Interessenausgleich und Sozialplan werde aufnehmen müssen. Dabei sollte unbedingt der nächste Einigungsstellentermin im Auge behalten werden. Der Gesamtbetriebsrat des Fusionspartners berichtete, dass sein Rechtsanwalt bereits mit der Überarbeitung des vorliegenden Entwurfs eines Interessenausgleichs und Sozialplans beschäftigt sei.

Dritte und vierte Einigungsstellensitzung: Rahmenvereinbarung wird einvernehmlich beschlossen

Da die Arbeitgeberseite der Auflage des Vorsitzenden der Einigungsstelle nicht nachkam, sondern lediglich ihre alte Position wiederholte, dass keine Betriebsänderung geplant sei, wurde die Einigungsstelle auf Wunsch des Vorsitzenden wegen der anstehenden Sommerferien auf Anfang November verschoben. Dabei wurde vom Einigungsstellenvorsitzenden angeregt, angesichts der gleichgelagerten Probleme in beiden Vereinen die Einigungsstelle um Vertreter der Geschäftsleitung und des Gesamtbetriebsrats des Fusionspartners als Gäste zu erweitern, da die bisherigen Verhandlungen gezeigt hätten, dass die hiesige Geschäftsleitung nur in Abstimmung mit der Geschäftsführung des Fusionspartners verhandelt und man so sicherlich besser in der Einigungsstelle vorankomme. Beide Betriebsparteien begrüßten diesen Vorschlag und sagten zu, sich in diesem Sinne bei ihren jeweiligen Gesprächspartnern im anderen Verein zu verwenden.

Inzwischen fanden Abstimmungsgespräche zwischen den beiden Gesamtbetriebsräten unter Beteiligung der Sachverständigen und der ÖTV statt, die einen gemeinsamen Entwurf einer Rahmenvereinbarung im Sinne eines Interessenausgleichs und Sozialplans zum Ziel hatten. Es gelang, sich auf ein gemeinsames Papier zu verständigen. Auf einer gemeinsamen Sitzung von Vertretern der beiden Gesamtbetriebsräte auf der einen und den Verwaltungsleitern der beiden Vereine als Vertreter der Geschäftsleitungen auf der anderen Seite wurde dieses Papier beraten und ein Verhandlungsergebnis erzielt, in dem sich die Betriebsräte mit ihren Forderungen weitgehend durchsetzen konnten:

- Sicherung der Tarifbindung durch die Verpflichtung, dass der neue Verein der Tarifgemeinschaft beitritt;
- Fortgeltung der bestehenden BV der beiden Vereine im neuen Verein für fünf Jahre; sie dürfen in dieser Zeit nicht zum Nachteil der Arbeitnehmer/innen verändert werden;
- Sicherung der Arbeitsplätze durch Ausschluss betriebsbedingter Kündigungen für einen Zeitraum von fünf Jahren;
- Versetzungen nur mit Zustimmung der betroffenen Beschäftigten und auf funktionell, materiell, räumlich und sozial zumutbare Arbeitsplätze;
  und Umschulung während der Arbeitszeit auf Kosten des Arbeitgebers, Verbot der Abgruppierung, mind. sechsmonatige Anlern- und Einarbeitungszeit, zweijähriger Sonderkündigungsschutz nach Versetzung, Übernahme von Umzugskosten, Familienheimfahrten, Zuschüsse zu höheren Mietkosten usw. durch den Arbeitgeber);

- Erhalt und Entwicklung von Aufstiegsmöglichkeiten im örtlichen Zuständigkeitsbereich des jeweiligen Vereins.

Ganz offensichtlich hatte die Verhandlungsdelegation auf Arbeitgeberseite mit diesen Zusagen ihren Verhandlungsspielraum überschritten, denn bereits am nächsten Tag wurden diese auf Intervention des Geschäftsführers des Fusionspartners wieder zurückgenommen. Daraufhin erklärte auch der dortige Gesamtbetriebsrat das Scheitern der Verhandlungen und beschloss, nun ebenfalls die Einigungsstelle einzuschalten.

Die dritte Einigungsstellensitzung fand wie geplant Anfang November statt; allerdings ohne die Betriebsparteien des Fusionspartners. Im letzten Augenblick hatte die dortige Geschäftsführung ihre ursprünglich bekundete Bereitschaft zur Teilnahme an einer erweiterten Einigungsstelle zurückgezogen; daraufhin weigerte sich auch die hiesige Geschäftsführung, Vertreter des Gesamtbetriebsrats des Fusionspartners an den Verhandlungen als Gäste teilnehmen zu lassen. Dieses Verhalten führte beim Vorsitzenden und den Beisitzern des hiesigen Gesamtbetriebsrats in der Einigungsstelle zu einiger Verärgerung. Auch die Beisitzer der Arbeitgeberseite fühlten sich von der Absage der Geschäftsleitung des Fusionspartners brüskiert; zeigte dieses Verhalten doch ganz offensichtlich Abstimmungsprobleme und wohl auch atmosphärische Störungen zwischen den beiden Geschäftsleitungen.

Grundlage der weiteren Beratungen der Einigungsstelle war das zuvor von den Betriebsparteien außerhalb der Einigungsstelle verhandelte und dann auf Intervention der Geschäftsleitung des Fusionspartners wieder zurückgenommene Kompromisspapier. Dabei machte der Vorsitzende deutlich, dass er sich eine Einigung auf der Grundlage dieses Kompromisses sehr gut vorstellen könne. Er schlug daher eine Vertagung um drei Wochen vor und bat die hiesige Geschäftsleitung eindringlich, mit der Geschäftsleitung des Fusionspartners eine Abstimmung herbeizuführen, da auf der nächsten Sitzung eine Entscheidung getroffen werden müsse. Der Vorsitzende erinnerte nochmals an seinen Vorschlag einer um die Vertreter der Betriebsparteien des Fusionspartners erweiterten Einigungsstelle, zumal ja mittlerweile auch dort eine Einigungsstelle – allerdings unter einem anderen Vorsitzenden – gebildet worden war.

Drei Wochen später fand die vierte und letzte Einigungsstellensitzung statt; wiederum ohne Vertreter des Fusionspartners. Diese hatten sich entschieden, eine eigene Einigungsstelle Mitte Dezember durchzuführen.

Nach stundenlangen Verhandlungen einigte man sich schließlich einvernehmlich auf eine Rahmenbetriebsvereinbarung, die mit wenigen Abstrichen mit dem Kompromisspapier übereinstimmte. Nachgeben mussten die Beisitzer des Gesamtbetriebsrats bei dem Zeitraum des Abschlusses betriebsbedingter Kündigungen: Statt fünf Jahre sind betriebsbedingte Kündigungen nur für drei Jahre ausgeschlossen; Änderungskündigungen sind jedoch für weitere zwei Jahre nur

mit Zustimmung des Betriebsrats möglich, wobei im Fall der Zustimmungsverweigerung die Ersetzung der Zustimmung bei einer ständigen Einigungsstelle gem. § 102 Abs. 6 BetrVG beantragt werden kann. Auf eine Ausdehnung dieser Bestimmungen auch auf Beendigungskündigungen wurde bewusst verzichtet, da die Beisitzer mit dem Vorsitzenden der Auffassung waren, dass dadurch die Widerspruchsmöglichkeit gem. § 102 Abs. 3 und 4 BetrVG überholt sei und der Gekündigte im Falle der Ersetzung der Zustimmung durch die Einigungsstelle keine Möglichkeit der Durchsetzung seines Weiterbeschäftigungsanspruchs gem. § 102 Abs. 5 BetrVG habe, der einen form- und fristgerechten Widerspruch des Betriebsrats voraussetzt. Außerdem konnte keine Nachwirkungsklausel durchgesetzt werden, sodass die Rahmenvereinbarung nach Ablauf der fünf Jahre endet.
Angesichts der doch recht weitgehenden Durchsetzung der Vorstellungen des Gesamtbetriebsrats wollten die Beisitzer des Gesamtbetriebsrat die einvernehmliche Regelung nicht an diesen beiden Punkten scheitern lassen, zumal sehr fraglich war, ob der Einigungsstellenvorsitzende im Falle eines Spruchs tatsächlich so weit gegangen wäre (in getrennten Verhandlungen hielt er eine Verdoppelung des § 613a, allenfalls jedoch drei Jahre für machbar!).
Da es der Vorsitzende wie auch die Beisitzer der Einigungsstelle für sachgerecht erachteten, möglichst einheitliche Regelungen für die Beschäftigten beider Vereine zu treffen, wurde in der Vereinbarung beiden Seiten ein Sonderkündigungsrecht für den Fall eingeräumt, dass in der anschließenden Einigungsstelle beim Fusionspartner Regelungen getroffen werden, die vom Ergebnis der hiesigen Einigungsstelle abweichen. Damit sollte letztlich die Gleichbehandlung der Beschäftigten beider Vereine gewährleistet werden. Obwohl sich das Einigungsstellenergebnis dort in einigen Punkten von dem hier erzielten Ergebnis unterschied, verzichteten beide Seiten auf die Ausübung des Sonderkündigungsrechts. Aus Sicht des hiesigen Gesamtbetriebsrats hatte das Ergebnis der anderen Einigungsstelle Vorteile (z. B. Ausschluss der betriebsbedingten Kündigungen für vier Jahre), aber auch Nachteile (z. B. Möglichkeit des Arbeitgebers, die Vermutung betriebsbedingter Kündigung als durch die Fusion veranlasst zu widerlegen, was einer aufgeweckten Geschäftsführung nicht allzu schwer fallen dürfte; keine Erschwernisse für den Arbeitgeber bei Änderungskündigungen), sodass im Gesamtergebnis kein Grund zur Ausübung des Sonderkündigungsrechts bestand.

Einschätzung des Verhandlungsverlaufs und -ergebnisses

Das Verhandlungsergebnis ist unter mehreren Gesichtspunkten positiv einzuschätzen:

- Inhaltlich hat sich der Gesamtbetriebsrat weitgehend durchgesetzt und eine gute Absicherung der Interessen der Beschäftigten erreicht.

- Auch das Ergebnis im anderen Verein kann sich der hiesige Gesamtbetriebsrat zum wesentlichen Teil an seine Fahnen heften. Es ist sicherlich nicht übertrieben zu behaupten, dass es ohne dessen frühzeitige Aktivitäten im anderen Verein überhaupt keine Vereinbarung gegeben hätte. Es dauerte bis zum Beweis des Gegenteils, bis auch die Mehrheit im Gesamtbetriebsrat des Fusionspartners davon überzeugt war, dass mit der Fusion zugleich eine mitbestimmungspflichtige Betriebsänderung geplant war.
- Zurzeit steht die Fusion anderer Vereine an, und die Ergebnisse dieser Einigungsstelle haben die Kollegen dort ermutigt, sich frühzeitig einzuschalten und für eine mind. ebenso gute Absicherung der Beschäftigten zu sorgen.

Die Gründe für diesen Erfolg sind:

- Das sehr engagierte und frühzeitige Agieren des Gesamtbetriebsrats (vor allem des Gesamtbetriebsratsvorsitzenden und des Wirtschaftsausschusssprechers);
- die uneingeschränkte Unterstützung der Gewerkschaft ÖTV in den betroffenen Bezirksverwaltungen und der zuständigen Hauptabteilung der ÖTV, die sich u.a. in der Einrichtung eines speziellen Arbeitskreises, in der Organisation eines speziellen Seminars für die Betriebsräte der beiden Vereine und an der Teilnahme an einer Reihe von Gesprächen mit den jeweils zuständigen Fachministern und Aufsichtsorganen der betroffenen Bundesländer sowie der Vereinsvorstände und Geschäftsführungen der beiden Vereine ausdrückte;
- das frühzeitige Hinzuziehen eines Sachverständigen gem. § 80 Abs. 3 BetrVG;
- das konsequente Wahrnehmen der Mitbestimmungsrechte (Androhen einer Einigungsstelle nach § 109 BetrVG zur Durchsetzung der Informationsrechte, Androhen einer einstweiligen Verfügung zur Verhinderung der ersten Umsetzungsschritte der Fusion; Einschalten einer Einigungsstelle nach dem Scheitern der Verhandlungen über einen Interessenausgleich und Sozialplan).

Die Dauer der Verhandlungen bis zum erfolgreichen Abschluss der Rahmenvereinbarungen zeugt aber auch von den Schwierigkeiten, mit denen der Gesamtbetriebsrat zu kämpfen hatte:

- Kooperationsunwillige Arbeitgeber setzten auf eine Verzögerungstaktik unter Einsatz aller zu Gebote stehenden Mittel (Bestreiten des Vorliegens einer mitbestimmungspflichtigen Betriebsänderung, Verweigerung der Aushändigung des Gutachtens des Unternehmensberaters, Bestreiten der Zuständigkeit der Einigungsstelle).
- Die Geschäftsführung als Verhandlungspartner des Gesamtbetriebsrats hatte nur noch eingeschränkte Entscheidungskompetenz im Rahmen der Absprachen mit dem anderen Fusionspartner.
- Eine zunächst geringe Kooperationsbereitschaft des Gesamtbetriebsrats des Fusionspartners erschwerte und verzögerte die inhaltliche Abstimmung zwischen beiden Interessenvertretungen.

- Die Drohung der Arbeitgeberseite mit der Anfechtung eines möglichen Einigungsstellenspruchs veranlasste den Einigungsstellenvorsitzenden zu einer zunächst vorsichtigeren und abwartenden Haltung.

V. Verschmelzung zweier Unternehmen nach dem Umwandlungsgesetz

Fall 5:
Bei den Unternehmen handelt es sich um zwei Kreditinstitute, die mit ihren Filialen in demselben regionalen Marktgebiet tätig sind. Das aufnehmende Kreditinstitut hat rd. 1000 Beschäftigte, das übertragende Kreditinstitut hat rd. 650 Beschäftigte. Beide Kreditinstitute hatten in den Vorjahren kräftig expandiert, zusätzliche Filialen eröffnet und auch eine erhebliche Steigerung des Kreditvolumens realisieren können. Diese Kredite, überwiegend für gewerbliche Immobilienvorhaben, führten zu einer erheblichen Steigerung der Bilanzsumme und auch der Zinserträge der beiden Unternehmen, allerdings auch zu einer gravierenden Änderung des Risikopotenzials.
Nach dem Abschluss vieler Bauvorhaben stellte sich dann heraus, dass sich die erheblichen Risiken aus der gewerblichen Baufinanzierung auch tatsächlich in einem beträchtlichen Umfang realisierten. Bei vielen abgeschlossenen Bauvorhaben war weder eine Vermietung der Gewerbeflächen zu den ursprünglich kalkulierten Mieten noch ein Verkauf zu den ursprünglich kalkulierten Preisen möglich. Dies führte bei den Bauträgern und Investoren zu gravierenden Mindereinnahmen, mit der Konsequenz, dass den Kreditnehmern zunächst Kredittilgung und Kreditzinsen gestundet werden mussten, nach und nach stellten sich dann erhebliche Kreditausfälle ein. So ergab sich über mehrere Jahre die Erforderlichkeit hoher Wertberichtigungen und Abschreibungen, sodass die wirtschaftlichen Reserven der beiden Kreditinstitute zunehmend aufgezehrt wurden.
Beide Kreditinstitute reagierten auf diesen Substanzverlust mit zunehmenden Rationalisierungsanstrengungen, um durch Personalkostenreduzierungen zu einer teilweisen Ergebnisverbesserung zu gelangen. Diese Bemühungen waren aber in beiden Unternehmen nur begrenzt erfolgreich. Über den zuständigen Arbeitgeberverband ergaben sich dann die entscheidenden Kontakte und Impulse, die zur Absicht einer Verschmelzung der beiden Unternehmen führten. Damit verbunden war die Erwartung, durch die Verschmelzung umfangreichere kostensenkende Maßnahmen realisieren zu können, als dies jeweils in den einzelnen Instituten möglich gewesen wäre. Ferner sollte eine Bündelung aller Kräfte und Potenziale erfolgen, um die Markterfordernisse auf der Kunden- und Wettbewerbsseite weiterhin erfüllen zu können. Eine zügige Durchführung der Verschmelzung und ihrer Folgemaßnahmen wurde als »unabdingbare Voraussetzung einer zukunftsorientierten Existenzsicherung« bezeichnet.

In beiden Unternehmen existieren jeweils ein Betriebsrat und ein Wirtschaftsausschuss. Die Betriebsräte beider Unternehmen werden von ihren Arbeitgebern als kompetente Gesprächs- und Verhandlungspartner akzeptiert. Der gewerkschaftliche Organisationsgrad liegt unter 10%.

Art der Betriebsänderung

Die Verschmelzung von Unternehmen allein stellt noch keine Betriebsänderung i.S.v. § 111 BetrVG dar. Aber infolge der beabsichtigten Verschmelzung der beiden Kreditinstitute war eine Zusammenlegung der bisherigen Betriebe geplant. Hierbei sollte der Betrieb des kleineren Unternehmens in den Betrieb des größeren Unternehmens integriert werden. Dies sollte auch zu einer örtlichen Verlagerung von bestimmten Abteilungen führen. Ferner sahen die diesbezüglichen Planungen teilweise organisatorische Änderungen für das aufnehmende Kreditinstitut vor, jedoch ohne dass dies zum Verlust seiner Betriebsidentität geführt hätte. Ferner war nach der Integration der Betriebe ein erheblicher Personalabbau in den zusammengelegten Zentralabteilungen beabsichtigt. Darüber hinaus sollte eine Standortbereinigung durch eine teilweise Zusammenlegung von Filialen der beiden Kreditinstitute erfolgen. Insofern planten beide Unternehmen ohne Zweifel folgende Betriebsänderungen:

- Grundlegende Änderung der Betriebsorganisation (§ 111 Satz 2 Nr. 4 BetrVG),
- Zusammenschluss von Betrieben und Betriebsteilen (§ 111 Satz 2 Nr. 3 BetrVG),
- Betriebseinschränkung durch Reduzierung von Personalkapazitäten (§ 111 Satz 2 Nr. 1 BetrVG),
- örtliche Verlegung von Abteilungen und Filialen (§ 111 Satz 2 Nr. 1 u. 2 BetrVG).

Informationspolitik des Arbeitgebers

Die wirtschaftlichen Schwierigkeiten der beiden Kreditinstitute führten zunächst zu personellen Veränderungen in den Vorstandsgremien; die Anteilseigner beriefen jeweils neue Vorstandsvorsitzende, in der Erwartung, dass dann die erforderlichen Maßnahmen kompetent und zügig durchgeführt würden. Die neuen Vorstandsvorsitzenden hatten sich anscheinend darauf verständigt, durch eine offene Informationspolitik gegenüber den beiden Betriebsratsgremien die erforderlichen Voraussetzungen für eine schnelle und reibungslose Realisierung der Maßnahmen zu schaffen. Dieser Strategie entsprechend wurden die Betriebsräte über die Schwierigkeiten der wirtschaftlichen Situation ausführlich und über die geplanten Maßnahmen sehr früh und umfassend informiert. Die Bemühungen, die Betriebsräte in die Veränderungen einzubeziehen (»Einbindungsstrategie«) waren unverkennbar. Auch stellte die Arbeitgeberseite den Betriebsräten die erforderlichen Unterlagen zu den verschiedenen Maßnahmen mit ausreichender Vorlaufzeit zur Verfügung. Wirtschaftsausschuss und Aufsichtsrat wurden vor den abschließenden Entscheidungen der Anteilseigner rechtzeitig und korrekt informiert. Auch wurden die umwandlungsrechtlichen Informationspflichten »zu den Folgen der Verschmelzung für die Arbeitnehmer und ihre Vertretungen« (§ 5 Abs. 1 Nr. 9 UmwG) rechtzeitig erfüllt. Allerdings waren zum Zeitpunkt der Aushändigung des Entwurfs des Verschmelzungsvertrages (§ 5 Abs. 3 UmwG) die beiden Betriebsräte jeweils bereits so gut informiert, dass für sie der Informationsgehalt dieses Entwurfs eher unbedeutend war.

Organisation der Arbeit der Betriebsräte

Beiden Betriebsräten war schnell klar, dass es in Anbetracht der schlechten wirtschaftlichen Fakten wenig Sinn haben würde zu versuchen, die beabsichtigten Maßnahmen zu verhindern oder zumindest hinauszuzögern. Vielmehr wollte man die vom Arbeitgeber angebotene Kooperation nutzen, um möglichst gute Vereinbarungen zum Schutz der Beschäftigten vor den möglichen Nachteilen der Maßnahmen zu erreichen. Beiden Betriebsräten war klar, dass dies nicht gegeneinander, sondern nur gemeinsam erreicht werden konnte. In beiden Betriebsräten wurden jeweils Arbeitsgruppen gebildet, die sich mit allen Aspekten der bevorstehenden Veränderungen systematisch befassen sollten. Die zuständige Gewerkschaft wurde über die bevorstehenden Veränderungen informiert. Da beide Unternehmen zum Zuständigkeitsbereich desselben Gewerkschaftssekretärs gehörten, wurde rasch ein gemeinsames Treffen organisiert. Die erste gemeinsame Besprechung hatte folgende Ergebnisse:

- Aus den Arbeitsgruppen der beiden Betriebsräte wird eine gemeinsame Verhandlungskommission gebildet.
- Beide Arbeitsgruppen erstellen jeweils für »ihren« Betrieb und ihre Beschäftigten eine Risiko- und Gefährdungsanalyse, um eine gemeinsame Ausgangsbasis für einen gemeinsamen Forderungskatalog an die Arbeitgeberseite zu haben.
- Gemeinsam sollten alle Betriebsvereinbarungen gesichtet werden, um zu prüfen, welche Regelungen des aufnehmenden Betriebes nur noch arbeitsvertragsrechtlich weitergelten werden oder aber ganz wegfallen, weil sie entweder durch andere Regelungen verdrängt werden oder Modalitäten zugunsten des Betriebsrats enthalten, die nicht in das Arbeitsverhältnis der einzelnen Beschäftigten gem. § 613a BGB transformiert werden können. Als Verhandlungsziel wurde beschlossen, eine »Vereinheitlichung auf hohem Niveau« bei der Arbeitgeberseite durchzusetzen.
- Anstelle eines Sozialplans sollte zwischen den beteiligten Kreditinstituten und der Gewerkschaft ein Fusionstarifvertrag abgeschlossen werden. Dabei sollten beschäftigungssichernde Maßnahmen im Vordergrund aller Bemühungen

stehen. An dem Abschluss eines solchen Fusionstarifvertrages hatte auch die Gewerkschaft ein Interesse. Sie erhoffte sich davon eine Vorbildfunktion für vergleichbare Fälle in der Branche.

- Grundlage aller Gespräche und Verhandlungen mit der Arbeitgeberseite sollte ein gemeinsam abgestimmtes Verhandlungskonzept mit gemeinsam getragenen Positionen sein. Man versprach sich gegenseitig, sich nicht von der Arbeitgeberseite gegeneinander ausspielen zu lassen.
- Die Verschmelzung der Unternehmen ist von der endgültigen Zusammenlegung der Betriebe zu unterscheiden. Da nach der Verschmelzung zunächst für eine kurze Übergangszeit zwei Betriebe existieren würden, sollte zügig ein Gesamtbetriebsrat gebildet werden. Das Datum der Zusammenlegung der Betriebe war genau zu bestimmen, denn zu diesem Zeitpunkt endete das Mandat des Betriebsrats für den aufzunehmenden Betrieb.
- Der Betriebsrat des aufnehmenden Betriebes erklärte sich bereit, so rechtzeitig zurückzutreten und Neuwahlen einzuleiten, dass diese möglichst kurz nach dem Stichtag der Betriebszusammenlegung stattfinden können. Eine Rechtspflicht gem. § 13 Abs. 2 BetrVG bestand hierzu nicht, allerdings war dies die Grundlage einer fairen und guten Zusammenarbeit der beiden Betriebsräte. Die Beschäftigten des aufzunehmenden Betriebes sollten die Möglichkeit haben, »ihre« bisherigen Betriebsratsmitglieder in das neue Gremium wählen zu können.
- Beide Betriebsräte sollten mit ihrem Arbeitgeber eine Vereinbarung abschließen, bei Bedarf einen von der Gewerkschaft empfohlenen Sachverständigen ihres Vertrauens bis zu einer bestimmten Kostengrenze hinzuziehen zu können. Dessen Aufgabe sollte u. a. in der Prüfung von Unterlagen und Hilfestellung bei der inhaltlichen Gestaltung der Verhandlungsentwürfe bestehen.
- Beide Betriebsräte sollten der Arbeitgeberseite die Bereitschaft zu zügigen gemeinsamen Verhandlungen signalisieren, wenn schnell gute und vernünftige Regelungen zum Schutz der Arbeitnehmer/innen zu erreichen wären. So könnte Unruhe in den Betrieben und Verzögerungen bei der Umsetzung der geplanten Maßnahmen vermieden werden, was angesichts der wirtschaftlichen Probleme auch im Interesse der Arbeitgeber liegen sollte.

Vorbereitung der Verhandlungsphase

Die beiden Betriebsräte erläuterten jeweils ihrem Arbeitgeber die abgesprochene Vorgehensweise »im Interesse einer zügigen Realisierung der Vorhaben«. Die Arbeitgeberseite akzeptierte weitgehend die Vorstellungen der Betriebsräte und stellte ihnen auch ein Budget für die Hinzuziehung eines Sachverständigen gem. § 80 Abs. 3 BetrVG zur Verfügung, allerdings mit der Maßgabe, dass dieselben Sachfragen mit dem Berater nicht getrennt, sondern gemeinsam aufzuarbeiten wären.

Zunächst ermittelten die Betriebsräte – wie besprochen – die jeweils zu befürchtenden Nachteile für die Beschäftigten. Diese ergaben sich vor allem aus den Maßnahmen zum Personalabbau und aus den bevorstehenden Verlegungen von Betriebsteilen und damit verbundenen Versetzungen. Darüber hinaus zeigte der Vergleich der Betriebsvereinbarungen, dass die Beschäftigten des aufzunehmenden Betriebes eine Verschlechterung ihres Besitzstandes zu befürchten hatten, da bei dem aufnehmenden Rechtsträger bestimmte Sozialleistungen, z. B. Freistellung von der Arbeit bei besonderen Gelegenheiten, Jubiläumsgelder, Firmenticket bei Nutzung öffentlicher Verkehrsmittel, übertarifliche Zulagen, schlechter geregelt waren als bei dem übertragenden Rechtsträger. Ferner gab es unterschiedliche Regelungen zur gleitenden Arbeitszeit (Rahmenbetriebszeit, Größe der statthaften Gleitzeitguthaben, Verfallbarkeit von Plusstunden über das statthafte Limit, Überstundenregelung).
Darüber hinaus wurden Positionen erarbeitet, die darauf abzielten, keinen »Abfindungssozialplan« zu erstellen, sondern es sollten die erforderlichen Kapazitätsreduzierungen möglichst sozialverträglich vorgenommen werden. Schwerpunkte waren:

- Ausschluss betriebsbedingter Kündigungen,
- Regelungen zur Versetzung von Beschäftigten,
- Regelungen zur Qualifizierung zwecks Verbesserung der Einsetzbarkeit von Beschäftigten,
- Vorrang für kollektive und individuelle Arbeitszeitverkürzungen,
- monetäre Anreize bei Arbeitszeitverkürzungen,
- betriebliche Vorruhestandsregelung und
- freiwilliges Ausscheiden mit Aufhebungsvertrag gegen angemessene Abfindungen.

Diese Schwerpunkte wurden in dem Fusionstarifvertrag ausformuliert. Darüber hinaus wurden gemeinsame Positionen zur Vereinheitlichung der Regelungen der Betriebsvereinbarungen erarbeitet. Die Betriebsräte verständigten sich auf Übergangsregelungen zur allmählichen Angleichung der Regelungen bei den Sozialleistungen. Teilweise sollte dies zu einer Besserstellung der Beschäftigten im aufnehmenden Betrieb führen. Es bestand auch Einvernehmen darüber, dass in diesem Bereich Verhandlungsspielräume bestehen, sofern es gelingt, den Kündigungsausschluss durchzusetzen.

Positionierung der Arbeitgeberseite

Die beiden Arbeitgeber bildeten ebenfalls eine gemeinsame Verhandlungskommission. Jeweils leitende Personen aus den beiden Personalabteilungen sollten die Verhandlungen führen. Hinzu kam ein externer Berater auf der Arbeitgeberseite, der vom Vorstand des aufnehmenden Unternehmens beauftragt worden war. Dessen Funktion war es, die Arbeitgeberseite inhaltlich und rechtlich zu be-

raten, vor allem aber sollte er auch darauf achten, dass die vom Vorstand des aufnehmenden Unternehmens abgesteckten Eckpunkte und Kompromisslinien auch eingehalten werden.
Die Arbeitgeberseite hatte bereits im Vorfeld den beteiligten Betriebsräten deutlich zu verstehen gegeben, dass ein Abschluss eines Fusionstarifvertrages mit der Gewerkschaft anstelle eines Sozialplanes nicht in Frage kommen würde. Dies hätte in der Branche eine negative Außenwirkung, die der Vorstand – wohl nach Absprache mit dem Arbeitgeberverband – in jedem Fall vermeiden wollte.
Die Arbeitgeberseite legte als erstes einen Interessenausgleich vor, in dem die wesentlichen Maßnahmen aufgelistet, aber nach Auffassung der Betriebsräte und ihres Sachverständigen nur unzureichend dokumentiert waren. Ferner legte sie den Entwurf für einen Sozialplan vor. Kündigungen waren im Entwurf der Arbeitgeberseite nicht ausgeschlossen; auch spielten die Möglichkeiten von Kapazitätsreduzierungen durch Arbeitszeitverkürzung eine nur untergeordnete Rolle. Der Sozialplanentwurf enthielt eine sehr schlechte Abfindungsregelung. Ferner sollte aus Kostengründen eine Regelung vereinbart werden, die übertarifliche Leistungszulagen vermindern sollte. Darüber hinaus war die Absichtserklärung enthalten, weitere Teile der übertariflichen Leistungszulagen in ein »erfolgs- und leistungsabhängiges Vergütungssystem« zu überführen.

1. Verhandlungstag

Wegen des externen Beraters auf der Arbeitgeberseite setzten die beiden Betriebsräte im Vorfeld der Verhandlungen durch, dass ihr externer Sachverständiger ebenfalls an den Verhandlungen teilnehmen konnte. Die Arbeitgeberseite erweiterte ihre bisher gegebene Kostenzusage entsprechend. Am ersten Verhandlungstag trugen beide Seiten ihre jeweiligen Grundpositionen vor. Es zeichneten sich dann schnell folgende Hauptkonfliktfelder ab:

- Kündigungsausschluss,
- Arbeitszeitverkürzung,
- Abfindungshöhe,
- Vereinheitlichung und Reduzierung der Sozialleistungen und übertariflichen Zulagen.

Nach der grundsätzlichen Erläuterung der Ausgangspositionen wurden die unterschiedlichen Standpunkte diskutiert, ohne dass eine Annäherung in Sicht kam. Die Verhandlungen wurden mehrmals zur Durchführung eines internen Meinungsaustausches beider Kommissionen unterbrochen. Die Arbeitgeberseite machte dann geltend, dass eine »Denkpause« erforderlich sei; bestimmte Positionen und Forderungen der Betriebsräte müssten intern und mit dem Vorstand besprochen werden. Es wurde ein zweiter Verhandlungstermin festgelegt.
Während des 1. Verhandlungstages hatte sich herausgestellt, dass die Räumlichkeiten für Verhandlungen dieser Art in der Unternehmenszentrale eher ungüns-

tig waren. Störungen und Platzmangel für getrennte Beratungen hatten den Verhandlungsablauf unnötig erschwert. Deshalb wurde entschieden, zukünftig die Verhandlungen in den Tagungsräumen eines Hotels fortzusetzen. Für die weiteren Verhandlungen standen dort zwei ausreichend große Besprechungsräume zur Verfügung. Beide Seiten hatten dort auch DV-technische Arbeitsmöglichkeiten, sodass es möglich war, Verhandlungspositionen kurzfristig zu verändern, Formulierungsvorschläge kurzfristig auszuarbeiten bzw. Verhandlungsergebnisse sofort schreiben und ausdrucken zu können. Im Verlaufe der Verhandlungen zeigte sich, dass diese Veränderungen sehr zweckmäßig und sinnvoll waren. Viele der gefundenen Kompromisse wurden gemeinsam formuliert und geschrieben, an die Stelle der üblichen Verhandlungsatmosphäre trat teilweise eine sehr sachliche Arbeitsatmosphäre. Man war gemeinsam bemüht, Lösungen für die vorhandenen Probleme jeweils unter angemessener Berücksichtigung der Interessen jeder Seite zu finden.

2. Verhandlungstag

Zu Beginn der zweiten Verhandlungsrunde trugen die jeweiligen Verhandlungsführer ihre nahezu unveränderten Positionen vor. Die Arbeitgeberseite äußerte vor allem die bereits bekannten Bedenken gegen den Kündigungsausschluss und gegen eine Forcierung von verschiedenen Möglichkeiten zur Reduzierung der Arbeitszeit. Die Betriebsräte äußerten vor allem Bedenken gegen die arbeitgeberseitig vorgeschlagene geringe Abfindungsformel und gegen die beabsichtigten umfangreichen Eingriffe bei den Sozialleistungen. Abermals wurden getrennte Beratungen erforderlich. Die Betriebsräte überlegten sich dann folgende weitere Vorgehensweise:

- Sie hatten es bisher zugelassen, dass die Arbeitgeberseite bereits einzelne Maßnahmen zur Zusammenlegung der Betriebe durchführte, obwohl der Interessenausgleich noch nicht abgeschlossen war. Wenn es wiederum keine Annäherung bei den Punkten »Kündigungsausschluss« und »Arbeitszeitreduzierung« geben sollte, dann wollten die Betriebsräte die Unterlassung dieser vorgezogenen Maßnahmen fordern und wären auch bereit, dies erforderlichenfalls arbeitsgerichtlich durchzusetzen.
- Wenn die Arbeitgeberseite bei ihrem unzureichenden Abfindungsangebot bleiben sollte, dann bliebe den Betriebsräten keine andere Wahl, als den Sozialplan in einer Einigungsstelle zu verhandeln. Dies hätte zwangsläufig bedeutet, dass auch der Interessenausgleich erst in der Einigungsstelle zu Stande gekommen wäre, weil aus Sicht der Betriebsräte eine Trennung von Interessenausgleich und Sozialplan nicht in Frage gekommen wäre. Dies hätte nur die Verhandlungspositionen der Betriebsräte in der Einigungsstelle geschwächt.
- Allerdings konnten sich die Betriebsräte vorstellen, auf die Regelung einer Abfindung vollständig zu verzichten, wenn die Arbeitgeberseite ihrerseits den ge-

forderten Kündigungsausschluss akzeptieren würde. Dann würden die Abfindungen jeweils individuell zu jedem Aufhebungsvertrag einzeln ausgehandelt, ohne dass eine entsprechende Sozialplanregelung erforderlich wäre.
- Ferner sollte sich die Arbeitgeberseite den Vorstellungen der Betriebsräte zur Verkürzung der Arbeitszeit annähern. Aus Sicht der Betriebsräte ging es nicht vorrangig darum, Personal abzubauen, sondern die Kosten zu senken. Wenn dies über individuelle und kollektive Arbeitszeitverkürzung möglich sein sollte, dann sollte dieses Kosteneinsparungspotenzial ausgeschöpft werden, bevor zum Mittel der Kündigung gegriffen werden würde. Die Betriebsräte stützten diese Position auf eine tarifliche Öffnungsklausel, die es den Betriebsparteien möglich machen würde, in Abteilungen mit Personalüberhang zur Vermeidung betriebsbedingter Kündigungen die Arbeitszeit von 39 Std. wöchentlich auf bis zu 32 Std. wöchentlich ohne Lohnausgleich zu verkürzen.
- Wenn die Arbeitgeberseite Bereitschaft erkennen lässt, sich auf eine solche Grundstruktur einzulassen, würden die Betriebsräte auch eine weitergehende Bereitschaft zeigen, Zugeständnisse bei der Reduzierung der Sozialleistungen und hinsichtlich der Einführung eines erfolgs- und leistungsabhängigen Vergütungssystems zu machen.

Die Betriebsräte trugen diese Positionen als »Eckpunkte einer schnellen Einigung ohne Einigungsstelle« vor und betonten die Vorteile für die Arbeitgeberseite:
- keine Verzögerungen bei den schon begonnenen Maßnahmen,
- schneller Abschluss eines Interessenausgleichs,
- keine Kosten für das Einigungsstellenverfahren,
- Sozialplanabschluss ohne höhere Abfindungsregelung,
- weitere kostensenkende Effekte bei den Sozialleistungen möglich,
- grundsätzliche Zusage zur Einführung eines erfolgs- und leistungsabhängigen Vergütungssystems für übertarifliche Entgeltbestandteile.

Die Arbeitgeberseite zeigte sich von dem Vorschlag, auf eine Abfindungsregelung im Sozialplan zu verzichten, sehr überrascht. Nach einer längeren internen Beratung sagten sie zu, sich auf die Eckpunkte der Betriebsräte »im Grundsatz« einzulassen und einen Interessenausgleich mit Kündigungsausschluss und einen Sozialplan ohne Abfindungsregelung abzuschließen. Damit war »die Kuh vom Eis«. Für den 3. Verhandlungstag wurden anschließend für jede Seite »Hausaufgaben« festgelegt.

Für die Betriebsräte war wichtig, dass im Rahmen des Interessenausgleichs die neue Struktur der zusammengelegten Betriebe anhand von Organigrammen nachvollziehbar belegt und dokumentiert werden würde. Diese Organigramme sollten zunächst von einer 1:1-Zusammenlegung ausgehen, also eine Addition der Personalzahlen beider Betriebe je Kostenstelle/Abteilung ausweisen. Diesem Ausweis sollte dann die von Arbeitgeberseite für erforderlich gehaltene geringere

Personal-Sollausstattung gegenübergestellt werden. Hierbei sollte auch kenntlich gemacht werden, ob die angestrebte Personalverminderung einer Verlagerung von Aufgaben zu einer anderen Kostenstelle oder einer Rationalisierungsmaßnahme geschuldet sei. Die Arbeitgeberseite sagte die Vorlage solcher Unterlagen zum nächsten Termin zu.

3.–5. Verhandlungstag

Rechtzeitig vor dem 3. Verhandlungstag hatte die Arbeitgeberseite den Betriebsräten die angeforderten Organigramme mit den jeweiligen Ist- und Soll-Personalzahlen zugeleitet. Es ergab sich, dass 154 MAK (Mitarbeiterkapazitäten = Vollzeit-Stellen) als Überkapazität ausgewiesen waren. Eine Nachprüfung der Personalzahlen durch die Betriebsräte führte zu keinen wesentlichen Veränderungen. Im Rahmen des Interessenausgleichs wurde dann geregelt, dass die Bank bis zum 31. 12. des Folgejahres, also innerhalb von 16 Monaten, diese Überkapazitäten durch geeignete Maßnahmen abbauen kann. Beschäftigte, die das Unternehmen verlassen, werden auf diese Zielsetzung genauso angerechnet wie die Reduzierung von Kapazitäten infolge von individueller oder kollektiver Arbeitszeitverkürzung oder infolge einer Beendigung der Arbeit aufgrund einer Vorruhestandsregelung. Die Bank verpflichtete sich im Gegenzug, bis zum 31. 12. des Folgejahres keine betriebsbedingten Kündigungen auszusprechen.
Zu berücksichtigen war auch die Möglichkeit, dass die Bank bis zum Stichtag des Kündigungsausschlusses die aus ihrer Sicht erforderliche Kapazitätsreduzierung nicht erreichen würde. Dann hätte es passieren können, dass die Bank danach betriebsbedingt kündigt, ohne dass es eine Abfindungsregelung in dem Sozialplan gibt. Für diesen Fall drängten die Betriebsräte auf eine Auffangregelung mit dem Inhalt, dass bei einem Nichterreichen der MAK-Zielzahl und der ersten betriebsbedingten Kündigung nach dem Auslaufen des Kündigungsschutzes die Betriebsparteien die Verhandlungen über eine Abfindungsregelung erneut aufnehmen werden und dass im Falle einer Nichteinigung die Einigungsstelle gem. § 112 Abs. 4 BetrVG verbindlich entscheiden kann.
Den Betriebsräten war es wichtig, diese Regelungen als freiwillige Betriebsvereinbarung abzuschließen, da sonst bei einem Abweichen vom Interessenausgleich nur die individuell einzuklagenden Rechtsfolgen des Nachteilsausgleichs (§ 113 BetrVG) gelten würden. Die Betriebsräte wollten aber als Betriebsrat kollektivrechtlich für die Einhaltung der getroffenen Vereinbarung initiativ werden können und bei Verstößen entsprechende rechtliche Schritte einleiten können. Aus diesem Grunde einigten sich die Beteiligten darauf, den Interessenausgleich und den Sozialplan gemeinsam in einer Betriebsvereinbarung zu regeln. Hierbei war wichtig und darauf zu achten, dass aus dem Text auch explizit erkennbar wurde, dass der Interessenausgleich wegen der anderen Rechtswirkung willentlich als Betriebsvereinbarung zwischen den Betriebsparteien vereinbart worden ist.

Im Übrigen wurden aus der Sicht der Betriebsräte gute Sozialplanregelungen zu Versetzungen, zur Zumutbarkeit von Versetzungen, zur Qualifizierung betroffener Beschäftigter u. a.m. geregelt. Erwähnenswert ist, dass bzgl. der kollektiven Arbeitszeitverkürzung eine Regelung getroffen wurde, nach der die Entgeltminderung geringer ausfällt, als es der tatsächlichen Verringerung der Arbeitszeit entspricht. Hierbei war der finanzielle Ausgleich für die unteren Tarifgruppen höher als für die oberen Tarifgruppen. Ferner wurde vereinbart, dass die kollektive Arbeitszeitverkürzung der Zustimmung aller Beschäftigter einer Abteilung bedarf.

Auch für eine individuelle Arbeitszeitverkürzung, also für den Wechsel von Vollzeit in Teilzeit, wurde ein monetärer Anreiz geschaffen. Hier argumentierten die Betriebsräte vor allem damit, dass ein teilweiser, zeitlich befristeter finanzieller Ausgleich aus gesparten Abfindungskosten gezahlt werden kann. Denn für die Bank ist es gleich, ob sie einem/einer ausscheidenden Beschäftigten eine Abfindung zahlt oder an zwei Beschäftigte, die ihre Arbeitszeit um jeweils 50 % reduzieren, jeweils einen finanziellen Ausgleich in Höhe von 50 % dieses Abfindungsbetrages.

Ferner wurden an den folgenden Verhandlungstagen alle Betriebsvereinbarungen angesprochen und einvernehmliche Veränderungen festgelegt. Schwierige Verhandlungssituationen gab es i. d. R. dann, wenn es um Veränderungen in den monetären Regelungsbereichen ging. Aber nach den grundlegenden Einigungen im Interessenausgleich und Sozialplan wollte keine Seite mehr durch diese Fragen das Verhandlungspaket insgesamt gefährden, sodass jeweils akzeptable Kompromisse zu erreichen waren.

Auch erklärte sich die Arbeitgeberseite bereit, Betriebsvereinbarungen des aufzunehmenden Betriebes, z. B. DV-Vereinbarungen, als Betriebsvereinbarungen mit dem zwischenzeitlich gebildeten Gesamtbetriebsrat erneut abzuschließen, damit diese Vereinbarungen kollektivrechtlich nach der Verschmelzung für das neue Gesamtunternehmen weitergelten konnten. In Bezug auf die Unterschiede in den Gleitzeitvereinbarungen der beiden Kreditinstitute ist festzuhalten, dass man sich auch auf eine Veränderung der statthaften Gleitzeitguthaben und der Abrechnungs- und Übertragungsmodalitäten verständigen konnte. In diesem Bereich ergeben sich für die Beschäftigten des aufnehmenden Kreditinstitutes einige Verbesserungen gegenüber den bisher geltenden Regelungen.

Schlussfolgerungen und Bewertungen

Der Verlauf dieses Falles ist eher untypisch. Trotz recht kontroverser Ausgangspositionen gelang es, ohne Einigungsstelle tragfähige Kompromisse zu finden. Die Vereinbarung des Kündigungsausschlusses war für die beteiligten Betriebsräte ein großer Erfolg. Im Nachhinein stellte sich heraus, dass der Vorstand bei den Anteilseignern in der Pflicht stand, ein bestimmtes Sozialplanvolumen nicht zu überschreiten. Durch den Verzicht auf eine Abfindungsregelung war es nicht möglich, die voraussichtlichen Personalabbaukosten aufgrund einer Sozialplanformel auf ein fiktives Sozialplanvolumen hochzurechnen; vielmehr konnte die Bank eine solche Hochrechnung mit ihrem Formelvorschlag vornehmen, da etwas anderes ja nicht vereinbart worden war. Im Zeitablauf stellte sich dann heraus, dass die Bank bei den Aufhebungsverträgen im Durchschnitt nicht mehr gezahlt hat, als es ihrem ursprünglichen »schlechten« Angebot entsprach. Allerdings gab es bei den individuellen Abfindungsbeträgen erhebliche Unterschiede. Innerhalb der gesetzten Frist konnte die Bank ihre Ziel-MAK annähernd realisieren; der Verzicht auf die Möglichkeit betriebsbedingter Kündigungen hat also den Personal- und Kapazitätsabbau nicht unmöglich gemacht, sondern hat ihn im Wesentlichen hinsichtlich seiner Durchführung verändert.

Aus der Sicht der Betriebsräte hat sich der Verzicht auf eine Abfindungsformel bewährt. Durch den Kündigungsausschluss war vielen Beschäftigten die Angst um ihren Arbeitsplatz erst einmal genommen worden. Dies führte auch zu einem wieder besser werdenden Betriebsklima, weil gegenseitige Konkurrenz – zumindest in Bezug auf die Gefahr einer Kündigung – nicht mehr erforderlich war. Viele Beschäftigte sind der Aufforderung des Betriebsrats gefolgt und haben zu ihren Gesprächen über einen Aufhebungsvertrag ein Mitglied des Betriebsrats hinzugezogen. Ferner ergab sich aus dem Kündigungsausschluss auch die Situation, dass Beschäftigte ihrerseits initiativ werden konnten, einen Aufhebungsvertrag zu schließen. In diesen Fällen willigte die Arbeitgeberseite fast immer ein, um die MAK-Zielzahlen erreichen zu können. Aus der Sicht des Betriebsrats war in diesen Fällen oft auch eine geringere Abfindungszahlung angemessen, weil sonst nur der Wechsel zu einem anderen Arbeitgeber honoriert worden wäre. Insgesamt haben also alle Beteiligten mit der Variante Kündigungsausschluss und Verzicht auf eine Sozialplan-Abfindungsformel recht gute Erfahrungen gemacht. Anlässlich einer zwischenzeitlich neuen Betriebsänderung vereinbarten die Betriebsparteien erneut einen Kündigungsausschluss und verlängerten den Sozialplan mit einigen Veränderungen, aber wiederum ohne Festlegung einer Abfindungsformel.

Darüber hinaus wurden nicht nur Interessenausgleich und Sozialplan verhandelt, sondern es wurde eine Vereinheitlichung aller Betriebsvereinbarungen vorgenommen. Hierbei hat auch der aufnehmende Betriebsrat nachteilige Veränderungen akzeptiert, um zu einer Gleichstellung und Gleichbehandlung aller Beschäftigter beizutragen. Andererseits gab es in diesem Zusammenhang auch Verbesserungen, die diese Zugeständnisse gegenüber der Belegschaft legitimieren konnten. Für den Arbeitgeber hatte diese schnelle Harmonisierung der Betriebsvereinbarungen den Vorteil, dass er in dem neuen fusionierten Unternehmen nicht Beschäftigte hat, die unterschiedliche normative Regelungen für sich reklamieren können oder von Verschlechterungen betroffen sind, die nicht vom Be-

triebsrat akzeptiert wurden. Dies war aus Sicht der Arbeitgeberseite eine wesentliche Voraussetzung, um ein schnelles Zusammenwachsen der beiden Belegschaften zu ermöglichen.
In Bezug auf die Kapazitätsreduzierungen durch individuelle und kollektive Arbeitszeitverkürzung ist festzustellen, dass sich die Erwartungen in diese Instrumente nicht erfüllt haben. Lediglich in einer Abteilung fand eine kollektive Verkürzung der Arbeitszeit statt. Anscheinend ist es schwierig, die für eine solche Maßnahme erforderliche Solidarität der Beschäftigten zu erreichen, wenn die Verkürzung der Arbeitszeit mit Einkommenseinbußen verbunden ist. Bei der Förderung individueller Teilzeit zeigte sich, dass ein finanzieller Anreiz in Höhe von rd. drei Monatsbruttogehältern für eine Mindestteilzeitverpflichtung (50 % Arbeitszeitreduzierung für mind. 36 Monate) zu gering war.
In Bezug auf die Regelungsinhalte und den Regelungsumfang ist anzumerken, dass dies nur durch die sehr kollegiale Art und Weise zu Stande kommen konnte, in der die beiden beteiligten Betriebsräte zusammengearbeitet haben. Diese Zusammenarbeit beruhte sicherlich auch auf dem Sachverhalt, dass sich die hauptsächlich beteiligten Personen seit Jahren aus gemeinsamer gewerkschaftlicher Arbeit kannten; insofern waren hier auch besondere persönliche Voraussetzungen gegeben. Hinzu kommt, dass im vorliegenden Fall auch die auf der Arbeitgeberseite beteiligten Personen stets versuchten, in fairer Argumentation sachlich mögliche Kompromisse zu finden.

M. Anhang

Inhaltsübersicht

I. Verträge und Vereinbarungen im Zusammenhang mit der Errichtung einer Transfergesellschaft oder der Durchführung von Transfermaßnahmen

1. Betriebsvereinbarung über die Errichtung und den Betrieb einer Transfergesellschaft (Transfer-Betriebsvereinbarung)

Zwischen der XX GmbH,

vertreten durch die Geschäftsführung
und dem
Betriebsrat der XX GmbH,
vertreten durch den BR-Vorsitzenden

wird folgende Transfer-Betriebsvereinbarung abgeschlossen:

1. Geltungsbereich
Für alle von der Betriebsteilschließung der XX GmbH betroffenen Beschäftigten, die unter den zur Betriebsteilschließung abgeschlossenen IA und SP vom [...] fallen, besteht das Angebot zum Übergang in die Transfergesellschaft (TG) zu den nachfolgenden Bedingungen. Die Teilnahme ist freiwillig.

2. Rechtliche und organisatorische Voraussetzungen

(1) Die vertragsschließenden Parteien haben sich in Punkt ... des Sozialplans darauf verständigt, das die XX GmbH zur Umsetzung der Transferkurzarbeit eine Transfergesellschaft (TG) mit der Einrichtung und Durchführung der beE nach § 111 SGB III und der vorgeschalteten Profilingmaßnahmen nach § 110 SGB III beauftragt. Die TG wird das Transfer-Kug bei der zuständigen Agentur für Arbeit beantragen, die XX GmbH die Zuschüsse zum Profiling nach § 110 SGB III.

Die Auswahl der zu beauftragenden TG erfolgt einvernehmlich zwischen den Vertragsparteien.

(2) Nach der vorliegenden Personalabbauplanung und der nach Anmeldung der interessierten Beschäftigten sowie den unterschiedlichen Kündigungsfristen werden zwei beE mit zeitlich versetzten Startterminen benötigt.

Die erste beE, mit allen am [...] Gekündigten, soll zwei Monate später zum [...] beginnen.

Die nachfolgende beE, mit allen am [...] Gekündigten, soll zwei Monate später zum [...] starten.

(3) Der Zeitraum des Arbeitsverhältnisses mit der TG beträgt für jeden Beschäftigten max. zwölf Monate. Die individuellen Aufstockungsbeiträge garantieren jedem MA für die Zeit des befristeten Arbeitsverhältnisses in der TG zusammen mit dem Transferkurzarbeitergeld × % (80–90 %) des bisherigen normal erzielbaren Nettoeinkommens (Grundlage Durchschnittseinkommen aus den letzten zwölf Monaten vor Eintritt in die TG).

Die MA erhalten auf Grundlage ihrer Willensbekundung zum Eintritt in die TG jeweils ein Angebot zum Übertritt in eine beE.

(4) Die vertragsschließenden Parteien vereinbaren, dass die Beschäftigten, die in die beE übergehen, einen Urlaubsanspruch haben, der sich nach den jeweils geltenden Regelungen des jeweils geltenden Manteltarifvertrages [...] richtet (zz. 30 Arbeitstage).

An Urlaubstagen und an Feiertagen, die auf Arbeitstage fallen, erhalten die Beschäftigten in der TG 100 % der Bruttovergütung (ohne Mehrarbeit und Sonderzahlungen), die sie ohne den Wechsel in die TG erhalten hätten.

(5) Während des Aufenthaltes in der TG haben die Beschäftigten Anspruch auf die tariflichen Sonderzahlungen sowie die Zahlung der vermögenswirksamen Leistungen entsprechend der tariflichen Regelungen.

(6) Um die Voraussetzungen für Transfer-Kug zu schaffen, bekunden die Beschäftigten schriftlich (Formblatt) ihr Interesse für einen Eintritt in die TG, nachdem sie ausführlich über die TG und die Gegebenheiten und Modalitäten des Transfer-Kug-Bezuges sowie der Beendigung ihres bisherigen Arbeitsverhältnisses sowie des befristeten neuen Beschäftigungsverhältnisses (Anlage 1 »dreiseitiger Vertrag«) informiert worden sind.

(7) Vor Übertritt in die TG erhalten alle Beschäftigten durch die TG ein Profiling zur Feststellung ihrer individuellen Eingliederungsaussichten (gem. 110 SGB III). Sie sollen damit in die Lage versetzt werden, sich für oder gegen einen Eintritt in die TG zu entscheiden. Darüber hinaus soll das Profiling die TG in die Lage versetzen, geeignete Reintegrationsmaßnahmen (z. B. Qualifizierung, Vermittlung) frühzeitig einzuleiten.

Die Teilnahme am Profiling ist Voraussetzung für alle Beschäftigten, die in die TG wechseln wollen.
Die Beschäftigten werden für die Zeit des Profilings unter Fortzahlung des Arbeitsentgeltes von der XX GmbH freigestellt.
Die Kosten für die Profilingmaßnahmen trägt die XX GmbH. Zur Mitfinanzierung beantragt sie einen Zuschuss nach § 110 SGB III bei der zuständigen Agentur für Arbeit.
(8) Die TG organisiert und führt die Kurzarbeit für alle in die TG übernommenen Beschäftigten einschließlich der damit zusammenhängenden antrags-, finanz- und abrechnungstechnischen Verfahren durch. Insoweit wird die TG der zuständigen Agentur für Arbeit die notwendigen Unterlagen form- und fristgerecht zur Verfügung stellen, um die monatliche Auszahlung des Kurzarbeitergeldes sicherzustellen. Hierzu gehört auch die fristgerechte Übermittlung von Daten über die Struktur der TG, die Zahl der darin zusammengefassten Beschäftigten sowie Angaben über die Altersstruktur und die Integrationsquote der Bezieher von Kurzarbeitergeld. XX GmbH erhält eine Kopie dieser Unterlagen.
(9) Darüber hinaus wird die TG die erforderlichen Eingliederungsmaßnahmen (entsprechend Profiling) veranlassen, um die Voraussetzungen für den Bezug von Transfer-Kug zu gewährleisten. Dies bedeutet insbesondere, dass für die Beschäftigten sinnvolle und geeignete Qualifizierungsmaßnahmen bei ausgesuchten Bildungsträgern organisiert sowie Outplacementmaßnahmen und direkte Vermittlungsleistungen erbracht werden.

3. Leistungen der XX GmbH für die Transfergesellschaft

(1) Die XX GmbH verpflichtet sich, die gesetzlich vorgesehenen Kosten für die Transferkurzarbeit, die Aufstockungsbeträge, die Regiekosten der TG, die Nachbetreuungskosten sowie die anteiligen Qualifizierungskosten zu übernehmen. Die XX GmbH finanziert gemäß der gesetzlichen Regelungen des Kurzarbeitergeldes die AG- und Arbeitnehmeranteile zur Sozialversicherung. Näheres regelt der Dienstleistungsvertrag der XX GmbH mit der TG, der als Anlage zu dieser Vereinbarung genommen wird.
(2) Die XX GmbH finanziert neben und anteilig zur Agentur für Arbeit (ESF) die Reintegrationsmaßnahmen der Beschäftigten in der TG mit × € (2000–5000 €) pro übergewechselten MA.
Die Mittel werden über einen Qualifizierungsfond der TG zur Verfügung gestellt. Der Beirat überwacht die zweckentsprechende Mittelverwendung.
(3) Die XX GmbH finanziert die Verwaltungskosten der TG. Näheres muss im Dienstleistungsvertrag der XX GmbH mit der TG geregelt werden, der als Anlage zu dieser Vereinbarung genommen wird.

4. Übernahme der Beschäftigten in die TG

(1) Die Übernahme in die TG erfordert den Abschluss eines »dreiseitigen Vertrages« (Anlage 1). Der dreiseitige Vertrag enthält einen Aufhebungsvertrag des Arbeitsverhältnisses mit der XX GmbH und einen befristeten Arbeitsvertrag mit der TG. Der dreiseitige Vertrag kann nach erfolgter betriebsbedingter Kündigung abgeschlossen werden und hebt diese auf. Beschäftigte, die gegen die Kündigung Klage erhoben haben,

können aus förderrechtlichen Gründen nicht in die TG eintreten, es sei denn, sie ziehen ihre Klage vor einem Eintritt zurück.
(2) Allen Beschäftigten, die auf betriebsbedingte Veranlassung in die TG wechseln wollen und dies per Absichtserklärung bekundet haben, erhalten ein Vertragsangebot gemäß Anlage 1. Das Vertragsangebot ist nach Aushändigung durch die XX GmbH mit einer Annahmefrist von 7 Tagen verknüpft.
(3) Noch nicht in Anspruch genommene Resturlaubstage oder sonstige aus dem bisherigen Arbeitsverhältnis resultierende Arbeitszeitguthaben sind vor dem Übergang in die TG zu gewähren bzw. auszugleichen.
(4) Der dreiseitige Vertrag steht unter der aufschiebenden Bedingung, dass die zuständige Agentur für Arbeit den Anträgen zur Transferkurzarbeit gem. § 111 SGB III zustimmt. Sofern diese Zustimmung nicht erteilt wird, endet das bisherige Arbeitsverhältnis zu dem Termin, zu dem eine ordentliche betriebsbedingte Kündigung erfolgt ist.
(5) Die XX GmbH und die TG gewährleisten, dass der Förderantrag zur Bildung einer beE rechtzeitig gestellt wird. Die Förderanträge zum Bezug des individuellen Transfer-Kug sind zum frühestmöglichen Zeitpunkt zu stellen.

5. Ruhen oder Beendigung des befristeten Arbeitsverhältnisses mit der TG insbesondere wegen Aufnahme eines neuen Arbeitsverhältnisses

(1) Die Vermittlung der Beschäftigten in eine neue Beschäftigung hat gemäß den Förderbedingungen für Transfer-Kug Vorrang vor dem Verbleiben in der TG und dem damit verbundenen Bezug von Transfer-Kug (Vermittlungsvorrang).
(2) Die Beschäftigten sind berechtigt, das Arbeitsverhältnis mit der TG jederzeit ohne Einhaltung einer Kündigungsfrist zu beenden – insbesondere zur Aufnahme eines neuen Arbeitsverhältnisses oder zum Wechsel in eine selbständige Tätigkeit. Nach der Beendigung des Arbeitsverhältnisses mit der TG können deren Beratungs- und Qualifizierungsleistungen nur noch im Rahmen der Nachbetreuung beansprucht werden.
(3) Bei Aufnahme eines neuen Arbeitsverhältnisses innerhalb des auf zwölf Monate befristeten Arbeitsverhältnisses mit der TG können die Beschäftigten dieses befristete Arbeitsverhältnis mit der TG für maximal 6 Monate für ruhend erklären, um sich eine Rückkehroption offen halten. Während des Ruhens bestehen gegenüber der TG keine Leistungsansprüche.
(4) Endet im Ruhensfall gemäß Ziffer 5.3 dieser Vereinbarung das neu aufgenommene Arbeitsverhältnis oder die AÜ vor oder mit Ablauf von 6 Monaten, so besteht ein Anspruch auf Wiedereintritt in die TG für den Zeitraum der Restlaufzeit der entsprechenden beE. Darüber hinaus anfallende Ruhenszeiten werden nicht berücksichtigt. Weitere Voraussetzung hierfür ist, dass der Wiedereintritt in unmittelbarem Anschluss an die Beendigung des neu aufgenommenen Arbeitsverhältnisses erfolgt und ein Anspruch auf Transfer-Kug weiterhin gegeben ist.
(5) Beschäftigte, die vor Ablauf der individuellen Verweildauer wegen der Aufnahme einer neuen Tätigkeit endgültig aus der TG ausscheiden, erhalten 75 % der eingesparten und von der XX GmbH zu finanzierenden individuellen Personalkosten.

(6) In den letzten sechs Monaten Laufzeit einer beE kann mit Zustimmung des Arbeitnehmers eine Arbeitnehmerüberlassung (AÜ) ihrer jeweiligen AN im Rahmen des Arbeitnehmerüberlassungsgesetzes (AÜG) erfolgen. Sie ist nur statthaft, wenn die übertragenen Aufgaben hinsichtlich der Qualifikationsanforderungen der bisherigen Tätigkeit und das Arbeitsentgelt mind. den Bedingungen in der TG entsprechen.
(7) Die XX GmbH beauftragt die TG, die ausgeschiedenen Beschäftigten bei Bedarf für mind. einen Monat nach dem Ausscheiden aus der TG nachzubetreuen. Die Kosten der Nachbetreuung sind durch den Dienstleistungsvertrag abgedeckt.

6. Schlussbestimmungen

(1) Ergänzungen und Änderungen dieser Vereinbarung bedürfen der Schriftform. Sofern aufgrund von Fördermodalitäten oder anderen Gegebenheiten eine Veränderung oder Ergänzung dieser Vereinbarung zweckmäßig erscheint, verpflichten sich die Unterzeichnenden, unverzüglich in die erforderlichen Beratungen und Verhandlungen einzutreten.
(2) Diese Vereinbarung zur Einrichtung und Durchführung einer Transfergesellschaft steht unter dem Vorbehalt der Erfüllung der gesetzlichen Voraussetzungen. Kommen die beE nicht zustande, entfallen die Voraussetzungen dieser Vereinbarung, sodass sie nicht wirksam ist. Die für die TG im Sozialplan bereitgestellten Mittel werden dann als Qualifizierungszuschuss gleichmäßig auf alle nach dem SP Berechtigten verteilt.
(3) Zur Kontrolle und inhaltlichen Begleitung der TG wird ein paritätischer Beirat eingerichtet. AG und BR der XX GmbH entsenden zu diesem Zweck jeweils zwei Mitglieder. Beiratssitzungen finden i.d.R. monatlich unter Beteiligung der Geschäftsführung der TG oder eines von ihr benannten Vertreters statt. Im Rahmen der Beiratssitzungen erfolgt durch die TG die inhaltliche Rechenschaftslegung insbesondere in Hinblick auf die Maßnahmen und Vermittlungsaktivitäten der Beschäftigten. Darüber hinaus legt die TG Rechenschaft über die Verwendung der Mittel aus dem Qualifizierungsfond ab.
(4) Streitigkeiten, die sich aus der Auslegung und Anwendung dieser Vereinbarung ergeben, werden durch die XX GmbH mit dem BR mit dem festen Willen zur Einigung geregelt. Sollte eine Einigung nicht erzielt werden können, kann jede Seite die Einigungsstelle gem. § 76 Abs. 5 BetrVG anrufen.
(5) Diese Vereinbarung tritt mit sofortiger Wirkung nach ihrer Unterzeichnung in Kraft. Sie endet mit der Einstellung der Aufgaben der »beE XX GmbH« in der TG sowie mit einer endgültigen Schlussrechnung der gesamten Maßnahme.
(6) Nichtverbrauchte Mittel der TG aus dem Qualifizierungsfond fließen an die Beschäftigten in der TG. Sie werden im Rahmen eines Härtefonds durch den Beirat der TG verteilt.
(7) Sollten einzelne Bestimmungen dieser Vereinbarung unwirksam sein oder im Widerspruch zu tariflichen oder gesetzlichen Regelungen stehen, so bleiben die übrigen Bestimmungen hiervon unberührt. Die unwirksamen oder im Widerspruch stehenden Bestimmungen sind durch Regelungen zu ersetzen, die den Vorstellungen beider Parteien möglichst nahe kommen. Gleiches gilt für den Fall, dass eine Reglungslücke gegeben ist.

M. Anhang

Weitere Bestandteile dieser Betriebsvereinbarung sind:
- Anlage 1: dreiseitiger Vertrag
- Anlage 2: Interessenausgleich und Sozialplan
- Anlage 3: Dienstleistungsvertrag zwischen XX GmbH und TG

Datum, Unterschriften

2. 3-seitiger Vertrag

Dreiseitiger Vertrag

zwischen
Herrn/Frau
[Name]
geb. am
Straße
Ort
– nachstehend Arbeitnehmer genannt –
und
der XX GmbH
– nachstehend XX GmbH genannt –
und
der Transfergesellschaft
– nachstehend TG genannt –

Präambel
Das Werk [...] der XX GmbH wird zum [...] stillgelegt. Hierfür haben der BR und die XX GmbH einen Interessenausgleich (IA) und einen Sozialplan (SP) vom [...] sowie eine Betriebsvereinbarung Transfergesellschaft (BV-TG) vom [...] (Anlagen 1 bis 3) abgeschlossen. In diesen Vereinbarungen ist die Bildung einer betriebsorganisatorisch eigenständigen Einheit (beE) zur Durchführung von Transferkurzarbeit gem. § 111 SGB III und ein vorgeschaltetes Profiling gem. § 110 SGB III vorgesehen. Träger der betriebsorganisatorisch eigenständigen Einheit ist die XX GmbH (Transfergesellschaft).
Zur Vermeidung einer betriebsbedingten Kündigung sieht die BV-TG vom XX.XX.XXXX vor, dass das Arbeitsverhältnis mit der XX GmbH durch Aufhebungsvertrag beendet wird und nahtlos anschließend ein befristetes Arbeitsverhältnis mit der TG abgeschlossen wird.
Über die arbeits- und sozialrechtlichen Auswirkungen wurden die Mitarbeiter schriftlich informiert. Sie hatten zudem die Gelegenheit, ergänzende Informationen von einem Betriebsratsmitglied sowie von der TG einzuholen. Sie sind insbesondere darauf hingewiesen worden, dass für die vorher bei der XX GmbH beschäftigten Mitarbeiter in der Transfergesellschaft Kurzarbeit mit null Arbeitsstunden realisiert wird.
Die folgenden Regelungen dienen der individualvertraglichen Umsetzung der in der BV-TG vorgesehenen Beendigung des Arbeitsverhältnisses mit der XX GmbH (Teil I) sowie der Begründung eines befristeten Arbeitsverhältnisses mit der TG (Teil II) und

enthalten zudem für das gesamte Vertragswerk geltende gemeinsame Bestimmungen (Teil III).

Teil I
Aufhebungsvertrag

1. Aufhebung des Arbeitsverhältnisses mit der XX GmbH

(1) Herr/Frau (Name) und die XX GmbH sind sich darüber einig, dass das zwischen ihnen aufgrund des Arbeitsvertrages vom [...] bestehende Arbeitsverhältnis zum [...] im gegenseitigen Einvernehmen zum Übergang in die TG beendet wird. Mit der Aufhebung des Arbeitsvertrages sind auch alle evtl. im Nachgang zum Arbeitsvertrag geschlossenen Zusatz- und Abänderungsvereinbarungen aufgehoben.
(2) Herr/Frau [Name] ist über die Folgen einer einvernehmlichen Beendigung des Arbeitsverhältnisses – insbesondere über die für den Bezug von Transferkurzarbeitergeld bestehende Notwendigkeit des Verzichts auf das Führen von Bestandsstreitigkeiten gegen die XX GmbH – belehrt worden.
(3) Die von den MitarbeiterInnen individuell eingebrachten restlichen Kündigungsfristen werden monetarisiert (Arbeitgeberbrutto) und zur Finanzierung der TG durch die XX GmbH dieser zur Verfügung gestellt.

2. Abfindung

(1) Für den Verlust des Arbeitsplatzes erhält Herr/Frau [Name] von der XX GmbH gemäß SP eine einmalige Abfindung in Höhe von brutto x € [Betrag] im Sinne der §§ 3, 24 und 34 EStG.
(2) Die Abfindung wird mit Beendigung des Arbeitsverhältnisses mit der XX GmbH fällig.

3. Urlaub und Zeitguthaben

(1) Der Herrn/Frau [Name] bis zum Zeitpunkt des Ausscheidens noch zustehende Resturlaub wird durch die XX GmbH vor dem Ausscheiden des/der Herrn/Frau [Name] gewährt. Ist eine Gewährung des Resturlaubs nicht oder nur teilweise möglich, wird der verbleibende Resturlaub mit der letzten Gehaltsabrechnung abgegolten und ausgezahlt.
(2) Eventuelle Zeitguthaben werden vor dem Ausscheiden des/der Herrn/Frau [Name] aus der XX GmbH durch Gewährung von Freizeit ausgeglichen. Ist ein Freizeitausgleich nicht oder nur teilweise möglich, werden bestehende Zeitguthaben mit der letzten Gehaltsabrechnung abgegolten und ausgezahlt.
(3) Eventuelle negative Zeitguthaben, die nicht mehr eingearbeitet werden konnten, verfallen zu Lasten der XX GmbH.

4. Betriebseigentum

Herr/Frau [Name] gibt bis zum Zeitpunkt der Beendigung des Arbeitsvertrages alle betrieblichen Unterlagen und Gegenstände, die sich in seinem/ihrem Besitz befinden, unaufgefordert an die XX GmbH zurück.

5. Zeugnis

Die XX GmbH wird Herrn/Frau [Name] nach seinem/ihrem Ausscheiden ein wohlwollendes, qualifiziertes Zeugnis erteilen.

Teil II
Arbeitsvertrag

1. Arbeitsverhältnis mit der Transfergesellschaft (TG)

(1) Beginnend mit dem [...], befristet bis zum [...] wird zwischen Herrn/Frau [Name] und der TG ein Arbeitsverhältnis gem. § 111 SGB III geschlossen.
(2) Der Eintritt in die TG ist ausgeschlossen, wenn Herr/Frau [Name] gegen die Beendigung seines/ihres Arbeitsverhältnisses mit der XX GmbH gerichtlich vorgeht, da in diesem Fall ein Anspruch auf das bei der zuständigen Agentur für Arbeit für die Verweildauer in der TG beantragte Transferkurzarbeitergeld nicht besteht.
(3) Die individuelle durchschnittliche wöchentliche Arbeitszeit beträgt [...] Stunden. Bei Teilnahme an einer Qualifizierungsmaßnahme ist der Arbeitnehmer – soweit zumutbar – verpflichtet, die Unterrichtszeiten der Maßnahme einzuhalten, unabhängig von der vorgenannten Arbeitszeitregelung.
(4) Abweichend von den bisherigen Arbeitsbedingungen zwischen der XX GmbH und Herrn/Frau [Name] beinhaltet der Arbeitsvertrag mit der TG

- Anordnung von Transferkurzarbeit gem. § 111 SGB III und Entfall des Beschäftigungsanspruchs,
- Zahlung von Transferkurzarbeitergeld und Aufstockungsbetrag anstelle der bisherigen Vergütung,
- Beratung, Outplacement und berufliche Qualifizierung.

2. Vergütung

(1) Herr/Frau [Name] erhält bei der xx TG Transferkurzarbeitergeld gem. § 111 SGB III in Höhe des gesetzlich geregelten Anspruchs. Grundlage für die Berechnung des Transferkurzarbeitergeldes ist das bisherige Nettomonatsentgelt.
(2) Das Transferkurzarbeitergeld wird durch die TG gemäß Ziffer [...]. der BV-TG auf ein Nettogehalt aufgestockt, das × % des zuletzt bei der XX GmbH erhaltenen Normal-Nettogehaltes beträgt. Berechnungsgrundlage für das Nettoentgelt ist das durchschnittliche Einkommen der letzten zwölf Monate bei der XX GmbH vor Übertritt in die TG.
(3) Für in Anspruch genommene Urlaubstage und für auf Arbeitstage fallende gesetzliche Feiertage besteht kein gesetzlicher Anspruch auf Transferkurzarbeitergeld. Die TG zahlt für jeden Urlaubs- und auf einen Arbeitstag fallenden Feiertag eine Vergütung von 100 % auf der Basis des in Absatz 1 genannten Nettomonatsentgeltes.
(4) Die Zahlung der Vergütung durch die TG an Herrn/Frau (Name) erfolgt bargeldlos jeweils am [...].
(5) Die Abtretung des Vergütungsanspruchs ist ausgeschlossen.

3. Pflichten des/der Herrn/Frau [Name]

(1) Herr/Frau [Name] ist verpflichtet, an den angebotenen und zumutbaren Eingliederungsmaßnahmen teilzunehmen, die der Erhöhung seiner/ihrer Vermittelbarkeit auf dem Arbeitsmarkt dienen. Insbesondere ist Herr/Frau [Name] verpflichtet, den Reintegrationsprozess aktiv mitzugestalten und zu fördern und sich der Arbeitsvermittlung der Agentur für Arbeit zur Verfügung zu stellen.
(2) In den letzten sechs Monaten des Arbeitsverhältnisses mit der TG kann Herr/Frau [Name] mit seiner/ihrer Zustimmung im Rahmen der Arbeitnehmerüberlassung eingesetzt zu werden. Die AÜ soll insbesondere zur Anbahnung von unbefristeten Beschäftigungsverhältnissen eingesetzt werden. Sie ist nur statthaft, wenn die übertragenen Aufgaben hinsichtlich der Qualifikationsanforderungen der bisherigen Tätigkeit entsprechen. Es ist ein monatliches Arbeitsentgelt zu zahlen, das mind. in Höhe des von der TG monatlich gezahlten Entgelts liegt.
(3) Herr/Frau [Name] hat Änderungen in den persönlichen Verhältnissen unverzüglich schriftlich mitzuteilen, soweit sie für das Arbeitsverhältnis bedeutsam sind.

4. Urlaub

(1) Herr/Frau [Name] hat einen Urlaubsanspruch für das Kalenderjahr in Höhe von 30 Arbeitstagen gemäß Manteltarifvertrag vom [...].
(2) Bei vorzeitiger Beendigung des Anstellungsverhältnisses wird der Urlaub anteilig gewährt, es sei denn, der volle Urlaub ist schon gewährt worden.
(3) Während des Urlaubs erhält Herr/Frau [Name] die nach § 2 Abs. 3 vereinbarte Vergütung fortgezahlt.

5. Arbeitsunfähigkeit

Bei Arbeitsunfähigkeit ist Herr/Frau [Name] verpflichtet, die TG unverzüglich über die Arbeitsunfähigkeit und deren voraussichtliche Dauer zu informieren. Herr/Frau [Name] hat vor Ablauf des 3. Kalendertages nach Beginn der Arbeitsunfähigkeit eine ärztliche Bescheinigung über die Arbeitsunfähigkeit und deren voraussichtliche Dauer vorzulegen. Handelt es sich um eine länger andauernde Erkrankung, sind jeweils Folgebescheinigungen innerhalb von drei Kalendertagen unverzüglich vorzulegen.

6. Entgeltfortzahlung im Krankheitsfall

(1) Ist Herr/Frau [Name] infolge einer auf Krankheit beruhenden Arbeitsunfähigkeit daran gehindert, seinen/ihren vertraglichen Pflichten nachzukommen, ohne dass ihn/sie ein Verschulden trifft (§ 3 EFZG), erhält er/sie in den ersten sechs Wochen seiner/ihrer Erkrankung das ihm/ihr zustehende Transferkurzarbeitergeld und den hierauf zu zahlenden Aufstockungsbetrag fortgezahlt.
(2) Der Anspruch auf Entgeltfortzahlung entsteht mit Beginn dieses Arbeitsverhältnisses.

7. Nebentätigkeiten

Herr/Frau [Name] darf eine Nebentätigkeit, die während dieses Arbeitsverhältnisses aufgenommen wird, nur mit vorheriger schriftlicher Genehmigung der TG übernehmen. Eine Nebentätigkeitsgenehmigung wird nicht erteilt, wenn durch die Nebentätigkeit der Bezug des Transferkurzarbeitergeldes gefährdet wird. Unberührt von der Genehmigungspflicht bleiben Nebentätigkeiten, die bereits vor Beginn dieses Arbeitsverhältnisses in gleichem Umfang ausgeübt wurden, sofern hierdurch der Bezug von Transferkurzarbeitergeld nicht gefährdet wird.

8. Freistellung für ein Anschluss-/Probearbeitsverhältnis

(1) Die TG stellt auf Verlangen Herrn/Frau [Name] zur Aufnahme eines Anschlussarbeitsverhältnisses/Probearbeitsverhältnisses bei einem anderen AG frei.
(2) Bei einer Freistellung werden die gegenseitigen Hauptleistungspflichten zeitanteilig zum Ruhen gebracht. Der Anspruch des/der Herrn/Frau [Name] auf Transferkurzarbeitergeld und den von der TG hierauf zu zahlenden Aufstockungsbetrag entfällt.
(3) Endet das Anschlussarbeitsverhältnis/Probearbeitsverhältnis vor oder mit Ablauf von 6 Monaten, hat Herr/Frau [Name] einen Anspruch auf Beendigung der Freistellung und Reaktivierung der Hauptleistungsverpflichtungen aus diesem Arbeitsvertrag für maximal den Zeitraum der Laufzeit der beE. Die gegenseitigen Hauptleistungspflichten werden ab dem Zeitpunkt des Wiedereintritts reaktiviert. Voraussetzung für diesen Anspruch ist, dass die Reaktivierung im unmittelbaren Anschluss an die Beendigung des Anschlussarbeitsverhältnisses/ Probearbeitsverhältnisses erfolgt.
(4) Scheidet Herr/Frau [Name] vor Ende der Vertragslaufzeit dieses Arbeitsvertrages endgültig aus der TG aus, erhält er/sie eine einmalige Abfindung in Höhe von [... %] der eingesparten und von der XX GmbH zu zahlenden Remanenzkosten.

9. Beendigung des Arbeitsvertrages

(1) Das Arbeitsverhältnis endet spätestens mit dem Ablauf der Befristung am [...], ohne dass es einer Kündigung bedarf. Erreicht Herr/Frau [Name] während der Laufzeit des Arbeitsverhältnisses ein Lebensalter, in dem er/sie zum ungekürzten Bezug von Altersrente berechtigt ist, endet das Arbeitsverhältnis mit dem Tag der Erreichung dieses Lebensalters.
(2) Herr/Frau [Name] kann das Arbeitsverhältnis ohne Einhaltung einer Frist kündigen, insbesondere wenn er/sie eine andere Tätigkeit aufnimmt oder wenn er/sie an einer Maßnahme zur Förderung der beruflichen Weiterbildung (FbW) teilnimmt oder auf sonstige Weise vom Arbeitsamt abberufen wird. Das Recht der Parteien zur außerordentlichen Kündigung aus wichtigem Grund nach § 626 BGB bleibt unberührt.
(3) Kündigungen bedürfen zu ihrer Wirksamkeit der Schriftform.

10. Ausschlussfrist

Ansprüche aus dem Anstellungsverhältnis sind innerhalb einer Frist von 3 Monaten nach ihrer Fälligkeit, jedoch spätestens innerhalb von 6 Monaten nach Beendigung des Anstellungsverhältnisses schriftlich geltend zu machen.

Teil III
Gemeinsame Bestimmungen

1. Aufhebende Bedingung
Dieser dreiseitige Vertrag steht unter der Bedingung, dass das zuständige Arbeitsamt den Anträgen auf Gewährung von Transferkurzarbeitergeld gem. § 111 SGB III zustimmt. Wird diese Zustimmung nicht erteilt, sind der Aufhebungsvertrag und der Arbeitsvertrag nicht wirksam. Das bisherige Arbeitsverhältnis mit der XX GmbH endet zu dem Termin, zu dem eine ordentliche betriebsbedingte Kündigung erfolgt ist oder anstelle einer betriebsbedingten Kündigung ein Aufhebungsvertrag geschlossen worden ist.

2. Datenschutz
Die XX GmbH verpflichtet sich, anlässlich der Beendigung des ursprünglichen Arbeitsverhältnisses mit Herrn/Frau (Name) und der Begründung des befristeten Arbeitsverhältnisses mit der TG, an die TG sämtliche Arbeitspapiere, Personaldaten und zur Feststellung des Qualifizierungsstandes erforderliche Daten herauszugeben. Herr/Frau [Name] stimmt der Weitergabe seiner/ihrer Daten zu. Er/Sie erklärt sich zudem damit einverstanden, dass die vorgenannten Daten im Einklang mit den Bestimmungen des Bundesdatenschutzgesetzes bei der TG gespeichert und mittels Datenverarbeitung verarbeitet bzw. zu den vom Gesetz zugelassenen Zwecken an einen Dritten weitergegeben werden.

3. Sonstige Bestimmungen
(1) Sollten sich während der Laufzeit dieses dreiseitigen Vertrages die gesetzlichen Grundlagen für den Bezug des Transferkurzarbeitergeldes ändern, ganz oder teilweise entfallen und wird dadurch die Vertragsdurchführung unmöglich, unzumutbar oder erheblich erschwert, so vereinbaren die Parteien schon jetzt eine entsprechende Vertragsanpassung.
(2) Änderungen, Ergänzungen und Nebenabreden zu diesem dreiseitigen Vertrag bedürfen der Schriftform. Sollten einzelne Bestimmungen dieses Vertrages unwirksam sein, wird hierdurch die Wirksamkeit des übrigen Vertrages nicht berührt. Die unwirksame oder im Widerspruch stehende Bestimmung ist durch eine Regelung zu ersetzen, die dem von den Parteien Gewollten möglichst nahe kommt. Gleiches gilt für den Fall, dass eine Regelungslücke gegeben ist. Beide Parteien verpflichten sich, für den Fall einer solchen Störung unverzüglich Verhandlungen aufzunehmen, um auf der Grundlage einer entsprechenden Vereinbarung den Vertrag zur Durchführung zu bringen.
(3) Sämtliche in diesem Kooperationsvertrag erwähnten Anlagen sind integraler Bestandteil dieses Kooperationsvertrages.
(4) Alle Parteien haben ein unterzeichnetes Exemplar dieses dreiseitigen Vertrages erhalten.
Datum, Unterschriften

3. Betriebsvereinbarung über die Durchführung von Transfermaßnahmen

Zwischen der XX GmbH,

vertreten durch die Geschäftsführung
und dem
Betriebsrat der XX GmbH,
vertreten durch den BR-Vorsitzenden

wird folgende Betriebsvereinbarung Transfermaßnahmen (BV TM) abgeschlossen:

1. Geltungsbereich

Für alle von der Betriebsteilschließung der XX GmbH betroffenen Beschäftigten, die unter den zur Betriebsteilschließung abgeschlossenen IA und SP vom [...] fallen, besteht das Angebot, an den nachfolgenden Transfermaßnahmen teilzunehmen. Die Teilnahme ist freiwillig.

2. Inhalte der Transfermaßnahme

Die Inhalte der Transfermaßnahme sollen darauf gerichtet sein, die betroffenen Mitarbeiter so schnell wie möglich in neue, relativ gleichwertige Beschäftigung zu bringen. Zu diesem Zweck werden die Verhandlungsparteien einvernehmlich ein Outplacementunternehmen auswählen, dass sich sowohl mit den Berufsgruppen auskennt als auch nachweislich erfolgreich in der Vermittlung arbeitet.
Neben der direkten Vermittlung sollen insbesondere folgende Maßnahmen angeboten werden:

- Profiling
- Bewerbungstraining
- Individuelles Coaching
- Praktika
- Qualifizierung
- Einrichtung und Betreiben eines »Jobrooms«

3. Teilnahmebedingungen

3.1. Alle betroffenen Mitarbeiter können freiwillig, dann aber verbindlich, ab dem [...], bis zur endgültigen Beendigung der Transfermaßnahme, an ihr teilnehmen.
Die Transfermaßnahme läuft bis zum endgültigen Ausscheiden (Auslaufen der Kündigungsfrist) des letzten Beschäftigten, der an der Transfermaßnahme teilnimmt, vermutlich bis zum [...].
3.2. Alle Mitarbeiter, die an der Transfermaßnahme teilnehmen, werden für die Dauer der Maßnahme, maximal bis zum Auslaufen der Kündigungsfrist, unter Fortzahlung der Vergütung von der Arbeit freigestellt.
3.3. Zur Finanzierung der Transfermaßnahme stellt die XX GmbH für jeden teilnehmenden Beschäftigten einen Betrag von x € (z. B. 2500 €) zur Verfügung.

Zusätzlich zu den von der XX GmbH bereitgestellten Mitteln beantragt sie einen maximalen Zuschuss nach § 110 SGB III bei der zuständigen Agentur für Arbeit in Höhe von 2500 €.

3.4. Die zur Verfügung stehenden Mittel je Mitarbeiter sind ein Durchschnittsbetrag, das heißt, dass je nach Bedarf unterschiedliche Beträge für die Mitarbeiter eingesetzt werden können (z. B. bei Qualifizierung). Jeder teilnehmende Mitarbeiter hat aber einen Anspruch auf alle Maßnahmenbestandteile, ausgenommen Qualifizierung und Praktika.

3.5. Es wird ein paritätisch besetzter Beirat gebildet, in den je zwei Vertreter der Arbeitgeber- und Betriebsratsseite entsandt werden. Dieser Beirat begleitet und unterstützt den Träger der Transfermaßnahme.

4. Schlussbestimmungen

4.1. Ergänzungen und Änderungen dieser Vereinbarung bedürfen der Schriftform. Sofern aufgrund von Fördermodalitäten oder anderen Gegebenheiten eine Veränderung oder Ergänzung dieser Vereinbarung zweckmäßig erscheint, verpflichten sich die Unterzeichnenden, unverzüglich in die erforderlichen Beratungen und Verhandlungen einzutreten.

4.2. Streitigkeiten, die sich aus der Auslegung und Anwendung dieser Vereinbarung ergeben, werden durch die XX GmbH mit dem BR mit dem festen Willen zur Einigung geregelt. Sollte eine Einigung nicht erzielt werden können, kann jede Seite die Einigungsstelle gem. § 76 (5) BetrVG anrufen.

4.3. Diese Vereinbarung tritt mit sofortiger Wirkung nach ihrer Unterzeichnung in Kraft. Sie endet mit dem Ausscheiden des letzten betroffenen Mitarbeiters und der Einstellung der Aufgaben durch den Träger der Maßnahmen.

4.4. Sollten einzelne Bestimmungen dieser Vereinbarung unwirksam sein oder im Widerspruch zu tariflichen oder gesetzlichen Regelungen stehen, so bleiben die übrigen Bestimmungen hiervon unberührt. Die unwirksamen oder im Widerspruch stehenden Bestimmungen sind durch Regelungen zu ersetzen, die den Vorstellungen beider Parteien möglichst nahe kommen. Gleiches gilt für den Fall, dass eine Regelungslücke gegeben ist.

Datum, Unterschriften

II. Beispielberechnung für ein Vorruhestandsmodell

Das nachstehende Beispiel wurde 2007 in Rahmen €ines umfassenden Personalabbaus vereinbart. Die Werte €ntsprechen dem damaligen Stand. Eine Anpassung an aktuelle Werte ist nicht €rfolgt, weil sich diese auch in Zukunft ändern werden.

Personal-Nr.:	4711					
Name, Vorname:	Musterfrau/Mustermann					
Geburtsdatum:	08.11.1946			**Alter bei Austritt:**	62	
Eintrittsdatum:	01.07.1975					
Schwerbehinderung / Gleichstellung:	nein		%			
Betriebsratsmitglied / Ersatzmitglied:	nein					
Kündigungsfrist:	7	zum Monatsende				
Austrittsdatum	31.12.2008			**Dienstjahre bei Austritt:** **(aufgerundet auf volle Dienstjahre)**	33	
Zuschuss zum Arbeitslosengeld?	ja					
Steuerklasse / Kinder / Kirche	4/00/–					
Krankenkasse/Beitragssatz:	BKK	12,6	%	**Zuschlag Arbeitnehmer:**	0,9	%
Pflegeversicherung		1,7	%	**Kinderlose Arbeitnehmer:**	0	%
Rentenversicherung Gesamt / AN-Anteil	19,9	9,95	%			
Arbeitslosenversicherung Gesamt / AN-Anteil	4,2	2,1	%			

Status:	Tarif			
Gesamtmonatsentgelt:			**brutto**	**2923,00**
Urlaubsgeld:	1712,83	jährlich	**davon 1/12**	**142,74**
Weihnachtsgeld bzw. tarifliche Sonderzahlung:	4256,50	jährlich	**davon 1/12**	**354,71**
jährliche Differenzzahlung:	–	jährlich	**davon 1/12**	–
Berechnungsgrundlage für Phase I bis III			**brutto monatlich:**	**3420,44**
	abzüglich Lohnsteuer			**757,00**
	abzüglich Solidaritätszuschlag			**41,63**
	abzüglich Kirchensteuer			–
	abzüglich Krankenversicherungsbeitrag			**430,98**
	abzüglich Zuschlag Krankenversicherungsbeitrag			**30,78**
	abzüglich Pflegeversicherungsbeitrag			**58,15**
	abzüglich Pflegeversicherungsbeitrag »Kinderlose AN«			–
	abzüglich Rentenversicherungsbeitrag			**340,33**
	abzüglich Arbeitslosenversicherungsbeitrag			**71,83**
	plus Arbeitgeberzuschuss Krankenversicherung			**215,49**
	plus Arbeitgeberzuschuss Pflegeversicherung			**29,07**
	Netto monatlich			**1934,30**
Beitragsbemessungsgrenze (BBG) Renten- / Arbeitslosenversicherung West:	5300,00	im Monat		
Beitragsbemessungsgrenze (BBG) Kranken- / Pflegeversicherung West:	3600,00	im Monat		

Phase I = Zuschuss zum Arbeitslosengeld				
Arbeitslosengeld Anspruch:	12	Monate		
Arbeitslosengeld monatlich*:	1160,58	Euro		
	1161			
Arbeitgeberzuschuss zum Arbeitslosengeld brutto	1677,01	Euro		
ergibt 95 % vom Netto gem. Berechnungsgrundlage	1837,59	Euro		
Beginn Phase I	01.01.2009			
Ende Phase I	01.01.2010			
Phase II Überbrückungsgeld bis zum 60. Lebensjahr				
Tarifmitarbeiter/-in: 70 % von der monatlichen Berechnungsgrundlage	2394,31	brutto		
KV / PV Zuschuss**	1171,19	brutto		
Gesamt	2565,50	brutto	**1725,25**	**ca. netto**
			89,19	%
AT-Mitarbeiter/-in:				
65 % von der monatlichen Berechnungsgrundlage	[redacted] –	brutto		
+ 5 % bis zur Beitragsbemessungsgrenze	[redacted] –	brutto		
KV / PV Zuschuss**	[redacted] –	brutto		
Gesamt	[redacted] –	brutto	**0,00**	**ca. netto**
			–	%
Beginn Phase II	01.07.2010			
Ende Phase II	30.11.2011		30.11.2011	**Vollendung 60. Lebensjahr**
Anzahl Monate	17			

Phase III
Überbrückungsgeld vom 60. Lebensjahr bis
63. Lebensjahr bzw. frühestmöglichem Rentenbezug

85 % vom Überbrückungsgeldanspruch aus Phase II	2035,16	brutto		
KV / PV Zuschuss**	145,51	brutto		
Gesamt	2180,68	brutto	**1549,18**	**ca. netto**
			80,09	%
Beginn Phase III	01.12.2011			
Ende Phase III	01.12.2016		**01.12.2016**	**Vollendung 63. Lebensjahr**
Anzahl Monate	60			

Phase IV Beginn gesetzliche Rente
(frühestmöglicher Rentenbeginn)

Regel-Rentenbeginn vor 67? voraussichtlich mit:	65	Jahren + Monate
vorzeitig möglich mit 63; dann Rentenabschlag = (0,3 % für jeden Monat vor Regelrentenbeginn)	7,2	%
Rentenbeginn:	01.12.2011	
voraussichtliche monatliche Rente gem. Rentenverlauf:	1071	brutto
voraussichtlicher Ausgleich der individuellen Rentennachteile als Einmalzahlung:	4164,05	brutto

* Bitte beachten Sie, dass das Arbeitslosengeld dem Progressionsvorbehalt unterliegt.

** Während der Zeit des Bezuges von Überbrückungsgeld muss der MA sich als Freiwillig-Versicherter selber bei der Krankenkasse versichern. Der Beitrag errechnet sich anhand der Summe vom Überbrückungsgeld incl. des Zuschusses zur Kranken- und Pflegeversicherung. Der volle Beitrag wird vom Arbeitgeber an die Krankenkasse überwiesen.

Nettoberechnung für Phase II und III		Phase II	**Phase III**
mtl. Überbrückungsgeld incl. KV/PV Zuschuss	brutto	2565,50	**2180,68**
abzüglich Lohnsteuer		1426,83	**284,38**
abzüglich Solidaritätszuschlag		1123,47	**15,66**
abzüglich Kirchensteuer		[redacted] –	–
abzüglich Krankenversicherungsbeitrag		1323,25	**274,77**
abzüglich Zuschlag Krankenversicherungsbeitrag		1123,09	**19,63**
abzüglich Pflegeversicherungsbeitrag		1143,61	**37,07**
abzüglich Pflegeversicherungsbeitrag »Kinderlose AN«		[redacted] –	–
	netto	1725,25	**1549,18**
Dienstjubiläum nach Austritt, aber vor Rentenbeginn			
			Austrittsdatum +3 Jahre
25-jähriges Dienstjubiläum, wenn innerhalb von 3 Jahren	am:	01.07.2000	31.12.2011
Sonderzahlung in Höhe von 1 Gehalt	brutto*	2923,00	
			Austrittsdatum +5 Jahre
40-jähriges Dienstjubiläum, wenn innerhalb von 5 Jahren	am:	01.07.2015	31.12.2013
Sonderzahlung in Höhe von 2 Gehälter	brutto*	0,00	

* Auszahlung erfolgt beim Ausscheiden

Urlaub, Urlaubsgeld und Weihnachtsgeld bzw.
jährliche Differenzzahlung im Austrittsjahr

Urlaubstage	Anzahl Tage		30	
Urlaubsgeld			1712,83	brutto
Weihnachtsgeld (bzw. tarifliche Sonderzahlung)				
bei Austritt im 1. Halbjahr 50 %; ansonsten 100 %		nein	4256,50	brutto
Differenzzahlung				
bei Austritt im 1. Halbjahr 50 %; ansonsten 100 %		nein	–	brutto
Darlehen?			nein	

Ausgleichszahlung für individuelle gesetzliche Rentennachteile (geschätzt) gem. vorläufige Rentenberechung vom Rentenversicherungsträger

Nachteil für fehlende Beitragsjahre		2506,16	
Nachteil für Rentenminderung		1046,76	
Gesamtnachteil	Betrag	3552,92	
× Faktor (für Frauen 18; für Männer 15)		18	
× Kapitalwert 25 % = einmalige Ausgleichszahlung	brutto	16 096	**zum Rentenbeginn**

Ausgleich für betriebliche Rentennachteile

Betrieblicher Altersversorgungsanspruch:	ja

Hinzurechnung der Hälfte der Dienstjahre bis zum Beginn der frühestmöglichen gesetzlichen Rente. Es werden hierbei nur volle Monate angerechnet, angebrochene Monate bleiben unberücksichtigt.	Anzahl der vollen Monate:	71		
Berechnung Rentennachteil				
Laut vorliegender Rentenauskunft vom				Eingaben notwendig!
Regelaltersrente ab	01.12.2016	vorgezogen	**01.12.2011**	
aktueller Rentenwert	26,27 €	Rentenabschläge x % monatlich	77,11 €	
Betrag	1211,55 €	Betrag	**1134,44 €**	
Durchschnittsentgeltpunkte pro Jahr	1,8172			
Fehlende Beitragszeiten während des Bezuges von Überbrückungsgeld in Monaten		0		
Ausgleichszahlung für individuelle gesetzliche Rentennachteile (geschätzt) gem. vorläufige Rentenberechung vom Rentenversicherungsträger				
Nachteil für fehlende Beitragsjahre	0,00 €	(Entgeltpunkte × Rentenwert in € × 12 Monate × fehlende Beitragsmonate)/12		
Nachteil für Rentenminderung	925,34 €	(Rentenabschläge × 12 Monate)		
Gesamtnachteil	925,34 €			
× Faktor (für Frauen 18; für Männer 15)	18			
× Kapitalwert 25 % = einmalige Ausgleichszahlung	4164,05 €	brutto		

Stichwortverzeichnis

B

G

H

I

T

V

W

Z